FRANCIA

Forschungen zur westeuropäischen Geschichte

deutsches
historisches
institut
historique
allemand

paris

FRANCIA

Forschungen zur westeuropäischen Geschichte

Herausgegeben vom
Deutschen Historischen Institut Paris
(Institut Historique Allemand)

REGISTER INDEX GÉNÉRAL
DER BÄNDE 11–20   DES TOMES 11–20

von

Martin Heinzelmann, Jürgen Voss
und Stefan Martens

JAN THORBECKE VERLAG SIGMARINGEN

1994

Die Deutsche Bibliothek – CIP-Einheitsaufnahme

[Francia / Register]
Francia: Forschungen zur westeuropäischen Geschichte / hrsg. vom Deutschen Historischen Institut Paris. Register ... = Index général ... – Sigmaringen: Thorbecke
Enth. auch Register zu: Francia/01, Francia/02, Francia/03
NE: Francia/01 / Register; Francia/02 / Register; Francia/03 / Register
Bd. 11/20. Francia: Bd. 11–15, Francia/01: Bd. 16–20, Francia/02: Bd. 16–20, Francia/03: Bd. 16–20. – 1994
ISBN 3-7995-7292-9

ISBN 3-7995-7292-9

FRANCIA – Forschungen zur westeuropäischen Geschichte
Herausgeber: Prof. Dr. WERNER PARAVICINI
Redaktion: Dr. MARTIN HEINZELMANN (Mittelalter), Prof. Dr. JÜRGEN VOSS (Frühe Neuzeit, 16.–18. Jh.)
Dr. STEFAN MARTENS (Zeitgeschichte, 19./20. Jh.)
Institutslogo: HEINRICH PARAVICINI, unter Verwendung eines Motivs am Hôtel Duret de Chevry
Anschrift: Deutsches Historisches Institut (Institut Historique Allemand)
Hôtel Duret de Chevry, 8, rue du Parc-Royal, F-75003 Paris

Verlagsadresse: Jan Thorbecke Verlag GmbH & Co., Karlstraße 10, D-72488 Sigmaringen
© 1994 by Jan Thorbecke Verlag GmbH & Co., Sigmaringen
Gesamtherstellung: M. Liehners Hofbuchdruckerei GmbH & Co. Verlagsanstalt, Sigmaringen
Printed in Germany

INHALTSVERZEICHNIS		TABLE DES MATIÈRES
Vorbemerkung	7	Avant-propos
Die ausgewerteten Bände	9	*Liste des volumes répertoriés*
Verzeichnis der Autoren	11	Table des auteurs
Verzeichnis der Rezensenten	31	Table des auteurs de compte rendu
Verzeichnis der besprochenen Titel	103	Table des ouvrages recensés
Beiträge und ausgewählte Rezensionen in chronologischer Ordnung	299	Contributions et comptes rendus choisis, classés par ordre chronologique
Spätantike und Merowingerzeit	299	*Bas-Empire et Mérovingiens*
Karolinger- und Westfrankenreich	301	*Carolingiens et états successeurs*
Frankreich und Deutschland im »Hochmittelalter«	305	*France et Allemagne au »moyen âge central«*
Europäisches Spätmittelalter	307	*Bas moyen âge européen*
Frühe Neuzeit	310	*Temps Moderne*
Reformation und Gegenreformation	312	*Réforme et Contre-Réforme*
Absolutismus und Aufklärung	313	*Absolutisme et Siècle des Lumières*
Französische Revolution und 1. Kaiserreich	316	*Révolution Française et Ier Empire*
Französische Revolution	318	*Révolution Française*
Napoleonische Zeit	320	*Époque Napoléonienne*
Restauration	321	*Restauration*
Zeitalter des Imperialismus	323	*Époque de l'Impérialisme*
Erster Weltkrieg: Vorgeschichte und Auswirkungen	327	*Première Guerre mondiale: antécédents et suites*
Zwischenkriegszeit	328	*L'Entre-deux-Guerres*
Nationalsozialismus, Zweiter Weltkrieg, Vichy	330	*National-socialisme, Deuxième Guerre mondiale, Vichy*
Nachkriegszeit	333	*L'Après-guerre*
Unter ausgewählten sachlichen Gesichtspunkten geordnete Beiträge und Rezensionen	337	Contributions et comptes rendus selectionnés, classés par quelques matières choisies
Forschungsgeschichte und Methodendiskussion, Tagungsberichte	337	*Histoire de la recherche historique et discussion de méthodes, actes de congrès*

Prosopographie – Personenforschung	341	*Prosopographie – Histoire des individus*	
Hagiographie	343	*Hagiographie*	
Archäologie – Kunstgeschichte	344	*Archéologie – Histoire de l'art*	
Archiv- und Urkundenwesen – Bibliotheken	344	*Diplomatique, archives, bibliothèques*	
Diplomatiegeschichte – Internationale Beziehungen	346	*Histoire de la diplomatie – Relations internationales*	
Sozial- und Stadtgeschichte	349	*Histoire sociale et Histoire des villes*	
Nekrologe	353	*Notices nécrologiques*	

VORBEMERKUNG

Seit dem Erscheinen des Registers der ersten zehn Bände im Jahre 1985 sind die Zielsetzungen der »FRANCIA. Forschungen zur westeuropäischen Geschichte« unverändert geblieben. Den vorrangigen Bemühungen der Zeitschrift des DHIP um ein enges Zusammenwirken der west- und mitteleuropäischen Forschung im Bereich der Geschichtswissenschaft entspricht die Zweisprachigkeit des Registers.

Der hier vorliegende zweite Registerband der FRANCIA verdankt sein Erscheinen in hohem Maße der gewissenhaft durchgeführten Erfassung, die von Frau Birgit Martens-Schöne (Maisons-Laffitte) im Rahmen eines Werkvertrages des DHIP sowie von Frau Ursula Hugot (DHIP) aufgrund ihrer Tätigkeit für die FRANCIA-Redaktion geleistet worden ist.

Die allgemeinen Hinweise zur Benutzung des Registers können auf ein Minimum beschränkt werden: Die Bandzahl wird beim Stellennachweis stets in römischer Zahl angegeben (XI–XX: vgl. S. 9 die Liste der 10 ausgewerteten Jahrgänge), die arabischen Seitenzahlen geben immer die erste und letzte Seite eines Beitrags an.

Das »Verzeichnis der Autoren« umfaßt die alphabetisch geordneten Verfasser von Beiträgen in FRANCIA XI–XX (Aufsätze, Miszellen, Nekrologe, Berichte) mit Ausnahme der Rezensenten.

Die Verfasser von Rezensionen sind im anschließenden »Verzeichnis der Rezensenten« erfaßt. Unter den jeweiligen Namen der Rezensenten erscheint der Titel der besprochenen Werke in Kurzzitat; bei mehreren Rezensionen wird die Reihenfolge der Titel durch ihr Erscheinen in den Bänden von FRANCIA bestimmt.

Das »Verzeichnis der besprochenen Titel« wertet sowohl den Rezensionsteil der

AVANT-PROPOS

Depuis la publication de l'index des dix premiers volumes en 1985 les objectifs de FRANCIA (»Recherches d'histoire de l'Europe occidentale«) sont restés les mêmes. L'édition bilingue du présent volume correspond à une des préoccupations primordiales de la revue, c'est-à-dire la coopération étroite de la recherche ouest- et centre-européenne dans les domaines de l'histoire.

La parution de ce deuxième tome de l'index de FRANCIA est due dans une large mesure aux travaux consciencieux effectués par Madame Birgit Martens-Schöne (Maisons-Laffitte), dans le cadre d'un contrat de travail avec l'IHAP, ainsi qu'à Madame Ursula Hugot (IHAP), en vertu de son activité pour la rédaction de FRANCIA.

Les remarques pour l'utilisation de l'index peuvent être limitées au minimum: le numéro du volume correspondant à la contribution respective est toujours indiqué par un chiffre romain (XI–XX: voir p. 9, la liste des 10 années répertoriées), les chiffres arabes désignent la première et la dernière page d'un article.

La »table des auteurs« comprend les auteurs des contributions parues dans FRANCIA XI–XX (articles, mélanges, notices nécrologiques, rapports), classés par ordre alphabétique, excepté les auteurs de compte rendu. Sous les noms des auteurs respectifs apparaît le titre abrégé de l'ouvrage recensé. Si un critique a fait plusieurs comptes rendus, l'ordre des titres est déterminé par leur date de parution dans FRANCIA.

La »table des ouvrages recensés« est basée et sur la section de FRANCIA dédiée aux recensions et sur celle des mélanges, pour autant que ceux-ci sont issue de comptes rendus.

FRANCIA als auch die Beiträge aus, soweit diese Besprechungen betreffen.

Das anschließende Verzeichnis, das Aufsätze und Miszellen der FRANCIA-Bände XI–XX unter chronologischen und sachlichen Gesichtspunkten zusammenstellt, wird in erster Linie als Arbeitsinstrument für die Forschung von Nutzen sein. Die Gliederung entspricht Forschungsschwerpunkten des DHIP. Dabei erfaßt die chronologische Abteilung praktisch die Gesamtheit aller Beiträge, mit Ausnahme weniger Artikel zur Methodik, die ihrerseits in der unter sachlichen Gesichtspunkten geordneten Abteilung zu finden sind (Forschungsgeschichte und Methodendiskussion); letztere dokumentiert mit Beiträgen zu Prosopographie und Personenforschung, Hagiographie, Archäologie und Kunstgeschichte, Archiv-, Urkundenwesen und Bibliotheken, Diplomatiegeschichte und internationale Beziehungen sowie Sozial- und Stadtgeschichte weitere wichtige Bereiche der Forschung des DHI Paris.

Zu den jeweils zusammengestellten, einschlägigen Beiträgen wurden ausgewählte Rezensionen hinzugefügt. Die Kriterien der Auswahl dieser Rezensionen betreffen den Umfang (mindestens drei Seiten) wie auch den Inhalt: aufgenommen wurden nur ausführliche kritische Stellungnahmen, Richtigstellungen und Nachträge; ausschließlich referierende Besprechungen wurden hier nicht berücksichtigt. Ihr Wert für die von FRANCIA angestrebte gegenseitige Information über die internationale Geschichtsforschung wird davon nicht berührt.

L'index suivant qui groupe les articles et les mélanges des volumes XI–XX de FRANCIA sous un point de vue chronologique et par matières, servira en premier lieu d'instrument de travail aux chercheurs. La classification correspond aux thèmes de recherche principaux de l'IHAP. La division chronologique comprend pratiquement la totalité des contributions, à l'exception de quelques articles sur la méthodologie, articles insérés dans la première section des »Contributions« classées par quelques matières choisies« (Histoire de la recherche historique et discussion de méthodes). Cette dernière division documente en outre, à l'aide de contributions relatives à la prosopographie et l'Histoire des individus, l'hagiographie, l'archéologie et histoire de l'art, diplomatique, archives et bibliothèques, l'histoire de la diplomatie et des relations internationales, l'histoire sociale et l'histoire des villes, des domaines particulièrement importants de la recherche de l'IHAP.

Les différents index des articles spécifiques ont été complétés par un choix de comptes rendus dont les critères de sélection se rapportent à l'ampleur du texte (au moins 3 pages) et à son contenu: n'ont été enregistrées que des prises de position critique détaillées, des rectifications et des suppléments; les recensions essentiellement conçues comme exposés n'ont pas été pris en considération. Bien entendu l'importance de ces dernières et leur valeur pour une information réciproque sur la recherche historique internationale à laquelle FRANCIA aspire, n'en est pas amoindrie.

MARTIN HEINZELMANN   JÜRGEN VOSS   STEFAN MARTENS

DIE AUSGEWERTETEN BÄNDE
LISTE DES VOLUMES RÉPERTORIÉS

FRANCIA 11, 1983 (erschienen/paru en 1984) XIV, 938 S., Abbildungen/tables
FRANCIA 12, 1984 (erschienen/paru en 1985) XVI, 960 S., Abb., Tafeln/tables, planches
FRANCIA 13, 1985 (erschienen/paru en 1986) XVI, 976 S., Abbildungen/tables
FRANCIA 14, 1986 (erschienen/paru en 1987) XVI, 908 S., Abbildungen/tables
FRANCIA 15, 1987 (erschienen/paru en 1988) XVI, 1154 S., Abbildungen/tables
FRANCIA 16/1, 1989 (erschienen/paru en 1989) XII, 324 S., 1 Tafel/planche
FRANCIA 16/2, 1989 (erschienen/paru en 1989) XII, 316 S., Abbildungen/tables
FRANCIA 16/3, 1989 (erschienen/paru en 1989) XIV, 320 S.
FRANCIA 17/1, 1990 (erschienen/paru en 1990) X, 332 S., Abb., Tafeln/tables, planches
FRANCIA 17/2, 1990 (erschienen/paru en 1990) X, 342 S., 1 Abbildung/table
FRANCIA 17/3, 1990 (erschienen/paru en 1991) XII, 338 S.
FRANCIA 18/1, 1991 (erschienen/paru en 1991) X, 334 S., Abb., Tafeln/tables, planches
FRANCIA 18/2, 1991 (erschienen/paru en 1992) X, 330 S., Abbildungen/tables
FRANCIA 18/3, 1991 (erschienen/paru en 1992) XII, 332 S.
FRANCIA 19/1, 1992 (erschienen/paru en 1992) X, 346 S., Abbildungen /tables
FRANCIA 19/2, 1992 (erschienen/paru en 1993) XII, 376 S., Abbildungen/tables
FRANCIA 19/3, 1992 (erschienen/paru en 1993) XII, 328 S., Abbildungen/ tables
FRANCIA 20/1, 1993 (erschienen/paru en 1993) X, 320 S., Abbildungen /tables
FRANCIA 20/2, 1993 (erschienen/paru en 1994) XII, 320 S., Tafeln/planches
FRANCIA 20/3, 1993 (erschienen/paru en 1994) XII, 340 S., Abbildungen/tables

VERZEICHNIS DER AUTOREN / TABLE DES AUTEURS

ACKERMANN, Volker: »Ceux qui sont pieusement morts pour la France...«. Die Identität des Unbekannten Soldaten — XVIII/3 25–54

ALBRECHT, Wolfgang: »Ich glaubte ins Heiligtum der Freiheit zu treten ...«. Revolution und Aufklärung in Rebmanns Buchberichten über seinen Pariser Aufenthalt 1796–1797 — XIX/2 229–236

AMALVI, Christian: »Exercices de style« historiographiques ou les métamorphoses révolutionnaires d'Etienne Marcel de Danton à de Gaulle — XIII 524–560

– Regards français sur les »passions françaises« — XIV 597–600

AMORY, Patrick: The Textual Transmission of the Donatio Ansemundi — XX/1 163–183

ANGERS, Denise: Vieillir au XVe siècle: »rendus« et retraités dans la région de Caen (1380–1500) — XVI/1 113–136

ANTON, Hans Hubert: Trier im Übergang von der römischen zur fränkischen Herrschaft. 1. Die vier Eroberungen Triers in der ersten Hälfte des 5. Jahrhunderts — XII 1–52

– Verfassungsgeschichtliche Kontinuität und Wandlungen von der Spätantike zum hohen Mittelalter: Das Beispiel Trier — XIV 1–25

AREND, Heike: Gleichzeitigkeit des Unvereinbaren. Verständigungskonzepte und kulturelle Begegnungen in den deutsch-französischen Beziehungen der Zwischenkriegszeit. Zwei Nachkriegszeiten — XX/3 131–149

ATSMA, Hartmut: Klöster und Mönchtum im Bistum Auxerre bis zum Ende des 6. Jahrhunderts — XI 1–96

BABEL, Rainer: Humanismus und höfisch-städtische Eliten im 16. Jahrhundert. Bericht über das 23. deutsch-französische Historikerkolloquium des DHI Paris in Verbindung mit dem Fachbereich Geschichtswissenschaften der Philipps-Universität Marburg in Marburg/Lahn vom 6. bis 9. April 1987 — XV 1124–1129

– Der westfälische Friedenskongreß in französischer Sicht. Ein Tagebuch-Fragment Nicolas Doulceurs aus den Jahren 1647 und 1648 — XVI/2 13–27

– Aspekte einer Gelehrtenfreundschaft im Zeitalter des Späthumanismus: Briefe Denys Godefroys an Jacques-Auguste de Thou aus Straßburg, Frankfurt und Heidelberg (1600–1616) — XVII/2 29–44

– Religion, Staat und Gesellschaft in der frühen Neuzeit: Beiträge der westeuropäischen Forschung — XVIII/2 209–217

BACHRACH, Bernard S.: Angevin Campaign Forces in the Reign of Fulk Nerra, Count of the Angevins (987–1040) — XVI/1 67–84

– Some Observations on the »Goths« at War — XIX/1 205–214

BALDINGER, Kurt: Du sacré au profane: l'évolution du français du moyen âge au siècle des Lumières — XIII — 213–231

BANNIARD, Michel: Théorie et pratique de la langue et du style chez Alcuin: rusticité feinte et rusticité masquée — XIII — 579–601

BARIÉTY, Jacques: Andreas Hillgruber (1925–1989) — XVII/3 — 332–334

BAUDOIN, Jacques: Destinées itinérantes des grands imagiers de la fin du moyen âge — XIV — 139–167

BECHER, Matthias: Neue Überlegungen zum Geburtsdatum Karls des Großen — XIX/1 — 37–60

BECK, Robert: Les effets d'une ligne du plan Freycinet sur une société rurale. Un aperçu de l'histoire du plan Freycinet — XV — 561–577

BÉDARIDA, François: Martin Broszat (1926–1989) — XVIII/3 — 326–327

BEHRENDT, Herbert: L'Angleterre et la France face à Hitler et son putsch en novembre 1923 — XII — 457–472

BENDIKAT, Elfi: Deutschland und Frankreich in der Wahlkampfagitation der Parteien (1884–1889) — XVII/3 — 15–30

BERGMANN, Werner, Wolfhard SCHLOSSER: Gregor von Tours und der »rote Sirius«. Untersuchungen zu den astronomischen Angaben in ›De cursu stellarum ratio‹ — XV — 43–74

BERNARD, Birgit: »Les Hommes illustres«. Charles Perraults Kompendium der 100 berühmtesten Männer des 17. Jahrhunderts als Reflex der Colbertschen Wissenschaftspolitik — XVIII/2 — 23–46

BERTIER DE SAUVIGNY, Guillaume de: Metternich et la naissance de la Confédération Germanique au Congrès de Vienne. A propos d'un livre récent — XII — 666–675

BEST, Heinrich: Kontinuität und Wandel parlamentarischer Repräsentation im revolutionären Frankreich 1848/49 — XI — 668–680

BLACK, Jeremy: France and the Grand Tour in the Early Eighteenth Century — XI — 407–416

– The Marquis of Carmarthen and Relations with France 1784–1787 — XII — 283–303

– The Anglo-French Alliance 1716–1731. A Study in Eighteenth-Century International Relations — XIII — 295–310

– On the Grand Tour in a Year of Revolution — XIII — 333–353

– Anglo-French Relations in the Age of the French Revolution 1787–1793 — XV — 407–433

– France in 1730: A Tourist's Account — XVI/2 — 39–59

– Anglo-French Relations in the Mid-Eighteenth Century (1740–1756) — XVII/2 — 45–79

– Anglo-French Relations 1763–1775 — XVIII/2 — 99–114

– From Alliance to Confrontation: Anglo-French Relations 1731–1740 — XIX/2 — 23–45

– The Coming of War between Britain and France, 1792–1793 — XX/2 — 69–108

BLÖCKER, Monica: Volkszorn im frühen Mittelalter. Eine thematisch begrenzte Studie — XIII — 113–149

BOCK, Hans Manfred: Tradition und Topik des populären Frankreich-Klischees in Deutschland von 1925 bis 1955 — XIV 475–508

– Zur Perzeption der frühen Bundesrepublik Deutschland in der französischen Diplomatie: Die Bonner Monatsberichte des Hochkommissars André François-Poncet 1949 bis 1955 — XV 579–658

– Die deutsch-französische Gesellschaft 1926 bis 1934. Ein Beitrag zur Sozialgeschichte der deutsch-französischen Beziehungen der Zwischenkriegszeit — XVII/3 57–101

BÖSE, Kuno: Städtische Eliten in Troyes im 16. Jahrhundert — XI 341–363

BOIS, Pierre-André: Engagement maçonnique et engagement révolutionnaire: les Droits de l'homme comme »religion de l'Humanité« d'après Knigge — XVI/2 99–113

BOTSCH, Elisabeth: La Révolution Française et le transfert culturel politique: La Terreur à travers les textes révolutionnaires traduits en allemand 1789–1799 — XX/2 109–132

BOUCHARD, Constance B.: Family Structure and Family Consciousness among the Aristocracy in the Ninth to Eleventh Centuries — XIV 639–658

BRANDES, Helga: »Ein Volk muß seine Freiheit selbst erobern ...«. Rebmann, die jakobinische Publizistik und die Französische Revolution — XVIII/2 219–230

BRÖTEL, Dieter: Zur französischen Imperialismusforschung und Kolonialhistorie (19./20. Jahrhundert) — XI 688–692

– »Décolonisations à la française«. Zur Dekolonisierung des französischen Empire — XVI/3 145–150

– Frankreich und der Ferne Osten. Zur Kolonialphase und Dekolonisierung Vietnams und Kambodschas — XVIII/3 209–215

BROWN, Elizabeth A. R.: Royal Commissioners and Grants of Privilege in Philip the Fair's France: Pierre de Latilli, Raoul de Breuilli, and the Ordonnance for the Seneschalsy of Toulouse and Albi of 1299 — XIII 151–190

BUCHMÜLLER-PFAFF, Monika: Namen im Grenzland – Methoden, Aspekte und Zielsetzung in der Erforschung der lothringisch-saarländischen Toponomastik — XVIII/1 165–194

BUDDRUSS, Eckhard: Kurbayern zur Zeit der ersten Teilung Polens. Analysen des französischen Gesandten in München zum Hof Max III. Josephs und zur bayerischen Politik — XIX/2 211–227

BÜHRER-THIERRY, Geneviève: Les évêques de Bavière et d'Alémanie dans l'entourage des derniers rois carolingiens en Germanie (876–911) — XVI/1 31–52

BUFFET, Cyril: 1948: Berlin – Munich – Bonn. Le triangle brisé — XVI/3 73–82

– Berlin. Histoires d'une ville à nulle autre pareille — XVIII/3 191–208

BUR, Michel: A propos de la Chronique de Mouzon: salut et libération dans la pensée religieuse vers l'an mil — XIV 45–56

– Saint-Denis et Saint-Remi. A propos d'un livre récent — XIV 578–581

BURG, Peter: Die Französische Revolution an Mosel und Saar in Wissenschaft und Unterricht. Ein Bericht über Neuerscheinungen zur Zweihundertjahrfeier   XIX/2   195–209

CHABAUD, Frédérique: Les »Mémoires« de Philippe de Commynes: un »miroir aux princes«?   XIX/1   95–114

CHANTRAINE, Heinrich: Ein neues Hilfsmittel zur Erforschung der Spätantike: Die Prosopographie chrétienne du Bas-Empire   XI   697–712

CHARLE, Christophe: Où en est l'histoire sociale des élites et de la bourgeoisie? Essai de bilan critique de l'historiographie contemporaine   XVIII/3   123–134

CHÂTELLIER, Louis: La religion, pouvoir et représentation (XVIe–XVIIIe siècles)   XV   801–810

CLACK, Gordon D.: The Politics of the Appointment and Dismissal of the Prefectoral Corps under the Consulate and Empire: The Example of the Department of Mont-Tonnerre   XI   475–494

– The Nature of Parliamentary Elections under the First Empire: The Example of the Department of Mont-Tonnerre   XII   355–370

– Revolution in Modern Europe   XX/3   73–97

CONTAMINE, Philippe: Naissance d'une historiographie. Le souvenir de Jeanne d'Arc, en France et hors de France, depuis le »procès de son innocence« (1455–1456) jusqu'au début du XVIe siècle   XV   233–256

COUPLAND, Simon: Money and Coinage under Louis the Pious   XVII/1   23–54

CREMER, Albert: Religiosität und Repräsentation. Zum Tod der hohen Pariser Magistrate (2. Hälfte 16. und frühes 17. Jahrhundert)   XIX/2   1–22

CRUYSSE, Dirk van der: Vers une renaissance de la »Liselotteforschung«? En feuilletant »A Woman's Life« d'Elborg Forster   XIII   655–658

– Saint-Simon et Madame Palatine   XIV   245–261

CSER, Andreas: Neuerscheinungen zur Historiographiegeschichte und historischen Methodik   XX/2   133–138

CYGLER, Florent: L'ordre de Cluny et les »rebelliones« au XIIIe siècle   XIX/1   61–93

DAM, Raymond van: Paulinus of Périgueux and Perpetuus of Tours   XIV   567–573

DAVIES, Wendy: The Composition of the Redon Cartulary   XVII/1   69–90

DEPREUX, Philippe: Die Kanzlei und das Urkundenwesen Kaiser Ludwigs des Frommen – nach wie vor ein Desiderat der Forschung   XX/1   147–162

DESPY, Georges, Olivier GUILLOT, Karl Ferdinand WERNER: Notices critiques (NoC) concernant les documents de la Gaule carolingienne et des États successeurs (VIIIe–XIe siècles). Un nouvel instrument de travail pour les historiens et diplomatistes   XII   723–724

DEVROEY, Jean-Pierre: Le diplôme de l'empereur Conrad II pour l'abbaye de Florennes (1033) [NoC 1]   XII   725–733

– Réflexions sur l'économie des premiers temps carolingiens (768–877): grands domaines et action politique entre Seine et Rhin   XIII   475–488

DIERKENS, Alain: Note sur un acte perdu du maire du palais Carloman pour l'abbaye Saint-Médard de Soissons (c. 745)   XII   635–644

DIEZINGER, Sabine: Paris in deutschen Reisebeschreibungen des 18. Jahrhunderts (bis 1789)   XIV   263–329

DINGES, Martin: Materielle Kultur und Alltag – Die Unterschichten in Bordeaux im 16./17. Jahrhundert   XV   257–279

– »Weiblichkeit« in »Männlichkeitsritualen«? Zu weiblichen Taktiken im Ehrenhandel in Paris im 18. Jahrhundert   XVIII/2   71–98

DIPPEL, Horst: Aux origines du radicalisme bourgeois: De la constitution de Pennsylvanie de 1776 à la constitution jacobine de 1793   XVI/2   61–73

DOLBEAU, François: La Vie en prose de saint Marcel, évêque de Die. Histoire du texte et édition critique   XI   97–130

DOLBEAU, François, Martin HEINZELMANN, Joseph-Claude POULIN: Les sources hagiographiques narratives composées en Gaule avant l'an mil (SHG). Inventaire, examen critique, datation (avec Annexe)   XV   701–731

DUCHHARDT, Heinz: Die Glorious Revolution und das internationale System   XVI/2   29–37

DÜLFFER, Jost, Christa HAAS: Léon Bourgeois and the Reaction in France to his Receiving the Nobel Peace Prize in 1920   XX/3   19–35

DÜLFFER, Jost: Die französischen Akten zur Außenpolitik 1956/57   XX/3   175–180

DUFRAISSE, Roger: Karl-Georg Faber (1925–1982)   XI   927–932

– Jean Vidalenc (1912–1986)   XIII   963–970

– Valmy: Une victoire, une légende, une énigme   XVII/2   95–118

– Thomas Nipperdey (1927–1992)   XX/3   329–337

DUNBABIN, Jean: The Reign of Arnulf II, Count of Flanders, and its Aftermath   XVI/1   53–65

DURLIAT, Jean: Qu'est-ce que le Bas-Empire? (I) A propos de trois ouvrages récents   XVI/1   137–154

– Qu'est-ce que le Bas-Empire? (II)   XVIII/1   125–138

– Bulletin d'études protomédiévales. III: La loi   XX/1   79–95

DUROSELLE, Jean-Baptiste: Karl Dietrich Erdmann (1910–1990)   XVIII/3   328–330

ENGELBRECHT, Jörg: Außenpolitische Bestrebungen rheinischer Unternehmer im Zeitalter der Französischen Revolution   XVII/2   119–141

ERKENS, Franz-Reiner: »Sicut Esther regina«. Die westfränkische Königin als *consors regni*   XX/1   15–38

ESDERS, Stefan: Rechtsdenken und Traditionsbewußtsein in der gallischen Kirche zwischen Spätantike und Frühmittelalter. Zur Anwendbarkeit soziologischer Rechtsbegriffe am Beispiel des kirchlichen Asylrechts im 6. Jahrhundert   XX/1   97–125

ESPAGNE, Michel, Michael WERNER: Deutsch-französischer Kulturtransfer im 18. und 19. Jahrhundert. Zu einem neuen interdisziplinären Forschungsprogramm des C.N.R.S.   XIII   502–510

- La correspondance de Jean-Georges Wille. Un projet d'édition | XVII/2 | 173–180
Even, Pascal: Le Centre des Archives Diplomatiques de Nantes | XV | 773–775
- Deux siècles de relations franco-allemandes. Les papiers des représentations diplomatiques et consulaires françaises en Allemagne conservés au Centre des Archives Diplomatiques de Nantes | XVI/3 | 83–97
Ewig, Eugen: Paul Egon Hübinger (1911–1987) | XV | 1143–1147
- Die Namengebung bei den ältesten Frankenkönigen und im merowingischen Königshaus. Mit genealogischen Tafeln und Notizen | XVIII/1 | 21–69
Favrod, Justin: Les sources et la chronologie de Marius d'Avenches | XVII/1 | 1–21
Finzsch, Norbert: Räuber und Gendarme im Rheinland: Das Bandenwesen in den vier rheinischen Départements vor und während der Zeit der französischen Verwaltung (1794–1814) | XV | 435–471
France, John: Rodulfus Glaber and French Politics in the Early Eleventh Century | XVI/1 | 101–112
Friedemann, Peter: Das Frankreichbild der Zwischenkriegszeit in ausgewählten Organen der deutschen Arbeiterpresse | XVII/3 | 31–56
- Das Deutschlandbild in ausgewählten Organen der französischen Linkspresse der Zwischenkriegszeit | XX/3 | 37–60
Fritze, Ralf: Militärschulen als wissenschaftliche Ausbildungsstätten in Deutschland und Frankreich im 18. Jahrhundert | XVI/2 | 213–232

Gäbe, Sabine: Radegundis: sancta, regina, ancilla. Zum Heiligkeitsideal der Radegundisviten von Fortunat und Baudonivia | XVI/1 | 1–30
Gädeke, Nora: Eine Karolingergenealogie des frühen 10. Jahrhunderts? | XV | 777–792
Gersmann, Gudrun, Christiane Schroeder: Verbotene Literatur und unbekannte Schriftsteller im Frankreich des 18. Jahrhunderts. Vorüberlegungen zu einem Forschungsprojekt | XII | 542–570
Gödde-Baumanns, Beate: L'idée des deux Allemagnes dans l'historiographie française des années 1871–1914 | XII | 609–619
Goetz, Hans-Werner: Kirchenschutz, Rechtswahrung und Reform. Zu den Zielen und zum Wesen der frühen Gottesfriedensbewegung in Frankreich | XI | 193–239
- Zur Namengebung bäuerlicher Schichten im Frühmittelalter. Untersuchungen und Berechnungen anhand des Polyptychons von Saint-Germain-des-Prés | XV | 852–877
Grafinger, Christine Maria: L'opinion populaire et la peste en France et dans les pays voisins au XVIe siècle | XVIII/2 | 1–21
Grau, Conrad: Planungen für ein Deutsches Historisches Institut in Paris während des Zweiten Weltkrieges | XIX/3 | 109–128
Griffiths, Quentin: Les collégiales royales et leurs clercs sous le gouvernement capétien | XVIII/1 | 93–110
- The Nesles of Picardy in the Service of the Last Capetians | XX/1 | 69–78

GROSSE, Rolf: Überlegungen zum Kreuzzugsaufruf Eugens III. von
1145/46. Mit einer Neuedition von JL 8876 — XVIII/1 85–92

– L'église de France et la papauté (X^e au XIIIe siècle). Das Papsttum
und die französische Kirche (10.–13. Jahrhundert). Bericht über das 26.
deutsch-französische Historikerkolloquium, veranstaltet in Zusammenarbeit mit der École nationale des chartes vom DHI Paris in
Paris, 17.-19. Oktober 1990 — XVIII/1 161–164

– Nachträge zu den »Papsturkunden in Frankreich, Neue Folge VI:
Orléanais«. Nach Aufzeichnungen aus dem Nachlaß von J. Ramackers — XIX/1 215–228

GRUPP, Peter, Pierre JARDIN: Une tentative de renouvellement de la
diplomatie traditionnelle. La »Geschäftsstelle für die Friedensverhandlungen« (1919) — XIII 447–473

GUILLOT, Olivier: Vgl. DESPY, Georges et al.: Notices critiques concernant les documents de la Gaule carolingienne et des États successeurs — XII 723–724

GUYOTJEANNIN, Olivier: Une interpolation datant des alentours de l'an
mil et provenant de Marmoutier d'une notice perdue de 912, souscrite par le comte Robert, abbé de Saint-Martin de Tours et de
Marmoutier (NoC 2) — XIII 680–686

– Un témoignage falsifié des possessions primitives de l'église cathédrale de Beauvais: examen et édition (NoC 3) — XIII 687–694

HAAS Christa: Vgl. DÜLFFER, Jost et al.: Léon Bourgeois and the
Reaction in France to his Receiving the Nobel Peace Prize in 1920 — XX/3 19–35

HAMON, Marie: Les Archives de l'Occupation française en Allemagne
et en Autriche à Colmar — XVI/3 98–99

HANSCHMIDT, Alwin: Anläufe zu internationaler Kooperation radikaler und liberaler Parteien Europas 1919–1923 — XVI/3 35–48

HARTMANN, Wilfried: Synodes carolingiens et textes synodaux au IXe
siècle — XII 534–541

HAUBRICHS, Wolfgang: Die Urkunde Pippins des Mittleren und Plectruds für St-Vanne in Verdun (702). Toponomastische und besitzgeschichtliche Überlegungen zum frühen Besitz der Pippiniden-Arnulfinger und zum Königsgut im Verdunois — XIII 1–46

HEINZELMANN, Martin: La Neustrie. Les pays au nord de la Loire entre
650 et 850. Bericht über ein internationales Kolloquium, veranstaltet
vom DHI Paris in Zusammenarbeit mit den Musées départementaux
de Seine-Maritime und der Fritz Thyssen-Stiftung (Köln), in Rouen
vom 6. bis 10. Oktober 1985 — XIII 952–957

– Vgl. DOLBEAU, François et al.: Les sources hagiographiques narratives composées en Gaule avant l'an mil (SHG) — XV 701–731

HEINZELMANN, Martin, Karl Ferdinand WERNER: Bericht über die
Aktivität des DHI Paris im Jahre 1983 — XI 901–913

– Bericht über die Aktivität des DHI Paris im Jahre 1985 — XIII 933–951

HINTEREICHER, Margarete: Der Rheinbund von 1658 und die französische Reichspolitik in einer internen Darstellung des Versailler Außenministeriums des 18. Jahrhunderts | XIII | 247–270
HODLER, Beat: Ländliche Calvinismusrezeption. Die Analyse des Bildersturms als methodischer Zugang | XVII/2 | 1–27
HORN, Michael: Zur Geschichte des Bischofs Fulco von Beauvais (1089–1095) | XVI/1 | 176–184
HUDDE, Hinrich: Die Wirkung der Marseillaise auf Deutsche: Geschichte, Geschichten und Gedichte | XVII/2 | 143–171

JANSSEN, Walter: Bemerkungen zur neueren archäologischen Merowingerforschung in Frankreich. Mit einem Beitrag von Irwin SCOLLAR | XII | 511–533
JARDIN, Pierre: Vgl. GRUPP, Peter et al.: Une tentative de renouvellement de la diplomatie traditionnelle | XIII | 447–473
– Le Conseil Supérieur de la Défense Nationale et les projets d'organisation d'un État Rhénan (mars 1923) | XIX/3 | 81–96
JARNUT, Jörg: Chlodwig und Chlothar. Anmerkungen zu den Namen zweier Söhne Karls des Großen | XII | 645–651

KAELBLE, Hartmut: Le modèle aristocratique dans la bourgeoisie allemande (fin XIXe – début du XXe siècle). Similitudes ou divergences de la France? | XIV | 451–460
KÄMMERER, Jürgen: Eine wirklich »konsequente Friedenspolitik«? Die österreichische Außenpolitik im Spiegel ihrer Akten zur Geschichte des Krimkrieges | XII | 676–684
KAISER, Reinhold: Guildes et métiers au Moyen Âge. A propos d'une publication récente | XIV | 585–592
KAISER, Wolfgang: Die Somati: Familienkonflikte und Konkurrenzkämpfe unter provenzalischen Parlementaires während der Religionskriege | XII | 245–269
– Die »bonnes villes« und die »Sainte Union«. Neuere Forschungen über die Endphase der französischen Bürgerkriege | XIII | 638–650
– Sozialgefüge und Fraktionskämpfe in Marseille während der Bürgerkriege | XIV | 181–207
KAISER-GUYOT, Marie-Thérèse: Féodalisme, sel et pouvoir. A propos d'un livre récent | XIV | 582–584
– Manger et boire au Moyen Âge: un thème à la recherche de son histoire | XV | 793–800
KAZANSKI, Michel: L'archéologie de »l'empire« hunnique. A propos d'un livre récent | XX/1 | 127–145
KERAUTRET, Michel: Un bilan critique de la Prusse en 1786: La lettre de Mirabeau à Frédéric-Guillaume II | XIV | 369–380
KIMMEL, Adolf: Ideologische Anfeindungen der pluralistischen Demokratie | XI | 693–696

- Die Ära Adenauer. Ein glänzend geschriebenes Lesebuch mit viel neuem Material — XII 692–697
- Erhard und Kiesinger: Zwei in ihrer Bedeutung verkannte Politiker? Die Geschichte der Bundesrepublik in den sechziger Jahren — XIII 675–679
- Endlich wird eine empfindliche Lücke geschlossen: Ein umfassendes »Handbuch der politischen Ideen« — XIV 593–596
- Aufbruch und Ernüchterung: Die Geschichte der sozial-liberalen Ära 1969–1982 — XVI/3 151–158

KLEINERT, Annemarie: La mode – miroir de la Révolution française — XVI/2 75–98
- Original oder Kopie? Das »Journal des Dames et des Modes« (1797–1839) und seine zahlreichen Varianten — XX/3 99–120

KLEPSCH, Peter: Versuch einer synchronoptischen Darstellung der politischen Gruppierungen im französischen Nationalkonvent 1792–1795 — XVI/2 115–169

KNOPPER-GOURON, Françoise: Le Bénédictin Casimir Freschot pendant la guerre de succession d'Espagne: patriotisme d'Empire, antiprotestantisme et jansénisme — XII 271–282

KORNBLUTH, Genevra: The Seal of Lothar II: Model and Copy — XVII/1 55–68

KOTTJE, Raymund: Eine zeitgenössische Notiz über den Frieden zwischen Ludwig IV. und Herzog Hugo 953 — XII 652–653
- Zur Herkunft der Handschrift Escorial, Bibl. de S. Lorenzo L III 8, aus Senlis — XIII 623–624

KOWALSKY, Wolfgang: Der Conseil National du Patronat Français (CNPF). Machtdelegation beim Patronat — XIX/3 135–150

KREMERS, Hildegard: L'œuvre de Joseph von Sonnenfels et ses sources européennes. »Problèmes de réception« au XVIIIe siècle — XIV 331–367

KREUTZ, Jörg: »Mannheim. Gazette d'Allemagne«. Zur Geschichte einer kurpfälzischen Zeitung im Ancien Régime — XX/2 151–166

KREUTZ, Wilhelm: Ulrich von Hutten in der französischen und angloamerikanischen Literatur. Ein Beitrag zur Rezeptionsgeschichte des deutschen Humanismus und der lutherischen Reformation — XI 614–639
- Die Illuminaten des rheinisch-pfälzischen Raums und anderer außerbayerischer Territorien. Eine ›wiederentdeckte‹ Quelle zur Ausbreitung des radikal aufklärerischen Geheimordens in den Jahren 1781 und 1782 — XVIII/2 115–149
- Les Juifs du Palatinat au XIXe Siècle: Démographie – statut juridique – structure socio-professionnelle — XX/3 1–17

KROENER, Bernhard R.: Conditions de vie et origine sociale du personnel militaire subalterne au cours de la Guerre de Trente Ans — XV 321–350

KRÜGER, Peter: Deutscher Nationalismus und europäische Verständigung: Das Verhältnis Deutschlands zu Frankreich während der Weimarer Republik — XI 509–525

LABBÉ, François: Le rêve irénique du Marquis de la Tierce. Francmaçonnerie, lumières et projets de paix perpétuelle dans le cadre du Saint-Empire sous le règne de Charles VII (1741–1745) — XVIII/2 47–69

LACAZE, Yvon: L'opinion publique française et la crise de Munich — XVIII/3 73–83

LACROIX-RIZ, Annie: La France face à la menace militaire allemande au début de l'ère atlantique: une alliance redoutée, fondée sur le réarmement allemand, 1947–1950 — XVI/3 49–71

LAHME, Rainer: Zwischen Commonwealth, den USA und Europa: Tendenzen britischer Außenpolitik nach 1945 — XIX/3 193–205

– Integrationsfigur oder Repräsentant deutscher Hybris? Der umstrittene Ort Kaiser Wilhelms II. in der deutschen Geschichte — XX/3 121–129

LAPORTE, Jean-Pierre: Pour une nouvelle datation du testament d'Ermenthrude — XIV 574–577

LAPPENKÜPER, Ulrich: »Ich bin wirklich ein guter Europäer«. Ludwig Erhards Europapolitik 1949–1966 — XVIII/3 85–121

LAQUER, Erika J.: Ritual, Literacy and Documentary Evidence: Archbishop Eudes Rigaud and the Relics of St. Eloi — XIII 625–637

LEBOVICS, Herman: La grande dépression: aux origines d'un nouveau conservatisme français, 1880–1896 — XIII 435–445

LEISTAD, Geirr I., Ferdinand Linthoe NÆSHAGEN, Per-Axel WIKTORSSON: Online Prosopography: The Plan for Nordic Medieval Data Bases — XII 699–722

LESSMANN, Peter: Industriebeziehungen zwischen Deutschland und Frankreich während der deutschen Besatzung 1940–1944. Das Beispiel Peugeot – Volkswagenwerk — XVII/3 120–153

LOCATELLI, René, Gérard MOYSE, Bernard de VREGILLE: La Franche-Comté entre le Royaume et l'Empire (fin IXe – XIIe siècle) — XV 109–147

LOHRMANN, Dietrich: Mühlenbau, Schiffahrt und Flußumleitungen im Süden der Grafschaft Flandern-Artois (10.–11. Jahrhundert) — XII 149–192

– Charles Higounet (1911–1988) — XVI/1 319–321

– René Louis (1906–1991) — XIX/1 229–230

LORENTZ, Claude: La France et les restitutions allemandes au lendemain de la Seconde Guerre mondiale — XIX/3 187–192

LOSTER-SCHNEIDER, Gudrun: Zur Neuauflage eines Kriegs- und Antikriegsbuches: Theodor Fontanes »Der Krieg gegen Frankreich 1870–1871« — XIV 610–617

LOTH, Wilfried: De Gaulle et la construction européenne: la révision d'un mythe — XX/3 61–72

LOTTES, Günther: Popular Culture in England (16.–19. Jahrhundert) — XI 640–667

LÜSEBRINK, Hans-Jürgen: ›Die zweifach enthüllte Bastille‹. Zur sozialen Funktion der Medien Text und Bild in der deutschen und französischen ›Bastille‹-Literatur des 18. Jahrhunderts — XIII 311–331

MAGER, Wolfgang: La protoindustrialisation. Premier bilan d'un débat — XIII — 489–501

MAGNOU-NORTIER, Elisabeth: La terre, la rente et le pouvoir dans les pays de Languedoc pendant le haut moyen âge. Troisième partie: Le pouvoir et les pouvoirs dans la société aristocratique languedocienne pendant le haut moyen âge — XII — 53–118

- Le grand domaine: des maîtres, des doctrines, des questions — XV — 659–700
- Un grand historien: Walter Schlesinger — XVI/1 — 155–167

MALETTKE, Klaus: La présentation du Saint Empire Romain Germanique dans la France de Louis XIII et de Louis XIV. Étude sur la circulation des œuvres et des jugements au XVIIᵉ siècle — XIV — 209–228

- Hugenotten und monarchistischer Absolutismus in Frankreich — XV — 299–319
- La Révolution française dans l'historiographie allemande du XIXᵉ siècle: Le cas de Heinrich von Sybel — XVI/3 — 100–119
- Wallenstein – Général, Prince d'Empire et Homme politique dans la Guerre de Trente Ans — XX/2 — 21–33

MALVACHE, Jean-Luc: Correspondance inédite de Mably à Fellenberg 1763–1778 — XIX/2 — 47–93

MANFRASS, Klaus: Ausländerpolitik und Ausländerproblematik in Frankreich: Historische Kontinuität und aktuelle Entwicklungen — XI — 527–578

- Frankreich und Deutschland. Forschung, Technologie und industrielle Entwicklung im 19. und 20. Jahrhundert. Bericht über ein Internationales Kolloquium veranstaltet vom DHI Paris in Verbindung mit dem Deutschen Museum München und der Cité des Sciences et de l'Industrie, Paris, in München vom 12.–15. Oktober 1987 — XV — 1130–1141

MARIOTTE, Jean-Yves: Othon »Sans Terre«, comte palatin de Bourgogne et la fin des Staufen en Franche-Comté — XIV — 83–102

MARTENS, Stefan: Frankreich und die Bundesrepublik Deutschland seit 1949. Bericht über das deutsch-französische Kolloquium des DHI Paris in Zusammenarbeit mit der Robert-Bosch-Stiftung (Stuttgart) in Paris vom 11.–14. Oktober 1983 — XI — 914–923

- Hermann Göring: Der »Zweite Mann« im Dritten Reich? — XII — 473–490
- Histoire de l'Allemagne et de la République Fédérale après 1945. Quelques remarques concernant des publications récentes — XIV — 618–637
- Deutschland und Frankreich: Kriegsende und erste Nachkriegszeit (1944–1947). Bericht über das deutsch-französische Kolloqium des DHI Paris in Zusammenarbeit mit dem Institut d'Histoire du Temps Présent, Paris, und dem Komitee der Bundesrepublik Deutschland im Internationalen Komitee für die Geschichte des Zweiten Weltkriegs in Baden-Baden vom 3.–5. Dezember 1986 — XIV — 896–901
- Frankreich und Deutschland im Krieg, September 1939 – November 1942. Bericht über das XXV. deutsch-französische Historikerkolloquium des DHI Paris in Zusammenarbeit mit dem Institut d'Histoire des Conflits Contemporains und dem Komitee der Bundesrepublik Deutschland im Internationalen Komitee für die Geschichte des Zweiten Weltkrieges in Wiesbaden, 17.–19. März 1988 — XVI/3 — 159–166

- Inventarisierte Vergangenheit. Frankreich zehn Jahre nach Öffnung der staatlichen Archive   XVII/3   103–109

MARTIN, Michael: Ezechiel du Mas, comte de Mélac (1630–1704). Eine biographische Skizze   XX/2   35–68

MARTINDALE, Jane: The Kingdom of Aquitaine and the »Dissolution of the Carolingian Fisc«   XI   131–191

MATHISEN, Ralph W.: Episcopal Hierarchy and Tenure in Office in Late Roman Gaul: A Method for Establishing Dates of Ordination   XVII/1   125–140

MCKITTERICK, Rosamond: Nuns' Scriptoria in England and Francia in the Eighth Century   XIX/1   1–35

MELVILLE, Gert: Cluny après »Cluny«. Le treizième siècle: un champ de recherches   XVII/1   91–124

MELZER, Imma: Pfälzische Emigranten in Frankreich während und nach der Revolution von 1848/49. Teil I   XII   371–424

- Pfälzische Emigranten in Frankreich während und nach der Revolution von 1848/49. Teil II   XIII   369–407

MENACHE, Sophia: »Un peuple qui a sa demeure à part«. Boniface VIII et le sentiment national français   XII   193–208

MERGLEN, Albert: La France pouvait continuer la guerre en Afrique française du Nord en juin 1940   XX/3   163–174

MEYER, Ahlrich: Die Subsistenzunruhen in Frankreich 1846–1847   XIX/3   1–45

MEYER-GEBEL, Marlene: Zur annalistischen Arbeitsweise Hinkmars von Reims   XV   75–108

MIECK, Ilja: Napoléon Ier et les réformes en Allemagne   XV   473–491

MITCHELL, Allan: The German Influence on Subversion and Repression in France During the Early Third Republic   XIII   409–433

- The Municipal Council of Paris and the Problems of Public Welfare in France (1885–1914)   XIV   435–450

- The Great Train Race: Railways and the Franco-German Rivalry before 1914   XIX/3   47–55

- A Flight at Dusk: Otto Pflanze's new Biography of Bismarck   XIX/3   165–173

MÖLLER, Horst: Les deux voies du parlementarisme allemand. La Prusse et le Reich dans la République de Weimar   XIV   461–473

- L'Histoire contemporaine: questions, interprétations, controverses   XVI/3   128–143

MORINEAU, Michel: Y avait-il une économie mondiale avant le XIXe siècle? Remarques sur les actes du IXe congrès international d'histoire économique   XVII/2   207–212

MOSER, Arnulf: Wessenberg und die Toleranz   XIX/3   97–101

MOSTERT, Marco: The Political Ideas of Abbo of Fleury. Theory and practice at the end of the tenth century   XVI/1   85–100

MOTTE, Olivier: Le voyage d'Allemagne. Lettres inédites sur les missions d'universitaires français dans les universités allemandes au XIXe siècle. I   XIV   561–566

- Sur quelques manuscrits relatifs à Warnkoenig   XIV   601–609

- Le voyage d'Allemagne. Lettres inédites sur les missions d'universitaires français dans les universités allemandes au XIXᵉ siècle. II   XV   755–772

- Le voyage d'Allemagne. Lettres inédites sur les missions d'universitaires français dans les universités allemandes au XIXᵉ siècle. III   XVII/3   110–119

- Lettres d'archéologues, d'épigraphistes et d'historiens français du dix-neuvième siècle dans les archives de l'Institut archéologique allemand à Rome   XVIII/3   135–145

- Sur les réseaux informels de la science: Les amitiés européennes de Gabriel Monod   XVIII/3   147–150

Mousnier, Roland: Allocution à l'Institut Goethe à l'occasion de la fin des activités du Professeur Skalweit au sein du conseil d'administration de l'Institut historique allemand de Paris   XII   241–243

Moyse, Gérard: Vgl. Locatelli, René et al.: La Franche-Comté entre le Royaume et l'Empire   XV   109–147

Müller, Klaus-Jürgen: Fred Kupfermann (1934–1988)   XVI/3   315–316

- »Faschisten« von Links? Bemerkungen zu neuen Thesen über »Faschismus« und Collaboration in Frankreich   XVII/3   170–191

Næshagen, Ferdinand Linthoe: Statistics and Historical Research   XII   491–510

- Vgl. Leistad, Geirr I. et al.: Online Prosopography: The Plan for Nordic Medieval Data Bases   XII   699–722

Nahmer, Dieter von der: Martin von Tours: Sein Mönchtum – seine Wirkung   XV   1–41

Neveux, Hugues: Visions d'une vision: les représentations de l'apparition de Niklashausen de 1476 à 1550   XIV   169–180

- L'Étude de l'alphabétisation rurale sous Henri IV d'après les registres de censitaires   XVI/2   1–12

Nielen, Andreas: La vie politique dans Bordeaux libéré. De la libération de la ville aux premières élections générales (1944–1946)   XVIII/3   155–176

Nurdin, Jean: Karl Hillebrand. Un émigré au carrefour des cultures   XIV   381–388

Oexle, Otto Gerhard: Das Andere, die Unterschiede, das Ganze. Jacques Le Goffs Bild des europäischen Mittelalters   XVII/1   141–158

Opitz-Belakhal, Claudia: Militärreformen als Bürokratisierungsprozeß: Das französische Offizierskorps von 1760 bis 1790   XVI/2   171–194

Ortigues, Edmond: L'élaboration de la théorie des trois ordres chez Haymon d'Auxerre   XIV   27–43

Ouy, Gilbert: De Gerson à Geiler von Kaysersberg: A propos d'un ouvrage récent   XII   654–665

Ouzoulias, Pierre: Les *villae* carolingiennes de Chaussy et Genainville (Val-d'Oise): premières hypothèses sur leur fondation et leur destin   XVIII/1   71–84

PALLACH, Ulrich-Christian: Fonctions de la mobilité artisanale et ouvrière – Compagnons, ouvriers et manufacturiers en France et aux Allemagnes (17ᵉ–19ᵉ siècles). Première partie: De la fin du 17ᵉ au début de l'époque révolutionnaire en 1789   XI   365–406

PARAVICINI, Werner: Die Hofordnungen Herzog Philipps des Guten von Burgund. Edition. II: Die verlorene Hofordnung von 1419/1421. Die Hofordnung von 1426/1427   XI   257–301

– Die Hofordnungen Herzog Philipps des Guten von Burgund. Edition. III: Die Hofordnung für Herzogin Isabella von Portugal von 1430   XIII   191–211

– Raymond Cazelles (1917–1985)   XIII   959–962

– Die Hofordnungen Herzog Philipps des Guten von Burgund. Edition. IV: Die verlorenen Hofordnungen von 1431/1432. Die Hofordnung von 1433   XV   183–231

– Der Adel im spätmittelalterlichen Herzogtum Burgund   XVI/1   207–214

– Die Hofordnungen Herzog Philipps des Guten von Burgund. Edition. V   XVIII/1   111–123

PASETZKY, Gilda: Die Diskussion in Salzburg um die Rheingrenze und das Projekt der Republikanisierung Süddeutschlands 1798   XX/2   167–170

PASZTORY PEDRONI, Caterina: Goethe und Stendhal   XV   493–560

PÉGEOT, Pierre: La noblesse comtoise devant la mort à la fin du moyen âge   XI   303–318

PIETRI, Luce: Une nouvelle édition de la sylloge martinienne de Tours   XII   621–631

POHLKAMP, Wilhelm: Textfassungen, literarische Formen und geschichtliche Funktionen der römischen Silvester-Akten   XIX/1   115–196

POKORNY, Rudolf: Ein unbekanntes Brieffragment Argrims von Lyon-Langres aus den Jahren 894/95 und zwei umstrittene Bischofsweihen in der Kirchenprovinz Lyon. Mit Textedition und Exkurs   XIII   602–622

POTTER, David L.: Les Allemands et les armées françaises au XVIᵉ siècle. Jean-Philippe Rhingrave, chef de lansquenets: étude suivie de sa correspondance en France, 1548–1566. Première partie   XX/2   1–20

POULIN, Joseph-Claude: Travaux en cours sur l'hagiographie de Bretagne armoricaine avant l'an mil   XIV   509–512

– Vgl. DOLBEAU, François et al.: Les sources hagiographiques narratives composées en Gaule avant l'an mil (SHG)   XV   701–731

– Les dossiers de s. Magloire de Dol et de s. Malo d'Alet (Province de Bretagne). Bibliographie générale sur l'hagiographie bretonne (complément n° 1)   XVII/1   159–209

– Le dossier hagiographique de saint Conwoion de Redon. A propos d'une édition récente   XVIII/1   139–159

RADTKE, Arne, Bernd ZIELINSKI: Erbschaft dunkler Jahre. Akten des Staats- und der Regierungschefs Vichys in den Archives Nationales   XIX/3   129–134

RAPHAEL, Lutz: Von der wissenschaftlichen Innovation zur kulturellen Hegemonie? Die Geschichte der »nouvelle histoire« im Spiegel neuerer Gesamtdarstellungen   XVI/3   120–127

– Zwischen wissenschaftlicher Innovation und politischem Engagement: Neuerscheinungen zur Geschichte der frühen Annales-Schule — XIX/3 — 103–108

RECKER, Marie-Luise: Der Vertrag von Dover 1670 zur englischen Außenpolitik der Restaurationszeit — XIII — 271–294

REICHARDT, Rolf: Mehr geschichtliches Verstehen durch Bildillustration? Kritische Überlegungen am Beispiel der Französischen Revolution — XIII — 511–523

REIFELD, Helmut: Imperialismus – Bilanzierungen einer Epoche — XVII/3 — 165–169

REILL, Peter-Hanns: Anti-Mechanism, Vitalism and their Political Implications in the Late Enlightened Scientific Thought — XVI/2 — 195–212

REUSCH, Ulrich: Le Saint-Siège, la France et l'idée de l'équilibre européen 1939–1945 — XVIII/3 — 55–72

RICHARD, Jean: Theodor Schieffer (1910–1992) — XX/1 — 185–186

RIEMENSCHNEIDER, Rainer: Der Krieg von 1870/71 und seine Folgen (Teil 1). Bericht über das 20. deutsch-französische Historikerkolloquium des DHI Paris vom 10. bis 12. Oktober 1984 in Paris — XII — 948–952

RIVERS, Theodore John: An Analysis of the Place-Name ›Turrovaninsis‹ in »Edictus Chilperici« (Cap. 1) and its Relationship to Inheritance Rights South of the Garonne River (ca. A.D. 575) — XII — 632–634

RUIZ, Alain: Kant und Napoléon. Eine unmögliche Begegnung — XIX/2 — 159–176

SCHARF, Ralf: Germanus von Auxerre – Chronologie seiner Vita — XVIII/1 — 1–19

– Iovinus – Kaiser in Gallien — XX/1 — 1–13

SCHLICHT, Alfred: La France et le Liban dans la première moitié du XIXe siècle. Influences occidentales dans l'histoire orientale — XI — 495–507

SCHLOSSER, Wolfhard: Vgl. BERGMANN, Werner et al.: Gregor von Tours und der »rote Sirius« — XV — 43–74

SCHMALE, Wolfgang: Rechtskultur im Frankreich des Ancien Régime und die Erklärung der Menschen- und Bürgerrechte von 1789. Wege zu einer Sozialgeschichte der Grund- und Menschenrechte — XIV — 513–529

SCHMID, Karl: Unerforschte Quellen aus quellenarmer Zeit. Zur amicitia zwischen Heinrich I. und dem westfränkischen König Robert im Jahre 923 — XII — 119–147

SCHMIDT, Hans: Napoleon in der deutschen Geschichtsschreibung — XIV — 530–560

– Die Französische Revolution in der deutschen Geschichtsschreibung — XVII/2 — 181–206

SCHMIDT, Tilmann: Pariser Magister des 14. Jahrhunderts und ihre Pfründen. Mit Edition eines universitären Supplikenrotulus — XIV — 103–138

SCHMIDT, Uwe: Georg Kerners Revolutionsplan für Württemberg vom Oktober 1792 — XV — 811–818

SCHNEIDER, Erich: Gegen Chauvinismus und Völkerhaß. Die Berichte des Kriegskorrespondenten Hermann Voget aus dem deutsch-französischen Krieg von 1870/71 — XIV — 389–434

– »Der Feldzug 1870/71 gegen Frankreich«. Ein unbekanntes Tagebuch aus dem deutsch-französischen Krieg — XVII/3 — 155–164

SCHRADER, Fred E.: Sociétés de pensée zwischen Ancien Régime und Französischer Revolution. Genese und Rezeption einer Problemstellung von Augustin Cochin | XII | 571–608

– Soziabilitätsgeschichte der Aufklärung. Zu einem europäischen Forschungsproblem | XIX/2 | 177–194

SCHRIEWER, Jürgen: »Weltlich, unentgeltlich, obligatorisch«: Konstitutionsprozesse nationaler Erziehungssysteme im 19. Jahrhundert | XIII | 663–674

SCHROEDER, Christiane: Vgl. GERSMANN, Gudrun et al.: Verbotene Literatur und unbekannte Schriftsteller im Frankreich des 18. Jahrhunderts | XII | 542–570

SCHÜSSLER, Heinz Joachim: Die fränkische Reichsteilung von Vieux-Poitiers (742) und die Reform der Kirche in den Teilreichen Karlmanns und Pippins. Zu den Grenzen der Wirksamkeit des Bonifatius | XIII | 47–112

SCHÜTZ, Marco: Von der Anatomie zur Kultur: Die Rassenpsychologie von Gustave Le Bon | XIX/3 | 57–79

SCOLLAR, Irwin: Vgl. JANSSEN, Walter: Bemerkungen zur neueren archäologischen Merowingerforschung in Frankreich | XII | 511–533

SEIBT, Ferdinand: Cabochiens, Lollarden, Hussiten. Zur sogenannten Krise des Spätmittelalters im europäischen Vergleich | XII | 209–221

SEIFERT, Hans-Ulrich: Deutsche Benutzer der Pariser Nationalbibliothek in den Jahren 1789–1815 | XVIII/2 | 151–207

SETTIPANI, Christian: Ruricius Ier évêque de Limoges et ses relations familiales | XVIII/1 | 195–222

SICK, Klaus-Peter: Ein Weg in den Kollaborationismus. Thesen zur intellektuellen Biographie Jacques Benoist-Méchins nach *A l'épreuve du temps* | XX/3 | 151–162

SIEBURG, Heinz-Otto: Aspects de l'historiographie allemande sur la France entre 1871 et 1914. Courants, exemples, tendances | XIII | 561–578

SIGAL, Pierre André: Le travail des hagiographes aux XIe et XIIe siècles: sources d'information et méthodes de rédaction | XV | 149–182

SIGNORI, Gabriela: Stadtheilige im Wandel. Ein Beitrag zur geschlechtsspezifischen Besetzung und Ausgestaltung symbolischer Räume am Ausgang des Mittelalters | XX/1 | 39–67

SKALWEIT, Stephan: États Généraux de France et Diètes d'Empire dans la pensée politique du XVIe siècle | XII | 222–241

SPIVAK, Marcel: La France, l'Allemagne et le sport (1930–1960). Journées d'études franco-allemandes: influences réciproques en matière de sport et d'éducation physique de 1930 au début des années 1960. Montpellier, 28 au 30 septembre 1992 | XIX/3 | 207–208

STACKELBERG, Jürgen von: 1685 et l'idée de la tolérance. La réaction des »philosophes« à la révocation de l'Édit de Nantes | XIV | 229–243

STEIN, Wolfgang Hans: Die Zeitung als neues bildpublizistisches Medium. Die Revolutionskarikaturen der Neuwieder »Politischen Gespräche der Todten« 1789–1804 | XIX/2 | 95–157

STÖRKEL, Arno: Frankreich 1768 im Spiegel zweier geheimer Denkschriften Kaiser Josephs II. und König Friedrichs II. von Preußen   XX/2   139–149

STUDT, Christoph: Bismarck und kein Ende... Neue Literatur zu Person und Politik Otto von Bismarcks   XIX/3   151–164

TAEGER, Angela: Staatliche Erziehung und familiäre Kinderaufzucht. Neuere Forschungen zum 19. Jahrhundert in Frankreich   XIII   659–662

– L'État, les enfants trouvés et les allocations familiales en France, XIXe, XXe siècles   XVI/3   15–33

TAUBERT, Fritz: Munich: la gauche française voulait-elle encore réviser le Traité de Versailles?   XV   819–827

TENORTH, Heinz-Elmar: Schulkonferenzen in Preußen 1890 und 1900. Formen und Folgen administrativer Modernisierungen des Bildungswesens   XII   685–691

TESKE, Gunnar: Ein unerkanntes Zeugnis zum Sturz des Bischofs Arnulf von Lisieux? Ein Vorschlag zur Diskussion   XVI/1   185–206

TIEMANN, Dieter: Der Jungdeutsche Orden und Frankreich   XII   425–456

THOMAS, Heinz: Jeanne la Pucelle, das Basler Konzil und die ›Kleinen‹ der Reformatio Sigismundi   XI   319–339

TROSSBACH, Werner: Der Maiwald-Kanal. Politische Ökonomie und kulturelle Identität in der Ortenau (1748–1756)   XV   351–405

TRUMPP, Thomas: Nur ein Phantasieprodukt? Zur Wiedergabe und Interpretation des Kurzprotokolls über die 59. Kabinettssitzung der Bundesregierung am 19. November 1954, 10.00–13.50 Uhr (Abstimmung über das Saarstatut vom 23. Oktober 1954)   XVII/3   192–197

UYTFANGHE, Marc van: Histoire du latin, protohistoire des langues romanes et histoire de la communication. A propos d'un recueil d'études, et avec quelques observations préliminaires sur le débat intellectuel entre pensée structurale et pensée historique   XI   579–613

VERHULST, Adriaan: Les origines urbaines dans le Nord-Ouest de l'Europe: essai de synthèse   XIV   57–81

VIERHAUS, Rudolf: »Vormärz« – Ökonomische und soziale Krisen, ideologische und politische Gegensätze   XIII   355–368

VOGT, Jean: Quelques aspects du grand commerce des bœufs et de l'approvisionnement de Strasbourg et de Paris   XV   281–297

VOIGT, Klaus: Quelques exemples de l'iconographie du refuge   XI   681–685

VOSS, Jürgen: Ein unbekanntes Schreiben Voltaires an die Redaktion der ›Franckfurtischen Gelehrten Zeitungen‹ (1753) zur Frage der Drucklegung des ›Siècle de Louis XIV‹   XI   686–687

– Vereinswesen und bürgerliche Gesellschaft in Frankreich, in Deutschland und der Schweiz. Bericht über das von der Mission Historique Française (Göttingen) und dem DHI Paris veranstaltete internationale Kolloquium in Bad Homburg vom 7. bis 9. April 1983   XII   924–926

– Der Mann, der Schiller 1792 zum Ehrenbürger Frankreichs machte:
Philippe Jacques Rühl (1737–1795) | XVII/2 | 81–93
– La Révolution française et la révolution allemande de 1918/1919.
Une comparaison établie en 1920 | XVIII/3 | 151–154
Voss, Jürgen, Karl Ferdinand Werner: Bericht über die Aktivität des
DHI Paris im Jahre 1984 | XII | 933–947
– Bericht über die Aktivität des DHI Paris im Jahre 1986 | XIV | 881–895
Vregille, Bernard de: Vgl. Locatelli, René et al.: La Franche-
Comté entre le Royaume et l'Empire | XV | 109–147

Wagner, Michael: Vendée-Aufstand und Chouannerie im Lichte der
neueren Forschung | XV | 733–754
Weber, Hermann: Dieu, le roi et la chrétienté. Aspects de la politique
du Cardinal de Richelieu | XIII | 233–245
– Zur »Entrée solennelle« Ludwigs XIV. 1660 in Paris | XIII | 651–654
– Die ›Mission de St. Joseph des Allemands‹ in Paris (1850–1925) | XVI/3 | 1–13
– Roland Mousnier (1907–1993) | XX/2 | 316–317
Weidemann, Margarete: Adelsfamilien im Chlotharreich. Verwandt-
schaftliche Beziehungen der fränkischen Aristokratie im 1. Drittel
des 7. Jahrhunderts | XV | 829–851
– Gunthramns Herrschaftsjahre: Einwände zu einem neuen Chrono-
logievorschlag | XIX/1 | 197–203
Werner, Karl Ferdinand: Vgl. Despy, Georges et al.: Notices critiques
concernant les documents de la Gaule carolingienne et des États
successeurs | XII | 723–724
– Karl Hammer (1918–1987) | XVII/3 | 329–331
– Vgl. Heinzelmann, Martin et al.: Bericht über die Aktivität des
DHI Paris im Jahre 1983 | XI | 901–913
– Vgl. Voss, Jürgen et al.: Bericht über die Aktivität des DHI Paris im
Jahre 1984 | XII | 933–947
– Vgl. Heinzelmann, Martin et al.: Bericht über die Aktivität des
DHI Paris im Jahre 1985 | XIII | 933–951
– Vgl. Voss, Jürgen et al.: Bericht über die Aktivität des DHI Paris im
Jahre 1986 | XIV | 881–895
– Bericht über die Aktivität des DHI Paris im Jahre 1987 | XV | 1113–1123
Werner, Michael: Vgl. Espagne, Michel et al.: Deutsch-französischer
Kulturtransfer im 18. und 19. Jahrhundert | XIII | 502–510
– Vgl. Espagne, Michel et al.: La correspondance de Jean-Georges
Wille | XVII/2 | 173–180
Wiktorsson, Per-Axel: Vgl. Leistad, Geirr I. et al.: Online Prosopo-
graphy: The Plan for Nordic Medieval Data Bases | XII | 699–722
Wilkens, Andreas: Das Jahrhundert des Generals. Die historische
Forschung zu de Gaulle steht erst am Anfang | XX/3 | 181–191

WIRSCHING, Andreas: Popularität als raison d'être. Identitätskrise und Parteiideologie der Whigs in England im frühen 19. Jahrhundert — XVII/3 1–14

– Nationale Geschichte und gemeineuropäische Erfahrung: Einige neuere westeuropäische Publikationen zur Geschichte des Ersten Weltkrieges — XIX/3 175–185

– Paris und Berlin in der Revolution 1848. Kolloquium, organisiert von der Historischen Kommission zu Berlin und dem DHI Paris in Zusammenarbeit mit der Stadt Paris, Paris, 23.-25. November 1992 — XX/3 193–194

WISCHERMANN, Clemens: Großstadt und Wohnen in Frankreich im späten 19. Jahrhundert — XVIII/3 177–190

WITTENBROCK, Rolf: Die Stadterweiterung von Metz (1898–1903). Nationalpolitische Interessen und Konfliktfelder in einer grenznahen Festungsstadt — XVIII/3 1–23

WOLF, Armin: Les deux Lorraine et l'origine des princes électeurs du Saint-Empire. L'impact de l'ascendance sur l'institution — XI 241–256

WUNDER, Bernd: Die Einführung des staatlichen Pensionssystems in Frankreich (1760–1850) — XI 417–474

ZIELINSKI, Bernd: Vgl. RADTKE, Arne et al.: Erbschaft dunkler Jahre — XIX/3 129–134

ZIMMERMANN, Harro: Die Emigranten der Französischen Revolution in der deutschen Erzählliteratur und Publizistik um 1800 — XII 305–354

ZOTZ, Thomas: Amicitia und Discordia. Zu einer Neuerscheinung über das Verhältnis von Königtum und Adel in frühottonischer Zeit — XVI/1 169–175

VERZEICHNIS DER REZENSENTEN /
TABLE DES AUTEURS DE COMPTE RENDU

ALBRECHT, Willy

– KLÄR, Karl-Heinz: Der Zusammenbruch der Zweiten Internationale, 1981	XI	866–867
– SCHANBACHER, Eberhard: Parlamentarische Wahlen und Wahlsysteme in der Weimarer Republik.	XI	870–871
– BECK, Dorothea: Julius Leber. Sozialdemokrat zwischen Reform und Widerstand, 1983	XIII	913–915
– BARBLAN, Marc A.: Rapport sur l'étude et la mise en valeur du patrimoine industriel en Suisse. Vol. 1: 1978–1981, 1983	XIII	925–926
– MÜLLER, Dirk H.: Gewerkschaftliche Versammlungsdemokratie und Arbeiterdelegierte vor 1918, 1985	XV	1055–1056
– Auf dem Wege zur Massengewerkschaft. Die Entwicklung der Gewerkschaften in Deutschland und Großbritannien 1880–1914, 1984	XV	1056–1057
– Quellen zur Geschichte der deutschen Gewerkschaftsbewegung im 20. Jahrhundert. Bde. 1–3, 1985–1986	XV	1058–1060
– Quellen zur Geschichte der deutschen Gewerkschaftsbewegung im 20. Jahrhundert. Bd. 4, 1988	XIX/3	268–270
– POTTHOFF, Heinrich: Freie Gewerkschaften 1918–1933, 1987	XIX/3	270–271
– Quellen zur Geschichte der deutschen Gewerkschaftsbewegung im 20. Jahrhundert. Bd. 6, 1987	XIX/3	299–300
– LATTARD, Alain: Gewerkschaften und Arbeitgeber in Rheinland-Pfalz unter französischer Besatzung 1945–1949, 1988	XIX/3	302–303

ALBRECHT, Wolfgang

– MOES, Jean: Justus Möser et la France, 1990	XVIII/2	266–269
– LABBÉ, François: Jean-Henri-Ferdinand Lamartelière (1761–1830), 1990	XIX/2	328
– La Révolution Française vue des deux côtés du Rhin, 1990	XIX/2	332–333

ALTGELD, Wolfgang

– Il Trentino nel Settecento fra Sacro Romano Impero e antichi stati italiani, 1985	XVI/2	311–312

AMALVI, Christian

– BERSTEIN, Serge: Edouard Herriot ou la République en personne, 1985	XIV	597–600
– OZOUF, Mona: L'École de la France: essais sur la Révolution, l'utopie et l'enseignement, 1984	XIV	597–600
– WINOCK, Michel: La Fièvre hexagonale: les grandes crises politiques: 1871–1968, 1986	XIV	597–600

AMANN, Konrad

– Les oeconomies royales de Sully, 1595–1599. T. II, 1988	XVII/2	259–261

AMMERICH, Hans

– WAHL, Alfred: Confession et comportement dans les campagnes d'Alsace et de Bade 1871–1939, 1980	XI	856–858
– SPERBER, Jonathan: Popular Catholicism in Nineteenth-Century Germany, 1984	XIV	799–800
– BAECHLER, Christian: Le parti catholique alsacien 1890–1939, 1982	XIV	825–827
– LOSKOUTOFF, Yvan: La Sainte et la fée. Dévotion à l'enfant Jésus et la mode des contes merveilleux à la fin du règne de Louis XIV, 1987	XVI/2	283–285

- BENDER, Karl-Heinz et al.: Johann Christian von Mannlich. Histoire de ma vie, 1989 — XVIII/2 269–270
- PÉROUAS, Louis et al.: La Révolution française. Une rupture dans le christianisme, 1988 — XVIII/2 294–296

ANDERMANN, Kurt
- Beiträge zur Geschichte der frühneuzeitlichen Garnisons- und Festungsstadt, 1983 — XIII 829–830

ANDRIES, Lise
- KENNEDY, Michael L.: The Jacobin Clubs in the French Revolution. The Middle Years, 1988 — XVII/2 326–327
- RIGNEY, Ann: The rhetoric of historical representation. Three narrative histories of the French Revolution, 1990 — XX/2 279–280

ANGENENDT, Arnold
- Groupe de la Bussière: Pratiques de la confession, 1983 — XII 757–759
- LYNCH, Joseph H.: Godparents and Kinship in Early Medieval Europe, 1986 — XVI/1 246–247

ANGERMEIER, Heinz
- Regesten Kaiser Friedrichs III. (1440–1493), 1986 — XV 971–972

ANGERS, Denise
- MEUTHEN, Erich: Das 15. Jahrhundert, 1980 — XI 769–772
- ALLMAND, Christopher T.: Lancastrian Normandy, 1415–1450. The History of a Medieval Occupation, 1983 — XIII 785–788
- La vie de la forêt normande à la fin du moyen âge. Le coutumier d'Hector de Chartres. T. 1: La Haute-Normandie, 1984 — XIII 788–789
- BOIS, Guy: The Crisis of Feudalism. Economy and Society in Eastern Normandy c. 1300–1500, 1984 — XIV 738–739

ANTON, Hans Hubert
- ENRIGHT, Michael J.: Iona, Tara and Soissons. The Origin of the Royal Anointing Ritual, 1985 — XVI/1 254–256

ARONSON, Shlomo
- LESSMANN, Peter: Die preußische Schutzpolizei in der Weimarer Republik, 1989 — XVIII/3 265–266

ARTAUD, Denise
- HUGHES, Michael L.: Paying for German Inflation, 1988 — XVII/3 261–263
- ORDE, Anne: British Policy and European Reconstruction after the First World War, 1990 — XIX/3 259–260

ASCHOFF, Diethard
- LOHRMANN, Klaus: Judenrecht und Judenpolitik im mittelalterlichen Österreich, 1990 — XIX/1 268–269

AUER, Leopold
- SCHERFF, Bruno: Studien zum Heer der Ottonen und der ersten Salier (919–1056), 1985 — XVI/1 261–262
- BÉRENGER, Jean: Histoire de l'Empire des Habsbourg 1273–1918, 1990 — XIX/2 237–239

AUERBACH, Hellmuth
- L'Allemagne occupée 1945–1949, 1990 — XIX/3 296–297
- MÉNUDIER, Henri et al.: L'Allemagne occupée 1945–1949, 1989 — XIX/3 296–297

AVRIL, Joseph
- DENTON, Jeffrey H.: Philip the Fair and the Ecclesiastical Assemblies of 1294–1295, 1991 — XX/1 302–303

Ayçoberry, Pierre
- Eberan, Barbro: Luther? Friedrich »der Große«? Wagner? Nietzsche? ...?
 ...? Wer war an Hitler schuld? Die Debatte um die Schuldfrage 1945–1949,
 1983 XII 905–907
- [Neunzehnhundertdreiunddreißig] 1933 – Fünfzig Jahre danach. Die natio-
 nalsozialistische Machtergreifung in historischer Perspektive, 1983 XII 907
- Schreiber, Gerhard: Hitler-Interpretationen 1923–1983, 1984 XIII 907–909
- Matzerath, Horst: Urbanisierung in Preußen 1815–1914, 1985 XV 1034–1036
- Hildebrandt, Klaus: Das Dritte Reich, 3. überarb. und erw. Aufl., 1987 XVI/3 253
- Funke, Manfred: Starker oder schwacher Diktator?, 1989 XVII/3 275–276
- Deutschland 1933–1945. Neue Studien zur nationalsozialistischen Herrschaft,
 1992 XX/3 324–325

Babel, Rainer
- Die osmanischen Türken und Europa, Begleitheft zur Ausstellung der Stadt-
 bibliothek Hannover, 1988 XVI/2 313
- Elliott, John H.: Richelieu and Olivares, 1985 XVII/2 263–264
- Abmeier, Karlies: Der Trierer Kurfürst Philipp Christoph von Sötern und
 der Westfälische Friede, 1986 XVII/2 264–266
- Bergin, Joseph: Cardinal de La Rochefoucauld, 1987 XVIII/2 209–217
- Châtellier, Louis: L'Europe des Dévots, 1987 XVIII/2 209–217
- Höpfl, Harro: The Christian Polity of John Calvin, 1982 XVIII/2 209–217
- Les Réformes. Enracinement socioculturel, 1985 XVIII/2 209–217
- Les Réformes en Lorraine (1520–1620), 1986 XVIII/2 209–217
- Religion and Society in Early Modern Europe (1500–1800), 1985 XVIII/2 209–217
- Bonney, Richard: Society and Government in France under Richelieu and
 Mazarin, 1624–1661, 1988 XIX/2 366
- Peyronnet, Philippe de: Inventaire de la bibliothèque de Saint Jean-Marie
 Vianney, curé d'Ars, 1991 XIX/2 370–371

Bachrach, Bernard S.
- Wolfram, Herwig: Die Geburt Mitteleuropas. Geschichte Österreichs vor
 seiner Entstehung 378–907, 1987 XVII/1 223–224
- Goffart, Walter: The Narrators of Barbarian History (A.D. 550–800), 1988 XVII/1 250–256
- Wolfram, Herwig: Geschichte der Goten, ³1990 XIX/1 205–214
- Durliat, Jean: Les finances publiques de Dioclétien aux Carolingiens
 (284–889), 1990 XIX/1 276–277
- Kazanski, Michel: Les Goths (Ier–VIIe siècle après J.-C.), 1991 XX/1 256

Badia, Gilbert
- Mühlen, Patrick von zur: Spanien war ihre Hoffnung. Die deutsche Linke
 im spanischen Bürgerkrieg 1936–1939, 1985 XIV 835–836
- Christentum und Politik: Dokumente des Widerstands, 1985 XIV 848
- Betz, Albrecht: Exil und Engagement. Deutsche Schriftsteller im Frankreich
 der dreißiger Jahre, 1986 XV 1071–1073
- Schulz, Gerhard: Verfassungspolitik und Reichsreform in der Weimarer
 Republik. Bd. 2, 1987 XVI/3 232–234
- Deutsche Geschichte in 10 Kapiteln, 1988 XVII/3 201–202
- Schulz, Gerhard: Zwischen Demokratie und Diktatur. Bd. 1, 1987 XVII/3 258–260
- Weber, Hermann: Die DDR 1945–1986, 1988 XVII/3 323–325
- Geschichtswissenschaft in der DDR. Bd. I, 1988 XVII/3 325–326
- Lambsdorff, Hans Georg: Die Weimarer Republik, 1990 XVIII/3 255–256
- Eschenburg, Theodor: Das Jahrhundert der Verbände, 1989 XVIII/3 261–262
- Geschichtswissenschaft in der DDR. Bd. II, 1990 XVIII/3 317–318

– Azaryahu, Maoz: Von Wilhelmplatz zu Thälmannplatz. Politische Symbole
  im öffentlichen Leben der DDR, 1991   XIX/3   313–315
– Teltschik, Horst: 329 Tage. Innenansicht der Einigung, 1991   XIX/3   316–317

Baechler, Christian

– Grünewald, Irmgard: Die Elsaß-Lothringer im Reich 1918–1933, 1984   XIII   899–900
– Grupp, Peter: Deutsche Außenpolitik im Schatten von Versailles 1918–1920, 1988   XVII/3   256–257
– Nipperdey, Thomas: Nachdenken über die deutsche Geschichte, 1990   XVIII/3   218
– Nipperdey, Thomas: Deutsche Geschichte 1866–1918. Bd. 1, 1990   XIX/3   216–217
– Flucht in den Krieg. Die Außenpolitik des kaiserlichen Deutschlands, 1991   XIX/3   252–254
– Bismarck und seine Zeit, 1992   XX/3   219–221
– Deutscher Katholizismus im Umbruch zur Moderne, 1991   XX/3   234–236

Balfour, Michael

– Herre, Franz: Kaiser Friedrich III. Deutschlands liberale Hoffnung, 1987   XVI/3   200–202
– Reifeld, Helmut: Zwischen Empire und Parlament. Zur Gedankenbildung
  und Politik Lord Rosebery's (1880–1905), 1987   XVI/3   218–219

Banniard, Michel

– Walahfrid Strabo: Visio Wettini – Die Vision Wettis, 1986   XV   932–933
– Arbor amoena comis. 25 Jahre Mittellateinisches Seminar in Bonn,
  1965–1990, 1990   XX/1   187–188

Barbian, Jan-Pieter

– Medizin im Spielfilm des Nationalsozialismus, 1990   XIX/3   274–275
– Reuth, Ralf Georg: Goebbels, 1990   XX/3   261–263

Barbiche, Bernard

– Lohrmann, Dietrich: Diözese Paris. I. Urkunden und Briefsammlungen der
  Abteien Sainte-Geneviève und Saint-Viktor, 1989   XVIII/1   295–296

Barral, Pierre

– Scherer, Werner: Verhältniswahl und Reform der politischen Ordnung,
  1982   XI   861–863
– Liberalismus in der Gesellschaft des deutschen Vormärz, 1983   XII   860–862
– Montanmitbestimmung, 1984   XII   912–913
– Drexler, Alexander: Planwirtschaft in Westdeutschland 1945–1948, 1985   XIV   849–850
– Quellen zur Geschichte von Rheinland-Pfalz während der französischen
  Besatzung, März 1945 bis August 1949, 1985   XIV   851–852
– Bührer, Werner: Ruhrstahl und Europa, 1986   XV   1082–1083
– Smets, Josef et al.: Kevelaer. Gesellschaft und Wirtschaft am Niederrhein im
  19. Jahrhundert, 1987   XVI/2   308
– Hudemann, Rainer: Sozialpolitik im deutschen Südwesten zwischen Tradi-
  tion und Neuordnung 1945–1953, 1988   XVII/3   304–306
– Ludmann-Obier, Marie-France: Die Kontrolle der chemischen Industrie in
  der französischen Besatzungszone 1945–1949, 1989   XVII/3   306–307
– Vom Marshallplan zur EWG, 1990   XVIII/3   296–297

Barral i Altet, Xavier

– Kubach, Hans Erich et al.: Romanische Baukunst an Rhein und Maas. Bd. 4,
  1989   XVIII/1   280–281

Bars, Michelle le

– Rüdel, Holger: Landarbeiter und Sozialdemokratie in Ostholstein
  1872–1878, 1986   XVIII/3   245–248

Barthélemy, Dominique

– Vinculum Societatis, 1991   XX/1   193–195

BAUMGÄRTNER, Ingrid
- Statuten, Städte und Territorien zwischen Mittelalter und Neuzeit in Italien
  und Deutschland, 1992   XX/1   209–211
- Statuti città territori in Italia e Germania tra medioevo ed età moderna, 1991   XX/1   209–211

BAUMGART, Winfried
- RICH, Norman: Why the Crimean War? A Cautionary Tale, 1985   XIV   806–808

BECHT, Hans-Peter
- DUPÂQUIER, Jacques et Michael: Histoire de la démographie, 1985   XV   885–887

BECK, Robert
- Saison am Strand. Badeleben an Nord- und Ostsee, 1986   XV   1007–1008
- AESCHIMANN, Willy: La pensée d'Edgar Quinet, 1986   XVIII/3   227–228
- CORBIN, Alain: Le village des cannibales, 1990   XVIII/3   241–242
- RIOUX, Jean-Pierre: Chronique d'une fin de siècle. France 1889–1900, 1991   XIX/3   237–239
- CORBIN, Alain: Le Temps, le Désir et l'Horreur, 1991   XX/3   205–207
- STARK, Udo: Die nationalrevolutionäre Herausforderung der Dritten
  Republik 1880–1900 1991   XX/3   222–224
- PROCHASSON, Christophe: Les années électriques, 1991   XX/3   225–227

BECKER, Alfons
- Studi Gregoriani per la storia della »Libertas Ecclesiae«. Vol. XIII, 1989   XIX/1   303–305

BECKER, Jean-Jacques
- STEVENSON, David: French War Aims against Germany (1914–1919), 1982   XI   865–866

BECKMANN, Friedhelm
- BLÉCHET, Françoise: Les ventes publiques de livres en France 1630–1750,
  1991   XIX/2   277–279
- Philologiques I. Contribution à l'histoire des disciplines littéraires en France
  et en Allemagne au XIXe siècle, 1990   XIX/3   224–226
- CHARTIER, Roger: L'Ordre des Livres, 1992   XX/2   173–174

BEE, Michel
- DÜLMEN, Richard van: Gerichtspraxis und Strafrituale in der frühen Neuzeit,
  1985   XV   984–986

BEECH, George
- Recueil des documents de l'abbaye de Fontaine-le-Comte (XIIe–XIIIe siècles),
  1982   XI   749–750
- SCHMID, Karl: Gebetsgedanken und adliges Selbstverständis im Mittelalter,
  1983   XV   882–883
- Die Altarplatte von Reichenau-Niederzell, 1983   XV   944–945
- DEBORD, André: La société laïque dans les pays de Charente (X[e]–XIIe siècles),
  1984   XV   945–948
- Cartulaire de l'Abbaye de Saint-Amant de Boixe, 1982   XV   948–949
- Person und Gemeinschaft im Mittelalter, 1988   XIX/1   235–236
- BERG, Dieter: England und der Kontinent, 1987   XIX/1   305–306

BELLSTEDT, Hans F.
- JEANNENEY, Jean-Noël: Georges Mandel, 1991   XIX/3   278–279

BEN-AVNER, Yehuda
- Les Juifs au regard de l'histoire, 1985   XIII   698–700
- CLAUSSEN, Detlev: Grenzen der Aufklärung. Zur gesellschaftlichen
  Geschichte des modernen Antisemitismus, 1987   XVI/3   267–268

BENDER, Karl-Heinz
- Europäisches Hochmittelalter, 1981   XII   794–796

BENDIKAT, Elfi
- NGUYEN, Victor: Aux origines de l'Action française, 1991   XIX/3   247–248
- GRIFFITHS, Richard: The Use of Abuse, 1991   XX/3   236–237

BÉRENGER, Jean
- DURAND, Yves: Les solidarités dans les sociétés humaines, 1987   XV   891
- VOCELKA, Karl: Rudolf II. und seine Zeit, 1985   XV   987–988
- BARUDIO, Günther: Der Teutsche Krieg 1618–1648, 1985   XV   988–990
- Die Territorien des Reiches im Zeitalter der Reformation und Konfessionalisierung. Bd. 1, 1989   XVIII/2   245–246

BERGERON, Louis
- CHURCH, Clive H.: Revolution and Red Tape: The French Ministerial Bureaucracy 1770–1850, 1981   XI   828–829

BERGHAUS, Peter
- DUPLESSY, Jean: Les trésors monétaires médiévaux et modernes découverts en France. I: 751–1223, 1985   XIV   676–677

BERGMANN, Werner
- BOURDELLÈS, H. le: L'Aratus Latinus. Étude sur la culture et la langue latines dans le Nord de la France au VIIIe siècle, 1985   XIV   705–706

BERLIOZ, Jacques
- Die mittelalterlichen Handschriften der Wissenschaftlichen Stadtbibliothek Soest, 1990   XIX/1   259–260

BERTIER DE SAUVIGNY, Guillaume de
- KRAEHE, Enno E.: Metternich's German Policy. Vol. II, 1983   XII   666–675
- MANSEL, Philip: The Court of France, 1789–1830, 1988   XVII/2   317–318
- SPITZER, Alan B.: The French Generation of 1820, 1987   XVII/3   223–225

BETZ, Albrecht
- KRAMER, Lloyd S.: Threshold of a New World. Intellectuals and the Exile Experience in Paris, 1830–1848, 1988   XVII/3   218–221
- BENJAMIN, Walter: Écrits Français, 1991   XX/3   257–259
- Walter Benjamin, 1990   XX/3   257–259

BEUTLER, Christian
- DUBY, Georges et al.: La Sculpture. Le grand art du moyen âge du Ve au XVe siècle, 1989   XIX/1   261–262

BEYREUTHER, Gerald
- SCHNEIDER, Wolfgang Christian: Ruhm, Heilsgeschehen, Dialektik. Drei kognitive Ordnungen in Geschichtsschreibung und Buchmalerei der Ottonenzeit, 1988   XVII/1   276–277

BIRNSTIEL, Eckart
- JOUHAUD, Christian: Mazarinades: la Fronde des mots, 1985   XIII   825–826
- Frédéric II, roi de Prusse. Œuvres philosophiques, 1985   XIV   778–780
- Friedrich der Große und die Philosophie. Texte und Dokumente, 1986   XIV   778–780
- Friedrich II. von Preußen. Schriften und Briefe, 1985   XIV   778–780
- Les usages de l'imprimé (XVe-XIXe siècle), 1987   XVI/2   246–248
- POITRINEAU, Abel: Les Espagnols de l'Auvergne et du Limousin du XVIIe au XIXe siècle, 1985   XVI/2   281
- Hugenotten in Brandenburg-Preußen, 1987   XVI/2   286–289

BLACK, Jeremy
- Histoire de l'administration française. Les affaires étrangères et le corps
  diplomatique français. T. I–II, 1984   XIII   809–812
- REESE, Armin: Europäische Hegemonie und France d'outre-mer, 1988   XVII/2   281–282
- ANTOINE, Michel: Louis XV, 1989   XVII/2   289–290
- VILLETTE-MURSAY, Philippe de: Mes Campagnes de Mer sous Louis XIV, 1991   XIX/2   264–265
- PLUCHON, Pierre: Histoire de la Colonisation Française. T. I, 1991   XX/2   187–189
- FÖRSTER, Stig: Die mächtigen Diener der East India Company, 1992   XX/2   299–301

BLÄNKNER, Reinhard
- Lettres d'Allemagne. Victor Cousin et les hégéliens, 1990   XIX/3   223–224

BLESSING, Werner K.
- RIPA, Yannick: Histoire du rêve, 1988   XIX/3   220–221

BLOCH, Charles
- KRÜGER, Peter: Die Außenpolitik der Republik von Weimar, 1985   XIII   893–896
- Machtbewußtsein in Deutschland am Vorabend des Zweiten Weltkrieges, 1984   XIV   837–840

BLÖMEKE, Heinrich
- FITZSIMMONS, Michael P.: The Parisian Order of Barristers and the French Revolution, 1987   XVI/2   300–302

BOCK, Hans Manfred
- TAURECK, Margot: Friedrich Sieburg in Frankreich, 1987   XVI/3   240–242
- INGRAM, Norman: The Politics of Dissent. Pacifism in France 1919–1939, 1991   XIX/3   261–263

BÖHRINGER, Letha
- GUYOTJEANNIN, Olivier: Episcopus et comes. Affirmation et déclin de la seigneurie épiscopale au nord du royaume de France, 1987   XVII/1   275–276
- MCKITTERICK, Rosamond: The Carolingians and the Written Word, 1989   XVIII/1   262–264

BOELCKE, Willy A.
- LUDMANN-OBIER, Marie-France: Die Kontrolle der chemischen Industrie in der französischen Besatzungszone 1945–1949, 1989   XVIII/3   295–296

BOIS, Pierre-André
- Aufklärung als Politisierung – Politisierung der Aufklärung, 1987   XVII/2   292–293
- Die Französische Revolution 1789–1989. Revolutionstheorie heute, 1988   XVII/2   308–311
- Aufklärung und Geheimgesellschaften, 1989   XIX/2   312–313
- Möser-Forum 1/1789, 1989   XIX/2   313–314
- Oberrheinische Aspekte des Zeitalters der Französischen Revolution, 1990   XIX/2   346–348
- SCHÜTTLER, Hermann: Die Mitglieder des Illuminatenordens 1776–1787/93, 1991   XX/2   248–249
- WILSON, W. Daniel: Geheimräte gegen Geheimbünde, 1991   XX/2   250–251
- BURKE, Edmund et al.: Über die Französische Revolution, 1991   XX/2   257–259
- Die Französische Revolution, 1992   XX/2   265–266
- Die Französische Revolution, Forschung – Geschichte – Wirkung, 1991   XX/2   266–268

BOKELMANN, Elisabeth
- CHADEAU, Emmanuel: L'Économie nationale aux XIXe et XXe siècles, 1989   XIX/3   241–242
- VEILLON, Dominique: La mode sous l'occupation, 1990   XX/3   288–289

BOLL, Friedhelm
- SCHÖNHOVEN, Klaus: Expansion und Konzentration, 1980 — XI — 859–861
- PERROT, Michelle: Jeunesse de la grève. France 1871–1890, 1984 — XV — 1054
- COHN-BENDIT, Daniel: Nous l'avons tant aimée la révolution, 1986 — XIX/3 — 305–307

BOOCKMANN, Hartmut
- HIGOUNET, Charles: Die deutsche Ostsiedlung im Mittelalter, 1986 — XV — 957–958

BOOG, Horst
- Städte im Zweiten Weltkrieg, 1991 — XX/3 — 286–288

BORGOLTE, Michael
- Charlemagne's Heir, 1990 — XIX/1 — 289–291

BOSBACH, Franz
- ARMOGATHE, Jean-Robert: Croire en liberté. L'Église catholique et la révocation de l'Édit de Nantes, 1985 — XV — 996

BOSCHUNG, Urs
- LABISCH, Alfons: Homo Hygienicus – Gesundheit und Medizin in der Neuzeit, 1992 — XX/2 — 182–184

BOTZENHART, Manfred
- BERTIER DE SAUVIGNY, Guillaume de: Metternich, 1986 — XV — 1030–1031

BOULNOIS, François
- KRAUTKRÄMER, Elmar: Frankreichs Kriegswende 1942, 1989 — XVII/3 — 295–296

BOUREAU, Alain
- Träume im Mittelalter. Ikonographische Studien, 1989 — XX/1 — 234–236

BOUREL, Dominique
- PALLACH, Ulrich-Christian: Materielle Kultur und Mentalitäten im 18. Jahrhundert, 1987 — XVII/2 — 284
- Von Zuwanderern zu Einheimischen, 1990 — XIX/2 — 284–285
- SCHNEIDERS, Werner: Hoffnung auf Vernunft. Aufklärungsphilosophie in Deutschland, 1990 — XIX/2 — 307–308
- KOEBNER, Richard: Geschichte, Geschichtsbewußtsein und Zeitwende, 1990 — XIX/3 — 323–324

BOURGAIN, Pascale
- Die Admonter Briefsammlung. Nebst ergänzenden Briefen, 1983 — XIII — 764–765
- Scire litteras. Forschungen zum mittelalterlichen Geistesleben, 1988 — XVII/1 — 212–214

BOURIN, Monique
- Dictionnaire historique des noms de famille romans. Actes du 1er colloque, 1990 — XX/1 — 219–222
- Dictionnaire historique des noms de famille romans. Actes del III Colloqui, 1991 — XX/1 — 219–222
- Dictionnaire historique des noms de famille romans. Actes du colloque IV, 1992 — XX/1 — 219–222

BOUVIER, Beatrix W.
- FURET, François: Marx et la Révolution Française, 1986 — XV — 1049–1050

BRANDES, Helga
- REBMANN, Georg Friedrich: Werke und Briefe, 3 Bde., 1990 — XIX/2 — 342–344
- Histoire des femmes en occident. T. 3, 1991 — XX/2 — 181–182

BRAUNSTEIN, Philippe
- RÖSCH, Gerhard: Der venezianische Adel bis zur Schließung des Großen Rats, 1989 — XVIII/1 — 301–303

BRENON, Anne
- MERLO, Grado G.: Valdesi e Valdismi medievali. Itinerari e proposte de
  ricerca, 1984   XIII   774–776

BRÉZET, François-Emanuel
- EPKENHANS, Michael: Die wilhelminische Flottenrüstung 1908–1914, 1991   XIX/3   249–251

BRÖTEL, Dieter
- FOREST, Alain: Le Cambodge et la Colonisation Française, 1980   XI   688–692
- De Gaulle et l'Indochine 1940–1946, 1982   XI   688–692
- GIRAULT, René: Diplomatie européenne et impérialismes. T. 1, 1979   XI   688–692
- THOBIE, Jacques: La France Impériale 1880–1914, 1982   XI   688–692
- GRÜNDER, Horst: Christliche Mission und deutscher Imperialismus, 1982   XII   877–878
- Geschichtskultur – Geschichtsdidaktik. Internationale Bibliographie, 1984   XIII   695
- CAYEZ, Pierre: Crises et Croissance de l'industrie lyonnaise 1850–1900, 1980   XIII   883–885
- Die Peripherie in der Weltwirtschaftskrise: Afrika, Asien und Lateinamerika
  1929–1939, 1983   XIII   901–902
- Les Chemins de la Décolonisation de l'Empire Colonial Français, 1986   XVI/3   145–150
- Décolonisations et nouvelles dépendances, 1986   XVI/3   145–150
- KAHLER, Miles: Decolonization in Britain and France, 1984   XVI/3   145–150
- RUSCIO, Alain: Les communistes français et la guerre d'Indochine 1944–1954,
  1985   XVI/3   145–150
- RUSCIO, Alain: La décolonisation tragique 1945–1962, 1987   XVI/3   145–150
- DEVILLERS, Philippe: Paris-Saigon-Hanoi, 1988   XVIII/3   209–215
- FOURNIAU, Charles: Annam-Tonkin 1885–1896, 1989   XVIII/3   209–215
- TONNESSON, Stein: 1946: Déclenchement de la guerre d'Indochine, 1987   XVIII/3   209–215
- TSUBOÏ, Yoshiharu: L'Empire Vietnamien face à la France et à la Chine
  1847–1885, 1987   XVIII/3   209–215
- Viet Nam. L'histoire, la terre, les hommes, 1989   XVIII/3   209–215

BROMMER, Peter
- PONTAL, Odette: Histoire des conciles mérovingiens, 1989   XVII/1   247–248

BROWNING, Christopher R.
- DÖSCHER, Hans-Jürgen: Das Auswärtige Amt im Dritten Reich, 1987   XVI/3   255–256

BRUN, Jacques Le
- Frankreich im 17. Jahrhundert, 1983   XII   830
- KORS, Alan Charles: Atheism in France, 1650–1729. Vol. I, 1990   XVIII/2   255–257
- Le livre religieux et ses pratiques, 1991   XX/2   220

BRUNEL, Ghislain
- Fotografische Sammlungen mittelalterlicher Urkunden in Europa, 1989   XIX/1   255–256

BRUNSCHWIG, Henri
- HELD-SCHRADER, Christine: Sozialismus und koloniale Frage, 1985   XIV   795

BUDDRUSS, Eckhard
- CEGIELSKI, Tadeusz: Das alte Reich und die erste Teilung Polens 1768–1774,
  1987   XIX/2   211–227
- SCHMID, Alois: Max III. Joseph und die europäischen Mächte, 1987   XIX/2   211–227

BÜHRER-THIERRY, Geneviève
- FINCK VON FINCKENSTEIN, Albrecht Graf: Bischof und Reich, 1989   XVIII/1   274–276
- Beiträge zur Geschichte des Regnum Francorum, 1990   XIX/1   248–250
- ALTHOFF, Gerd: Verwandte, Freunde und Getreue. Zum politischen Stellen-
  wert der Gruppenbindungen im früheren Mittelalter, 1990   XIX/1   279–281

BUELTZINGSLOEWEN, Isabelle von
- WEHLER, Hans-Ulrich: Deutsche Gesellschaftsgeschichte, Bde. 1–2, 1989   XIX/3   213–214

BUFFET, Cyril
- KRIEGER, Wolfgang: General Lucius D. Clay und die amerikanische Deutschlandpolitik, 1945–1949, 1987   XVI/3   297–299
- PRELL, Uwe: Grenzüberschreitung in Berlin. Der Reise- und Besucherverkehr und die westlichen politischen Entscheidungen, 1986   XVI/3   304–305
- Die Badewanne. Ein Künstlerkabarett der frühen Nachkriegszeit, 1991   XVIII/3   191–208
- BARY, Nicole: Chroniques d'un automne allemand, 1990   XVIII/3   191–208
- Berlin im Europa der Neuzeit, 1990   XVIII/3   191–208
- CHARMAN, Terry: L'Allemagne dans la guerre 1939–1945, 1989   XVIII/3   191–208
- CLARE, George: Berlin après Berlin 1946–1947, 1990   XVIII/3   191–208
- ENGEL, Helmut et al.: Geschichtslandschaft Berlin, 5 Bde., 1985–1990   XVIII/3   191–208
- ESCHEN, Fritz: Photographien Berlin 1945–1950, 1989   XVIII/3   191–208
- GILLEN, Eckhart et al.: Zone 5. Kunst in der Viersektorenstadt 1945–1951, 1990   XVIII/3   191–208
- NOOTEBOOM, Cees: Une année allemande, 1990   XVIII/3   191–208
- ONNEN, Eric: Au pied du mur, 1991   XVIII/3   191–208
- PALMIER, Jean-Michel: Retour à Berlin, 1989   XVIII/3   191–208
- POMMERIN, Reiner: Von Berlin nach Bonn, 1989   XVIII/3   191–208
- RANKE, Winfried et al.: Kultur, Pajoks und Care-Pakete, 1990   XVIII/3   191–208
- Revolution und Fotografie. Berlin 1918/19, 1989   XVIII/3   191–208
- RIBBE, Wolfgang: Geschichte Berlins, 2 Bde., 1987   XVIII/3   191–208
- RIBBE, Wolfgang et al.: Kleine Berlin-Geschichte, 1988   XVIII/3   191–208
- RIBBE, Wolfgang et al.: Die Siemensstadt, 1985   XVIII/3   191–208
- WASSILTCHIKOFF, Marie »Missie«: Journal d'une jeune fille russe à Berlin 1940–1945, 1991   XVIII/3   191–208
- WEBER-KELLERMANN, Ingeborg: Vom Handwerkersohn zum Millionär, 1990   XVIII/3   191–208
- BIRKE, Adolf M.: Nation ohne Haus. Deutschland 1945–1961, 1989   XVIII/3   310–314
- Deutschland-Handbuch, 1989   XVIII/3   310–314
- GLASER, Hermann: Kulturgeschichte der Bundesrepublik Deutschland, Bde. 1–3, 1985, 1986, 1989   XVIII/3   310–314
- Berlin capitale. Un choc d'identités et de culture, 1992   XX/3   254–256
- Metropolis Berlin, 1992   XX/3   254–256
- RICHARD, Lionel: Berlin 1919–1933, 1991   XX/3   254–256
- WILLETT, John: L'esprit de Weimar, 1991   XX/3   254–256

BULST, Neithard
- Thésaurus d'histoire médiévale, 1983   XII   747–748
- COX, Eugene L.: The Eagles of Savoy. The House of Savoy in Thirteenth-Century Europe, 1974   XII   813–814

BUR, Michel
- SCHIFFER, Rudolf: Die Entstehung des päpstlichen Investiturverbots für den deutschen König, 1981   XI   740–741
- Beiträge zur Bildung der französischen Nation im Früh- und Hochmittelalter, 1983   XIV   578–581

BURCHARDT, Lothar
- Crises of Political Development in Europe and the United States, 1978   XII   763–764
- JARAUSCH, Konrad H.: Students, Society, and Politics in Imperial Germany. The Rise of Academic Illiberalism, 1982   XII   875–877
- Der Hauptausschuß des deutschen Reichstags 1915–1918, 4 Bde., 1981   XII   879–881
- Wirtschaftliche Entwicklung und sozialer Wandel, 1981   XIII   711–712
- MAI, Gunther: Kriegswirtschaft und Arbeiterbewegung in Württemberg 1914–1918, 1983   XIII   888–891

Burg, Peter
- Schama, Simon: Der zaudernde Citoyen. Rückschritt und Fortschritt in der Französischen Revolution, 1989 — XVIII/2 283–285
- Enseigner la Révolution Française, 1988 — XIX/2 195–209
- Französische Revolution an der Saar, ²1989 — XIX/2 195–209
- Die Französische Revolution und die Saar, 1989 — XIX/2 195–209
- Friede den Hütten und Krieg den Tyrannen und Despoten, 1989 — XIX/2 195–209
- Graumann, Sabine: Französische Verwaltung am Niederrhein, 1990 — XIX/2 195–209
- Hartmann, Eric: La Révolution Française en Alsace et en Lorraine, 1990 — XIX/2 195–209
- L'histoire moderne et contemporaine en Sarre-Lorraine-Luxembourg, 1990 — XIX/2 195–209
- Lorrains en Révolution, in: Cahiers Lorrains, 2/3/4 (1989) — XIX/2 195–209
- Mathieu, Abel: Les Vosges sous la Révolution, 1988 — XIX/2 195–209
- Michaux, Laurette: Cahiers de doléances et élections aux États Généraux, 1989 — XIX/2 195–209
- Portier, Jean-Marie: Pierre Lallemand, un notable Sarregueminois, 1991 — XIX/2 195–209
- La Révolution Française à l'école élémentaire, 1989 — XIX/2 195–209
- Revolutionäre Spuren..., 1991 — XIX/2 195–209
- Les sources de l'histoire de la Révolution en Moselle, 3 cahiers, 1989 — XIX/2 195–209

Burger, Pierre-François
- Ploennies, Erich Philipp: Topographia Ducatus Montani (1715), 1988 — XVII/2 282–283
- Harneit, Rudolf: Fingierter Druckort: Paris. Zum Problem der Raubdrucke im Zeitalter Ludwigs XIV., in: Wolfenbütteler Notizen zur Buchgeschichte, Jahrgang XIV, Hefte 1–2, 1989 — XIX/2 272–273
- Schnyder-von Waldkirch, Antoinette: Wie Europa den Kaffee entdeckte, 1988 — XIX/2 277
- Huneke, Friedrich: Die »Lippischen Intelligenzblätter« (Lemgo 1767–1799), 1989 — XIX/2 361–362

Burmeister, Karl Heinz
- Bodman. Dorf – Kaiserpfalz – Adel. Bd. II, 1985 — XIV 861–862

Burrin, Philippe
- Nolte, Ernst: Der europäische Bürgerkrieg 1917–1945. Nationalsozialismus und Bolschewismus, 1987 — XVI/3 257–258
- Zitelmann, Rainer: Hitler. Selbstverständnis eines Revolutionärs, 1987 — XVII/3 274–275

Buszello, Horst
- Vandewalle, Paul: De geschiedenis van de landbouw in de Kasselrij Veurne (1550–1645), 1986 — XVI/2 260–262
- Tien bijdragen tot de lokale en regionale demografie in Vlaanderen, 1989 — XVIII/2 314–315

Calvié, Lucien
- Französische Revolution und Pädagogik der Moderne, 1990 — XIX/2 325–327
- Demokratisierung in der Französischen Revolution, 1990 — XIX/2 335–337
- Die Französische Revolution in Sprache und Literatur, 1990 — XIX/2 338–339
- Kurhannover im Zeichen der Französischen Revolution, 1990 — XIX/2 349–350

Cam, Jean-Luc Le
- Die politischen Testamente der Hohenzollern, 1986 — XVI/2 289–291
- Soziale Unruhen in Deutschland während der Französischen Revolution, 1988 — XIX/2 333–335

Candaux, Jean-Daniel
- Universitätsbibliothek Mannheim. Katalog der Bibliothek Desbillons, 1. Abt., 1986 — XVI/2 241

Carolus-Barré, Louis
- Jordan, William Chester: Louis IX and the Challenge of the Crusade, 1979   XI   758–760

Chabaud, Frédérique
- Matthews Grieco, Sara F.: Ange ou diablesse. La représentation de la femme au XVIe siècle, 1991   XIX/2   254–255

Chaix, Gérald
- Rheinischer Städteatlas, Lieferung VI, Nr. 32–36, 1980   XI   895
- Jahrbuch der historischen Forschung, Berichtsjahre 1984 u. 1985, 1985/1986   XV   879
- Veit, Patrice: Das Kirchenlied von der Reformation Martin Luthers, 1986   XV   980–981
- Reichsstädte in Franken. Katalog zur Ausstellung, 3 Bde., 1987   XVI/1   318
- Historische Bibliographie. Berichtsjahr 1986, 1987   XVI/3   167
- Die reformierte Konfessionalisierung in Deutschland, 1986   XVII/2   257–259
- Historische Bibliographie. Berichtsjahr 1987, 1988   XVII/3   199–200
- Köbler, Gerhard: Historisches Lexikon der deutschen Länder, 1988   XIX/1   271
- Vincent, Catherine: Des charités bien ordonnées. Les Confréries normandes de la fin du XIIIe siècle au début du XVIe siècle, 1988   XIX/1   322–324
- Oberdeutsche Städte im Vergleich. Mittelalter und frühe Neuzeit, 1989   XIX/1   330

Chantraine, Heinrich
- Recueil des Inscriptions chrétiennes de la Gaule antérieures à la Renaissance carolingienne. Vol. XV, 1985   XIV   687–690

Charle, Christophe
- Kaelble, Hartmut: Nachbarn am Rhein, 1991   XX/3   239–241

Châtellier, Louis
- Quellenkunde zur Deutschen Geschichte der Neuzeit von 1500 bis zur Gegenwart, Bd. 3, 1982   XI   809–810
- Kultur der einfachen Leute. Bayerisches Volksleben vom 16. bis zum 19. Jahrhundert, 1983   XII   822–824
- La Pensée Religieuse dans la littérature et la civilisation du XVIIe siècle en France, 1984   XII   830–832
- Imhof, Arthur E.: Die verlorenen Welten. Alltagsbewältigung durch unsere Vorfahren – und weshalb wir uns heute so schwer damit tun …, 1984   XIV   766–768
- Behringer, Wolfgang: Hexenverfolgung in Bayern, 1987   XVI/2   255–258
- Aufklärung in Mainz, 1984   XVI/2   297–299
- Das Bistum Freising in der Neuzeit, 1989   XVIII/2   311–314
- Henker, Michael et al.: Hört, sehet, weint und liebt. Passionsspiele im alpenländischen Raum, 1990   XIX/2   281–283
- Weis, Eberhard: Deutschland und Frankreich um 1800, 1990   XIX/2   350–352
- Maier, Franz: Die bayerische Unterpfalz im Dreißigjährigen Krieg, 1990   XIX/2   356–358

Chauvin, Benoît
- Die Kartäuser, 1983   XI   757–758
- Liber donationum Altaeripae. Cartulaire de l'abbaye cistercienne d'Hauterive, 1984   XV   958–959
- Posada, Gerardo: Der heilige Bruno, Vater der Kartäuser, 1987   XVII/1   280

Christadler, Marieluise
- Martin, Roger: Idéologie et action syndicale. Les instituteurs de l'entre-deux guerres, 1982   XIV   833–835
- Altwegg, Jürg et al.: Französische Denker der Gegenwart, 1987   XV   1100–1102
- Ferry, Luc et al.: Antihumanistisches Denken. Gegen die französischen Meisterphilosophen, 1987   XV   1100–1102
- Rötzer, Florian: Französische Philosophen im Gespräch, 1986   XV   1100–1102

- HESS, Moses: Berlin, Paris, Londres. La Triarchie européenne, 1988   XVII/3   217–218
- CHEBEL D'APPOLLONIA, Ariane: Histoire politique des intellectuels en France (1944–1954). T. I–II, 1991   XX/3   308–309

COCULA, Anne-Marie
- HARTMANN, Peter Claus: Bayerns Weg in die Gegenwart, 1989   XIX/2   241–242
- SCHMID, Alois: Staatsverträge des Kurfürstentums Bayern, 1745–1764, 1991   XX/2   314–315

COHEN, Yves
- KOLBOOM, Ingo: »La revanche des patrons«. Le Patronat face au Front populaire, 1986   XVII/3   284–285

COMPÈRE, Marie-Madeleine
- TACKETT, Timothy: Religion, Revolution and Regional Culture in Eighteenth-Century France, 1986   XIV   780–781

CONTAMINE, Philippe
- EHLERS, Joachim: Geschichte Frankreichs im Mittelalter, 1987   XVII/1   224–225
- Das Soldbuch des Deutschen Ordens 1410/1411. Die Abrechnungen für die Soldtruppen. Teil I, 1988   XVII/1   317–318

CORBET, Patrick
- ZIELINSKI, Herbert: Der Reichsepiskopat in spätottonischer und salischer Zeit (1002–1125), Teil I, 1984   XIV   713–715
- ALTHOFF, Gerd: Adels- und Königsfamilien im Spiegel ihrer Memorialüberlieferung, 1984   XV   935–937
- ALTHOFF, Gerd: Das Nekrolog von Borghorst. Edition und Untersuchung, 1978   XV   964–965
- HLAWITSCHKA, Eduard: Vom Frankenreich zur Formierung der europäischen Staaten- und Völkergemeinschaft 840–1046, 1986   XVI/1   258–259
- KARPF, Ernst: Herrscherlegitimation und Reichsbegriff in der ottonischen Geschichtsschreibung des 10. Jahrhunderts, 1985   XVI/1   260–261
- GLOCKER, Winfrid: Die Verwandten der Ottonen und ihre Bedeutung in der Politik, 1989   XVIII/1   276
- Urkundenregesten zur Tätigkeit des deutschen Königs- und Hofgerichts bis 1451. Bd. 1, 1988   XIX/1   296–297
- WATTENBACH-LEVISON: Deutschlands Geschichtsquellen im Mittelalter. Vorzeit und Karolinger. VI, 1990   XX/1   280–281

CORNELISSEN, Christoph
- MITCHELL, Allan: The Divided Path, 1991   XX/3   221–222

CORNI, Gustavo
- KRATZSCH, Gerhard: Der Gauwirtschaftsapparat der NSDAP, 1989   XX/3   265–267

CORVISIER, André
- The Origins of War in Early Modern Europe, 1987   XVI/2   272–273
- Europa im Zeitalter Friedrichs des Großen, 1989   XIX/2   285–287
- GAT, Azer: The Origins of Military Thought from the Enlightenment to Clausewitz, 1989   XIX/2   287–288
- VETTER, Roland: Heidelberga Deleta, Heidelbergs zweite Zerstörung im Orléanschen Krieg und die französische Kampagne von 1693, 1990   XIX/2   368
- PESENDORFER, Franz: Feldmarschall Loudon, 1989   XX/2   252–253

CREMIEUX-BRILHAC, Jean-Louis
- MARTENS, Stefan: Hermann Göring, 1985   XIV   841–843
- LONGERICH, Peter: Propagandisten im Krieg. Die Presseabteilung des Auswärtigen Amtes unter Ribbentrop, 1987   XVIII/3   276–279

CRUYSSE, Dirk van der
– A Woman's Life in the Court of the Sun King, 1984   XIII   655–658

CSER, Andreas
- ERNE, Emil: Die schweizerischen Sozietäten, 1988   XVIII/2   270–271
- BOURGIN, Georges: La Révolution, l'Agriculture, la Forêt. Lois et règlements, 1989   XVIII/2   290–291
- HARDTWIG, Wolfgang: Geschichtskultur und Wissenschaft, 1990   XX/2   133–138
- MUHLACK, Ulrich: Geschichtswissenschaft im Humanismus und in der Aufklärung, 1991   XX/2   133–138
- PANDEL, Hans-Jürgen: Historik und Didaktik, 1990   XX/2   133–138
- Über das Studium der Geschichte, 1990   XX/2   133–138
- Teil und Ganzes. Zum Verhältnis von Einzel- und Gesamtanalyse in Geschichts- und Sozialwissenschaften, 1990   XX/2   133–138

CUER, Georges
- KÜPPERS, Heinrich: Bildungspolitik im Saarland 1945–1955, 1984   XIV   852–854
- SCHÖLZEL, Stephan: Die Pressepolitik in der französischen Besatzungszone 1945–1949, 1986   XVI/3   295–297

CUER, Marliese
- KÜPPERS, Heinrich: Bildungspolitik im Saarland 1945–1955, 1984   XIV   852–854

CUVILLIER, Jean-Pierre
- THOMAS, Heinz: Deutsche Geschichte des Spätmittelalters 1250–1500, 1983   XII   815–817

DAHAN, Gilbert
- Zur Geschichte der Juden im Deutschland des späten Mittelalters und der frühen Neuzeit, 1981   XI   767–769
- GOLB, Norman: Les juifs de Rouen au moyen âge, 1985   XVI/1   313–315

DANN, Otto
- AYÇOBERRY, Pierre: Cologne entre Napoléon et Bismarck. La croissance d'une ville rhénane, 1981   XII   857–859
- CHALINE, Jean-Pierre: Les Bourgeois de Rouen. Une élite urbaine au XIXe siècle, 1982   XIII   881–883
- Strasbourg et l'institution de l'État civil laïc au début de la Révolution française, 1986   XV   1021–1022

DAUM, Andreas
- CARON, Vicki: Between France and Germany. The Jews of Alsace-Lorraine, 1871–1918, 1988   XVIII/3   242–243
- BERKOVITZ, Jay R.: The Shaping of Jewish Identity in Nineteenth-Century France, 1989   XIX/3   244–246
- HYMAN, Paula E.: The Emancipation of the Jews of Alsace, 1991   XIX/3   244–246
- CHOURAQUI, André: Un visionnaire nommé Herzl. La résurrection d'Israël, 1991   XIX/3   246–247
- SIMON-NAHUM, Perrine: La Cité Investie, 1991   XX/3   237–238

DECKER, Klaus Peter
- BÉLY, Lucien et al.: Guerre et Paix dans l'Europe du XVIIe siècle, 2 t., 1991   XIX/2   257–259

DÉLINIÈRE, Jean
- MOERSCH, Karl: Sueben, Württemberger und Franzosen, 1991   XIX/2   242–243

DELORT, Robert
- GOETZ, Hans-Werner: Leben im Mittelalter vom 7. bis zum 13. Jahrhundert, 1986 — XVI/1 229–231

DELUMEAU, Jean Pierre
- L'Amiata nel Medioevo, 1989 — XX/1 204–209

DEMOUGEOT, Emilienne
- Quellen zur Geschichte der Alamannen. VI. Inschriften und Münzen, 1984 — XII 767–774

DÉSERT, Gabriel
- PRICE, Roger: The Modernization of Rural France, 1983 — XIV 801–804

DESPORTES, Pierre
- Haus und Familie in der spätmittelalterlichen Stadt, 1984 — XIV 739–741

DEVAILLY, Guy
- Monumenta Germaniae Historica. Capitula episcoporum. Bd. I, 1984 — XIII 736–738

DEVROEY, Jean-Pierre
- KNICHEL, Martina: Geschichte des Fernbesitzes der Abtei Prüm, 1987 — XX/1 281–282

DICKERHOF, Harald
- Histoire des universités en France, 1986 — XVII/1 294–297
- Histoire sociale des populations étudiantes. T. 2, 1989 — XIX/2 245–249

DIEPHOUSE, David J.
- LORENZ, Eckehart: Kirchliche Reaktionen auf die Arbeiterbewegung in Mannheim 1890–1933, 1987 — XVI/3 211–212
- BERLEPSCH, Hans-Jörg von: »Neuer Kurs« im Kaiserreich? Die Arbeiterpolitik des Freiherrn von Berlepsch 1890 bis 1896, 1987 — XVII/3 233–234
- STUPPERICH, Robert: Otto Dibelius. Ein evangelischer Bischof im Umbruch der Zeiten, 1989 — XVII/3 279–281
- KAISER, Jochen-Christoph: Sozialer Protestantismus im 20. Jahrhundert, 1989 — XVIII/3 259–260

DIERKENS, Alain
- Hrabanus Maurus. Lehrer, Abt, Bischof, 1982 — XVI/1 256–258
- Sankt Peter in Salzburg. Das älteste Kloster im deutschen Sprachraum, 1982 — XVI/1 316–317

DIEZINGER, Sabine
- La Contre-Révolution, 1990 — XIX/2 319–321

DINGES, Martin
- GEREMEK, Bronislaw: Geschichte der Armut. Elend und Barmherzigkeit in Europa, 1988 — XVII/2 237–239
- PARDAILHE-GALABRUN, Annik: La naissance de l'intime. 3000 foyers parisiens, XVIIe–XVIIIe siècles, 1988 — XVII/2 271–274
- BRENNAN, Thomas: Public Drinking and Popular Culture in Eighteenth-Century Paris, 1988 — XVII/2 284–286
- GARRIOCH, David: Neighbourhood and Community in Paris, 1740–1790, 1988 — XVII/2 286–288
- KIERNAN, Victor G.: The Duel in European History, 1989 — XVIII/2 236–238

DIPPEL, Horst
- La Révolution en débats, 1987 — XVI/2 299–300
- TAILLEMITE, Etienne: La Fayette, 1989 — XX/2 271–272

DIPPER, Christof

- Sozialgeschichte der Aufklärung in Frankreich, 1981 — XI — 818–819
- State, Economy, and Society in Western Europe 1815–1975. A Data Handbook in two Volumes; Vol. I, 1983 — XII — 851–853
- State, Economy, and Society in Western Europe 1815–1975. A Data-Handbook in two Volumes; Vol. II, 1987 — XVI/3 — 171–172
- Il nazionalismo in Italia e in Germania fino alla Prima guerra mondiale, 1983 — XVI/3 — 221–223
- La transizione dall'economia di guerra all'economia di pace in Italia e in Germania dopo la Prima guerra mondiale, 1983 — XVI/3 — 221–223
- CLÈRE, Jean-Jacques: Les paysans de la Haute-Marne et la Révolution française, 1988 — XVII/2 — 325–326
- LEFEBVRE, Georges: Questions agraires au temps de la terreur, 1989 — XVIII/2 — 302–303
- Égalité, Uguaglianza, 1990 — XIX/2 — 319

DIRLMEIER, Ulf

- CHEVALIER, Bernard: Les bonnes villes de France du XIVe au XVIe siècle, 1982 — XII — 817–818

DOLLINGER, Philippe

- Die Familie als sozialer und historischer Verband, 1987 — XVII/1 — 289–291

DRINKWATER, John F.

- DUVAL, Paul-Marie: Travaux sur la Gaule (1946–1986), 2 vols., 1989 — XIX/1 — 233–235

DROZ, Jacques

- MARJANOVIC, Edith: Die Habsburger Monarchie in Politik und öffentlicher Meinung Frankreichs 1914–1918, 1984 — XIII — 887–888
- SIMON, Dan: Das Frankreichbild der deutschen Arbeiterbewegung 1859–1865, 1984 — XV — 1053–1054

DUCHHARDT, Heinz

- BÉLY, Lucien: Espions et ambassadeurs au temps de Louis XIV, 1990 — XIX/2 — 263–264
- BELY, Lucien: Les relations internationales en Europe (XVIIe–XVIIIe siècles), 1992 — XX/2 — 194–195
- The Anglo-Dutch Moment, 1991 — XX/2 — 205–207

DÜLFFER, Jost

- HOFER, Walter: Mächte und Kräfte im 20. Jahrhundert, 1985 — XV — 884–885
- Documents Diplomatiques Français 1954: 21 juillet – 31 décembre, 1987 — XV — 1091–1094
- RÉMOND, René: 1958. Le Retour de de Gaulle, ²1987 — XVI/3 — 302–304
- Documents Diplomatiques Français 1955. T. I–II, 1987/1988 — XVII/3 — 320–323
- KORINMAN, Michel: Quand l'Allemagne pensait le monde. Grandeur et décadence d'une géopolitique, 1990 — XVIII/3 — 239–240
- STEINERT, Marlis G.: Hitler, 1991 — XVIII/3 — 274–275
- ACCOCE, Pierre: Les Français à Londres. 1940–1941, 1989 — XVIII/3 — 288
- Documents Diplomatiques Français 1956. T. I–III, 1988–1990 — XX/3 — 175–180
- Documents Diplomatiques Français 1957. T. I–II, 1990/1991 — XX/3 — 175–180
- STEINBERG, Jonathan: Deutsche, Italiener und Juden, 1992 — XX/3 — 279–280

DUFAYS, Jean-Michel

- MOMIGLIANO, Arnaldo: Problèmes d'historiographie ancienne et moderne, 1983 — XII — 750–752

DUFOUR, Jean

- Abbot Suger and Saint-Denis, 1986 — XV — 950–953
- Fälschungen im Mittelalter, 1988 — XVIII/1 — 225–230
- Fälschungen im Mittelalter, 1990 — XIX/1 — 244
- Archives nationales. Corpus des sceaux français du Moyen Âge. T. II, 1991 — XX/1 — 225–227

Dufraisse, Roger

- Pelus, Marie-Louise: Wolter von Holsten marchand lübeckois dans la seconde moitié du seizième siècle, 1981 — XI 783–785
- Moderne preußische Geschichte 1648–1947, 1981 — XI 802–805
- Giesselmann, Werner: Die brumairianische Elite, 1977 — XI 836–839
- Höfer, Peter: Deutsch-französische Handelsbeziehungen im 18. Jahrhundert, 1982 — XIII 834–835
- Blanning, T.C.W.: The French Revolution in Germany. Occupation and Resistance in the Rhineland 1792–1802, 1983 — XIII 846–853
- Dumont, Franz: Die Mainzer Republik von 1792/93. Studien zur Revolutionierung in Rheinhessen und der Pfalz, 1981 — XIII 846–853
- Die Erhebung gegen Napoleon 1806–1814/15, 1981 — XIII 862–864
- Müller, Hartmut: Bremen und Frankreich zur Zeit des Deutschen Bundes 1815–1867, 1984 — XIII 864–866
- Markow, Walter: Die Napoleon-Zeit. Geschichte und Kultur des Grand Empire, 1985 — XIV 784–785
- Thadden, Rudolf von: La Prusse en question. Histoire d'un État perdu, 1985 — XIV 790–793
- Vom Konsulat zum Empire libéral. Ausgewählte Texte zur französischen Verfassungsgeschichte 1789–1870, 1985 — XV 1028
- Hochfinanz, Wirtschaftsräume, Innovationen, 1987 — XVI/2 233–234
- Schieder, Wolfgang et al.: Säkularisation und Mediatisierung. Die Veräußerung der Nationalgüter im Rhein-Mosel-Departement 1803–1804, 1987 — XVI/2 309–311
- Inventar von Quellen zur deutschen Geschichte in Pariser Archiven und Bibliotheken, 1986 — XVI/3 168–169
- »Vorwärts, vorwärts, sollst du schauen ...« Geschichte, Politik und Kunst unter Ludwig I., Bd. 8, 1986 — XVI/3 178–180
- Krauskopf, Jürgen: Das Deutschland- und Frankreichbild in Schulbüchern, 1985 — XVI/3 309–310
- Zorn, Wolfgang: Bayerns Geschichte im 20. Jahrhundert, 1986 — XVI/3 310–312
- Fischer, Joachim: Napoleon und die Naturwissenschaften, 1988 — XVII/2 336–337
- Möller, Horst: Fürstenstaat oder Bürgernation: Deutschland 1763–1815, 1989 — XVIII/2 272–277
- Schulin, Ernst: Die Französische Revolution, 1988 — XVIII/2 282–283
- Die Eifel, 1888–1988, 1988 — XVIII/3 220–221
- Französische Emigranten in Westfalen 1792–1802, 1989 — XIX/2 337–338
- Burg, Peter: Die deutsche Trias in Idee und Wirklichkeit. Vom alten Reich zum deutschen Zollverein, 1989 — XX/2 253–256
- Die Französische Revolution und die Oberrheinlande (1789–1798), 1991 — XX/2 287–289
- Finzsch, Norbert: Obrigkeit und Unterschichten, 1990 — XX/2 291–292
- Frankreich 1800. Gesellschaft, Kultur, Mentalitäten, 1990 — XX/2 295–297
- Boldt, Hans: Deutsche Verfassungsgeschichte, Bd. 2, 1990 — XX/3 200–203
- Mayring, Eva Alexandra: Bayern nach der französischen Julirevolution, 1990 — XX/3 211–212

Duhamelle, Christophe

- Rogalla von Bieberstein, Johannes: Adelsherrschaft und Adelskultur in Deutschland, 1989 — XIX/2 244–245

Dumont, Franz

- Gilli, Marita: Pensée et pratique révolutionnaires à la fin du XVIIIe siècle en Allemagne, 1983 — XV 1014–1015

Dupeux, Louis

- Wegner, Bernd: Hitlers Politische Soldaten: Die Waffen-SS 1933–1945, 1982 — XI 875–877
- Zingerle, Arnold: Max Webers historische Soziologie, 1981 — XII 759–760
- Hitlers Machtergreifung. Dokumente vom Machtantritt Hitlers, 1983 — XII 896–897
- Wulf, Peter: Die bildenden Künste im Dritten Reich, 1983 — XII 899–900

- Benz, Wolfgang: Von der Besatzungsherrschaft zur Bundesrepublik, 1984   XIV   849
- Becker, Peter Emil: Zur Geschichte der Rassenhygiene, 1988   XVII/3   267–271
- Weingart, Peter et al.: Rasse, Blut und Gene, 1988   XVII/3   267–271
- Becker, Peter Emil: Sozialdarwinismus, Rassismus, Antisemitismus und völkischer Gedanke. Teil II, 1990   XX/3   323–324

Durand, Yves

- Germany and the Second World War. Vol. 1, 1990   XIX/3   276–277
- Germany and the Second World War. Vol. 2, 1991   XX/3   277
- Fishman, Sarah: We will wait. Wifes of Prisoners of War 1940–1945, 1991   XX/3   291–292

Duranton, Henri

- Clostermeyer, Claus-Peter: Zwei Gesichter der Aufklärung. Spannungslagen in Montesquieus »Esprit des lois«, 1983   XII   839–840
- Wodsak, Monika: Die Complainte. Zur Geschichte einer französischen Populärgattung, 1985   XIV   669–670
- Hoeges, Dirk: Alles velozieferisch. Die Eisenbahn – Vom schönen Ungeheuer zur Ästhetik der Geschwindigkeit, 1985   XIV   805
- Schlüter, Gisela: Demokratische Literatur, 1986   XVII/3   222–223
- Französische Klassik. Theorie – Literatur – Malerei, 1985   XVII/3   226
- Schreiner, Werner: Paul Camille von Denis, Erbauer Bayerisch-Pfälzischer Eisenbahnen, 1987   XVII/3   229–230
- Jöckel, Sabine: »Nouvelle histoire« und Literaturwissenschaft. Bde. I–II, 1985   XVII/3   241–243
- Beckmann, Friedhelm: Französische Privatbibliotheken, 1988   XVIII/2   259–260
- Götz, Nikolaus: Das Deutschlandbild Voltaires in seinen historiographischen Werken, 1989   XIX/2   302–304
- Fischer, Paul: Die deutsch-französischen Beziehungen im 19. Jahrhundert im Spiegel des französischen Wortschatzes, 1991   XIX/3   226–227

Durliat, Jean

- Löhken, Henrik: Ordines dignitatum. Untersuchungen zur formalen Konstituierung der spätantiken Führungsschicht, 1982   XI   719–722
- Tjäder, Jan-Olof: Die nichtliterarischen lateinischen Papyri Italiens aus der Zeit 445–700. II: Papyri 29–59, 1982   XII   774–778
- Eickhoff, Ekkehard: Macht und Sendung. Byzantinische Weltpolitik, 1981   XII   778–779
- Le temps chrétien de la fin de l'Antiquité au moyen âge, IIIᵉ–XIIIᵉ siècles, 1984   XIII   716–718
- Buck, Robert J.: Agriculture and Agricultural Practice in Roman Law, 1983   XIII   719
- Horstkotte, Hermann-Josef: Die Theorie vom spätrömischen »Zwangsstaat« und das Problem der »Steuerhaftung«, 1984   XIV   682–683
- Die Wasserversorgung antiker Städte, 1987   XV   912–913
- The Emperor Julian. Panegyric and Polemic, 1986   XV   913–914
- Breviarium ecclesiae Ravennatis (Codice bavaro) secoli VII–X, 1985   XV   923–926
- Ricerche e studi sul »Breviarium ecclesiae Ravennatis« (Codice bavaro), 1985   XV   923–926
- Depeyrot, Georges: Le Bas-Empire romain. Économie et numismatique (284–491), 1987   XVI/1   137–154
- Martin, Jochen: Spätantike und Völkerwanderung, 1987   XVI/1   137–154
- Società romana e imperio tardoantico, 4 t., 1986   XVI/1   137–154
- The Emperor Julian. Panegyric and Polemic, Second Edition, 1989   XVII/1   229
- Grierson, Philip et al.: Medieval European Coinage. Vol. 1, 1986   XVII/1   234–236
- Liber possessionum Wizenburgensis, 1987   XVII/1   258–260
- The Book of Pontiffs (Liber Pontificalis), 1989   XVIII/1   125–138
- Demandt, Alexander: Die Spätantike, 1989   XVIII/1   125–138
- Goffart, Walter: Rome's Fall and After, 1989   XVIII/1   125–138
- Hendy, Michael F.: The Economy, Fiscal Administration and Coinage of Byzantium, 1989   XVIII/1   125–138

- NÜRNBERG, Rosemarie: Askese als sozialer Impuls, 1988 — XVIII/1 125–138
- PITZ, Ernst: Papstreskripte im frühen Mittelalter, 1990 — XVIII/1 125–138
- WOLFRAM, Herwig: History of the Goths, 1988 — XVIII/1 125–138
- Allgemeine Geschichte des Mittelalters, ²1991 — XIX/1 270–271
- MACMULLEN, Ramsay: Changes in the Roman Empire, 1990 — XIX/1 273–275
- WOLFRAM, Herwig: Das Reich und die Germanen, 1991 — XIX/1 275–276
- HÄGERMANN, Dieter et al.: Das Polyptychon und die Notitia de areis von Saint-Maur-des-Fossés, 1990 — XIX/1 288
- DELMAIRE, Roland: Largesses sacrées et res privata, 1989 — XX/1 79–95
- DELMAIRE, Roland: Les responsables des finances impériales au Bas-Empire romain, 1989 — XX/1 79–95
- Fifth-Century Gaul: a Crisis of Identity?, 1992 — XX/1 79–95
- GUTERMAN, Simeon L.: The Principle of the Personality of Law in the Germanic Kingdoms of Western Europe, 1990 — XX/1 79–95
- KRIEGER, Rommel: Untersuchungen und Hypothesen zur Ansiedlung der Westgoten, Burgunder und Ostgoten, 1991 — XX/1 79–95
- LIEBESCHUETZ, J.H.W.G.: Barbarians and Bishops, 1990 — XX/1 79–95
- SCHWEIZER, Christian: Hierarchie und Organisation der römischen Reichskirche in der Kaisergesetzgebung, 1991 — XX/1 79–95
- TZERMIAS, Pavlos: Das andere Byzanz. Konstantinopels Beitrag zu Europa, 1991 — XX/1 229–230

EBERHARD, Winfried
- AUTRAND, Françoise: Charles VI. La folie du roi, 1986 — XVI/1 304–306

EHLERS, Joachim
- Cartulaire de l'abbaye de Lézat. Vol. 1, 1984 — XIV 743–744
- Le Languedoc et le Rouergue dans le Trésor des Chartes, 1983 — XIV 743–744
- NELSON, Janet L.: Politics and Ritual in Early Medieval Europe, 1986 — XVI/1 247–249
- Chronique ou Livre de fondation du monastère de Mouzon, 1989 — XVIII/1 278–279
- GAUTIER DALCHÉ, Patrick: La »Descriptio mappe mundi« de Hugues de Saint-Victor, 1988 — XVIII/1 287–289
- »L'Honneur de la couronne de France«. Quatre libelles contre les Anglais, 1990 — XIX/1 340
- EICHENBERGER, Thomas: Patria. Studien zur Bedeutung des Wortes im Mittelalter, 1991 — XX/1 231–232
- Les chartes des évêques d'Arras (1093–1203), 1991 — XX/1 286–287

ELKELES, Barbara
- BARDET, Jean-Pierre et al.: Peurs et terreurs face à la contagion, 1988 — XVII/3 265–267

ELTON, Hugh
- BOHEC, Yann le: L'armée romaine sous le Haut-Empire, 1989 — XVIII/1 251–252

EMIG, Joachim
- RAUCK, Michael: Karl Freiherr Drais von Sauerbronn. Erfinder und Unternehmer (1785–1851), 1983 — XV 1031–1034
- BLOS, Wilhelm: Die Französische Revolution, 1988 — XVII/2 301–304
- Die Französische Revolution in Augenzeugenberichten, 1989 — XVII/2 301–304
- Reden der Französischen Revolution, 1989 — XVII/2 301–304
- HINCKER, François: La Révolution Française et l'économie, 1989 — XVIII/2 287–288

ESPAGNE, Michel
- Unbekanntes von Friedrich Engels und Karl Marx. Teil I: 1840–1874, 1986 — XV 1051–1052
- Von der gelehrten zur disziplinären Gemeinschaft. Beiträge zur Wissenschaftsgeschichte der deutschen Literaturwissenschaft im 19. Jahrhundert, 1987 — XVI/3 214–215

- Armut, Liebe, Ehre, 1988 — XVII/2 236–237
- DELINIÈRE, Jean: Karl Friedrich Reinhard. Ein deutscher Aufklärer im Dienste Frankreichs (1761–1837), 1989 — XVII/2 333–334
- BAUER, Edgar: Konfidentenberichte über die europäische Emigration in London 1852–1861, 1988 — XVII/3 221–222
- HARTAU, Johannes: Don Quijote in der Kunst, 1987 — XVIII/2 254–255
- GRANDJONC, Jacques: Communisme, Kommunismus, Communism. Vol. 1–2, 1989 — XVIII/3 226–227
- Bildung, Staat, Gesellschaft im 19. Jahrhundert, 1989 — XVIII/3 232–233
- Das geheime politische Tagebuch des Kurprinzen Friedrich Christian, 1751 bis 1757, 1991 — XX/2 237–238
- Universität im Aufbruch, 1992 — XX/2 309–310
- WASZEK, Norbert: Eduard Gans (1797–1839): Hegelianer – Jude – Europäer, 1991 — XX/3 208
- Der Zensur zum Trotz, 1991 — XX/3 209–211
- GÜLICH, Christian: Die Durkheim-Schule und der französische Solidarismus, 1991 — XX/3 238–239

FALKENSTEIN, Ludwig

- WIEDERHOLD, Wilhelm: Papsturkunden in Frankreich. Reiseberichte zur Gallia pontificia, 1985 — XIII 753–754
- Cartulaire de Saint-Nicaise de Reims, 1991 — XIX/1 310–314

FEHRENBACH, Elisabeth

- FOERSTER, Cornelia: Der Preß- und Vaterlandsverein von 1832/33, 1982 — XI 841–842

FEHRING, Günter P.

- BIDDLE, Martin: Object and Economy in Medieval Winchester, 2 vols., 1990 — XX/1 228–229

FINK, Gonthier-Louis

- Lesegesellschaften und bürgerliche Emanzipation, 1981 — XI 822–824
- Christian Wolff (1679–1754). Interpretationen zu seiner Philosophie und deren Wirkung, 1983 — XII 841–843
- Frankreich im Zeitalter der Aufklärung, 1985 — XV 1013–1014
- Aufklärungen. Frankreich und Deutschland im 18. Jahrhundert, 1986 — XV 1016–1019
- Feindbild und Faszination. Vermittlerfiguren und Wahrnehmungsprozesse in den deutsch-französischen Kulturbeziehungen (1789–1983), 1984 — XV 1019–1021
- Johann Moritz Schwager's Bemerkungen auf einer Reise durch Westphalen bis an und über den Rhein, 1987 — XVI/2 305–308
- GROSSER, Thomas: Reiseziel Frankreich, 1989 — XVIII/2 251–254
- REINALTER, Helmut: Die Französische Revolution und Mitteleuropa. Erscheinungsformen und Wirkungen des Jakobinismus, 1988 — XVIII/2 304–305
- Französische Revolution und Deutsche Klassik, 1989 — XVIII/2 306–308
- REINALTER, Helmut: Österreich und die Französische Revolution, 1988 — XVIII/2 308–310
- BÖNING, Holger et al.: Volksaufklärung. Bd. I, 1990 — XIX/2 308–310
- ABDELFETTAH, Ahcène: Die Rezeption der Französischen Revolution durch den deutschen öffentlichen Sprachgebrauch, 1989 — XIX/2 340–342

FISCHER, Alexander

- CHAMBERLIN, William Henry: The Russian Revolution 1917–1921. Vols. I–II, 1987 — XVII/3 252

FISCHER, Joachim

- HULIN-JUNG, Nicole: L'organisation de l'enseignement des sciences: la voie ouverte par le Second Empire, 1989 — XVIII/3 236–237

FLECK, Robert

– Paris au XIXᵉ siècle. Aspects d'un mythe littéraire, 1984	XIII	878
– Walter Benjamin et Paris, 1986	XV	1073–1074
– LÉVÊQUE, Jean-Jacques: L'art et la Révolution française 1789–1804, 1987	XVI/2	303
– PELISSIER, Pierre: Emile de Girardin, Prince de la Presse, 1985	XVI/3	181
– Maintien de l'ordre et polices en France et en Europe au XIXᵉ siècle, 1987	XVI/3	187–188
– LOYER, François: Paris XIXᵉ Siècle. L'immeuble et la rue, 1987	XVI/3	188–189
– GAY, Jean: L'amélioration de l'existence à Paris sous le règne de Napoléon III, 1986	XVI/3	189–190
– NORD, Philipp G.: Paris Shopkeepers and the Politics of Resentment, 1986	XVI/3	190–191
– GIRARD, Louis: Napoléon III, 1986	XVI/3	192
– CHOISEL, Francis: Bonapartisme et Gaullisme, 1987	XVI/3	193
– DIDIER, Beatrice: Écrire la Révolution, 1789–1799, 1989	XVII/2	311–312
– GEORGE, Jocelyne: Histoire des maires. De 1789 à 1939, 1989	XVII/2	316–317
– GENGEMBRE, Gérard: La Contre-Révolution ou l'histoire désespérante, 1989	XVII/2	318–319
– Aux armes & aux arts! Les Arts de la Révolution 1789–1799, 1988	XVII/2	322–323
– [Mille sept cent quatre-vingt-neuf] 1789 – Révolution Culturelle Française, 1989	XVII/2	322–323
– STAROBINSKI, Jean: 1789. Die Embleme der Vernunft, 1988	XVII/2	322–323
– JULIEN, Jean-Rémy et al.: Orphée Phrygien. Les musiques de la Révolution, 1989	XVII/2	324–325
– Naissance du Code Civil, 1989	XVII/2	335–336
– Guide du Paris révolutionnaire, 1989	XVII/2	339
– TRAUGOTT, Mark: Armies of the Poor. Determinants of Working-Class Participation in the Parisian Insurrection of June 1848, 1985	XVII/3	216–217
– FULCHER, Jane: Le Grand Opéra en France: un art politique, 1820–1870, 1988	XVII/3	226–227
– FAVRE, Pierre: Naissances de la science politique en France 1870–1914, 1989	XVII/3	236–237
– ROSANVALLON, Pierre: L'État en France de 1789 à nos jours, 1990	XVIII/2	285–286
– PRADIER, James: Correspondance. T. III, 1988	XVIII/3	229
– PROUDHON, Pierre-Joseph: Von den Grundlagen und der sozialen Bestimmung der Kunst, 1988	XVIII/3	229–230
– REBOUL-SCHERRER, Fabienne: La vie quotidienne des premiers instituteurs 1833–1882, 1989	XVIII/3	235
– FURET, François et al.: La République du Centre, 1988	XVIII/3	309–310
– ADLER, Laure: Secrets d'alcôve. Histoire du couple, 1830–1930, 1990	XIX/3	218–219
– JOHNSTON, William M.: L'esprit viennois, 1991	XX/3	214–215

FLECKENSTEIN, Josef

– RICHÉ, Pierre: Les Carolingiens, 1983	XV	928–931

FLEURIOT, Léon

– Gildas: New Approaches, 1984	XIII	728–730

FLONNEAU, Jean-Marie

– Die geteilte Utopie. Sozialisten in Frankreich und Deutschland, 1985	XIV	820–822
– WINKLER, Heinrich August: Der Schein der Normalität. Arbeiter und Arbeiterbewegung in der Weimarer Republik 1924–1930, 1985	XV	1064–1069
– WINKLER, Heinrich August: Der Weg in die Katastrophe. Arbeiter und Arbeiterbewegung in der Weimarer Republik 1930–1933, 1987	XVI/3	249–252
– RUCK, Michael: Bollwerk gegen Hitler?, 1988	XVII/3	272–274

FÖRSTER, Stig

– DUPPLER, Jörg: Der Juniorpartner. England und die Entwicklung der Deutschen Marine 1848–1890, 1985	XIII	876–877

FOLZ, Robert

– Ansätze und Diskontinuität deutscher Nationsbildung im Mittelalter, 1989	XVIII/1	271–274

FONTIUS, Martin
- Histoire des bibliothèques françaises. Les bibliothèques sous l'Ancien
  Régime, 1988 — XVIII/2 240–241
- DARNTON, Robert: Édition et Sédition. L'univers de la littérature clandestine
  au XVIIIe siècle, 1991 — XIX/2 304–305
- POMEAU, René et al.: De la Cour au jardin 1750–1759, 1991 — XX/2 227–229

FOSSIER, François
- Aspects des relations franco-allemandes à l'époque du Second Empire
  (1851–1866), 1982 — XII 867–868

FOSSIER, Robert
- RÖSENER, Werner: Bauern im Mittelalter, 1985 — XIII 712–713

FOUQUET, Gerhard
- L'initiative publique des communes en Belgique. Fondements historiques
  (Ancien Régime), 1984 — XIII 778–779
- La France de la fin du XVe siècle: Renouveau et apogée, 1985 — XIV 753–755
- Genèse de l'État moderne, 1987 — XVI/1 241–243
- La ville, la bourgeoisie et la genèse de l'état moderne (XIIe- XVIIIe siècles),
  1988 — XVIII/1 299–301
- Villes, bonnes villes, cités et capitales, 1989 — XIX/1 240–243

FOURACRE, Paul
- La Neustrie. Les pays au nord de la Loire de 650 à 850, 2 vol., 1989 — XVIII/1 257–260
- Früh- und hochmittelalterlicher Adel in Schwaben und Bayern, 1988 — XVIII/1 260–262

FOX, Thomas
- TROSSBACH, Werner: Soziale Bewegung und politische Erfahrung. Bäuerlicher Protest in hessischen Territorien 1648–1806, 1987 — XVII/2 278–279

FRANÇOIS, Etienne
- Jahrbuch der historischen Forschung in der Bundesrepublik Deutschland,
  Berichtsjahr 1982, 1983 — XI 713–714
- KOPITZSCH, Franklin: Grundzüge einer Sozialgeschichte der Aufklärung in
  Hamburg und Altona, 2 Bde., 1982 — XI 821–822
- WARTBURG-AMBÜHL, Marie-Louise von: Alphabetisierung und Lektüre,
  1981 — XI 825–826
- Religiöse Toleranz. Dokumente zur Geschichte einer Forderung, 1984 — XII 761–762
- WARMBRUNN, Paul: Zwei Konfessionen in einer Stadt, 1983 — XII 826–827
- ZSCHUNKE, Peter: Konfession und Alltag in Oppenheim, 1984 — XII 847–849
- MENYESCH, Dieter et al.: France-Allemagne. Relations internationales et
  interdépendances bilatérales. Une bibliographie 1963–1982, 1984 — XIII 696–697
- Jahrbuch der historischen Forschung in der Bundesrepublik Deutschland,
  Berichtsjahr 1983, 1984 — XIII 697–698
- ROECK, Bernd: Elias Holl. Architekt einer europäischen Stadt, 1985 — XIII 826–828
- BLICKLE, Peter: Gemeindereformation. Die Menschen des 16. Jahrhunderts
  auf dem Weg zum Heil, 1985 — XV 981–983
- ROECK, Bernd: Bäcker, Brot und Getreide in Augsburg, 1987 — XVI/2 266–267
- VIERHAUS, Rudolf: Staaten und Stände. Vom Westfälischen bis zum Hubertusburger Frieden 1648 bis 1763, 1984 — XVI/2 280–281
- »Historikerstreit«. Die Dokumentation der Kontroverse um die Einzigartigkeit der nationalsozialistischen Judenvernichtung, 1987 — XVI/3 259–260
- MIECK, Ilja: Europäische Geschichte der Frühen Neuzeit, 1989 — XVIII/2 236
- Deutsche Stadtgründungen der Neuzeit, 1989 — XVIII/2 238
- GALL, Lothar: Bürgertum in Deutschland, 1989 — XVIII/3 230–232
- Stadt und Bürgertum im 19. Jahrhundert, 1990 — XIX/3 215–216

FRANSEN, Gérard
- HÄGELE, Günter: Das Paenitentiale Vallicellianum I. Ein oberitalienischer Zweig der frühmittelalterlichen kontinentalen Bußbücher, 1984   XIII   740–742
- ANTON, Hans Hubert: Der sogenannte Traktat »De ordinando pontifice«, 1982   XIV   715–716
- Die Konzilien Deutschlands und Reichsitaliens 916–1001. Teil 1, 1987   XVI/1   263–264
- Die falschen Investiturprivilegien, 1986   XVI/1   280–282

FREIMARK, Peter
- Judentum und Antisemitismus von der Antike bis zur Gegenwart, 1984   XII   760–761

FRIED, Johannes
- GASPARRI, Françoise: La Principauté d'Orange au Moyen Âge, 1985   XIV   741–743

FRIJHOFF, Willem
- LADEMACHER, Horst: Geschichte der Niederlande: Politik – Verfassung – Wirtschaft, 1983   XII   919–920
- SCHWINGES, Rainer Christoph: Deutsche Universitätsbesucher im 14. und 15. Jahrhundert, 1986   XVII/1   297–300
- HARTEN, Hans-Christian: Elementarschule und Pädagogik in der Französischen Revolution, 1990   XVIII/2   291–294
- PETRI, Franz et al.: Geschichte der Niederlande: Holland, Belgien, Luxemburg, 1991   XIX/2   239–240
- HARTEN, Hans-Christian: Les Écrits pédagogiques sous la Révolution, 1989   XIX/2   324–325
- STICHWEH, Rudolf: Der frühmoderne Staat und die europäische Universität, 1991   XX/2   175–177
- EBELING, Dietrich: Der Holländerholzhandel in den Rheinlanden, 1992   XX/2   208–209
- ARNDT, Johannes: Das niederrheinisch-westfälische Reichsgrafenkollegium und seine Mitglieder (1653–1806), 1991   XX/2   209–211
- Die Kirchenratsprotokolle der Reformierten Gemeinde Emden 1557–1620. Teil 2, 1992   XX/2   303–304

FRÖHLICH, Michael
- The Records of the Nation, 1990   XIX/3   320–321
- REINHARD, Wolfgang: Geschichte der europäischen Expansion. Bd. 4, 1990   XIX/3   321–322
- OSTERHAUS, Andreas: Europäischer Terraingewinn in Schwarzafrika, 1990   XX/3   321–322

FUCHS, François Joseph
- HEINIG, Paul-Joachim: Reichsstädte, Freie Städte und Königtum 1389–1450, 1983   XII   819–820

FÜSSL, Wilhelm
- Preußische Parlamentarier. Ein Photoalbum 1859–1867, 1986   XVI/3   199–200

GANZ, David
- EGGENBERGER, Christoph: Psalterium aureum sancti Galli. Mittelalterliche Psalterillustration im Kloster St. Gallen, 1987   XVII/1   267–269
- DUFT, Johannes: Die Abtei St. Gallen. Bd. 1, 1990   XIX/1   236–237

GASPARRI, Françoise
- SCHOEBEL, Martin: Archiv und Besitz der Abtei St. Viktor in Paris, 1991   XX/1   290–293

GAUTHIER, Nancy
- ANTON, Hans Hubert: Trier im frühen Mittelalter, 1987   XVI/1   250
- BACK, Ulrich: Frühmittelalterliche Grabfunde beiderseits der unteren Mosel, 1989   XVIII/1   255–256

GAZZANIGA, Jean-Louis
- KRYNEN, Jacques: Idéal du prince et pouvoir royal en France à la fin du moyen âge (1380–1440), 1981 — XI — 764–765
- MEYER, Jean-Claude: La vie religieuse en Haute-Garonne sous la Révolution (1789–1801), 1982 — XII — 849–850
- Rechtsbehelfe, Beweis und Stellung des Richters im Spätmittelalter, 1985 — XV — 959–960
- L'Église et la Révolution, 1989 — XVII/2 — 319–320

GEARY, Patrick J.
- Frühmittelalterliche Ethnogese im Alpenraum, 1985 — XV — 914–915
- WERNER, Karl Ferdinand: Geschichte Frankreichs. Bd. I, 1989 — XVIII/1 — 245–246

GEISSLER, Rolf
- DESGRAVES, Louis: Répertoire des ouvrages et des articles sur Montesquieu, 1988 — XVIII/2 — 261–263
- NIDERST, Alain: Fontenelle, 1991 — XIX/2 — 296–297
- LOUGH, John: The Encyclopédie, 1989 — XIX/2 — 298–300
- Dictionnaire des Journaux 1600–1789, 1991 — XX/2 — 211–214
- Lettres d'André Morellet. T. I, 1991 — XX/2 — 230–232

GELIS, Jacques
- HÜTTL, Ludwig: Marianische Wallfahrten im süddeutsch-österreichischen Raum, 1985 — XVI/2 — 253–255

GEMBICKI, Dieter
- KAPP, Volker: Télémaque de Fénelon: la signification d'une œuvre littéraire à la fin du siècle classique, 1982 — XI — 798–800

GENET, Jean-Philippe
- GRANSDEN, Antonia: Historical Writing in England c. 1307 to the Early Sixteenth Century, 1982 — XI — 761–762

GENICOT, Luc-Francis
- BARRAL I ALTET, Xavier: Belgique romane et Grand-Duché de Luxembourg, 1989 — XIX/1 — 262–263

GERBOD, Paul
- WEISZ, George: The Emergence of Modern Universities in France (1863–1914), 1983 — XI — 853

GERTEIS, Klaus
- GUIGNET, Philippe: Le pouvoir dans la ville au XVIIIe siècle, 1990 — XIX/2 — 294–296
- FRANÇOIS, Etienne: Die unsichtbare Grenze. Protestanten und Katholiken in Augsburg 1648–1806, 1991 — XX/2 — 214–216

GEUENICH, Dieter
- MARYNISSEN, C.: Hypokoristische suffixen in Oudnederlandse persoonsnamen inz. de -z en -l-suffixen, 1986 — XVI/1 — 224
- BUCHMÜLLER-PFAFF, Monika: Siedlungsnamen zwischen Spätantike und frühem Mittelalter, 1990 — XX/1 — 262–264

GILLI, Marita
- GRAB, Walter: Ein Volk muß seine Freiheit selbst erobern. Zur Geschichte der deutschen Jakobiner, 1984 — XIV — 787–789
- KUHN, Axel: Freiheit, Gleichheit, Brüderlichkeit. Debatten um die Französische Revolution in Deutschland, 1989 — XVII/2 — 328–329
- Deutschland und die Französische Revolution 1789/1989, 1989 — XVII/2 — 329–330

- Geist und Gesellschaft. Zur deutschen Rezeption der Französischen Revolution, 1990 — XVIII/2 305–306
- Volksunruhen in Württemberg 1789–1801, 1991 — XIX/2 348–349
- [Zweihundertster] 200. Jahrestag der Französischen Revolution. Kritische Bilanz der Forschungen zum Bicentenaire, 1991 — XX/2 269–270
- Scheel, Heinrich: Die Mainzer Republik III, 1989 — XX/2 290–291

Godman, Peter
- Tremp, Ernst: Studien zu den Gesta Hludowici imperatoris des Trierer Chorbischofs Thegan, 1988 — XVII/1 262

Goetz, Hans-Werner
- Le polyptyque et les listes de cens de l'abbaye de Saint-Remi de Reims (IXe – XIe siècles), 1984 — XIV 706–708
- Verhulst, Adriaan: Précis d'histoire rurale de la Belgique, 1990 — XVIII/1 246–247
- Le travail au moyen âge, 1990 — XIX/1 244–247

Grafinger, Christine Maria
- Gregorovius, Ferdinand: Lucrezia Borgia, 1991 — XIX/2 255–256
- Doering-Manteuffel, Anselm: Vom Wiener Kongreß zur Pariser Konferenz. England, die deutsche Frage und das Mächtesystem 1815–1856, 1991 — XIX/3 210–212
- Gregorovius, Ferdinand: Römische Tagebücher 1852–1889, 1991 — XX/3 213–214

Grau, Conrad
- Raskolnikoff, Mouza: Des Anciens et Des Modernes, 1990 — XX/2 221–223

Graumann, Sabine
- Gotteri, Nicole: Soult. Maréchal d'Empire et homme d'État, 1991 — XX/2 297–299

Greschat, Martin
- Magdelaine, Michelle et al.: Le refuge huguenot, 1985 — XIII 816–818
- Pérouas, Louis: Refus d'une Religion, Religion d'un refus en Limousin rural 1880–1940, 1985 — XIII 885–886
- Encrevé, André: Protestants français au milieu du XIXe siècle, 1986 — XV 1042–1045
- Gremion, Catherine et al.: Les Lieutenants de Dieu. Les évêques de France et la République, 1986 — XV 1045–1047
- Cholvy, Gérard et al.: Histoire Religieuse de la France Contemporaine. T. 2, 1986 — XVI/3 208–210
- Cholvy, Gérard et al.: Histoire Religieuse de la France Contemporaine. T. 3, 1988 — XVII/3 281–283

Groebner, Valentin
- Epstein, Steven: Wage Labor and Guilds in Medieval Europe, 1991 — XX/1 233–234

Grosse, Gabriele
- Berendes, Hans Ulrich: Die Bischöfe von Worms und ihr Hochstift im 12. Jahrhundert, 1984 — XVI/1 289

Grosse, Rolf
- Bos-Rops, J. A. M. Y. et al.: Archief-wijzer: handleiding voor het gebruik van archieven in Nederland, 1987 — XVI/1 221
- Künzel, R.E. et al.: Lexicon van nederlandse toponiemen tot 1200, tweede, gewijzigde druk 1989 — XVII/1 220
- Diplomatica. Inventaire des actes originaux du haut moyen-âge conservés en France, 1, 1987 — XVII/1 232–234

Grosser, Thomas
- Bouvier, Beatrix W.: Französische Revolution und deutsche Arbeiterbewegung, 1982 — XI 847–849

- Beyrer, Klaus: Die Postkutschenreise, 1985 — XV — 1002–1004
- Reisen im 18. Jahrhundert, 1986 — XV — 1004–1007
- Knopper, Françoise: Le regard du voyageur en Allemagne du Sud et en Autriche dans les relations de voyageurs allemands, 1992 — XX/2 — 240–245

Gründer, Horst
- Broc, Numa: Dictionnaire illustré des explorateurs et grands voyageurs français du XIXe siècle. T. I: Afrique, 1988 — XVII/3 — 228–229

Grünthal, Günther
- Die deutsche Inflation. Eine Zwischenbilanz, 1982 — XII — 892–893

Gruner, Wolf D.
- Staat und Gesellschaft im politischen Wandel, 1979 — XII — 739–740
- Industrielle Gesellschaft und politisches System, 1978 — XII — 741–742
- Miscellanea. Festschrift für Helmut Krausnick, 1980 — XII — 742–743
- Vom Staat des Ancien Regime zum modernen Parteienstaat, 1978 — XII — 743–744
- Bridge, F. Roy et al.: The Great Powers and the European States System 1815–1914, 1980 — XII — 853–855
- Helmreich, Jonathan E.: Belgium and Europe. A Study in Small Power Diplomacy, 1976 — XII — 855–857
- Jacobsen, Hans-Adolf: Der Weg zur Teilung der Welt. Politik und Strategie von 1939 bis 1945, 1978 — XII — 900–902
- Das ›Andere Deutschland‹ im Zweiten Weltkrieg. Emigration und Widerstand in internationaler Perspektive, 1977 — XII — 902–905
- Aspekte der deutsch-britischen Beziehungen im Laufe der Jahrhunderte, 1978 — XII — 902–905
- Die Herausforderung des europäischen Staatensystems, 1989 — XIX/3 — 212–213

Grupp, Peter
- Farrar, Marjorie Milbank: Principled Pragmatist. The Political Career of Alexandre Millerand, 1991 — XIX/3 — 260–261
- Aus den Geburtsstunden der Weimarer Republik, 1991 — XX/3 — 251–252

Guenée, Bernard
- Das Publikum politischer Theorie im 14. Jahrhundert, 1992 — XX/1 — 306–309

Guerreau, Alain
- Seibt, Ferdinand: Revolution in Europa, 1984 — XIV — 748
- Mentalitäten im Mittelalter. Methodische und inhaltliche Probleme, 1987 — XVI/1 — 227–228
- Alternative Welten in Mittelalter und Renaissance, 1988 — XVII/1 — 220–222

Guex, Sébastien
- Die Anpassung an die Inflation. Bd. 8, 1986 — XVI/3 — 227–229

Gugerli, David
- Brockliss, L. W. B.: French Higher Education in the Seventeenth and Eighteenth Centuries, 1987 — XVI/2 — 285–286

Guilhaumou, Jacques
- Kaplan, Steven Laurence: Bread, Politics and Political Economy in the Reign of Louis XV, 2 vols., 1976 — XI — 811–813

Guillen, Pierre
- Becker, Johannes M.: Die Remilitarisierung der Bundesrepublik Deutschland und das deutsch-französische Verhältnis, 1987 — XVII/3 — 312–314
- Lahme, Rainer: Deutsche Außenpolitik 1890–1894, 1990 — XIX/3 — 236

GUYOTJEANNIN, Olivier

- THOMA, Gertrud: Namensänderungen in Herrscherfamilien des mittelalterlichen Europa, 1985 — XV — 897–899
- SCHNEIDMÜLLER, Bernd: Nomen Patriae: Die Entstehung Frankreichs in der politisch-geographischen Terminologie (10.–13. Jahrhundert), 1987 — XVI/1 — 259–260
- BOUCHARD, Constance B.: Sword, Miter and Cloister. Nobility and the Church in Burgundy, 980–1198, 1987 — XVI/1 — 271–272
- Herrschaft und Kirche, 1988 — XVII/1 — 215–216
- Stadt und Bischof, 1988 — XVII/1 — 216–217
- Diplomatische und chronologische Studien aus der Arbeit an den Regesta Imperii, 1991 — XIX/1 — 260–261
- RATHSACK, Mogens: Die Fuldaer Fälschungen, 2 Bde., 1989 — XIX/1 — 285–286
- WEINFURTER, Stefan: Herrschaft und Reich der Salier, 1991 — XIX/1 — 297–298
- Papsttum, Kirche und Recht im Mittelalter, 1991 — XX/1 — 192–193
- The Lives of the Eighth-Century Popes (Liber Pontificalis), 1992 — XX/1 — 271–272
- STRATMANN, Martina: Hinkmar von Reims als Verwalter von Bistum und Kirchenprovinz, 1991 — XX/1 — 277–278

HAAC, Oscar A.

- BECHER, Ursula A. J.: Geschichtsinteresse und historischer Diskurs, 1986 — XV — 1036–1037

HÄGERMANN, Dieter

- DELMAIRE, Bernard: L'histoire-polyptyque de l'abbaye de Marchiennes (1116/1121), 1985 — XIV — 725–726
- DEVROEY, Jean-Pierre: Le polyptyque et les listes de biens de l'abbaye Saint-Pierre de Lobbes (IXᵉ–XIᵉ siècles), 1986 — XV — 933–935

HÄSELER, Jens

- Éclectisme et cohérence des Lumières, 1992 — XX/2 — 225–227

HAMMER, Karl

- STÜRMER, Michael: Handwerk und höfische Kultur. Europäische Möbelkunst im 18. Jahrhundert, 1982 — XI — 817–818

HAMMERSTEIN, Notker

- COMPÈRE, Marie-Madeleine et al.: Les Collèges français, 16ᵉ-18ᵉ siècles, Répertoire I, 1984 — XII — 825–826
- Du Collège au Lycée 1500–1850. Généalogie de l'enseignement secondaire français, 1985 — XIV — 757–758
- COMPÈRE, Marie-Madeleine et al.: Les Collèges français 16ᵉ-18ᵉ siècles. Répertoire II, 1988 — XVII/2 — 240–241
- Actes du colloque international ERASME (Tours, 1986), 1990 — XX/2 — 189–190

HARDACH, Gerd

- SOUTOU, Georges-Henri: L'or et le sang. Les buts de guerre économiques de la Première Guerre mondiale, 1989 — XVIII/3 — 250–252

HARTIG, Irmgard A.

- DITTLER, Erwin: Jakobiner am Oberrhein, 1976 — XI — 831–832

HARTMANN, Peter Claus

- Ämterkäuflichkeit: Aspekte sozialer Mobilität im europäischen Vergleich (17. und 18. Jahrhundert), 1980 — XI — 791–792
- MEUVRET, Jean: Le problème des subsistances à l'époque Louis XIV. T. III, 1988 — XVII/2 — 270–271

HARTMANN, Wilfried

- GAUDEMET, Jean: Les sources du droit de l'Église en Occident du IIᵉ au VIIᵉ siècle, 1985 — XIV — 685–687

Hau, Michel
- Schäfer, Hermann: Regionale Wirtschaftspolitik in der Kriegswirtschaft, 1983 — XII — 881–882

Haubrichs, Wolfgang
- Jungandreas, Wolfgang: Die Einwirkung der karolingischen Renaissance auf das mittlere Rheinland, 1986 — XVII/1 — 260–262

Haupt, Heinz-Gerhard
- Soboul, Albert: La civilisation et la révolution française. Vol. III: La France Napoléonienne, 1983 — XV — 1024–1025
- Woronoff, Denis: L'industrie sidérurgique en France pendant la Révolution et l'Empire, 1984 — XV — 1026–1028
- Habiter la ville, XVe–XXe siècles, 1984 — XVI/2 — 245–246

Heideking, Jürgen
- Fink, Carole: The Genoa Conference. European Diplomacy 1921–1922, 1984 — XIII — 897–899

Heimsoeth, Hans-Jürgen
- Bourderon, Roger et al.: Détruire le PCF, archives de l'État français et de l'occupant hitlérien 1940–1944, 1988 — XVII/3 — 287–289

Heinen, Armin
- Cahn, Jean-Paul: Le Second Retour. Le rattachement de la Sarre à l'Allemagne 1955–1957, 1985 — XIV — 854–855

Heinzelmann, Martin
- Jouven, Georges: La forme initiale. Symbolisme de l'architecture traditionnelle, 1985 — XIII — 927
- Beutler, Christian: Der Gott am Kreuz. Zur Entstehung der Kreuzigungsdarstellung, 1986 — XIII — 928
- Gregory of Tours: Life of the Fathers, 1985 — XIII — 930
- Müller, P. Iso et al.: Thesaurus Fabariensis. Die Reliquien-, Schatz- und Bücherverzeichnisse im Liber Viventium von Pfäfers, 1985 — XIII — 931
- Bericht über den sechzehnten österreichischen Historikertag in Krems/Donau, 1985 — XIV — 873
- Guide de l'épigraphiste. Bibliographie choisie des épigraphies antiques et médiévales, 1986 — XIV — 874
- Middelalderforum. Forum mediaevale, Heft 10, Nr. 1/2, 1985; Heft 11, Nr. 3/4, 1985 — XIV — 874–875
- Tardieu, Michel et al.: Introduction à la littérature gnostique. T. I, 1986 — XIV — 875
- Histoire des saints et de la sainteté chrétienne. T. IV, 1986 — XIV — 875–876
- Chartae Latinae Antiquiores. XIX, 1987 — XIV — 876
- Weidemann, Margarete: Das Testament des Bischofs Berthramn von Le Mans vom 27. März 616, 1986 — XIV — 876–877
- Zum Problem der Deutung frühmittelalterlicher Bildinhalte, 1986 — XIV — 877
- Deus qui mutat tempora. Menschen und Institutionen im Wandel des Mittelalters, 1987 — XIV — 878
- Topographie chrétienne des cités de la Gaule des origines au milieu du VIIIe siècle. T. I–IV, 1986 — XIV — 878–879
- Indices librorum. Catalogues anciens et modernes de manuscrits médiévaux en écriture latine. Sept ans de bibliographie (1977–1983), 1987 — XV — 1105
- Fuhrmann, Horst: Einladung ins Mittelalter, 1987 — XV — 1106
- McCormick, Michael: Eternal Victory. Triumphal rulership in late antiquity, Byzantium, and the early medieval West, 1986 — XV — 1106–1107
- Topographie chrétienne des cités de la Gaule des origines au milieu du VIIIe siècle. T. V, 1987 — XV — 1107–1108

- MEIER, Gabriele: Die Bischöfe von Paderborn und ihr Bistum im Hochmittelalter, 1987 — XV — 1108
- Exemplaria. A Journal of Theory in Medieval and Renaissance Studies. Vol. I/1, 1989 — XVII/1 — 320
- Bericht über den siebzehnten österreichischen Historikertag in Eisenstadt in der Zeit vom 31. August bis 5. September 1987, 1989 — XVII/1 — 321–322
- Bibliographie signalétique du latin des chrétiens, 1989 — XVII/1 — 322
- Litterae medii aevi, 1988 — XVII/1 — 322–324
- BUISSON, Ludwig: Lebendiges Mittelalter. Aufsätze zur Geschichte des Kirchenrechts und der Normannen, 1988 — XVII/1 — 324
- CAMPBELL, James: Essays in Anglo-Saxon History, 1986 — XVII/1 — 324
- Propagande et contre-propagande religieuses, 1987 — XVII/1 — 324–325
- Topographie chrétienne des cités de la Gaule des origines au milieu du VIIIe siècle. T. VI–VII, 1989 — XVII/1 — 325–326
- DUFOUR, Jean: Les évêques d'Albi, de Cahors et de Rodez des origines à la fin du XIIe siècle, 1989 — XVII/1 — 326
- KÜNZL, Ernst: Der römische Triumph. Siegesfeiern im antiken Rom, 1988 — XVII/1 — 326–327
- BANNIARD, Michel: Genèse culturelle de l'Europe V^e–VIIIe siècle, 1989 — XVII/1 — 327
- LEBECQ, Stéphane: Les origines franques V^e–IXe siècle, 1990 — XVII/1 — 327
- RICHÉ, Pierre: L'Europe barbare de 476 à 774, 1989 — XVII/1 — 327
- Gregory of Tours: Glory of the Martyrs – Gregory of Tours: Glory of the Confessors, 1988 — XVII/1 — 328
- Lorraine mérovingienne (V^e–VIIIe siècle), 1988 — XVII/1 — 328
- SETTIPANI, Christian: Les ancêtres de Charlemagne, 1989 — XVII/1 — 328–329
- Poésie lyrique latine du Moyen Âge, 1989 — XVII/1 — 329
- Trieste, Nodier e le Province Illiriche, 1989 — XVII/2 — 339–340
- Lateinisches Hexameter-Lexikon, 1989 — XVIII/1 — 324
- Wortkonkordanz zum Decretum Gratiani, 5 Bde., 1990 — XVIII/1 — 324–325
- SONNTAG, Regine: Studien zur Bewertung von Zahlenangaben in der Geschichtsschreibung des früheren Mittelalters, 1987 — XVIII/1 — 326–327
- HAUBRICHS, Wolfgang et al.: »In Francia fui«, 1989 — XVIII/1 — 327–328

HELVÉTIUS, Anne-Marie
- FLESCH, Stefan: Die monastische Schriftkultur der Saargegend im Mittelalter, 1991 — XX/1 — 250–252

HENTSCHEL, Volker
- Unemployment and the Great Depression in Weimar Germany, 1986 — XVI/3 — 252
- SCHUKER, Stephen A.: American »Reparations« to Germany, 1919–1933, 1988 — XVII/3 — 260–261
- GIMBEL, John: Science, Technology, and Reparations, 1990 — XIX/3 — 295–296

HESS, Christel
- Association des Historiens Modernistes des Universités: La Femme à l'époque moderne (XVIe–XVIIIe siècle), 1984 — XVI/2 — 259–260
- Innovations et Renouveaux Techniques de l'Antiquité à nos Jours, 1989 — XVIII/2 — 233–234
- Pathos, Klatsch und Ehrlichkeit. Liselotte von der Pfalz am Hofe des Sonnenkönigs, 1990 — XIX/2 — 275–276
- Nouvelles Approches concernant la Culture de l'Habitat, 1991 — XX/2 — 178–179

HIESTAND, Rudolf
- Le cartulaire du Chapitre du Saint-Sépulcre de Jérusalem, 1984 — XVI/1 — 282–287

HIGOUNET, Alfred
- HAVERKAMP, Alfred: Aufbruch und Gestaltung. Deutschland 1056–1273, 1984 — XIV — 717
- BOOCKMANN, Hartmut: Der Deutsche Orden, 1981 — XIV — 733–736

HILLEBRANDT, Maria
- AFFELDT, Werner et al.: Frauen im Mittelalter. Eine ausgewählte, kommentierte Bibliographie, 1990 — XIX/1 — 231–233
- Frauen in Spätantike und Frühmittelalter, 1990 — XX/1 — 198–200

HILLGRUBER, Andreas
- BOOG, Horst et al.: Das Deutsche Reich und der Zweite Weltkrieg. Bd. 4, 1983 — XI — 877–880
- SCHREIBER, Gerhard et al.: Das Deutsche Reich und der Zweite Weltkrieg. Bd. 3, 1984 — XIII — 911–913

HINRICHS, Ernst
- GOUBERT, Pierre et al.: Les Français et l'Ancien Régime. T. 1–2, 1984 — XV — 990–992
- BIRNSTIEL, Eckart: Die Fronde in Bordeaux 1648–1653, 1985 — XVI/2 — 282–283

HLAWITSCHKA, Eduard
- BAUTIER, Robert-Henri: Les origines de l'abbaye de Bouxières-aux-Dames au diocèse de Toul, 1987 — XVI/1 — 269–271

HOBOHM, Hans-Christoph
- STOLZ, Walter: Petrons Satyricon und François Nodot (ca. 1650 – ca. 1710), 1987 — XVII/2 — 280–281
- WEIL, Michèle: Robert Challe. Romancier, 1991 — XX/2 — 223–225

HOEGES, Dirk
- Französische Literatur in Einzeldarstellungen, 3 Bde., 1981/82 — XII — 752–757

HÖHNE, Roland
- La »Civilisation« dans l'enseignement et la recherche, 1982 — XIV — 666–667
- FLEURY, Alain: »La Croix« et l'Allemagne 1930–1940, 1986 — XVI/3 — 246–249
- HERTEL, Werner: La civilisation française. La France et les Français. Bibliographie sélective commentée 1950–1984, 1986 — XVII/3 — 200

HOOCK, Jochen
- PILLORGET, René: La Tige et le Rameau. Familles anglaise et française, XVIe–XVIIIe siècles, 1979 — XIII — 799–800
- Études sur les villes en Europe occidentale (Milieu du XVIIe siècle à la veille de la Révolution française). T. I–II, 1983 — XIII — 814–816
- Histoire de Boulogne-sur-Mer, 1983 — XIII — 924–925
- BOYER-XAMBEU, Marie-Thérèse et al.: Monnaie privée et pouvoir des princes, 1986 — XIX/2 — 253–254
- MARGAIRAZ, Dominique: Foires et Marchés dans la France préindustrielle, 1988 — XIX/2 — 293–294

HOPMANN, Barbara
- L'usine et le bureau, 1990 — XIX/3 — 243–244

HUDDE, Hinrich
- ROBERT, Frédéric: La Marseillaise, 1989 — XIX/2 — 321–322

HUDEMANN, Rainer
- LIPGENS, Walter: A History of European Integration. Vol. 1 1982 — XI — 884–886

HÜRTEN, Heinz
- KLEIN, Charles: Et moi je vous dis: »Aimez vos ennemis«. L'Aumônerie catholique des Prisonniers de Guerre allemands 1943–1948, 1989 — XVIII/3 — 293
- PAPELEUX, Léon: L'action caritative du Saint-Siège en faveur des prisonniers de guerre (1939–1945), 1991 — XIX/3 — 280–281

L'HUILLIER, Fernand
- WEINREIS, Hermann: Liberale oder autoritäre Republik, 1986   XVI/3   245–246

HUNECKE, Volker
- CORNI, Gustavo: Stato assoluto e società agraria in Prussia nell'età di Federico II, 1982   XI   815–817
- JÜTTE, Robert: Obrigkeitliche Armenfürsorge in deutschen Reichsstädten der frühen Neuzeit, 1984   XIII   798–799
- Finanze e ragione de Stato in Italia e in Germania nella prima età moderna, 1984   XIV   755–756

HUSUNG, Hans-Gerhard
- Demokratische und soziale Protestbewegungen in Mitteleuropa. 1815–1848/49, 1986   XVI/3   175–178

IGGERS, Georg G.
- Deutsche Geschichtswissenschaft um 1900, 1988   XVII/3   239–240
- Deutsche Geschichtswissenschaft nach dem Zweiten Weltkrieg (1945–1965), 1989   XVIII/3   315–317
- SCHULZE, Winfried: Deutsche Geschichtswissenschaft nach 1945, 1989   XVIII/3   315–317

IOGNA-PRAT, Dominique
- Monastische Reformen im 9. und 10. Jahrhundert, 1989   XIX/1   291–295

JACOBSEN, Werner
- HUBERT, Jean: Arts et vie sociale de la fin du monde antique au Moyen Âge, 1977   XVI/1   218–220
- HUBERT, Jean: Nouveau recueil d'études d'archéologie et d'histoire, 1985   XVI/1   218–220

JACQUART, Jean
- HEUVEL, Gerd van den: Grundprobleme der französischen Bauernschaft, 1730–1794, 1982   XI   810–811
- KELLER, Angela: Die Getreideversorgung von Paris und London in der zweiten Hälfte des 17. Jahrhunderts, 1983   XII   833
- KAISER, Wolfgang: Marseille im Bürgerkrieg, 1991   XX/2   192–193

JÄSCHKE, Kurt-Ulrich
- Le Moyen Âge. Vol. 1, 1982   XI   725–728
- Quellen zur Geschichte des 7. und 8. Jahrhunderts, 1982   XI   731–733
- La maison forte au moyen âge, 1986   XVI/1   238–240
- BLEIBER, Waltraut: Das Frankenreich der Merowinger, 1988   XVII/1   236–247
- EWIG, Eugen: Die Merowinger und das Frankenreich, 1988   XVII/1   236–247
- GEARY, Patrick J.: Before France and Germany. The creation and transformation of the Merovingian world, 1988   XVII/1   236–247
- La ville: du réel à l'imaginaire, 1991   XX/1   201–203
- JAMES, Edward: The Franks, 1988   XX/1   258–261

JANČO, Anton
- HOLENSTEIN, André: Die Huldigung der Untertanen. Rechtskultur und Herrschaftsordnung (800–1800), 1991   XX/2   172–173

JANSSEN, Walter
- PÉRIN, Patrick: La datation des tombes mérovingiennes, 1980   XII   511–533

JARDIN, Pierre
- HAUPTS, Leo: Ulrich Graf von Brockdorff-Rantzau. Diplomat und Minister in Kaiserreich und Republik, 1984 — XIII — 886–887
- HEINEMANN, Ulrich: Die verdrängte Niederlage. Politische Öffentlichkeit und Kriegsschuldfrage in der Weimarer Republik, 1983, — XIV — 828–829
- KÖHLER, Henning: Novemberrevolution und Frankreich, 1980 — XVII/3 — 253–256
- KÖHLER, Henning: Adenauer und die rheinische Republik, 1986 — XVII/3 — 253–256
- SÜSS, Martin: Rheinhessen unter französischer Besatzung, 1988 — XVII/3 — 253–256
- WOLFF, Theodor: Die wilhelminische Epoche, 1989 — XIX/3 — 248–249
- THOMA, Ludwig: Sämtliche Beiträge aus dem »Miesbacher Anzeiger« 1920/21, 1989 — XIX/3 — 265–266
- MÜLLER, Hans Jürgen: Auswärtige Pressepolitik und Propaganda zwischen Ruhrkampf und Locarno, 1991 — XX/3 — 252–253

JARNUT, Jörg
- PICARD, Jean-Charles: Le souvenir des évêques, 1988 — XVII/1 — 229–230

JAUFFRET, Jean-Charles
- BURY, John P.T., Robert T. TOMBS: Thiers (1797–1877). A Political Life, 1986 — XIV — 809–810
- GUIRAL, Pierre: Adolphe Thiers, 1986 — XV — 1047–1048
- The Dreyfus Affair, 1987 — XVI/3 — 215–216

JEISMANN, Karl-Ernst
- NEUGEBAUER, Wolfgang: Absolutistischer Staat und Schulwirklichkeit in Brandenburg-Preußen, 1985 — XIV — 775–778

JESCHONNEK, Bernd
- MEYER, Jean et al.: La Révolution Française, 1991 — XX/2 — 259–260
- MEINZER, Michael: Der französische Revolutionskalender (1792–1805), 1992 — XX/2 — 283–284
- Études et documents II–III, 1990/1991 — XX/2 — 301–303

JESSE, Eckhard
- FRITSCH-BOURNAZEL, Renata: Das Land in der Mitte. Die Deutschen im europäischen Kräftefeld, 1986 — XV — 1094–1095
- MÉNUDIER, Henri et al.: L'image du voisin à la télévision. Une comparaison franco-allemande, 1986 — XV — 1097–1098

JOHANEK, Peter
- TÜRK, Egbert: Nugae curialium. Le règne d'Henri II Plantagenêt (1145–1189) et l'éthique politique, 1977 — XI — 746–747

JONES, Larry Eugene
- SCHÖTZ, Hans Otto: Der Kampf um die Mark 1923/24, 1987 — XVII/3 — 263–264

KAELBLE, Hartmut
- La bourgeoisie allemande. Un siècle d'histoire (1830–1933), 1986 — XVI/3 — 197–198

KÄMMERER, Jürgen
- BRUCH, Rüdiger vom: Weltpolitik als Kulturmission. 1982 — XI — 864
- Die Westmächte und das Dritte Reich 1933–1939, 1982 — XI — 873–875
- Österreichische Akten zur Geschichte des Krimkriegs, Bde. 1–3, 1979–1980 — XII — 676–684
- DEININGER, Helga: Frankreich – Rußland – Deutschland 1871–1891, 1983 — XII — 871–873

KAISER, Jochen-Christoph
- DIEPHOUSE, David J.: Pastors and Pluralism in Württemberg 1918–1933, 1987 — XVI/3 — 236–238

KAISER, Reinhold
- Gilden und Zünfte, 1985   XIV   585–592

KAISER, Wolfgang
- DAVIS, Natalie Zemon: Die wahrhaftige Geschichte von der Wiederkehr des Martin Guerre, 1984   XII   828–829
- BARNAVI, Elie: Le Parti de Dieu, 1980   XIII   638–650
- BARNAVI, Elie et al.: La Sainte Ligue, le juge et la potence, 1985   XIII   638–650
- BENEDICT, Philip: Rouen during the Wars of Religion, 1981   XIII   638–650
- DESCIMON, Robert: Qui étaient les Seize, 1983   XIII   638–650
- DEWALD, Jonathan: The Formation of a Provincial Nobility, 1980   XIII   638–650
- AUDISIO, Gabriel: Les vaudois du Luberon. Une minorité en Provence (1460–1560), 1984   XIII   789–790
- HUDEMANN-SIMON, Calixte: La noblesse luxembourgeoise au XVIIIe siècle, 1985   XIV   774–775
- KETTERING, Sharon: Patrons, Brokers, and Clients in Seventeenth-Century France, 1986   XV   992–994
- COULET, Noël et al.: Le village de Provence au bas moyen âge, 1987   XVII/1   305–306
- Vie privée et ordre public à la fin du moyen âge, 1987   XVII/1   305–306
- BABELON, Jean-Pierre: Nouvelle Histoire de Paris. Paris au XVIe siècle, 1986   XVII/2   253–254
- PERNOT, Michel: Les guerres de religion en France 1559–1598, 1987   XVIII/2   247–248
- ROY LADURIE, Emmanuel Le: Karneval in Romans. Eine Revolte und ihr blutiges Ende 1579–1580, 1989   XVIII/2   326
- De la Richesse Territoriale du Royaume de France, 1988   XVIII/2   328
- SHATZMILLER, Joseph: Médecine et Justice en Provence médiévale, 1989   XIX/1   326–327

KAISER-GUYOT, Marie-Thérèse
- L'élevage et la vie pastorale dans les montagnes de l'Europe au moyen âge et à l'époque moderne, 1984   XIII   713–716
- HOCQUET, Jean-Claude: Le Sel et le Pouvoir, 1985   XIV   582–584
- ROUX, Jean-Paul: Les explorateurs au Moyen Âge, 1985   XIV   680–681
- BEER, Jean de: Saint Louis, 1984   XIV   736–737
- DEVIOSSE, Jean: Jean le Bon, 1985   XIV   736–737
- ROBIN, Françoise: La cour d'Anjou-Provence. La vie artistique sous le règne de René, 1985   XIV   750–751
- Économies et sociétés dans le Dauphiné médiéval, 1984   XIV   864–866
- Manger et boire au Moyen Âge. T. 1, 1984   XV   793–800
- BRONDY, Réjane: Chambéry. Histoire d'une capitale vers 1350–1560, 1988   XVIII/1   311–312
- ELAYI, Josette et al.: La monnaie à travers les âges, 1989   XVIII/1   325–326
- GERMAIN, René: Les Campagnes Bourbonnaises à la Fin du Moyen Âge (1370–1530), 1987   XVIII/1   329–330
- DUFOURCQ, Norbert: Nobles et paysans aux confins de l'Anjou et du Maine, 1988   XVIII/1   330
- WRIGHT, Craig: Music and ceremony at Notre Dame of Paris, 500–1550, 1989   XIX/1   263–265
- Feste und Feiern im Mittelalter, 1991   XX/1   211–216
- Traité des monnaies, Nikolas Oresme et autres écrits monétaires du XIVe siècle, 1989   XX/1   304–306

KALMÁR, János
- DUROSELLE, Jean-Baptiste: Europa. Eine Geschichte seiner Völker, 1990   XIX/3   209–210

KAMMERER, Odile
- Das Dorf am Mittelrhein, 1989   XVIII/1   247–250
- MÜLLER, Peter: Die Herren von Fleckenstein im späten Mittelalter, 1990   XVIII/1   316–317
- Bevölkerungsstatistik an der Wende vom Mittelalter zur Neuzeit, 1990   XIX/1   253–255
- Chartularium Sangallense, VI (1327–1347), 1990   XIX/1   327–328

- Büttner, Heinrich: Geschichte des Elsaß. I., 1991 — XX/1 — 243–246
- Blattmann, Marita: Die Freiburger Stadtrechte zur Zeit der Zähringer. Bde. 1–2, 1991 — XX/1 — 293–295

Kampers, Gerd
- Millet-Gérard, Dominique: Chrétiens mozarabes et culture islamique dans l'Espagne des VIIIe–IXe siècles, 1984 — XIII — 734–736
- Ferreiro, Alberto: The Visigoths in Gaul and Spain. A.D. 418–711. A Bibliography, 1988 — XVII/1 — 211

Kapp, Volker
- Palma-Cayet, Pierre-Victor: L'histoire prodigieuse du Docteur Fauste, 1982 — XI — 785–786
- Victor Brodeau: Poésies, 1982 — XI — 786
- Histoires curieuses et véritables de Cartouche et de Mandrin, 1984 — XIII — 835–837
- Wunderlich, Heinke: Studienjahre der Grafen Salm-Reifferscheidt (1780–1791), 1984 — XIII — 837–839
- Mamone, Sara: Paris et Florence: deux capitales pour une reine, Marie de Médicis, 1990 — XX/2 — 196–197

Karp, Serguei
- Lectures de Raynal. L'Histoire des deux Indes en Europe et en Amérique au XVIIIe siècle, 1991 — XX/2 — 232–235

Kasten, Bernd
- Barthélemy, Joseph: Vichy 1941–1943. Mémoires, 1989 — XVII/3 — 291–292
- Journal d'un honnête homme pendant l'occupation, 1990 — XIX/3 — 288–289
- Kaspi, André: Les Juifs pendant l'occupation, 1991 — XIX/3 — 324
- Amouroux, Henri: La grande histoire des Français après l'occupation, vol. IX, 1991 — XX/3 — 292–293
- Bourdrel, Philippe: L'épuration sauvage 1944–1945. T. II, 1991 — XX/3 — 325–326

Kater, Michael H.
- Schenk, Ernst Günther: Patient Hitler, 1989 — XVII/3 — 276–277

Kazanski, Michel
- Bona, Istvan: Das Hunnenreich, 1991 — XX/1 — 127–145

Kerautret, Michel
- Preußen, Europa und das Reich, 1987 — XVII/2 — 234–236
- Persönlichkeiten im Umkreis Friedrichs des Großen, 1988 — XVIII/2 — 271–272
- Deutschland und Frankreich im Zeitalter der Französischen Revolution, 1989 — XIX/2 — 330–331
- Bussmann, Walter: Zwischen Preußen und Deutschland. Friedrich Wilhelm IV, 1990 — XIX/3 — 230–232
- Kroll, Frank-Lothar: Friedrich Wilhelm IV. und das Staatsdenken der deutschen Romantik, 1990 — XIX/3 — 232–233

Kerlouégan, François
- The Historia Brittonum. Vol. 3. The ›Vatican‹ Recension, 1985 — XIII — 743–744

Kessel, Martina
- Frankreichs Kulturpolitik in Deutschland, 1945–1950, 1987 — XVI/3 — 289–292
- Französische Kulturpolitik in Deutschland 1945–1950, 1984 — XVI/3 — 289–292
- Geschichte denken. Neubestimmung und Perspektiven moderner europäischer Geistesgeschichte, 1988 — XVI/3 — 314
- Loth, Wilfried: Geschichte Frankreichs im 20. Jahrhundert, 1987 — XVII/3 — 209–210
- Corsi, Pietro: The Age of Lamarck. Evolutionary Theories in France, 1790–1830, 1988 — XVII/3 — 212–213

- YOUNG, John W.: France, the Cold War and the Western Alliance, 1944–1949, 1990 — XVIII/3 293–295
- KASCHUBA, Wolfgang: Lebenswelt und Kultur der unterbürgerlichen Schichten im 19. und 20 Jahrhundert, 1990 — XIX/3 217–218
- The New Cultural History, 1989 — XIX/3 222–223
- CHARLE, Christophe: La Naissance des »intellectuels«, 1880–1900, 1990 — XX/3 242–243

KIMMEL, Adolf

- BRACHER, Karl Dietrich: Geschichte und Gewalt, 1981 — XI 693–696
- BRACHER, Karl Dietrich: Zeit der Ideologien, 1982 — XI 693–696
- SCHWARZ, Hans-Peter: Die Ära Adenauer 1949–1957, 1981 — XI 890–894
- SCHWARZ, Hans-Peter: Die Ära Adenauer 1957–1963, 1983 — XII 692–697
- ESCHENBURG, Theodor: Jahre de Besatzung 1945–1949, 1983 — XII 908–909
- LEMERCIER, Michel: Une année privilégiée dans l'histoire des rapports franco-allemands 1.7.1962–30.6.1963, 1982 — XII 914
- HILDEBRAND, Klaus: Von Erhard zur Großen Koalition 1963–1969, 1984 — XIII 675–679
- CHAPSAL, Jacques: La vie politique en France de 1940 à 1958, 1984 — XIII 915–917
- CHAPSAL, Jacques: La vie politique sous la Ve République, 2e éd. mise à jour 1984 — XIII 915–917
- Pipers Handbuch der politischen Ideen. Bde. 3–4, 1985, 1986 — XIV 593–596
- JESSE, Eckhard: Wahlrecht zwischen Kontinuität und Reform, 1985 — XIV 858–859
- HILLGRUBER, Andreas: Europa in der Weltpolitik der Nachkriegszeit 1945–1963, 3., überarb. Aufl., 1987 — XV 1090–1091
- MORSEY, Rudolf: Die Bundesrepublik Deutschland. Entstehung und Entwicklung bis 1969, 1987 — XV 1090–1091
- BRACHER, Karl-Dietrich et al.: Republik im Wandel 1969–1974, 1986 — XVI/3 151–158
- JÄGER, Wolfgang et al.: Republik im Wandel 1974–1982, 1987 — XVI/3 151–158
- Pipers Handbuch der politischen Ideen. Bd. 5, 1987 — XVI/3 219–220
- MENDÈS FRANCE, Pierre: Pour une République moderne: 1955–1962, 1987 — XVI/3 301–302
- MENDÈS FRANCE, Pierre: Préparer l'avenir: 1963–1973, 1989 — XVIII/3 306–308
- MENDÈS FRANCE, Pierre: Une vision du monde: 1974–1982, 1990 — XIX/3 310–311
- BELORGEY, Jean-Michel: Le Parlement à refaire, 1991 — XX/3 313–314

KINTZ, Jean-Pierre

- Der Mensch und sein Körper von der Antike bis heute, 1983 — XIII 709–710
- Leib und Leben in der Geschichte der Neuzeit, 1983 — XIII 710–711
- BURKHARDT, Johannes: Frühe Neuzeit: 16.–18. Jahrhundert, 1985 — XIV 756–757
- ABRAY, Lorna Jane: The People's Reformation. Magistrates, Clergy and Commons in Strasbourg 1500–1598, 1985 — XIV 758–759
- RÖDEL, Walter G.: Mainz und seine Bevölkerung im 17. und 18. Jahrhundert, 1985 — XIV 771–774
- HESS, Christel: Presse und Publizistik in der Kurpfalz in der zweiten Hälfte des 18. Jahrhunderts, 1987 — XV 1009–1010
- Regionale Amts- und Verwaltungsstrukturen im Rheinhessisch-Pfälzischen Raum (14.-18. Jahrhundert), 1984 — XVI/2 248
- DÜLMEN, Richard van: Die Gesellschaft der Aufklärer, 1986 — XVI/2 296–297
- Pfälzer Lebensbilder. Bd. 4, 1987 — XVI/3 198–199
- BORSCHEID, Peter: Geschichte des Alters. Vom Spätmittelalter zum 18. Jahrhundert, 1989 — XVII/2 233
- KUHN, Axel et al.: Revolutionsbegeisterung an der Hohen Carlsschule, 1989 — XVII/2 332
- ALLMANN, Joachim: Der Wald in der frühen Neuzeit, 1989 — XIX/2 251
- DIPPER, Christof: Deutsche Geschichte 1648–1789, 1991 — XIX/2 259–260
- MEYER, Gerhard: Zu den Anfängen der Straßburger Universität, 1989 — XIX/2 355–356
- BREIT, Stefan: »Leichtfertigkeit« und ländliche Gesellschaft. Voreheliche Sexualität in der frühen Neuzeit, 1991 — XX/2 180

KLEIN, Jean

- KÖHLER, Henning: Das Ende Preußens in französischer Sicht, 1982 — XI 887–890

– Der Westen und die Sowjetunion, 1983	XII	883–888
– Die Deutschlandpolitik Frankreichs und die Französische Zone 1945–1949, 1983	XII	909–912
– Power in Europe? Great Britain, France, Italy and Germany in a Postwar World, 1945–1950, 1986	XVI/3	284–289
– STRAUSS, Franz Josef: Die Erinnerungen, 1989	XVIII/3	299–301
– WILKENS, Andreas: Der unstete Nachbar. Frankreich, die deutsche Ostpolitik und die Berliner Vier-Mächte-Verhandlungen 1969–1974, 1990	XIX/3	308–309

KLEINERT, Andreas

– GILLISPIE, Charles Coulston: The Montgolfier Brothers and the Invention of Aviation 1783–1784, 1983	XII	845–847

KLEINERT, Annemarie

– SONNET, Martine: L'éducation des filles au temps des Lumières, 1987	XVII/2	290–291
– ROCHE, Daniel: La culture des apparences. Une histoire du vêtement (XVIIe–XVIIIe siècle) 1989	XIX/2	270–271

KLEPSCH, Peter

– LEMAY, Edna Hindie: Dictionnaire des Constituants 1789–1791, 1991	XX/2	260–263

KLUETING, Harm

– Histoire de Strasbourg, 1987	XVI/2	312

KNIPPING, Franz

– KUPFERMANN, Fred: Laval, 1987	XVI/3	278–281
– FERRO, Marc: Pétain, 1987	XVI/3	281–282
– STEINBERG, Lucien: Les Allemands en France 1940–1944, 1980	XVI/3	282–283

KÖHLER, Henning

– BLASIUS, Rainer A.: Für Großdeutschland – gegen den großen Krieg, 1981	XIII	904–907
– Die Weizsäcker-Papiere 1900–1932, 1981	XIII	904–907
– Die Weizsäcker-Papiere 1933–1950, 1974	XIII	904–907

KÖLZER, Theo

– SAUPE, Lothar: Die Unterfertigung der lateinischen Urkunden aus den Nachfolgestaaten des weströmischen Reiches, 1983	XIII	726–728
– SELTMANN, Ingeborg: Heinrich VI. Herrschaftspraxis und Umgebung, 1983	XIII	770–774
– PETKE, Wolfgang: Kanzlei, Kapelle und königliche Kurie unter Lothar III. (1125–1137), 1985	XIV	728–730
– HOFFMANN, Hartmut: Buchkunst und Königtum im ottonischen und frühsalischen Reich, 1986	XV	937–941

KOLB, Eberhard

– ROTH, François: La guerre de 1870, 1990	XIX/3	233–236

KOLBERT, Gabriele

– Die Inszenierung des Absolutismus: politische Begründung und künstlerische Gestaltung höfischer Feste im Frankreich Ludwigs XIV., 1992	XX/2	202–204

KOLMER, Lothar

– AUGER, Marie-Louise: La Collection de Bourgogne (mss 1–74) à la Bibliothèque Nationale, 1987	XVI/1	220–221
– A propos des actes d'évêques: hommage à Lucie Fossier, 1991	XX/1	191–192
– De oorkonden van de Sint-Baafsabdij te Gent (819–1321), 1990–1991	XX/1	225

KONERT, Jürgen

– HUGUET, Françoise: Les professeurs de la Faculté de Médecine de Paris. Dictionnaire biographique 1794–1939, 1991	XX/2	293

KOPITZSCH, Franklin
- Kultur zwischen Bürgertum und Volk, 1983 — XIII — 795–797

KRÄMER, Sigrid
- NEBBIAI-DALLA GUARDA, Donatella: La bibliothèque de l'abbaye de Saint-Denis en France du IXᵉ au XVIIIᵉ siècle, 1985 — XV — 902–904

KRAUTKRÄMER, Elmar
- COUTEAU-BÉGARIE, Hervé et al.: Darlan, 1989 — XVII/3 — 293–295
- DESTREMAU, Bernard: Weygand, 1989 — XVIII/3 — 272–274
- SIMONNOT, Philippe: Le secret de l'armistice 1940, 1990 — XIX/3 — 279–280
- LERNER, Henri: Catroux, 1990 — XX/3 — 283–285

KREIS, Georg
- POIDEVIN, Raymond et al.: Frankreich und Deutschland. Die Geschichte ihrer Beziehungen 1815–1975, 1982 — XIII — 858
- HÖRLING, Hans: Das Deutschlandbild in der Pariser Tagespresse vom Münchner Abkommen bis zum Ausbruch des II. Weltkrieges, 1985 — XIV — 837

KREUTZ, Wilhelm
- Bois, Pierre-André: Adolph Freiherr Knigge (1752–1796), 1990 — XX/2 — 238–240
- Biographisches Lexikon zur Geschichte der demokratischen und liberalen Bewegungen in Mitteleuropa. Bd. 1, 1992 — XX/2 — 285

KRÖGER, Martin
- JONES, Larry Eugene: German Liberalism and the Dissolution of the Weimar Party System, 1918–1933, 1988 — XX/3 — 259–260

KROENER, Bernhard R.
- HÜTTL, Ludwig: Friedrich Wilhelm von Brandenburg, der Große Kurfürst, 1981 — XI — 806–807
- BÉRENGER, Jean: Turenne, 1987 — XVI/2 — 273–275
- ZYSBERG, André: Les Galériens. Vies et destins des 60000 forçats sur les galères de France 1680–1748, 1987 — XIX/2 — 283–284

KRÜGER, Karl Heinrich
- Le Moyen Âge et la Bible, 1984 — XIII — 708–709
- FOLZ, Robert: Les saints rois du moyen âge en Occident (VIᵉ–XIIIᵉ siècles), 1984 — XV — 910–912
- Saint Géry et la christianisation dans le nord de la Gaule, 1986 — XV — 918–920
- HEUCLIN, Jean: Aux origines monastiques de la Gaule du Nord, 1988 — XVII/1 — 231–232
- DUBOIS, Jacques: Martyrologes. D'Usuard au Martyrologe romain, 1990 — XVIII/1 — 224–225
- DUVAL, Yvette: Auprès des saints corps et âme, 1988 — XVIII/1 — 252–253
- Willibrord. Apostel der Niederlande, 1989 — XIX/1 — 281–282

KRÜGER, Klaus
- MAROT, Pierre: La Lorraine et la mort, 1991 — XX/1 — 242–243

KRÜGER, Peter
- SHARP, Alan: The Versailles Settlement, 1991 — XX/3 — 250–251

KRUMEICH, Gerd
- PORCH, Douglas: The March to the Marne. The French Army 1871–1914, 1981 — XI — 854–856

KRUSE, Holger
- PREVENIER, Walther et al.: Die burgundischen Niederlande, 1986 — XVI/1 — 300–301

- Baum, Wilhelm: Sigmund der Münzreiche. Zur Geschichte Tirols und der habsburgischen Länder im Spätmittelalter, 1987   XVII/1   313–316

Küsters, Hanns Jürgen
- Legoll, Paul: Konrad Adenauer et l'idée d'unification européenne janvier 1948 – mai 1950, 1989   XX/3   305–306

Kuhn, Axel
- Historical Dictionary of the French Revolution 1789–1799, 1985   XV   1022–1024

Kuhoff, Wolfgang
- Burns, Thomas: A History of the Ostrogoths, 1984   XIII   719–724

Kupper, Jean-Louis
- Nonn, Ulrich: Pagus und Comitatus in Niederlothringen. Untersuchungen zur politischen Raumgliederung im früheren Mittelalter, 1983   XIII   730–732
- Die Zähringer. Eine Tradition und ihre Erforschung, 1986   XVIII/1   293–294

Labbé, François
- Lüsebrink, Hans-Jürgen et al.: Die Bastille. Zur Symbolgeschichte von Herrschaft und Freiheit, 1990   XVIII/2   298–299

Lahme, Rainer
- Marksthaler, Jürgen: Die französische Kongo-Affäre 1905/1906, 1986   XVI/3   216–218
- Förster, Stig: Der doppelte Militarismus, 1985   XVII/3   245–248
- The Churchill-Eisenhower Correspondence 1953–1955, 1990   XVIII/3   302–303
- Documents on the History of European Integration. Vol. 3, 1988   XIX/3   193–205
- The Foreign Policy of Churchill's Peacetime Administration 1951–1955, 1988   XIX/3   193–205
- George, Stephen: An Awkward Partner, 1990   XIX/3   193–205
- Großbritannien und Europa – Großbritannien in Europa, 1989   XIX/3   193–205
- Post-War Britain, 1945–1964, 1989   XIX/3   193–205
- Cecil, Lamar: Wilhelm II. Prince and Emperor, 1859–1900, 1989   XX/3   121–129
- Gutsche, Willibald: Ein Kaiser im Exil. Der letzte deutsche Kaiser Wilhelm II. in Holland, 1991   XX/3   121–129
- Gutsche, Willibald: Wilhelm II. Eine Biographie, 1992   XX/3   121–129
- Herre, Franz: Wilhelm II. Monarch zwischen den Zeiten, 1993   XX/3   121–129
- Der Ort Kaiser Wilhelms II. in der deutschen Geschichte, 1991   XX/3   121–129
- Röhl, John C.G.: Wilhelm II. Die Jugend des Kaisers 1859–1888, 1993   XX/3   121–129
- Dockrill, Saki: Britain's Policy for West German Rearmament 1950–1955, 1991   XX/3   303–304
- George, Stephen: Britain and European Integration since 1945, 1991   XX/3   326–327

Lappenküper, Ulrich
- Sieburg, Heinz-Otto: Geschichte Frankreichs. 4. überarb. u. erw. Aufl., 1989   XVIII/3   217–218
- Die westliche Sicherheitsgemeinschaft, 1988   XVIII/3   298
- Im Zentrum der Macht. Das Tagebuch von Staatssekretär Lenz 1951–1953, 1989   XVIII/3   301–302
- De Gaulle et ses Premiers Ministres, 1990   XVIII/3   304–305
- Rimbaud, Christiane: Pinay, 1990   XIX/3   304–305
- Maillard, Pierre: De Gaulle et l'Allemagne, 1990   XIX/3   307
- Chastenet, Patrick et Philippe: Chaban, 1991   XX/3   312–313

Lattard, Alain
- Ritter, Gerhard A.: Sozialversicherung in Deutschland und England. Entstehung und Grundzüge im Vergleich, 1983   XII   873–875
- Fromm, Erich: Arbeiter und Angestellte am Vorabend des Dritten Reiches, 1983   XII   893–896

- Die Weimarer Republik, belagerte Civitas, 2. erw. Aufl. 1985 — XIV — 829–832
- HEIN, Dieter: Zwischen liberaler Milieupartei und nationaler Sammlungsbewegung. Gründung, Entwicklung und Struktur der Freien Demokratischen Partei 1945–1949, 1985 — XIV — 856–858
- RECKER, Marie-Luise: Nationalsozialistische Sozialpolitik im Zweiten Weltkrieg, 1985 — XV — 1075–1077
- Kurt Schumacher. Reden – Schriften – Korrespondenzen 1945–1952, 1985 — XV — 1087–1090
- RUCK, Michael: Die freien Gewerkschaften im Ruhrkampf 1923, 1986 — XVI/3 — 229–232
- Geschichtsbewußtsein der Deutschen, 1987 — XVI/3 — 305–309
- KOERFER, Daniel: Kampf ums Kanzleramt. Erhard und Adenauer, 1987 — XVII/3 — 318–320
- RUCK, Michael: Gewerkschaften, Staat, Unternehmer, 1990 — XX/3 — 245–247
- Gewerkschaften in Politik, Wirtschaft und Gesellschaft 1945–1949, 1991 — XX/3 — 296–297
- BUCHHEIM, Christoph: Die Wiedereingliederung Westdeutschlands in die Weltwirtschaft 1945–1958, 1990 — XX/3 — 301–303

LAZAR, Marc
- HAZAREESINGH, Sudhir: Intellectuals and the Communist Party, 1991 — XX/3 — 309–312

LEBEAU, Christine
- LETTNER, Gerda: Das Rückzugsgefecht der Aufklärung in Wien 1790–1792, 1988 — XVII/2 — 330–331
- Die Aufklärung in Österreich. Ignaz von Born und seine Zeit, 1991 — XIX/2 — 311
- Die Französische Revolution. Mitteleuropa und Italien, 1992 — XX/2 — 285–287

LEBECQ, Stéphane
- MATHEUS, Michael: Hafenkrane. Zur Geschichte einer mittelalterlichen Maschine am Rhein und seinen Nebenflüssen von Straßburg bis Düsseldorf, 1985 — XIV — 681–682
- Untersuchungen zu Handel und Verkehr der vor- und frühgeschichtlichen Zeit in Mittel- und Nordeuropa. Teil II, 1985 — XV — 915–917
- Untersuchungen zu Handel und Verkehr der vor- und frühgeschichtlichen Zeit in Mittel- und Osteuropa. Teil IV, 1987 — XVIII/1 — 264–266
- BAUMANN, Peter: Sternstunden der Schiffsarchäologie, 1988 — XVIII/1 — 325

LEMAÎTRE, Jean-Loup
- Die Totenbücher von Merseburg, Magdeburg und Lüneburg, 1983 — XII — 789–791
- SOHN, Andreas: Der Abbatiat Ademars von Saint-Martial de Limoges (1063–1114), 1989 — XVIII/1 — 283–286

LESSMANN, Peter
- GELLATELY, Robert: The Gestapo and German Society, 1990 — XVIII/3 — 267–268

LEYSER, Karl
- FICHTENAU, Heinrich: Lebensordnungen des 10. Jahrhunderts, 2 Bde., 1984 — XIV — 708–710

LILL, Rudolf
- La France et l'Italie au temps de Mazarin, 1986 — XVI/2 — 279–280

LINDEMANN, Mechthild
- MATHIEU, Jean-Philippe et al.: RDA. Quelle Allemagne?, 1990 — XVIII/3 — 314–315

LIVET, Georges
- PARKER, Geoffrey et al.: The Thirty Years' War, 1984 — XIV — 761–763
- SCHORMANN, Gerhard: Der dreißigjährige Krieg, 1985 — XIV — 763–765
- Acta Pacis Westphalicae. Die Französischen Korrespondenzen, 1645, 1986 — XVI/2 — 276–279
- Krieg und Politik 1618–1648, 1988 — XVII/2 — 261–263
- SCHILLING, Heinz: Höfe und Allianzen. Deutschland 1648–1763, 1989 — XVII/2 — 274–278
- WILLMS, Johannes: Paris. Hauptstadt Europas 1789–1914, 1988 — XVII/3 — 213–215

- Pelzer, Erich: Der elsässische Adel im Spätfeudalismus, 1990 — XVIII/2 320–322
- Mörz, Stefan: Aufgeklärter Absolutismus in der Kurpfalz während der Mannheimer Regierungszeit des Kurfürsten Karl Theodor (1742–1777), 1991 — XX/2 245–248

Lobrichon, Guy
- Das Martyrolog-Necrolog von Moissac-Duravel. Facsimile-Ausgabe, 1988 — XVIII/1 286–287

Lohrmann, Dietrich
- Guillerme, André: Les temps de l'eau. La cité, l'eau et les techniques. 1983 — XI 719
- Chartae Latinae Antiquiores. Facsimile – Edition of the Latin Charters Prior to the Ninth Century, X–XII, 1978–1979 — XI 728–729
- Decretales ineditae saeculi XII. From the papers of the late Walther Holtzmann, 1982 — XI 743–745
- Nolden, Reiner: Besitzungen und Einkünfte des Aachener Marienstiftes, 1981 — XI 749
- Mélanges à la mémoire du Père Anselme Dimier. III, 1982 — XI 756
- Barbiche, Bernard: Les actes pontificaux originaux des Archives nationales de Paris. T. III: 1305–1415, 1982 — XI 760–761
- Lebecq, Stéphane: Marchands et navigateurs frisons du haut moyen âge. Vol. 1–2, 1983 — XII 786–788
- Papsturkunden 896–1046, Bde. 1–2, 1984–1985 — XIII 752–753
- Volk, Otto: Salzproduktion und Salzhandel mittelalterlicher Zisterzienserklöster, 1984 — XIII 776
- Legras, Anne-Marie: Les commanderies des Templiers et des Hospitaliers de Saint-Jean de Jérusalem en Saintonge et en Aunis, 1983 — XIII 781
- Mesqui, Jean: Le pont en France avant le temps des ingénieurs, 1986 — XVI/1 225–226
- Hoffman Berman, Constance: Medieval Agriculture, the Southern French Countryside, and the Early Cistercians, 1986 — XVI/1 292
- Lombard-Jourdan, Anne: Aux origines de Paris. La genèse de la rive droite jusqu'en 1223, 1985 — XVI/1 312–313
- Ars et Ratio, 1990 — XVIII/1 235–237
- Blary, François: Le domaine de Chaalis, XIIe–XIVe siècles, 1989 — XVIII/1 296–298
- Papsturkunden 896–1046, Bd. 3, 1989 — XVIII/1 328
- Willwersch, Matthias: Die Grundherrschaft des Klosters Prüm, 1989 — XVIII/1 329
- Mélanges à la mémoire du Père Anselme Dimier. T. I, 1987 — XIX/1 237–238
- Cartulaire de la Chartreuse de Bonnefoy, 1990 — XIX/1 310
- Pelletier, Monique: La carte de Cassini, 1990 — XIX/2 290–292
- Moines et métallurgie dans la France médiévale, 1991 — XX/1 240–242
- Bechmann, Roland: Villard de Honnecourt. La pensée technique au XIIIe siècle et sa communication, 1991 — XX/1 297–299

Loose, Rainer
- La carte manuscrite et imprimée du XVIe au XIXe siècle, 1983 — XI 779
- Pfister, Christian: Klimageschichte der Schweiz, 1525–1860, 1984 — XV 979–980

Loster-Schneider, Gudrun
- Fontane, Theodor: Der Krieg gegen Frankreich 1870–1871, 4 Bde., 1985 — XIV 610–617

Loth, Wilfried
- Rémond, René: Notre Siècle 1918 à 1988, 1988 — XVII/3 205–209
- Rousso, Henry: Le syndrome de Vichy (1944–198…), 1987 — XVII/3 296–298
- Couve de Murville, Maurice: Le monde en face, 1989 — XVIII/3 305–306
- Hoffmann, Stanley et al.: L'expérience Mitterrand, 1988 — XVIII/3 308–309
- Entre deux Guerres. La création française entre 1919 et 1939, 1990 — XIX/3 263–265
- Laborie, Pierre: L'opinion française sous Vichy, 1990 — XIX/3 286–287
- Berstein, Serge et al.: Histoire de la France au XXe siècle. T. I–III, 1990–1991 — XX/3 244–245
- Buffet, Cyril: Mourir pour Berlin, 1991 — XX/3 299–300

Lotter, Friedrich

- Seror, Simon: Les noms des Juifs de France au Moyen Âge, 1989 — XIX/1 265–266
- Dahan, Gilbert: Les intellectuels chrétiens et les juifs au moyen âge, 1990 — XIX/1 266–268
- Dahan, Gilbert: La polémique chrétienne contre le judaïsme au Moyen Âge, 1991 — XX/1 232–233

Lotz, Wolfgang

- Flacke-Knoch, Monika: Museums-Konzeptionen in der Weimarer Republik, 1985 — XVIII/3 323–324

Ludmann-Obier, Marie-France

- Boelcke, Willi A.: Die Kosten von Hitlers Krieg, 1985 — XVI/3 283–284
- Kettenacker, Lothar: Krieg zur Friedenssicherung. Die Deutschlandplanung der britischen Regierung während des Zweiten Weltkrieges, 1989 — XVII/3 302–303
- Dokumente zur Deutschlandpolitik. 1. Reihe, Band 3/I u. 3/II, 1988 — XVII/3 303–304
- Steininger, Rolf: Die Ruhrfrage 1945/46 und die Entstehung des Landes Nordrhein-Westfalen, 1988 — XVII/3 307–308
- Neubeginn bei Eisen und Stahl im Ruhrgebiet, 1990 — XIX/3 301

Lüsebrink, Hans-Jürgen

- Chartier, Roger: The Cultural Uses of Print in Early Modern France, 1987 — XVII/2 217–219
- Rewriting the French Revolution, 1991 — XX/2 268–269

Maaz, Wolfgang

- Jeudy, Colette et al.: Les manuscrits classiques latins des bibliothèques publiques de France. T. I, 1989 — XIX/1 257–259

Magnou-Nortier, Elisabeth

- Olberg, Gabriele von: Freie, Nachbarn und Gefolgsleute. Volkssprachliche Bezeichnungen aus dem sozialen Bereich in den frühmittelalterlichen Leges, 1983 — XII 783–785
- Hannig, Jürgen: Consensus fidelium. Frühfeudale Interpretation des Verhältnisses von Königtum und Adel am Beispiel des Frankenreiches, 1982 — XIV 696–702
- Schlesinger, Walter: Ausgewählte Aufsätze 1965–1979, 1987 — XVI/1 155–167
- Kolmer, Lothar: Promissorische Eide im Mittelalter, 1989 — XVIII/1 243–245
- Rösener, Werner: Grundherrschaft im Wandel. Untersuchungen zur Entwicklung geistlicher Grundherrschaften im südwestdeutschen Raum vom 9. bis 14. Jahrhundert, 1991 — XX/1 273–277

Mai, Gunther

- Lowry, Montecue J.: The Forge of West German Rearmament, 1990 — XVIII/3 325
- Gillingham, John: Coal, Steel, and the Rebirth of Europe, 1945–1955, 1991 — XX/3 300–301

Malettke, Klaus

- Kettering, Sharon: Judicial Politics und Urban Revolt in Seventeenth-Century France, 1978 — XI 794–795
- Labrousse, Elisabeth: »Une foi, une loi, un roi?«. Essai sur la révocation de l'Édit de Nantes, 1985 — XV 999–1000
- Bluche, François et al.: La véritable hiérarchie sociale de l'ancienne France, 1983 — XV 1000–1001
- Levantal, Christophe: La noblesse au XVIIe siècle (1600–1715), 1987 — XVII/2 267–268
- Dessert, Daniel: Argent, pouvoir et société au Grand Siècle, 1984 — XX/2 198–202

Margolin, Jean-Claude

- Krieg und Frieden im Horizont des Renaissancehumanismus, 1986 — XVI/2 243–244
- Humanismus und Neue Welt, 1987 — XVI/2 244–245
- Das Ende der Renaissance: Europäische Kultur um 1600, 1987 — XVI/2 258–259

- Probst, Veit: Petrus Antonius de Clapis (ca. 1440–1512), 1989 — XVIII/1 321–323
- Pflugiana. Studien über Julius Pflug (1499–1564), 1990 — XVIII/2 246–247

Mariotte, Jean-Yves

- Federico Barbarossa nel dibattito storiografico in Italia e in Germania, 1982 — XII 801–802
- Piemonte medievale. Forme del potere e della società, 1985 — XIII 923–924
- Sprinkart, P. Alfons: Kanzlei, Rat und Urkundenwesen der Pfalzgrafen bei Rhein und Herzöge von Bayern 1294 bis 1314 (1317), 1986 — XV 967–968
- Zufferey, Maurice: Die Abtei Saint-Maurice d'Agaune im Hochmittelalter (830–1258), 1988 — XVII/1 265–267
- Engels, Odilo: Stauferstudien. Beiträge zur Geschichte der Staufer im 12. Jahrhundert, 1988 — XVII/1 282
- Oppl, Ferdinand: Friedrich Barbarossa, 1990 — XVIII/1 289–290
- Die Urkunden Friedrichs I. 1181–1190, 1990 — XVIII/1 290–291
- Georgi, Wolfgang: Friedrich Barbarossa und die auswärtigen Mächte, 1990 — XVIII/1 292
- Die Urkunden Friedrichs I. Einleitung, Verzeichnisse, 1990 — XX/1 288–289

Martens, Stefan

- Stinnes, Edmund H.: A Genius in Chaotic Times, 1982 — XI 869
- Richard, Lionel: La vie quotidienne en Allemagne sous la République de Weimar 1919–1933, 1983 — XII 888–889
- Wulf, Peter: Hugo Stinnes. Wirtschaft und Politik 1918–1924, 1979 — XII 890
- Akten der Reichskanzlei. Regierung Hitler 1933–1938. Die Regierung Hitler Teil I: 1933/34, 2 Bde., 1983 — XII 897–899
- Akten zur deutschen Auswärtigen Politik 1918–1945. Serie A, Bde. I-III, 1982, 1984, 1985 — XIII 891–893
- Ferner, Wolfgang: Das Deuxième Bureau der französischen Armee. Subsidiäres Überwachungsorgan der Reichswehr 1919–1923, 1983 — XIII 896–897
- La Puissance en Europe 1938–1940, 1984 — XIII 909–910
- Benz, Wolfgang: Von der Besatzungsherrschaft zur Bundesrepublik, 1984 — XIV 618–637
- Von der Bizonengründung zur ökonomisch-politischen Westintegration, 1984 — XIV 618–637
- Britische Deutschland- und Besatzungspolitik 1945–1949, 1985 — XIV 618–637
- Die Bundesrepublik Deutschland. Entstehung, Entwicklung, Struktur, 1984 — XIV 618–637
- Die Bundesrepublik Deutschland. Geschichte in drei Bänden, 1983 — XIV 618–637
- Doering-Manteuffel, Anselm: Die Bundesrepublik Deutschland in der Ära Adenauer, 1983 — XIV 618–637
- Düwell, Kurt: Entstehung und Entwicklung der Bundesrepublik Deutschland 1945–1961, 1981 — XIV 618–637
- Europa nach dem Zweiten Weltkrieg 1945–1982, 1983 — XIV 618–637
- Frohn, Axel: Neutralisierung als Alternative zur Westintegration, 1985 — XIV 618–637
- Graml, Hermann: Die Alliierten und die Teilung Deutschlands, 1985 — XIV 618–637
- Lehmann, Hans Georg: Chronik der Bundesrepublik Deutschland 1945/49 bis 1983, ²1983 — XIV 618–637
- Ploetz. Die Bundesrepublik Deutschland, 1984 — XIV 618–637
- Steininger, Rolf: Deutsche Geschichte 1945–1961, 1983 — XIV 618–637
- Westdeutschland 1945–1955, 1986 — XIV 618–637
- Hardy-Hémery, Odette: De la croissance à la désindustrialisation. Un siècle dans le Valenciennois, 1984 — XIV 879
- August Bebel: Aus meinem Leben, 1986 — XIV 880
- Overesch, Manfred: Die Deutschen und die Deutsche Frage 1945–1955, 1985 — XIV 880
- Fierro, Alfred: Bibliographie analytique des biographies collectives imprimées de la France contemporaine (1789–1985), 1986 — XV 1024
- Haushofer, Karl: De la géopolitique, 1986 — XV 1069–1070
- Durand, Yves: La vie quotidienne des prisonniers de guerre dans les Stalags, les Oflags et les Kommandos 1939–1945, 1987 — XV 1078–1079

- [Huit] 8 Mai 1945: La victoire en Europe, 1985 — XV — 1079–1080
- Extremismus und streitbare Demokratie, 1987 — XV — 1110
- MAYER, Arno J.: Adelsmacht und Bürgertum. Die Krise der europäischen Gesellschaft 1848–1914, 1988 — XV — 1110
- BRUMMERT, Ulrike: L'universel et le particulier dans la pensée de Jean Jaurès, 2 vol., 1987 — XV — 1110–1111
- Die SPD-Fraktion in der Nationalversammlung 1919–1920, 1986 — XVI/3 — 225–226
- BLOCH, Charles: Le IIIe Reich et le monde, 1986 — XVI/3 — 254–255
- BACKES, Uwe et al.: Reichstagsbrand. Aufklärung einer historischen Legende, 1987 — XVI/3 — 313
- BROSZAT, Martin: Nach Hitler. Der schwierige Umgang mit unserer Geschichte, 1988 — XVI/3 — 313
- Les Archives Nationales. État Général des Fonds. T. V, 1988 — XVII/3 — 102–109
- Ministère des Affaires Étrangères. Archives Diplomatiques, Division historique, Répertoire Numérique de la Série B »Amérique« 1944–1952, 1988 — XVII/3 — 102–109
- Ministère des Affaires Étrangères. Centre des Archives Diplomatiques de Nantes, 1988 — XVII/3 — 102–109
- Ministère des Affaires Étrangères. État Général des Inventaires des Archives Diplomatiques, 1987 — XVII/3 — 102–109
- Ministère des Affaires Étrangères. Inventaire de la Collection des Papiers 1940, 1990 — XVII/3 — 102–109
- Ministère des Relations Extérieures. Les Archives du Ministère des Relations Extérieures depuis les Origines, 2 vol., 1984/85 — XVII/3 — 102–109
- Biographisches Handbuch für das Preußische Abgeordnetenhaus 1867–1918, 1988 — XVII/3 — 230–231
- Akten zur deutschen Auswärtigen Politik 1918–1945. Serie A, Bde. IV-VI, 1988 — XVII/3 — 257–258
- Wege in die Zeitgeschichte, 1989 — XVII/3 — 327–328
- L'occupation en France et en Belgique 1940–1944. T. 1–2, 1987–1988 — XVIII/3 — 289
- Archivum. International Council on Archives, Vol. 36: International Bibliography of Directories and Guides to Archival Repositories, 1990 — XVIII/3 — 322
- Ministère des Affaires Étrangères, Archives Diplomatiques, Inventaire de la Collection des Papiers 1940, 1990 — XVIII/3 — 322–323
- LIMAGNE, Pierre: Éphémérides de quatre années tragiques 1940–1944. T. I à III, 1987 — XVIII/3 — 325
- Introduction à l'histoire des relations internationales, [4]1990 — XIX/3 — 319
- Dictionnaire des ministres de 1789 à 1989, 1990 — XIX/3 — 319–320
- »Der Zerfall der europäischen Mitte«. Staatenrevolution im Donauraum, 1990 — XX/3 — 248–249
- BALLING, Mads Ole: Von Reval bis Bukarest, 2 Bde., 1991 — XX/3 — 271–272
- M.d.R. Die Reichstagsabgeordneten der Weimarer Republik in der Zeit des Nationalsozialismus, 1991 — XX/3 — 271–272

MARTIN, Jean-Marie
- Tancredi et Willelmi III regum diplomata, 1982 — XII — 802–804
- KÖLZER, Theo: Urkunden und Kanzlei der Kaiserin Konstanze, Königin von Sizilien (1195–1198), 1983 — XII — 804–807

MARTIN, Max
- L'inhumation privilégiée du IVe au VIIIe siècle en Occident, 1986 — XVI/1 — 243–246

MARTIN, Michael
- Contribution à l'histoire de la Révolution et de l'Empire. 1789–1815, 1989 — XIX/2 — 315–316

MARTIN, Uwe
- BOYD, Malcolm: Music and the French Revolution, 1992 — XX/2 — 282–283

Marx, Roland
- Haan, Heiner et al.: Einführung in die englische Geschichte, 1982 — XI — 714
- Martin, Michael: Emigration und Nationalgüterveräußerungen im Pfälzischen Teil des Departements du Bas-Rhin, 1980 — XI — 833
- Herding, Klaus et al.: Die Bildpublizistik der Französischen Revolution, 1989 — XVII/2 — 323–324
- »Triumph, die Freiheitsfahne weht ...«. Die Pfalz im Banne der Französischen Revolution (1789–1814), 1988 — XVII/2 — 331–332
- Müller, Jürgen: Von der alten Stadt zur neuen Munizipalität, 1990 — XIX/2 — 362
- Wirsching, Andreas: Parlament und Volkes Stimme. Unterhaus und Öffentlichkeit im England des frühen 19. Jahrhunderts, 1990 — XIX/3 — 230
- Metzger, Hans-Dieter: Thomas Hobbes und die Englische Revolution, 1640–1660, 1991 — XX/2 — 314
- Best, Heinrich: Die Männer von Bildung und Besitz, 1990 — XX/3 — 212–213

Mayeur, Françoise
- Mitchell, Allan: Victors and Vanquished. The German Influence on Army and Church in France after 1870, 1984 — XIV — 810–812

Mayeur, Jean-Marie
- Valerius, Gerhard: Deutscher Katholizismus und Lamennais, 1983 — XII — 859–860
- Stadler, Peter: Der Kulturkampf in der Schweiz, 1984 — XV — 1040–1042
- Loth, Wilfried: Katholiken im Kaiserreich, 1984 — XVI/3 — 210–211
- Hochstuhl, Kurt: Zwischen Frieden und Krieg: Das Elsaß in den Jahren 1938–1940, 1984 — XVI/3 — 277–278

McKitterick, Rosamond
- Gerchow, Jan: Die Gedenküberlieferung der Angelsachsen, 1988 — XVIII/1 — 268–269

Megerle, Klaus
- Corni, Gustavo: Hitler and the Peasants, 1990 — XX/3 — 264–265

Menant, François
- Brühl, Carlrichard et al.: Die »Honorantie civitatis Papie«. Transkription, Edition, Kommentar, 1983 — XI — 739–740
- Beiträge zum hochmittelalterlichen Städtewesen, 1982 — XI — 741–743
- Tabacco, Giovanni: The struggle for power in medieval Italy, 1989 — XX/1 — 238–239
- Statutencodices des 13. Jahrhunderts als Zeugen pragmatischer Schriftlichkeit, 1991 — XX/1 — 299–300

Menk, Gerhard
- Genealogia oder Stammregister der durchläuchtigen hoch- und wolgebornen Fürsten, Grafen und Herren des uhralten hochlöblichen Hauses Nassau, 1983 — XII — 834

Mentgen, Gerd
- Kohn, Roger: Les Juifs de la France du Nord dans la seconde moitié du XIVe siècle, 1988 — XVII/1 — 301–304

Merlio, Gilbert
- Handbuch der deutschen Bildungsgeschichte. Bd. V, 1989 — XIX/3 — 271–272

Meuthen, Erich
- Guenée, Bernard: Histoire et culture historique dans l'Occident médiéval, 1980 — XI — 717–718
- Guenée, Bernard: Entre l'Église et l'État. Quatre vies de prélats français à la fin du Moyen Âge, 1987 — XV — 965–967

Meyer, Ahlrich
- Dubois, Raoul: A l'assaut du ciel ... La Commune racontée, 1991 — XX/3 — 218–219

MEYER, Jean
- Städtewesen und Merkantilismus in Mitteleuropa, 1983 — XIII — 812–814
- Handbuch politisch-sozialer Grundbegriffe in Frankreich 1680–1820. Hefte 8–10, 1988 — XIX/2 — 266–269

MEYER-GEBEL, Marlene
- The Annals of St-Bertin. Ninth-Century Histories. Vol. I, 1991 — XX/1 — 278–280

MICHALOWSKI, Roman
- FRIED, Johannes: Otto III. und Boleslaw Chrobry, 1989 — XVIII/1 — 277–278

MICHAUD, Claude
- Josef II. und die Freimaurer im Lichte zeitgenössischer Broschüren, 1987 — XV — 1010–1012
- Deutschland und Europa in der Neuzeit, 2 Bde.,1988 — XVII/2 — 219–224
- Joseph von Sonnenfels, 1988 — XVII/2 — 294–296
- DREITZEL, Horst: Absolutismus und ständische Verfassung in Deutschland, 1992 — XX/2 — 204–205

MICHAUX, Gérard
- MOHR, Walter: Geschichte des Herzogtums Lothringen. Teil IV, 1986 — XVII/1 — 311–313

MIDDELL, Matthias
- Livre et Révolution, 1988 — XVII/2 — 320–321
- ADVIELLE, Victor: Histoire de Gracchus Babeuf et du Babouvisme, 2 vol., 1990 — XIX/2 — 329–330
- Revolution und Gegenrevolution 1789–1830, 1991 — XX/2 — 263–265
- MEISSNER, Franz-Joseph: Demokratie. Entstehung und Verbreitung eines internationalen Hochwertwortes, 1990 — XX/2 — 278–279

MIECK, Ilja
- O'BRIEN, Patricia: The Promise of Punishment, 1982 — XI — 840–841
- LAURAIN-PORTEMER, Madeleine: Études Mazarines. T. 1, 1981 — XIII — 821–822
- Histoire sociale, sensibilités collectives et mentalités, 1985 — XIV — 662–664
- HOLT, Mack P.: The Duke of Anjou and the Politique Struggle during the Wars of Religion, 1986 — XVII/2 — 255–257
- Forges et forêts. Recherches sur la consommation proto-industrielle de bois, 1990 — XIX/2 — 292–293
- Nouvelle Bibliographie critique des Mémoires sur l'époque napoléonienne écrits ou traduits en français, 1991 — XIX/2 — 352–353

MILDE, Wolfgang
- GENEVOIS, Anne-Marie et al.: Bibliothèques de manuscrits médiévaux en France, 1987 — XVIII/1 — 241

MILIS, Ludo
- Festschrift für Berent Schwineköper, 1982 — XI — 714–715
- SCHIMMELPFENNIG, Bernhard: Das Papsttum. Grundzüge seiner Geschichte von der Antike bis zur Renaissance, 1984 — XIII — 707–708
- Norbert von Xanten. Adliger, Ordensstifter, Kirchenfürst, 1984 — XIII — 760–761
- CLASSEN, Peter: Karl der Große, das Papsttum und Byzanz. Die Begründung des karolingischen Kaisertums, 1985 — XIV — 706
- KRETZSCHMAR, Robert: Alger von Lüttichs Traktat »De misericordia et iustitia«, 1985 — XIV — 727–728
- GROSSE, Rolf: Das Bistum Utrecht und seine Bischöfe im 10. und frühen 11. Jahrhundert, 1987 — XVI/1 — 265
- LAUDAGE, Johannes: Priesterbild und Reformpapsttum im 11. Jahrhundert, 1984 — XVI/1 — 272–273

– Das Martyrolog-Necrolog von St. Emmeram zu Regensburg, 1986	XVI/1	277–278
– Stürner, Wolfgang: Peccatum und Potestas. Der Sündenfall und die Entstehung der herrscherlichen Gewalt im mittelalterlichen Staatsdenken, 1987	XVII/1	222
– Becker, Alfons: Papst Urban II. (1088–1099). Teil 2: Der Papst, die griechische Christenheit und der Kreuzzug, 1988	XVII/1	279–280
– Ex ipsis rerum documentis. Beiträge zur Mediävistik, 1991	XX/1	195–196
– Bosl, Karl: Gesellschaft im Aufbruch. Die Welt des Mittelalters und ihre Menschen, 1991	XX/1	230–231
– Robinson, I. S.: The Papacy 1073–1198, 1990	XX/1	285–286
– Holzapfel, Theo: Papst Innozenz III., Philipp II. August, König von Frankreich und die englisch-welfische Verbindung 1198–1216, 1991	XX/1	289–290
– Roberg, Burkhard: Das zweite Konzil von Lyon (1274), 1990	XX/1	300–301

Militzer, Klaus

– Chartes et documents de la Sainte-Chapelle de Vincennes (XIVᵉ et XVᵉ siècles), 2 vol., 1984	XIII	784–785
– Hommage à Guy Fourquin. Histoire des Campagnes au Moyen Âge, 1990	XIX/1	238–239

Millet, Hélène

– Fouquet, Gerhard: Das Speyerer Domkapitel im späten Mittelalter (ca. 1350–1540), 2 Bde., 1987	XVI/1	298–300
– Müller, Heribert: Die Franzosen, Frankreich und das Basler Konzil (1431–1449), 2 Bde., 1990	XIX/1	342–343

Milward, Alan S.

– Kartelle und Kartellgesetzgebung in Praxis und Rechtsprechung vom 19. Jahrhundert bis zur Gegenwart, 1985	XVI/3	172–173

Minary, Daniel

– Agethen, Manfred: Geheimbund und Utopie. Illuminaten, Freimaurer und deutsche Spätaufklärung, 1984	XIII	839–841

Mitchell, Allan

– Wippermann, Wolfgang: Die Bonapartismustheorie von Marx und Engels, 1983	XI	852–853
– Schwengler, Walter: Völkerrecht, Versailler Vertrag und Auslieferungsfrage, 1982	XII	891–892
– Deutschland und der Westen, 1984	XIII	700–702
– Europa vor dem Krieg von 1870, 1987	XVI/3	186–187
– Serman, William: La Commune de Paris (1871), 1986	XVI/3	194–195
– Die Regierung Eisner 1918/19. Ministerratsprotokolle und Dokumente, 1987	XVI/3	223–224
– Kolb, Eberhard: Der Weg aus dem Krieg. Bismarcks Politik im Krieg und die Friedensanbahnung 1870/71, 1989	XVII/3	231–233
– Eine ungewöhnliche Geschichte. Deutschland – Frankreich seit 1870, 1988	XVII/3	316
– Hennig, Diethard: Johannes Hoffmann, Sozialdemokrat und Bayerischer Ministerpräsident, 1990	XVIII/3	257–259
– Pflanze, Otto: Bismarck and the Development of Germany, 3 vols., 1990	XIX/3	165–173
– Beck, Robert: Der Plan Freycinet und die Provinzen, 1986	XX/3	224–225

Mittendorfer, Rudolf

– Poidevin, Raymond: Robert Schuman, homme d'État 1886–1963, 1986	XV	1083–1087

Möckl, Karl

– Glaser, Hermann: Die Kultur der wilhelminischen Zeit, 1984	XVI/3	212–214

Moeglin, Jean-Marie

– Geschichtsschreibung und Geschichtsbewußtsein im späten Mittelalter, 1987	XVII/1	284–289

- Historiographie am Oberrhein im späten Mittelalter und in der frühen Neuzeit, 1988 — XVIII/1 317–319
- SEIBT, Ferdinand: Mittelalter und Gegenwart. Ausgewählte Aufsätze, 1987 — XIX/1 243–244

MOHR, Walter
- Les Habsbourg et la Lorraine, 1988 — XVII/2 242–244

MOLITOR, Hansgeorg
- DIEFENDORF, Jeffry M.: Businessmen and Politics in the Rhineland, 1789–1834, 1980 — XI 833–835

MOMBERT, Monique
- KRAUS, Elisabeth: Ministerien für das ganze Deutschland? Der Alliierte Kontrollrat und die Frage gesamtdeutscher Zentralverwaltungen, 1990 — XIX/3 297–299
- KÜPPERS, Heinrich: Staatsaufbau zwischen Bruch und Tradition. Geschichte des Landes Rheinland-Pfalz 1946–1955, 1990 — XIX/3 303–304
- GESTIER, Markus: Die christlichen Parteien an der Saar, 1991 — XX/3 272–274
- Hochschuloffiziere und Wiederaufbau des Hochschulwesens in Westdeutschland 1945–1952. Teil 3, 1991 — XX/3 294–296

MONDOT, Jean
- HERDMANN, Frank: Montesquieurezeption in Deutschland im 18. und beginnenden 19. Jahrhundert, 1990 — XIX/2 300–302

MONNET, Pierre
- SCHUBERT, Ernst: Einführung in die Grundprobleme der deutschen Geschichte im Spätmittelalter, 1992 — XX/1 248–250
- Frankfurt am Main: Die Geschichte der Stadt in neun Beiträgen, 1991 — XX/1 252–256

MORELLE, Laurent
- GIESSMANN, Thomas: Besitzungen der Abtei St. Maximin vor Trier im Mittelalter, 1990 — XIX/1 298–303
- KÖLZER, Theo: Studien zu den Urkundenfälschungen des Klosters St. Maximin vor Trier (10.–12. Jahrhundert), 1989 — XIX/1 298–303

MORINEAU, Michel
- Münzprägung, Geldumlauf und Wechselkurse, 1984 — XIV 670–675
- The Emergence of a World Economy 1500–1914, 2 vols., 1986 — XVII/2 207–212
- Wirtschaft und Gesellschaft in Berggebieten, 1986 — XVII/2 215–217
- REININGHAUS, Wilfried: Gewerbe in der frühen Neuzeit, 1990 — XIX/2 250–251
- Ars Mercatoria. Eine analytische Bibliographie, Bd. I, 1991 — XIX/2 252–253
- HOOCHGESAND, Brigitte: Das Leben auf dem Land im Benauge des 18. Jahrhunderts, 1990 — XIX/2 360–361
- ACHILLES, Walter: Landwirtschaft in der Frühen Neuzeit, 1991 — XX/2 179–180
- TROSSBACH, Werner: Der Schatten der Aufklärung, 1991 — XX/2 304–305

MORNET, Elisabeth
- Le vote de la soustraction d'obédience en 1398. T. I, 1988 — XVIII/1 309–311
- FUCHS, Franz: Bildung und Wissenschaft in Regensburg, 1989 — XIX/1 332–333

MOUREAU, François
- LEINER, Wolfgang: Das Deutschlandbild in der französischen Literatur, 1989 — XVII/2 225–227
- FISCHBACH, Claudius R.: Krieg und Frieden in der französischen Aufklärung, 1990 — XVIII/2 260–261
- KUHN, Karl-Heinz: Das französischsprachige Pressewesen im Herzogtum Pfalz-Zweibrücken, 1989 — XVIII/2 265–266
- NIES, Fritz: Bahn und Bett und Blütenduft. Eine Reise durch die Welt der Leserbilder, 1991 — XIX/2 249–250

- Théâtre et spectacles hier et aujourd'hui, 1991 — XIX/2 — 279–281
- HARTEN, Elke: Museen und Museumsprojekte der französischen Revolution, 1989 — XIX/2 — 323–324

MOUSNIER, Roland
- SKALWEIT, Stephan: Gestalten und Probleme der Frühen Neuzeit, 1987 — XVI/2 — 238–239

MÜLLER, Dirk H.
- BREUILLY, John et al.: Joachim Friedrich Martens (1806–1877) und die deutsche Arbeiterbewegung, 1984 — XIV — 794

MÜLLER, Heribert
- Le diocèse de Lyon, 1983 — XII — 922–926
- HOFFMAN, Philip T.: Church and Community in the Diocese of Lyon, 1500–1789, 1984 — XIII — 805–809
- Les Lyonnais dans l'histoire, 1985 — XIV — 867–869
- Prosopographie et genèse de l'État moderne, 1986 — XV — 891–897
- Les conciles de la province de Tours, 1987 — XVI/1 — 295–298
- Jean de Montreuil: Opera. Vol. IV: Monsteroliana, 1986 — XVI/1 — 301–303
- LEMAÎTRE, Nicole: Le Rouergue flamboyant. Le clergé et les fidèles du diocèse de Rodez (1417–1563), 1988 — XVII/1 — 306–311
- Histoire du christianisme des origines à nos jours. T. VI, 1990 — XIX/1 — 317–322
- GUENÉE, Bernard: Un meurtre, une société. L'assassinat du duc d'Orléans 23 novembre 1407, 1992 — XX/1 — 311–314

MÜLLER, Klaus-Jürgen
- DÉAT, Marcel: Mémoires politiques, 1989 — XVII/3 — 292–293
- BRUNET, Jean-Paul: Jacques Doriot, 1986 — XVII/3 — 170–191
- BURRIN, Philippe: La Dérive Fasciste, 1986 — XVII/3 — 170–191
- SCHWARZER, Reinhard: Vom Sozialisten zum Kollaborateur: Idee und politische Wirklichkeit bei Marcel Déat, 1987 — XVII/3 — 170–191

MÜLLER, Rainer A.
- MOEGLIN, Jean-Marie: Les ancêtres du prince. Propaganda politique et naissance d'une histoire nationale en Bavière au moyen âge (1180–1500), 1985 — XVI/1 — 294–295

MÜLLER, Wolfgang
- Les Espaces Révolutionnaires, 1990 — XIX/2 — 316–317
- Bibliographie zur Geschichte der demokratischen Bewegungen in Mitteleuropa 1770–1850, 1990 — XIX/2 — 370
- Die sogenannte »Abschiebung« der badischen und saarpfälzischen Juden in das französische Internierungslager Gurs, 1990 — XIX/3 — 285–286

MUSSET, Lucien
- JÄSCHKE, Kurt Ulrich: Nichtkönigliche Residenzen im spätmittelalterlichen England, 1990 — XIX/1 — 329–330

NÆSHAGEN, Ferdinand Linthoe
- Informatique et prosopographie, 1984, 1985 — XIV — 667
- JARAUSCH, Konrad H. et al.: Quantitative Methoden in der Geschichtswissenschaft, 1985 — XIV — 668
- Medieval Lives and the Historian. Studies in Medieval Prosopography, 1986 — XVI/1 — 221–222

NAHMER, Dieter von der
- UYTFANGHE, Marc van: Stylisation biblique et condition humaine dans l'hagiographie mérovingienne (600–750), 1987 — XVI/1 — 251–254

NAUJOKS, Eberhard
- KOCH, Ursula E. et al.: ›Le Charivari‹. Die Geschichte einer Pariser Tageszeitung im Kampf um die Republik (1832 bis 1882), 1984   XIII   873–874

NEDDERMEYER, Uwe
- Contemporaries of Erasmus. A biographical register of the Renaissance and Reformation. Vol. I, 1985   XVI/2   250–251
- Pratiques et concepts de l'histoire en Europe, XVIe—XVIIIe siècles, 1990   XVIII/2   241–243

NEISKE, Franz
- L'église et la mémoire des morts dans la France médiévale, 1986   XV   908–909

NEUHAUS, Helmut
- HOFFMANN, Paul: Die bildlichen Darstellungen des Kurfürstenkollegiums von den Anfängen bis zum Ende des Hl. Römischen Reiches, 1982   XI   752–754
- SKALWEIT, Stephan: Der Beginn der Neuzeit. Epochengrenze und Epochenbegriff, 1982   XIII   790–792

NEVEU, Bruno
- Università, Accademie e Società scientifiche in Italia e in Germania dal Cinquecento al Settecento, 1981   XI   776–779
- Il Nuovo Mondo nella coscienza italiana e tedesca del Cinquecento, 1992   XX/2   184–187

NEVEUX, Hugues
- Zugänge zur bäuerlichen Reformation, 1987   XVI/2   252–253
- WUNDER, Gerd: Lebensläufe. Bauer, Bürger, Edelmann. Bd. 2, 1988   XVII/2   232
- SCHILLING, Heinz: Aufbruch und Krise. Deutschland 1517–1648, 1988   XVII/2   248–250
- Alteuropa – Ancien Régime – Frühe Neuzeit, 1991   XX/2   171–172

NIEDHART, Gottfried
- Britain in the Age of Walpole, 1984   XIII   830–831
- BLACK, Jeremy: The Collapse of the Anglo-French Alliance 1727–1731, 1987   XVI/2   291–292
- BLACK, Jeremy: Natural and Necessary Enemies. Anglo-French Relations in the Eighteenth Century, 1986   XVI/2   291–292
- BLACK, Jeremy: A System of Ambition? British Foreign Policy 1660–1793, 1991   XIX/2   260–261
- Documents on British Policy Overseas. Series I, Vol. V, 1990   XIX/3   325

NOËL, Jean-François
- NEUHAUS, Helmuth: Reichsständische Repräsentationsformen im 16. Jahrhundert, 1982   XI   780–782
- Friedrich der Große, 1982   XII   843–845
- SCHLÖSSER, Susanne: Der Mainzer Erzkanzler im Streit der Häuser Habsburg und Wittelsbach um das Kaisertum 1740–1745, 1986   XVI/2   294–296

NURDIN, Jean
- Regierung, Bürokratie und Parlament in Preußen und Deutschland von 1848 bis zur Gegenwart, 1983   XII   863–864
- HUSUNG, Hans-Gerhard: Protest und Repression im Vormärz. Norddeutschland zwischen Restauration und Revolution, 1983   XIII   870–871
- LÖWITH, Karl: Jacob Burckhardt, 1984   XIII   879–881
- Liberalismus, 1985   XV   1038–1040
- JAQUILLARD, Claude: L'adieu à l'Allemagne ou la guerre des deux mondes, 1984   XV   1095–1097
- LOSTER-SCHNEIDER, Gudrun: Der Erzähler Fontane. Seine politischen Positionen in den Jahren 1864–1898 und ihre ästhetische Vermittlung, 1986   XVI/3   195–197
- SIMON, Christian: Staat und Geschichtswissenschaft in Deutschland und Frankreich 1871–1914, 2 Bde., 1988   XVIII/3   238–239

OEXLE, Otto Gerhard

- SASSIER, Yves: Recherches sur le pouvoir comtal en Auxerrois du Xe au début du XIIIe siècle, 1980 — XI 738
- Chronique de Saint-Pierre-le-Vif de Sens, dite de Clarius, 1979 — XI 745–746
- GOFF, Jacques Le: L'imaginaire médiéval. Essais, 1985 — XVII/1 141–158

OLLAND, Hélène

- ANDERMANN, Kurt: Studien zur Geschichte des pfälzischen Niederadels im späten Mittelalter 1982 — XI 765–767

ORLEA, Manfred

- DIEFENDORF, Barbara B.: Paris City Councillors in the Sixteenth Century, 1983 — XI 786–788
- MIECK, Ilja: Die Entstehung des modernen Frankreich 1450 bis 1610, 1982 — XII 820–821
- Ämterhandel im Spätmittelalter und im 16. Jahrhundert, 1984 — XVI/1 308–311

ORTIGUES, Edmond

- MEYER, Heinz et al.: Lexikon der mittelalterlichen Zahlenbedeutungen, 1987 — XVI/1 233–235

OURLIAC, Paul

- Monumenta Germaniae Historica. Concilia. Bd. III, 1984 — XIII 738–739
- KERFF, Franz: Der Quadripartitus. Ein Handbuch der karolingischen Kirchenreform, 1982 — XIII 739–740
- Überlieferung und Geltung normativer Texte des frühen und hohen Mittelalters, 1986 — XV 888–889
- Summa ›Elegantius in iure diuino‹ seu Coloniensis. T. III, 1986 — XVI/1 280
- HELMRATH, Johannes: Das Basler Konzil 1431–1449, 1987 — XVI/1 306–307
- IGLESIA FERREIROS, Aquilino: La creation del Derecho, 3 vol., 1987–1988 — XVII/1 217–218
- KÖBLER, Gerhard: Bilder aus der deutschen Rechtsgeschichte, 1988 — XVII/1 217–218
- ELSENER, Ferdinand: Studien zur Rezeption des gelehrten Rechts, 1989 — XVIII/1 223–224
- BRANDMÜLLER, Walter: Papst und Konzil im Großen Schisma (1378–1431), 1990 — XIX/1 336–338

OUY, Gilbert

- KRAUME, Herbert: Die Gerson-Übersetzungen Geilers von Kaysersberg, 1980 — XII 654–665

PALLACH, Ulrich-Christian

- KAPLAN, Steven Laurence: Le complot de famine: histoire d'une rumeur au XVIIIe siècle, 1982 — XI 813–815
- Zweiter Weltkrieg und sozialer Wandel. Achsenmächte und besetzte Länder, 1981 — XI 880–884
- CHISICK, Harvey: The limits of reform in the Enlightenment, 1981 — XII 834–837
- LÜSEBRINK, Hans-Jürgen: Kriminalität und Literatur im Frankreich des 18. Jahrhunderts, 1983 — XII 837–839
- TANNER, Albert: Spulen – Weben – Sticken. Die Industrialisierung in Appenzell-Außerrhoden, 1982 — XV 978–979
- Histoire sociale des populations étudiantes. T. 1, 1986 — XVIII/2 239–240
- Paris d'Hospitalité, 1990 — XIX/2 364
- FARR, James A.: Hands of Honor. Artisans and Their World in Dijon, 1550–1650, 1988 — XX/2 190–192
- MCSTAY ADAMS, Thomas: Bureaucrats and Beggars. French Social Policy in the Age of the Enlightenment, 1990 — XX/2 216–217

PAPENHEIM, Martin

- BLANCO, Luigi: Stato e funzionari nella Francia del Settecento: gli »ingénieurs des ponts et chaussées«, 1991 — XX/2 217–220

PARAVICINI, Anke
- Hilarii Aurelianensis Versus et Ludi – Epistolae, 1989   XVIII/1   281–282

PARAVICINI, Werner
- GUENÉE, Bernard: Politique et histoire au moyen-âge, 1981   XI   715–717
- CONTAMINE, Philippe: La France aux XIVe et XVe siècles, 1981   XI   762–763
- Les sources de l'histoire économique et sociale du moyen âge. T. 2: Les États de la Maison de Bourgogne, 1984   XIII   781–783
- GEIRNAERT, Noël: Het archief van de familie Adornes en de Jeruzalemstichting te Brugge. I: Inventaris, 1987   XV   972–975
- CARON, Marie-Thérèse: La noblesse dans le duché de Bourgogne 1315–1477, 1987   XVI/1   207–214
- GEIRNAERT, Noël: Het archief van de familie Adornes en de Jeruzalemstichting te Brugge. II, 1989   XVII/1   316–317
- SCHRYVER, Antoine De et al.: Le Pontifical de Ferry de Clugny, Cardinal et Évêque de Tournai, 1989   XVIII/1   320–321

PARAVICINI BAGLIANI, Agostino
- CHARMASSON, Thérèse: Recherches sur une technique divinatoire: La géomancie dans l'Occident médiéval, 1980   XI   754–755
- Clio et son regard. Mélanges d'histoire, d'histoire de l'art et d'archéologie, 1982   XII   744–746
- MALLON, Jean: De l'écriture, 1982   XII   748–749
- POUCHELLE, Marie-Christine: Corps et chirurgie à l'apogée du Moyen Âge, 1983   XII   810–812
- GILISSEN, Léon: La reliure occidentale antérieure à 1400 d'après les manuscrits de la Bibliothèque royale Albert Ier à Bruxelles, 1983   XIII   706–707
- GOETZ, Hans-Werner: Das Geschichtsbild Ottos von Freising, 1984   XIII   765–766
- ARENTZEN, Jörg-Geerd: Imago mundi cartographica. Studien zur Bildlichkeit mittelalterlicher Welt- und Ökumenekarten, 1984   XIII   776–777
- BOUREAU, Alain: La légende dorée. Le système narratif de Jacques de Voragine († 1298), 1984   XIII   779–780
- SCHLEUSENER-EICHHOLZ, Gudrun: Das Auge im Mittelalter, 2 Bde., 1985   XIV   679–680
- DEMURGER, Alain: Vie et mort de l'ordre du Temple. 1118–1314, 1985   XIV   733
- Le diocèse de Genève-Annecy, 1985   XIV   866–867
- FRENZ, Thomas: Papsturkunden des Mittelalters und der Neuzeit, 1986   XV   887–888
- Das ritterliche Turnier im Mittelalter, 1986   XV   899–901
- Schulen und Studium im sozialen Wandel des hohen und späten Mittelalters, 1986   XV   901–902
- JACQUART, Danielle et al.: Sexualité et savoir médical au Moyen Âge, 1985   XV   904–906
- Der kranke Mensch im Mittelalter und Renaissance, 1986   XV   906
- JOSSUA, Jean-Pierre: La licorne. Images d'un couple, 1985   XV   912
- ROTTER, Ekkehart: Abendland und Sarazenen. Das okzidentale Araberbild und seine Entstehung im Frühmittelalter, 1986   XV   920–921
- MEYER, Andreas: Zürich und Rom. Ordentliche Kollatur und päpstliche Provisionen am Frau- und Großmünster 1316–1523, 1986   XV   968–970
- Essen und Trinken in Mittelalter und Neuzeit, 1987   XVI/1   229
- Determinanten der Bevölkerungsentwicklung im Mittelalter, 1987   XVI/1   231–232
- BERGMANN, Werner: Innovationen im Quadrivium des 10. und 11. Jahrhunderts, 1985   XVII/1   274–275
- JASPER, Detlev: Das Papstwahldekret von 1059. Überlieferung und Textgestalt, 1986   XVII/1   277–279
- MALECZEK, Werner: Petrus Capuanus. Kardinal, Legat am vierten Kreuzzug, Theologe († 1214), 1988   XVII/1   281
- Mise en page et mise en texte du livre manuscrit, 1990   XIX/1   256–257
- PEYER, Hans Conrad: Von der Gastfreundschaft zum Gasthaus, 1987   XIX/1   270

PARISET, Jean-Daniel

- BLASCHKE, Karl Heinz: Moritz von Sachsen, ein Reformationsfürst der zweiten Generation, 1983   XIII   804–805
- ANGERMEIER, Heinz: Die Reichsreform 1410–1555, 1984   XIV   749–750
- SEIBT, Ferdinand et al.: Europa 1500. Integrationsprozesse im Widerstreit, 1987   XVI/2   242
- WIESFLECKER, Hermann: Kaiser Maximilian I. Das Reich, Österreich und Europa an der Wende zur Neuzeit. Bd. V, 1986   XVI/2   249–250
- SIEGLERSCHMIDT, Jörn: Territorialstaat und Kirchenregiment, 1987   XVII/1   320
- LUNITZ, Martin: Diplomatie und Diplomaten im 16. Jahrhundert, 1988   XVII/2   250–251
- BITTERLI, Urs: Alte Welt – neue Welt. Formen der europäisch-überseeischen Kulturkontakte, 1992   XX/2   311
- GEWECKE, Frauke: Wie die neue Welt in die alte kam, 1992   XX/2   311–312
- ANGERMEIER, Heinz: Das alte Reich in der deutschen Geschichte, 1991   XX/2   313–314

PARISSE, Michel

- WERNER, Matthias: Adelsfamilien im Umkreis der frühen Karolinger, 1982   XI   733–735
- Die alten Mönchslisten und die Traditionen von Corvey. Teil 1, 1982   XI   735–736
- BORGOLTE, Michael: Geschichte der Grafschaften Alemanniens in fränkischer Zeit, 1984   XIII   732–734
- HAUBRICHS, Wolfgang: Die Tholeyer Abtslisten des Mittelalters, 1986   XV   889–890
- BORGOLTE, Michael: Die Grafen Alemanniens in merowingischer und karolingischer Zeit. Eine Prosopographie, 1986   XV   921–923
- Subsidia Sangallensia I, 1986   XV   921–923
- BEUMANN, Helmut: Ausgewählte Aufsätze aus den Jahren 1966–1986, 1987   XVI/1   215–218
- BOURIN-DERRUAU, Monique: Villages médiévaux en Bas-Languedoc. Genèse d'une sociabilité, X^e–XIVe siècle, 2 t., 1987   XVII/1   226–228
- Die Urkunden Heinrich Raspes und Wilhelms von Holland, 1246–1252, 1989   XVIII/1   298–299
- BARTH, Rüdiger E.: Der Herzog in Lotharingien im 10. Jahrhundert, 1990   XIX/1   295–296
- FRIED, Johannes: Die Formierung Europas, 840–1046, 1991   XX/1   272–273

PASCHE, Véronique

- MEYER, Andreas: Arme Kleriker auf Pfründensuche, 1990   XIX/1   338–339

PASTRÉ, Jean-Marc

- DICKE, Gerd et al.: Die Fabeln des Mittelalters und der frühen Neuzeit, 1987   XVII/1   218–219
- Kontinuität und Transformation der Antike im Mittelalter, 1989   XVIII/1   234–235
- Die Gesta militum des Hugo von Mâcon, 2 Bde., 1990   XIX/1   315–316

PAULY, Michel

- STOOB, Heinz: Kaiser Karl IV. und seine Zeit, 1990   XIX/1   333–336

PÉGEOT, Pierre

- HEIMANN, Heinz-Dieter: Zwischen Böhmen und Burgund 1982   XI   772–773
- COULET, Noël et al.: Le roi René: le prince, le mécène, l'écrivain, le mythe, 1982   XI   774–775
- TOUSSAINT, Ingo: Die Grafen von Leiningen. Studien zur leiningischen Genealogie und Territorialgeschichte bis zur Teilung von 1317/18, 1982   XII   807–808
- WURZEL, Thomas: Die Reichsabtei Burtscheid von der Gründung bis zur frühen Neuzeit, 1984   XIV   862–863
- Die Zähringer. Anstoß und Wirkung, 1986   XV   953–954
- HECKMANN, Dieter: Andre Voey de Ryneck: Leben und Werk eines Patriziers im spätmittelalterlichen Metz, 1986   XV   975–976
- JÄGGI, Stefan: Die Herrschaft Montagny. Von den Anfängen bis zum Übergang an Freiburg (1146–1478), 1989   XVIII/1   313–314

- STIEVERMANN, Dieter: Landesherrschaft und Klosterwesen im spätmittelalterlichen Württemberg, 1989 — XVIII/1 314–315
- BITTMANN, Markus: Kreditwirtschaft und Finanzierungsmethoden. Studien zu den wirtschaftlichen Verhältnissen des Adels im westlichen Bodenseeraum, 1300–1500, 1991 — XX/1 303–304
- DIRSCH-WEIGAND, Andrea: Stadt und Fürst in der Chronistik des Spätmittelalters, 1991 — XX/1 309–311

PELINKA, Anton
- GRUNER, Wolf D.: Die deutsche Frage, 1985 — XVI/3 220–221

PELLENS, Karl
- BRUNNER, Karl: Einführung in den Umgang mit Geschichte, 1985 — XIV 664–666

PELUS, Marie-Louise
- Quellen zur Hanse-Geschichte, 1982 — XI 751–752

PELUS-KAPLAN, Marie-Louise
- Brügge-Colloquium des Hansischen Geschichtsvereins, 26.–29. Mai 1988, 1990 — XIX 1250–1251

PELZER, Erich
- Soziale und politische Konflikte im Frankreich des Ancien Régime, Bd. 2, 1982 — XI 792 794
- Histoire de l'Alsace rurale, 1983 — XIII 921–923
- Reformen im rheinbündischen Deutschland, 1984 — XIV 789–790
- NIEROP, H. F. K. van: Van ridders tot regenten. De Hollandse adel in de zestiende en de eerste helft van de zeventiende eeuw, 1984 — XVI/2 268–269
- SCHMALE, Wolfgang: Bäuerlicher Widerstand, Gerichte und Rechtsentwicklung in Frankreich, 1986 — XVIII/2 244–245

PETERS, Wolfgang
- La seigneurie rurale en Lotharingie, 1986 — XVI/1 237–238
- SPIEGELER, Pierre de: Les hôpitaux et l'assistance à Liège (Xe–XVe siècles), 1987 — XVI/1 273–275
- Cartulaire chronique du prieuré Saint-Georges d'Hesdin, 1988 — XIX/1 306–307
- Villes et campagnes au Moyen Âge, 1991 — XX/1 188–191

PFERSCHY-MALECZEK, Bettina
- The *Variae* of Magnus Aurelius Cassiodorus Senator, 1992 — XX/1 262

PHILIPPART, Guy
- EUW, Anton von: Liber Viventium Fabariensis. Das karolingische Memorialbuch von Pfäfers in seiner liturgie- und kunstgeschichtlichen Bedeutung, 1989 — XVIII/1 269–271

PICARD, Jean-Charles
- HEIDRICH, Ingrid: Ravenna unter Erzbischof Wibert (1073–1100), 1984 — XIV 721–725

PIETRI, Luce
- GILARDI, Francis John: The Sylloge Epigraphica Turonensis de S. Martino, 1983 — XII 621–631
- DAM, Raymond van: Leadership and Community in Late Antique Gaul, 1985 — XIV 683–685

PIÉTRI, Nicole
- KROENER, Bernhard R. et al.: Organisation und Mobilisierung des deutschen Machtbereichs. 1. Halbband, 1988 — XVIII/3 279–282

Piezonka, Beatrix
- Albisetti, James C.: Schooling German Girls and Women, 1988   XVII/3   234–236
- Woycke, James: Birth control in Germany 1871–1933, 1988   XVII/3   264–265
- Thébaud, Françoise: Quand nos grand-mères donnaient la vie, 1986   XIX/3   258–259
- Maternity and Gender Policies, 1991   XX/3   228–229

Pillorget, René
- Mieck, Ilja: Europäische Geschichte der frühen Neuzeit, ³1983   XI   775–776
- Verzeichnis der Studierenden der alten Universität Mainz, Lieferung 5, 1982   XI   808
- Verzeichnis der Studierenden der alten Universität Mainz, Lieferung 6, 1982   XI   808–809
- Hanley, Sarah: The *Lit de Justice* of the Kings of France. Constitutional Ideology in Legend, Ritual and Discourse, 1983   XIII   800
- Lough, John: France observed in the Seventeenth Century by British Travellers, 1985   XIII   818–819
- Kötting, Helmut: Die Ormee 1651–1653, 1983   XIV   765–766
- Bauer, Leonhard et al.: Geburt der Neuzeit, 1988   XVII/2   213
- Republiken und Republikanismus im Europa der Frühen Neuzeit, 1988   XVII/2   214–215
- Ranieri, Filippo: Recht und Gesellschaft im Zeitalter der Rezeption. 2 Bde., 1985   XVII/2   251–253
- Schmid, Alois: Max III. Joseph und die europäischen Mächte, 1987   XVII/2   296–297
- Bosbach, Franz: Die Kosten des Westfälischen Friedenskongresses, 1984   XVIII/2   250–251
- Bärmann, Johannes: Zur Geschichte des Mainzer Universitäts-Fonds 1781–1822, 2 Bde., 1990   XVIII/2   324
- Friedenssicherung. Bd. 3, 1989   XVIII/2   325–326
- Duchhardt, Heinz: Altes Reich und europäische Staatenwelt 1648–1806, 1990   XIX/2   367–368
- Roeck, Bernd: Lebenswelt und Kultur des Bürgertums in der frühen Neuzeit, 1991   XX/2   177–178
- England, Spain and the Gran Armada 1585–1604, 1991   XX/2   193–194
- Decker, Karola: Bürger, Kurfürst und Regierung. Das Beispiel der Mainzer Schreinerzunft im 18. Jahrhundert, 1990   XX/2   306
- Bärmann, Johannes: Zur Geschichte des Mainzer Universitäts-Fonds 1781–1822. Bd. 2, 1990   XX/2   308–309
- Schatz, Rudolf et al.: Inventar des Aktenarchivs der Erzbischöfe und Kurfürsten von Mainz. Bde. 3–4, 1991   XX/2   313

Plard, Henri
- Möller, Horst: Vernunft und Kritik. Deutsche Aufklärung im 17. und 18. Jahrhundert, 1989   XIX/2   306–307

Pletsch, Alfred
- Annales d'histoire des enseignements agricoles, 1986   XV   880

Pörnbacher, Mechthild
- Traductions et traducteurs au Moyen Âge, 1989   XVIII/1   230–234
- Das Buch von Alexander dem edlen und weisen König von Makedonien, 1991   XIX/1   316–317
- Hamesse, Jacqueline et al.: Rencontres de cultures dans la philosophie médiévale, 1990   XX/1   196–198
- Walter von Châtillon: Alexandreis. Das Lied von Alexander dem Großen, 1990   XX/1   296–297

Pohl, Manfred
- Plessis, Alain: La Banque de France et ses deux cents actionnaires sous le Second Empire, 1982   XIV   805–806
- Plessis, Alain: La politique de la Banque de France de 1851 à 1870, 1985   XIV   805–806
- Plessis, Alain: Régents et gouverneurs de la Banque de France sous le Second Empire, 1985   XIV   805–806

POLIAKOV, Léon
- Gedenkbuch. Opfer der Verfolgung der Juden unter der nationalsozialistischen Gewaltherrschaft in Deutschland 1933–1945, 2 Bde., 1986   XVI/3   271–272
- Dimension des Völkermordes, 1991   XIX/3   281–283

POLLARD, Sidney
- BERG, Werner: Wirtschaft und Gesellschaft in Deutschland und Großbritannien im Übergang zum ›organisierten Kapitalismus‹, 1984   XII   864–867

PONS, Nicole
- BARNER, Gabriele: Jacques Du Clercq und seine »Mémoires«, 1989   XVIII/1   319–320

POSTEL, Rainer
- DICKENS, Arthur G. et al.: The Reformation in Historical Thought, 1985   XVII/2   246–248

POULIN, Joseph-Claude
- The Old English Life of Machutus, 1984   XIII   742
- SIGAL, Pierre-André: L'homme et le miracle dans la France médiévale, 1985   XIII   755–756
- RIDYARD, Susan J.: The Royal Saints of Anglo-Saxon England, 1988   XVII/1   269–271
- IOGNA-PRAT, Dominique: Agni Immaculati. Recherches sur les sources hagiographiques relatives à saint Maieul de Cluny (954–994), 1988   XVII/1   271
- The Monks of Redon, 1989   XVIII/1   139–159
- ROLLASON, David W.: Saints and Relics in Anglo-Saxon England, 1989   XVIII/1   266–268
- HEAD, Thomas: Hagiography and the Cult of Saints. The Diocese of Orléans, 800–1200, 1990   XIX/1   286–287
- SMITH, Julia M. H.: Province and Empire. Brittany and the Carolingians, 1992   XX/1   270–271

PYCKE, Jacques
- Series episcoporum ecclesiae catholicae occidentalis ab initio usque ad annum MCXCVIII. Series V: Germania. T. II, 1984   XIV   678–679

RACINE, Pierre
- Civitatum communitas. Studien zum europäischen Städtewesen, 2 Bde., 1984   XIV   659–660
- OPPL, Ferdinand: Stadt und Reich im 12. Jahrhundert (1125–1190), 1986   XV   954–957
- BOOCKMANN, Hartmut: Die Stadt im späten Mittelalter, 1986   XV   960–961
- Bibliographie zur Geschichte Kaiser Friedrichs II. und der letzten Staufer, 1986   XV   962–963
- SCHMIDT, Ulrich: Königswahl und Thronfolge im 12. Jahrhundert, 1987   XVI/1   288–289
- Kommunale Bündnisse Oberitaliens und Oberdeutschlands im Vergleich, 1987   XVI/1   290–292
- KIRCHGÄSSNER, Bernhard: Wirtschaft, Finanzen, Gesellschaft, 1988   XVII/1   214–215
- SCHLUNK, Andreas Christoph: Königsmacht und Krongut, 1988   XVII/1   283–284
- ISENMANN, Eberhard: Die deutsche Stadt im Spätmittelalter, 1250–1500, 1988   XVII/1   292–293
- SYDOW, Jürgen: Cum omni mensura et ratione. Ausgewählte Aufsätze, 1991   XIX/1   239–240
- Stadtadel und Bürgertum in den italienischen und deutschen Städten des Mittelalters, 1991   XIX/1   252–253

RAPHAEL, Lutz
- COUTAU-BÉGARIE, Hervé: Le phénomène »Nouvelle histoire«, 1983   XVI/3   120–127
- DOSSE, François: L'histoire en miettes, 1987   XVI/3   120–127
- DUMOULIN, Olivier A.: Profession historien 1919–1939, 1983   XVI/3   120–127
- MAZON, Brigitte: Aux origines de l'École des Hautes Études en Sciences Sociales, 1988   XVI/3   120–127
- HIRSCHHORN, Monique: Max Weber et la sociologie française, 1988   XVII/3   237–238

- CHARLE, Christophe et al.: Les professeurs du Collège de France. Dictionnaire biographique (1901–1939), 1988 — XVII/3 — 240–241
- BLOCH, Marc: L'étrange défaite, 1990 — XIX/3 — 103–108
- BLOCH, Marc: Die seltsame Niederlage: Frankreich 1940, 1992 — XIX/3 — 103–108
- FINK, Carole: Marc Bloch: A life in history, 1989 — XIX/3 — 103–108
- Marc Bloch aujourd'hui, 1990 — XIX/3 — 103–108
- MÜLLER, Bertrand: Bibliographie des travaux de Lucien Febvre, 1990 — XIX/3 — 103–108
- SCHÖTTLER, Peter: Lucie Varga, les autorités invisibles, 1991 — XIX/3 — 103–108
- VARGA, Lucie: Zeitenwende: mentalitätsgeschichtliche Studien 1936–1939, 1991 — XIX/3 — 103–108
- SIRINELLI, Jean-François: Intellectuels et passions françaises, 1990 — XX/3 — 243–244

RAULET, Gérard
- NOWAK, Kurt: Schleiermacher und die Frühromantik, 1986 — XVI/2 — 304–305

RECKER, Marie-Luise
- DILKS, David: Neville Chamberlain. Vol. I: Pioneering and reform 1869–1929, 1984 — XIII — 902–903
- BARIÉTY, Jacques et al.: La France et l'Allemagne entre les deux guerres mondiales, 1987 — XVI/3 — 242–243
- MAJER, Diemut: Grundlagen des nationalsozialistischen Rechtssystems, 1987 — XVI/3 — 260–261
- PAULHAC, François: Les accords de Munich et les origines de la guerre de 1939, 1988 — XVIII/3 — 272
- ROTHSCHILD, Robert: Les chemins de Munich, 1988 — XVIII/3 — 324
- DUROSELLE, Jean-Baptiste: Itinéraires. Idées, hommes et nations d'Occident, 1991 — XX/3 — 195–196
- France and Germany in an Age of Crisis 1900–1960, 1990 — XX/3 — 196

REHFELDT, Udo
- Das französische Experiment. Linksregierung in Frankreich 1981–1985, 1985 — XV — 1098–1099

REICHARDT, Rolf
- MOULINAS, René: Les Juifs du Pape en France, 1981 — XI — 800–801
- JULIA, Dominique: Les trois couleurs du tableau noir: La Révolution, 1981 — XI — 829–831
- BOUDET, Jacques: Histoire de la France par l'image. T. II, 1982 — XIII — 511–523
- BOUDET, Jacques: La Révolution Française, 1984 — XIII — 511–523
- HALLÉ, Jean-Claude: Histoire de la Révolution Française, 1983 — XIII — 511–523
- MELCHIOR-BONNET, Bernardine: La Révolution 1789–1799, 1984 — XIII — 511–523
- PRACHE, Denys: La Révolution Française au jour le jour, 1985 — XIII — 511–523
- COUSIN, Bernard: Le miracle et le quotidien: les ex-voto provençaux, images d'une société, 1983 — XIII — 831–834
- SLAVIN, Morris: The French Revolution en Miniature: Section Droits-de-l'Homme, 1789–1795, 1984 — XIII — 842–844
- MAZAURIC, Claude: Jacobinisme et Révolution: autour du bicentenaire de ›Quatre-vingt-neuf‹, 1984 — XIII — 844–846
- CASTRIES, René de la Croix, duc de: Mirabeau ou l'échec du destin, 1986 — XVIII/2 — 277–278
- Existe-il un Fédéralisme jacobin? Études sur la Révolution. T. I/2, 1986 — XVIII/2 — 301–302
- BRUNET, Michel: Le Roussillon: une société contre l'État 1780–1820, 1986 — XVIII/2 — 322–323

REIFELD, Helmut
- STRNAD, Alfred A.: Niccolò Machiavelli. Politik als Leidenschaft, 1984 — XIII — 801
- ALTER, Peter: Nationalismus, 1985 — XIII — 856
- GREENLEAF, W. H.: The British Political Tradition. Vol. I–II, 1983 — XIII — 856–857
- MAYER, Arno J.: Adelsmacht und Bürgertum. Die Krise der europäischen Gesellschaft 1848–1914, 1984 — XIII — 874–876
- HOLMES, Stephen: Benjamin Constant and the Making of Modern Liberalism, 1984 — XIV — 793–794

- HUMBOLDT, G. de: La tâche de l'historien, 1985 — XV — 1048–1049
- BOESCHE, Roger: The Strange Liberalism of Alexis de Tocqueville, 1987 — XVI/3 — 174–175
- PIÉTRI, Nicole: L'Allemagne de l'ouest (1945–1969). Naissance et développement d'une démocratie, 1987 — XVI/3 — 299
- Bismarck, Europe and Africa, 1988 — XVII/3 — 165–169
- DAVIS, Lance E. et al.: Mammon and the Pursuit of Empire, 1988 — XVII/3 — 165–169
- HOBSBAWM, Eric J.: Das imperiale Zeitalter 1875–1914, 1989 — XVII/3 — 165–169
- Imperialism and After, 1986 — XVII/3 — 165–169
- REINHARD, Wolfgang: Geschichte der europäischen Expansion. Bd. 3, 1988 — XVII/3 — 165–169
- ROTBERG, Robert J. et al.: The Founder. Cecil Rhodes and the Pursuit of Power, 1988 — XVII/3 — 165–169
- SCHMIDT, Gustav: Der europäische Imperialismus, 1989 — XVII/3 — 165–169
- SCHÖLLGEN, Gregor: Das Zeitalter des Imperialismus, 1986 — XVII/3 — 165–169
- AGULHON, Maurice et al.: Essais d'Égo-Histoire, 1987 — XVII/3 — 204–205
- Liberalismus im 19. Jahrhundert. Deutschland im europäischen Vergleich, 1988 — XVII/3 — 230
- DOISE, Jean et al.: Diplomatie et outil militaire 1871–1969, 1987 — XVII/3 — 244–245
- ALBER, Jens: Der Sozialstaat Bundesrepublik 1950–1983, 1989 — XVIII/3 — 318–321
- BÄCKER, Gerhard et al.: Sozialpolitik und soziale Lage in der Bundesrepublik Deutschland. Bde. 1–2, 1989 — XVIII/3 — 318–321
- SCHMIDT, Manfred G.: Sozialpolitik. Historische Entwicklung und internationaler Vergleich, 1988 — XVIII/3 — 318–321
- [Vierzig] 40 Jahre Sozialstaat Bundesrepublik Deutschland, 1989 — XVIII/3 — 318–321
- CHAGNOLLAUD, Dominique: Le Premier des Ordres. Les hauts fonctionnaires, 1991 — XX/3 — 241–242
- BERLIN, Isaiah: Der Nationalismus, 1990 — XX/3 — 306–307
- LOTH, Wilfried: Der Weg nach Europa, 1990 — XX/3 — 306–307
- SCHULZE, Hagen: Die Wiederkehr Europas, 1990 — XX/3 — 306–307
- Zur sozialen Dimension des EG-Binnenmarktes, 1990 — XX/3 — 306–307
- VERNET, Daniel: La Renaissance Allemande, 1992 — XX/3 — 315–316
- BARBIER, Frédéric: Finance et Politique, 1991 — XX/3 — 319–320
- Deutschland in Europa, 1992 — XX/3 — 327

REINALTER, Helmut
- Hambach 1832. Anstöße und Folgen, 1984 — XIII — 871–873
- LEFEBVRE, Georges: 1789. Das Jahr der Revolution, 1989 — XVII/2 — 312–313
- SIEYES, Emmanuel Joseph: Was ist der Dritte Stand?, 1988 — XVII/2 — 313
- JAKOBY, Ruth et al.: Paris 1789. Journal der Täter, Opfer und Voyeure, 1988 — XVII/2 — 315–316
- BLEIBTREU, Leopold: Das Rheinland im Zeitalter der Französischen Revolution. Augenzeugenberichte, 1988 — XVII/2 — 334
- VOVELLE, Michel: Paris et la Révolution, 1989 — XVIII/2 — 286–287
- Freiheit, Gleichheit, Brüderlichkeit? Die Französische Revolution im deutschen Urteil, 1989 — XVIII/3 — 225–226

REINHARD, Michael
- Historismus und moderne Geschichtswissenschaft, 1987 — XVII/3 — 210–211

REINHARD, Wolfgang
- Nuntiaturberichte aus Deutschland nebst ergänzenden Aktenstücken. Dritte Abteilung 1572–1585. Bd. 6, 1982 — XI — 788–790

REINHARDT, Renate
- Presse et histoire au XVIIIe siècle. L'année 1734, 1978 — XI — 820

REU, Martine De
- HORN, Michael: Studien zur Geschichte Papst Eugens III. (1145–1153), 1992 — XX/1 — 287–288

REULOS, Michel

- MENK, Gerhard: Die Hohe Schule Herborn in ihrer Frühzeit (1584–1660), 1981 — XI — 790–791
- BÖSE, Kuno: Amt und soziale Stellung. Die Institution der »élus« in Frankreich im 16. und 17. Jahrhundert, 1986 — XVI/2 — 262–264
- STOLLEIS, Michael: Geschichte des öffentlichen Rechts in Deutschland. Bd. 1, 1988 — XVII/2 — 266–167

REUSCH, Ulrich

- Konrad Adenauer e Alcide De Gasperi: due esperienze di rifondazione della democrazia, 1984 — XVI/3 — 300–301

REUSS, Elisabeth

- BOTSCH, Elisabeth: Eigentum in der Französischen Revolution, 1992 — XX/2 — 275–277

REYDELLET, Marc

- SCHWÖBEL, Heide: Synode und Kirche im Westgotenreich, 1982 — XI — 729–730
- Ideologie und Herrschaft im Mittelalter, 1982 — XII — 762–763
- ANGENENDT, Arnold: Kaiserherrschaft und Königstaufe. Kaiser, Könige und Päpste als geistliche Patrone in der abendländischen Missionsgeschichte, 1984 — XIV — 693–694
- BERSCHIN, Walter: Biographie und Epochenstil im lateinischen Mittelalter. T. I, 1986 — XVI/1 — 250–251
- BERSCHIN, Walter: Biographie und Epochenstil im lateinischen Mittelalter. T. II, 1988 — XVIII/1 — 256–257
- TÖNNIES, Bernhard: Die Amalertradition in den Quellen zur Geschichte der Ostgoten, 1989 — XIX/1 — 278–279
- Conquerors and Chroniclers of Early Medieval Spain, 1990 — XIX/1 — 282

RICHARD, Jean

- CLASSEN, Peter: Ausgewählte Aufsätze, 1983 — XII — 740–741
- WISCHERMANN, Else-Maria: Marcigny-sur-Loire. Gründungs- und Frühgeschichte des ersten Cluniacenserinnenpriorates (1055–1150), 1986 — XVI/1 — 275–277
- BRÜHL, Carlrichard: Deutschland–Frankreich. Die Geburt zweier Völker, 1990 — XX/1 — 246–248

RICHARD, Lionel

- MÜLLER, Hans-Harald: Der Krieg und die Schriftsteller. Der Kriegsroman der Weimarer Republik, 1986 — XVI/3 — 239–240
- BONNIN, Richard: Eugène Lerminier (1803–1857), 1989 — XIX/3 — 320
- SCHOCKENHOFF, Andreas: Henri Albert und das Deutschlandbild des Mercure de France 1890–1905, 1986 — XIX/3 — 322
- CHEVAL, René: Le Coq et l'Aigle, 1990 — XIX/3 — 322–323
- UNTEUTSCH, Barbara: Vom Sohlbergkreis zur Gruppe Collaboration, 1990 — XIX/3 — 323

RICHÉ, Pierre

- RICHTER, Michael: Irland im Mittelalter. Kultur und Geschichte, 1983 — XII — 782–783

RIDDER-SYMOENS, Hilde De

- NEU, Peter: Die Arenberger und das Arenberger Land. Bd. 1, 1989 — XIX/2 — 353–355

RIDÉ, Jacques

- KREUTZ, Wilhelm: Die Deutschen und Ulrich von Hutten. Rezeption von Autor und Werk seit dem 16. Jahrhundert, 1984 — XIII — 801–804

RIEKS, Annette

- LEMAÎTRE, Nicole: Le Rouergue flamboyant. Le clergé et les fidèles du diocèse de Rodez (1417–1563), 1988 — XVII/1 — 306–311

RIEMENSCHNEIDER, Rainer
- L'État en perspective, 1986 — XVI/3 — 182–186

RIESENBERGER, Dieter
- BRECHT, Bertolt: ABC de la guerre, 1985 — XV — 1081–1082
- HOLL, Karl: Pazifismus in Deutschland, 1988 — XVII/3 — 271–272
- DUPEUX, Louis: Histoire culturelle de l'Allemagne 1919–1960, 1989 — XVIII/3 — 262–264
- RICHARD, Lionel: Le nazisme et la culture, 1988 — XVIII/3 — 262–264

RINGER, Fritz
- ALTWEGG, Jürg: Die Republik des Geistes: Frankreichs Intellektuelle zwischen Revolution und Reaktion, 1986 — XV — 1099–1100

RIPPE, Gérard
- SETTIA, Aldo A.: Castelli e villaggi nell'Italia padana, 1984 — XIII — 750–751

RÖSENER, Werner
- FOSSIER, Robert: Paysans d'Occident (XIe–XIVe iècles), 1984 — XII — 798–800
- La Belgique rurale du moyen-âge à nos jours, 1985 — XV — 881–882
- JOSHUA, Isaac: La face cachée du Moyen Âge: les premiers pas du capital, 1988 — XVIII/1 — 242–243

ROGALLA VON BIEBERSTEIN, Johannes
- HALEVI, Ran: Les loges maçonniques dans la France d' Ancien Régime, 1984 — XIII — 841–842

ROHR, Rupprecht
- DUȚU, Alexandru: European Intellectual Movements and Modernization of Romanian Culture, 1981 — XII — 764–765

ROLLET, Henry
- Die französische Deutschlandpolitik zwischen 1945 und 1949, 1987 — XVI/3 — 293–295
- SCHOLL-LATOUR, Peter: Leben mit Frankreich, 1988 — XVII/3 — 315–316
- Deutschland – Frankreich. Höhen und Tiefen einer Zweierbeziehung, 1988 — XVII/3 — 317–318

ROTH, Sabina
- WISCHHÖFER, Bettina: Krankheit, Gesundheit und Gesellschaft in der Aufklärung, 1991 — XX/2 — 306–308

RUSSO, Daniel
- Raccolte di Vite di Santi dal XIII al XVIII secolo, 1990 — XIX/1 — 324–326

SALEWSKI, Michael
- MASSON, Philippe et al.: La Révolution maritime du XIXe siècle, 1987 — XVI/3 — 173–174

SANDERS, Gabriel
- KOCH, Walter: Literaturbericht zur mittelalterlichen und neuzeitlichen Epigraphik (1976–1984), 1987 — XVIII/1 — 237–240
- Epigraphik 1988, 1990 — XX/1 — 222–224

SAUZET, Robert
- SALMON, John H. M.: Renaissance and Revolt, 1987 — XVI/2 — 239–240

SCHARF, Ralf
- MUHLBERGER, Steven: The Fifth-Century Chroniclers, 1990 — XIX/1 — 277–278

SCHEIBELREITER, Georg
- WALLACE-HADRILL, J. M.: The Frankish Church, 1983 — XII — 779–782
- PIETRI, Luce: La ville de Tours du IVe au VIe siècle: Naissance d'une cité chrétienne, 1983 — XIV — 691–692

- Aux Origines d'une Seigneurie ecclésiastique: Langres et ses évêques, VIIIᵉ–XIᵉ siècles, 1986 — XV 926–928
- Histoire de l'abbaye Sainte-Croix de Poitiers, 1986 — XVII/1 225–226
- CARDOT, Fabienne: L'espace et le pouvoir. Étude sur l'Austrasie mérovingienne, 1987 — XVII/1 248–250
- RICHÉ, Pierre: Écoles et enseignement dans le Haut Moyen Âge, 1989 — XVIII/1 253–255
- CHÉLINI, Jean: L'aube du moyen âge. Naissance de la chrétienté occidentale, 1991 — XX/1 268–270

SCHIEFFER, Rudolf
- Abbon de Fleury: Questions grammaticales, 1982 — XI 738–739
- The Settlement of Disputes in Early Medieval Europe, 1986 — XV 917–918
- JEAUNEAU, Edouard: Études érigéniennes, 1987 — XVII/1 263–264
- Maximi Confessoris Ambigua ad Johannem iuxta Johannis Scotti Eriugenae latinam interpretationem nunc primum, 1988 — XVII/1 263–264
- Maximi Confessoris Quaestiones ad Thalassium. T. I et II, 1980 et 1990 — XIX/1 287–288

SCHIFFERS, Reinhard
- Die Universität Zürich 1833–1983, 1983 — XI 871–873
- Geschichte der Schweiz und der Schweizer, 3 Bde., 1983 — XII 915–918
- GOELDEL, Denis: Moeller van den Bruck (1876–1925). Un nationaliste contre la révolution, 1984 — XIV 823–825
- NEWCOMER, James: The Grand Duchy of Luxemburg. The Evolution of Nationhood 963 A.D. to 1983, 1984 — XV 1103–1104
- HAAG, Emile et al.: La grande-duchesse et son gouvernement pendant la Deuxième Guerre mondiale, 1987 — XVII/3 300–301
- ALTERMATT, Claude: Les débuts de la diplomatie professionnelle en Suisse (1848–1914), 1990 — XVIII/3 248–249
- URNER, Klaus: »Die Schweiz muß noch geschluckt werden!« Hitlers Aktionspläne gegen die Schweiz, 1990 — XIX/3 294–295

SCHILLING, Heinz
- BOUWSMA, William J.: John Calvin. A Sixteenth-Century Portrait, 1988 — XVII/2 244–245

SCHIMMELPFENNIG, Bernhard
- MILLET, Hélène: Les chanoines du chapitre cathédral de Laon, 1272–1412, 1982 — XII 814–815

SCHLUMBOHM, Jürgen
- LUCASSEN, Jan: Migrant Labour in Europe 1600–1900, 1987 — XVI/2 264–266

SCHMALE, Wolfgang
- ROOT, Hilton L.: Peasants and King in Burgundy, 1987 — XVI/2 269–272
- Formation und Transformation des Verwaltungswissens in Frankreich und Deutschland (18./19. Jh.), 1989 — XVIII/2 258–259
- LEMARCHAND, Guy: La fin du féodalisme dans le pays de Caux, 1989 — XVIII/2 315–319
- LOMBARD, Paul: Histoire de la répression politique en France. T. 1, 1990 — XIX/2 261–263
- La Protection sociale sous la Révolution Française, 1990 — XX/2 277–278

SCHMIDT, Gustav
- WALLACE, Stuart: War and the Image of Germany. British Academics 1914–1918, 1988 — XVII/3 251–252

SCHMIDT, Hans
- Herrscherweihe und Königskrönung im frühneuzeitlichen Europa, 1983 — XIII 793–794
- Les Papiers de Richelieu, Section politique extérieure, correspondance et papiers d'État. Empire Allemand. T. I (1616–1629), 1982 — XIII 819–821

- Recueil des instructions données aux ambassadeurs et ministres de France des Traités de Westphalie jusqu'à la Révolution française. Vol. 30. T. 1–2, 1983 — XIII — 822–825
- BOUTANT, Charles: L'Europe au grand tournant des années 1680, 1985 — XIV — 768–771
- Les Papiers de Richelieu. Section Politique Intérieure. Correspondance et Papiers d'État, 1985 — XVI/2 — 275–276
- Dictionnaire d'art et d'histoire militaires, 1988 — XVII/2 — 227–229
- CRUYSSE, Dirk van der: Madame Palatine, Princesse Européenne, 1988 — XVII/2 — 269–270
- Madame Palatine. Lettres Françaises, 1989 — XIX/2 — 274
- CRUYSSE, Dirk van der: »Madame sein ist ein ellendes Handwerck.«, 1990 — XIX/2 — 274–275

SCHMIDT, Uwe
- Graf de Serre. Briefe aus Reutlingen (1798–1800), 1989 — XIX/2 — 363

SCHMIDT, Wolf Th.
- BLUCHE, François: Louis XIV, 1986 — XVII/2 — 268

SCHNEIDER, Erich
- Aufklärung – Vormärz – Revolution, Bd. 2, 1982 — XI — 826–827
- Aufklärung – Vormärz – Revolution, Bd. 4, 1984 — XIV — 786–787
- REINALTER, Helmut: Freiheit, Gleichheit, Brüderlichkeit, 1989 — XVII/2 — 300–301

SCHNEIDMÜLLER, Bernd
- SIVÉRY, Gérard: L'économie du royaume de France au siècle de Saint Louis (vers 1180–vers 1315), 1984 — XIV — 730–731
- RICHÉ, Pierre: Gerbert d'Aurillac, le pape de l'an mil, 1987 — XV — 943–944
- OURLIAC, Paul et al.: Le cartulaire de la Selve, 1985 — XV — 949–950
- L'obituaire du Chapitre collégial Saint-Honoré de Paris, 1987 — XVI/1 — 278–280
- Répertoire des documents nécrologiques français, 1987 — XVI/1 — 278–280
- MOSTERT, Marco: The library of Fleury. A provisional list of manuscripts, 1989 — XVII/1 — 272–273
- MOSTERT, Marco: The political theology of Abbo of Fleury, 1987 — XVII/1 — 272–273
- FOLZ, Robert: Les saintes reines du moyen âge en Occident, 1992 — XX/1 — 236–238
- BAUTIER, Robert-Henri: Recherches sur l'histoire de la France médiévale, 1991 — XX/1 — 239–240
- GÉRAUD, Hercule: Paris sous Philippe-le-Bel, 1991 — XX/1 — 301–302

SCHNITH, Karl
- SCHÜRMANN, Brigitte: Die Rezeption der Werke Ottos von Freising im 15. und frühen 16. Jahrhundert, 1986 — XVI/1 — 311–312

SCHOEBEL, Martin
- MALECZEK, Werner: Papst und Kardinalskolleg von 1191 bis 1216, 1984 — XIV — 731–732
- BECHMANN, Roland: Des arbres et des hommes. La forêt au moyen âge, 1984 — XVI/1 — 225
- L'Abbaye parisienne de Saint-Victor au moyen âge, 1991 — XX/1 — 216–219

SCHÖLLGEN, Gregor
- BIRRENBACH, Kurt: Meine Sondermissionen. Rückblick auf zwei Jahrzehnte bundesdeutscher Außenpolitik, 1984 — XIII — 919–921

SCHÖTTLER, Peter
- BOUTRY, Philippe et al.: Martin l'Archange, 1985 — XVIII/3 — 224–225

SCHOLZ, Werner
- KOWALSKY, Wolfgang: Kulturrevolution? Die Neue Rechte im Neuen Frankreich und ihre Vorläufer, 1991 — XIX/3 — 312–313
- L'Allemagne. De la division à l'unité, 1991 — XIX/3 — 315–316
- Nationalismes, 1991 — XIX/3 — 317–318
- Revolution in Deutschland?, 1991 — XIX/3 — 317–318

- Lengerau, Marc: Les frontières allemandes (1919–1989), 1990 — XX/3 — 322–323
- Weck, Roger de: L'avenir de l'Allemagne, 1992 — XX/3 — 327–328

Schrader, Fred E.
- Sociabilité et société bourgeoise en France, en Allemagne et en Suisse, 1750–1850, 1986 — XVII/2 — 297–300
- Chartier, Roger: Les origines culturelles de la Révolution Française, 1990 — XVIII/2 — 279–280
- Bihan, Alain le: Loges et chapitres de la Grande Loge et du Grand Orient de France (2ᵉ moitié du XVIIIᵉ siècle), 1990 — XIX/2 — 289–290
- Coutura, Johel: Les Francs-Maçons de Bordeaux au 18ᵉ siècle, 1988 — XIX/2 — 289–290
- L'Héritage de la Révolution Française, 1989 — XIX/2 — 317–319
- Espagne, Michel: Bordeaux baltique. La présence culturelle allemande à Bordeaux aux XVIIIᵉ et XIXᵉ siècles, 1991 — XX/2 — 235–237

Schriewer, Jürgen
- L'Offre d'École, 1983 — XIII — 663–674
- Luc, Jean-Noël et al.: Des Normaliens. Histoire de l'École Normale Supérieure de Saint-Cloud, 1982 — XIII — 858–862
- Le personnel de l'enseignement supérieur en France aux XIXᵉ et XXᵉ siècles, 1985 — XVI/3 — 202–207

Schroeder, Paul W.
- Preußen und die revolutionäre Herausforderung seit 1789, 1990 — XIX/2 — 344–346
- Lacour-Gayet, Georges: Talleyrand, 1990 — XX/2 — 272–274

Schulze, Hagen
- Poidevin, Raymond: Die unruhige Großmacht. Deutschland und die Welt im 20. Jahrhundert, 1985 — XIV — 817–820
- Nationalismus in vorindustrieller Zeit, 1986 — XV — 1037–1038
- Thalmann, Rita: La République de Weimar, 1986 — XV — 1062–1063

Schumacher, Martin
- Fritzsche, Peter: Rehearsals for Fascism. Populism and Political Mobilization in Weimar Germany, 1990 — XIX/3 — 266–267

Schwaibold, Matthias
- Godding, Philippe: Le droit privé dans les Pays-Bas méridionaux du 12ᵉ au 18ᵉ siècle, 1987 — XVI/1 — 293–294

Schwarcz, Andreas
- Raumordnungen im Römischen Reich, 1989 — XIX/1 — 271–273

Schwitzguébel-Leroy, Antoinette
- Duchhardt, Heinz: Der Exodus der Hugenotten, 1985 — XV — 997–998

Seibert, Hubertus
- Alpertus van Metz: Gebeurtenissen von deze tijd en Een fragment over bisshop Diederik I van Metz, 1980 — XII — 788–789
- Parisse, Michel: Noblesse et chevalerie en Lorraine médiévale, 1982 — XII — 796–798
- Remiremont, l'abbaye et la ville, 1980 — XII — 926–929
- Aus Kirche und Reich. Studien zu Theologie, Politik und Recht im Mittelalter, 1983 — XIII — 702–705
- La France de Philippe Auguste. Le temps des mutations, 1982 — XIII — 767–770
- Dierkens, Alain: Abbayes et Chapitres entre Sambre et Meuse, 1985 — XIV — 702–704
- Becquet, Jean: Vie canoniale en France aux Xᵉ – XIIᵉ siècles, 1985 — XIV — 712–713
- Strutture ecclesiastiche in Italia e in Germania prima della Riforma, 1984 — XIV — 752–753
- Saint-Sever: Millénaire de l'Abbaye, 1986 — XV — 942–943
- Prieurs et prieurés dans l'Occident médiéval, 1987 — XVI/1 — 236–237

SEIFERT, Hans-Ulrich
- Catalogue Général des Manuscrits des Bibliothèques Publiques de France. T.
  64, Supplément Versailles, 1989   XVIII/2   231–232
- HUNT, Lynn: The Family Romance of the French Revolution, 1992   XX/2   280–281
- Zwischen Direktorium und Empire, 1992   XX/2   294–295
- Éditions françaises du XVIe siècle conservées dans le fonds ancien de la
  Bibliothèque de Saint David's University College, Lampeter, 1992   XX/2   312

SENNEVILLE, Ghislaine de
- STANCLIFFE, Clare: St. Martin and his Hagiographer. History and Miracle in
  Sulpicius Severus, 1983   XII   765–767

SERGI, Giuseppe
- KELLER, Hagen: Adelsherrschaft und städtische Gesellschaft in Oberitalien,
  9. bis 12. Jahrhundert, 1979   XIII   747–750

SICK, Klaus-Peter
- BENOIST-MÉCHIN, Jacques: A l'épreuve du temps. Vol. 1–2, 1989   XX/3   151–162

SICKEN, Bernhard
- PARKER, Geoffrey: The Military Revolution. Military innovation and the rise
  of the west, 1500–1800, 1988   XVII/2   229–231

SIEBURG, Heinz-Otto
- ROTH, François: La Lorraine dans la guerre de 1870, 1984   XIII   881

SIEGRIST, Hannes
- BILLETER, Geneviève: Le pouvoir patronal. Les patrons des grandes entreprises suisses des métaux et des machines (1919–1939), 1985   XIV   832–833

SIGAL, Pierre André
- KÖSTER, Kurt: Pilgerzeichen und Pilgermuscheln von mittelalterlichen Santiagostraßen. Schleswiger Funde und Gesamtüberlieferungen, 1983   XII   812–813
- HERBERS, Klaus: Der Jakobuskult des 12. Jahrhunderts und der »Liber sancti
  Jacobi«, 1984   XIII   761–762

SOHN, Andreas
- Les documents nécrologiques de l'abbaye de Saint-Pierre de Solignac, 1984   XIII   763–764

SOLEYMANI, Dagmar
- GRAUMANN, Sabine: Französische Verwaltung am Niederrhein. Das Roerdepartement 1798–1814, 1990   XVIII/3   223–224
- DORN, Ulrike: Öffentliche Armenpflege in Köln von 1794–1871, 1990   XIX/3   219–220
- MOLLIER, Jean-Yves: Le scandale de Panama, 1991   XIX/3   239–240
- JEAMBRUN, Pierre: Jules Grévy ou la République debout, 1991   XX/3   217
- Espoirs et Conquêtes 1881–1918. T. 1, 1991   XX/3   227–228

SOT, Michel
- Mittelalterforschung, 1981   XII   746–747
- Memoria. Der geschichtliche Zeugniswert des liturgischen Gedenkens im
  Mittelalter, 1984   XIII   744–746
- KORTÜM, Hans-Henning: Richer von Saint-Remi, 1985   XIV   710–712
- Gerberto. Scienza, storia e mito, 1985   XVI/1   265–269

SOUTOU, Georges-Henri
- Die Erfahrung der Inflation im internationalen Vergleich, Bd. 2, 1984   XV   1063–1064

SPEITKAMP, Winfried
- DUFRAISSE, Roger: Napoléon, 1987   XV   1029–1030

Spivak, Marcel
- Messerschmidt, Manfred et al.: Die Wehrmachtjustiz im Dienste des Nationalsozialismus, 1987 — XVI/3 — 261–262
- Messerschmidt, Manfred: Militärgeschichtliche Aspekte der Entwicklung des deutschen Nationalstaates, 1988 — XVII/3 — 203–204
- Pieper, Volker et al.: Die Vergessenen von Stukenbrock, 1988 — XVII/3 — 301–302
- Rebentisch, Dieter: Führerstaat und Verwaltung im Zweiten Weltkrieg, 1989 — XVIII/3 — 283–284
- Thomas, Jürgen: Wehrmachtsjustiz und Widerstandsbekämpfung, 1990 — XVIII/3 — 292–293
- Rohkrämer, Thomas: Der Militarismus der »Kleinen Leute«, 1990 — XIX/3 — 251–252
- Roerkohl, Anne: Hungerblockade und Heimatfront, 1991 — XIX/3 — 255–256
- Europa und der »Reichseinsatz«, 1991 — XIX/3 — 292–294
- Rauh, Manfred: Geschichte des Zweiten Weltkriegs. 1. Teil, 1991 — XX/3 — 275–277
- Lindner, Stephan R.: Das Reichskommissariat für die Behandlung feindlichen Vermögens im Zweiten Weltkrieg, 1991 — XX/3 — 280–281
- Hartmann, Christian: Halder. Generalstabschef Hitlers 1938–1942, 1991 — XX/3 — 281–282

Sprandel, Rolf
- Alexandre, Pierre: Le climat en Europe au Moyen Âge, 1987 — XV — 907–908

Sproll, Heinz
- Parent, Michel: Vauban. Un encyclopédiste avant la lettre, 1982 — XIII — 828–829
- Herbert, F. J. et al.: Soldier of France: Sebastien Le Prestre de Vauban, 1633–1707, 1989 — XVIII/2 — 257–258
- Pujo, Bernard: Vauban, 1991 — XIX/2 — 265–266

Stadler, Peter
- Karl Marx – Friedrich Engels: Briefwechsel, 4 Bde., 1983 — XI — 849–851
- Pöls, Werner: Studien zur Bismarckzeit, 1986 — XV — 883–884

Stark, Udo
- Jean Jaurès. Frankreich, Deutschland und die Zweite Internationale am Vorabend des Ersten Weltkrieges, 1989 — XVII/3 — 243–244

Staub, Martial
- Młynarczyk, Gertrud: Ein Franziskanerinnenkloster im 15. Jahrhundert, 1987 — XVII/1 — 318–320
- Kielmansegg, Peter Graf: Deutschland und der Erste Weltkrieg, ²1980 — XVII/3 — 248–250

Stauch, Martin
- Herre, Franz: Napoleon III., 1990 — XX/3 — 215–217
- Séguin, Philippe: Louis Napoléon le Grand, 1990 — XX/3 — 215–217

Steel, James
- Grynberg, Anne: Les camps de la honte. Les internés juifs des camps français (1939–1944), 1991 — XIX/3 — 283–285
- Zone d'ombres 1933–1944. Exil et internement d'Allemands et d'Autrichiens dans le sud-est de la France, 1990 — XIX/3 — 283–285

Stein, Wolfgang Hans
- Guerre et paix en Alsace au XVIIe siècle. Les mémoires de voyage du sieur de l'Hermine, 1981 — XI — 797–798
- Bergin, Joseph: Cardinal Richelieu. Power and the pursuit of wealth, 1985 — XV — 994–996

Steinberg, Lucien
- Birn, Ruth Bettina: Die höheren SS- und Polizeiführer, 1986 — XIV — 846–848

STEINERT, Marlis G.
- HARTMANN, Peter Claus: Französische Geschichte 1914–1945. Literaturbericht über Neuerscheinungen von 1964 bis 1978, 1985   XIV   827–828
- KNIPPING, Franz: Deutschland, Frankreich und das Ende der Locarno-Ära 1928–1931, 1987   XVI/3   243–245
- HILLGRUBER, Andreas: Die Zerstörung Europas. Beiträge zur Weltkriegsepoche 1914 bis 1945, 1989   XVIII/3   219–220
- RECKER, Marie-Luise: Die Außenpolitik des Dritten Reiches, 1990   XVIII/3   271
- BULLOCK, Alan: Hitler and Stalin, 1991   XX/3   260–261
- STAUFFER, Paul: Zwischen Hofmannsthal und Hitler: Carl J. Burckhardt, 1991   XX/3   263–264
- LONGERICH, Peter: Hitlers Stellvertreter, 1992   XX/3   325

STENGERS, Jean
- HATKE, Brigitte: Hugo Stinnes und die drei deutsch-belgischen Gesellschaften von 1916, 1990   XIX/3   254–255

STUDT, Christoph
- Bismarck – Preußen, Deutschland und Europa, 1990   XIX/3   151–164
- ENGELBERG, Ernst: Bismarck. Urpreuße und Reichsgründer, 1985   XIX/3   151–164
- ENGELBERG, Ernst: Bismarck. Das Reich in der Mitte Europas, 1990   XIX/3   151–164
- ENGELBERG, Waltraud: Otto und Johanna von Bismarck, 1990   XIX/3   151–164
- HERRE, Franz: Bismarck. Der preußische Deutsche, 1991   XIX/3   151–164
- KAERNBACH, Andreas: Bismarcks Konzepte zur Reform des Deutschen Bundes, 1991   XIX/3   151–164
- VRIES, Jürgen de: Bismarck und das Herzogtum Lauenburg, 1989   XIX/3   151–164

SURATTEAU, J. R.
- SCHULZE, Winfried: Der 14. Juli 1789. Biographie eines Tages, 1989   XVII/2   314–315

TAEGER, Angela
- FUCHS, Rachel Ginnis: Abandoned Children, 1984   XIII   659–662
- HARSIN, Jill: Policing Prostitution in Nineteenth-Century France, 1985   XIV   796–797
- DAVIS, Natalie Zemon: Frauen und Gesellschaft am Beginn der Neuzeit, 1986   XV   983–984
- HEYWOOD, Colin: Childhood in nineteenth-century France, 1988   XVIII/3   233–234
- McPHEE, Peter: A Social History of France, 1780–1880, 1992   XX/3   203–204
- LANGLE, Henry-Melchior de: Le petit monde des cafés et débits parisiens au XIXe siècle, 1990   XX/3   233
- NOURRISSON, Didier: Le buveur du XIXe siècle, 1990   XX/3   234

TAUBERT, Fritz
- AZÉMA, Jean-Pierre et al.: Le Parti communiste français des années sombres 1938–1941, 1986   XVI/3   273–277
- Les Communistes français de Munich à Châteaubriant (1938–1941), 1987   XVI/3   273–277
- JANKOWSKI, Paul: Communism and Collaboration. Simon Sabiani and Politics in Marseille, 1919–1944, 1989   XVII/3   285–287
- The French and Spanish Popular Fronts, 1989   XX/3   274–275
- BÉHAR, Pierre: Du Ier au IVe Reich, 1990   XX/3   314–315

TENORTH, Heinz-Elmar
- ALBISETTI, James C.: Secondary School Reform in Imperial Germany, 1983   XII   985–691

TESKE, Gunnar
- CALVOT, Danièle et al.: L'œuvre de Gerson à Saint-Victor de Paris, 1990   XIX/1   341–342

TEUTEBERG, Hans J.
- BERTAUD, Jean-Paul: Alltagsleben während der Französischen Revolution, 1989   XVIII/2   296–298

Tewes, Götz-Rüdiger
- I Tedeschi nella Storia dell'Università di Siena, 1988 — XIX/1 — 331

Thalmann, Rita R.
- Dokumente zur »Euthanasie«, 1985 — XIV — 843–846
- Klee, Ernst: »Euthanasie« im NS-Staat, 1985 — XIV — 843–846
- Weimarer Republik, 1987 — XVI/3 — 226–227
- Barkai, Avraham: Vom Boykott zur Entjudung, 1988 — XVI/3 — 268–271
- Der Judenpogrom 1938, 1988 — XVI/3 — 268–271
- Jochmann, Werner: Gesellschaftskrise und Judenfeindschaft in Deutschland 1870–1945, 1988 — XVIII/3 — 243–245
- Mommsen, Hans: Die verspielte Freiheit. Der Weg der Republik von Weimar in den Untergang 1918 bis 1933, 1989 — XVIII/3 — 252–255
- Klönne, Arno: Jugend im Dritten Reich. Die Hitler-Jugend und ihre Gegner, 1990 — XVIII/3 — 268–269
- Gruchmann, Lothar: Justiz im Dritten Reich 1933–1940, ²1990 — XVIII/3 — 269–271
- Paul, Gerhard: Aufstand der Bilder. Die NS-Propaganda vor 1933, 1990 — XIX/3 — 267–268
- Handbuch der deutschen Exilpresse 1933–1945. Bd. 4, 1990 — XIX/3 — 272–274
- Berthelsen, Detlef: La famille Freud au jour le jour, 1991 — XX/3 — 256–257
- Obst, Dieter: »Reichskristallnacht«, 1991 — XX/3 — 267–268
- Das Exil der kleinen Leute, 1991 — XX/3 — 269–270
- Wessel, Harald: Münzenbergs Ende, 1991 — XX/3 — 270–271

Thamer, Hans-Ulrich
- Kennedy, Michael L.: The Jacobin Clubs in the French Revolution. The First Years, 1982 — XII — 850–851
- Bernard, René Jean: Paroisses et Communes de France. Dictionnaire d'histoire administrative et démographique: Lozère, 1982 — XII — 920–921
- Empereur-Bissonnet, Isabelle: Paroisses et Communes de France. Dictionnaire d'histoire administrative et démographique: Haute-Vienne, 1981 — XII — 920–921
- Poitou, Christian: Paroisses et Communes de France. Dictionnaire d'histoire administrative et démographique: Loiret, 1982 — XII — 920–921
- Liber Amicorum. Mélanges offerts à Louis Trenard, 1984 — XIV — 661
- Histoire de Roubaix, 1984 — XIV — 869–872

Theiner, Peter
- Reulecke, Jürgen: Sozialer Frieden durch soziale Reform. Der Centralverein für das Wohl der arbeitenden Klassen in der Frühindustrialisierung, 1983 — XII — 862–863
- Brakelmann, Günter et al.: Protestantismus und Politik. Werk und Wirkung Adolf Stoeckers, 1982 — XII — 869–871

Thomann, Marcel
- Laufs, Adolf: Eduard Lasker. Ein Leben für den Rechtsstaat, 1984 — XIV — 812–813

Thomas, Heinz
- Inventar des herzoglich arenbergischen Archivs in Edingen/Enghien (Belgien). Teil 1, 1984 — XIII — 706

Thomas, Jürgen
- Brès, Eveline et Yvan: Un maquis d'antifascistes allemands en France, 1987 — XVII/3 — 289–290

Tiemann, Dieter
- Chapoulie, Jean-Michel: Les Professeurs de l'enseignement secondaire: un métier de classe moyenne, 1987 — XVI/3 — 207–208
- Michel, Alain René: La J.E.C. Jeunesse Étudiante Chrétienne face au Nazisme et à Vichy (1938–1944), 1988 — XVII/3 — 283–284

– LAPREVOTE, Gilles: Splendeurs et misères de la formation des maîtres: les écoles normales primaires en France 1879–1979, 1984	XVIII/3	237–238
– Dictionnaire biographique du Mouvement ouvrier international: Allemagne, 1990	XVIII/3	256–257
– ROSSIGNOL, Dominique: Histoire de la propagande en France de 1940 à 1944, 1991	XIX/3	287–288
– ESPAGNE, Michel et al.: Philologiques II: Le maître de langues, 1991	XX/3	209
– GIOLITTO, Pierre: Histoire de la Jeunesse sous Vichy, 1991	XX/3	289–290
– GAY-LESCOT, Jean-Louis: Sport et éducation sous Vichy (1940–1944), 1991	XX/3	290–291
– ARNAUD, Pierre: Le militaire, l'écolier, le gymnaste, 1991	XX/3	320–321

TOUBERT, Pierre

– Die Chronik von Montecassino, 1980	XIII	757–760
– Die Briefe des Petrus Damiani, Bd. 1, 1983	XIV	717–721
– Codice diplomatico longobardo. Vol. V, 1986	XIX/1	283–284
– Strukturen der Grundherrschaft im frühen Mittelalter, 1989	XX/1	264–268
– Die Briefe des Petrus Damiani, Bde. 2–3, 1988–1989	XX/1	282–285

TREMP, Ernst

– La Maison de Savoie et le Pays de Vaud, 1989	XIX/1	307–308
– CASTELNUOVO, Guido: L'aristocrazia del Vaud fino alla conquista sabauda (inizio XI-metà XIII secolo), 1990	XIX/1	308–309

TROSSBACH, Werner

– La Révolution Française et le monde rural, 1989	XVIII/2	289–290

TUDESQ, André-Jean

– PINKNEY, David H.: Decisive Years in France 1840–1847, 1986	XIV	800–801
– COLLINGHAM, H. A. C.: The July Monarchy. A political history of France 1830–1848, 1988	XVII/3	216

TULARD, Jean

– LOUGH, John: The Philosophes and Post-Revolutionary France, 1982	XI	827
– SUTHERLAND, Donald: The Chouans. The Social Origins of Popular Counter-Revolution in Upper-Brittany, 1770–1796, 1982	XI	835
– MACKENZIE, Norman: The Escape from Elba, 1982	XI	839
– ABEL, Richard: French Cinema. The First Wave 1915–1929, 1984	XII	882–883
– Historical Dictionary of Napoleonic France 1799–1815, 1985	XIV	785–786

TUSCHHOFF, Christian

– Friedensbewegungen: Bedingungen und Wirkungen, 1984	XIV	815–817

ULBRICH, Claudia

– BRADY Jr., Thomas A.: Turning Swiss. Cities and Empire, 1450–1550, 1985	XV	976–978
– BOISSIÈRE, Jean et al.: L'intendance d'Orléans à la fin du XVIIe siècle, 1989	XIX/2	359

UMBREIT, Hans

– CORDIER, Daniel: Jean Moulin, l'Inconnu du Panthéon. T. 1–2, 1989	XIX/3	289–291
– KING, Peter: The Channel Islands War 1940–1945, 1991	XX/3	285–286

UYTFANGHE, Marc van

– Zur Entstehung der romanischen Sprachen, 1978	XI	579–613

VALENTIN, Jean-Marie

– BIHL, Lieselotte et al.: Bibliographie französischer Übersetzungen aus dem Deutschen 1487–1944, 2 Bde., 1987	XVI/2	236–237

VARVERAKIS-BERGES, Elena
- MAZZONE, Umberto et al.: Le visite pastorali. Analisi di una fonte, 1985   XVI/2   234–236

VAUCHEZ, André
- Sankt Elisabeth, Fürstin, Dienerin, Heilige. Aufsätze, Dokumentation, Katalog, 1981   XII   808–810

VAYSSE, Jean-Marie
- HEIDEGGER, Martin: Être et temps, 1985   XVI/3   262–267
- Martin Heidegger und das »Dritte Reich«, 1989   XVII/3   277–279

VENARD, Marc
- Nuntiaturberichte aus Deutschland 1572–1585. Bd. 7, 1990   XVIII/2   249–250

VENOHR, Woldemar
- LEMPERT, Peter: »Das Saarland den Saarländern!«. Die frankophilen Bestrebungen im Saargebiet 1918–1935, 1985   XVI/3   234–236
- De Monnet à Massé, 1986   XVII/3   308–310
- POIDEVIN, Raymond: Robert Schuman, 1988   XVII/3   310–312
- ROUSSO, Henry: La planification en crises (1965–1985), 1987   XIX/3   311–312
- Frankreich-Jahrbuch 1990, 1990   XX/3   318–319

VERGER, Jacques
- STEINER, Jürgen: Die Artistenfakultät der Universität Mainz 1477–1562, 1989   XVIII/2   310–311

VIDALENC, Jean
- DÜDING, Dieter: Organisierter gesellschaftlicher Nationalismus in Deutschland 1808–1847, 1984   XIII   866–868
- Die französische Julirevolution von 1830 und Europa, 1985   XIV   798–799

VOGEL, Detlef
- HINSLEY, F. H. et al.: British Intelligence in the Second World War. Vol III/2, 1988   XVII/3   298–300
- PAILLAT, Claude et al.: La France dans la guerre américaine, 8 nov. 1942 – 6 juin 1944, 1989   XVIII/3   290

VOGLER, Bernard
- FRANÇOIS, Etienne: Koblenz im 18. Jahrhundert, 1982   XV   1008–1009
- Vorderösterreich in der frühen Neuzeit, 1989   XIX/2   353
- VANN, J. A.: The Making of a State. Württemberg 1593–1793, 1984   XIX/2   356
- SCHMIDT, Heinrich R.: Reichsstädte, Reich und Reformation, 1986   XIX/2   365
- KIEFNER, Theo: Henri Arnaud. Pfarrer und Oberst bei den Waldensern, 1989   XIX/2   369
- KIEFNER, Theo: Die Privilegien der nach Deutschland gekommenen Waldenser, 1990   XIX/2   369

VOLLMANN, Benedikt Konrad
- NIE, Giselle De: Views from a many-windowed tower. Studies of imagination in the works of Gregory of Tours, 1987   XVII/1   256–258

VONES, Ludwig
- BONAZ, Yves: Chroniques Asturiennes (fin IXe siècle), 1987   XVII/1   264–265
- BISSON, Thomas N.: Medieval France and Her Pyrenean Neighbours, 1989   XVIII/1   303–304
- Sites défensifs et sites fortifiés au Moyen Âge entre Loire et Pyrénées, 1990   XIX/1   247–248
- Les Fors anciens de Béarn, 1990   XIX/1   339–340

VOSS, Jürgen
- Interferenzen. Deutschland und Frankreich. Literatur – Wissenschaft – Sprache, 1983   XI   795–797

– Nouveau dictionnaire de biographie alsacienne, fasc. 1–2, 1983	XI	894–895
– Nouveau dictionnaire de biographie alsacienne, fasc. 4–5, 1984	XII	921–922
– Nouveau dictionnaire de biographie alsacienne, fasc. 7–8, 1986	XIII	926
– KINTZ, Jean-Pierre: La société strasbourgeoise du milieu du XVIe siècle à la fin de la guerre de trente ans, 1984	XIV	760–761
– Die Französische Revolution. Berichte und Deutungen deutscher Schriftsteller und Historiker, 1985	XIV	781–783
– WIELAND, Christoph Martin: Meine Antworten. Aufsätze über die Französische Revolution 1789–1793, 1983	XIV	783–784
– YARDENI, Myriam: Le Refuge protestant, 1985	XV	986–987
– Cosmopolitisme, patriotisme et xénophobie en Europe au siècle des lumières, 1987	XVI/2	292–294
– BALAYÉ, Simone: La Bibliothèque Nationale des origines à 1800, 1988	XVII/2	241–242
– Die Französische Revolution, 1988	XVII/2	304–305
– Atlas de la Révolution française, 1987–1989	XVII/2	306–308
– Nouveau dictionnaire de biographie alsacienne, fasc. 10–15, 1987–1989	XVII/2	337–338
– ROND D'ALEMBERT, Jean le et al.: Enzyklopädie. Eine Auswahl, 1989	XVII/2	338
– GRÉGOIRE, Henri (dit: Abbé Gregoire): Essai sur la régénération physique, morale et politique des Juifs, 1988	XVII/2	338–339
– Sport histoire. Revue internationale des Sports et des Jeux, cahiers 1–4, 1988–1989	XVII/3	328
– Geschichte der Schweiz, 1991	XVIII/2	325
– Sophie de Hanovre: Mémoires et lettres de voyage, 1990	XVIII/2	327
– Bourgeoisies de Provence et Révolution, 1987	XVIII/2	327–328
– Nouveau dictionnaire de biographie alsacienne, fasc. 16, 1990	XVIII/2	328
– Johannes Geßners Pariser Tagebuch 1727, 1985	XIX/2	297–298
– Qu'est-ce que les Lumières?, 1991	XIX/2	369–370
– Nouveau dictionnaire de biographie alsacienne, fasc. 18, 1991	XIX/2	371
– Nouveau dictionnaire de biographie alsacienne, fasc. 19, 1992	XX/2	315
– Das Staatslexikon, 12 Bde., 1990	XX/3	197–200

WAGNER, Michael

– JESCHONNEK, Bernd: Revolution in Frankreich 1789–1799. Ein Lexikon, 1989	XVII/2	305–306
– SOBOUL, Albert: Dictionnaire historique de la Révolution Française, 1989	XVIII/2	280–282
– GÉRARD, Alain: Pourquoi la Vendée?, 1990	XVIII/2	299–301
– ZUCKERMANN, Mosche: Das Trauma des »Königsmordes«, 1989	XIX/3	228–229
– BOUTIER, Jean et al.: Les Sociétés Politiques, 1992	XX/2	274–275

WAHL, Alfred

– HIERY, Hermann: Reichstagswahlen im Reichsland, 1986	XV	1052–1053
– GILLMEISTER, Heiner: Kulturgeschichte des Tennis, 1990	XVIII/2	234–235
– Franzosen und Deutsche am Rhein 1789–1918–1945, 1989	XIX/3	227–228

WALLE, Marianne

– WOTTRICH, Henriette: Auguste Kirchhoff, 1990	XIX/3	256–258
– Nieder die Waffen – die Hände gereicht! Friedensbewegung in Bremen 1898–1918, 1989	XX/3	247–248

WARDENGA, Ute

– Stadtentwicklung im deutsch-französisch-luxemburgischen Grenzraum, 1991	XX/3	229–230

WEBER, Hermann

– Die [Zweite] II. Internationale nach dem 1. Weltkrieg. Die II. Internationale 1918/19. Bde. 1–2, 1980	XI	867–868
– MÖSENEDER, Karl: Zeremoniell und monumentale Poesie, 1983	XIII	651–654

- SANDFORD, Gregory W.: From Hitler to Ulbricht. The Communist Reconstruction of East Germany 1945–1946, 1983 — XIII — 918
- KELLMANN, Klaus: Pluralistischer Kommunismus? Wandlungstendenzen eurokommunistischer Parteien in Westeuropa und ihre Reaktion auf die Erneuerung in Polen, 1984 — XIV — 859–861
- BRYANT, Lawrence M.: The King and the City in the Parisian Royal Entry Ceremony, 1986 — XVII/2 — 254–255
- FOGEL, Michèle: Les cérémonies de l'information dans la France du XVIe au milieu du XVIIIe siècle, 1989 — XVIII/2 — 326–327
- Les Français en Espagne à l'époque moderne (XVIe–XVIIIe siècles), 1990 — XIX/2 — 364–365
- JOUHAUD, Christian: La main de Richelieu ou le pouvoir cardinal, 1991 — XIX/2 — 366
- BERTIÈRE, Simone: La vie du Cardinal de Retz, 1990 — XIX/2 — 367

WEGNER, Bernd
- DURAND, Yves: Le nouvel ordre européen nazi, 1990 — XX/3 — 278–279

WEINHOLD, Norbert
- PEROUAS Louis et al.: Léonard, Marie, Jean et les autres. Les prénoms en Limousin depuis un millénaire, 1984 — XVI/1 — 222–223

WEINREIS, Hermann
- La Social-Démocratie dans l'Allemagne Impériale, 1985 — XV — 1060–1062

WENDT, Bernd-Jürgen
- HILL, Christopher: Cabinet Decisions on Foreign Policy, 1991 — XIX/3 — 275–276

WENGENROTH, Ulrich
- DAVIET, Jean-Pierre: Une multinationale à la Française. Histoire de Saint-Gobain 1665–1989, 1989 — XIX/3 — 240–241
- MOINE, Jean-Marie: Les Barons du fer, 1989 — XIX/3 — 242–243

WENTKER, Hermann
- Verfolgung und Widerstand 1933–1945. Christliche Demokraten gegen Hitler, 1986 — XV — 1074–1075
- GILDEA, Robert: Barricades and Borders. Europe 1800–1914, 1987 — XVI/3 — 169–171
- CHAMBERLAIN, Muriel E.: ›Pax Britannica‹? British Foreign Policy 1789–1914, 1988 — XVII/3 — 211–212
- CLARKE, John: British Diplomacy and Foreign Policy 1782–1865, 1989 — XVIII/3 — 222–223
- BALFOUR, Michael: Withstanding Hitler in Germany 1933–1945, 1988 — XVIII/3 — 284–285
- MACDONOGH, Giles: A Good German. Adam von Trott zu Solz, 1989 — XVIII/3 — 285–286
- SEMELIN, Jacques: Sans armes face à Hitler, 1989 — XVIII/3 — 286–288
- BÜCHELER, Heinrich: Carl-Heinrich von Stülpnagel, 1989 — XIX/3 — 291–292
- CHOWANIEC, Elisabeth: Der »Fall Dohnanyi« 1943–1945, 1991 — XX/3 — 282–283

WERNER, Karl Ferdinand
- Byzantium and the Low Countries in the Tenth Century. Aspects of Art and History in the Ottonian Era, 1985 — XIII — 751–752

WERNER, Matthias
- GAUTHIER, Nancy: L'évangélisation des pays de la Moselle, 1980 — XI — 722–725

Werner, Michael
- SENGLE, Friedrich: Biedermeierzeit. Deutsche Literatur im Spannungsfeld zwischen Restauration und Revolution 1815–1848. Bd. 3, 1980 — XI — 843–846
- GRAB, Walter: Heinrich Heine als politischer Dichter, 1982 — XI — 846–847

WILKENS, Andreas
- BINOCHE, Jacques: De Gaulle et les Allemands, 1990 — XX/3 — 181–191
- BLANC, Pierre-Louis: De Gaulle au soir de sa vie, 1990 — XX/3 — 181–191

- Foulon, Charles-Louis et al.: Charles de Gaulle, 1990 — XX/3 — 181–191
- De Gaulle et son siècle, 7 vol., 1991/1992 — XX/3 — 181–191
- Germain-Thomas, Olivier et al.: Charles de Gaulle jour après jour, 1990 — XX/3 — 181–191
- Lassus, Robert: Le mari de Madame de Gaulle, 1990 — XX/3 — 181–191
- Lucas, Hans-Dieter: Europa vom Atlantik bis zum Ural? Europapolitik und Europadenken im Frankreich der Ära de Gaulle (1958–1969), 1992 — XX/3 — 181–191
- Maillard, Pierre: De Gaulle und Deutschland, 1991 — XX/3 — 181–191
- Nouvelle bibliographie internationale sur Charles de Gaulle 1980–1990, 1990 — XX/3 — 181–191
- La politique sociale du Général de Gaulle, 1990 — XX/3 — 181–191
- Ragueneau, Philippe: Humeur et humour du Général, 1990 — XX/3 — 181–191
- Rudelle, Odile: De Gaulle pour mémoire, 1990 — XX/3 — 181–191
- Weisenfeld, Ernst: Charles de Gaulle, 1990 — XX/3 — 181–191

Wilsdorf, Christian
- Chartularium Sangallense, III (1000–1265), 1983 — XII — 791–794
- Chartularium Sangallense, IV (1266–1299), 1985 — XV — 963–964
- Chartularium Sangallense, V (1300–1326), 1988 — XVII/1 — 300–301

Wirsching, Andreas
- Girault, René et al.: Turbulente Europe et nouveaux mondes 1914–1941. T. 2, 1988 — XVIII/3 — 249–250
- Kruppa, Bernd: Rechtsradikalismus in Berlin 1918–1928, 1988 — XVIII/3 — 260–261
- Fortescue, William: Revolution and Counter-Revolution in France 1815–1852, 1988 — XVIII/3 — 323
- Enser, A.G.S.: A Subject Bibliography of the First World War, 1990 — XIX/3 — 175–185
- Field, Frank: British and French Writers of the First World War, 1991 — XIX/3 — 175–185
- Flood, P. J.: France 1914–1918, 1990 — XIX/3 — 175–185
- The Great War, 1914–1918, 1990 — XIX/3 — 175–185
- Horne, John N.: Labour at War, 1991 — XIX/3 — 175–185
- Les Sociétés européennes et la guerre 1914–1918, 1990 — XIX/3 — 175–185
- The Upheaval of War, 1988 — XIX/3 — 175–185
- Winter, Jay M.: The Experience of World War I, 1988 — XIX/3 — 175–185
- Daniel, Ute: Arbeiterfrauen in der Kriegsgesellschaft, 1989 — XX/3 — 322

Wischermann, Clemens
- La ville et l'innovation, 1987 — XVII/1 — 291–292
- Pinol, Jean-Luc: Les mobilités de la grande ville, 1991 — XX/3 — 230–232
- Paris. Genèse d'un paysage, 1989 — XX/3 — 319

Wittenbrock, Rolf
- Fermigier, André: La Bataille de Paris, 1991 — XX/3 — 316–317

Wolfram, Herwig
- Teillet, Suzanne: Des Goths à la nation gothique, 1984 — XIII — 724–726
- Heather, Peter J.: Goths and Romans 332–489, 1991 — XX/1 — 257–258

Wolfrum, Edgar
- Junger, Gerhard: Schicksale 1945. Das Ende des 2. Weltkrieges im Kreis Reutlingen, 3., erw. Aufl. 1991 — XX/3 — 293–294
- Gerbet, Pierre et al.: Le relèvement 1944–1949, 1991 — XX/3 — 297–298

Wulf, Peter
- Bars, Michelle le: Le mouvement paysan dans le Schleswig-Holstein 1928–1932, 1986 — XVI/3 — 238–239

Wunder, Bernd
- Henning, Hansjoachim: Die deutsche Beamtenschaft im 19. Jahrhundert. Zwischen Stand und Beruf, 1984 — XIII — 868–870

YARDENI, Myriam
– Theoretiker der deutschen Aufklärungshistorie, Bde. 1–2, 1990   XVIII/2   263–265

ZIEBURA, Gilbert
– GALLO, Max: Le grand Jaurès, 1984   XIV   813–815

ZIEGLER, Walter
– NIEUWENHUYSEN, A. van: Les finances du duc de Bourgogne Philippe le Hardi (1384–1404), 1984   XIV   744–748

ZIMMERMANN, Harald
– Le Moyen Âge. Vol. 2: L'éveil de l'Europe [950–1250], 1982   XI   736–737

ZIMMERMANN, Margarete
– FESSARD, Gaston: Au Temps du Prince Esclave. Écrits clandestins 1940–1945, 1989   XVIII/3   290–292

ZIMMERMANN, Michel
– ENGELS, Odilo: Reconquista und Landesherrschaft. Studien zur Rechts- und Verfassungsgeschichte Spaniens im Mittelalter, 1989   XVIII/1   305–308

ZIMMERMANN, Mosche
– Juden in Preußen – Juden in Hamburg, 1983   XIII   853–854
– FREIMARK, Peter et al.: Judentore, Kuggel, Steuerkonten, 1983   XIII   855–856

ZOTZ, Thomas
– HÜPPER-DRÖGE, Dagmar: Schild und Speer. Waffen und ihre Bezeichnungen im frühen Mittelalter, 1983   XIV   695–696
– ALTHOFF, Gerd et al.: Heinrich I. und Otto der Große, 1985   XVI/1   169–175

VERZEICHNIS DER BESPROCHENEN TITEL / TABLE DES OUVRAGES RECENSÉS

AALST, V. D. van: Vgl. Byzantium and the Low Countries in the Tenth Century, 1985	XIII	751–752
L'Abbaye parisienne de Saint-Victor au moyen âge. Communications présentées au XIIIe Colloque d'Humanisme médiéval de Paris (1986–1988) et réunies par Jean LONGÈRE, 1991 (Bibliotheca Victorina, 1) [M. Schoebel]	XX/1	216–219
Abbon de Fleury: Questions grammaticales. Texte établi, traduit et commenté par Anita GUERREAU-JALABERT, 1982 (Collection A.L.M.A.) [R. Schieffer]	XI	738–739
Abbot Suger and Saint-Denis. A symposium [held in April of 1981] ed. by Paula LIEBER GERSON, 1986 [J. Dufour]	XV	950–953
ABDELFETTAH, Ahcène: Die Rezeption der Französischen Revolution durch den deutschen öffentlichen Sprachgebrauch. Untersucht an ausgewählten historisch-politischen Zeitschriften (1789–1802), 1989 (Sprache, Literatur und Geschichte, 1) [G.-L. Fink]	XIX/2	340–342
ABEL, Richard: French Cinema. The First Wave 1915–1929, 1984 [J. Tulard]	XII	882–883
ABÉLÈS, Pierre: Vgl. L'État en perspective, 1986	XVI/3	182–186
ABMEIER, Karlies: Der Trierer Kurfürst Philipp Christoph von Sötern und der Westfälische Friede, 1986 (Schriftenreihe der Vereinigung zur Erforschung der Neueren Geschichte e. V., 15) [R. Babel]	XVII/2	264–266
ABRAY, Lorna Jane: The People's Reformation. Magistrates, Clergy and Commons in Strasbourg 1500–1598, 1985 [J.-P. Kintz]	XIV	758–759
ABULAFIA, Anna Sapir: Vgl. Alpertus van Metz: Gebeurtenissen van deze tijd en Een fragment over bisschop Diederik I van Metz, 1980	XII	788–789
ACCOCE, Pierre: Les Français à Londres. 1940–1941, 1989 [J. Dülffer]	XVIII/3	288
ACHAM, Karl: Vgl. Teil und Ganzes, 1990	XX/2	133–138
ACHILLES, Walter: Landwirtschaft in der Frühen Neuzeit, 1991 (Enzyklopädie Deutscher Geschichte, 10) [M. Morineau]	XX/2	179–180
Acta Pacis Westphalicae. Die Französischen Korrespondenzen, 1645, bearb. von Franz BOSBACH unter Benutzung der Vorarbeiten von Kriemhild GORONZY und unter Mithilfe von Rita BOHLEN, 1986 (Serie IIB) [G. Livet]	XVI/2	276–279
Actes du colloque international ERASME (Tours, 1986). Études réunies par Jacques CHOMARAT, André GODIN et Jean-Claude MARGOLIN, 1990 (Travaux d'Humanisme et Renaissance, 239) [N. Hammerstein]	XX/2	189–190
ADAMS, R.J.Q.: Vgl. The Great War, 1914–1918, 1990	XIX/3	175–185
ADAMS, Simon: Vgl. England, Spain and the Gran Armada 1585–1604, 1991	XX/2	193–194

ADLER, Laure: Secrets d'alcôve. Histoire du couple, 1830–1930, 1990
(Historiques, 62) [R. Fleck]   XIX/3   218–219

ADLGASSER, Franz: Vgl. »Der Zerfall der europäischen Mitte«, 1990   XX/3   248–249

Die Admonter Briefsammlung. Nebst ergänzenden Briefen, hg. von Günther HÖDL und Peter CLASSEN, 1983 (Monumenta Germaniae Historica. Die Briefe der Deutschen Kaiserzeit, 6) [P. Bourgain]   XIII   764–765

ADVIELLE, Victor: Histoire de Gracchus Babeuf et du Babouvisme. Avant-propos de Claude MAZAURIC, 2 vol., 1990 [M. Middell]   XIX/2   329–330

Ämterhandel im Spätmittelalter und im 16. Jahrhundert. Referate eines internationalen Kolloquiums in Berlin vom 1. bis 3. Mai 1980, hg. von Ilja MIECK, 1984 (Einzelveröffentlichungen der Historischen Kommission zu Berlin, 45) [M. Orlea]   XVI/1   308–311

Ämterkäuflichkeit: Aspekte sozialer Mobilität im europäischen Vergleich (17. und 18. Jahrhundert), hg. von Klaus MALETTKE unter Mitwirkung von Adolf M. BIRKE und Ilja MIECK, 1980 (Einzelveröffentlichungen der Historischen Kommission zu Berlin, 26) [P. C. Hartmann]   XI   791–792

AESCHIMANN, Willy: La pensée d'Edgar Quinet. Étude sur la formation de ses idées, avec essais de jeunesse et documents inédits, 1986 [R. Beck]   XVIII/3   227–228

AFFELDT, Werner, Cordula NOLTE, Sabine REITER, Ursula VORWERK, unter Mitarbeit von Birgit DÜBNER-MANTHEY, Claudia HOPPEN und Elke KRÜGER: Frauen im Mittelalter. Eine ausgewählte, kommentierte Bibliographie, 1990 [M. Hillebrandt]   XIX/1   231–233

AFFELDT, Werner: Vgl. Frauen in Spätantike und Frühmittelalter, 1990   XX/1   198–200

AGERON, Charles-Robert: Vgl. Les Chemins de la Décolonisation de l'Empire Colonial Français, 1986   XVI/3   145–150

AGETHEN, Manfred: Geheimbund und Utopie. Illuminaten, Freimaurer und deutsche Spätaufklärung, 1984 (Ancien Régime, Aufklärung und Revolution, 11) [D. Minary]   XIII   839–841

AGULHON, Maurice: Vgl. GEORGE, Jocelyne: Histoire des maires, 1989   XVII/2   316–317

AGULHON, Maurice, Pierre CHAUNU, Georges DUBY, Raoul GIRARDET, Jacques Le GOFF, Michelle PERROT, René RÉMOND: Essais d'Égo-Histoire, réunis et présentés par Pierre NORA, 1987 (Bibliothèque des Histoires) [H. Reifeld]   XVII/3   204–205

AGULHON, Maurice: Vgl. ARNAUD, Pierre: Le militaire, l'écolier, le gymnaste, 1991   XX/3   320–321

Akten zur deutschen Auswärtigen Politik 1918–1945. Aus dem Archiv des Auswärtigen Amtes. Serie A: 1918–1925. Hg. für die Bundesrepublik Deutschland: Walter BUSSMANN, Vincent KROLL, Roland THIMME, Harald SCHINKEL, Peter GRUPP, Martin MANTZKE, Christoph STAMM; für Frankreich: Jacques BARIÉTY, Pierre JARDIN, Béatrice BEERBLOCK; für Großbritannien: Lord Alan BULLOCK, Ronald WHEATLEY, John P. FOX. Bd. I: 9. November 1918 bis 5. Mai 1919, bearb. von Peter GRUPP, 1982; Bd. II: 7. Mai bis 31. Dezember 1919, bearb. von Peter GRUPP, 1984; Bd. III: 1. Januar bis

September 1920, bearb. von Peter GRUPP und Christoph STAMM, 1985 [S. Martens] — XIII 891–893

Akten zur deutschen Auswärtigen Politik 1918–1945. Aus dem Archiv des Auswärtigen Amtes. Serie A: 1918–1925. Hg. für die Bundesrepublik Deutschland von Walter BUSSMANN, Roland THIMME, Harald SCHINKEL, Peter GRUPP, Hans-Georg FLECK; für Frankreich von Jacques BARIÉTY, Béatrice BEERBLOCK; für Großbritannien von Lord BULLOCK, Eleonore BREUNING, John P. Fox. Bd. IV: 1. Oktober 1920 bis 30. April 1921, bearb. von Peter GRUPP, Harald SCHINKEL, Christoph STAMM, Roland THIMME, 1986; Bd. V: 1. Mai 1921 bis 28. Februar 1922, bearb. von Hans-Georg FLECK, Harald SCHINKEL, Roland THIMME, 1987; Bd. VI: 1. März bis 31. Dezember 1922, bearb. von Hans-Georg FLECK, Roland THIMME, 1988 [S. Martens] — XVII/3 257–258

Akten der Reichskanzlei. Regierung Hitler 1933–1938, hg. für die Historische Kommission bei der Bayerischen Akademie der Wissenschaften von Konrad REPGEN, für das Bundesarchiv von Hans BOOMS. Die Regierung Hitler, Teil I: 1933/34, bearb. von Karl-Heinz MINUTH. 2 Bde., 1983 [S. Martens] — XII 897–899

ALBER, Jens: Der Sozialstaat Bundesrepublik 1950–1983, 1989 [H. Reifeld] — XVIII/3 318–321

ALBISETTI, James C.: Secondary School Reform in Imperial Germany, 1983 [H.-E. Tenorth] — XII 985–691

ALBISETTI, James C.: Schooling German Girls and Women. Secondary and Higher Education in the Nineteenth Century, 1988 [B. Piezonka] — XVII/3 234–236

ALBRECHT, Helga: Vgl. Das Staatslexikon, 12 Bde., 1990 — XX/3 197–200

ALBRECHT, Willy: Vgl. Kurt Schumacher, 1985 — XV 1087–1090

ALEXANDER, Martin S.: Vgl. The French and Spanish Popular Fronts, 1989 — XX/3 274–275

ALEXANDRE, Pierre: Le climat en Europe au Moyen Âge. Contribution à l'histoire des variations climatiques de 1000 à 1425, d'après les sources narratives de l'Europe occidentale, 1987 (Recherches d'histoire et de sciences sociales, 24) [R. Sprandel] — XV 907–908

L'Allemagne occupée 1945–1949, publ. par Henri MÉNUDIER, 1990 [H. Auerbach] — XIX/3 296–297

L'Allemagne. De la division à l'unité, publ. par Henri MÉNUDIER, 1991 [W. Scholz] — XIX/3 315–316

Allgemeine Geschichte des Mittelalters, hg. von Bernhard TÖPFER, ²1991 [J. Durliat] — XIX/1 270–271

ALLMAND, Christopher T.: Lancastrian Normandy, 1415–1450. The History of a Medieval Occupation, 1983 [D. Angers] — XIII 785–788

ALLMANN, Joachim: Der Wald in der frühen Neuzeit. Eine mentalitäts- und sozialgeschichtliche Untersuchung am Beispiel des Pfälzer Raumes 1500–1800, 1989 (Schriften zur Wirtschafts- und Sozialgeschichte, 36) [J.-P. Kintz] — XIX/2 251

Alpertus van Metz: Gebeurtenissen van deze tijd en Een fragment over bisschop Diederik I van Metz (Alpertus Mettensis, De diversitate temporum et Fragmentum de Deoderico primo episcopo Mettensi), vertaald en igeleid door Hans van RIJ med medewerking van Anna Sapir ABULAFIA, 1980 [H. Seibert]   XII   788–789

Die Altarplatte von Reichenau-Niederzell, hg. von Dieter GEUENICH, Renate NEUMÜLLERS-KLAUSER, Karl SCHMID, 1983 (Monumenta Germaniae Historica. Libri memoriales et necrologia, nova series. Supplementum I) [G. Beech]   XV   944–945

Die alten Mönchslisten und die Traditionen von Corvey. Teil 1, neu hg. von Klemens HONSELMANN, 1982 (Veröffentlichungen der Historischen Kommission für Westfalen, X. Abhandlungen zur Corveyer Geschichtsschreibung, 6) [M. Parisse]   XI   735–736

ALTENBURG, Detlef: Vgl. Feste und Feiern im Mittelalter, 1991   XX/1   211–216

ALTER, Peter: Vgl. Aspekte der deutsch-britischen Beziehungen im Laufe der Jahrhunderte, 1978   XII   902–905

ALTER, Peter: Nationalismus, 1985 (Neue Historische Bibliothek, Neue Folge 250) [H. Reifeld]   XIII   856

ALTERMATT, Claude: Les débuts de la diplomatie professionnelle en Suisse (1848–1914), 1990 (Études et Recherches d'Histoire contemporaine, 11) [R. Schiffers]   XVIII/3   248–249

Alternative Welten in Mittelalter und Renaissance, hg. von Ludwig SCHRADER, 1988 (Studia humaniora, 10) [A. Guerreau]   XVII/1   220–222

Alteuropa – Ancien Régime – Frühe Neuzeit. Probleme und Methoden der Forschung, hg. von Hans Erich BÖDEKER und Ernst HINRICHS, 1991 (Problemata, 124) [H. Neveux]   XX/2   171–172

ALTHOFF, Gerd: Vgl. Die Totenbücher von Merseburg, Magdeburg und Lüneburg, 1983   XII   789–791

ALTHOFF, Gerd: Adels- und Königsfamilien im Spiegel ihrer Memorialüberlieferung. Studien zum Totengedenken der Billunger und Ottonen, 1984 (Münstersche Mittelalter-Schriften, 47) [P. Corbet]   XV   935–937

ALTHOFF, Gerd: Das Nekrolog von Borghorst. Edition und Untersuchung, 1978 (Veröffentlichung der historischen Kommission für Westfalen, 40) [P. Corbet]   XV   964–965

ALTHOFF, Gerd: Vgl. Person und Gemeinschaft im Mittelalter, 1988   XIX/1   235–236

ALTHOFF, Gerd: Verwandte, Freunde und Getreue. Zum politischen Stellenwert der Gruppenbindungen im früheren Mittelalter, 1990 [G. Bührer-Thierry]   XIX/1   279–281

ALTHOFF, Gerd, Hagen KELLER: Heinrich I. und Otto der Große. Neubeginn auf karolingischem Erbe, 1985 (Persönlichkeit und Geschichte, 122/123, 124/125) [T. Zotz]   XVI/1   169–175

ALTWEGG, Jürg: Die Republik des Geistes: Frankreichs Intellektuelle zwischen Revolution und Reaktion, 1986 [F. Ringer]   XV   1099–1100

ALTWEGG, Jürg, Aurel SCHMIDT: Französische Denker der Gegenwart. Zwanzig Portraits, 1987 (Beck'sche Schwarze Reihe, 325) [M. Christadler]   XV   1100–1102

L'Amiata nel Medioevo (Actes du colloque, 29 mai – 1 juin 1986), a cura di Mario ASCHERI e Wilhelm KURZE, 1989 [J. P. Delumeau]   XX/1   204–209

AMOUROUX, Henri: La grande histoire des Français après l'occupation, vol. IX: Les règlements de comptes, septembre 1944-janvier 1945, 1991 [B. Kasten]   XX/3   292–293

Das ›Andere Deutschland‹ im Zweiten Weltkrieg. Emigration und Widerstand in internationaler Perspektive, hg. von Lothar KETTENACKER / The ›Other Germany‹ in the Second World War. Emigration and Resistance in International Perspective, 1977 (Veröffentlichungen des Deutschen Historischen Instituts London, 2) [W. D. Gruner]   XII   902–905

ANDERMANN, Kurt: Studien zur Geschichte des pfälzischen Niederadels im späten Mittelalter. Eine vergleichende Untersuchung an ausgewählten Beispielen, 1982 (Schriftenreihe der Bezirksgruppe Neustadt im Historischen Verein der Pfalz, 10) [H. Olland]   XI   765–767

ANDERMANN, Kurt: Vgl. Historiographie am Oberrhein im späten Mittelalter und in der frühen Neuzeit, 1988   XVIII/1   317–319

ANDERMANN, Kurt: Vgl. Bevölkerungsstatistik an der Wende vom Mittelalter zur Neuzeit, 1990   XIX/1   253–255

ANDRÉAS, Bert: Vgl. Unbekanntes von Friedrich Engels und Karl Marx. Teil I, 1986   XV   1051–1052

ANDREOLLI, Bruno: Vgl. Ricerche e studi sul »Breviarium ecclesiae Ravennatis«, 1985   XV   923–926

ANGENENDT, Arnold: Kaiserherrschaft und Königstaufe. Kaiser, Könige und Päpste als geistliche Patrone in der abendländischen Missionsgeschichte, 1984 (Arbeiten zur Frühmittelalterforschung, 15) [M. Reydellet]   XIV   693–694

ANGERMEIER, Heinz: Die Reichsreform 1410–1555. Die Staatsproblematik in Deutschland zwischen Mittelalter und Gegenwart, 1984 [J.-D. Pariset]   XIV   749–750

ANGERMEIER, Heinz: Das alte Reich in der deutschen Geschichte. Studien über Kontinuitäten und Zäsuren, 1991 [J.-D. Pariset]   XX/2   313–314

The Anglo-Dutch Moment. Essays on the Glorious Revolution and its world impact, ed. by Jonathan I. ISRAEL, 1991 [H. Duchhardt]   XX/2   205–207

Annales d'histoire des enseignements agricoles, publ. par l'Institut National de Recherches et d'Application Pédagogiques, Dijon, avec la collab. du Service d'histoire de l'Éducation de l'INRP, 1986 [A. Pletsch]   XV   880

The Annals of St-Bertin. Ninth-Century Histories, vol. I, transl. and annotated by Janet L. NELSON, 1991 (Manchester Medieval Sources series) [M. Meyer-Gebel]   XX/1   278–280

Die Anpassung an die Inflation – The Adaption to Inflation. Beiträge zu Inflation und Wiederaufbau in Deutschland und Europa, 1914–1924, hg. von Gerald D. FELDMAN, Carl-Ludwig HOLTFRERICH, Gerhard A. RITTER und Peter-Christian WITT, Bd. 8, 1986 (Veröffentlichungen der Historischen Kommission zu Berlin, 67) [S. Guex]   XVI/3   227–229

Ansätze und Diskontinuität deutscher Nationsbildung im Mittelalter, hg. von Joachim EHLERS, 1989 (Nationes. Historische und philologische Untersuchungen zur Entstehung der europäischen Nationen im Mittelalter, 8) [R. Folz] — XVIII/1 271–274

ANTOINE, Michel: Louis XV, 1989 [J. Black] — XVII/2 289–290

ANTON, Hans Hubert: Der sogenannte Traktat »De ordinando pontifice«. Ein Rechtsgutachten in Zusammenhang mit der Synode von Sutri (1046), 1982 (Bonner Historische Forschungen, 48) [G. Fransen] — XIV 715–716

ANTON, Hans Hubert: Trier im frühen Mittelalter, 1987 (Quellen und Forschungen aus dem Gebiet der Geschichte, Neue Folge, 9) [N. Gauthier] — XVI/1 250

APPELT, Heinrich: Vgl. Die Urkunden Friedrichs I. 1181–1190, 1990 — XVIII/1 290–291

APPELT, Heinrich: Vgl. Die Urkunden Friedrichs I. Einleitung, Verzeichnisse, 1990 — XX/1 288–289

Arbor amoena comis. 25 Jahre Mittellateinisches Seminar in Bonn, 1965–1990, hg. von Ewald KÖNSGEN, mit einer Einleitung von Dieter SCHALLER, 1990 [M. Banniard] — XX/1 187–188

Archives Nationales. Corpus des sceaux français du Moyen Âge. T. II: Les sceaux des rois et de régence, par Martine DALAS, 1991 [J. Dufour] — XX/1 225–227

Les Archives Nationales. État Général des Fonds, publ. par Jean FAVIER. T. V: 1940–1958. Fonds conservés à Paris, publ. par Chantal TOURTIER-BONAZZI, 1988 [S. Martens] — XVII/3 102–109

Archivum. International Council on Archives – Conseil international des Archives, Vol. 36: International Bibliography of Directories and Guides to Archival Repositories – Bibliographie internationale des Guides et Annuaires relatifs aux Dépôts d'Archives. A study prepared by Margarita VÁSQEZ DE PARGA with the collab. of Soledad Garcia FERNANDEZ and Mercedes GÓMEZ MONTEJANO, and updated by the Editorial Committee of Archivum with assistance from the correspondents of the review, 1990 [S. Martens] — XVIII/3 322

ARENTZEN, Jörg-Geerd: Imago mundi cartographica. Studien zur Bildlichkeit mittelalterlicher Welt- und Ökumenekarten unter besonderer Berücksichtigung des Zusammenwirkens von Text und Bild, 1984 (Münstersche Mittelalter-Schriften, 53) [A. Paravicini Bagliani] — XIII 776–777

ARETIN, Karl Otmar Freiherr von: Vgl. Deutschland und Europa in der Neuzeit, 2 Bde., 1988 — XVII/2 219–224

ARETIN, Karl Otmar Freiherr von: Vgl. Historismus und moderne Geschichtswissenschaft, 1987 — XVII/3 210–211

Aux armes & aux arts! Les Arts de la Révolution 1789–1799. Sous la direction de Philippe BORDES et Régis MICHEL, 1988 [R. Fleck] — XVII/2 322–323

ARMINGER, Gerhard: Vgl. JARAUSCH, Konrad H. et al.: Quantitative Methoden in der Geschichtswissenschaft, 1985 — XIV 668

ARMOGATHE, Jean-Robert: Vgl. Frédéric II, roi de Prusse. Œuvres philosophiques, 1985 — XIV 778–780

ARMOGATHE, Jean-Robert: Croire en liberté. L'Église catholique et la révocation de l'Édit de Nantes, 1985 [F. Bosbach] — XV 996

Armut, Liebe, Ehre. Studien zur historischen Kulturforschung, hg. von
 Richard van DÜLMEN, 1988 [M. Espagne] XVII/2 236–237
ARNAUD, Pierre: Le militaire, l'écolier, le gymnaste. Naissance de
 l'éducation physique en France (1869–1889). Préface de Maurice
 AGULHON, 1991 [D. Tiemann] XX/3 320–321
ARNDT, Johannes: Das niederrheinisch-westfälische Reichsgrafenkolle-
 gium und seine Mitglieder (1653–1806), 1991 (Veröffentlichungen des
 Instituts für Europäische Geschichte Mainz, Abteilung Universalge-
 schichte, 133 / Beiträge zur Sozial- und Verfassungsgeschichte des
 alten Reiches, 9) [W. Frijhoff] XX/2 209–211
Ars Mercatoria. Handbücher und Traktate für den Gebrauch des Kauf-
 manns, 1470–1820. Eine analytische Bibliographie, hg. von Jochen
 HOOCK und Pierre JEANNIN. Bd. I: 1470–1600, mit einer Einleitung in
 deutscher und französischer Sprache, 1991 [M. Morineau] XIX/2 252–253
Ars et Ratio. Dalla torre di Babele al ponte di Rialto. A cura di Jean-
 Claude MAIRE VIGUEUR e Agostino PARAVICINI BAGLIANI. Premessa
 di Lorenzo ZICHICHI, 1990 [D. Lohrmann] XVIII/1 235–237
ASCHERI, Mario: Vgl. L'Amiata nel Medioevo, 1989 XX/1 204–209
Aspects des relations franco-allemandes à l'époque du Second Empire
 (1851–1866). Deutsch-französische Beziehungen im Zeitalter des
 Second Empire (1851–1866). Colloque d'Otzenhausen, 5–8 oct. 1981,
 éd. par Raymond POIDEVIN et Heinz-Otto SIEBURG, 1982 (Relations
 internationales, 14) [F. Fossier] XII 867–868
Aspekte der deutsch-britischen Beziehungen im Laufe der Jahrhun-
 derte / Aspects of Anglo-German Relations through the Centuries.
 Ansprachen und Vorträge zur Eröffnung des Deutschen Historischen
 Instituts London, hg. von Paul KLUKE und Peter ALTER, 1978
 (Veröffentlichungen des Deutschen Historischen Instituts London,
 4) [W. D. Gruner] XII 902–905
Association des Historiens Modernistes des Universités: La Femme
 à l'époque moderne (XVIe–XVIIIe siècle), 1984 (Bulletin, 9) [C. Hess] XVI/2 259–260
Atlas historique de la Révolution française, éd. par Serge BONIN et
 Claude LANGLOIS, 5 t., 1987–1989 [J. Voss] XVII/2 306–308
ATSMA, Hartmut: Vgl. Chartae Latinae Antiquiores. XIX, 1987 XIV 876
ATSMA, Hartmut: Vgl. La Neustrie, 2 vol., 1989 XVIII/1 257–260
ATSMA, Hartmut: Vgl. Marc Bloch aujourd'hui, 1990 XIX/3 103–108
AUDISIO, Gabriel: Les vaudois du Luberon. Une minorité en Provence
 (1460–1560), 1984 [W. Kaiser] XIII 789–790
AUDOIN-ROUZEAU, Stéphane: Vgl. Les Sociétés européennes et la guerre
 1914–1918, 1990 XIX/3 175–185
Aufklärung und Geheimgesellschaften. Zur politischen Funktion und
 Sozialstruktur der Freimaurerlogen im 18. Jahrhundert, hg. von
 Helmut REINALTER, 1989 (Ancien Régime, Aufklärung und Revolu-
 tion, 16) [P.-A. Bois] XIX/2 312–313
Aufklärung in Mainz, hg. von Hermann WEBER, 1984 (Schriften der
 Mainzer Philosophischen Fakultätsgesellschaft, 9) [L. Châtellier] XVI/2 297–299

Die Aufklärung in Österreich. Ignaz von Born und seine Zeit, hg. von
Helmut REINALTER, 1991 (Schriftenreihe der Internationalen Forschungsstelle »Demokratische Bewegungen in Mitteleuropa
1170–1850«, 4) [C. Lebeau]   XIX/2   311

Aufklärung als Politisierung – Politisierung der Aufklärung, hg. von
Hans Erich BÖDEKER und Ulrich HERRMANN, 1987 (Studien zum
achtzehnten Jahrhundert, 8) [P.-A. Bois]   XVII/2   292–293

Aufklärung–Vormärz–Revolution. Mitteilungen der internationalen
Forschungsgruppe »Demokratische Bewegungen in Mitteleuropa
1770–1850« an der Universität Innsbruck. Hg. von Helmut REINALTER, Bd. 2, 1982 [E. Schneider]   XI   826–827

Aufklärung–Vormärz–Revolution. Mitteilungen der internationalen
Forschungsgruppe »Demokratische Bewegungen in Mitteleuropa
1770–1850« an der Universität Innsbruck. Hg. von Helmut REINALTER, Bd. 4, 1984 [E. Schneider]   XIV   786–787

Aufklärungen. Frankreich und Deutschland im 18. Jahrhundert, hg. von
Gerhard SAUDER und Jochen SCHLOBACH, 1986 (Annales Universitatis Saraviensis, 19) [G.-L. Fink]   XV   1016–1019

AUGER, Marie-Louise: La Collection de Bourgogne (mss 1–74) à la
Bibliothèque Nationale. Une illustration de la méthode historique
mauriste, 1987 (École Pratique des Hautes Études IVe section, 5;
Hautes Études médiévales et modernes, 59) [L. Kolmer]   XVI/1   220–221

August Bebel: Aus meinem Leben. Mit einer Einführung von Brigitte
BRANDT, 1986 [S. Martens]   XIV   880

AUTENRIETH, Johanne: Vgl. Litterae medii aevi, 1988   XVII/1   322–324

AUTRAND, Françoise: Vgl. Prosopographie et genèse de l'État moderne,
1986   XV   891–897

AUTRAND, Françoise: Charles VI. La folie du roi, 1986 [W. Eberhard]   XVI/1   304–306

AVAKOUMOVITCH, Ivan: Vgl. BOURDERON, Roger et al.: Détruire le
PCF, archives de l'État français et de l'occupant hitlérien 1940–1944,
1988   XVII/3   287–289

AVRIL, François: Vgl. Indices librorum. Catalogues anciens et modernes
de manuscrits médiévaux en écriture latine, 1987   XV   1105

AVRIL, Joseph: Vgl. Les conciles de la province de Tours, 1987   XVI/1   295–298

AYÇOBERRY, Pierre: Cologne entre Napoléon et Bismarck. La croissance d'une ville rhénane, 1981 [O. Dann]   XII   857–859

AZARYAHU, Maoz: Von Wilhelmplatz zu Thälmannplatz. Politische Symbole im öffentlichen Leben der DDR, 1991 (Schriftenreihe des Instituts
für deutsche Geschichte, Universität Tel-Aviv, 13) [G. Badia]   XIX/3   313–315

AZÉMA, Jean-Pierre: Vgl. SEMELIN, Jacques: Sans armes face à Hitler,
1989   XVIII/3   286–288

AZÉMA, Jean-Pierre, Antoine PROST, Jean-Pierre RIOUX: Le Parti
communiste français des années sombres 1938–1941. Actes du colloque organisé en octobre 1983 par le Centre de Recherches d'Histoire
des Mouvements Sociaux et du Syndicalisme de l'Université de Paris I,
Fondation des Sciences Politiques, de l'Institut d'histoire du Temps

Présent, Centre National de la Recherche Scientifique, 1986 [F. Taubert] XVI/3 273–277

AZÉMA, Jean-Pierre: Vgl. Les Communistes français de Munich à Châteaubriant (1938–1941), 1987 XVI/3 273–277

BAASNER, Frank: Vgl. JAKOBY, Ruth et al.: Paris 1789. Journal der Täter, Opfer und Voyeure, 1988 XVII/2 315–316

BABELON, Jean-Pierre: Nouvelle Histoire de Paris. Paris au XVIe siècle, 1986 [W. Kaiser] XVII/2 253–254

BACCHI, Teresa: Vgl. Ricerche e studi sul »Breviarium ecclesiae Ravennatis«, 1985 XV 923–926

BACK, Ulrich: Frühmittelalterliche Grabfunde beiderseits der unteren Mosel, 1989 (International Series, 532) [N. Gauthier] XVIII/1 255–256

BACKES, Uwe: Vgl. Extremismus und streitbare Demokratie, 1987 XV 1110

BACKES, Uwe, Karl-Heinz JANSSEN, Eckhard JESSE, Henning KÖHLER, Hans MOMMSEN, Fritz TOBIAS: Reichstagsbrand. Aufklärung einer historischen Legende, 1987 [S. Martens] XVI/3 313

Die Badewanne. Ein Künstlerkabarett der frühen Nachkriegszeit, hg. von Elisabeth LENK, 1991 [C. Buffet] XVIII/3 191–208

BADIA I MARGARIT, Antoni M.: Vgl. Dictionnaire historique des noms de famille romans. Actes del III Colloqui, 1991 XX/1 219–222

BADINTER, Robert: Vgl. GRÉGOIRE, Henri: Essai sur la régénération physique, morale et politique des Juifs, 1988 XVII/2 338–339

BAECHLER, Christian: Le parti catholique alsacien 1890–1939. Du Reichsland à la République Jacobine, 1982 [H. Ammerich] XIV 825–827

BÄCKER, Gerhard, Reinhard BISPINCK, Klaus HOFEMANN, Gerhard NAEGELE: Sozialpolitik und soziale Lage in der Bundesrepublik Deutschland. Bd. 1: Arbeit, Einkommen, Qualifikation; Bd. 2: Gesundheit, Familie, Alter, soziale Dienste, 1989 [H. Reifeld] XVIII/3 318–321

BAER, Wolfram: Vgl. Stadt und Bischof, 1988 XVII/1 216–217

BÄRMANN, Johannes: Zur Geschichte des Mainzer Universitäts-Fonds 1781–1822. Ein Archiv-Bericht. 2 Bde., Bd. 1, 1990 (Recht und Geschichte, 8/1) [R. Pillorget] XVIII/2 324

BÄRMANN, Johannes: Zur Geschichte des Mainzer Universitäts-Fonds 1781–1822. Ein Archiv-Bericht, Bd. 2: Anlagen zu Bd. 1, 1990 (Recht und Geschichte, 8/2) [R. Pillorget] XX/2 308–309

BAETENS, R.: Vgl. Nouvelles Approches concernant la Culture de l'Habitat, 1991 XX/2 178–179

BALAYÉ, Simone: La Bibliothèque Nationale des origines à 1800. Préface de André MIQUEL, 1988 [J. Voss] XVII/2 241–242

BALFOUR, Michael: Withstanding Hitler in Germany 1933–1945, 1988 [H. Wentker] XVIII/3 284–285

BALLING, Mads Ole: Von Reval bis Bukarest. Statistisch-Biographisches Handbuch der Parlamentarier der deutschen Minderheiten in Ostmittel- und Südosteuropa 1919–1945, 2 Bde., 1991 [S. Martens] XX/3 271–272

BANAL, M.: Vgl. Espoirs et Conquêtes 1881–1918. T. 1, 1991 — XX/3 227–228

BANNIARD, Michel: Genèse culturelle de l'Europe V^e–VIIIe siècle. Préface de Pierre BONNASSIE, 1989 (Collection Points. Série Histoire, 127) [M. Heinzelmann] — XVII/1 327

BARBÉ, Alain: Vgl. LUC, Jean-Noël et al.: Des Normaliens. Histoire de l'École Normale Supérieure de Saint-Cloud, 1982 — XIII 858–862

BARBICHE, Bernard: Les actes pontificaux originaux des Archives nationales de Paris. T. III: 1305–1415, 1982 (Commission internationale de diplomatique: Index actorum Romanorum pontificum ab Innocentio III ad Martinum V electum) [D. Lohrmann] — XI 760–761

BARBICHE, Bernard: Vgl. Chartes et documents de la Sainte-Chapelle de Vincennes (XIVe et XVe siècles), 2 vol., 1984 — XIII 784–785

BARBICHE, Bernard: Vgl. Les oeconomies royales de Sully, 1595–1599, T. II, 1988 — XVII/2 259–261

BARBIER, Frédéric: Vgl. La carte manuscrite et imprimée du XVIe au XIXe siècle, 1983 — XI 779

BARBIER, Frédéric: Vgl. Livre et Révolution, 1988 — XVII/2 320–321

BARBIER, Frédéric: Finance et Politique. La Dynastie des Fould XVIIIe–XXe siècle, 1991 [H. Reifeld] — XX/3 319–320

BARBLAN, Marc A.: Rapport sur l'étude et la mise en valeur du patrimoine industriel en Suisse. Vol. 1: 1978–1981, 1983 [W. Albrecht] — XIII 925–926

BARDET, Jean-Pierre, Patrice BOURDELAIS, Pierre GUILLAUME, François LEBRUN, Claude QUÉTEL: Peurs et terreurs face à la contagion. Choléra, tuberculose, syphilis, XIXe–XXe siècles, 1988 [B. Elkeles] — XVII/3 265–267

BARDONG, Otto: Vgl. Friedrich der Große, 1982 — XII 843–845

BARIÉTY, Jacques: Vgl. POIDEVIN, Raymond et al.: Frankreich und Deutschland. Die Geschichte ihrer Beziehungen 1815–1975, 1982 — XIII 858

BARIÉTY, Jacques: Vgl. Akten zur deutschen Auswärtigen Politik 1918–1945. Serie A, Bde. I–III, 1982, 1984, 1985 — XIII 891–893

BARIÉTY, Jacques, Alfred GUTH, Jean-Marie VALENTIN: La France et l'Allemagne entre les deux guerres mondiales. Actes du colloque tenu en Sorbonne, Paris IV, 15–17 janvier 1987, 1987 [M.-L. Recker] — XVI/3 242–243

BARIÉTY, Jacques: Vgl. Akten zur deutschen Auswärtigen Politik 1918–1945. Serie A, Bde. IV–VI, 1988 — XVII/3 257–258

BARKAI, Avraham: Vom Boykott zur Entjudung. Der wirtschaftliche Existenzkampf der Juden im Dritten Reich 1933–1943, 1988 [R. R. Thalmann] — XVI/3 268–271

BARNAVI, Elie: Le Parti de Dieu. Étude sociale et politique des chefs de la Ligue parisienne 1585–1594, 1980 [W. Kaiser] — XIII 638–650

BARNAVI, Elie, Robert DESCIMON: La Sainte Ligue, le juge et la potence. L'assassinat du président Brisson (15 novembre 1591), 1985 [W. Kaiser] — XIII 638–650

BARNER, Gabriele: Jacques Du Clercq und seine »Mémoires«. Ein Sittengemälde des 15. Jahrhunderts, 1989 [N. Pons] — XVIII/1 319–320

BARNISH, S. J. B.: Vgl. The *Variae* of Magnus Aurelius Cassiodorus
Senator, 1992 XX/1 262
BARRAL I ALTET, Xavier: Vgl. Topographie chrétienne des cités de la
Gaule des origines au milieu du VIIIe siècle. VI–VII, 1989 XVII/1 325–326
BARRAL I ALTET, Xavier: Vgl. DUBY, Georges et al.: La Sculpture, 1989 XIX/1 261–262
BARRAL I ALTET, Xavier: Belgique romane et Grand-Duché de Luxembourg, 1989 (La nuit des temps, 71) [L.-F. Genicot] XIX/1 262–263
BARRE, Raymond: Vgl. POIDEVIN, Raymond: Robert Schuman, 1988 XVII/3 310–312
BARRIÈRE, Bernadette: Vgl. PEROUAS, Louis et al.: Léonard, Marie, Jean
et les autres, 1984 XVI/1 222–223
BARROT, Olivier: Vgl. Entre deux Guerres. La création française entre
1919 et 1939, 1990 XIX/3 263–265
BARS, Michelle le: Le mouvement paysan dans le Schleswig-Holstein
1928–1932, 1986 (Contacts, Série III, 2) [P. Wulf] XVI/3 238–239
BART, Jean: Vgl. BOURGIN, Georges: La Révolution, l'Agriculture, la
Forêt, 1989 XVIII/2 290–291
BARTH, Rüdiger E.: Der Herzog in Lotharingien im 10. Jahrhundert,
1990 [M. Parisse] XIX/1 295–296
BARTHÉLEMY, Joseph: Vichy 1941–1943. Mémoires, 1989 [B. Kasten] XVII/3 291–292
BARTHELET, Philippe: Vgl. GERMAIN-THOMAS, Olivier et al.: Charles de
Gaulle jour après jour, 1990 XX/3 181–191
BARTHES, Roland: Vgl. ROND D'ALEMBERT, Jean le et al.: Enzyklopädie,
1989 XVII/2 338
BARUDIO, Günther: Der Teutsche Krieg 1618–1648, 1985 [J. Bérenger] XV 988–990
BARY, Nicole: Chroniques d'un automne allemand, 1990 [C. Buffet] XVIII/3 191–208
BATAILLE, Guy: Vgl. Histoire de Boulogne-sur-Mer, 1983 XIII 924–925
BATBEDAT, Jean: Vgl. Ministère des Affaires Étrangères. État Général
des Inventaires des Archives Diplomatiques, 1987 XVII/3 102–109
BATTESTI, Michèle: Vgl. MASSON, Philippe et al.: La Révolution maritime du XIXe siècle, 1987 XVI/3 173–174
BAUER, Edgar: Konfidentenberichte über die europäische Emigration in
London 1852–1861, hg. von Erik GAMBY, 1988 (Schriften aus dem
Karl-Marx-Haus, 38) [M. Espagne] XVII/3 221–222
BAUER, Franz J.: Vgl. Die Regierung Eisner 1918/19. Ministerratsprotokolle und Dokumente, 1987 XVI/3 223–224
BAUER, Leonhard, Herbert MATIS: Geburt der Neuzeit. Vom Feudalsystem zur Marktgesellschaft, 1988 [R. Pillorget] XVII/2 213
BAUM, Wilhelm: Sigmund der Münzreiche. Zur Geschichte Tirols und
der habsburgischen Länder im Spätmittelalter, 1987 [H. Kruse] XVII/1 313–316
BAUMANN, Angelika: Vgl. Kultur der einfachen Leute, 1983 XII 822–824
BAUMANN, Peter: Sternstunden der Schiffsarchäologie, 1988 [S. Lebecq] XVIII/1 325
BAUMGART, Winfried: Vgl. Quellenkunde zur Deutschen Geschichte
der Neuzeit von 1500 bis zur Gegenwart, Bd. 3, 1982 XI 809–810

BAUMGART, Winfried: Vgl. Österreichische Akten zur Geschichte des Krimkriegs, Bde. 1–3, 1979–1980	XII	676–684
BAUTIER, Anne-Marie: Vgl. Chronique de Saint-Pierre-le-Vif, 1979	XI	745–746
BAUTIER, Robert-Henri: Vgl. Chronique de Saint-Pierre-le-Vif, 1979	XI	745–746
BAUTIER, Robert-Henri: Vgl. La France de Philippe Auguste, 1982	XIII	767–770
BAUTIER, Robert-Henri: Vgl. Les sources de l'histoire économique et sociale du moyen âge. T. 2, 1984	XIII	781–783
BAUTIER, Robert-Henri: Les origines de l'abbaye de Bouxières-aux-Dames au diocèse de Toul. Reconstitution du chartrier et édition critique des chartes antérieures à 1200, 1987 (Recueil des documents sur l'histoire de Lorraine, 27) [E. Hlawitschka]	XVI/1	269–271
BAUTIER, Robert-Henri: Recherches sur l'histoire de la France médiévale. Des Mérovingiens aux premiers Capétiens, 1991 (Collected Studies Series, 351) [B. Schneidmüller]	XX/1	239–240
BAYERTZ, Kurt: Vgl. WEINGART, Peter et al.: Rasse, Blut und Gene, 1988	XVII/3	267–271
BEAUJARD, Brigitte: Vgl. Topographie chrétienne des cités de la Gaule des origines au milieu du VIIIe siècle. T. IV, 1986	XIV	878–879
BECHER, Ursula A. J.: Geschichtsinteresse und historischer Diskurs. Ein Beitrag zur Geschichte der französischen Geschichtswissenschaft im 19. Jahrhundert, 1986 (Studien zur modernen Geschichte, 36) [O. A. Haac]	XV	1036–1037
BECHMANN, Roland: Des arbres et des hommes. La forêt au moyen âge, 1984 [M. Schoebel]	XVI/1	225
BECHMANN, Roland: Villard de Honnecourt. La pensée technique au XIIIe siècle et sa communication, 1991 [D. Lohrmann]	XX/1	297–299
BECK, Dorothea: Julius Leber. Sozialdemokrat zwischen Reform und Widerstand. Einleitung von Willy BRANDT, Vorwort von Hans MOMMSEN, 1983 [W. Albrecht]	XIII	913–915
BECK, Otto: Vgl. POSADA, Gerardo: Der heilige Bruno, Vater der Kartäuser, 1987	XVII/1	280
BECK, Rainer: Vgl. Kultur der einfachen Leute, 1983	XII	822–824
BECK, Robert: Der Plan Freycinet und die Provinzen. Aspekte der infrastrukturellen Entwicklung der französischen Provinzen durch die Dritte Republik, 1986 (Europäische Hochschulschriften, III: Geschichte und ihre Hilfswissenschaften, 318) [A. Mitchell]	XX/3	224–225
BECKER, Alfons: Vgl. Deus qui mutat tempora, 1987	XIV	878
BECKER, Alfons: Papst Urban II. (1088–1099). Teil 2: Der Papst, die griechische Christenheit und der Kreuzzug, 1988 (Monumenta Germaniae Historica. Schriften, 19/II) [L. Milis]	XVII/1	279–280
BECKER, Jean-Jacques: Vgl. Les Sociétés européennes et la guerre 1914–1918, 1990	XIX/3	175–185
BECKER, Johannes M.: Vgl. Das französische Experiment. Linksregierung in Frankreich 1981–1985, 1985	XV	1098–1099

BECKER, Johannes M.: Die Remilitarisierung der Bundesrepublik Deutschland und das deutsch-französische Verhältnis. Die Haltung führender Offiziere (1945–1955), 1987 [P. Guillen] — XVII/3 312–314

BECKER, Josef: Vgl. Hitlers Machtergreifung, 1983 — XII 896–897

BECKER, Josef: Vgl. [Neunzehnhundertdreiunddreißig] 1933 – Fünfzig Jahre danach, 1983 — XII 907

BECKER, Josef: Vgl. Power in Europe? Great Britain, France, Italy and Germany in a Postwar World, 1945–1950, 1986 — XVI/3 284–289

BECKER, Michael: Vgl. Quellen zur Geschichte der deutschen Gewerkschaftsbewegung im 20. Jahrhundert. Bd. 6, 1987 — XIX/3 299–300

BECKER, Michael: Vgl. Gewerkschaften in Politik, Wirtschaft und Gesellschaft 1945–1949, 1991 — XX/3 296–297

BECKER, Peter Emil: Zur Geschichte der Rassenhygiene. Wege ins Dritte Reich, 1988 [L. Dupeux] — XVII/3 267–271

BECKER, Peter Emil: Sozialdarwinismus, Rassismus, Antisemitismus und völkischer Gedanke. Wege ins Dritte Reich. Teil II, 1990 [L. Dupeux] — XX/3 323–324

BECKER, Ruth: Vgl. Hitlers Machtergreifung, 1983 — XII 896–897

BECKMANN, Friedhelm: Französische Privatbibliotheken. Untersuchungen zu Literatursystematik und Buchbesitz im 18. Jahrhundert, 1988 [H. Duranton] — XVIII/2 259–260

BECQUET, Jean: Vie canoniale en France aux Xe – XIIe siècles, 1985 [H. Seibert] — XIV 712–713

BEER, Jean de: Saint Louis, 1984 [M.-T. Kaiser-Guyot] — XIV 736–737

BEERBLOCK, Béatrice: Vgl. Akten zur deutschen Auswärtigen Politik 1918–1945. Serie A, Bde. I-III, 1982, 1984, 1985 — XIII 891–893

BEERBLOCK, Béatrice: Vgl. Akten zur deutschen Auswärtigen Politik 1918–1945. Serie A, Bde. IV-VI, 1988 — XVII/3 257–258

BÉHAR, Pierre: Du Ier au IVe Reich. Permanence d'une nation, renaissance d'un état, 1990 [F. Taubert] — XX/3 314–315

BEHRINGER, Wolfgang: Vgl. Kultur der einfachen Leute, 1983 — XII 822–824

BEHRINGER, Wolfgang: Hexenverfolgung in Bayern. Volksmagie, Glaubenseifer und Staatsräson in der Frühen Neuzeit, 1987 [L. Châtellier] — XVI/2 255–258

Beiträge zur Bildung der französischen Nation im Früh- und Hochmittelalter, hg. von Helmut BEUMANN, 1983 (Nationes. Historische und philologische Untersuchungen zur Entstehung der europäischen Nationen im Mittelalter, 4) [M. Bur] — XIV 578–581

Beiträge zur Geschichte der frühneuzeitlichen Garnisons- und Festungsstadt. Referate und Ergebnisse der Diskussion eines Kolloquiums in Saarlouis vom 24.–27. 6. 1980, zusammengestellt von Hans-Walter HERRMANN und Franz IRSIGLER, 1983 (Veröffentlichungen der Kommission für Saarländische Landesgeschichte und Volksforschung, 13) [K. Andermann] — XIII 829–830

Beiträge zur Geschichte des Regnum Francorum. Referate beim wissenschaftlichen Colloquium zum 75. Geburtstag von Eugen Ewig am 28.

28. Mai 1988, hg. von Rudolf SCHIEFFER, 1990 (Beihefte der Francia, 22) [G. Bührer-Thierry]	XIX/1	248–250
Beiträge zum hochmittelalterlichen Städtewesen, hg. von Bernhard DIESTELKAMP, 1982 (Städteforschung. Veröffentlichungen des Instituts für vergleichende Städtegeschichte in Münster. Reihe A: Darstellungen, 11) [F. Menant]	XI	741–743
La Belgique rurale du moyen-âge à nos jours. Mélanges offerts à Jean-Jacques Hoebanx, 1985 [W. Rösener]	XV	881–882
BELORGEY, Jean-Michel: Le Parlement à refaire, 1991 [A. Kimmel]	XX/3	313–314
BÉLY, Lucien, Yves-Marie BERCÉ, Jean BÉRENGER, André CORVISIER, Jean MEYER, René QUATREFAGES: Guerre et Paix dans l'Europe du XVIIe siècle, 2 t., 1991 (Regards sur l'Histoire, 77–78) [K. P. Decker]	XIX/2	257–259
BÉLY, Lucien: Espions et ambassadeurs au temps de Louis XIV, 1990 [H. Duchhardt]	XIX/2	263–264
BÉLY, Lucien: Les relations internationales en Europe (XVIIe–XVIIIe siècles), 1992 [H. Duchhardt]	XX/2	194–195
BENDER, Karl-Heinz, Hermann KLEBER: Johann Christian von Mannlich. Histoire de ma vie. Mémoires de Johann Christian von Mannlich (1741–1822), 1989 [H. Ammerich]	XVIII/2	269–270
BENEDICT, Philip: Rouen during the Wars of Religion, 1981 [W. Kaiser]	XIII	638–650
BENJAMIN, Walter: Écrits Français, prés. et introd. par Jean-Maurice MONNOYER, avec les témoignages d'Adrienne MONNIER, de Gisèle FREUND et de Jean SELZ, 1991 (Bibliothèque des Idées) [A. Betz]	XX/3	257–259
BENOIST-MÉCHIN, Jacques: A l'épreuve du temps, vol. 1: 1905–1940; vol 2: 1940–1947, 1989 [K.-P. Sick]	XX/3	151–162
BENOÎT, Paul: Vgl. Moines et métallurgie dans la France médiévale, 1991	XX/1	240–242
BENZ, Wolfgang: Vgl. Miscellanea. Festschrift für Helmut Krausnick, 1980	XII	742–743
BENZ, Wolfgang: Von der Besatzungsherrschaft zur Bundesrepublik. Stationen einer Staatsgründung 1946–1949, 1984 [S. Martens]	XIV	618–637
BENZ, Wolfgang: Vgl. Die Bundesrepublik Deutschland. Geschichte in drei Bänden, 1983	XIV	618–637
BENZ, Wolfgang: Vgl. Europa nach dem Zweiten Weltkrieg 1945–1982, 1983	XIV	618–637
BENZ, Wolfgang: Von der Besatzungsherrschaft zur Bundesrepublik. Stationen einer Staatsgründung 1946–1949, 1984 [L. Dupeux]	XIV	849
BENZ, Wolfgang: Vgl. Dimension des Völkermordes, 1991	XIX/3	281–283
BENZ, Wolfgang: Vgl. Das Exil der kleinen Leute, 1991	XX/3	269–270
BENZENHÖFER, Udo: Vgl. Medizin im Spielfilm des Nationalsozialismus, 1990	XIX/3	274–275
BÉRARD, François: Vgl. Guide de l'épigraphiste, 1986	XIV	874
BERCÉ, Yves-Marie: Vgl. BÉLY, Lucien et al.: Guerre et Paix dans l'Europe du XVIIe siècle, 2 t., 1991	XIX/2	257–259

BERDING, Helmut: Vgl. Vom Staat des Ancien Regime zum modernen Parteienstaat, 1978 — XII 743–744

BERDING, Helmut: Vgl. Deutschland und Frankreich im Zeitalter der Französischen Revolution, 1989 — XIX/2 330–331

BERDING, Helmut: Vgl. Soziale Unruhen in Deutschland während der Französischen Revolution, 1988 — XIX/2 333–335

BERDING, Helmut: Vgl. Preußen und die revolutionäre Herausforderung seit 1789, 1990 — XIX/2 344–346

BERENDES, Hans Ulrich: Die Bischöfe von Worms und ihr Hochstift im 12. Jahrhundert, 1984 [G. Große] — XVI/1 289

BÉRENGER, Jean: Turenne, 1987 [B. R. Kroener] — XVI/2 273–275

BÉRENGER, Jean: Histoire de l'Empire des Habsbourg 1273–1918, 1990 [L. Auer] — XIX/2 237–239

BÉRENGER, Jean: Vgl. BÉLY, Lucien et al.: Guerre et Paix dans l'Europe du XVIIe siècle, 2 t., 1991 — XIX/2 257–259

BERG, Dieter: England und der Kontinent. Studien zur auswärtigen Politik der anglonormannischen Könige im 11. und 12. Jahrhundert, 1987 [G. T. Beech] — XIX/1 305–306

BERG, Werner: Wirtschaft und Gesellschaft in Deutschland und Großbritannien im Übergang zum ›organisierten Kapitalismus‹. Unternehmer, Angestellte, Arbeiter und Staat im Steinkohlenbergbau des Ruhrgebietes und von Südwales 1850–1914, 1984 (Volkswirtschaftliche Schriften, 339) [S. Pollard] — XII 864–867

BERGER, Günter: Vgl. ROND D'ALEMBERT, Jean le et al.: Enzyklopädie, 1989 — XVII/2 338

BERGERON, Louis: Vgl. Paris. Genèse d'un paysage, 1989 — XX/3 319

BERGES, Louis: Vgl. Ministère des Affaires Étrangères. Archives Diplomatiques, Division historique, 1988 — XVII/3 102–109

BERGIN, Joseph: Cardinal Richelieu. Power and the pursuit of wealth, 1985 [W. H. Stein] — XV 994–996

BERGIN, Joseph: Cardinal de La Rochefoucauld. Leadership and Reform in the French Church, 1987 [R. Babel] — XVIII/2 209–217

BERGMANN, Werner: Innovationen im Quadrivium des 10. und 11. Jahrhunderts. Studien zur Einführung von Astrolab und Abakus im lateinischen Mittelalter, 1985 (Sudhoffs Archiv. Zeitschrift für Wissenschaftsgeschichte. Beiheft 26) [A. Paravicini Bagliani] — XVII/1 274–275

Bericht über den sechzehnten österreichischen Historikertag in Krems/Donau veranstaltet vom Verband Österreichischer Geschichtsvereine in der Zeit vom 3. bis. 7. September 1984, 1985 (Veröffentlichungen des Verbandes Österreichischer Geschichtsvereine, 25) [M. Heinzelmann] — XIV 873

Bericht über den siebzehnten österreichischen Historikertag in Eisenstadt veranstaltet vom Verband Österreichischer Geschichtsvereine in der Zeit vom 31. August bis 5. September 1987, 1989 (Veröffentlichungen des Verbandes Österreichischer Geschichtsvereine, 26) [M. Heinzelmann] — XVII/1 321–322

BÉRIOU, Nicole: Vgl. Groupe de la Bussière: Pratiques de la confession, 1983 — XII 757–759

BERKOVITZ, Jay R.: The Shaping of Jewish Identity in Nineteenth-Century France, 1989 [A. Daum] — XIX/3 244–246

BERL, Immo: Vgl. Oberdeutsche Städte im Vergleich, 1989 — XIX/1 330

BERLEPSCH, Hans-Jörg von: »Neuer Kurs« im Kaiserreich? Die Arbeiterpolitik des Freiherrn von Berlepsch 1890 bis 1896, 1987 (Forschungsinstitut der Friedrich-Ebert-Stiftung, Politik- und Gesellschaftsgeschichte, 16) [D. J. Diephouse] — XVII/3 233–234

Berlin capitale. Un choc d'identités et de culture, dirigé par Jacqueline DELOFFRE et Hans Joachim NEYER, 1992 (Série Le Monde – Hors Série, 57) [C. Buffet] — XX/3 254–256

Berlin im Europa der Neuzeit. Ein Tagungsbericht, hg. von Wolfgang RIBBE und Jürgen SCHMÄDEKE, 1990 [C. Buffet] — XVIII/3 191–208

BERLIN, Isaiah: Der Nationalismus, 1990 [H. Reifeld] — XX/3 306–307

BERLIOZ, Jacques: Vgl. Groupe de la Bussière: Pratiques de la confession, 1983 — XII 757–759

BERNARD, René Jean: Paroisses et Communes de France. Dictionnaire d'histoire administrative et démographique: Lozère, 1982 [H.-U. Thamer] — XII 920–921

BERNARDIN, Edith: Vgl. Strasbourg et l'institution de l'État civil laïc au début de la Révolution française, 1986 — XV 1021–1022

BERNER, Herbert: Vgl. Bodman. Dorf – Kaiserpfalz – Adel. Bd. II, 1985 — XIV 861–862

BERNHARD, Michael: Vgl. Scire litteras. Forschungen zum mittelalterlichen Geistesleben, 1988 — XVII/1 212–214

BERNHARDT, Walter: Vgl. KIRCHGÄSSNER, Bernhard: Wirtschaft, Finanzen, Gesellschaft, 1988 — XVII/1 214–215

BERNOS, Marcel: Vgl. Groupe de la Bussière: Pratiques de la confession, 1983 — XII 757–759

BERSCHIN, Walter: Biographie und Epochenstil im lateinischen Mittelalter. I: Von der Passio Perpetuae zu den Dialogi Gregors des Großen, 1986 (Quellen und Untersuchungen zur lateinischen Philologie des Mittelalters, 8) [M. Reydellet] — XVI/1 250–251

BERSCHIN, Walter: Biographie und Epochenstil im lateinischen Mittelalter. II. Merowingische Biographie. Italien, Spanien und die Inseln im frühen Mittelalter, 1988 (Quellen und Untersuchungen zur lateinischen Philologie des Mittelalters, 9) [M. Reydellet] — XVIII/1 256–257

BERSCHIN, Walter: Vgl. Walter von Châtillon: Alexandreis. Das Lied von Alexander dem Großen, 1990 — XX/1 296–297

BERSTEIN, Serge: Edouard Herriot ou la République en personne, 1985 [C. Amalvi] — XIV 597–600

BERSTEIN, Serge, Pierre MILZA: Histoire de la France au XXe siècle. T.I: 1900–1930; t. II: 1930–1945; t. III: 1945–1958, 1990–1991 (Questions au XXe siècle, 21–23) [W. Loth] — XX/3 244–245

BERTAUD, Jean-Paul: Alltagsleben während der Französischen Revolution. A. d. Franz. von Christine DIEFENBACHER, 1989 [H. J. Teuteberg] XVIII/2 296–298

BERTHELSEN, Detlef: La famille Freud au jour le jour. Souvenirs de Paula Fichtl, 1991 [R. R. Thalmann] XX/3 256–257

BERTIER DE SAUVIGNY, Guillaume de: Metternich, 1986 [M. Botzenhart] XV 1030–1031

BERTIÈRE, Simone: La vie du Cardinal de Retz, 1990 [H. Weber] XIX/2 367

BEST, Heinrich: Die Männer von Bildung und Besitz. Struktur und Handeln parlamentarischer Führungsgruppen in Deutschland und Frankreich 1848–49, 1990 (Beiträge zur Geschichte des Parlamentarismus und der politischen Parteien, 90) [R. Marx] XX/3 212–213

BESTMANN, Uwe: Vgl. Hochfinanz, Wirtschaftsräume, Innovationen, 1987 XVI/2 233–234

BETZ, Albrecht: Exil und Engagement. Deutsche Schriftsteller im Frankreich der dreißiger Jahre, 1986 [G. Badia] XV 1071–1073

BEUMANN, Helmut: Vgl. Beiträge zur Bildung der französischen Nation im Früh- und Hochmittelalter, 1983 XIV 578–581

BEUMANN, Helmut: Vgl. Frühmittelalterliche Ethnogese im Alpenraum, 1985 XV 914–915

BEUMANN, Helmut: Ausgewählte Aufsätze aus den Jahren 1966–1986. Festgabe zu seinem 75. Geburtstag, hg. von Jürgen PETERSOHN und Roderich SCHMIDT, 1987 [M. Parisse] XVI/1 215–218

BEUTLER, Christian: Der Gott am Kreuz. Zur Entstehung der Kreuzigungsdarstellung, 1986 [M. Heinzelmann] XIII 928

Bevölkerungsstatistik an der Wende vom Mittelalter zur Neuzeit. Quellen und methodische Probleme im überregionalen Vergleich, hg. von Kurt ANDERMANN und Hermann EHMER, 1990 (Oberrheinische Studien, 8) [O. Kammerer] XIX/1 253–255

BEYRER, Klaus: Die Postkutschenreise, 1985 (Untersuchungen des Ludwig-Uhland-Instituts der Universität Tübingen, 66) [T. Grosser] XV 1002–1004

BIARNE, Jacques: Vgl. Topographie chrétienne des cités de la Gaule des origines au milieu du VIIIe siècle. T. III, 1986 XIV 878–879

BIARNE, Jacques: Vgl. Topographie chrétienne des cités de la Gaule des origines au milieu du VIIIe siècle. T. V, 1987 XV 1107–1108

Bibliographie zur Geschichte der demokratischen Bewegungen in Mitteleuropa 1770–1850, hg. von Helmut REINALTER, 1990 (Schriftenreihe der Internationalen Forschungsstelle »Demokratische Bewegungen in Mitteleuropa 1770–1850«, 1) [W. Müller] XIX/2 370

Bibliographie zur Geschichte Kaiser Friedrichs II. und der letzten Staufer, zusammengestellt von Carl A. WILLEMSEN, 1986 (Monumenta Germaniae Historica, Hilfsmittel, 8) [P. Racine] XV 962–963

Bibliographie signalétique du latin des chrétiens, par Gabriel SANDERS et Marc van UYTFANGHE, 1989 (Corpus christianorum. Lingua Patrum, 1) [M. Heinzelmann] XVII/1 322

BIDDLE, Martin: Object and Economy in Medieval Winchester, 2 vols., 1990 (Winchester Studies 7: Artefacts from Medieval Winchester, 2/II) [G. P. Fehring] XX/1 228–229

BIELITZ, Mathias: Vgl. Hilarii Aurelianensis Versus et Ludi – Epistolae, 1989   XVIII/1 281–282

BIETENHOLZ, Peter G.: Vgl. Contemporaries of Erasmus. Vol. I, 1985   XVI/2 250–251

BIHAN, Alain Le: Loges et chapitres de la Grande Loge et du Grand Orient de France (2e moitié du XVIIIe siècle), 1990 (Commission d'Histoire Économique et Sociale de la Révolution Française. Mémoires et Documents, 20) [F. E. Schrader]   XIX/2 289–290

BIHL, Lieselotte, Karl EPTING: Bibliographie französischer Übersetzungen aus dem Deutschen 1487–1944. Bibliographie de traductions françaises d'auteurs de langue allemande. In Verbindung mit Kurt WAIS hg. von der Universitätsbibliothek Tübingen. Bd. 1: Periode I–V (1487–1870), Bd. 2: Periode VI–VII (1871–1944), 1987 [J.-M. Valentin]   XVI/2 236–237

Bildung, Staat, Gesellschaft im 19. Jahrhundert. Mobilisierung und Disziplinierung, hg. von Karl-Ernst JEISMANN, 1989 (Nassauer Gespräche der Freiherr-vom-Stein-Gesellschaft, 2) [M. Espagne]   XVIII/3 232–233

BILLETER, Geneviève: Le pouvoir patronal. Les patrons des grandes entreprises suisses des métaux et des machines (1919–1939), 1985 [H. Siegrist]   XIV 832–833

BILLOT, Claudine: Vgl. Chartes et documents de la Sainte-Chapelle de Vincennes (XIVe et XVe siècles), 2 vol., 1984   XIII 784–785

BINOCHE, Jacques: De Gaulle et les Allemands, 1990 (Questions au XXe siècle, 17) [A. Wilkens]   XX/3 181–191

BINZ, Louis: Vgl. Le diocèse de Genève-Annecy, 1985   XIV 866–867

Biographisches Handbuch für das Preußische Abgeordnetenhaus 1867–1918, bearb. von Bernhard MANN unter Mitarbeit von Martin DOERRY, Cornelia RAUH und Thomas KÜHNE, 1988 (Handbücher zur Geschichte des Parlamentarismus und der politischen Parteien, 3) [S. Martens]   XVII/3 230–231

Biographisches Lexikon zur Geschichte der demokratischen und liberalen Bewegungen in Mitteleuropa, hg. von Helmut REINALTER, Axel KUHN und Alain RUIZ, Bd. 1 (1770–1800), 1992 (Schriftenreihe der Internationalen Forschungsstelle »Demokratische Bewegungen in Mitteleuropa 1770–1850«, 7) [W. Kreutz]   XX/2 285

BIRKE, Adolf M.: Vgl. Ämterkäuflichkeit: Aspekte sozialer Mobilität im europäischen Vergleich, 1980   XI 791–792

BIRKE, Adolf M.: Nation ohne Haus. Deutschland 1945–1961, 1989 [C. Buffet]   XVIII/3 310–314

BIRKE, Adolf M.: Vgl. Die Herausforderung des europäischen Staatensystems, 1989   XIX/3 212–213

BIRN, Ruth Bettina: Die höheren SS- und Polizeiführer. Himmlers Vertreter im Reich und in den besetzten Gebieten, 1986 [L. Steinberg]   XIV 846–848

BIRNSTIEL, Eckart: Die Fronde in Bordeaux 1648–1653, 1985 (Schriften zur Europäischen Sozial- und Verfassungsgeschichte, 3) [E. Hinrichs]   XVI/2 282–283

BIRRENBACH, Kurt: Meine Sondermissionen. Rückblick auf zwei Jahrzehnte bundesdeutscher Außenpolitik, 1984 [G. Schöllgen] XIII 919–921

BISCHOFF, Bernhard: Vgl. Scire litteras. Forschungen zum mittelalterlichen Geistesleben, 1988 XVII/1 212–214

Bismarck, Europe and Africa. The Berlin Africa Conference 1884–1885 and the Onset of Partition, ed. by Stig FÖRSTER, Wolfgang J. MOMMSEN and Ronald ROBINSON, 1988 [H. Reifeld] XVII/3 165–169

Bismarck – Preußen, Deutschland und Europa, hg. vom Deutschen Historischen Museum, 1990 [C. Studt] XIX/3 151–164

Bismarck und seine Zeit, hg. von Johannes KUNISCH, 1992 (Forschungen zur Brandenburgischen und Preussischen Geschichte, 1) [C. Baechler] XX/3 219–221

BISPINCK, Reinhard: Vgl. BÄCKER, Gerhard et al.: Sozialpolitik und soziale Lage in der Bundesrepublik Deutschland. Bde. 1–2, 1989 XVIII/3 318–321

BISSEGGER-GARIN, Isabelle: Vgl. Liber donationum Altaeripae. Cartulaire de l'abbaye cistercienne d'Hauterive, 1984 XV 958–959

BISSON, Thomas N.: Medieval France and Her Pyrenean Neighbours. Studies in Early Institutional History, 1989 (Studies Presented to the International Commission for the History of Representative and Parliamentary Institutions/Études présentées à la Commission Internationale pour l'Histoire des Assemblées d'États, 70) [L. Vones] XVIII/1 303–304

Das Bistum Freising in der Neuzeit, hg. von Georg SCHWAIGER, 1989 [L. Châtellier] XVIII/2 311–314

BITSCH, Irmgard: Vgl. Essen und Trinken in Mittelalter und Neuzeit, 1987 XVI/1 229

BITTERLI, Urs: Alte Welt – neue Welt. Formen der europäisch-überseeischen Kulturkontakte vom 15. bis zum 18. Jahrhundert, 1992 [J.-D. Pariset] XX/2 311

BITTMANN, Markus: Kreditwirtschaft und Finanzierungsmethoden. Studien zu den wirtschaftlichen Verhältnissen des Adels im westlichen Bodenseeraum, 1300–1500, 1991 (Vierteljahrschrift für Sozial- und Wirtschaftsgeschichte. Beihefte, 99) [P. Pégeot] XX/1 303–304

Von der Bizonengründung zur ökonomisch-politischen Westintegration. Studien zum Verhältnis zwischen Außenpolitik und Außenwirtschaftsbeziehungen in der Entstehungsphase der Bundesrepublik Deutschland (1947–1952), hg. von Manfred KNAPP, 1984 [S. Martens] XIV 618–637

BLACK, Jeremy: Vgl. Britain in the Age of Walpole, 1984 XIII 830–831

BLACK, Jeremy: Vgl. The Origins of War in Early Modern Europe, 1987 XVI/2 272–273

BLACK, Jeremy: The Collapse of the Anglo-French Alliance 1727–1731, 1987 [G. Niedhart] XVI/2 291–292

BLACK, Jeremy: Natural and Necessary Enemies. Anglo-French Relations in the Eighteenth Century, 1986 [G. Niedhart] XVI/2 291–292

BLACK, Jeremy: A System of Ambition? British Foreign Policy 1660–1793, 1991 (Studies in Modern History) [G. Niedhart] XIX/2 260–261

BLACKBURN, Mark: Vgl. GRIERSON, Philip et al.: Medieval European Coinage. Vol. 1, 1986 — XVII/1 234–236

BLANC, Pierre-Louis: De Gaulle au soir de sa vie, 1990 — XX/3 181–191

BLANCO, Luigi: Stato e funzionari nella Francia del Settecento: gli »ingénieurs des ponts et chaussées«, 1991 (Annali dell'Istituto storico italo-germanico, Monografia 14) [M. Papenheim] — XX/2 217–220

BLANKE, Horst Walter: Vgl. Theoretiker der deutschen Aufklärungshistorie, Bde. 1–2, 1990 — XVIII/2 263–265

BLANNING, T.C.W.: The French Revolution in Germany. Occupation and Resistance in the Rhineland 1792–1802, 1983 [R. Dufraisse] — XIII 846–853

BLARY, François: Le domaine de Chaalis, XIIe-XIVe siècles. Approches archéologiques des établissements agricoles et industriels d'une abbaye cistercienne, 1989 (Mémoires de la Section d'Archéologie et d'Histoire de l'Art, 3) [D. Lohrmann] — XVIII/1 296–298

BLASCHKE, Karl Heinz: Moritz von Sachsen, ein Reformationsfürst der zweiten Generation, 1983 (Persönlichkeit und Geschichte) [J.-D. Pariset] — XIII 804–805

BLASIUS, Rainer A.: Für Großdeutschland – gegen den großen Krieg. Staatssekretär Ernst Frhr. von Weizsäcker in den Krisen um die Tschechoslowakei und Polen 1938/39, 1981 [H. Köhler] — XIII 904–907

BLASIUS, Rainer A.: Vgl. Dokumente zur Deutschlandpolitik. 1. Reihe, Bd. 3/I u. 3/II, 1988 — XVII/3 303–304

BLATTMANN, Marita: Die Freiburger Stadtrechte zur Zeit der Zähringer. Rekonstruktion der verlorenen Urkunden und Aufzeichnungen des 12. und 13. Jahrhunderts. Bd. 1: Untersuchung, Bd. 2: Anhang, 1991 (Veröffentlichungen aus dem Archiv Freiburg i. Breisgau, 27) [O. Kammerer] — XX/1 293–295

BLÉCHET, Françoise: Les ventes publiques de livres en France 1630–1750. Répertoire des catalogues conservés à la Bibliothèque Nationale. Préface d'Emmanuel Le ROY LADURIE, 1991 [F. Beckmann] — XIX/2 277–279

BLED, Jean-Paul: Vgl. Les Habsbourg et la Lorraine, 1988 — XVII/2 242–244

BLEIBER, Waltraut: Das Frankenreich der Merowinger, 1988 [K.-U. Jäschke] — XVII/1 236–247

BLEIBTREU, Leopold: Das Rheinland im Zeitalter der Französischen Revolution. Augenzeugenberichte, 1988 [H. Reinalter] — XVII/2 334

BLICKLE, Peter: Gemeindereformation. Die Menschen des 16. Jahrhunderts auf dem Weg zum Heil, 1985 [E. François] — XV 981–983

BLICKLE, Peter: Vgl. Zugänge zur bäuerlichen Reformation, 1987 — XVI/2 252–253

BLOCH, Charles: Le IIIe Reich et le monde, 1986 (Notre Siècle) [S. Martens] — XVI/3 254–255

BLOCH, Charles: Vgl. France and Germany in an Age of Crisis 1900–1960, 1990 — XX/3 196

BLOCH, Donald A.: Vgl. LUCASSEN, Jan: Migrant Labour in Europe 1600–1900, 1987 — XVI/2 264–266

BLOCH, Marc: L'étrange défaite, 1990 (Collection folio histoire, 27) [L. Raphael] — XIX/3 103–108

BLOCH, Marc: Die seltsame Niederlage: Frankreich 1940. Der Historiker als Zeuge. Vorwort zur deutschen Ausgabe von Ulrich RAULFF. A. d. Franz. von M. WOLF, 1992 [L. Raphael] — XIX/3 103–108

BLOCKMANS, Wim: Vgl. PREVENIER, Walther et al.: Die burgundischen Niederlande, 1986 — XVI/1 300–301

BLOK, Dirk Peter: Vgl. KÜNZEL, R. E. et al.: Lexicon van nederlandse toponiemen tot 1200, tweede, gewijzigde druk 1989 — XVII/1 220

BLONDÉ, B.: Vgl. Nouvelles Approches concernant la Culture de l'Habitat, 1991 — XX/2 178–179

BLOS, Wilhelm: Die Französische Revolution. Volksthümliche Darstellung der Ereignisse und Zustände in Frankreich von 1789 bis 1804. Mit einer Einleitung von Beatrix W. BOUVIER. Unveränderter Nachdruck der Auflage von 1920, 1988 [J. Emig] — XVII/2 301–304

BLUCHE, François, Jean François SOLNON: La véritable hiérarchie sociale de l'ancienne France. Le tarif de la première capitation (1695), 1983 (Travaux d'histoire éthico-politique, 42) [K. Malettke] — XV 1000–1001

BLUCHE, François: Louis XIV, 1986 [W. T. Schmidt] — XVII/2 268

BLUCHE, François: Vgl. VILLETTE-MURSAY, Philippe de: Mes Campagnes de Mer sous Louis XIV, 1991 — XIX/2 264–265

BLÜM, Norbert: Vgl. [Vierzig] 40 Jahre Sozialstaat Bundesrepublik Deutschland, 1989 — XVIII/3 318–321

BLUMENKRANZ, Bernhard: Vgl. Les Juifs au regard de l'histoire, 1985 — XIII 698–700

BOCK, Gisela: Vgl. Maternity and Gender Policies, 1991 — XX/3 228–229

Bodman. Dorf – Kaiserpfalz – Adel. Bd. II, hg. von Herbert BERNER, 1985 [K. H. Burmeister] — XIV 861–862

BÖDEKER, Hans Erich: Vgl. Aufklärung als Politisierung – Politisierung der Aufklärung, 1987 — XVII/2 292–293

BÖDEKER, Hans Erich: Vgl. Alteuropa – Ancien Régime – Frühe Neuzeit, 1991 — XX/2 171–172

BÖDEKER, Hans Erich: Vgl. Le livre religieux et ses pratiques, 1991 — XX/2 220

BOEHLER, Jean-Michel: Vgl. Histoire de l'Alsace rurale, 1983 — XIII 921–923

BOEHM, Laetitia: Vgl. Università, Accademie e Società scientifiche in Italia e in Germania, 1981 — XI 776–779

BOELCKE, Willi A.: Die Kosten von Hitlers Krieg, 1985 (Sammlung Schöningh zur Geschichte und Gegenwart) [M.-F. Ludmann-Obier] — XVI/3 283–284

BÖNING, Holger, Reinhart SIEGERT: Volksaufklärung. Bibliographisches Handbuch zur Popularisierung aufklärerischen Denkens im deutschen Sprachraum von den Anfängen bis 1850. Bd. I: Holger BÖNING: Die Genese der Volksaufklärung und ihre Entwicklung bis 1780, 1990 [G.-L. Fink] — XIX/2 308–310

BOESCHE, Roger: The Strange Liberalism of Alexis de Tocqueville, 1987 [H. Reifeld] — XVI/3 174–175

BOESCH GAJANO, Sofia: Vgl. Raccolte di Vite di Santi dal XIII al XVIII
secolo, 1990   XIX/1   324–326

BÖSE, Kuno: Amt und soziale Stellung. Die Institution der »élus« in
Frankreich im 16. und 17. Jahrhundert am Beispiel der Elektion
Troyes, 1986 (Schriften zur Europäischen Sozial- und Verfassungs-
geschichte, 4) [M. Reulos]   XVI/2   262–264

BOHEC, Yann le: L'armée romaine sous le Haut-Empire, 1989 [H.
Elton]   XVIII/1   251–252

BOHLEN, Rita: Vgl. Acta Pacis Westphalicae. Die Französischen Kor-
respondenzen, 1986   XVI/2   276–279

BOHMBACH, Jürgen: Vgl. Quellen zur Hanse-Geschichte, 1982   XI   751–752

BOIS, Guy: The Crisis of Feudalism. Economy and Society in Eastern
Normandy c. 1300–1500, 1984 (Past and Present Publications) [D.
Angers]   XIV   738–739

BOIS, Pierre-André: Adolph Freiherr Knigge (1752–1796). De la »nou-
velle religion« aux Droits de l'Homme. L'itinéraire politique d'un
aristocrate allemand franc-maçon à la fin du dix-huitième siècle, 1990
(Wolfenbütteler Forschungen, 50) [W. Kreutz]   XX/2   238–240

BOISSIÈRE, Jean, Claude MICHAUD: L'intendance d'Orléans à la fin du
XVIIe siècle. Édition critique du Mémoire »Pour l'instruction du
duc de Bourgogne«, 1989 (Notices, Inventaires et Documents, 34) [C.
Ulbrich]   XIX/2   359

BOITEUX, Marcel: Vgl. Espoirs et Conquêtes 1881–1918. T. 1, 1991   XX/3   227–228

BOLDT, Hans: Deutsche Verfassungsgeschichte. Politische Strukturen
und ihr Wandel, Bd. 2: Von 1806 bis zur Gegenwart, 1990 [R.
Dufraisse]   XX/3   200–203

BONA, Istvan: Das Hunnenreich, 1991 [M. Kazanski]   XX/1   127–145

BONAZ, Yves: Chroniques Asturiennes (fin IXe siècle), 1987 (Sources
d'histoire médiévale) [L. Vones]   XVII/1   264–265

BONIN, Serge: Vgl. Atlas de la Révolution française, 1987–1989   XVII/2   306–308

BONNASSIE, Pierre: Vgl. BANNIARD, Michel: Genèse culturelle de
l'Europe Ve–VIIIe siècle, 1989   XVII/1   327

BONNET, Charles: Vgl. Topographie chrétienne des cités de la Gaule
des origines au milieu du VIIIe siècle. T. III, 1986   XIV   878–879

BONNET, Jean-Charles: Vgl. Les Lyonnais dans l'histoire, 1985   XIV   867–869

BONNEY, Richard: Society and Government in France under Richelieu
and Mazarin, 1624–1661, 1988 [R. Babel]   XIX/2   366

BONNIN, Richard: Eugène Lerminier (1803–1857). Ein Beitrag zum
deutschen Kultureinfluß in Frankreich, 1989 (Europäische Hoch-
schulschriften, Reihe III: Geschichte und ihre Hilfswissenschaften,
381) [L. Richard]   XIX/3   320

BONSS, Wolfgang: Vgl. FROMM, Erich: Arbeiter und Angestellte am
Vorabend des Dritten Reiches, 1983   XII   893–896

BOOCKMANN, Hartmut: Der Deutsche Orden. Zwölf Kapitel aus seiner
Geschichte, 1981 [C. Higounet]   XIV   733–736

BOOCKMANN, Hartmut: Die Stadt im späten Mittelalter, 1986 [P. Racine]	XV	960–961
BOOG, Horst, Jürgen FÖRSTER, Joachim HOFFMANN, Ernst KLINK, Rolf-Dieter MÜLLER, Gerd R. UEBERSCHÄR: Das Deutsche Reich und der Zweite Weltkrieg. Bd. 4: Der Angriff auf die Sowjetunion. Hg. vom Militärgeschichtlichen Forschungsamt, 1983 [A. Hillgruber]	XI	877–880
The Book of Pontiffs (Liber Pontificalis), transl. with an introduction by Raymond DAVIS, 1989 (Translated Texts for Historians. Latin Series, 5) [J. Durliat]	XVIII/1	125–138
BOOMS, Hans: Vgl. Akten der Reichskanzlei. Regierung Hitler 1933–1938. Teil I, 1983	XII	897–899
BORDES, Philippe: Vgl. Aux armes & aux arts! Les Arts de la Révolution 1789–1799, 1988	XVII/2	322–323
BORGOLTE, Michael: Geschichte der Grafschaften Alemanniens in fränkischer Zeit, 1984 (Vorträge und Forschungen, Sonderband 31) [M. Parisse]	XIII	732–734
BORGOLTE, Michael: Die Grafen Alemanniens in merowingischer und karolingischer Zeit. Eine Prosopographie, 1986 (Archäologie und Geschichte. Freiburger Forschungen zum ersten Jahrtausend in Südwestdeutschland, 2) [M. Parisse]	XV	921–923
BORGOLTE, Michael: Vgl. Subsidia Sangallensia I, 1986	XV	921–923
BORGOLTE, Michael: Vgl. Litterae medii aevi, 1988	XVII/1	322–324
Borscheid, Peter: Geschichte des Alters. Vom Spätmittelalter zum 18. Jahrhundert, 1989 [J.-P. Kintz]	XVII/2	233
BOSBACH, Franz: Vgl. Acta Pacis Westphalicae. Die Französischen Korrespondenzen, 1986	XVI/2	276–279
BOSBACH, Franz: Die Kosten des Westfälischen Friedenskongresses. Eine strukturgeschichtliche Untersuchung, 1984 (Schriftenreihe der Vereinigung zur Erforschung der Neueren Geschichte, 13) [R. Pillorget]	XVIII/2	250–251
BOSCHUNG, Urs: Vgl. Johannes Geßners Pariser Tagebuch 1727, 1985	XIX/2	297–298
BOSL, Karl: Gesellschaft im Aufbruch. Die Welt des Mittelalters und ihre Menschen, 1991 [L. Milis]	XX/1	230–231
BOS-ROPS, J. A. M. Y., M. BRUGGEMAN: Archief-wijzer: handleiding voor het gebruik van archieven in Nederland, 1987 [R. Große]	XVI/1	221
BOTSCH, Elisabeth: Eigentum in der Französischen Revolution. Gesellschaftliche Konflikte und Wandel des sozialen Bewußtseins, 1992 (Ancien Régime, Aufklärung und Revolution, 22) [E. Reuss]	XX/2	275–277
BOUCHARD, Constance B.: Sword, Miter and Cloister. Nobility and the Church in Burgundy, 980–1198, 1987 [O. Guyotjeannin]	XVI/1	271–272
BOUDET, Jacques: Histoire de la France par l'image. T. II: De Louis XIV à la Révolution 1848, 1982 [R. Reichardt]	XIII	511–523
BOUDET, Jacques: La Révolution Française, 1984 [R. Reichardt]	XIII	511–523

BOULNOIS, Francis: Vgl. PAILLAT, Claude et al.: La France dans la guerre américaine, 1989 — XVIII/3 290

BOURDELAIS, Patrice: Vgl. BARDET, Jean-Pierre et al.: Peurs et terreurs face à la contagion, 1988 — XVII/3 265–267

BOURDELLÈS, H. le: L'Aratus Latinus. Étude sur la culture et la langue latines dans le Nord de la France au VIIIe siècle, 1985 [W. Bergmann] — XIV 705–706

BOURDERON, Roger, Ivan AVAKOUMOVITCH: Détruire le PCF, archives de l'État français et de l'occupant hitlérien, 1940–1944, 1988 [H.-J. Heimsoeth] — XVII/3 287–289

BOURDIEU, P.: Vgl. MAZON, Brigitte: Aux origines de l'École des Hautes Études en Sciences Sociales, 1988 — XVI/3 120–127

BOURDREL, Philippe: L'épuration sauvage 1944–1945. T. II, 1991 [B. Kasten] — XX/3 325–326

BOUREAU, Alain: La légende dorée. Le système narratif de Jacques de Voragine († 1298). Préface de Jacques Le GOFF, 1984 [A. Paravicini Bagliani] — XIII 779–780

BOUREL, Dominique: Vgl. Frédéric II, roi de Prusse. Œuvres philosophiques, 1985 — XIV 778–780

BOURGAIN, Pascale: Vgl. Poésie lyrique latine du Moyen Âge, 1989 — XVII/1 329

La bourgeoisie allemande. Un siècle d'histoire (1830–1933), publ. par Jacques DROZ, 1986 (Le mouvement social, juillet-septembre 1986, 136) [H. Kaelble] — XVI/3 197–198

Bourgeoisies de Provence et Révolution. Colloque de Vizille 1984, 1987 [J. Voss] — XVIII/2 327–328

BOURGEON, Jean: Vgl. Journal d'un honnête homme pendant l'occupation, 1990 — XIX/3 288–289

BOURGIN, Georges: La Révolution, l'Agriculture, la Forêt. Lois et règlements. Préface de Jean BART, 1989 [A. Cser] — XVIII/2 290–291

BOURIN, Monique: Vgl. Villes, bonnes villes, cités et capitales, 1989 — XIX/1 240–243

BOURIN-DERRUAU, Monique: Villages médiévaux en Bas-Languedoc. Genèse d'une sociabilité, X^e–XIVe siècle. T. 1: Du château au village, X^e–XIIe siècle; t. 2: La démocratie au village, XIIIe–XIVe siècle, 1987 [M. Parisse] — XVII/1 226–228

BOUTANT, Charles: L'Europe au grand tournant des années 1680. La succession palatine. Préface d'André CORVISIER, 1985 [H. Schmidt] — XIV 768–771

BOUTIER, Jean: Vgl. PEROUAS, Louis et al.: Léonard, Marie, Jean et les autres, 1984 — XVI/1 222–223

BOUTIER, Jean, Philippe BOUTRY: Les Sociétés Politiques, 1992 (Atlas de la Révolution française, 6) [M. Wagner] — XX/2 274–275

BOUTRY, Philippe, Jacques NASSIF: Martin l'Archange, 1985 [P. Schöttler] — XVIII/3 224–225

BOUTRY, Philippe: Vgl. BOUTIER, Jean et al.: Les Sociétés Politiques, 1992 — XX/2 274–275

BOUVIER, Beatrix W.: Französische Revolution und deutsche Arbeiterbewegung. Die Rezeption des revolutionären Frankreich in der

deutschen sozialistischen Arbeiterbewegung von den 1830er Jahren
bis 1905, 1982 [T. Grosser] XI 847–849

BOUVIER, Beatrix W.: Vgl. BLOS, Wilhelm: Die Französische Revolution, 1988 XVII/2 301–304

BOUVIER, Jean: Vgl. THOBIE, Jacques: La France Impériale 1880–1914, 1982 XI 688–692

BOUWSMA, William J.: John Calvin. A Sixteenth-Century Portrait, 1988 [H. Schilling] XVII/2 244–245

BOYD, Malcolm: Music and the French Revolution, 1992 [U. Martin] XX/2 282–283

BOYER-XAMBEU, Marie-Thérèse, Ghislain DELEPLACE, Lucien GILLARD: Monnaie privée et pouvoir des princes. L'économie des relations monétaires à la Renaissance. Préface de Pierre JEANNIN, 1986 [J. Hoock] XIX/2 253–254

BOYLE, Peter G.: Vgl. The Churchill-Eisenhower Correspondence 1953–1955, 1990 XVIII/3 302–303

BRACHER, Karl Dietrich: Geschichte und Gewalt. Zur Politik im 20. Jahrhundert, 1981 [A. Kimmel] XI 693–696

BRACHER, Karl Dietrich: Zeit der Ideologien. Eine Geschichte politischen Denkens im 20. Jahrhundert, 1982 [A. Kimmel] XI 693–696

BRACHER, Karl-Dietrich, Wolfgang JÄGER, Werner LINK: Republik im Wandel 1969–1974: Die Ära Brandt, 1986 (Geschichte der Bundesrepublik Deutschland, 5/I) [A. Kimmel] XVI/3 151–158

BRACHER, Karl-Dietrich: Vgl. Deutschland 1933–1945. Neue Studien zur nationalsozialistischen Herrschaft, 1992 XX/3 324–325

BRADY Jr., Thomas A.: Turning Swiss. Cities and Empire, 1450–1550, 1985 (Cambridge Studies in Early Modern History) [C. Ulbrich] XV 976–978

BRAKELMANN, Günter, Martin GRESCHAT, Werner JOCHMANN: Protestantismus und Politik. Werk und Wirkung Adolf Stoeckers, 1982 [P. Theiner] XII 869–871

BRANDIS, Tilo: Vgl. Die mittelalterlichen Handschriften der Wissenschaftlichen Stadtbibliothek Soest, 1990 XIX/1 259–260

BRANDMÜLLER, Walter: Papst und Konzil im Großen Schisma (1378–1431). Studien und Quellen, 1990 [P. Ourliac] XIX/1 336–338

BRANDT, Brigitte: Vgl. August Bebel: Aus meinem Leben, 1986 XIV 880

BRANDT, Hartwig: Vgl. Das Staatslexikon, 12 Bde., 1990 XX/3 197–200

BRANDT, Willy: Vgl. BECK, Dorothea: Julius Leber, 1983 XIII 913–915

BRECHT, Bertolt: ABC de la guerre. Édition française établie, prés. et ann. par Klaus SCHUFFELS. Trad. de Philippe IVERNEL, 1985 [D. Riesenberger] XV 1081–1082

BREIT, Stefan: »Leichtfertigkeit« und ländliche Gesellschaft. Voreheliche Sexualität in der frühen Neuzeit. / »Vie frivole« et société rurale. Sexualité prénuptiale à l'époque moderne, 1991 (Ancien Régime, Aufklärung und Revolution, 23) [J.-P. Kintz] XX/2 180

BRENNAN, Thomas: Public Drinking and Popular Culture in Eighteenth-Century Paris, 1988 [M. Dinges] XVII/2 284–286

BRÈS, Eveline et Yvan: Un maquis d'antifascistes allemands en France
(1942–1944), 1987 [J. Thomas]   XVII/3   289–290

BRESC, Henri: Vgl. Le Moyen Âge. Vol. 1, 1982   XI   725–728

BRESC, Henri: Vgl. Le Moyen Âge. Vol. 2, 1982   XI   736–737

BRESC-BAUTIER, Geneviève: Vgl. Le cartulaire du Chapitre du Saint-Sépulcre de Jérusalem, 1984   XVI/1   282–287

BREUILLY, John, Wieland SACHSE: Joachim Friedrich Martens (1806–1877) und die deutsche Arbeiterbewegung, 1984 (Göttinger Beiträge zur Wirtschafts- und Sozialgeschichte, 8) [D. H. Müller]   XIV   794

BREUNING, Eleonore: Vgl. Akten zur deutschen Auswärtigen Politik 1918–1945. Serie A, Bde. IV–VI, 1988   XVII/3   257–258

Breviarium ecclesiae Ravennatis (Codice bavaro) secoli VII-X, a cura di Giuseppe RABOTTI, appendici documentarie a cura di C. CURRADI, Guiseppe RABOTTI, Augusto VASINA, 1985 (Fonti per la storia d'Italia pubblicate dall'Istituto storico italiano per il medio evo, 110) [J. Durliat]   XV   923–926

BRIDGE, F. Roy, Roger BULLEN: The Great Powers and the European States System 1815–1914, 1980 [W. D. Gruner]   XII   853–855

Die Briefe des Petrus Damiani, hg. von Kurt REINDEL, Bd. 1, 1983 (Monumenta Germaniae Historica. Die Briefe der Deutschen Kaiserzeit, 4) [P. Toubert]   XIV   717–721

Die Briefe des Petrus Damiani, hg. von Kurt REINDEL, Bde. 2–3, 1988–1989 (Monumenta Germaniae Historica. Die Briefe der Deutschen Kaiserzeit, 4) [P. Toubert]   XX/1   282–285

Britain in the Age of Walpole, ed. by Jeremy BLACK, 1984 (Problems in Focus Series) [G. Niedhart]   XIII   830–831

Britische Deutschland- und Besatzungspolitik 1945–1949, hg. von Josef FOSCHEPOTH und Rolf STEININGER, 1985 (Sammlung Schöningh zur Geschichte und Gegenwart) [S. Martens]   XIV   618–637

BROC, Numa: Dictionnaire illustré des explorateurs et grands voyageurs français du XIXe siècle, publ. pour le Ministère de l'Éducation Nationale par le Comité des Travaux historique et scientifique. Préface de Pierre GEORGE, avant-propos de Robert CORNEVIN. T. I: Afrique, 1988 [H. Gründer]   XVII/3   228–229

BROCKHOFF, Evamaria: Vgl. Reichsstädte in Franken, 3 Bde., 1987   XVI/1   318

BROCKHOFF, Evamaria: Vgl. »Vorwärts, vorwärts, sollst du schauen ...« Geschichte, Politik und Kunst unter Ludwig I., Bd. 8, 1986   XVI/3   178–180

BROCKHOFF, Evamaria: Vgl. HENKER, Michael et al.: Hört, sehet, weint und liebt. Passionsspiele im alpenländischen Raum, 1990   XIX/2   281–283

BROCKLISS, L. W. B.: French Higher Education in the Seventeenth and Eighteenth Centuries. A Cultural History, 1987 [D. Gugerli]   XVI/2   285–286

BROCKMEIER, Peter: Vgl. Französische Literatur in Einzeldarstellungen, 3 Bde., 1982   XII   752–757

BROMMER, Peter: Vgl. Inventar des herzoglich arenbergischen Archivs in Edingen/Enghien (Belgien). Teil 1, 1984   XIII   706

BROMMER, Peter: Vgl. Monumenta Germaniae Historica. Capitula episcoporum. Bd. I, 1984 — XIII 736–738

BROMMER, Peter: Vgl. Quellen zur Geschichte von Rheinland-Pfalz während der französischen Besatzung, März 1945 bis August 1949, 1985 — XIV 851–852

BRONDY, Réjane: Chambéry. Histoire d'une capitale vers 1350–1560, 1988 [M.-T. Kaiser-Guyot] — XVIII/1 311–312

BROSZAT, Martin: Nach Hitler. Der schwierige Umgang mit unserer Geschichte, 1988 (dtv wissenschaft, 4447) [S. Martens] — XVI/3 313

BROUILLET, Hervé: Vgl. Contribution à l'histoire de la Révolution et de l'Empire. 1789–1815, 1989 — XIX/2 315–316

BROWN JENSEN, Rosalind: Vgl. TABACCO, Giovanni: The struggle for power in medieval Italy, 1989 — XX/1 238–239

BRUCH, Rüdiger vom: Weltpolitik als Kulturmission. Auswärtige Kulturpolitik und Bildungsbürgertum in Deutschland am Vorabend des Ersten Weltkrieges, 1982 (Quellen und Forschungen aus dem Gebiet der Geschichte. Neue Folge, 4) [J. Kämmerer] — XI 864

BRUCKNER, Albert: Vgl. Chartae Latinae Antiquiores. X–XII, 1978–1979 — XI 728–729

BRUCKNER, Albert: Vgl. Chartae Latinae Antiquiores. XIX: France VII, 1987 — XIV 876

BRUDER, Wolfgang: Vgl. Ploetz. Die Bundesrepublik Deutschland, 1984 — XIV 618–637

Brügge-Colloquium des Hansischen Geschichtsvereins, 26.–29. Mai 1988. Referate und Diskussionen, hg. von Klaus FRIEDLAND, 1990 (Quellen und Darstellungen zur Hansischen Geschichte, Neue Folge, 36) [M.-L. Pelus-Kaplan] — XIX/1 250–251

BRÜHL, Carlrichard, Cinzio VIOLANTE: Die »Honorantie civitatis Papie«. Transkription, Edition, Kommentar, 1983 [F. Menant] — XI 739–740

BRÜHL, Carlrichard: Deutschland–Frankreich. Die Geburt zweier Völker, 1990 [J. Richard] — XX/1 246–248

BRUGGEMAN, M.: Vgl. BOS-ROPS, J. A. M. Y. et al.: Archief-wijzer: handleiding voor het gebruik van archieven in Nederland, 1987 — XVI/1 221

BRUMMERT, Ulrike: L'universel et le particulier dans la pensée de Jean Jaurès. Fondaments théoriques et analyse politique de la question méridionale en France, 2 vol., 1987 [S. Martens] — XV 1110–1111

BRUMMERT, Ulrike: Vgl. Jean Jaurès, 1989 — XVII/3 243–244

BRUNEL, Robert: Vgl. Le diocèse de Genève-Annecy, 1985 — XIV 866–867

BRUNET, Jean-Paul: Jacques Doriot. Du communisme au fascisme, 1986 [K.-J. Müller] — XVII/3 170–191

BRUNET, Michel: Le Roussillon: une société contre l'État 1780–1820, 1986 (Publications de l'Université de Toulouse-le-Mirail, Série A, 57) [R. Reichardt] — XVIII/2 322–323

BRUNN, Gerhard: Vgl. Metropolis Berlin, 1992 — XX/3 254–256

BRUNNER, Detlev: Vgl. Quellen zur Geschichte der deutschen Gewerkschaftsbewegung im 20. Jahrhundert. Bd. 4, 1988 — XIX/3 268–270

BRUNNER, Karl: Einführung in den Umgang mit Geschichte, 1985 [K. Pellens] — XIV 664–666

BRUYELLE, Pierre: Vgl. Histoire de Roubaix, 1984 — XIV 869–872

BRYANT, Lawrence M.: The King and the City in the Parisian Royal Entry Ceremony. Politics, Ritual, and Art in the Renaissance, 1986 (Travaux d'Humanisme et Renaissance, 216) [H. Weber] — XVII/2 254–255

BUBERL, Brigitte: Vgl. Reichsstädte in Franken, 3 Bde., 1987 — XVI/1 318

Das Buch von Alexander dem edlen und weisen König von Makedonien. Mit den Miniaturen der Leipziger Handschrift hg. von Wolfgang KIRSCH, 1991 [M. Pörnbacher] — XIX/1 316–317

BUCHHEIM, Christoph: Die Wiedereingliederung Westdeutschlands in die Weltwirtschaft 1945–1958, 1990 (Quellen und Darstellungen zur Zeitgeschichte, 31) [A. Lattard] — XX/3 301–303

BUCHMÜLLER-PFAFF, Monika: Siedlungsnamen zwischen Spätantike und frühem Mittelalter. Die -(i)acum-Namen der römischen Provinz Belgica Prima, 1990 (Beihefte zur Zeitschrift für Romanische Philologie, 225) [D. Geuenich] — XX/1 262–264

BUCHSTAB, Günter: Vgl. Verfolgung und Widerstand 1933–1945. Christliche Demokraten gegen Hitler, 1986 — XV 1074–1075

BUCK, August: Vgl. Das Ende der Renaissance: Europäische Kultur um 1600, 1987 — XVI/2 258–259

BUCK, Robert J.: Agriculture and Agricultural Practice in Roman Law, 1983 (Historia. Zeitschrift für alte Geschichte. Einzelschriften, 45) [J. Durliat] — XIII 719

BÜCHELER, Heinrich: Carl-Heinrich von Stülpnagel. Soldat – Philosoph – Verschwörer. Biographie, 1989 [H. Wentker] — XIX/3 291–292

BÜHLER, Arnold: Vgl. Das Publikum politischer Theorie im 14. Jahrhundert, 1992 — XX/1 306–309

BÜHRER, Werner: Ruhrstahl und Europa. Die Wirtschaftsvereinigung Eisen- und Stahlindustrie und die Anfänge der europäischen Integration 1945–1952, 1986 (Schriftenreihe der Vierteljahrshefte für Zeitgeschichte, 53) [P. Barral] — XV 1082–1083

BÜHRER, Werner: Vgl. Vom Marshallplan zur EWG, 1990 — XVIII/3 296–297

BUES, Almut: Vgl. Nuntiaturberichte aus Deutschland 1572–1585. Bd. 7, 1990 — XVIII/2 249–250

BÜSCH, Otto: Vgl. Moderne preußische Geschichte 1648–1947, 1981 — XI 802–805

BÜSCH, Otto: Vgl. NEUGEBAUER, Wolfgang: Absolutistischer Staat und Schulwirklichkeit in Brandenburg-Preußen, 1985 — XIV 775–778

BÜSCH, Otto: Vgl. Preußen und die revolutionäre Herausforderung seit 1789, 1990 — XIX/2 344–346

BÜTTNER, Heinrich: Geschichte des Elsaß. I.: Politische Geschichte des Landes von der Landnahmezeit bis zum Tode Ottos III. und Ausgewählte Beiträge zur Geschichte des Elsaß im Früh- und Hochmittelalter, hg. von Traute ENDEMANN, 1991 [O. Kammerer] — XX/1 243–246

BUFFET, Cyril: Mourir pour Berlin. La France et l'Allemagne 1945–1949, 1991 [W. Loth]	XX/3	299–300
BUISSERET, David: Vgl. Les oeconomies royales de Sully, 1595–1599, T. II, 1988	XVII/2	259–261
BUISSON, Ludwig: Lebendiges Mittelalter. Aufsätze zur Geschichte des Kirchenrechts und der Normannen. Festgabe zum 70. Geburtstag, hg. von Günter MOLTMANN und Gerhard THEUERKAUF, 1988 [M. Heinzelmann]	XVII/1	324
BULLEN, Roger: Vgl. BRIDGE, F. Roy et al.: The Great Powers and the European States System 1815–1914, 1980	XII	853–855
BULLOCK, Lord Alan: Vgl. Akten zur deutschen Auswärtigen Politik 1918–1945. Serie A, Bde. I-III, 1982, 1984, 1985	XIII	891–893
BULLOCK, Lord Alan: Vgl. Akten zur deutschen Auswärtigen Politik 1918–1945. Serie A, Bde. IV–VI, 1988	XVII/3	257–258
BULLOCK, Lord Alan: Hitler and Stalin. Parallele Leben, 1991 [M. Steinert]	XX/3	260–261
BULST, Neithard: Vgl. Medieval Lives and the Historian, 1986	XVI/1	221–222
BULST, Neithard: Vgl. La ville, la bourgeoisie et la genèse de l'état moderne, 1988	XVIII/1	299–301
BULST, Walther: Vgl. Hilarii Aurelianensis Versus et Ludi – Epistolae, 1989	XVIII/1	281–282
BULST-THIELE, Marie Luise: Vgl. Hilarii Aurelianensis Versus et Ludi – Epistolae, 1989	XVIII/1	281–282
Die Bundesrepublik Deutschland. Entstehung, Entwicklung, Struktur. Hg. von Wolf-Dieter NARR und Dietrich THRÄNHARDT, 1984 [S. Martens]	XIV	618–637
Die Bundesrepublik Deutschland. Geschichte in drei Bänden, hg. von Wolfgang BENZ. Bd. 1: Politik; Bd. 2: Gesellschaft; Bd. 3: Kultur, 1983 [S. Martens]	XIV	618–637
BUR, Michel: Vgl. La maison forte au moyen âge, 1986	XVI/1	238–240
BUR, Michel: Vgl. Chronique ou Livre de fondation du monastère de Mouzon, 1989	XVIII/1	278–279
BURG, Peter: Die deutsche Trias in Idee und Wirklichkeit. Vom alten Reich zum deutschen Zollverein, 1989 (Veröffentlichungen des Instituts für Europäische Geschichte Mainz, 136) [R. Dufraisse]	XX/2	253–256
BURGUIÈRE, André: Vgl. Marc Bloch aujourd'hui, 1990	XIX/3	103–108
BURKE, Edmund, Friedrich GENTZ: Über die Französische Revolution. Betrachtungen und Abhandlungen, hg. und mit einem Anhang versehen von Hermann KLENNER, 1991 (Philosophiehistorische Texte) [P.-A. Bois]	XX/2	257–259
BURKHARDT, Johannes: Frühe Neuzeit: 16.-18. Jahrhundert, 1985 [J.-P. Kintz]	XIV	756–757
BURNS, Thomas: A History of the Ostrogoths, 1984 [W. Kuhoff]	XIII	719–724
BURRIN, Philippe: La Dérive Fasciste. Doriot, Déat, Bergéry 1933–1945, 1986 [K.-J. Müller]	XVII/3	170–191

BURY, John P. T., Robert T. TOMBS: Thiers (1797–1877). A Political Life, 1986 [J.-C. Jauffret] — XIV 809–810

BUSCH, Jörg W.: Vgl. Statutencodices des 13. Jahrhunderts als Zeugen pragmatischer Schriftlichkeit, 1991 — XX/1 299–300

BUSSMANN, Walter: Vgl. Staat und Gesellschaft im politischen Wandel, 1979 — XII 739–740

BUSSMANN, Walter: Vgl. Akten zur deutschen Auswärtigen Politik 1918–1945. Serie A, Bde. I-III, 1982, 1984, 1985 — XIII 891–893

BUSSMANN, Walter: Vgl. Akten zur deutschen Auswärtigen Politik 1918–1945. Serie A, Bde. IV–VI, 1988 — XVII/3 257–258

BUSSMANN, Walter: Zwischen Preußen und Deutschland. Friedrich Wilhelm IV. Eine Biographie, 1990 [M. Kerautret] — XIX/3 230–232

Byzantium and the Low Countries in the Tenth Century. Aspects of Art and History in the Ottonian Era, ed. by V. D. van AALST and K. N. CIGGARR, 1985 [K. F. Werner] — XIII 751–752

CAHN, Jean-Paul: Le Second Retour. Le rattachement de la Sarre à l'Allemagne 1955–1957, 1985 (Collection Contacts, Série 2: Gallo-Germanica, 1) [A. Heinen] — XIV 854–855

CAILLEAUX, Denis: Vgl. Moines et métallurgie dans la France médiévale, 1991 — XX/1 240–242

CALVIÉ, Lucien: Vgl. FURET, François: Marx et la Révolution Française, 1986 — XV 1049–1050

CALVOT, Danièle, Gilbert OUY: L'œuvre de Gerson à Saint-Victor de Paris. Catalogue des manuscrits, 1990 (CNRS Centre Régional de Publication de Paris) [G. Teske] — XIX/1 341–342

CAMPBELL, James: Essays in Anglo-Saxon History, 1986 [M. Heinzelmann] — XVII/1 324

CAPITANI, O.: Vgl. Studi Gregoriani per la storia della »Libertas Ecclesiae«. Vol. XIII, 1989 — XIX/1 303–305

CAPRA, Dominick La: Vgl. Geschichte denken, 1988 — XVI/3 314

CARDOT, Fabienne: L'espace et le pouvoir. Étude sur l'Austrasie mérovingienne, 1987 (Université Paris I, Histoire ancienne et médiévale, 17) [G. Scheibelreiter] — XVII/1 248–250

CARDOT, Fabienne: Vgl. Espoirs et Conquêtes 1881–1918. T. 1, 1991 — XX/3 227–228

CARILE, Antonio: Vgl. Ricerche e studi sul »Breviarium ecclesiae Ravennatis«, 1985 — XV 923–926

CARON, François: Vgl. Espoirs et Conquêtes 1881–1918. T. 1, 1991 — XX/3 227–228

CARON, Marie-Thérèse: La noblesse dans le duché de Bourgogne 1315–1477. Préface de Jean RICHARD, 1987 [W. Paravicini] — XVI/1 207–214

CARON, Vicki: Between France and Germany. The Jews of Alsace-Lorraine, 1871–1918, 1988 [A. Daum] — XVIII/3 242–243

La carte manuscrite et imprimée du XVIe au XIXe siècle. Journée d'étude sur l'histoire du livre et des documents graphiques, Valenciennes, 17. Nov. 1981, éd. par Frédéric BARBIER, 1983 [R. Loose] — XI 779

Cartulaire de l'Abbaye de Saint-Amant de Boixe, publ. par André DEBORD, 1982 [G. Beech]	XV	948–949
Cartulaire de l'abbaye de Lézat, publ. par Paul OURLIAC et Anne-Marie MAGNOU. Vol. 1, 1984 (Coll. de documents inédits sur l'histoire de France. Section d'histoire médiévale et de philologie. Série in-8°, 17) [J. Ehlers]	XIV	743–744
Le cartulaire du Chapitre du Saint-Sépulcre de Jérusalem, publ. par Geneviève BRESC-BAUTIER, 1984 (Documents relatifs à l'histoire des croisades, 15) [R. Hiestand]	XVI/1	282–287
Cartulaire de la Chartreuse de Bonnefoy, éd. par Jean-Loup LEMAÎTRE, 1990 (Documents, études et répertoires) [D. Lohrmann]	XIX/1	310
Cartulaire chronique du prieuré Saint-Georges d'Hesdin. Publ. par Robert FOSSIER, 1988 [W. Peters]	XIX/1	306–307
Cartulaire de Saint-Nicaise de Reims, éd. par Jeannine COSSÉ-DURLIN, 1991 (Documents, études et répertoires) [L. Falkenstein]	XIX/1	310–314
CASA, Gabriella: Vgl. Trieste, Nodier e le Province Illiriche, 1989	XVII/2	339–340
CASTELNUOVO, Guido: L'aristocrazia del Vaud fino alla conquista sabauda (inizio XI–metà XIII secolo), 1990 (Biblioteca Storica Subalpina, 207) [E. Tremp]	XIX/1	308–309
CASTRIES, René de la Croix, duc de: Mirabeau ou l'échec du destin, 1986 [R. Reichardt]	XVIII/2	277–278
Catalogue Général des Manuscrits des Bibliothèques Publiques de France. T. 64, Supplément Versailles, 1989 [H.-U. Seifert]	XVIII/2	231–232
CAUWENBERGHE, Eddy van: Vgl. Münzprägung, Geldumlauf und Wechselkurse, 1984	XIV	670–675
CAYEZ, Pierre: Crises et croissance de l'industrie lyonnaise 1850–1900, 1980 [D. Brötel]	XIII	883–885
CAZAUX, Yves: Vgl. PALMA-CAYET, Pierre-Victor: L'histoire prodigieuse du Docteur Fauste, 1982	XI	785–786
CECIL, Lamar: Wilhelm II. Prince and Emperor, 1859–1900, 1989 [R. Lahme]	XX/3	121–129
CEGIELSKI, Tadeusz: Das alte Reich und die erste Teilung Polens 1768–1774, 1987 [E. Buddruss]	XIX/2	211–227
CHADEAU, Emmanuel: L'Économie nationale aux XIXe et XXe siècles, 1989 (Annuaire statistique de l'économie française aux XIXe et XXe siècles, 1) [E. Bokelmann]	XIX/3	241–242
CHAGNOLLAUD, Dominique: Le Premier des Ordres. Les hauts fonctionnaires (XVIIIe–XXe siècle), 1991 [H. Reifeld]	XX/3	241–242
CHAIX, Gérald: Vgl. Le livre religieux et ses pratiques, 1991	XX/2	220
CHALANDON, A.: Vgl. GENEVOIS, Anne-Marie et al.: Bibliothèques de manuscrits médiévaux en France, 1987	XVIII/1	241
CHALINE, Jean-Pierre: Les Bourgeois de Rouen. Une élite urbaine au XIXe siècle, 1982 [O. Dann]	XIII	881–883
CHAMBERLAIN, Muriel E.: ›Pax Britannica‹? British Foreign Policy 1789–1914, 1988 (Studies in Modern History) [H. Wentker]	XVII/3	211–212

CHAMBERLIN, William Henry: The Russian Revolution 1917–1921. Vol. I: From the Overthrow of the Tsar to the Assumption of Power by the Bolsheviks; Vol. II: From the Civil War to the Consolidation of Power. With a Selected Bibliography of Recent Works on 1917 and the Civil War by Diane KOENKER, 1987 [A. Fischer] — XVII/3 252

CHAPOULIE, Jean-Michel: Les Professeurs de l'enseignement secondaire: un métier de classe moyenne, 1987 [D. Tiemann] — XVI/3 207–208

CHAPSAL, Jacques: La vie politique en France de 1940 à 1958, 1984 [A. Kimmel] — XIII 915–917

CHAPSAL, Jacques: La vie politique sous la Ve République, 2e éd. mise à jour, 1984 [A. Kimmel] — XIII 915–917

CHARBONNEAU, Patrick: Vgl. THADDEN, Rudolf von: La Prusse en question, 1985 — XIV 790–793

CHARLE, Christoph: Vgl. Le personnel de l'enseignement supérieur en France aux XIXe et XXe siècles, 1985 — XVI/3 202–207

CHARLE, Christophe, Eva TELKÈS: Les professeurs du Collège de France. Dictionnaire biographique (1901–1939), 1988 [L. Raphael] — XVII/3 240–241

CHARLE, Christophe: La Naissance des »intellectuels«, 1880–1900, 1990 [M. Kessel] — XX/3 242–243

Charlemagne's Heir. New Perspectives on the Reign of Louis the Pious (814–840). Ed. by Peter GODMAN and Roger COLLINS, 1990 [M. Borgolte] — XIX/1 289–291

CHARMAN, Terry: L'Allemagne dans la guerre 1939–1945, 1989 [C. Buffet] — XVIII/3 191–208

CHARMASSON, Thérèse: Recherches sur une technique divinatoire: La géomancie dans l'Occident médiéval, 1980 (Centre de Recherches d'Histoire et de Philologie de la IVe Section de l'École pratique des Hautes Études, 5; Hautes Études médiévales et modernes, 44) [A. Paravicini Bagliani] — XI 754–755

Chartae Latinae Antiquiores. Facsimile – Edition of the Latin Charters Prior to the Ninth Century, ed. by Albert BRUCKNER et Robert MARICHAL. X: Germany I (Berlin, DDR); XI: Germany II (Berlin-West, Bundesrepublik Deutschland und DDR); XII: Germany III (BRD und DDR), 1978–79 [D. Lohrmann] — XI 728–729

Chartae Latinae Antiquiores. Facsimile-Edition of the Latin Charters Prior to the Ninth Century, ed. by Albert BRUCKNER and Robert MARICHAL. Part XIX: France VII, publ. by Hartmut ATSMA, Jean VEZIN and Robert MARICHAL, 1987 [M. Heinzelmann] — XIV 876

Chartes et documents de la Sainte-Chapelle de Vincennes (XIVe et XVe siècles), publ. par Claudine BILLOT avec le concours de Josiane Di CRESCENZO. Avant-propos de Bernard BARBICHE, 2 vol., 1984 (Documents, études et répertoires) [K. Militzer] — XIII 784–785

Les chartes des évêques d'Arras (1093–1203), éd. par Benoît-Michel TOCK, 1991 (Collection de documents inédits sur l'histoire de France, Section d'Histoire médiévale et de Philologie, Série in-8°, 20) [J. Ehlers] — XX/1 286–287

CHARTIER, Roger: Vgl. Les usages de l'imprimé, 1987 — XVI/2 246–248
CHARTIER, Roger: The Cultural Uses of Print in Early Modern France, 1987 [H.-J. Lüsebrink] — XVII/2 217–219
CHARTIER, Roger: Vgl. Livre et Révolution, 1988 — XVII/2 320–321
CHARTIER, Roger: Vgl. Histoire sociale des populations étudiantes. T. 1, 1986 — XVIII/2 239–240
CHARTIER, Roger: Les origines culturelles de la Révolution Française, 1990 [F. E. Schrader] — XVIII/2 279–280
CHARTIER, Roger: L'Ordre des Livres. Lecteurs, auteurs, bibliothèques en Europe entre XIVe et XVIIIe siècle, 1992 [F. Beckmann] — XX/2 173–174
CHARTRAIN, Frédéric: Vgl. Traité des monnaies, Nikolas Oresme et autres écrits monétaires du XIVe siècle, 1989 — XX/1 304–306
Chartularium Sangallense, vol. III (1000–1265), bearb. von Otto P. CLAVADETSCHER, 1983 [C. Wilsdorf] — XII 791–794
Chartularium Sangallense, vol. IV (1266–1299), bearb. von Otto P. CLAVADETSCHER, 1985 [C. Wilsdorf] — XV 963–964
Chartularium Sangallense, vol. V (1300–1326), bearb. von Otto P. CLAVADETSCHER, 1988 [C. Wilsdorf] — XVII/1 300–301
Chartularium Sangallense, vol. VI (1327–1347), bearb. von Otto P. CLAVADETSCHER, 1990 [O. Kammmerer] — XIX/1 327–328
CHASTENET, Patrick et Philippe: Chaban, 1991 [U. Lappenküper] — XX/3 312–313
CHÂTELLIER, Louis: L'Europe des Dévots, 1987 [R. Babel] — XVIII/2 209–217
CHÂTELLIER, Louis: Vgl. Les Réformes en Lorraine (1520–1620), 1986 — XVIII/2 209–217
CHAUNU, Pierre: Vgl. DUPÂQUIER, Jacques et al.: Histoire de la démographie, 1985 — XV 885–887
CHAUNU, Pierre: Vgl. AGULHON, Maurice et al.: Essais d'Égo-Histoire, 1987 — XVII/3 204–205
CHAUVIN, Benoît: Vgl. Mélanges à la mémoire du Père Anselme Dimier, T. III, vol. 5–6, 1982 — XI 756
CHAUVIN, Benoît: Vgl. Mélanges à la mémoire du Père Anselme Dimier. T. I, 1987 — XIX/1 237–238
CHEBEL D'APPOLLONIA, Ariane: Histoire politique des intellectuels en France (1944–1954). T. I: Des lendemains qui déchantent; t. II: Le temps de l'engagement, 1991 (Questions au XXe siècle) [M. Christadler] — XX/3 308–309
CHÉLINI, Jean: L'aube du moyen âge. Naissance de la chrétienté occidentale. La vie religieuse des laïcs dans l'Europe carolingienne (750–900). Préface de Pierre RICHÉ, postface de Georges DUBY, 1991 [G. Scheibelreiter] — XX/1 268–270
Les Chemins de la Décolonisation de l'Empire Colonial Français, éd. par Charles-Robert AGERON, 1986 [D. Brötel] — XVI/3 145–150
CHEVAL, René: Le Coq et l'Aigle, 1990 (Contacts, Série II: Gallo-Germanica, 4) [L. Richard] — XIX/3 322–323
CHEVALIER, Bernard: Les bonnes villes de France du XIVe au XVIe siècle, 1982 (Collection historique) [U. Dirlmeier] — XII 817–818

CHEVALIER, Bernard: Vgl. La France de la fin du XVe siècle: Renouveau et apogée, 1985 — XIV 753–755

CHEVALIER, Bernard: Vgl. Les Réformes. Enracinement socioculturel, 1985 — XVIII/2 209–217

CHEVALIER, Bernard: Vgl. Villes, bonnes villes, cités et capitales, 1989 — XIX/1 240–243

CHISICK, Harvey: The limits of reform in the Enlightenment: Attitudes towards the education of the lower classes in 18th-century France, 1981 [U.-C. Pallach] — XII 834–837

CHITTOLINI, Giorgio: Vgl. Statuti città territori in Italia e Germania tra medioevo ed età moderna, 1991 — XX/1 209–211

CHITTOLINI, Giorgio: Vgl. Statuten, Städte und Territorien zwischen Mittelalter und Neuzeit in Italien und Deutschland, 1992 — XX/1 209–211

CHODOROW, Stanley: Vgl. Decretales ineditae saeculi XII, 1982 — XI 743–745

CHOISEL, Francis: Bonapartisme et Gaullisme, 1987 [R. Fleck] — XVI/3 193

CHOLVY, Gérard, Yves-Marie HILAIRE: Histoire Religieuse de la France Contemporaine. T. 2: 1880–1930, 1986 [M. Greschat] — XVI/3 208–210

CHOLVY, Gérard, Yves-Marie HILAIRE: Histoire Religieuse de la France Contemporaine, T. 3: 1930–1988, 1988 [M. Greschat] — XVII/3 281–283

CHOMARAT, Jacques: Vgl. Actes du colloque international ERASME (Tours, 1986), 1990 — XX/2 189–190

CHOPPIN, Alain: Vgl. HARTEN, Hans-Christian: Les Écrits pédagogiques sous la Révolution, 1989 — XIX/2 324–325

CHOURAQUI, André: Un visionnaire nommé Herzl. La résurrection d'Israël, 1991 (Les Hommes et l'Histoire) [A. Daum] — XIX/3 246–247

CHOWANIEC, Elisabeth: Der »Fall Dohnanyi« 1943–1945. Widerstand, Militärjustiz, SS-Willkür, 1991 (Schriftenreihe der Vierteljahrshefte für Zeitgeschichte, 62) [H. Wentker] — XX/3 282–283

CHRISTADLER, Marieluise: Vgl. Die geteilte Utopie. Sozialisten in Frankreich und Deutschland, 1985 — XIV 820–822

Christentum und Politik: Dokumente des Widerstands. Zum 40. Jahrestag der Hinrichtung des Zentrumspolitikers und Staatspräsidenten Eugen Bolz am 23. Januar 1945. Hg. von Joachim KÖHLER, 1985 [G. Badia] — XIV 848

Christian Wolff (1679–1754). Interpretationen zu seiner Philosophie und deren Wirkung. Mit einer Bibliographie der Wolff-Literatur, hg. von Werner SCHNEIDERS, 1983 (Studien zum 18. Jahrhundert, 4) [G.-L. Fink] — XII 841–843

Die Chronik von Montecassino, hg. von Hartmut HOFFMANN, 1980 (Monumenta Germaniae Historica. Scriptores, 34 [Chronica monasterii Casinensis]) [P. Toubert] — XIII 757–760

Chronique ou Livre de fondation du monastère de Mouzon. Chronicon Mosomense seu Liber fundationis monasterii sanctae Mariae O.S.B. apud Mosomum in diocesi Remensi. Éd., trad., comm. et ann. par Michel BUR, 1989 (Sources d'Histoire Médiévale) [J. Ehlers] — XVIII/1 278–279

Chronique de Saint-Pierre-le-Vif de Sens, dite de Clarius (Chronicon Sancti Petri Vivi Senonensis). Texte éd., trad. et ann. par Robert-Henri BAUTIER et Monique GILLES avec la collab. d'Anne-Marie BAUTIER, 1979 (Sources d'Histoire Médiévale) [O. G. Oexle]	XI	745–746
CHURCH, Clive H.: Revolution and Red Tape: The French Ministerial Bureaucracy 1770–1850, 1981 [L. Bergeron]	XI	828–829
The Churchill-Eisenhower Correspondence 1953–1955, publ. by Peter G. BOYLE, 1990 [R. Lahme]	XVIII/3	302–303
CIGGARR, K. N.: Vgl. Byzantium and the Low Countries in the Tenth Century, 1985	XIII	751–752
La »Civilisation« dans l'enseignement et la recherche, 1982 (Lez Valenciennes. Cahiers du l'UER Froissart, 7) [R. Höhne]	XIV	666–667
Civitatum communitas. Studien zum europäischen Städtewesen. Festschrift [für] Heinz Stoob zum 65. Geburtstag. In Verbindung mit Friedrich Bernward FAHLBUSCH und Bernd-Ulrich HERGEMÖLLER hg. von Helmut JÄGER, Franz PETRI, Heinz QUIRIN, 2 Bde., 1984 (Städteforschung. Veröffentlichungen des Instituts für vergleichende Städtegeschichte in Münster. Reihe A: Darstellungen, 21/1–2) [P. Racine]	XIV	659–660
CLARE, George: Berlin après Berlin 1946–1947, 1990 [C. Buffet]	XVIII/3	191–208
CLARKE, John: British Diplomacy and Foreign Policy 1782–1865. The National Interest, 1989 [H. Wentker]	XVIII/3	222–223
CLASSEN, Carl Joachim: Vgl. CLASSEN, Peter: Ausgewählte Aufsätze, 1983	XII	740–741
CLASSEN, Peter: Ausgewählte Aufsätze. Unter Mitwirkung von Carl Joachim CLASSEN und Johannes FRIED hg. von Josef FLECKENSTEIN, 1983 [J. Richard]	XII	740–741
CLASSEN, Peter: Vgl. Die Admonter Briefsammlung, 1983	XIII	764–765
CLASSEN, Peter: Karl der Große, das Papsttum und Byzanz. Die Begründung des karolingischen Kaisertums. Nach dem Handexemplar des Verfassers hg. von Horst FUHRMANN und Claudia MÄRTL, 1985 (Beiträge zur Geschichte und Quellenkunde des Mittelalters, 9) [L. Milis]	XIV	706
CLAUDE, Dietrich: Vgl. Untersuchungen zu Handel und Verkehr der vor- und frühgeschichtlichen Zeit in Mittel- und Nordeuropa. Teil II, 1985	XV	915–917
CLAUSSEN, Detlev: Grenzen der Aufklärung. Zur gesellschaftlichen Geschichte des modernen Antisemitismus, 1987 [Y. Ben-Avner]	XVI/3	267–268
CLAVADETSCHER, Otto P.: Vgl. Chartularium Sangallense, vol. III, 1983	XII	791–794
CLAVADETSCHER, Otto P.: Vgl. Chartularium Sangallense, vol. IV, 1985	XV	963–964
CLAVADETSCHER, Otto P.: Vgl. Chartularium Sangallense, vol. V, 1988	XVII/1	300–301
CLAVADETSCHER, Otto P.: Vgl. Chartularium Sangallense, vol. VI, 1990	XIX/1	327–328

CLÈRE, Jean-Jacques: Les paysans de la Haute-Marne et la Révolution française. Recherches sur les structures foncières de la communauté villageoise (1780–1825). Préface de Michel VOVELLE, 1988 (Ministère de l'Éducation nationale. Commission d'Histoire de la Révolution française. Mémoires et documents, 44) [C. Dipper] XVII/2 325–326

CLÈRE, Jean-Jacques: Vgl. LEFEBVRE, Georges: Questions agraires au temps de la terreur, 1989 XVIII/2 302–303

Clio et son regard. Mélanges d'histoire, d'histoire de l'art et d'archéologie offerts à Jacques Stiennon à l'occasion de ses vingt ans d'enseignement à l'Université de Liège, éd. par Rita LEJEUNE et Joseph DECKERS, 1982 [A. Paravicini Bagliani] XII 744–746

CLOET, Michel: Vgl. Tien bijdragen tot de lokale en regionale demografie in Vlaanderen, 1989 XVIII/2 314–315

CLOSTERMEYER, Claus-Peter: Zwei Gesichter der Aufklärung. Spannungslagen in Montesquieus »Esprit des lois«, 1983 (Historische Forschungen, 22) [H. Duranton] XII 839–840

CODACCIONI, Félix Paul: Vgl. Histoire de Roubaix, 1984 XIV 869–872

Codice diplomatico longobardo. Vol. V: Le chartae dei ducati di Spoleto e di Benevento, a cura di Herbert ZIELINSKI, 1986 (Fonti per la storia d'Italia, 66) [P. Toubert] XIX/1 283–284

COHEN, Evelyne: Vgl. MOMIGLIANO, Arnaldo: Problèmes d'historiographie ancienne et moderne, 1983 XII 750–752

COHN-BENDIT, Daniel: Nous l'avons tant aimée la révolution, 1986 [F. Boll] XIX/3 305–307

COLARDELLE, Renée: Vgl. Topographie chrétienne des cités de la Gaule des origines au milieu du VIIIe siècle. T. III, 1986 XIV 878–879

Du Collège au Lycée 1500–1850. Généalogie de l'enseignement secondaire français. Prés. par Marie-Madeleine COMPÈRE, 1985 (Collection Archives) [N. Hammerstein] XIV 757–758

COLLINGHAM, H. A. C.: The July Monarchy. A political history of France 1830–1848, 1988 [A.-J. Tudesq] XVII/3 216

COLLINS, Roger: Vgl. Charlemagne's Heir, 1990 XIX/1 289–291

Les Communistes français de Munich à Châteaubriant (1938–1941), publ. par Jean-Pierre AZÉMA, Antoine PROST, Jean-Pierre RIOUX, 1987 [F. Taubert] XVI/3 273–277

COMPÈRE, Marie-Madeleine, Dominique JULIA: Les Collèges français, 16e-18e siècles, Répertoire I: France du Midi, 1984 [N. Hammerstein] XII 825–826

COMPÈRE, Marie-Madeleine: Vgl. Du Collège au Lycée 1500–1850, 1985 XIV 757–758

COMPÈRE, Marie-Madeleine, Dominique JULIA: Les Collèges français, 16e-18e siècles. Répertoire II: France du Nord et de l'Ouest, 1988 [N. Hammerstein] XVII/2 240–241

Les conciles de la province de Tours. Concilia provinciae Turonensis (saec. XIII-XV), éd. par Joseph AVRIL, 1987 (Sources d'histoire médiévale) [H. Müller] XVI/1 295–298

CONNELLY, Owen: Vgl. Historical Dictionary of Napoleonic France, 1985   XIV   785–786

Conquerors and Chroniclers of Early Medieval Spain, transl. with notes and introd. by Kenneth Baxter WOLF, 1990 (Translated Texts for Historians, 9) [M. Reydellet]   XIX/1   282

CONRAD, Horst: Vgl. Preußische Parlamentarier, 1986   XVI/3   199–200

CONTAMINE, Geneviève: Vgl. Traductions et traducteurs au Moyen Âge, 1989   XVIII/1   230–234

CONTAMINE, Philippe: La France aux XIVe et XVe siècles. Hommes, mentalités, guerre et paix, 1981 (Collected Studies Series, 144) [W. Paravicini]   XI   762–763

CONTAMINE, Philippe: Vgl. La France de la fin du XVe siècle: Renouveau et apogée, 1985   XIV   753–755

Contemporaries of Erasmus. A biographical register of the Renaissance and Reformation, ed. by Peter G. BIETENHOLZ, Thomas B. DEUTSCHER. Vol. I (A-E), 1985 (Collected Works of Erasmus, Supplement) [U. Neddermeyer]   XVI/2   250–251

La Contre-Révolution. Origines, Histoire, Postérité, publ. par Jean TULARD, coordination générale: Benoît YVERT, 1990 [S. Diezinger]   XIX/2   319–321

Contribution à l'histoire de la Révolution et de l'Empire. Beitrag zur Geschichte der Revolution und napoleonischen Zeit. 1789–1815, publ. par Hervé BROUILLET, 1989 [M. Martin]   XIX/2   315–316

COPIN, Noël: Vgl. LIMAGNE, Pierre: Éphémérides de quatre années tragiques 1940–1944. T. I à III, 1987   XVIII/3   325

COQUÉRY-VIDROTITCH, Cathérine: Vgl. Décolonisations et nouvelles dépendances, 1986   XVI/3   145–150

CORBIN, Alain: Le village des cannibales, 1990 [R. Beck]   XVIII/3   241–242

CORBIN, Alain: Le Temps, le Désir et l'Horreur. Essais sur le dix-neuvième siècle, 1991 [R. Beck]   XX/3   205–207

CORDIER, Daniel: Jean Moulin, l'Inconnu du Panthéon. T. 1: Une ambition pour la République, juin 1899 – juin 1936; T. 2: Le Choix d'un destin, juin 1936 – novembre 1940, 1989 [H. Umbreit]   XIX/3   289–291

CORNEVIN, Robert: Vgl. BROC, Numa: Dictionnaire illustré des explorateurs et grands voyageurs français du XIXe siècle. T. I, 1988   XVII/3   228–229

CORNI, Gustavo: Stato assoluto e società agraria in Prussia nell'età di Federico II, 1982 (Annali dell'Istituto storico italo-germanico, Monografia 4) [V. Hunecke]   XI   815–817

CORNI, Gustavo: Hitler and the Peasants. Agrarian Policy of the Third Reich, 1930–1939. Transl. by David KERR, 1990 [K. Megerle]   XX/3   264–265

CORSI, Pietro: The Age of Lamarck. Evolutionary Theories in France, 1790–1830. Revised and updated. Transl. by Jonathan MANDELBAUM, 1988 [M. Kessel]   XVII/3   212–213

CORSINI, Umberto: Vgl. Konrad Adenauer e Alcide De Gasperi, 1984   XVI/3   300–301

CORVISIER, André: Vgl. BOUTANT, Charles: L'Europe au grand tournant des années 1680, 1985   XIV   768–771

CORVISIER, André: Vgl. Dictionnaire d'art et d'histoire militaires, 1988	XVII/2	227–229
CORVISIER, André: Vgl. BÉLY, Lucien et al.: Guerre et Paix dans l'Europe du XVIIe siècle, 2 t., 1991	XIX/2	257–259
CORVISIER, André: Vgl. MEYER, Jean et al.: La Révolution française, 1991	XX/2	259–260
Cosmopolitisme, patriotisme et xénophobie en Europe au siècle des lumières. Actes du colloque international, Strasbourg 2–5 octobre 1985, publ. par Gonthier-Louis FINK, 1987 [J. Voss]	XVI/2	292–294
COSSÉ-DURLIN, Jeannine: Vgl. Cartulaire de Saint-Nicaise de Reims, 1991	XIX/1	310–314
COULET, Noël, Alice PLANCHE, Françoise ROBIN: Le roi René: le prince, le mécène, l'écrivain, le mythe. Ouvrage publ. avec le concours du Centre national des lettres, 1982 [P. Pégeot]	XI	774–775
COULET, Noël, Louis STOUFF: Le village de Provence au bas moyen âge, 1987 (Cahiers du Centre d'Études des Sociétés Méditerranéennes. Nouvelle série, 2) [W. Kaiser]	XVII/1	305–306
COUSIN, Bernard: Le miracle et le quotidien: les ex-voto provençaux, images d'une société. Préface de Michel VOVELLE, 1983 [R. Reichardt]	XIII	831–834
COUTAU-BÉGARIE, Hervé: Le phénomène »Nouvelle histoire«, 1983 [L. Raphael]	XVI/3	120–127
COUTEAU-BÉGARIE, Hervé, Claude HUAN: Darlan, 1989 [E. Krautkrämer]	XVII/3	293–295
COUTIN, Paul: Vgl. Le diocèse de Genève-Annecy, 1985	XIV	866–867
COUTURA, Johel: Les Francs-Maçons de Bordeaux au 18e siècle, 1988 [F. E. Schrader]	XIX/2	289–290
COUVE DE MURVILLE, Maurice: Le monde en face. Entretiens avec Maurice DELARUE, 1989 [W. Loth]	XVIII/3	305–306
Cox, Eugene L.: The Eagles of Savoy. The House of Savoy in Thirteenth-Century Europe, 1974 [N. Bulst]	XII	813–814
CRAIG, Gordon A.: Vgl. Deutschland und der Westen, 1984	XIII	700–702
CRAIG, Gordon A.: Vgl. FONTANE, Theodor: Der Krieg gegen Frankreich 1870–1871, 4 Bde., 1985	XIV	610–617
CRAMER, Thomas: Vgl. Europäisches Hochmittelalter, 1981	XII	794–796
CRESCENZO, Josiane Di: Vgl. Chartes et documents de la Sainte-Chapelle de Vincennes (XIVe et XVe siècles), 2 vol., 1984	XIII	784–785
Crises of Political Development in Europe and the United States, ed. by Raymond GREW, 1978 [L. Burchardt]	XII	763–764
Cruysse, Dirk van der: Madame Palatine, Princesse Européenne, 1988 [H. Schmidt]	XVII/2	269–270
CRUYSSE, Dirk van der: Vgl. Sophie de Hanovre: Mémoires et lettres de voyage, 1990	XVIII/2	327
CRUYSSE, Dirk van der: Vgl. Madame Palatine, 1989	XIX/2	274
CRUYSSE, Dirk van der: »Madame sein ist ein ellendes Handwerck.« Liselotte von der Pfalz – eine deutsche Prinzessin am Hofe des		

Sonnenkönigs. Aus dem Französischen von Inge LEIPOLD, 1990 [H. Schmidt]   XIX/2   274–275

CURRADI, C.: Vgl. Breviarium ecclesiae Ravennatis (Codice bavaro) secoli VII-X, 1985   XV   923–926

CUSA, Hélène: Vgl. THADDEN, Rudolf von: La Prusse en question, 1985   XIV   790–793

DABEZIES, André: Vgl. La Révolution Française vue des deux côtés du Rhin, 1990   XIX/2   332–333

DAHAN, Gilbert: Vgl. Les Juifs au regard de l'histoire, 1985   XIII   698–700

DAHAN, Gilbert: Les intellectuels chrétiens et les juifs au moyen âge, 1990 [F. Lotter]   XIX/1   266–268

DAHAN, Gilbert: La polémique chrétienne contre le judaïsme au Moyen Âge, 1991 (Présences du Judaïsme) [F. Lotter]   XX/1   232–233

DALAS, Martine: Vgl. Archives nationales. Corpus des sceaux français du Moyen Âge. T. II, 1991   XX/1   225–227

DAM, Raymond van: Leadership and Community in Late Antique Gaul, 1985 (The transformation of the classical heritage, 8) [L. Pietri]   XIV   683–685

DAM, Raymond van: Vgl. Gregory of Tours: Glory of the Martyrs – Gregory of Tours: Glory of the Confessors, 1988   XVII/1   328

DAMIANI, Rudi: Vgl. L'occupation en France et en Belgique 1940–1944. T. 1–2, 1987–1988   XVIII/3   289

DANIEL, Ute: Arbeiterfrauen in der Kriegsgesellschaft. Beruf, Familie und Politik im Ersten Weltkrieg, 1989 (Kritische Studien zur Geschichtswissenschaft, 84) [A. Wirsching]   XX/3   322

DANN, Otto: Vgl. Lesegesellschaften und bürgerliche Emanzipation, 1981   XI   822–824

DANN, Otto: Vgl. Nationalismus in vorindustrieller Zeit, 1986   XV   1037–1038

DANN, Otto: Vgl. SIEYES, Emmanuel Joseph: Was ist der Dritte Stand?, 1988   XVII/2   313

DARNTON, Robert: Édition et Sédition. L'univers de la littérature clandestine au XVIIIe siècle, 1991 (nrf essais) [M. Fontius]   XIX/2   304–305

DAVID, Jean-Claude: Vgl. Lettres d'André Morellet, T. I, 1991   XX/2   230–232

DAVIES, Wendy: Vgl. The Settlement of Disputes in Early Medieval Europe, 1986   XV   917–918

DAVIET, Jean-Pierre: Une multinationale à la Française. Histoire de Saint-Gobain 1665–1989, 1989 [U. Wengenroth]   XIX/3   240–241

DAVIS, Lance E., Robert A. HUTTENBACK: Mammon and the Pursuit of Empire. The economics of British imperialism, abridged ed., 1988 [H. Reifeld]   XVII/3   165–169

DAVIS, Natalie Zemon: Die wahrhaftige Geschichte von der Wiederkehr des Martin Guerre, mit einem Nachwort von Carlo GINZBURG, 1984 [W. Kaiser]   XII   828–829

DAVIS, Natalie Zemon: Frauen und Gesellschaft am Beginn der Neuzeit. Studien über Familie, Religion und die Wandlungsfähigkeit des sozialen Körpers, 1986 [A. Taeger]	XV	983–984
DAVIS, Natalie Zemon: Vgl. Histoire des femmes en occident, t. 3, 1991	XX/2	181–182
DAVIS, Raymond: Vgl. The Book of Pontiffs (*Liber Pontificalis*), 1989	XVIII/1	125–138
DAVIS, Raymond: Vgl. The Lives of the Eighth-Century Popes (Liber Pontificalis), 1992	XX/1	271–272
DÉAT, Marcel: Mémoires politiques. Introduction et notes de Laurent THEIS, 1989 [K. J. Müller]	XVII/3	292–293
DEBORD, André: La société laïque dans les pays de Charente (X^e–XIIe siècles), 1984 [G. Beech]	XV	945–948
DEBORD, André: Vgl. Cartulaire de l'Abbaye de Saint-Amant de Boixe, 1982	XV	948–949
DECKER, Karola: Bürger, Kurfürst und Regierung. Das Beispiel der Mainzer Schreinerzunft im 18. Jahrhundert, 1990 (Beiträge zur Geschichte der Stadt Mainz, 29) [R. Pillorget]	XX/2	306
DECKERS, Joseph: Vgl. Clio et son regard, 1982	XII	744–746
Décolonisations et nouvelles dépendances. Modèles et contre-modèles idéologiques et culturels dans le Tiers-Monde, éd. par Cathérine COQUÉRY-VIDROTITCH et Alain FOREST, 1986 [D. Brötel]	XVI/3	145–150
Decretales ineditae saeculi XII. From the papers of the late Walther HOLTZMANN, ed. and rev. by Stanley CHODOROW und Charles DUGGAN, 1982 (Monumenta iuris canonici, Serie B: Corpus collectionum, 4) [D. Lohrmann]	XI	743–745
DEININGER, Helga: Frankreich – Rußland – Deutschland 1871–1891. Die Interdependenz von Außenpolitik, Wirtschaftsinteressen und Kulturbeziehungen im Vorfeld des russisch-französischen Bündnisses, 1983 (Studien zur modernen Geschichte, 28) [J. Kämmerer]	XII	871–873
DEIST, Wilhelm: Vgl. Germany and the Second World War. Vol. 1, 1990	XIX/3	276–277
DEJONGHE, Etienne: Vgl. L'occupation en France et en Belgique 1940–1944. T. 1–2, 1987–1988	XVIII/3	289
DELARUE, Maurice: Vgl. COUVE DE MURVILLE, Maurice: Le monde en face, 1989	XVIII/3	305–306
DELEPLACE, Ghislain: Vgl. BOYER-XAMBEU, Marie-Thérèse et al.: Monnaie privée et pouvoir des princes, 1986	XIX/2	253–254
DELESTRE, Xavier: Vgl. Lorraine mérovingienne (V^e–VIIIe siècle), 1988	XVII/1	328
DELINIÈRE, Jean: Karl Friedrich Reinhard. Ein deutscher Aufklärer im Dienste Frankreichs (1761–1837), 1989 (Veröffentlichungen der Kommission für geschichtliche Landeskunde in Baden-Württemberg. Reihe B, Forschungen, 110) [M. Espagne]	XVII/2	333–334
DELMAIRE, Bernard: L'histoire-polyptyque de l'abbaye de Marchiennes (1116/1121). Étude critique et édition, 1985 (Centre Belge d'histoire rurale, 84) [D. Hägermann]	XIV	725–726
DELMAIRE, Danielle: Vgl. L'occupation en France et en Belgique 1940–1944. T. 1–2, 1987–1988	XVIII/3	289

DELMAIRE, Roland: Largesses sacrées et res privata. L'aerarium impérial et son administration du IVe au VIe siècle, 1989 (Collection de l'École française de Rome, 121) [J. Durliat] — XX/1 79–95

DELMAIRE, Roland: Les responsables des finances impériales au Bas-Empire romain (IVe–VIe siècle). Études prosopographiques, 1989 (Collection Latomus, 20) [J. Durliat] — XX/1 79–95

DELOFFRE, Jacqueline: Vgl. Berlin capitale. Un choc d'identités et de culture, 1992 — XX/3 254–256

DELUMEAU, Jean: Vgl. LEMAÎTRE, Nicole: Le Rouergue flamboyant, 1988 — XVII/1 306–311

DEMANDT, Alexander: Die Spätantike. Römische Geschichte von Diocletian bis Justinian 284–565 n. Chr., 1989 (Handbuch der Altertumswissenschaft. III, 6) [J. Durliat] — XVIII/1 125–138

DEMEL, Walter: Vgl. WEIS, Eberhard: Deutschland und Frankreich um 1800, 1990 — XIX/2 350–352

Demokratische und soziale Protestbewegungen in Mitteleuropa. 1815–1848/49, hg. von Helmut REINALTER, 1986 [H.-G. Husung] — XVI/3 175–178

Demokratisierung in der Französischen Revolution. Wirkungen auf Deutschland, Analysen und Zeugnisse. Bild- und Musikdokumente, hg. von Gunter THIELE, 1990 (Forschen – Lehren – Lernen. Beiträge aus dem Fachbereich IV (Sozialwissenschaften) der Pädagogischen Hochschule Heidelberg, 3) [L. Calvié] — XIX/2 335–337

DEMOUGIN, Ségolène: Vgl. RASKOLNIKOFF, Mouza: Des Anciens et Des Modernes, 1990 — XX/2 221–223

DEMURGER, Alain: Vie et mort de l'ordre du Temple. 1118–1314, 1985 [A. Paravicini Bagliani] — XIV 733

DENTON, Jeffrey H.: Philip the Fair and the Ecclesiastical Assemblies of 1294–1295, 1991 (Transactions of the American Philosophical Society, 81) [J. Avril] — XX/1 302–303

DEPEYROT, Georges: Le Bas-Empire romain. Économie et numismatique (284–491), 1987 (Collection des Hespérides) [J. Durliat] — XVI/1 137–154

DEPPE, Frank: Vgl. Das französische Experiment. Linksregierung in Frankreich 1981–1985, 1985 — XV 1098–1099

DESCIMON, Robert: Vgl. BARNAVI, Elie et al.: La Sainte Ligue, le juge et la potence, 1985 — XIII 638–650

DESCIMON, Robert: Qui étaient les Seize. Étude sociale de 225 cadres laïcs de la Ligue radicale parisienne (1585–1594), in: Paris et Ile-de-France. Mémoires publ. par la Fédération des sociétés historiques et archéologiques de Paris et de l'Ile-de-France, 34 (1983) [W. Kaiser] — XIII 638–650

DESCOMBES, Françoise: Vgl. Recueil des Inscriptions chrétiennes de la Gaule antérieures à la Renaissance carolingienne. Vol. XV, 1985 — XIV 687–690

DESCOMBES, Françoise: Vgl. Topographie chrétienne des cités de la Gaule des origines au milieu du VIIIe siècle. T. III, 1986 — XIV 878–879

DESGRAVES, Louis: Répertoire des ouvrages et des articles sur Montesquieu, 1988 (Histoire des idées et critique littéraire, 265) [R. Geissler] — XVIII/2 261–263

Despy, Georges: Vgl. Dierkens, Alain: Abbayes et Chapitres entre Sambre et Meuse, 1985	XIV	702–704
Despy, Georges: Vgl. Villes et campagnes au Moyen Âge, 1991	XX/1	188–191
Dessert, Daniel: Argent, pouvoir et société au Grand Siècle, 1984 [K. Malettke]	XX/2	198–202
Destremau, Bernard: Weygand, 1989 [E. Krautkrämer]	XVIII/3	272–274
Determinanten der Bevölkerungsentwicklung im Mittelalter, hg. von Bernd Herrmann und Rolf Sprandel, 1987 [A. Paravicini Bagliani]	XVI/1	231–232
Dette, Christoph: Vgl. Liber possessionum Wizenburgensis, 1987	XVII/1	258–260
Deus qui mutat tempora. Menschen und Institutionen im Wandel des Mittelalters. Festschrift für Alfons Becker zu seinem fünfundsechzigsten Geburtstag, hg. von Ernst-Dieter Hehl, Hubertus Seibert und Franz Staab, 1987 [M. Heinzelmann]	XIV	878
Deutsche Geschichte in 10 Kapiteln, hg. von Joachim Herrmann, 1988 [G. Badia]	XVII/3	201–202
Deutsche Geschichtswissenschaft um 1900, hg. von Notker Hammerstein, 1988 [G. G. Iggers]	XVII/3	239–240
Deutsche Geschichtswissenschaft nach dem Zweiten Weltkrieg (1945–1965), hg. von Ernst Schulin, 1989 (Schriften des Historischen Kollegs, 14) [G. G. Iggers]	XVIII/3	315–317
Die deutsche Inflation. Eine Zwischenbilanz, hg. von Gerald D. Feldman, Carl-Ludwig Holtfrerich, Gerhard A. Ritter und Peter-Christian Witt, 1982 (Veröffentlichungen der Historischen Kommission zu Berlin, 54) [G. Grünthal]	XII	892–893
Deutsche Stadtgründungen der Neuzeit, hg. von Wilhelm Wortmann, 1989 (Wolfenbütteler Forschungen, 44) [E. François]	XVIII/2	238
Deutscher Katholizismus im Umbruch zur Moderne, hg. von Wilfried Loth, 1991 (Konfession und Gesellschaft. Beiträge zur Zeitgeschichte, 3) [C. Baechler]	XX/3	234–236
Deutscher, Thomas B.: Vgl. Contemporaries of Erasmus, Vol. I, 1985	XVI/2	250–251
Deutschland in Europa. Ein historischer Rückblick, hg. von Bernd Martin, 1992 [H. Reifeld]	XX/3	327
Deutschland und Europa in der Neuzeit. Festschrift für Karl Otmar Freiherr von Aretin zum 65. Geburtstag. 2 Bde. Hg. von Ralph Melville, Claus Scharf, Martin Vogt und Ulrich Wengenroth, 1988 (Veröffentlichungen des Instituts für europäische Geschichte Mainz, 134) [C. Michaud]	XVII/2	219–224
Deutschland – Frankreich. Höhen und Tiefen einer Zweierbeziehung. Ergebnisse eines dreitägigen Symposiums im Februar 1988 in Essen, hg. vom deutsch-französischen Kulturzentrum Essen, 1988 [H. Rollet]	XVII/3	317–318
Deutschland und Frankreich im Zeitalter der Französischen Revolution, hg. von Helmut Berding, Etienne François und Hans Peter Ullmann, 1989 [M. Kerautret]	XIX/2	330–331

Deutschland und die Französische Revolution 1789/1989. Eine Ausstellung des Goethe-Instituts zum Jubiläum des welthistorischen Ereignisses, 1989 [M. Gilli] — XVII/2 329–330

Deutschland 1933–1945. Neue Studien zur nationalsozialistischen Herrschaft, hg. von Karl-Dietrich BRACHER, Manfred FUNKE und Hans-Adolf JACOBSEN, 1992 (Bonner Schriften zur Politik und Zeitgeschichte, 23) [P. Ayçoberry] — XX/3 324–325

Deutschland und der Westen. Vorträge und Diskussionsbeiträge des Symposiums zu Ehren von Gordon A. Craig, veranst. von der Freien Universität Berlin vom 1.–3. Dez. 1983, hg. von Henning KÖHLER, 1984 (Studien zur Europäischen Geschichte, 15) [A. Mitchell] — XIII 700–702

Deutschland-Handbuch. Eine doppelte Bilanz 1949–1989, hg. von Werner WEIDENFELD und Hartmut ZIMMERMANN, 1989 [C. Buffet] — XVIII/3 310–314

Die Deutschlandpolitik Frankreichs und die französische Zone 1945–1949, hg. von Claus SCHARF und Hans-Jürgen SCHRÖDER, 1983 (Veröffentlichungen des Instituts für Europäische Geschichte Mainz, Beiheft 14) [J. Klein] — XII 909–912

DEVILLERS, Philippe: Paris-Saigon-Hanoi. Les archives de la guerre 1944–1947, 1988 [D. Brötel] — XVIII/3 209–215

DEVIOSSE, Jean: Jean le Bon, 1985 [M.-T. Kaiser-Guyot] — XIV 736–737

DEVOS, Roger: Vgl. Le diocèse de Genève-Annecy, 1985 — XIV 866–867

DEVROEY, Jean-Pierre: Vgl. Le polyptyque et les listes de cens de l'abbaye de Saint-Remi de Reims, 1984 — XIV 706–708

DEVROEY, Jean-Pierre: Le polyptyque et les listes de biens de l'abbaye Saint-Pierre de Lobbes (IXe–XIe siècles). Édition critique, 1986 [D. Hägermann] — XV 933–935

DEWALD, Jonathan: The Formation of a Provincial Nobility. The Magistrates of the Parlement of Rouen 1499–1610, 1980 [W. Kaiser] — XIII 638–650

DEYON, Pierre: Vgl. Histoire de Roubaix, 1984 — XIV 869–872

DICKE, Gerd, Klaus GRUBMÜLLER: Die Fabeln des Mittelalters und der frühen Neuzeit. Ein Katalog der deutschen Versionen und ihrer lateinischen Entsprechungen, 1987 (Münstersche Mittelalter-Schriften, 60) [J.-M. Pastré] — XVII/1 218–219

DICKENS, Arthur G., John TONKIN, with the assistance of Kenneth POWELL: The Reformation in Historical Thought, 1985 [R. Postel] — XVII/2 246–248

Dictionnaire d'art et d'histoire militaires, éd. par André CORVISIER, 1988 [H. Schmidt] — XVII/2 227–229

Dictionnaire biographique du Mouvement ouvrier international: Allemagne, publ. par Jacques DROZ, 1990 (Collection Jean Maitron) [D. Tiemann] — XVIII/3 256–257

Dictionnaire historique des noms de famille romans. Actes du 1er colloque (Trèves 10–13 décembre 1987), publ. par Dieter KREMER, 1990 (Patronymica Romanica, 1) [M. Bourin] — XX/1 219–222

Dictionnaire historique des noms de famille romans. Actes del III Colloqui (Barcelona 19–21 juny 1989), a cura d'Antoni M. BADIA I MARGARIT, 1991 (Patronymica Romanica, 5) [M. Bourin]	XX/1	219–222
Dictionnaire historique des noms de famille romans. Actes du colloque IV (Dijon, 24–26 septembre 1990), publ. par Gérard TAVERDET, 1992 (Patronymica Romanica, 6) [M. Bourin]	XX/1	219–222
Dictionnaire des Journaux 1600–1789, sous la direction de Jean SGARD, 1991 [R. Geissler]	XX/2	211–214
Dictionnaire des ministres de 1789 à 1989, publ. par Benoît YVERT. Préface de Jean TULARD, 1990 [S. Martens]	XIX/3	319–320
DIDEROT, Denis: Vgl. ROND D'ALEMBERT, Jean le et al.: Enzyklopädie, 1989	XVII/2	338
DIDIER, Beatrice: Écrire la Révolution, 1789–1799, 1989 [R. Fleck]	XVII/2	311–312
DIEFENBACHER, Christine: Vgl. BERTRAUD, Jean-Paul: Alltagsleben während der Französischen Revolution, 1989	XVIII/2	296–298
DIEFENDORF, Barbara B.: Paris City Councillors in the Sixteenth Century. The Politics of Patrimony, 1983 [M. Orlea]	XI	786–788
DIEFENDORF, Jeffry M.: Businessmen and Politics in the Rhineland, 1789–1834, 1980 [H. Molitor]	XI	833–835
DIEPHOUSE, David J.: Pastors and Pluralism in Württemberg 1918–1933, 1987 [J.-C. Kaiser]	XVI/3	236–238
DIERKENS, Alain: Abbayes et Chapitres entre Sambre et Meuse (VIIe-XIe siècles). Contribution à l'histoire religieuse des campagnes du Haut Moyen Âge. Préface de Georges DESPY, 1985 (Beihefte der Francia, 14) [H. Seibert]	XIV	702–704
DIERKENS, Alain: Vgl. Villes et campagnes au Moyen Âge, 1991	XX/1	188–191
DIESTELKAMP, Bernhard: Vgl. Beiträge zum hochmittelalterlichen Städtewesen, 1982	XI	741–743
DIESTELKAMP, Bernhard: Vgl. Urkundenregesten zur Tätigkeit des deutschen Königs- und Hofgerichts bis 1451. Bd. 1, 1988	XIX/1	296–297
DIETRICH, Richard: Vgl. Die politischen Testamente der Hohenzollern, 1986	XVI/2	289–291
DIETZ, Burkhard: Vgl. PLOENNIES, Erich Philipp: Topographia Ducatus Montani (1715), 1988	XVII/2	282–283
DILKS, David: Neville Chamberlain. Vol. I: Pioneering and reform 1869–1929, 1984 [M.-L. Recker]	XIII	902–903
Dimension des Völkermordes. Die Zahl der jüdischen Opfer des Nationalsozialismus, hg. von Wolfgang BENZ, 1991 (Quellen und Darstellungen zur Zeitgeschichte, 33) [L. Poliakov]	XIX/3	281–283
DIMIER, Anselme: Vgl. Mélanges à la mémoire du Père Anselme Dimier. T. III, vol. 5–6, 1982	XI	756
DIMIER, Anselme: Vgl. Mélanges à la mémoire du Père Anselme Dimier. T. I, 1987	XIX/1	237–238

Le diocèse de Genève-Annecy, publ. par Henri BAUD, avec la collab. de Louis BINZ, Robert BRUNEL, Paul COUTIN, Roger DEVOS, Paul GUICHONNET, Jean-Yves MARIOTTE. Postface de Mgr. Jean SAU-

VAGE, évêque d'Annecy de 1962 à 1983, 1985 (Histoire des diocèses de France. Nouvelle série, 19) [A. Paravicini Bagliani]   XIV   866–867

Le diocèse de Lyon, publ. par Jacques GADILLE, avec la collab. de René FÉDOU, Henri HOURS et Bernard de VRÉGILLE, 1983 (Histoire des diocèses de France, n.s. 16) [H. Müller]   XII   922–926

Diplomatica. Inventaire des actes originaux du haut moyen-âge conservés en France, 1, 1987 (Artem. Section des Textes Diplomatiques) [R. Große]   XVII/1   232–234

Diplomatische und chronologische Studien aus der Arbeit an den Regesta Imperii, hg. von Paul Joachim HEINIG, 1991 (Forschungen zur Kaiser- und Papstgeschichte des Mittelalters, Beihefte zu J. F. Böhmer, Regesta Imperii, 8) [O. Guyotjeannin]   XIX/1   260–261

DIPPER, Christof: Deutsche Geschichte 1648–1789, 1991 (Neue Historische Bibliothek. Neue Folge, 253) [J.-P. Kintz]   XIX/2   259–260

DIRLMEIER, Cornelia und Ulf: Vgl. RICHÉ, Pierre: Les Carolingiens, 1983   XV   928–931

DIRLMEIER, Cornelia und Ulf: Vgl. WERNER, Karl Ferdinand: Geschichte Frankreichs. Bd. I, 1989   XVIII/1   245–246

DIRSCH-WEIGAND, Andrea: Stadt und Fürst in der Chronistik des Spätmittelalters. Studien zur spätmittelalterlichen Historiographie, 1991 (Kollektive Einstellungen und sozialer Wandel im Mittelalter. Neue Folge, 1) [P. Pégeot]   XX/1   309–311

DISSELKAMP, Annette: Vgl. HUMBOLDT, G. de: La tâche de l'historien, 1985   XV   1048–1049

DITTLER, Erwin: Jakobiner am Oberrhein. Karl und Dr. Sebastian Fahrländer von Ettenheim und die revolutionäre Bewegung am Oberrhein, 1976 (Auszüge aus: Die Ortenau 54–56, 1974–76) [I. A. Hartig]   XI   831–832

DLUGOBORSKI, Waclaw: Vgl. Zweiter Weltkrieg und sozialer Wandel. Achsenmächte und besetzte Länder, 1981   XI   880–884

DOCKRILL, Saki: Britain's Policy for West German Rearmament 1950–1955, 1991 (Cambridge Studies in International Relations, 13) [R. Lahme]   XX/3   303–304

Documents on British Policy Overseas. Series I, Vol. V: Germany and Western Europe, 11 August – 31 December 1945, 1990 [G. Niedhart]   XIX/3   325

Documents Diplomatiques Français 1954: 21 juillet – 31 décembre, sous la direction du Ministère des Affaires Étrangères, 1987 [J. Dülffer]   XV   1091–1094

Documents Diplomatiques Français 1955, publ. sous la direction du Ministère des Affaires Étrangères, T. I: 1 janvier–30 juin, 1987; T. II: 1 juillet – 31 décembre, 1988 [J. Dülffer]   XVII/3   320–323

Documents Diplomatiques Français 1956. T. I–III, éd. par le Ministère des Affaires Étrangères, 1988–1990 [J. Dülffer]   XX/3   175–180

Documents Diplomatiques Français 1957. T. I–II, éd. par le Ministère des Affaires Étrangères, 1990–1991 [J. Dülffer]   XX/3   175–180

Documents on the History of European Integration. Vol. 3: The Struggle for European Union by Political Parties and Pressure Groups in Western European Countries 1945–1950, ed. by Walter LIPGENS and Wilfried LOTH, 1988 (Europäisches Hochschulinstitut Florenz, Serie B: Geschichte) [R. Lahme]   XIX/3   193–205

Les documents nécrologiques de l'abbaye de Saint-Pierre de Solignac, publ. sous la direction de Pierre MAROT par Jean-Loup LEMAÎTRE, avec la collab. de Jean DUFOUR, 1984 (Recueil des historiens de la France. Obituaires, 1) [A. Sohn]   XIII   763–764

DOERING-MANTEUFFEL, Anselm: Die Bundesrepublik Deutschland in der Ära Adenauer. Außenpolitik und innere Entwicklung 1949–1963, 1983 [S. Martens]   XIV   618–637

DOERING-MANTEUFFEL, Anselm: Vom Wiener Kongreß zur Pariser Konferenz. England, die deutsche Frage und das Mächtesystem 1815–1856, 1991 (Veröffentlichungen des Deutschen Historischen Instituts London, 28) [C. M. Grafinger]   XIX/3   210–212

DOERRY, Martin: Vgl. Biographisches Handbuch für das Preußische Abgeordnetenhaus 1867–1918, 1988   XVII/3   230–231

DÖSCHER, Hans-Jürgen: Das Auswärtige Amt im Dritten Reich. Diplomatie im Schatten der ›Endlösung‹, 1987 [C. R. Browning]   XVI/3   255–256

DOISE, Jean, Maurice VAÏSSE: Diplomatie et outil militaire 1871–1969, 1987 (Politique Étrangère de la France) [H. Reifeld]   XVII/3   244–245

Dokumente zur Deutschlandpolitik, hg. von Rainer A. BLASIUS. 1. Reihe, Bd. 3/I: 1.1.–30.6.1942, Bd. 3/II: 1.7.–31.12.1942, 1988 [M.-F. Ludmann-Obier]   XVII/3   303–304

Dokumente zur »Euthanasie«, hg. von Ernst KLEE, 1985 (Fischer Taschenbuch, 4327) [R. Thalmann]   XIV   843–846

DOLBEAU, François: Vgl. Indices librorum. Catalogues anciens et modernes de manuscrits médiévaux en écriture latine, 1987   XV   1105

DONAT, Helmut: Vgl. Nieder die Waffen – die Hände gereicht! Friedensbewegung in Bremen 1898–1918, 1989   XX/3   247–248

Das Dorf am Mittelrhein. Fünftes Alzeyer Kolloquium, 1989 (Geschichtliche Landeskunde, 30) [O. Kammerer]   XVIII/1   247–250

DORN, Ulrike: Öffentliche Armenpflege in Köln von 1794–1871. Zugleich ein Beitrag zur Geschichte der öffentlichrechtlichen Anstalt, 1990 (Rheinisches Archiv, 127) [D. Soleymani]   XIX/3   219–220

DORSEN, Henrich: Vgl. Genealogia oder Stammregister der durchläuchtigen hoch- und wolgebornen Fürsten, Grafen und Herren des uhralten hochlöblichen Hauses Nassau, 1983   XII   834

DOSSAT, Yves: Vgl. Le Languedoc et le Rouergue dans le Trésor des Chartes, 1983   XIV   743–744

DOSSE, François: L'histoire en miettes. Des »Annales« à la »nouvelle histoire«, 1987 [L. Raphael]   XVI/3   120–127

DREITZEL, Horst: Absolutismus und ständische Verfassung in Deutschland. Ein Beitrag zu Kontinuität und Diskontinuität der politischen Theorie in der frühen Neuzeit, 1992 (Veröffentlichungen

des Instituts für Europäische Geschichte Mainz, Abteilung Universalgeschichte, Beiheft 24) [C. Michaud]	XX/2	204–205
DREXLER, Alexander: Planwirtschaft in Westdeutschland 1945–1948. Eine Fallstudie über die Textilbewirtschaftung in der britischen und Bizone, 1985 (Zeitschrift für Unternehmensgeschichte, Beiheft 44) [P. Barral]	XIV	849–850
The Dreyfus Affair. Art, Truth and Justice, ed. by Norman L. KLEEBLATT, 1987 [J.-C. Jauffret]	XVI/3	215–216
DRINKWATER, John: Vgl. Fifth-Century Gaul: a Crisis of Identity?, 1992	XX/1	79–95
DROZ, Jacques: Vgl. La bourgeoisie allemande, 1986	XVI/3	197–198
DROZ, Jacques: Vgl. Dictionnaire biographique du Mouvement ouvrier international: Allemagne, 1990	XVIII/3	256–257
DUBOIS, Henri: Vgl. MŁYNARCZYK, Gertrud: Ein Franziskanerinnenkloster im 15. Jahrhundert, 1987	XVII/1	318–320
DUBOIS, Jacques: Vgl. Prieurs et prieurés dans l'Occident médiéval, 1987	XVI/1	236–237
DUBOIS, Jacques: Martyrologes. D'Usuard au Martyrologe romain. Articles réédités pour son soixante-dixième anniversaire. Préface de Michel FLEURY, 1990 [K. H. Krüger]	XVIII/1	224–225
DUBOIS, Jean-Daniel: Vgl. TARDIEU, Michel et al.: Introduction à la littérature gnostique. T. I, 1986	XIV	875
DUBOIS, Raoul: A l'assaut du ciel ... La Commune racontée, 1991 [A. Meyer]	XX/3	218–219
DUBY, Georges: Vgl. AGULHON, Maurice et al.: Essais d'Égo-Histoire, 1987	XVII/3	204–205
DUBY, Georges, Xavier BARRAL I ALTET, Sophie GUILLOT DE SUDUIRANT: La Sculpture. Le grand art du moyen âge du Vᵉ au XVᵉ siècle, 1989 [C. Beutler]	XIX/1	261–262
DUBY, Georges: Vgl. CHÉLINI, Jean: L'aube du moyen âge. Naissance de la chrétienté occidentale, 1991	XX/1	268–270
DUCELLIER, Alain: Vgl. Le Moyen Âge. Vol. 2, 1982	XI	736–737
DUCHHARDT, Heinz: Vgl. Herrscherweihe und Königskrönung im frühneuzeitlichen Europa, 1983	XIII	793–794
DUCHHARDT, Heinz: Der Exodus der Hugenotten. Die Aufhebung des Edikts von Nantes 1685 als europäisches Ereignis, 1985 [A. Schwitzguébel-Leroy]	XV	997–998
DUCHHARDT, Heinz: Altes Reich und europäische Staatenwelt 1648–1806, 1990 (Enzyklopädie Deutscher Geschichte, 4) [R. Pillorget]	XIX/2	367–368
DÜBNER-MANTHEY, Birgit: Vgl. AFFELDT, Werner et al.: Frauen im Mittelalter, 1990	XIX/1	231–233
DÜDING, Dieter: Organisierter gesellschaftlicher Nationalismus in Deutschland 1808–1847. Bedeutung und Funktion der Turner- und Sängervereine für die deutsche Nationalbewegung, 1984 (Studien zur		

Geschichte des 19. Jahrhunderts. Abhandlung der Forschungsabteilung des Historischen Seminars der Universität zu Köln, 13) [Jean Vidalenc]	XIII	866–868
DÜLMEN, Richard van: Vgl. Kultur der einfachen Leute, 1983	XII	822–824
DÜLMEN, Richard van: Gerichtspraxis und Strafrituale in der frühen Neuzeit, 1985 [M. Bee]	XV	984–986
DÜLMEN, Richard van: Die Gesellschaft der Aufklärer. Zur bürgerlichen Emanzipation und aufklärerischen Kultur in Deutschland, 1986 [J.-P. Kintz]	XVI/2	296–297
DÜLMEN, Richard van: Vgl. Armut, Liebe, Ehre, 1988	XVII/2	236–237
DÜNNINGER, Eberhard: Vgl. HENKER, Michael et al.: Hört, sehet, weint und liebt. Passionsspiele im alpenländischen Raum, 1990	XIX/2	281–283
DÜWEL, Klaus: Vgl. Untersuchungen zu Handel und Verkehr der vor- und frühgeschichtlichen Zeit in Mittel- und Osteuropa. Teil IV, 1987	XVIII/1	264–266
DÜWELL, Kurt: Vgl. Vom Staat des Ancien Regime zum modernen Parteienstaat, 1978	XII	743–744
DÜWELL, Kurt: Entstehung und Entwicklung der Bundesrepublik Deutschland 1945–1961. Eine dokumentierte Einführung, 1981 (Böhlau Studienbücher Grundlagen des Studiums) [S. Martens]	XIV	618–637
DUFAYS, Jean-Michel: Vgl. Pratiques et concepts de l'histoire en Europe, XVIe-XVIIIe siècles, 1990	XVIII/2	241–243
DUFOUR, Jean: Vgl. Les documents nécrologiques de l'abbaye de Saint-Pierre de Solignac, 1984	XIII	763–764
DUFOUR, Jean: Les évêques d'Albi, de Cahors et de Rodez des origines à la fin du XIIe siècle, 1989 (Mémoires et documents d'histoire médiévale et de philologie, 3) [M. Heinzelmann]	XVII/1	326
DUFOURCQ, Norbert: Nobles et paysans aux confins de l'Anjou et du Maine. La Seigneurie des D'Espaigne de Venevelles à Luché-Pringé, 1988 [M.-T. Kaiser-Guyot]	XVIII/1	330
DUFRAISSE, Roger: Napoléon, 1987 (Que sais-je?, 2358) [W. Speitkamp]	XV	1029–1030
DUFRAISSE, Roger: Vgl. Revolution und Gegenrevolution 1789–1830, 1991	XX/2	263–265
DUFT, Johannes: Die Abtei St. Gallen. Bd. 1: Beiträge zur Erforschung ihrer Manuskripte. Ausgewählte Aufsätze in überarbeiteter Fassung von Johannes Duft, hg. zum 75. Geburtstag des Verfassers von Peter OCHSENBEIN und Ernst ZIEGLER, 1990 [D. Ganz]	XIX/1	236–237
DUGGAN, Charles: Vgl. Decretales ineditae saeculi XII, 1982	XI	743–745
DUMONT, Franz: Die Mainzer Republik von 1792/93. Studien zur Revolutionierung in Rheinhessen und der Pfalz, 1981 [R. Dufraisse]	XIII	846–853
DUMOULIN, Olivier A.: Profession historien 1919–1939. Un métier en crise?, 1983 [L. Raphael]	XVI/3	120–127
DUMVILLE, David N.: Vgl. Gildas: New Approaches, 1984	XIII	728–730
DUMVILLE, David N.: Vgl. The Historia Brittonum. Vol. 3, 1985	XIII	743–744

DUNLAP, T. J.: Vgl. WOLFRAM, Herwig: History of the Goths, 1988	XVIII/1	125–138
DUPÂQUIER, Jacques et Michael: Histoire de la démographie. La statistique de la population des origines à 1914. Préface de Pierre CHAUNU, 1985 (Collection pour l'Histoire) [H.-P. Becht]	XV	885–887
DUPEUX, Louis: Histoire culturelle de l'Allemagne 1919–1960, 1989 [D. Riesenberger]	XVIII/3	262–264
DUPLESSY, Jean: Les trésors monétaires médiévaux et modernes découverts en France. I: 751–1223, 1985 (Trésors monétaires. Supplément 1) [P. Berghaus]	XIV	676–677
DUPPLER, Jörg: Der Juniorpartner. England und die Entwicklung der Deutschen Marine 1848–1890, 1985 (Schriftenreihe des Deutschen Marineinstituts, 7) [S. Förster]	XIII	876–877
DUPUY, Claude: Vgl. Traité des monnaies, Nikolas Oresme et autres écrits monétaires du XIVᵉ siècle, 1989	XX/1	304–306
DURAND, Yves: Les solidarités dans les sociétés humaines, 1987 (Collection Sup »l'Historien«) [J. Bérenger]	XV	891
DURAND, Yves: La vie quotidienne des prisonniers de guerre dans les Stalags, les Oflags et les Kommandos 1939–1945, 1987 (La vie quotidienne) [S. Martens]	XV	1078–1079
DURAND, Yves: Le nouvel ordre européen nazi. La collaboration dans l'Europe allemande (1938–1945), 1990 (Questions au XXᵉ siècle) [B. Wegner]	XX/3	278–279
DURLIAT, Jean: Les finances publiques de Dioclétien aux Carolingiens (284–889). Préface de Karl Ferdinand WERNER, 1990 (Beihefte der Francia, 21) [B. S. Bachrach]	XIX/1	276–277
DUROSELLE, Jean-Baptiste: Vgl. SOUTOU, Georges-Henri: L'or et le sang. Les buts de guerre économiques de la Première Guerre mondiale, 1989	XVIII/3	250–252
DUROSELLE, Jean-Baptiste: Europa. Eine Geschichte seiner Völker. Mit einer Einführung von Karl Dietrich ERDMANN, 1990 [J. Kalmár]	XIX/3	209–210
DUROSELLE, Jean-Baptiste: Vgl. RENOUVIN, Pierre et al.: Introduction à l'histoire des relations internationales, ⁴1991	XIX/3	319
DUROSELLE, Jean-Baptiste: Itinéraires. Idées, hommes et nations d'Occident (XIXᵉ–XXᵉ siècles), 1991 [M.-L. Recker]	XX/3	195–196
DUȚU, Alexandru: European Intellectual Movements and Modernization of Romanian Culture, 1981 [R. Rohr]	XII	764–765
DUVAL, Paul-Marie: Travaux sur la Gaule (1946–1986), 2 vol., 1989 (École française de Rome, 116) [J. F. Drinkwater]	XIX/1	233–235
DUVAL, Yvette: Vgl. Topographie chrétienne des cités de la Gaule des origines au milieu du VIIIᵉ siècle. T. II, 1986	XIV	878–879
DUVAL, Yvette: Vgl. L'inhumation privilégiée du IVᵉ au VIIIᵉ siècle en Occident, 1986	XVI/1	243–246
DUVAL, Yvette: Auprès des saints corps et âme. L'inhumation ›ad sanctos‹ dans la chrétienté d'Orient et d'Occident du IIIᵉ au VIIᵉ siècle, 1988 [K. H. Krüger]	XVIII/1	252–253

DUVAL-ARNOULD, Louis: Vgl. WIEDERHOLD, Wilhelm: Papsturkunden in Frankreich. Reiseberichte zur Gallia pontificia, 1985   XIII   753–754

DUVOSQUEL, Jean-Marie: Vgl. Villes et campagnes au Moyen Âge, 1991   XX/1   188–191

DYKMANS, Marc S. J.: Vgl. SCHRYVER, Antoine De et al.: Le Pontifical de Ferry de Clugny, Cardinal et Évêque de Tournai, 1989   XVIII/1   320–321

EBEL, Friedrich: Vgl. ELSENER, Ferdinand: Studien zur Rezeption des gelehrten Rechts, 1989   XVIII/1   223–224

EBELING, Dietrich: Der Holländerholzhandel in den Rheinlanden. Zu den Handelsbeziehungen zwischen den Niederlanden und dem westlichen Deutschland im 17. und 18. Jahrhundert, 1992 (Vierteljahrsschrift für Sozial- und Wirtschaftsgeschichte. Beihefte, 101) [W. Frijhoff]   XX/2   208–209

EBERAN, Barbro: Luther? Friedrich »der Große«? Wagner? Nietzsche? ...? ...? Wer war an Hitler schuld? Die Debatte um die Schuldfrage 1945–1949, 1983 [P. Ayçoberry]   XII   905–907

EBERHARD, Winfried: Vgl. SEIBT, Ferdinand et al.: Europa 1500, 1987   XVI/2   242

EBERHARD, Winfried: Vgl. SEIBT, Ferdinand: Mittelalter und Gegenwart, 1987   XIX/1   243–244

EBERL, Immo: Vgl. Früh- und hochmittelalterlicher Adel in Schwaben und Bayern, 1988   XVIII/1   260–262

ECKART, Wolfgang U.: Vgl. Medizin im Spielfilm des Nationalsozialismus, 1990   XIX/3   274–275

Éclectisme et cohérence des Lumières. Mélanges offerts à Jean Ehrard. Textes recueillis et publiés par Jean-Louis JAM avec une préface de René POMEAU, 1992 (Faculté des lettres et sciences humaines de l'université Blaise-Pascal (Clermont II) – Centre de recherches révolutionnaires et romantiques) [J. Häseler]   XX/2   225–227

Économies et sociétés dans le Dauphiné médiéval. 108ᵉ Congrès national des sociétés savantes, Grenoble 1983, 1984 (Congrès national des sociétés savantes. Philologie et histoire) [M.-T. Kaiser-Guyot]   XIV   864–866

Éditions françaises du XVIᵉ siècle conservées dans le fonds ancien de la Bibliothèque de Saint David's University College, Lampeter (Pays de Galles). Catalogue alphabétique, notices rédigées par Trevor PEACH, 1992 [H.-U. Seifert]   XX/2   312

Égalité, Uguaglianza. Actes du Colloque franco-italien de philosophie politique (Rome, les 21 et 22 novembre 1988), publ. par Jean FERRARI et Alberto POSTIGLIOLA, 1990 [C. Dipper]   XIX/2   319

EGGENBERGER, Christoph: Psalterium aureum sancti Galli. Mittelalterliche Psalterillustration im Kloster St. Gallen, 1987 [D. Ganz]   XVII/1   267–269

L'église et la mémoire des morts dans la France médiévale. Communications présentées à la Table Ronde du CNRS, le 14 juin 1982, réunies par Jean-Loup LEMAÎTRE, 1986 [F. Neiske]   XV   908–909

L'Église et la Révolution. Bulletin de littérature ecclésiastique, juillet-septembre 1989, 1989 [J.-L. Gazzaniga] XVII/2 319–320

EHLERS, Joachim: Geschichte Frankreichs im Mittelalter, 1987 [P. Contamine] XVII/1 224–225

EHLERS, Joachim: Vgl. Ansätze und Diskontinuität deutscher Nationsbildung im Mittelalter, 1989 XVIII/1 271–274

EHLERT, Trude: Vgl. Essen und Trinken in Mittelalter und Neuzeit, 1987 XVI/1 229

EHMER, Hermann: Vgl. Bevölkerungsstatistik an der Wende vom Mittelalter zur Neuzeit, 1990 XIX/1 253–255

EHRARD, Jean: Vgl. Eclectisme et cohérence des Lumières, 1992 XX/2 225–227

EICHENBERGER, Thomas: Patria. Studien zur Bedeutung des Wortes im Mittelalter (6.-12. Jahrhundert), 1991 (Nationes. Historische und philologische Untersuchungen zur Entstehung der europäischen Nationen im Mittelalter, 9) [J. Ehlers] XX/1 231–232

EICKHOFF, Ekkehard: Macht und Sendung. Byzantinische Weltpolitik, 1981 [J. Durliat] XII 778–779

Die Eifel, 1888–1988. Zum 100jährigen Jubiläum des Eifelvereins, 1988 [R. Dufraisse] XVIII/3 220–221

EIMER, Olaf: Vgl. Johann Moritz Schwager's Bemerkungen auf einer Reise durch Westphalen bis an und über den Rhein, 1987 XVI/2 305–308

EKDAHL, Sven: Vgl. Das Soldbuch des Deutschen Ordens 1410/1411. Die Abrechnungen für die Soldtruppen. Teil I, 1988 XVII/1 317–318

ELAYI, Josette, Alain G. ELAYI: La monnaie à travers les âges, 1989 [M.- T. Kaiser-Guyot] XVIII/1 325–326

L'élevage et la vie pastorale dans les montagnes de l'Europe au moyen âge et à l'époque moderne. Actes du Colloque International, Clermont-Ferrand, 1984 (Faculté des lettres et sciences humaines. Université de Clermont-Ferrand II. Publication de l'Institut d'Études du Massif Central, 27) [M.-T. Kaiser-Guyot] XIII 713–716

ELLIOTT, John H.: Richelieu and Olivares, 1985 (Cambridge Studies of Early Modern History) [R. Babel] XVII/2 263–264

ELLWEIN, Thomas: Vgl. Ploetz. Die Bundesrepublik Deutschland, 1984 XIV 618–637

ELM, Kaspar: Vgl. Norbert von Xanten, 1984 XIII 760–761

ELSENER, Ferdinand: Studien zur Rezeption des gelehrten Rechts. Ausgewählte Aufsätze, hg. von Friedrich EBEL und Dietmar WILLOWEIT, 1989 [P. Ourliac] XVIII/1 223–224

ELTON, Hugh: Vgl. Fifth-Century Gaul: a Crisis of Identity?, 1992 XX/1 79–95

ELZE, Judith: Vgl. Statuten, Städte und Territorien zwischen Mittelalter und Neuzeit in Italien und Deutschland, 1992 XX/1 209–211

ELZE, Reinhard: Vgl. Stadtadel und Bürgertum in den italienischen und deutschen Städten des Mittelalters, 1991 XIX/1 252–253

The Emergence of a World Economy 1500–1914. Ed. by Wolfram FISCHER, R. Marvin MCINNIS and Jürgen SCHNEIDER, 2 vols., 1986 (Beiträge zur Wirtschafts- und Sozialgeschichte, 33) [M. Morineau] XVII/2 207–212

EMPEREUR-BISSONNET, Isabelle: Paroisses et Communes de France. Dictionnaire d'histoire administrative et démographique: Haute-Vienne, 1981 [H.-U. Thamer] — XII 920–921

The Emperor Julian. Panegyric and Polemic. Claudius Mamertinus, John Chrysostome, Ephrem the Syrian, ed. by Samuel N. C. LIEU, 1986 (Translated Texts for Historians. Greek Series, 1) [J. Durliat] — XV 913–914

The Emperor Julian. Panegyric and Polemic. Claudius Mamertinus, John Chrysostome, Ephrem the Syrian, ed. by Samuel N. C. LIEU, Second Edition, 1989 (Translated Texts for Historians, 2) [J. Durliat] — XVII/1 229

ENCREVÉ, André: Protestants français au milieu du XIXe siècle. Les réformes de 1848 à 1870, 1986 (Histoire et Société, 8) [M. Greschat] — XV 1042–1045

Das Ende der Renaissance: Europäische Kultur um 1600, hg. von August BUCK und Tibor KLANICZAY, 1987 (Wolfenbütteler Arbeitskreis für Renaissanceforschung, 6) [J.-C. Margolin] — XVI/2 258–259

ENDEMANN, Traute: Vgl. BÜTTNER, Heinrich: Geschichte des Elsaß. I., 1991 — XX/1 243–246

ENGEL, Helmut, Stefi JERSCH-WENZEL, Wilhelm TREUE: Geschichtslandschaft Berlin. Orte und Ereignisse, 5 Bde., 1985–1990 [C. Buffet] — XVIII/3 191–208

ENGELBERG, Ernst: Bismarck. Urpreuße und Reichsgründer, 1985 [C. Studt] — XIX/3 151–164

ENGELBERG, Ernst: Bismarck. Das Reich in der Mitte Europas, 1990 [C. Studt] — XIX/3 151–164

ENGELBERG, Waltraud: Otto und Johanna von Bismarck, 1990 (CORSO bei Siedler) [C. Studt] — XIX/3 151–164

ENGELS, Friedrich: Vgl. Karl Marx – Friedrich Engels: Briefwechsel, 1983 — XI 849–851

ENGELS, Odilo: Vgl. Series episcoporum ecclesiae catholicae occidentalis ab initio usque ad annum MCXCVIII. Series V, t. II, 1984 — XIV 678–679

ENGELS, Odilo: Stauferstudien. Beiträge zur Geschichte der Staufer im 12. Jahrhundert. Festgabe zu seinem sechzigsten Geburtstag, hg. von Erich MEUTHEN und Stefan WEINFURTER, 1988 [J.-Y. Mariotte] — XVII/1 282

ENGELS, Odilo: Reconquista und Landesherrschaft. Studien zur Rechts- und Verfassungsgeschichte Spaniens im Mittelalter, 1989 (Rechts- und Staatswissenschaftliche Veröffentlichungen der Görres-Gesellschaft, 53) [M. Zimmermann] — XVIII/1 305–308

England, Spain and the Gran Armada 1585–1604. Essays from the Anglo-Spanish Conferences, London, Madrid, 1988. Ed. by M. J. RODRIGUES-SALGADO and Simon ADAMS, 1991 [R. Pillorget] — XX/2 193–194

ENGLER, Winfried: Vgl. Die Französische Revolution, 1992 — XX/2 265–266

ENRIGHT, Michael J.: Iona, Tara and Soissons. The Origin of the Royal Anointing Ritual, 1985 (Arbeiten zur Frühmittelalterforschung, 17) [H. H. Anton] — XVI/1 254–256

Enseigner la Révolution Française, éd. par Jean-François GRANDBASTIEN, 1988 [P. Burg] — XIX/2 195–209

ENSER, A.G.S.: A Subject Bibliography of the First World War. Books in English 1914–1987, 1990 [A. Wirsching]   XIX/3   175–185

Entre deux Guerres. La création française entre 1919 et 1939, sous la direction d'Olivier BARROT et Pascal ORY, 1990 [W. Loth]   XIX/3   263–265

Zur Entstehung der romanischen Sprachen, hg. von Reinhold KONTZI, 1978 (Wege der Forschung, 162) [M. van Uytfanghe]   XI   579–613

Epigraphik 1988. Fachtagung für mittelalterliche und neuzeitliche Epigraphik, Graz 10.–14. Mai 1988. Referate und Round-Table-Gespräche, hg. von Walter KOCH, 1990 (Österreichische Akademie der Wissenschaften, Phil.-hist. Kl., Denkschriften, 213 = Veröffentlichungen der Kommission für die Herausgabe der Inschriften des deutschen Mittelalters, 2) [G. Sanders]   XX/1   222–224

EPKENHANS, Michael: Die wilhelminische Flottenrüstung 1908–1914. Weltmachtstreben, industrieller Fortschritt, soziale Integration, 1991 (Beiträge zur Militärgeschichte, 32) [F.-E. Brézet]   XIX/3   249–251

EPSTEIN, Steven: Wage Labor and Guilds in Medieval Europe, 1991 [V. Groebner]   XX/1   233–234

EPTING, Karl: Vgl. BIHL, Lieselotte et al.: Bibliographie französischer Übersetzungen aus dem Deutschen 1487–1944, 2 Bde., 1987   XVI/2   236–237

ERBE, Michael: Vgl. Vom Konsulat zum Empire libéral, 1985   XV   1028

ERDMANN, Karl Dietrich: Vgl. KELLMANN, Klaus: Pluralistischer Kommunismus?, 1984   XIV   859–861

ERDMANN, Karl Dietrich: Vgl. DUROSELLE, Jean-Baptiste: Europa. Eine Geschichte seiner Völker, 1990   XIX/3   209–210

ERDORF, Rolf: Vgl. PREVENIER, Walther et al.: Die burgundischen Niederlande, 1986   XVI/1   300–301

Die Erfahrung der Inflation im internationalen Vergleich. Beiträge zu Inflation und Wiederaufbau in Deutschland und Europa 1914–1924, Bd. 2, hg. von Gerald D. FELDMAN, Carl-Ludwig HOLTFRERICH, Gerhard A. RITTER, Peter-Christian WITT, 1984 (Veröffentlichungen der Historischen Kommission zu Berlin, 57) [G. H. Soutou]   XV   1063–1064

Die Erhebung gegen Napoleon 1806–1814/15. Hg. von Hans Bernd SPIES, 1981 (Quellen zum politischen Denken der Deutschen im 19. und 20. Jahrhundert. Freiherr vom Stein-Gedächtnisausgabe, 2) [R. Dufraisse]   XIII   862–864

ERICHSEN, Johannes: Vgl. »Vorwärts, vorwärts, sollst du schauen ...« Geschichte, Politik und Kunst unter Ludwig I., Bde. 8–10, 1986   XVI/3   178–180

ERNE, Emil: Die schweizerischen Sozietäten. Lexikalische Darstellung der Reformgesellschaften des 18. Jahrhunderts in der Schweiz, 1988 [A. Cser]   XVIII/2   270–271

ERTZDORFF, Xenia von: Vgl. Essen und Trinken in Mittelalter und Neuzeit, 1987   XVI/1   229

ERZGRÄBER, Willi: Vgl. Kontinuität und Transformation der Antike im Mittelalter, 1989   XVIII/1   234–235

Eschen, Fritz: Photographien Berlin 1945–1950, 1989 [C. Buffet] — XVIII/3 191–208

Eschenburg, Theodor: Jahre de Besatzung 1945–1949, 1983 (Geschichte der Bundesrepublik Deutschland, 1) [A. Kimmel] — XII 908–909

Eschenburg, Theodor: Das Jahrhundert der Verbände. Lust und Leid organisierter Interessen in der deutschen Politik, 1989 [G. Badia] — XVIII/3 261–262

Les Espaces Révolutionnaires. Actes du 114ᵉ Congrès national des Sociétés savantes, 1990 (Section d'Histoire moderne et contemporaine) [W. Müller] — XIX/2 316–317

Espagne, Michel: Vgl. Hess, Moses: Berlin, Paris, Londres, 1988 — XVII/3 217–218

Espagne, Michel: Vgl. Lettres d'Allemagne. Victor Cousin et les hégéliens, 1990 — XIX/3 223–224

Espagne, Michel: Vgl. Philologiques I, 1990 — XIX/3 224–226

Espagne, Michel: Bordeaux baltique. La présence culturelle allemande à Bordeaux aux XVIIIᵉ et XIXᵉ siècles, o. J. (1991) (Centre National de la Recherche Scientifique. Centre Régional de Publication de Bordeaux) [F. E. Schrader] — XX/2 235–237

Espagne, Michel, Françoise Lagier, Michael Werner: Philologiques II: Le maître de langues. Les premiers enseignants d'allemands en France (1830–1850), 1991 [D. Tiemann] — XX/3 209

Espoirs et Conquêtes 1881–1918. T. 1, sous la direction de François Caron et de Fabienne Cardot éd. par M. Banal et al., préface de Marcel Boiteux, 1991 (Histoire générale de l'Électricité en France) [D. Soleymani] — XX/3 227–228

Essen und Trinken in Mittelalter und Neuzeit. Vorträge eines interdisziplinären Symposiums vom 10.–13. Juni 1987 an der Justus-Liebig-Universität Gießen, hg. von Irmgard Bitsch, Trude Ehlert und Xenia von Ertzdorff unter redaktioneller Mitarbeit von Rudolf Schulz, 1987 [A. Paravicini Bagliani] — XVI/1 229

L'État en perspective, éd. par Marc Abélès, 1986 (Études Rurales, 101–102) [R. Riemenschneider] — XVI/3 182–186

Ettenhuber, Helga: Vgl. Kultur der einfachen Leute, 1983 — XII 822–824

Études et documents II (1990), 1990; III (1991), 1991 (Histoire économique et financière de la France. Comité pour l'histoire économique et financière de la France) [B. Jeschonnek] — XX/2 301–303

Études sur les villes en Europe occidentale (milieu du XVIIᵉ siècle à la veille de la Révolution française), t. I: Généralités – France, par Jean Meyer; t. II: Angleterre, Pays-Bas et Provinces-Unies, Allemagne rhénane, par Alain Lottin, Jean-Pierre Poussou, Hugo Soly, Bernard Vogler et Ad. van der Woude, 1983 (Regards sur l'histoire) [J. Hoock] — XIII 814–816

Europa vor dem Krieg von 1870. Mächtekonstellation – Konfliktfelder – Kriegsausbruch, hg. von Eberhard Kolb und Elisabeth Müller-Luckner, 1987 (Schriften des Historischen Kollegs: Kolloquien, 10) [A. Mitchell] — XVI/3 186–187

Europa und der »Reichseinsatz«. Ausländische Zivilarbeiter, Kriegsgefangene und KZ-Häftlinge in Deutschland 1938–1945, hg. von Ulrich Herbert, 1991 [M. Spivak] — XIX/3 292–294

Europa im Zeitalter Friedrichs des Großen. Wirtschaft, Gesellschaft, Kriege, hg. von Bernhard R. KROENER, 1989 (Beiträge zur Militärgeschichte, 26) [A. Corvisier]	XIX/2	285–287
Europa nach dem Zweiten Weltkrieg 1945–1982. Das Zwanzigste Jahrhundert II. Hg. von Wolfgang BENZ und Hermann GRAML unter Mitarbeit von Wolfgang BENZ, Hermann GRAML, Klaus-Dietmar HENKE, Wilfried LOTH, Heiner RAULFF, Gert ROBEL und Hans WOLLER, 1983 [S. Martens]	XIV	618–637
Europäisches Hochmittelalter, hg. von Henning KRAUSS, in Verb. mit Thomas CRAMER u. a., 1981 (Neues Handbuch der Literaturwissenschaft, 7) [K.-H. Bender]	XII	794–796
EUW, Anton von: Liber Viventium Fabariensis. Das karolingische Memorialbuch von Pfäfers in seiner liturgie- und kunstgeschichtlichen Bedeutung, 1989 (Studia Fabariensia. Beiträge zur Pfäferser Klostergeschichte, 1) [G. Philippart]	XVIII/1	269–271
EVEN, Pascal: Vgl. Ministère des Affaires Étrangères. Archives Diplomatiques, Division historique, 1988	XVII/3	102–109
EVEN, Pascal: Vgl. Ministère des Affaires Étrangères. Centre des Archives Diplomatiques de Nantes, 1988	XVII/3	102–109
EVRARD, Louis: Vgl. MOMIGLIANO, Arnaldo: Problèmes d'historiographie ancienne et moderne, 1983	XII	750–752
EWALD, François: Vgl. Naissance du Code Civil, 1989	XVII/2	335–336
EWIG, Eugen: Die Merowinger und das Frankenreich, 1988 (Urban-Taschenbücher, 392) [K.-U. Jäschke]	XVII/1	236–247
EWIG, Eugen: Vgl. Beiträge zur Geschichte des Regnum Francorum, 1990	XIX/1	248–250
Exemplaria. A Journal of Theory in Medieval and Renaissance Studies. Vol. I/1, 1989 [M. Heinzelmann]	XVII/1	321
Das Exil der kleinen Leute. Alltagserfahrung deutscher Juden in der Emigration, hg. von Wolfgang BENZ, 1991 [R. R. Thalmann]	XX/3	269–270
Existe-il un Fédéralisme jacobin? Études sur la Révolution. T. 1, fasc. 2. Actes du 11e congrès national des sociétés savantes, Poitiers 1986, publ. sous la direction du Ministère de l'Éducation Nationale par le Comité des Travaux historiques et scientifiques, 1986 [R. Reichardt]	XVIII/2	301–302
Extremismus und streitbare Demokratie, mit Beiträgen von Uwe BAKKES und Eckhard JESSE, hg. von Wolfgang MICHALKA, 1987 (Neue Politische Literatur, Beihefte, 4) [S. Martens]	XV	1110
FABER, Thomas F.: Vgl. SMETS, Josef et al.: Kevelaer. Gesellschaft und Wirtschaft am Niederrhein im 19. Jahrhundert, 1987	XVI/2	308
Fälschungen im Mittelalter. Internationaler Kongreß der Monumenta Germaniae Historica, München, 16.–19. September 1986, 1988 (Monumenta Germaniae Historica. Schriften, 33/I–V) [J. Dufour]	XVIII/1	225–230
Fälschungen im Mittelalter. Internationaler Kongreß der Monumenta Germaniae Historica, München, 16.–19. September 1986, Teil VI: Register, bearb. von Detlev JASPER, 1990 (Monumenta Germaniae Historica. Schriften, 33/VI) [J. Dufour]	XIX/1	244

FAHLBUSCH, Friedrich Bernward: Vgl. Civitatum communitas. Studien zum europäischen Städtewesen, 2 Bde., 1984 — XIV 659–660

FALLA, P. S.: Vgl. LIPGENS, Walter: A History of European Integration. Vol. 1, 1982 — XI 884–886

Die falschen Investiturprivilegien, hg. von Claudia MÄRTL, 1986 (Monumenta Germaniae Historica. Fontes iuris germanici antiqui in usum scholarum separatim editi, 13) [G. Fransen] — XVI/1 280–282

Die Familie als sozialer und historischer Verband. Untersuchungen zum Spätmittelalter und zu früher Neuzeit, hg. von Peter-Johannes SCHULER, 1987 [P. Dollinger] — XVII/1 289–291

FARGE, Arlette: Vgl. Histoire des femmes en occident, t. 3, 1991 — XX/2 181–182

FARR, James A.: Hands of Honor. Artisans and Their World in Dijon, 1550–1650, 1988 [U.-C. Pallach] — XX/2 190–192

FARRAR, Marjorie Milbank: Principled Pragmatist. The Political Career of Alexandre Millerand, 1991 [P. Grupp] — XIX/3 260–261

FASOLI, Gina: Vgl. Stadtadel und Bürgertum in den italienischen und deutschen Städten des Mittelalters, 1991 — XIX/1 252–253

FATTORI, Marta: Vgl. HAMESSE, Jacqueline et al.: Rencontres de cultures dans la philosophie médiévale, 1990 — XX/1 196–198

FAUCHER, Eugène: Vgl. Les Habsbourg et la Lorraine, 1988 — XVII/2 242–244

FAURE, Alain: Vgl. Maintien de l'ordre et polices en France et en Europe au XIXe siècle, 1987 — XVI/3 187–188

FAVIER, Jean: Vgl. Les Archives Nationales. État Général des Fonds. T. V, 1988 — XVII/3 102–109

FAVIER, Jean: Vgl. KOHN, Roger: Les Juifs de la France du Nord dans la seconde moitié du XIVe siècle, 1988 — XVII/1 301–304

FAVRE, Pierre: Naissances de la science politique en France 1870–1914, 1989 (L'espace du politique) [R. Fleck] — XVII/3 236–237

Federico Barbarossa nel dibattito storiografico in Italia e in Germania, a cura di Raoul MANSELLI e Josef RIEDMANN, 1982 (Annali dell'Istituto storico italo-germanico, 10) [J.-Y. Mariotte] — XII 801–802

FÉDOU, René: Vgl. Le diocèse de Lyon, 1983 — XII 922–926

FÉDOU, René: Vgl. Les Lyonnais dans l'histoire, 1985 — XIV 867–869

FEDRIGO, Claudio: Vgl. WECK, Roger de: L'avenir de l'Allemagne, 1992 — XX/3 327–328

Feindbild und Faszination. Vermittlerfiguren und Wahrnehmungsprozesse in den deutsch-französischen Kulturbeziehungen (1789–1983), hg. von Hans Jürgen LÜSEBRINK und Janos RIESZ, 1984 (Schule und Forschung. Schriftenreihe für Studium und Praxis) [G.-L. Fink] — XV 1019–1021

FEISSEL, Denis: Vgl. Guide de l'épigraphiste, 1986 — XIV 874

FELDMAN, Gerald D.: Vgl. Die deutsche Inflation, 1982 — XII 892–893

FELDMAN, Gerald D.: Vgl. Die Erfahrung der Inflation im internationalen Vergleich, Bd. 2, 1984 — XV 1063–1064

FELDMAN, Gerald D.: Vgl. Die Anpassung an die Inflation, Bd. 8, 1986   XVI/3   227–229
FENET, Pierre Antoine: Vgl. Naissance du Code Civil, 1989   XVII/2   335–336
FERMIGIER, André: La Bataille de Paris. Des Halles à la Pyramide. Chroniques d'urbanisme, 1991 (Le Débat) [R. Wittenbrock]   XX/3   316–317
FERNANDEZ, Soledad Garcia: Vgl. Archivum. International Council on Archives, Vol. 36, 1990   XVIII/3   322
FERNER, Wolfgang: Das Deuxième Bureau der französischen Armee. Subsidiäres Überwachungsorgan der Reichswehr 1919–1923, 1983 (Europäische Hochschulschriften, Reihe III: Geschichte und ihre Hilfswissenschaften, 177) [S. Martens]   XIII   896–897
FERRARI, Jean: Vgl. Égalité, Uguaglianza, 1990   XIX/2   319
FERRÉ, Régine: Vgl. Le personnel de l'enseignement supérieur en France aux XIXe et XXe siècles, 1985   XVI/3   202–207
FERREIRO, Alberto: The Visigoths in Gaul and Spain. A.D. 418–711. A Bibliography, 1988 [G. Kampers]   XVII/1   211
FERRO, Marc: Pétain, 1987 [F. Knipping]   XVI/3   281–282
FERRY, Luc, Alain RENAUT: Antihumanistisches Denken. Gegen die französischen Meisterphilosophen, 1987 [M. Christadler]   XV   1100–1102
FESSARD, Gaston: Au Temps du Prince Esclave. Écrits clandestins 1940–1945. Présentation et notes de Jacques PRÉVOTAT, 1989 [M. Zimmermann]   XVIII/3   290–292
Feste und Feiern im Mittelalter. Paderborner Symposion des Mediävistenverbandes, hg. von Detlef ALTENBURG, Jörg JARNUT und Hans-Hugo STEINHOFF, 1991 [M.-T. Kaiser-Guyot]   XX/1   211–216
Festschrift für Karl Otmar Freiherr von Aretin: Vgl. Deutschland und Europa in der Neuzeit, 2 Bde., 1988   XVII/2   219–224
Festschrift für Johanne Autenrieth: Vgl. Litterae medii aevi, 1988   XVII/1   322–324
Festschrift für Alfons Becker: Vgl. Deus qui mutat tempora, 1987   XIV   878
Festschrift für Walter Bußmann: Vgl. Staat und Gesellschaft im politischen Wandel, 1979   XII   739–740
Festschrift für Fritz Fischer: Vgl. Industrielle Gesellschaft und politisches System, 1978   XII   741–742
Festschrift für Friedrich Kempf: Vgl. Aus Kirche und Reich, 1983   XIII   702–705
Festschrift für Helmut Krausnick: Vgl. Miscellanea, 1980   XII   742–743
Festschrift für Theodor Schieder: Vgl. Vom Staat des Ancien Regime zum modernen Parteienstaat, 1978   XII   743–744
Festschrift für Karl Schmid: Vgl. Gebetsgedanken und adliges Selbstverständis im Mittelalter, 1983   XV   882–883
Festschrift für Gerhard Schulz: Vgl. Wege in die Zeitgeschichte, 1989   XVII/3   327–328
Festschrift für Berent Schwineköper. Zu seinem siebzigsten Geburtstag, hg. von Helmut MAURER und Hans PATZE, 1982 [L. Milis]   XI   714–715
Festschrift für Heinz Stoob: Vgl. Civitatum communitas. Studien zum europäischen Städtewesen, 2 Bde., 1984   XIV   659–660

Festschrift für Wolfgang von Stromer: Vgl. Hochfinanz, Wirtschaftsräume, Innovationen, 1987 — XVI/2 233–234

FETSCHER, Iring: Vgl. Pipers Handbuch der politischen Ideen. Bde. 3–4, 1985, 1986 — XIV 593–596

FETSCHER, Iring: Vgl. Pipers Handbuch der politischen Ideen, Bd. 5, 1987 — XVI/3 219–220

FÉVRIER, Paul-Albert: Vgl. Topographie chrétienne des cités de la Gaule des origines au milieu du VIIIe siècle. T. II–IV, 1986 — XIV 878–879

FÉVRIER, Paul-Albert: Vgl. Topographie chrétienne des cités de la Gaule des origines au milieu du VIIIe siècle. T. VII, 1989 — XVII/1 325–326

FICHTENAU, Heinrich: Lebensordnungen des 10. Jahrhunderts. Studien über Denkart und Existenz im einstigen Karolingerreich, 2 Bde., 1984 (Monographien zur Geschichte des Mittelalters, 30/I–II) [K. Leyser] — XIV 708–710

FICHTER, Michael: Vgl. Quellen zur Geschichte der deutschen Gewerkschaftsbewegung im 20. Jahrhundert. Bd. 6, 1987 — XIX/3 299–300

FIELD, Frank: British and French Writers of the First World War, 1991 [A. Wirsching] — XIX/3 175–185

FIERRO, Alfred: Bibliographie analytique des biographies collectives imprimées de la France contemporaine (1789–1985). Préface de Michel FLEURY, 1986 (Bibliothèque de l'École des Hautes Études, IVe Section: Sciences historiques et philologiques, 330) [S. Martens] — XV 1024

Fifth-Century Gaul: a Crisis of Identity? Ed. by John DRINKWATER and Hugh ELTON, 1992 [J. Durliat] — XX/1 79–95

Finanze e ragione de Stato in Italia e in Germania nella prima Età moderna, a cura di Aldo De MADDALENA und Hermann KELLENBENZ, 1984 (Annali dell'Istituto storico italo-germanico, 14) [V. Hunecke] — XIV 755–756

FINCK VON FINCKENSTEIN, Albrecht Graf: Bischof und Reich. Untersuchungen zum Integrationsprozeß des ottonisch-frühsalischen Reiches (919–1056), 1989 (Studien zur Mediävistik, 1) [G. Bührer-Thierry] — XVIII/1 274–276

FINK, Carole: The Genoa Conference. European Diplomacy 1921–1922, 1984 [J. Heideking] — XIII 897–899

FINK, Carole: Marc Bloch: A life in history, 1989 [L. Raphael] — XIX/3 103–108

FINK, Gonthier-Louis: Vgl. Cosmopolitisme, patriotisme et xénophobie en Europe au siècle des lumières, 1987 — XVI/2 292–294

FINZSCH, Norbert: Obrigkeit und Unterschichten. Zur Geschichte der rheinischen Unterschichten gegen Ende des 18. und zu Beginn des 19. Jahrhunderts, 1990 [R. Dufraisse] — XX/2 291–292

FISCHBACH, Claudius R.: Krieg und Frieden in der französischen Aufklärung, 1990 [F. Moureau] — XVIII/2 260–261

FISCHER, Alexander: Vgl. Geschichtswissenschaft in der DDR. Bd. I, 1988 — XVII/3 325–326

FISCHER, Alexander: Vgl. Geschichtswissenschaft in der DDR. Bd. II, 1990 — XVIII/3 317–318

FISCHER, Fritz: Vgl. Industrielle Gesellschaft und politisches System, 1978   XII   741–742

FISCHER, Joachim: Napoleon und die Naturwissenschaften, 1988 (Boethius. Texte und Abhandlungen zur Geschichte der exakten Wissenschaften, 16) [R. Dufraisse]   XVII/2   336–337

FISCHER, Jürgen: Vgl. Hochschuloffiziere und Wiederaufbau des Hochschulwesens in Westdeutschland 1945–1952. Teil 3, 1991   XX/3   294–296

FISCHER, Paul: Die deutsch-französischen Beziehungen im 19. Jahrhundert im Spiegel des französischen Wortschatzes, 1991 (Europäische Hochschulschriften, Reihe XIII, 161) [H. Duranton]   XIX/3   226–227

FISCHER, Peter: Vgl. Reden der Französischen Revolution, 1989   XVII/2   301–304

FISCHER, Wolfram: Vgl. The Emergence of a World Economy 1500–1914, 2 vols., 1986   XVII/2   207–212

FISHMAN, Sarah: We will wait. Wifes of Prisoners of War 1940–1945, 1991 [Y. Durand]   XX/3   291–292

FITÈRE, Jean-Marie: Vgl. STEINBERG, Lucien: Les Allemands en France 1940–1944, 1980   XVI/3   282–283

FITZSIMMONS, Michael P.: The Parisian Order of Barristers and the French Revolution, 1987 [H. Blömeke]   XVI/2   300–302

FLACKE-KNOCH, Monika: Museums-Konzeptionen in der Weimarer Republik. Die Tätigkeit Alexander Dorners im Provinzialmuseum Hannover, 1985 [W. Lotz]   XVIII/3   323–324

FLAISSIER, Sabine: Vgl. Die Französische Revolution in Augenzeugenberichten, 1989   XVII/2   301–304

FLECK, Hans-Georg: Vgl. Akten zur deutschen Auswärtigen Politik 1918–1945. Serie A, Bde. IV–VI, 1988   XVII/3   257–258

FLECKENSTEIN, Josef: Vgl. CLASSEN, Peter: Ausgewählte Aufsätze, 1983   XII   740–741

FLECKENSTEIN, Josef: Vgl. Das ritterliche Turnier im Mittelalter, 1986   XV   899–901

FLEISCHER, Dirk: Vgl. Theoretiker der deutschen Aufklärungshistorie, Bde. 1–2, 1990   XVIII/2   263–265

FLESCH, Stefan: Die monastische Schriftkultur der Saargegend im Mittelalter, 1991 (Veröffentlichungen der Kommission für Saarländische Landesgeschichte und Volksforschung, 20) [A.-M. Helvétius]   XX/1   250–252

FLEURY, Alain: »La Croix« et l'Allemagne 1930–1940. Préface de René RÉMOND, 1986 [R. Höhne]   XVI/3   246–249

FLEURY, Michel: Vgl. DUBOIS, Jacques: Martyrologes. D'Usuard au Martyrologe romain, 1990   XVIII/1   224–225

FLEURY, Michel: Vgl. FIERRO, Alfred: Bibliographie analytique des biographies collectives imprimées de la France contemporaine (1789–1985), 1986   XV   1024

FLEURY, Michel: Vgl. PÉRIN, Patrick: La datation des tombes mérovingiennes, 1980   XII   511–533

FLOOD, P.J.: France 1914–1918. Public Opinion and the War Effort, 1990 [A. Wirsching]   XIX/3   175–185

FLORA, Peter: Vgl. State, Economy, and Society in Western Europe 1815–1975. Vol. I, 1983   XII   851–853

FLORA, Peter: Vgl. State, Economy, and Society in Western Europe 1815–1975. Vol. II, 1987   XVI/3   171–172

FLORIN, Jean-Pierre: Vgl. L'occupation en France et en Belgique 1940–1944. T. 1–2, 1987–1988   XVIII/3 289

Flucht in den Krieg. Die Außenpolitik des kaiserlichen Deutschlands, hg. von Gregor SCHÖLLGEN, 1991 [C. Baechler]   XIX/3   252–254

FOERSTER, Cornelia: Der Preß- und Vaterlandsverein von 1832/33. Sozialstruktur und Organisationsformen der bürgerlichen Bewegung in der Zeit des Hambacher Festes, 1982 (Trierer Historische Forschungen) [E. Fehrenbach]   XI   841–842

FÖRSTER, Jürgen: Vgl. Das Deutsche Reich und der Zweite Weltkrieg. Bd. 4, 1983   XI   877–880

FOERSTER, Roland G.: Vgl. Die westliche Sicherheitsgemeinschaft, 1988   XVIII/3 298

FÖRSTER, Stig: Vgl. Bismarck, Europe and Africa, 1988   XVII/3   165–169

FÖRSTER, Stig: Der doppelte Militarismus. Die deutsche Heeresrüstungspolitik zwischen Status-quo-Sicherung und Aggression 1890–1913, 1985 (Veröffentlichungen des Instituts für Europäische Geschichte, 118) [R. Lahme]   XVII/3   245–248

FÖRSTER, Stig: Die mächtigen Diener der East India Company. Ursachen und Hintergründe der britischen Expansionspolitik in Südasien, 1793–1819, 1992 (Beiträge zur Kolonial- und Überseegeschichte) [J. Black]   XX/2   299–301

FOGEL, Michèle: Les cérémonies de l'information dans la France du XVIe au milieu du XVIIIe siècle, 1989 [H. Weber]   XVIII/2 326–327

FOHRMANN, Jürgen: Vgl. Von der gelehrten zur disziplinären Gemeinschaft, 1987   XVI/3   214–215

FOLZ, Robert: Les saints rois du moyen âge en Occident (VIe–XIIIe siècles), 1984 (Subsidia hagiographica, 68) [K. H. Krüger]   XV   910–912

FOLZ, Robert: Les saintes reines du moyen âge en Occident (VIe–XIIIe siècles), 1992 (Subsidia Hagiographica, 76) [B. Schneidmüller]   XX/1   236–238

FONTAINE, André: Vgl. KOCH, Ursula E. et al.: ›Le Charivari‹, 1984   XIII   873–874

FONTANE, Theodor: Der Krieg gegen Frankreich 1870–1871. Mit einem Vorwort hg. von Gordon A. CRAIG, 4 Bde., 1985 (Manesse Bibliothek der Weltgeschichte) [G. Loster-Schneider]   XIV   610–617

The Foreign Policy of Churchill's Peacetime Administration 1951–1955, ed. by John W. YOUNG, 1988 [R. Lahme]   XIX/3   193–205

FOREST, Alain: Le Cambodge et la Colonisation Française. Histoire d'une colonisation sans heurts (1897–1920), 1980 [D. Brötel]   XI   688–692

FOREST, Alain: Vgl. Décolonisations et nouvelles dépendances, 1986   XVI/3   145–150

Forges et forêts. Recherches sur la consommation proto-industrielle de bois, publ. par Denis WORONOFF, 1990 (Recherches d'histoire et de sciences sociales = Studies in history and the social Sciences, 43) [I. Mieck] — XIX/2 292–293

Formation und Transformation des Verwaltungswissens in Frankreich und Deutschland (18./19. Jh.), hg. von Erik Volkmar HEYEN / Formation et transformation du savoir administratif en France et en Allemagne (18ᵉ/19ᵉ s.), 1989 (Jahrbuch für Europäische Verwaltungsgeschichte, 1) [W. Schmale] — XVIII/2 258–259

Les Fors anciens de Béarn. Éd. et trad. par Paul OURLIAC et Monique GILLES, 1990 (Centre National de la Recherche Scientifique. Centre Régional de Publication de Toulouse – Collection SUD) [L. Vones] — XIX/1 339–340

FORSTER, Elborg: Vgl. A Woman's Life in the Court of the Sun King, 1984 — XIII 655–658

FORTESCUE, William: Revolution and Counter-Revolution in France 1815–1852, 1988 (Historical Association Studies) [A. Wirsching] — XVIII/3 323

FOSCHEPOTH, Josef: Vgl. Britische Deutschland- und Besatzungspolitik 1945–1949, 1985 — XIV 618–637

FOSSIER, Lucie: Vgl. A propos des actes d'évêques: hommage à Lucie Fossier, 1991 — XX/1 191–192

FOSSIER, Robert: Vgl. Le Moyen Âge. Vol. 1, 1982 — XI 725–728

FOSSIER, Robert: Vgl. Le Moyen Âge. Vol. 2, 1982 — XI 736–737

FOSSIER, Robert: Paysans d'Occident (XIᵉ–XIVᵉ siècles), 1984 (L'Historien, 48) [W. Rösener] — XII 798–800

FOSSIER, Robert: Vgl. Cartulaire chronique du prieuré Saint-Georges d'Hesdin, 1988 — XIX/1 306–307

Fotografische Sammlungen mittelalterlicher Urkunden in Europa. Geschichte, Umfang, Aufbau und Verzeichnungsmethoden der wichtigsten Urkundenfotosammlungen mit Beiträgen zur EDV-Erfassung von Urkunden und Fotodokumenten, hg. von Peter RÜCK, 1989 (Historische Hilfswissenschaften, 1) [G. Brunel] — XIX/1 255–256

FOULON, Charles-Louis, Jacques OSTIER: Charles de Gaulle. Un siècle d'histoire, 1990 [A. Wilkens] — XX/3 181–191

FOUQUET, Gerhard: Das Speyerer Domkapitel im späten Mittelalter (ca. 1350–1540). Adlige Freundschaft, fürstliche Patronage und päpstliche Klientel, 2 Bde., 1987 [H. Millet] — XVI/1 298–300

FOURACRE, Paul: Vgl. The Settlement of Disputes in Early Medieval Europe, 1986 — XV 917–918

FOURNIAU, Charles: Annam-Tonkin 1885–1896. Lettrés et paysans vietnamiens face à la conquête coloniale, 1989 [D. Brötel] — XVIII/3 209–215

FOURQUIN, Guy: Vgl. Hommage à Guy Fourquin, 1990 — XIX/1 238–239

Fox, John P.: Vgl. Akten zur deutschen Auswärtigen Politik 1918–1945. Serie A, Bde. I-III, 1982, 1984, 1985 — XIII 891–893

Fox, John P.: Vgl. Akten zur deutschen Auswärtigen Politik 1918–1945. Serie A, Bde. IV-VI, 1988 — XVII/3 257–258

Fox, Robert: Vgl. HULIN-JUNG, Nicole: L'organisation de l'enseignement des sciences, 1989 — XVIII/3 236–237

FRAMOND, Martin de: Vgl. Ministère des Affaires Étrangères, Archives Diplomatiques, Inventaire de la Collection des Papiers 1940, 1990 — XVIII/3 322–323

Les Français en Espagne à l'époque moderne (XVIe – XVIIIe siècles). Ouvrage collectif, 1990 (Centre National de la Recherche Scientifique, Centre Régional de Publication de Toulouse) [H. Weber] — XIX/2 364–365

La France de la fin du XVe siècle: Renouveau et apogée. Économie – Pouvoirs – Arts – Culture et Conscience nationales. Colloque international du CNRS, Tours, Centre d'Études Supérieures de la Renaissance, 3–6 octobre 1983. Actes publ. par Bernard CHEVALIER et Philippe CONTAMINE, 1985 [G. Fouquet] — XIV 753–755

France and Germany in an Age of Crisis 1900–1960. Studies in Memory of Charles Bloch, ed. by Haim SHAMIR, 1990 [M.-L. Recker] — XX/3 196

La France et l'Italie au temps de Mazarin. Textes recueillis et publ. par Jean SERROY. 15e Colloque de C.M.R. 17, sous le patronage de la Société d'Études du XVIIe siècle, Grenoble, 25–27 janvier 1985, 1986 [R. Lill] — XVI/2 279–280

La France de Philippe Auguste. Le temps des mutations. Actes du Colloque international organisé par le CNRS (Paris, 19 septembre – 4 octobre 1980), publ. par Robert-Henri BAUTIER, 1982 (Colloques internationaux du CNRS, 602) [H. Seibert] — XIII 767–770

FRANÇOIS, Etienne: Koblenz im 18. Jahrhundert. Sozial- und Bevölkerungsstruktur einer deutschen Residenzstadt, 1982 (Veröffentlichungen des Max-Planck-Instituts für Geschichte, 72) [B. Vogler] — XV 1008–1009

FRANÇOIS, Etienne: Vgl. Sociabilité et société bourgeoise en France, en Allemagne et en Suisse, 1986 — XVII/2 297–300

FRANÇOIS, Etienne: Vgl. Deutschland und Frankreich im Zeitalter der Französischen Revolution, 1989 — XIX/2 330–331

FRANÇOIS, Etienne: Die unsichtbare Grenze. Protestanten und Katholiken in Augsburg 1648–1806, 1991 (Abhandlungen zur Geschichte der Stadt Augsburg, 33) [K. Gerteis] — XX/2 214–216

FRANK, Robert: Vgl. La Puissance en Europe 1938–1940, 1984 — XIII 909–910

FRANK, Robert: Vgl. GIRAULT, René et al.: Turbulente Europe et nouveaux mondes 1914–1941. T. 2, 1988 — XVIII/3 249–250

Frankfurt am Main: Die Geschichte der Stadt in neun Beiträgen, hg. von der Frankfurter Historischen Kommission, 1991 (Veröffentlichungen der Frankfurter Historischen Kommission, 17) [P. Monnet] — XX/1 252–256

Frankreich 1800. Gesellschaft, Kultur, Mentalitäten, hg. von Gudrun GERSMANN und Hubertus KOHLE, 1990 [R. Dufraisse] — XX/2 295–297

Frankreich-Jahrbuch 1990. Politik, Wirtschaft, Gesellschaft, Geschichte, Kultur. Hg. vom Deutsch-französischen Institut, 1990 [W. Venohr] — XX/3 318–319

Frankreich im 17. Jahrhundert, hg. von Peter-Eckhard KNABE, 1983 (Kölner Schriften zu Geschichte und Kultur, 4) [J. Le Brun] — XII 830

Frankreich im Zeitalter der Aufklärung. Eine Kölner Ringvorlesung, hg. von Peter-Eckhard KNABE, 1985 (Kölner Schriften zur Romanischen Kultur, 1) [G.-L. Fink]	XV	1013–1014
Frankreichs Kulturpolitik in Deutschland, 1945–1950. Ein Tübinger Symposium, 19./20. September 1985, hg. von Franz KNIPPING, Jacques Le RIDER, Karl J. MAYER, 1987 [M. Kessel]	XVI/3	289–292
FRANSEN, Gérard: Vgl. Summa ›Elegantius in iure diuino‹ seu Coloniensis. T. III, 1986	XVI/1	280
Die französische Deutschlandpolitik zwischen 1945 und 1949. Ergebnisse eines Kolloquiums des Institut Français de Stuttgart und des Deutsch-Französischen Instituts, Ludwigsburg, 16.–17. Januar 1986 im Institut Français de Stuttgart, hg. vom Institut Français de Stuttgart, 1987 [H. Rollet]	XVI/3	293–295
Französische Emigranten in Westfalen 1792–1802. Ausgewählte Quellen, bearb. von Peter VEDDELER, 1989 (Veröffentlichungen der staatlichen Archive des Landes Nordrhein-Westfalen, Reihe C: Quellen und Forschungen, 28) [R. Dufraisse]	XIX/2	337–338
Das französische Experiment. Linksregierung in Frankreich 1981–1985, hg. von Johannes M. BECKER, unter Mitarbeit von Frank DEPPE und Lothar PETER, 1985 (Dietz-Taschenbuch, 15) [U. Rehfeldt]	XV	1098–1099
Die französische Julirevolution von 1830 und Europa, hg. von Manfred KOSSOK und Werner LOCH, 1985 (Studien zur Revolutionsgeschichte) [J. Vidalenc]	XIV	798–799
Französische Klassik. Theorie – Literatur – Malerei, hg. von Fritz NIES und Karlheinz STIERLE, 1985 (Romanistisches Kolloquium, 3) [H. Duranton]	XVII/3	226
Französische Kulturpolitik in Deutschland 1945–1950. Berichte und Dokumente, hg. von Jerôme VAILLANT, 1984 [M. Kessel]	XVI/3	289–292
Französische Literatur in Einzeldarstellungen, 3 Bde., hg. von Peter BROCKMEIER und Hermann WETZEL. Bd. 1: Von Rabelais bis Diderot, 1981; Bd. 2: Von Stendhal bis Zola, 1982; Bd. 3: Von Proust bis Robbe-Grillet, 1982 [D. Hoeges]	XII	752–757
Die Französische Revolution, hg. von Rolf REICHARDT, 1988 [J. Voss]	XVII/2	304–305
Die Französische Revolution, hg. von Winfried ENGLER, 1992 (Rias-Funkuniversität) [P.-A. Bois]	XX/2	265–266
Die Französische Revolution in Augenzeugenberichten. Hg. von Georges PERNOUD und Sabine FLAISSIER. Mit einem Vorwort von André MAUROIS. Deutsch von Hagen THÜRNAU, 1989 [J. Emig]	XVII/2	301–304
Die Französische Revolution. Berichte und Deutungen deutscher Schriftsteller und Historiker, hg. von Horst GÜNTHER, 1985 [J. Voss]	XIV	781–783
Französische Revolution und Deutsche Klassik. Beiträge zum 200. Jahrestag, 1989 [G.-L. Fink]	XVIII/2	306–308
Die Französische Revolution. Forschung – Geschichte – Wirkung, hg. von Helmut REINALTER, 1991 (Schriftenreihe der Internationalen		

Forschungsstelle »Demokratische Bewegungen in Mitteleuropa 1770–1850«, 2) [P.-A. Bois]	XX/2	266–268
Die Französische Revolution. Mitteleuropa und Italien, hg. von Helmut REINALTER, 1992 (Schriftenreihe der Internationalen Forschungsstelle »Demokratische Bewegungen in Mitteleuropa 1770–1850«, 6) [C. Lebeau]	XX/2	285–287
Die Französische Revolution und die Oberrheinlande (1789–1798), hg. von Volker RÖDEL, 1991 (Oberrheinische Studien, 9) [R. Dufraisse]	XX/2	287–289
Französische Revolution und Pädagogik der Moderne. Aufklärung, Revolution und Menschenbildung im Übergang vom Ancien Régime zur bürgerlichen Gesellschaft, hg. von Ulrich HERRMANN und Jürgen OELKERS, 1990 [L. Calvié]	XIX/2	325–327
Französische Revolution an der Saar. Quellen und Materialien, hg. von Johannes SCHMITT, ²1989 (Quellen und Materialien zur saarländischen Geschichte, 2) [P. Burg]	XIX/2	195–209
Die Französische Revolution und die Saar. Ausstellung des Landesarchivs Saarbrücken im Auftrag der Regierung des Saarlandes zum 200jährigen Gedenken an den Ausbruch der Französischen Revolution, 1989 [P. Burg]	XIX/2	195–209
Die Französische Revolution 1789–1989. Revolutionstheorie heute, 1988 (Jahrbuch des IMSF, 14) [P.-A. Bois]	XVII/2	308–311
Die Französische Revolution in Sprache und Literatur: Ursachen – Ereignisse – Folgen. Ringvorlesung, 1990 (Mitteilungsblatt der Hannoverschen Hochschulgemeinschaft, 1/2) [L. Calvié]	XIX/2	338–339
Franzosen und Deutsche am Rhein 1789–1918–1945, hg. von Peter HÜTTENBERGER und Hansgeorg MOLITOR, 1989 (Düsseldorfer Schriften zur Neueren Landesgeschichte und zur Geschichte Nordrhein-Westfalens, 23) [A. Wahl]	XIX/3	227–228
Frauen in Spätantike und Frühmittelalter. Lebensbedingungen – Lebensnormen – Lebensformen. Beiträge zu einer internationalen Tagung am Fachbereich Geschichtswissenschaften der Freien Universität Berlin 18. bis 21. Februar 1987, hg. von Werner AFFELDT, 1990 [M. Hillebrandt]	XX/1	198–200
Frédéric II, roi de Prusse. Œuvres philosophiques, éd. par Jean-Robert ARMOGATHE et Dominique BOUREL, 1985 (Corpus des œuvres de philosophie en langue française) [E. Birnstiel]	XIV	778–780
Freiheit, Gleichheit, Brüderlichkeit? Die Französische Revolution im deutschen Urteil, hg. von Wolfgang von HIPPEL, 1989 (dtv-dokumente 2960) [H. Reinalter]	XVIII/3	225–226
FREIMARK, Peter: Vgl. Juden in Preußen – Juden in Hamburg, 1983	XIII	853–854
FREIMARK, Peter, Ina LORENZ, Günter MARWEDEL: Judentore, Kuggel, Steuerkonten. Untersuchungen zur Geschichte der deutschen Juden, vornehmlich im Hamburger Raum, 1983 (Hamburger Beiträge zur Geschichte der Juden, 9) [M. Zimmermann]	XIII	855–856
FREISE, Eckhard: Vgl. Das Martyrolog-Necrolog von St. Emmeram zu Regensburg, 1986	XVI/1	277–278

The French and Spanish Popular Fronts. Comparative Perspectives, ed. by Martin S. ALEXANDER and Helen GRAHAM, 1989 [F. Taubert]	XX/3	274–275
FRENZ, Thomas: Papsturkunden des Mittelalters und der Neuzeit, 1986 (Historische Grundwissenschaften in Einzeldarstellungen, 2) [A. Paravicini Bagliani]	XV	887–888
FREUND, Gisèle: Vgl. BENJAMIN, Walter: Écrits Français, 1991	XX/3	257–259
FRIED, Johannes: Vgl. CLASSEN, Peter: Ausgewählte Aufsätze, 1983	XII	740–741
FRIED, Johannes: Vgl. Schulen und Studium im sozialen Wandel des hohen und späten Mittelalters, 1986	XV	901–902
FRIED, Johannes: Otto III. und Boleslaw Chrobry. Das Widmungsbild des Aachener Evangeliars, der »Akt von Gnesen« und das frühe polnische und ungarische Königtum. Eine Bildanalyse und ihre historischen Folgen, 1989 (Frankfurter Historische Abhandlungen, 30) [R. Michalowski]	XVIII/1	277–278
FRIED, Johannes: Die Formierung Europas, 840–1046, 1991 (Oldenbourg Grundriß der Geschichte, 6) [M. Parisse]	XX/1	272–273
Friede den Hütten und Krieg den Tyrannen und Despoten. Beiträge zur Geschichte der Französischen Revolution und ihrer Folgen im Raum St. Wendel, hg. von Gerhard HECKMANN und Michael LANDAU, 1989 [P. Burg]	XIX/2	195–209
Friedensbewegungen: Bedingungen und Wirkungen, hg. von Gernot HEISS und Heinrich LUTZ, 1984 (Wiener Beiträge zur Geschichte der Neuzeit, 11) [C. Tuschhoff]	XIV	815–817
Friedenssicherung, hg. von Manfed SPIEKER. Bd. 3: Historische, politikwissenschaftliche und militärische Perspektiven, 1989 [R. Pillorget]	XVIII/2	325–326
FRIEDLAND, Klaus: Vgl. Brügge-Colloquium des Hansischen Geschichtsvereins, 1990	XIX/1	250–251
Friedrich der Große, hg. von Otto BARDONG, 1982 (Ausgewählte Quellen zur deutschen Geschichte der Neuzeit, Freiherr vom Stein-Gedächtnisausgabe, 22) [J.-F. Noël]	XII	843–845
Friedrich der Große und die Philosophie. Texte und Dokumente, hg. von Bernhard TAURECK, 1986 (Reclams Universal-Bibliothek, 3772) [E. Birnstiel]	XIV	778–780
Friedrich II. von Preußen. Schriften und Briefe, hg. von Ingrid MITTENZWEI, 1985 (Reclams Universal-Bibliothek, 1123) [E. Birnstiel]	XIV	778–780
FRIJHOFF, Willem: Vgl. L'Offre d'École, 1983	XIII	663–674
FRITSCH-BOURNAZEL, Renata: Das Land in der Mitte. Die Deutschen im europäischen Kräftefeld, 1986 [E. Jesse]	XV	1094–1095
FRITZSCHE, Peter: Rehearsals for Fascism. Populism and Political Mobilization in Weimar Germany, 1990 [M. Schumacher]	XIX/3	266–267
FROHN, Axel: Neutralisierung als Alternative zur Westintegration. Die Deutschlandpolitik der Vereinigten Staaten von Amerika 1945–1949, 1985 (Dokumente zur Deutschlandpolitik. Beihefte, 7) [S. Martens]	XIV	618–637

FROMM, Erich: Arbeiter und Angestellte am Vorabend des Dritten
Reiches. Eine sozialpsychologische Untersuchung, bearb. und hg.
von Wolfgang BONSS, 1983 [A. Lattard] XII 893–896

Früh- und hochmittelalterlicher Adel in Schwaben und Bayern. Hg.
von Immo EBERL, Wolfgang HARTUNG und Joachim JAHN, 1988
(Regio. Forschungen zur schwäbischen Regionalgeschichte, 1) [P.
Fouracre] XVIII/1 260–262

Frühmittelalterliche Ethnogese im Alpenraum, hg. von Helmut BEU-
MANN und Werner SCHRÖDER, 1985 (Nationes, 5) [P. J. Geary] XV 914–915

FUCHS, Franz: Bildung und Wissenschaft in Regensburg. Neue For-
schungen und Texte aus St. Mang in Stadtamhof, 1989 (Beiträge zur
Geschichte und Quellenkunde des Mittelalters, 13) [E. Mornet] XIX/1 332–333

FUCHS, Rachel Ginnis: Abandoned Children. Foundlings and Child
Welfare in Nineteenth-Century France, 1984 [A. Taeger] XIII 659–662

FUHRMANN, Horst: Vgl. CLASSEN, Peter: Karl der Große, das Papst-
tum und Byzanz, 1985 XIV 706

FUHRMANN, Horst: Einladung ins Mittelalter, 1987 [M. Heinzelmann] XV 1106

FUHRMANN, Horst: Vgl. Die Konzilien Deutschlands und Reichsita-
liens 916–1001. Teil 1, 987 XVI/1 263–264

FUHRMANN, Horst: Vgl. Studi Gregoriani per la storia della »Libertas
Ecclesiae«. Vol. XIII, 1989 XIX/1 303–305

FUHRMANN, Horst: Vgl. Papsttum, Kirche und Recht im Mittelalter,
1991 XX/1 192–193

FULCHER, Jane: Le Grand Opéra en France: un art politique,
1820–1870, 1988 [R. Fleck] XVII/3 226–227

FUMAGALLI, Vito: Vgl. Ricerche e studi sul »Breviarium ecclesiae
Ravennatis«, 1985 XV 923–926

FUNKE, Manfred: Starker oder schwacher Diktator? Hitlers Herrschaft
und die Deutschen. Ein Essay, 1989 [P. Ayçoberry] XVII/3 275–276

FUNKE, Manfred: Vgl. Deutschland 1933–1945. Neue Studien zur
nationalsozialistischen Herrschaft, 1992 XX/3 324–325

FURET, François: Vgl. THADDEN, Rudolf von: La Prusse en question,
1985 XIV 790–793

FURET, François: Marx et la Révolution Française. Suivi de textes de
Karl Marx réunis, prés., trad. par Lucien CALVIÉ, 1986 [B. W.
Bouvier] XV 1049–1050

FURET, François, Jacques JULLIARD, Pierre ROSANVALLON: La Républi-
que du Centre. La fin de l'exception française, 1988 [R. Fleck] XVIII/3 309–310

FURET, François: Vgl. L'Héritage de la Révolution Française, 1989 XIX/2 317–319

FURET, François: Vgl. LEMAY, Edna Hindie: Dictionnaire des Consti-
tuants 1789–1791, 1991 XX/2 260–263

FURET, François: Vgl. LACOUR-GAYET, Georges: Talleyrand, 1990 XX/2 272–274

GADILLE, Jacques: Vgl. Le diocèse de Lyon, 1983 — XII 922–926

GALETTI, Paola: Vgl. Ricerche e studi sul »Breviarium ecclesiae Ravennatis«, 1985 — XV 923–926

GALL, Lothar: Vgl. Vom Staat des Ancien Regime zum modernen Parteienstaat, 1978 — XII 743–744

GALL, Lothar: Vgl. Liberalismus, 1985 — XV 1038–1040

GALL, Lothar: Vgl. Preußische Parlamentarier, 1986 — XVI/3 199–200

GALL, Lothar: Bürgertum in Deutschland, 1989 [E. François] — XVIII/3 230–232

GALL, Lothar: Vgl. Stadt und Bürgertum im 19. Jahrhundert, 1990 — XIX/3 215–216

GALLO, Max: Le grand Jaurès, 1984 [G. Ziebura] — XIV 813–815

GAMBY, Erik: Vgl. BAUER, Edgar: Konfidentenberichte über die europäische Emigration in London 1852–1861, 1988 — XVII/3 221–222

GARDEN, Maurice: Vgl. Habiter la ville, XVe-XXe siècles, 1984 — XVI/2 245–246

GARRIOCH, David: Neighbourhood and Community in Paris, 1740–1790, 1988 [M. Dinges] — XVII/2 286–288

GASPARRI, Françoise: La Principauté d'Orange au Moyen Âge (fin XIIIe–XVe siècle). Préface de Jacques Le GOFF, 1985 [J. Fried] — XIV 741–743

GAT, Azer: The Origins of Military Thought from the Enlightenment to Clausewitz, 1989 (Oxford Historical Monographs) [A. Corvisier] — XIX/2 287–288

GAUDEMET, Jean: Les sources du droit de l'Église en Occident du IIe au VIIe siècle, 1985 [W. Hartmann] — XIV 685–687

De Gaulle et l'Indochine 1940–1946. Ouvrage collectif présenté par l'Institut Charles-de-Gaulle, 1982 [D. Brötel] — XI 688–692

De Gaulle et ses Premiers Ministres. Colloque organisé et publ. par l'Institut Charles-de-Gaulle et l'Association française de science politique les 17 et 18 novembre 1988, 1990 (Collection Espoir) [U. Lappenküper] — XVIII/3 304–305

De Gaulle et son siècle. Actes des Journées internationales tenues à l'Unesco, Paris, 19–24 novembre 1990, éd. par l'Institut Charles-de-Gaulle, 7 vol., 1991/1992 [A. Wilkens] — XX/3 181–191

GAUTHIER, Nancy: L'évangélisation des pays de la Moselle. La province romaine de Première Belgique entre Antiquité et Moyen-Âge (IIIe–VIIIe siècles), 1980 [M. Werner] — XI 722–725

GAUTHIER, Nancy: Vgl. Topographie chrétienne des cités de la Gaule des origines au milieu du VIIIe siècle. T. I–IV, 1986 — XIV 878–879

GAUTHIER, Nancy: Vgl. Topographie chrétienne des cités de la Gaule des origines au milieu du VIIIe siècle. T. V, 1987 — XV 1107–1108

GAUTHIER, Nancy: Vgl. Topographie chrétienne des cités de la Gaule des origines au milieu du VIIIe siècle. T. VI–VII, 1989 — XVII/1 325–326

GAUTIER DALCHÉ, Patrick: La »Descriptio mappe mundi« de Hugues de Saint-Victor. Texte inédit avec introduction et commentaire, 1988 [J. Ehlers] — XVIII/1 287–289

GAWLIK, Alfred: Vgl. Die Urkunden Heinrich Raspes und Wilhelms von Holland, 1246–1252, 1989 — XVIII/1 298–299

GAY, Jean: L'amélioration de l'existence à Paris sous le règne de Napoléon III. L'administration de services à l'usage du public, 1986 (Centre de Recherches d'Histoire et de Philologie de la IVe Section de l'École pratique des Hautes Études, 5; Hautes Études médiévales et modernes, 56) [R. Fleck] ... XVI/3 189–190

GAY-LESCOT, Jean-Louis: Sport et éducation sous Vichy (1940–1944), 1991 [D. Tiemann] ... XX/3 290–291

GEARY, Patrick J.: Before France and Germany. The creation and transformation of the Merovingian world, 1988 [K.-U. Jäschke] ... XVII/1 236–247

Aus den Geburtsstunden der Weimarer Republik. Das Tagebuch des Obersten Ernst von den Bergh, hg. von Wolfram WETTE, 1991 (Quellen zur Militärgeschichte, Serie A, 1) [P. Grupp] ... XX/3 251–252

Gedenkbuch. Opfer der Verfolgung der Juden unter der nationalsozialistischen Gewaltherrschaft in Deutschland 1933–1945, 2 Bde., 1986 [L. Poliakov] ... XVI/3 271–272

Das geheime politische Tagebuch des Kurprinzen Friedrich Christian, 1751 bis 1757. Bearb. und eingel. von Horst SCHLECHTE, 1991 (Schriftenreihe des Staatsarchivs Dresden, 13) [M. Espagne] ... XX/2 237–238

GEIRNAERT, Noël: Het archief van de familie Adornes en de Jeruzalemstichting te Brugge. I: Inventaris, 1987 (Brugse geschiedbronnen, 19) [W. Paravicini] ... XV 972–975

GEIRNAERT, Noël: Het archief van de familie Adornes en de Jeruzalemstichting te Brugge. II: Regesten van de oorkonden en brieven tot en met 1500, 1989 (Brugse geschiedbronnen, 20) [W. Paravicini] ... XVII/1 316–317

Geist und Gesellschaft. Zur deutschen Rezeption der Französischen Revolution, hg. von Eitel TIMM, 1990 [M. Gilli] ... XVIII/2 305–306

Von der gelehrten zur disziplinären Gemeinschaft. Beiträge zur Wissenschaftsgeschichte der deutschen Literaturwissenschaft im 19. Jahrhundert, hg. von Jürgen FOHRMANN und Wilhelm VOSSKAMP, 1987 (Deutsche Vierteljahresschrift für Literaturwissenschaft und Geistesgeschichte, Sonderheft 1987) [M. Espagne] ... XVI/3 214–215

GELLATELY, Robert: The Gestapo and German Society. Enforcing Racial Policy 1933–1945, 1990 [P. Lessmann] ... XVIII/3 267–268

GENDRON, François: Vgl. SOBOUL, Albert: Dictionnaire historique de la Révolution Française, 1989 ... XVIII/2 280–282

Genealogia oder Stammregister der durchläuchtigen hoch- und wolgebornen Fürsten, Grafen und Herren des uhralten hochlöblichen Hauses Nassau [...] beschrieben durch Henrich DORSEN, 1983 (Veröffentlichungen der Kommission für Saarländische Landesgeschichte und Volksforschung, 9) [G. Menk] ... XII 834

Genèse de l'État moderne. Prélèvement et redistribution. Actes du colloque de Fontevraud 1984, éd. par Jean-Philippe GENET et Michel Le MENÉ, 1987 [G. Fouquet] ... XVI/1 241–243

GENEST, Jean-François: Vgl. GENEVOIS, Anne-Marie et al.: Bibliothèques de manuscrits médiévaux en France, 1987 ... XVIII/1 241

GENET, Jean-Philippe: Vgl. Medieval Lives and the Historian, 1986 ... XVI/1 221–222

GENET, Jean-Philippe: Vgl. Genèse de l'État moderne, 1987	XVI/1	241–243
GENET, Jean-Philippe: Vgl. La ville, la bourgeoisie et la genèse de l'état moderne, 1988	XVIII/1	299–301
GENEVOIS, Anne-Marie, Jean-François GENEST, A. CHALANDON: Bibliothèques de manuscrits médiévaux en France: Relevé des inventaires du VIIIe au XVIIIe siècle, 1987 [W. Milde]	XVIII/1	241
GENGEMBRE, Gérard: La Contre-Révolution ou l'histoire désespérante. Histoire des idées politiques, 1989 [R. Fleck]	XVII/2	318–319
GENTZ, Friedrich: Vgl. BURKE, Edmund et al.: Über die Französische Revolution, 1991	XX/2	257–259
GEORGE, Jocelyne: Histoire des maires. De 1789 à 1939. Préface de Maurice AGULHON, 1989 [R. Fleck]	XVII/2	316–317
GEORGE, Pierre: Vgl. BROC, Numa: Dictionnaire illustré des explorateurs et grands voyageurs français du XIXe siècle. T. I, 1988	XVII/3	228–229
GEORGE, Stephen: An Awkward Partner. Britain in the European Community, 1990 [R. Lahme]	XIX/3	193–205
GEORGE, Stephen: Britain and European Integration since 1945, 1991 (Making Contemporary Britain. Institute of Contemporary British History) [R. Lahme]	XX/3	326–327
GEORGI, Wolfgang: Friedrich Barbarossa und die auswärtigen Mächte. Studien zur Außenpolitik 1159–1180, 1990 (Europäische Hochschulschriften, Reihe 3: Geschichte und ihre Hilfswissenschaften, 442) [J.-Y. Mariotte]	XVIII/1	292
GÉRARD, Alain: Pourquoi la Vendée?, 1990 [M. Wagner]	XVIII/2	299–301
GÉRAUD, Hercule: Paris sous Philippe-le-Bel. D'après des documents originaux et notamment d'après un manuscrit contenant »Le rôle de la Taille« imposée sur les habitants de Paris en 1292, 1991 (Patronymica Romanica, 2) [B. Schneidmüller]	XX/1	301–302
Gerberto. Scienza, storia e mito. Atti del Gerberti Symposium (Bobbio 25–27 Iuglio 1983), 1985 (Archivum Bobiense, Studia 2) [M. Sot]	XVI/1	265–269
GERBET, Pierre et al.: Le relèvement 1944–1949, 1991 (La politique étrangère de la France, 1871–1969) [E. Wolfrum]	XX/3	297–298
GERCHOW, Jan: Die Gedenküberlieferung der Angelsachsen. Mit einem Katalog der libri vitae und Necrologien, 1988 (Arbeiten zur Frühmittelalterforschung. Schriftenreihe des Instituts für Frühmittelalterforschung der Universität Münster, 20) [R. McKitterick]	XVIII/1	268–269
GEREMEK, Bronislaw: Geschichte der Armut. Elend und Barmherzigkeit in Europa. Aus dem Polnischen von Friedrich GRIESE, 1988 [M. Dinges]	XVII/2	237–239
GERLICH, Alois: Vgl. Hambach 1832, 1984	XIII	871–873
GERLICH, Alois: Vgl. Regionale Amts- und Verwaltungsstrukturen im Rheinhessisch-Pfälzischen Raum, 1984	XVI/2	248
GERMAIN, René: Les Campagnes Bourbonnaises à la Fin du Moyen Âge (1370–1530), 1987 (Publications de l'Institut d'Études du Massif Central, 31) [M.-T. Kaiser-Guyot]	XVIII/1	329–330

GERMAIN-THOMAS, Olivier, Philippe BARTHELET: Charles de Gaulle jour après jour, 1990 [A. Wilkens]   XX/3   181–191

Germany and the Second World War, ed. by the Militärgeschichtliches Forschungsamt. Vol. 1: The build-up of German Aggression, by Wilhelm DEIST, Manfred MESSERSCHMIDT, Hans-Erich VOLKMANN, Wolfram WETTE, 1990 [Y. Durand]   XIX/3   276–277

Germany and the Second World War, ed. by the Militärgeschichtliches Forschungsamt. Vol. 2: Germany's Initial Conquest in Europe, by Klaus-A. MAIER, Horst ROHDE, Bernd STEGEMANN and Hans UMBREIT, 1991 [Y. Durand]   XX/3   277

GERSMANN, Gudrun: Vgl. Frankreich 1800. Gesellschaft, Kultur, Mentalitäten, 1990   XX/2   295–297

Geschichte denken. Neubestimmung und Perspektiven moderner europäischer Geistesgeschichte, hg. von Dominick La CAPRA und Steven L. KAPLAN, 1988 [M. Kessel]   XVI/3   314

Zur Geschichte der Juden im Deutschland des späten Mittelalters und der frühen Neuzeit, hg. von Alfred HAVERKAMP, 1981 (Monographien zur Geschichte des Mittelalters, 24) [G. Dahan]   XI   767–769

Geschichte der Schweiz, von Hans von GREYERZ, Erich GRUNER, Guy P. MARSCHAL, Peter STADLER und Andreas STAEHELIN, 1991 [J. Voss]   XVIII/2   325

Geschichte der Schweiz und der Schweizer, hg. vom Comité pour une Nouvelle Histoire de la Suisse, 3 Bde., 1983 [R. Schiffers]   XII   915–918

Geschichtsbewußtsein der Deutschen. Materialien zur Spurensuche einer Nation, hg. von Werner WEIDENFELD, 1987 [A. Lattard]   XVI/3   305–309

Geschichtskultur – Geschichtsdidaktik. Internationale Bibliographie, hg. von Karl PELLENS, Siegfried QUANDT und Hans SÜSSMUTH, 1984 (Geschichte, Politik: Studien zur Didaktik, 3) [D. Brötel]   XIII   695

Geschichtsschreibung und Geschichtsbewußtsein im späten Mittelalter, hg. von Hans PATZE, 1987 (Vorträge und Forschungen, 31) [J.-M. Moeglin]   XVII/1   284–289

Geschichtswissenschaft in der DDR, hg. von Alexander FISCHER und Günther HEYDEMANN. Bd. I: Historische Entwicklung, Theoriediskussion und Geschichtsdidaktik, 1988 (Schriftenreihe der Gesellschaft für Deutschlandforschung, 25/1) [G. Badia]   XVII/3   325–326

Geschichtswissenschaft in der DDR, hg. von Alexander FISCHER und Günther HEYDEMANN. Bd. II: Vor- und Frühgeschichte bis Neueste Geschichte, 1990 (Schriftenreihe der Gesellschaft für Deutschlandforschung, 25/II) [G. Badia]   XVIII/3   317–318

Die Gesta militum des Hugo von Mâcon. Ein bisher unbekanntes Werk der Erzählliteratur des Hochmittelalters, hg. von Ewald KÖNSGEN. Teil I: Einleitung und Text; Teil II: Auszüge aus dem Kommentar des Guido de Grana, 2 Bde., 1990 (Mittellateinische Studien und Texte, XVIII, 1/2) [J.-M. Pastré]   XIX/1   315–316

GESTIER, Markus: Die christlichen Parteien an der Saar und ihr Verhältnis zum deutschen Nationalstaat in den Abstimmungskämpfen

1935 und 1955, 1991 (Saarbrücker Hochschulschriften, 15) [M. Mombert]	XX/3	272–274
Die geteilte Utopie. Sozialisten in Frankreich und Deutschland. Biographische Vergleiche zur politischen Kultur, hg. von Marieluise CHRISTADLER, mit einem Vorwort von Alfred GROSSER, 1985 [J.-M. Flonneau]	XIV	820–822
GEUENICH, Dieter: Vgl. Subsidia Sangallensia I, 1986	XV	921–923
GEUENICH, Dieter: Vgl. Die Altarplatte von Reichenau-Niederzell, 1983	XV	944–945
GEUENICH, Dieter: Vgl. Das Martyrolog-Necrolog von St. Emmeram zu Regensburg, 1986	XVI/1	277–278
GEUENICH, Dieter: Vgl. Person und Gemeinschaft im Mittelalter, 1988	XIX/1	235–236
GEWECKE, Frauke: Wie die neue Welt in die alte kam, 1992 [J.-D. Pariset]	XX/2	311–312
Gewerkschaften in Politik, Wirtschaft und Gesellschaft 1945–1949, bearb. von Siegfried MIELKE, Peter RÜTTERS unter Mitarbeit von Michael BECKER, 1991 (Quellen zur Geschichte der deutschen Gewerkschaftsbewegung im 20. Jahrhundert, 7) [A. Lattard]	XX/3	296–297
GIARDINA, Andrea: Vgl. Società romana e imperio tardoantico, 4 t., 1986	XVI/1	137–154
GIESSELMANN, Werner: Die brumairianische Elite. Kontinuität und Wandel der französischen Führungsschicht zwischen Ancien Régime und Julimonarchie, 1977 (Industrielle Welt. Schriftenreihe des Arbeitskreises für moderne Sozialgeschichte, 18) [R. Dufraisse]	XI	836–839
GIESSMANN, Thomas: Besitzungen der Abtei St. Maximin vor Trier im Mittelalter. Überlieferung, Gesamtbesitz, Güterbesitz in ausgewählten Regionen, 1990 [L. Morelle]	XIX/1	298–303
GILARDI, Francis John: The Sylloge Epigraphica Turonensis de S. Martino, 1983 [L. Pietri]	XII	621–631
Gildas: New Approaches. Ed. by Michael LAPIDGE and David DUMVILLE, 1984 (Studies in Celtic History, 5) [L. Fleuriot]	XIII	728–730
GILDEA, Robert: Barricades and Borders. Europe 1800–1914, 1987 (The Short Oxford History of the Modern World) [H. Wentker]	XVI/3	169–171
Gilden und Zünfte. Kaufmännische und gewerbliche Genossenschaften im frühen und hohen Mittelalter, hg. von Berent SCHWINEKÖPER, 1985 (Vorträge und Forschungen, 29) [R. Kaiser]	XIV	585–592
GILISSEN, Léon: La reliure occidentale antérieure à 1400 d'après les manuscrits de la Bibliothèque royale Albert Ier à Bruxelles, 1983 (Bibliologia. Elementa ad librorum studia pertinentia, 1) [A. Paravicini Bagliani]	XIII	706–707
GILLARD, Lucien: Vgl. BOYER-XAMBEU, Marie-Thérèse et al.: Monnaie privée et pouvoir des princes, 1986	XIX/2	253–254
GILLEN, Eckhart, Diether SCHMIDT: Zone 5. Kunst in der Viersektorenstadt 1945–1951, 1990 [C. Buffet]	XVIII/3	191–208
GILLES, Monique: Vgl. Chronique de Saint-Pierre-le-Vif, 1979	XI	745–746

GILLES, Monique: Vgl. Les Fors anciens de Béarn, 1990 — XIX/1 339–340

GILLI, Marita: Pensée et pratique révolutionnaires à la fin du XVIIIe siècle en Allemagne, 1983 (Centre de recherches d'Histoire et Littérature aux XVIIIe et XIXe siècles, 15) [F. Dumont] — XV 1014–1015

GILLINGHAM, John: Coal, Steel, and the Rebirth of Europe 1945–1955. The Germans and French from Ruhr conflict to economic community, 1991 [G. Mai] — XX/3 300–301

GILLISPIE, Charles Coulston: The Montgolfier Brothers and the Invention of Aviation 1783–1784. With a Word on the Importance of Ballooning for the Science of Heat and the Art of Building Railroads, 1983 [A. Kleinert] — XII 845–847

GILLMEISTER, Heiner: Kulturgeschichte des Tennis, 1990 [A. Wahl] — XVIII/2 234–235

GIMBEL, John: Science, Technology, and Reparations. Exploitation and Plunder in Postwar Germany, 1990 [V. Hentschel] — XIX/3 295–296

GINZBURG, Carlo: Vgl. DAVIS, Natalie Zemon: Die wahrhaftige Geschichte von der Wiederkehr des Martin Guerre, 1984 — XII 828–829

GIOLITTO, Pierre: Histoire de la Jeunesse sous Vichy, 1991 [D. Tiemann] — XX/3 289–290

GIRARD, Louis: Napoléon III, 1986 [R. Fleck] — XVI/3 192

GIRARDET, Raoul: Vgl. AGULHON, Maurice et al.: Essais d'Égo-Histoire, 1987 — XVII/3 204–205

GIRAULT, René: Diplomatie européenne et impérialismes. Histoire des relations internationales contemporaines. T. 1: 1871–1914, 1979 [D. Brötel] — XI 688–692

GIRAULT, René: Vgl. THOBIE, Jacques: La France Impériale 1880–1914, 1982 — XI 688–692

GIRAULT, René: Vgl. La Puissance en Europe 1938–1940, 1984 — XIII 909–910

GIRAULT, René, Robert FRANK: Turbulente Europe et nouveaux mondes 1914–1941. Histoire des relations internationales contemporaines. T. 2, 1988 (Collection Relations internationales contemporaines) [A. Wirsching] — XVIII/3 249–250

GLASER, Hermann: Die Kultur der wilhelminischen Zeit. Topographie einer Epoche, 1984 [K. Möckl] — XVI/3 212–214

GLASER, Hermann: Kulturgeschichte der Bundesrepublik Deutschland, Bd. 1: Zwischen Kapitulation und Währungsreform 1945–1948, 1985; Bd. 2: Zwischen Grundgesetz und Großer Koalition 1949–1967, 1986; Bd. 3: Zwischen Protest und Anpassung 1968–1989, 1989 [C. Buffet] — XVIII/3 310–314

GLOCKER, Winfrid: Die Verwandten der Ottonen und ihre Bedeutung in der Politik. Studien zur Familienpolitik und zur Genealogie des sächsischen Kaiserhauses, 1989 (Dissertationen zur mittelalterlichen Geschichte, 5) [P. Corbet] — XVIII/1 276

GODDING, Philippe: Le droit privé dans les Pays-Bas méridionaux du 12e au 18e siècle, 1987 (Académie Royale de Belgique. Mémoires de la classe des lettres. Collection in-4°, 2e série, XIV/1) [M. Schwaibold] — XVI/1 293–294

GODECHOT, Jacques: Vgl. MEYER, Jean-Claude: La vie religieuse en Haute-Garonne sous la Révolution (1789–1801), 1982   XII   849–850

GODIN, André: Vgl. Actes du colloque international ERASME (Tours, 1986), 1990   XX/2   189–190

GODMAN, Peter: Vgl. Charlemagne's Heir, 1990   XIX/1   289–291

GOELDEL, Denis: Moeller van den Bruck (1876–1925). Un nationaliste contre la révolution. Contribution à l'étude de la »Révolution conservatrice« et du conservatisme allemand au XXe siècle, 1984 (Publications Universitaires Européennes, Série III, 211) [R. Schiffers]   XIV   823–825

GOETZ, Hans-Werner: Das Geschichtsbild Ottos von Freising. Ein Beitrag zur historischen Vorstellungswelt und zur Geschichte des 12. Jahrhunderts, 1984 (Beihefte zum Archiv für Kulturgeschichte, 19) [A. Paravicini Bagliani]   XIII   765–766

GOETZ, Hans-Werner: Leben im Mittelalter vom 7. bis zum 13. Jahrhundert, 1986 [R. Delort]   XVI/1   229–231

GOETZ, Helmut: Vgl. Nuntiaturberichte aus Deutschland, 1982   XI   788–790

GÖTZ, Nikolaus: Das Deutschlandbild Voltaires in seinen historiographischen Werken, 1989 [H. Duranton]   XIX/2   302–304

GOETZE, Jochen: Vgl. Quellen zur Hanse-Geschichte, 1982   XI   751–752

GOFF, Jacques Le: Vgl. BOUREAU, Alain: La légende dorée, 1984   XIII   779–780

GOFF, Jacques Le: Vgl. GASPARRI, Françoise: La Principauté d'Orange au Moyen Âge, 1985   XIV   741–743

GOFF, Jacques Le: L'imaginaire médiéval. Essais, 1985 (Bibliothèque des Histoires) [O. G. Oexle]   XVII/1   141–158

GOFF, Jacques Le: Vgl. AGULHON, Maurice et al.: Essais d'Égo-Histoire, 1987   XVII/3   204–205

GOFFART, Walter: The Narrators of Barbarian History (A.D. 550–800), Jordanes, Gregory of Tours, Bede, and Paul the Deacon, 1988 [B. S. Bachrach]   XVII/1   250–256

GOFFART, Walter: Rome's Fall and After, 1989 [J. Durliat]   XVIII/1   125–138

GOLB, Norman: Les juifs de Rouen au moyen âge. Portrait d'une culture oubliée, 1985 (Publications de l'Université de Rouen, 66) [G. Dahan]   XVI/1   313–315

GÓMEZ MONTEJANO, Mercedes: Vgl. Archivum. International Council on Archives, Vol. 36, 1990   XVIII/3   322

GORINI, Giovanni: Vgl. Ricerche e studi sul »Breviarium ecclesiae Ravennatis«, 1985   XV   923–926

GORONZY, Kriemhild: Vgl. Acta Pacis Westphalicae. Die Französischen Korrespondenzen, 1986   XVI/2   276–279

GORST, Anthony: Vgl. Post-War Britain, 1945–1964, 1989   XIX/3   193–205

GOTOVITCH, José: Vgl. L'occupation en France et en Belgique 1940–1944. T. 1–2, 1987–1988   XVIII/3   289

GOTTERI, Nicole: Soult. Maréchal d'Empire et homme d'État, 1991 [S. Graumann]   XX/2   297–299

GOTTLIEB, Gunther: Vgl. Quellen zur Geschichte der Alamannen. VI, 1984   XII   767–774

GOTTLIEB, Gunther: Vgl. Raumordnungen im Römischen Reich, 1989   XIX/1   271–273

GOTTO, Klaus: Vgl. Im Zentrum der Macht. Das Tagebuch von Staatssekretär Lenz 1951–1953, 1989   XVIII/3   301–302

GOTTWALD, Herbert: Vgl. Universität im Aufbruch, 1992   XX/2   309–310

GOUBERT, Pierre: Vgl. Histoire de l'Alsace rurale, 1983   XIII   921–923

GOUBERT, Pierre, Daniel Roche: Les Français et l'Ancien Régime. T. 1: La Société et l'État; t. 2: Culture et Société, 1984 [E. Hinrichs]   XV   990–992

GOUHIER, Henri: Vgl. Kapp, Volker: Télémaque de Fénelon, 1982   XI   798–800

GRAB, Walter: Heinrich Heine als politischer Dichter, 1982 [M. Werner]   XI   846–847

GRAB, Walter: Ein Volk muß seine Freiheit selbst erobern. Zur Geschichte der deutschen Jakobiner, 1984 [M. Gilli]   XIV   787–789

Graf de Serre. Briefe aus Reutlingen (1798–1800), hg. von Gerhard JUNGER, 1989 [U. Schmidt]   XIX/2   363

GRAHAM, Helen: Vgl. The French and Spanish Popular Fronts, 1989   XX/3   274–275

GRAML, Hermann: Die Alliierten und die Teilung Deutschlands. Konflikte und Entscheidungen 1941–1948, 1985 [S. Martens]   XIV   618–637

GRAML, Hermann: Vgl. Europa nach dem Zweiten Weltkrieg 1945–1982, 1983   XIV   618–637

GRANDBASTIEN, Jean-François: Vgl. Enseigner la Révolution Française, 1988   XIX/2   195–209

GRANDJONC, Jacques: Vgl. Unbekanntes von Friedrich Engels und Karl Marx. Teil I, 1986   XV   1051–1052

GRANDJONC, Jacques: Communisme, Kommunismus, Communism. Origine et développement international de la terminologie prémarxiste des utopistes aux néo-babouvistes 1785–1842. Vol. 1: Historique; vol. 2: Pièces justificatives, 1989 (Schriften aus dem Karl-Marx-Haus, 39/1,2) [M. Espagne]   XVIII/3   226–227

GRANDJONC, Jacques: Vgl. Zone d'ombres 1933–1944, 1990   XIX/3   283–285

GRANSDEN, Antonia: Historical Writing in England c. 1307 to the Early Sixteenth Century, 1982 [J.-P. Genet]   XI   761–762

GRAUMANN, Sabine: Französische Verwaltung am Niederrhein. Das Roerdepartement 1798–1814, 1990 (Düsseldorfer Schriften zur Neueren Landesgeschichte und zur Geschichte Nordrhein-Westfalens, 27) [D. Soleymani]   XVIII/3   223–224

GRAUMANN, Sabine: Französische Verwaltung am Niederrhein. Das Roerdepartement 1798–1814, 1990 [P. Burg]   XIX/2   195–209

GRAUS, František: Vgl. Mentalitäten im Mittelalter, 1987   XVI/1   227–228

The Great War, 1914–1918. Essays on the Military, Political and Social History of the First World War, ed. by R.J.Q. ADAMS, 1990 [A. Wirsching]   XIX/3   175–185

GREENLEAF, W. H.: The British Political Tradition, Vol. I: The Rise of
Collectivism; Vol. II: The Ideological Heritage, 1983 [H. Reifeld]   XIII   856–857

GRÉGOIRE, Henri (dit: Abbé Grégoire): Essai sur la régénération
physique, morale et politique des Juifs. Préface de Robert BADINTER,
1988 (Collection Judaïsme/Israël) [J. Voss]   XVII/2   338–339

GREGOROVIUS, Ferdinand: Lucrezia Borgia, 1991 (Literatur, Philosophie, Wissenschaft) [C. M. Grafinger]   XIX/2   255–256

GREGOROVIUS, Ferdinand: Römische Tagebücher 1852–1889. Illustriert mit 64 Originalzeichnungen von Ferdinand Gregorovius, hg. und komm. von Hans-Walter KRUFT und Markus VÖKEL, 1991 [C. M. Grafinger]   XX/3   213–214

Gregory of Tours: Life of the Fathers. Translated with an introduction by Edward JAMES, 1985 (Translated Texts for Historians. Latin Series, 1) [[M. Heinzelmann]]   XIII   930

Gregory of Tours: Glory of the Martyrs – Gregory of Tours: Glory of the Confessors. Transl. with an introd. by Raymond van DAM, 1988 (Translated Texts for Historians. Latin Series, 3–4) [M. Heinzelmann]   XVII/1   328

GREILING, Werner: Vgl. REBMANN, Georg Friedrich: Werke und Briefe, 3 Bde., 1990   XIX/2   342–344

GRELL, Chantal: Vgl. Pratiques et concepts de l'histoire en Europe, XVIe–XVIIIe siècles, 1990   XVIII/2   241–243

GREMION, Catherine, Philippe LEVILLAIN: Les Lieutenants de Dieu. Les évêques de France et la République, 1986 [M. Greschat]   XV   1045–1047

GRESCHAT, Martin: Vgl. BRAKELMANN, Günter et al.: Protestantismus und Politik, 1982   XII   869–871

GREW, Raymond: Vgl. Crises of Political Development in Europe and the United States, 1978   XII   763–764

GREYERZ, Hans von: Vgl. Geschichte der Schweiz, 1991   XVIII/2   325

GREYERZ, Kaspar von: Vgl. Religion and Society in Early Modern Europe (1500–1800), 1985   XVIII/2   209–217

GRIEP, Wolfgang: Vgl. Reisen im 18. Jahrhundert, 1986   XV   1004–1007

GRIERSON, Philip, Mark BLACKBURN: Medieval European Coinage. With a Catalogue of the Coins in the Fitzwilliam Museum, Cambridge. Vol. 1: The Early Middle Ages (5th–10th centuries), 1986 [J. Durliat]   XVII/1   234–236

GRIESE, Friedrich: Vgl. GEREMEK, Bronislaw: Geschichte der Armut, 1988   XVII/2   237–239

GRIFFITHS, Richard: The Use of Abuse. The Polemics of the Dreyfus Affair and its Aftermath, 1991 [E. Bendikat]   XX/3   236–237

GRILLON, Pierre: Vgl. Les Papiers de Richelieu. Section Politique Intérieure, 1985   XVI/2   275–276

GRIMM, Claus: Vgl. »Vorwärts, vorwärts, sollst du schauen ...« Geschichte, Politik und Kunst unter Ludwig I., Bde. 8–10, 1986   XVI/3   178–180

Großbritannien und Europa – Großbritannien in Europa. Sicherheitsbelange und Wirtschaftsfragen in der britischen Europapolitik

nach dem Zweiten Weltkrieg, hg. von Gustav SCHMIDT, 1989
(Arbeitskreis Deutsche England-Forschung, 10) [R. Lahme]   XIX/3   193–205

GROSSE, Rolf: Vgl. Series episcoporum ecclesiae catholicae occidentalis ab initio usque ad annum MCXCVIII. Series V, t. II, 1984   XIV   678–679

GROSSE, Rolf: Das Bistum Utrecht und seine Bischöfe im 10. und frühen 11. Jahrhundert, 1987 (Kölner historische Abhandlungen, 33) [L. Milis]   XVI/1   265

GROSSER, Alfred: Vgl. Die geteilte Utopie. Sozialisten in Frankreich und Deutschland, 1985   XIV   820–822

GROSSER, Thomas: Reiseziel Frankreich. Deutsche Reiseliteratur vom Barock bis zur Französischen Revolution, 1989 [G.-L. Fink]   XVIII/2 251–254

Groupe de la Bussière [Nicole BÉRIOU, Jacques BERLIOZ, Marcel BERNOS et al.]: Pratiques de la confession. Des Pères du désert à Vatican II. Quinze études d'histoire, 1983 [A. Angenendt]   XII   757–759

GRUBMÜLLER, Klaus: Vgl. DICKE, Gerd et al.: Die Fabeln des Mittelalters und der frühen Neuzeit, 1987   XVII/1   218–219

GRUCHMANN, Lothar: Justiz im Dritten Reich 1933–1940. Anpassung und Unterwerfung in der Ära Gürtner, ^{2}1990 (Quellen und Darstellungen zur Zeitgeschichte, 28) [R. Thalmann]   XVIII/3 269–271

GRÜNDER, Horst: Christliche Mission und deutscher Imperialismus. Eine politische Geschichte ihrer Beziehungen während der deutschen Kolonialzeit (1884–1914) unter besonderer Berücksichtigung Afrikas und Chinas, 1982 (Sammlung Schöningh zur Geschichte und Gegenwart) [D. Brötel]   XII   877–878

GRÜNEWALD, Irmgard: Die Elsaß-Lothringer im Reich 1918–1933, 1984 (Europäische Hochschulschriften, Reihe III: Geschichte und ihre Hilfswissenschaften, 232) [C. Baechler]   XIII   899–900

GRÜNTHAL, Günter: Vgl. PÖLS, Werner: Studien zur Bismarckzeit, 1986   XV   883–884

GRUNDTNER, Theresia: Vgl. Zone d'ombres 1933–1944, 1990   XIX/3   283–285

GRUNER, Erich: Vgl. Geschichte der Schweiz, 1991   XVIII/2 325

GRUNER, Wolf D.: Die deutsche Frage. Ein Problem der europäischen Geschichte seit 1801, 1985 [A. Pelinka]   XVI/3   220–221

GRUPP, Peter: Vgl. Akten zur deutschen Auswärtigen Politik 1918–1945. Serie A, Bde. I–III, 1982, 1984, 1985   XIII   891–893

GRUPP, Peter: Deutsche Außenpolitik im Schatten von Versailles 1918–1920. Zur Politik des Auswärtigen Amts vom Ende des Ersten Weltkriegs und der Novemberrevolution bis zum Inkrafttreten des Versailler Vertrags, 1988 [C. Baechler]   XVII/3 256–257

GRUPP, Peter: Vgl. Akten zur deutschen Auswärtigen Politik 1918–1945. Serie A, Bde. IV–VI, 1988   XVII/3 257–258

GRYNBERG, Anne: Les camps de la honte. Les internés juifs des camps français (1939–1944), 1991 (Textes à l'Appui, série histoire contemporaine) [J. Steel]   XIX/3   283–285

GÜLICH, Christian: Die Durkheim-Schule und der französische Solidarismus, 1991 [M. Espagne]   XX/3   238–239

GUENÉE, Bernard: Histoire et culture historique dans l'Occident médiéval, 1980 [E. Meuthen]   XI   717–718

GUENÉE, Bernard: Politique et histoire au moyen-âge. Recueil d'articles sur l'histoire politique et l'historiographie médiévale (1956–1981), 1981 (Publications de la Sorbonne. Série Réimpressions, 2) [W. Paravicini]   XI   715–717

GUENÉE, Bernard: Vgl. KRYNEN, Jacques: Idéal du prince et pouvoir royal en France à la fin du moyen âge (1380–1440), 1981   XI   764–765

GUENÉE, Bernard: Entre l'Église et l'État. Quatre vies de prélats français à la fin du Moyen Âge (XIIIe–XVe siècle), 1987 (Bibliothèque des Histoires) [E. Meuthen]   XV   965–967

GUENÉE, Bernard: Un meurtre, une société. L'assassinat du duc d'Orléans 23 novembre 1407, 1992 (Bibliothèque des Histoires) [H. Müller]   XX/1   311–314

GÜNTHER, Horst: Vgl. Die Französische Revolution. Berichte und Deutungen deutscher Schriftsteller und Historiker, 1985   XIV   781–783

Guerre et paix en Alsace au XVIIe siècle. Les mémoires de voyage du sieur de l'Hermine, publ. par Michelle MAGDELAINE, 1981 [W. H. Stein]   XI   797–798

GUERREAU-JALABERT, Anita: Vgl. Abbon de Fleury, 1982   XI   738–739

GUGGISBERG, Hans R.: Vgl. Religiöse Toleranz, 1984   XII   761–762

GUICHARD, Pierre: Vgl. Le Moyen Âge. Vol. 1, 1982   XI   725–728

GUICHARD, Pierre: Vgl. Le Moyen Âge. Vol. 2, 1982   XI   736–737

GUICHONNET, Paul: Vgl. Le diocèse de Genève-Annecy, 1985   XIV   866–867

Guide de l'épigraphiste. Bibliographie choisie des épigraphies antiques et médiévales, publ. par François BÉRARD, Denis FEISSEL, Pierre PETITMENGIN, Michel SÈVE, avec des contributions de Dominique BRIQUEL, Pierre CARLIER, Bernard DELAVAULT, Frantz GRENET, Pierre-Yves LAMBERT, Laurent MOTTE, Georges PINAULT, 1986 (Bibliothèque de l'École normale supérieure. Guides des inventaires bibliographiques, 2) [M. Heinzelmann]   XIV   874

Guide du Paris révolutionnaire. 12 promenades, éd. par Jean-Charles SOURNIA, 1989 [R. Fleck]   XVII/2   339

GUIGNET, Philippe: Le pouvoir dans la ville au XVIIIe siècle. Pratiques politiques, notabilité et étique sociale de part et d'autre de la frontière franco-belge, 1990 (Civilisations et sociétés, 80) [K. Gerteis]   XIX/2   294–296

GUILLAUME, Pierre: Vgl. BARDET, Jean-Pierre et al.: Peurs et terreurs face à la contagion, 1988   XVII/3   265–267

GUILLERME, André: Les temps de l'eau. La cité, l'eau et les techniques. Nord de la France fin IIIe–début XIXe siècle, 1983 [D. Lohrmann]   XI   719

GUILLOT DE SUDUIRANT, Sophie: Vgl. DUBY, Georges et al.: La Sculpture, 1989   XIX/1   261–262

GUIRAL, Pierre: Adolphe Thiers, 1986 [J.-C. Jauffret]   XV   1047–1048

GUMBRECHT, Hans-Ulrich: Vgl. Sozialgeschichte der Aufklärung in Frankreich. Teile I–II, 1981   XI   818–819

GUTERMAN, Simeon L.: The Principle of the Personality of Law in the Germanic Kingdoms of Western Europe from the Fifth to the Eleventh Century, 1990 (American University Studies. Series IX: History, 44) [J. Durliat] — XX/1 79–95

GUTH, Alfred: Vgl. BARIÉTY, Jacques et al.: La France et l'Allemagne entre les deux guerres mondiales, 1987 — XVI/3 242–243

GUTSCHE, Willibald: Ein Kaiser im Exil. Der letzte deutsche Kaiser Wilhelm II. in Holland. Eine kritische Biographie, 1991 [R. Lahme] — XX/3 121–129

GUTSCHE, Willibald: Wilhelm II. Der letzte Kaiser des Deutschen Reiches. Eine Biographie, 1992 [R. Lahme] — XX/3 121–129

GUTTON, Jean-Pierre: Vgl. Les Lyonnais dans l'histoire, 1985 — XIV 867–869

GUYON, Jean: Vgl. Topographie chrétienne des cités de la Gaule des origines au milieu du VIIIe siècle, T. II et III, 1986 — XIV 878–879

GUYOTJEANNIN, Olivier: Episcopus et comes. Affirmation et déclin de la seigneurie épiscopale au nord du royaume de France (Beauvais-Noyon, X^e – début XIIIe siècle), 1987 (Mémoires et Documents, 30) [L. Böhringer] — XVII/1 275–276

HAAG, Emile, Emile KRIER: La grande-duchesse et son gouvernement pendant la Deuxième Guerre mondiale. 1940. L'année du dilemme, 1987 [R. Schiffers] — XVII/3 300–301

HAAN, Heiner, Karl F. KRIEGER, Gottfried NIEDHART: Einführung in die englische Geschichte, 1982 [R. Marx] — XI 714

Habiter la ville, XVe–XXe siècles, publ. par Maurice GARDEN et Yves LEQUIN. Actes de la table ronde organisée avec l'aide de la D.G.R.S.T. et la Mission de la Recherche Urbaine, 1984 (Histoire et Populations) [H.-G. Haupt] — XVI/2 245–246

Les Habsbourg et la Lorraine. Actes du colloque international organisé par les Universités de Nancy II et Strasbourg III dans le cadre de l'UA 703 (Nancy-CNRS) 22–24 mai 1987, éd. par Jean-Paul BLED, Eugène FAUCHER et René TAVENEAUX, 1988 (Collection Diagonales) [W. Mohr] — XVII/2 242–244

HÄGELE, Günter: Das Paenitentiale Vallicellianum I. Ein oberitalienischer Zweig der frühmittelalterlichen kontinentalen Bußbücher. Überlieferung, Verbreitung und Quellen, 1984 (Quellen und Forschungen zum Recht im Mittelalter, 3) [G. Fransen] — XIII 740–742

HÄGERMANN, Dieter: Vgl. Die Urkunden Heinrich Raspes und Wilhelms von Holland, 1246–1252, 1989 — XVIII/1 298–299

HÄGERMANN, Dieter, Andreas HEDWIG: Das Polyptychon und die Notitia de areis von Saint-Maur-des-Fossés. Analyse und Edition, 1990 (Beihefte der Francia, 23) [J. Durliat] — XIX/1 288

HALÉVI, Ran: Les loges maçonniques dans la France d'Ancien Régime. Aux origines de la sociabilité démocratique, 1984 (Cahiers des Annales, 40) [J. Rogalla von Bieberstein] — XIII 841–842

HALLÉ, Jean-Claude: Histoire de la Révolution Française, 1983 [R. Reichardt] — XIII 511–523

Hambach 1832. Anstöße und Folgen, hg. von Alois GERLICH, 1984
(Geschichtliche Landeskunde, 24) [H. Reinalter] XIII 871–873

HAMESSE, Jacqueline: Vgl. Le travail au moyen âge, 1990 XIX/1 244–247

HAMESSE, Jacqueline, Marta FATTORI: Rencontres de cultures dans la philosophie médiévale. Traductions et traducteurs de l'Antiquité tardive au XIVe siècle. Actes du Colloque internationale de Cassino 15–17 juin 1989 organisé par la Société Internationale pour l'Étude de la philosophie médiévale et l'Università degli Studi di Cassino, 1990 (Publications de l'Institut d'Études Médiévales. Textes, Études, Congrès, 11 = Rencontres de Philosophie Médiévale, 1) [M. Pörnbacher] XX/1 196–198

HAMMERSTEIN, Notker: Vgl. Deutsche Geschichtswissenschaft um 1900, 1988 XVII/3 239–240

Handbuch der deutschen Bildungsgeschichte. Bd. V: 1918–1945. Die Weimarer Republik und die nationalsozialistische Diktatur, hg. von Dieter LANGEWIESCHE und Heinz-Elmar TENORTH, 1989 [G. Merlio] XIX/3 271–272

Handbuch der deutschen Exilpresse 1933–1945, hg. von Eberhard LÄMMERT, bearb. von Lieselotte MAAS. Bd. 4: Die Zeitungen des deutschen Exils in Europa von 1933 bis 1939 in Einzeldarstellungen, 1990 [R. R. Thalmann] XIX/3 272–274

Handbuch politisch-sozialer Grundbegriffe in Frankreich 1680–1820, hg. von Rolf REICHARDT und Eberhard SCHMITT. Heft 8: Barbarie, Civilisation, Vandalisme, Économie politique, 1988; Heft 9: Bastille, Citoyen-Sujet, Civisme, 1988; Heft 10: Féodalité, Féodal, Parlements, 1988 [J. Meyer] XIX/2 266–269

HANLEY, Sarah: The Lit de Justice of the Kings of France. Constitutional Ideology in Legend, Ritual and Discourse, 1983 [R. Pillorget] XIII 800

HANNIG, Jürgen: Consensus fidelium. Frühfeudale Interpretation des Verhältnisses von Königtum und Adel am Beispiel des Frankenreiches, 1982 (Monographien zur Geschichte des Mittelalters, 27) [E. Magnou-Nortier] XIV 696–702

HANSKE, Peter: Vgl. Hochschuloffiziere und Wiederaufbau des Hochschulwesens in Westdeutschland 1945–1952. Teil 3, 1991 XX/3 294–296

HARDTWIG, Wolfgang: Geschichtskultur und Wissenschaft, 1990 [A. Cser] XX/2 133–138

HARDTWIG, Wolfgang: Vgl. Über das Studium der Geschichte, 1990 XX/2 133–138

HARDY-HÉMERY, Odette: De la croissance à la désindustrialisation. Un siècle dans le Valenciennois, 1984 [S. Martens] XIV 879

HARNEIT, Rudolf: Fingierter Druckort: Paris. Zum Problem der Raubdrucke im Zeitalter Ludwigs XIV. in: Wolfenbütteler Notizen zur Buchgeschichte, Jahrgang XIV, Hefte 1–2, 1989 [P.- F. Burger] XIX/2 272–273

HARSIN, Jill: Policing Prostitution in Nineteenth-Century France, 1985 [A. Taeger] XIV 796–797

HARTAU, Johannes: Don Quijote in der Kunst. Wandlungen einer Symbolfigur, 1987 [M. Espagne] XVIII/2 254–255

HARTEN, Elke: Museen und Museumsprojekte der französischen Revolution. Ein Beitrag zur Entstehungsgeschichte einer Institution, 1989 (Kunstgeschichte: Form und Interesse, 24) [F. Moureau]   XIX/2   323–324

HARTEN, Hans-Christian: Elementarschule und Pädagogik in der Französischen Revolution, 1990 (Ancien Régime, Aufklärung und Revolution, 19) [W. Frijhoff]   XVIII/2 291–294

HARTEN, Hans-Christian: Les Écrits pédagogiques sous la Révolution. Répertoire établi par l'auteur, avec la collab. du Service d'Historie de l'Éducation, sous la direction d'Alain CHOPPIN, 1989 [W. Frijhoff]   XIX/2   324–325

HARTHAUSEN, Hartmut: Vgl. Pfälzer Lebensbilder, 4. Bd., 1987   XVI/3   198–199

HARTMANN, Christian: Halder. Generalstabschef Hitlers 1938–1942, 1991 (Sammlung Schöningh zur Geschichte und Gegenwart) [M. Spivak]   XX/3   281–282

HARTMANN, Eric: La Révolution Française en Alsace et en Lorraine, 1990 [P. Burg]   XIX/2   195–209

HARTMANN, Peter Claus: Französische Geschichte 1914–1945. Literaturbericht über Neuerscheinungen von 1964 bis 1978, 1985 (Historische Zeitschrift, Sonderheft 13) [M. Steinert]   XIV   827–828

HARTMANN, Peter Claus: Bayerns Weg in die Gegenwart. Vom Stammesherzogtum zum Freistaat heute, 1989 [A.-M. Cocula]   XIX/2   241–242

HARTMANN, Wilfried: Vgl. Monumenta Germaniae Historica. Concilia. Bd. III, 1984   XIII   738–739

HARTUNG, Wolfgang: Vgl. Früh- und hochmittelalterlicher Adel in Schwaben und Bayern, 1988   XVIII/1 260–262

HARTUNG, Wolfgang: Vgl. Oberdeutsche Städte im Vergleich, 1989   XIX/1   330

HATKE, Brigitte: Hugo Stinnes und die drei deutsch-belgischen Gesellschaften von 1916. Der Versuch der wirtschaftlichen Durchdringung Belgiens im Ersten Weltkrieg durch die Industrie-, Boden- und Verkehrsgesellschaft 1916 m.b.H., 1990 (Zeitschrift für Unternehmergeschichte, Beiheft 56) [J. Stengers]   XIX/3   254–255

HAUBRICHS, Wolfgang: Die Tholeyer Abtslisten des Mittelalters. Philologische, monastische und chronologische Untersuchungen, 1986 (Veröffentlichungen der Kommission für saarländische Landesgeschichte und Volksforschung, 15) [M. Parisse]   XV   889–890

HAUBRICHS, Wolfgang, Max PFISTER: »In Francia fui«. Studien zu den romanisch-germanischen Interferenzen und zur Grundsprache der althochdeutschen ›Pariser (Altdeutschen) Gespräche‹, nebst einer Edition des Textes, 1989 (Abhandlungen der Akademie der Wissenschaften und der Literatur. Geistes- und sozialwissenschaftliche Kl., 1989/6) [M. Heinzelmann]   XVIII/1 327–328

HAUNFELDER, Bernd: Vgl. Preußische Parlamentarier, 1986   XVI/3   199–200

HAUPT, Herbert: Vgl. Quellen zur Geschichte des 7. und 8. Jahrhunderts, 1982   XI   731–733

Der Hauptausschuß des deutschen Reichstags 1915–1918, hg. von Reinhart SCHIFFERS und Manfred KOCH, 4 Bde., 1981 (Quellen zur

Geschichte des Parlamentarismus und der politischen Parteien, 1. Reihe, 9) [L. Burchardt]   XII   879–881

HAUPTS, Leo: Ulrich Graf von Brockdorff-Rantzau. Diplomat und Minister in Kaiserreich und Republik, 1984 (Persönlichkeit und Geschichte, 116/117) [P. Jardin]   XIII   886–887

Haus und Familie in der spätmittelalterlichen Stadt, hg. von Alfred HAVERKAMP, 1984 (Städteforschung. Veröffentlichungen des Instituts für vergleichende Städtegeschichte in Münster, Reihe A: Darstellungen, 18) [P. Desportes]   XIV   739–741

HAUSER, Oswald: Vgl. Preußen, Europa und das Reich, 1987   XVII/2   234–236

HAUSHOFER, Karl: De la géopolitique. Traduit de l'allemand par André MEYER, préface de Jean KLEIN, introduction de Hans-Adolf JACOBSEN, 1986 (Géopolitiques et stratégies) [S. Martens]   XV   1069–1070

HAVERKAMP, Alfred: Vgl. Zur Geschichte der Juden im Deutschland, 1981   XI   767 769

HAVERKAMP, Alfred: Aufbruch und Gestaltung. Deutschland 1056–1273, 1984 (Neue Deutsche Geschichte, 2) [C. Higounet]   XIV   717

HAVERKAMP, Alfred: Vgl. Haus und Familie in der spätmittelalterlichen Stadt, 1984   XIV   739–741

HAZAREESINGH, Sudhir: Intellectuals and the Communist Party. Disillusion and Decline, 1991 [M. Lazar]   XX/3   309–312

HEAD, Thomas: Hagiography and the Cult of Saints. The Diocese of Orléans, 800–1200, 1990 (Cambridge studies in medieval life and thought, 4th series, 14) [J.-C. Poulin]   XIX/1   286–287

HEATHER, Peter J.: Goths and Romans 332–489, 1991 (Oxford Historical Monographs) [H. Wolfram]   XX/1   257–258

HÉBERT, Michel: Vgl. Vie privée et ordre public à la fin du moyen âge, 1987   XVII/1   305–306

HECKMANN, Dieter: Andre Voey de Ryneck: Leben und Werk eines Patriziers im spätmittelalterlichen Metz, 1986 [P. Pégeot]   XV   975–976

HECKMANN, Gerhard: Vgl. Friede den Hütten und Krieg den Tyrannen und Despoten, 1989   XIX/2   195–209

HEDINGER, Bärbel: Vgl. Saison am Strand, 1986   XV   1007–1008

HEDWIG, Andreas: Vgl. HÄGERMANN, Dieter et al.: Das Polyptychon und die Notitia de areis von Saint-Maur-des-Fossés, 1990   XIX/1   288

HEHL, Ernst-Dieter: Vgl. Deus qui mutat tempora, 1987   XIV   878

HEHL, Ernst-Dieter: Vgl. Die Konzilien Deutschlands und Reichsitaliens 916–1001. Teil 1, 1987   XVI/1   263–264

HEIDEGGER, Martin: Être et temps, trad. d'Emmanuel MARTINEAU, 1985 [J.-M. Vaysse]   XVI/3   262–267

HEIDEKING, Jürgen: Vgl. Wege in die Zeitgeschichte, 1989   XVII/3   327–328

HEIDRICH, Hermann: Vgl. Kultur der einfachen Leute, 1983   XII   822–824

HEIDRICH, Ingrid: Ravenna unter Erzbischof Wibert (1073–1100). Untersuchungen zur Stellung des Erzbischofs und Gegenpapstes

Clemens III. in seiner Metropole, 1984 (Vorträge und Forschungen, Sonderband 32) [J.-C. Picard] — XIV 721–725

HEIMANN, Heinz-Dieter: Zwischen Böhmen und Burgund. Zum Ost-West-Verhältnis innerhalb des Territorialsystems des Deutschen Reiches im 15. Jahrhundert, 1982 (Dissertationen zur mittelalterlichen Geschichte, 2) [P. Pégeot] — XI 772–773

HEIMANN, Heinz-Dieter: Vgl. SEIBT, Ferdinand: Mittelalter und Gegenwart, 1987 — XIX/1 243–244

HEIN, Dieter: Zwischen liberaler Milieupartei und nationaler Sammlungsbewegung. Gründung, Entwicklung und Struktur der Freien Demokratischen Partei 1945–1949, 1985 (Beiträge zur Geschichte des Parlamentarismus und der politischen Parteien, 76) [A. Lattard] — XIV 856–858

HEINEMANN, Manfred: Vgl. Hochschuloffiziere und Wiederaufbau des Hochschulwesens in Westdeutschland 1945–1952. Teil 3, 1991 — XX/3 294–296

HEINEMANN, Ulrich: Die verdrängte Niederlage. Politische Öffentlichkeit und Kriegsschuldfrage in der Weimarer Republik, 1983 (Kritische Studien zur Geschichtswissenschaft, 59) [P. Jardin] — XIV 828–829

HEINIG, Paul-Joachim: Reichsstädte, Freie Städte und Königtum 1389–1450. Ein Beitrag zur deutschen Verfassungsgeschichte, 1983 (Veröffentlichungen des Instituts für Europäische Geschichte Mainz, Abteilung Universalgeschichte, 108 = Beiträge zur Sozial- und Verfassungsgeschichte des Alten Reiches, 3) [F. J. Fuchs] — XII 819–820

HEINIG, Paul-Joachim: Vgl. Regesten Kaiser Friedrichs III. (1440–1493), 1986 — XV 971–972

HEINIG, Paul-Joachim: Vgl. Diplomatische und chronologische Studien aus der Arbeit an den Regesta Imperii, 1991 — XIX/1 260–261

HEISS, Gernot: Vgl. Friedensbewegungen: Bedingungen und Wirkungen, 1984 — XIV 815–817

HELD, Jutta: Vgl. Kultur zwischen Bürgertum und Volk, 1983 — XIII 795–797

HELD-SCHRADER, Christine: Sozialismus und koloniale Frage. Die überseeische Expansion im Urteil früher französischer Sozialisten, 1985 (Göttinger Bausteine zur Geschichtswissenschaft, 52) [H. Brunschwig] — XIV 795

HELMRATH, Johannes: Das Basler Konzil 1431–1449. Forschungsstand und Probleme, 1987 (Kölner historische Abhandlungen, 32) [P. Ourliac] — XVI/1 306–307

HELMREICH, Jonathan E.: Belgium and Europe. A Study in Small Power Diplomacy, 1976 [W. D. Gruner] — XII 855–857

HENDY, Michael F.: The Economy, Fiscal Administration and Coinage of Byzantium, 1989 [J. Durliat] — XVIII/1 125–138

HENKE, Klaus-Dietmar: Vgl. Europa nach dem Zweiten Weltkrieg 1945–1982, 1983 — XIV 618–637

HENKER, Michael: Vgl. »Vorwärts, vorwärts, sollst du schauen ...« Geschichte, Politik und Kunst unter Ludwig I., Bd. 8, 1986 — XVI/3 178–180

HENKER, Michael, Eberhard DÜNNINGER, Evamaria BROCKHOFF: Hört, sehet, weint und liebt. Passionsspiele im alpenländischen Raum, 1990 (Veröffentlichungen zur Bayerischen Geschichte und Kultur, 20/90) [L. Châtellier] XIX/2 281–283

HENNIG, Diethard: Johannes Hoffmann, Sozialdemokrat und Bayerischer Ministerpräsident, 1990 (Schriftenreihe der Georg-von-Vollmar-Akademie, 3) [A. Mitchell] XVIII/3 257–259

HENNING, Hansjoachim: Die deutsche Beamtenschaft im 19. Jahrhundert. Zwischen Stand und Beruf, 1984 (Steiner. Wissenschaftliche Paperback. Sozial- und Wirtschaftsgeschichte, 19) [B. Wunder] XIII 868–870

HENRIC, Jacques: Vgl. [Mille sept cent quatre-vingt-neuf] 1789 – Révolution Culturelle Française, 1989 XVII/2 322–323

Die Herausforderung des europäischen Staatensystems. Nationale Ideologie und staatliches Interesse zwischen Restauration und Imperialismus, hg. von Adolf M. BIRKE und Günther HEYDEMANN, 1989 (Veröffentlichungen des Deutschen Historischen Instituts London, 23) [W. D. Gruner] XIX/3 212–213

HERBERS, Klaus: Der Jakobuskult des 12. Jahrhunderts und der »Liber sancti Jacobi«. Studien über das Verhältnis zwischen Religion und Gesellschaft im hohen Mittelalter, 1984 (Historische Forschungen, 7) [P. A. Sigal] XIII 761–762

HERBERS, Klaus: Vgl. Ex ipsis rerum documentis. Beiträge zur Mediävistik, 1991 XX/1 195–196

HERBERT, F. J., G. A. ROTHROCK: Soldier of France: Sebastien Le Prestre de Vauban, 1633–1707, 1989 (American University Studies IX, 51) [H. Sproll] XVIII/2 257–258

HERBERT, Ulrich: Vgl. Europa und der »Reichseinsatz«, 1991 XIX/3 292–294

HERBST, Ludolf: Vgl. Westdeutschland 1945–1955, 1986 XIV 618–637

HERBST, Ludolf: Vgl. Vom Marshallplan zur EWG, 1990 XVIII/3 296–297

HERDING, Klaus: Vgl. PROUDHON, Pierre-Joseph: Von den Grundlagen und der sozialen Bestimmung der Kunst, 1988 XVIII/3 229–230

HERDING, Klaus, Rolf REICHARDT: Die Bildpublizistik der Französischen Revolution, 1989 [R. Marx] XVII/2 323–324

HERDMANN, Frank: Montesquieurezeption in Deutschland im 18. und beginnenden 19. Jahrhundert, 1990 (Philosophische Texte und Studien, 25) [J. Mondot] XIX/2 300–302

HERGEMÖLLER, Bernd-Ulrich: Vgl. Civitatum communitas. Studien zum europäischen Städtewesen, 2 Bde., 1984 XIV 659–660

L'Héritage de la Révolution Française, publ. par François FURET, 1989 [F. E. Schrader] XIX/2 317–319

HERKENRATH, Rainer Maria: Vgl. Die Urkunden Friedrichs I. 1181–1190, 1990 XVIII/1 290–291

HERKENRATH, Rainer Maria: Vgl. Die Urkunden Friedrichs I. Einleitung, Verzeichnisse, 1990 XX/1 288–289

HERRE, Franz: Kaiser Friedrich III. Deutschlands liberale Hoffnung, 1987 [M. Balfour] — XVI/3 200–202

HERRE, Franz: Bismarck. Der preußische Deutsche, 1991 [C. Studt] — XIX/3 151–164

HERRE, Franz: Wilhelm II. Monarch zwischen den Zeiten, 1993 [R. Lahme] — XX/3 121–129

HERRE, Franz: Napoleon III. Glanz und Elend des Zweiten Kaiserreiches, 1990 [M. Stauch] — XX/3 215–217

HERRMANN, Bernd: Vgl. Determinanten der Bevölkerungsentwicklung im Mittelalter, 1987 — XVI/1 231–232

HERRMANN, Hans-Walter: Vgl. Beiträge zur Geschichte der frühneuzeitlichen Garnisons- und Festungsstadt, 1983 — XIII 829–830

HERRMANN, Joachim: Vgl. Deutsche Geschichte in 10 Kapiteln, 1988 — XVII/3 201–202

HERRMANN, Ulrich: Vgl. Aufklärung als Politisierung – Politisierung der Aufklärung, 1987 — XVII/2 292–293

HERRMANN, Ulrich: Vgl. Französische Revolution und Pädagogik der Moderne, 1990 — XIX/2 325–327

Herrschaft und Kirche. Beiträge zur Entstehung und Wirkungsweise episkopaler und monastischer Organisationsformen, hg. von Friedrich PRINZ, 1988 (Monographien zur Geschichte des Mittelalters, 33) [O. Guyotjeannin] — XVII/1 215–216

Herrscherweihe und Königskrönung im frühneuzeitlichen Europa, hg. von Heinz DUCHHARDT, 1983 (Schriften der Mainzer Philosophischen Fakultätsgesellschaft, 8) [H. Schmidt] — XIII 793–794

HERTEL, Werner: La civilisation française. La France et les Français. Bibliographie sélective commentée 1950–1984, 1986 [R. Höhne] — XVII/3 200

HERTNER, Peter: Vgl. La transizione dall'economia di guerra all'economia di pace in Italia e in Germania dopo la Prima guerra mondiale, 1983 — XVI/3 221–223

HESS, Christel: Presse und Publizistik in der Kurpfalz in der zweiten Hälfte des 18. Jahrhunderts, 1987 (Europäische Hochschulschriften, Reihe III: Geschichte und ihre Hilfswissenschaften, 322) [J.-P. Kintz] — XV 1009–1010

HESS, Moses: Berlin, Paris, Londres. La Triarchie européenne. Traduction et présentation de Michel ESPAGNE, 1988 [M. Christadler] — XVII/3 217–218

HETTLING, Manfred: Vgl. Revolution in Deutschland?, 1991 — XIX/3 317–318

HEUCLIN, Jean: Aux origines monastiques de la Gaule du Nord. Ermites et reclus du Ve au XIe siècle, 1988 [K. H. Krüger] — XVII/1 231–232

HEUVEL, Gerd van den: Grundprobleme der französischen Bauernschaft, 1730–1794. Soziale Differenzierung und sozio-ökonomischer Wandel vom Ancien Regime zur Revolution, 1982 (Ancien Régime, Aufklärung und Revolution, 6) [J. Jacquart] — XI 810–811

HEYDEMANN, Günther: Vgl. Geschichtswissenschaft in der DDR. Bd. I, 1988 — XVII/3 325–326

HEYDEMANN, Günther: Vgl. Geschichtswissenschaft in der DDR. Bd. II, 1990 — XVIII/3 317–318

HEYDEMANN, Günther: Vgl. Die Herausforderung des europäischen
Staatensystems, 1989   XIX/3   212–213

HEYEN, Erik Volkmar: Vgl. Formation und Transformation des Verwaltungswissens in Frankreich und Deutschland, 1989   XVIII/2 258–259

HEYWOOD, Colin: Childhood in nineteenth-century France. Work, health and education among the »classes populaires«, 1988 [A. Taeger]   XVIII/3 233–234

HIERY, Hermann: Reichstagswahlen im Reichsland. Ein Beitrag zur Landesgeschichte von Elsaß-Lothringen und zur Wahlgeschichte des Deutschen Reiches 1871–1918, 1986 (Beiträge zur Geschichte des Parlamentarismus und der politischen Parteien, 80) [A. Wahl]   XV   1052–1053

HIGOUNET, Charles: Die deutsche Ostsiedlung im Mittelalter, 1986 [H. Boockmann]   XV   957–958

HILAIRE, Yves-Marie: Vgl. Histoire de Boulogne-sur-Mer, 1983   XIII   924–925

HILAIRE, Yves-Marie: Vgl. Histoire de Roubaix, 1984   XIV   869–872

HILAIRE, Yves-Marie: Vgl. CHOLVY, Gérard et al.: Histoire Religieuse de la France Contemporaine. T. 2, 1986   XVI/3   208–210

HILAIRE, Yves-Marie: Vgl. CHOLVY, Gérard et al.: Histoire Religieuse de la France Contemporaine. T. 3, 1988   XVII/3   281–283

Hilarii Aurelianensis Versus et Ludi – Epistolae. Ludus Danielis Belouacensis, hg. von Walther BULST und Marie Luise BULST-THIELE. Anhang: Die Egerton Handschrift. Bemerkungen zur Musik des Daniel-Spiels von Beauvais, von Mathias BIELITZ, 1989 (Mittellateinische Studien und Texte, 16) [A. Paravicini]   XVIII/1 281–282

HILDEBRAND, Klaus: Von Erhard zur Großen Koalition 1963–1969, 1984 (Geschichte der Bundesrepublik Deutschland, 4) [A. Kimmel]   XIII   675–679

HILDEBRAND, Klaus: Das Dritte Reich, 3. überarb. und erw. Aufl., 1987 (Oldenbourg Grundriß der Geschichte, 17) [P. Ayçoberry]   XVI/3   253

HILL, Christopher: Cabinet Decisions on Foreign Policy. The British Experience October 1938 – June 1941, 1991 (LSE Monographs in International Studies) [B.-J. Wendt]   XIX/3   275–276

HILL, Leonidas E.: Vgl. Die Weizsäcker-Papiere 1900–1932, 1981   XIII   904–907

HILL, Leonidas E.: Vgl. Die Weizsäcker-Papiere 1933–1950, 1974   XIII   904–907

HILLER, Marlene P.: Vgl. Städte im Zweiten Weltkrieg, 1991   XX/3   286–288

HILLGRUBER, Andreas: Vgl. POIDEVIN, Raymond: Die unruhige Großmacht. Deutschland und die Welt im 20. Jahrhundert, 1985   XIV   817–820

HILLGRUBER, Andreas: Europa in der Weltpolitik der Nachkriegszeit 1945–1963, 3., überarb. Aufl., 1987 (Oldenbourg Grundriß der Geschichte, 18) [A. Kimmel]   XV   1090–1091

HILLGRUBER, Andreas: Die Zerstörung Europas. Beiträge zur Weltkriegsepoche 1914 bis 1945, 1989 [M. G. Steinert]   XVIII/3 219–220

HINCKER, François: La Révolution Française et l'économie. Décollage ou catastrophe?, 1989 [J. Emig]   XVIII/2 287–288

HINRICHS, Ernst: Vgl. Alteuropa – Ancien Régime – Frühe Neuzeit, 1991   XX/2   171–172

HINSLEY, Francis H., E. E. THOMAS, C. A. G. SIMKINS, C. F. G. RAMSOM: British Intelligence in the Second World War. Vol III/2: Its Influence on Strategy and Operations, 1988 [D. Vogel] — XVII/3 298–300

HIPPEL, Wolfgang von: Vgl. Freiheit, Gleichheit, Brüderlichkeit?, 1989 — XVIII/3 225–226

HIRSCHHORN, Monique: Max Weber et la sociologie française, 1988 [L. Raphael] — XVII/3 237–238

Histoire de l'abbaye Sainte-Croix de Poitiers. Quatorze siècles de vie monastique, 1986 (Mémoires de la Société des Antiquaires de l'Ouest, 4ᵉ série, 19, 1986/87) [G. Scheibelreiter] — XVII/1 225–226

Histoire de l'administration française. Les affaires étrangères et le corps diplomatique français. T. I: De l'Ancien Régime au Second Empire; T. II: 1870–1980, 1984 [J. Black] — XIII 809–812

Histoire de l'Alsace rurale, publ. par Jean-Michel BOEHLER, Dominique LERCH, Jean VOGT. Préface de Pierre GOUBERT et postface de Georges LIVET, 1983 (Société savante d'Alsace et des régions de l'Est. Grandes publications, 24) [E. Pelzer] — XIII 921–923

Histoire des bibliothèques françaises. Les bibliothèques sous l'Ancien Régime, publ. par Claude JOLLY, 1988 [M. Fontius] — XVIII/2 240–241

Histoire de Boulogne-sur-Mer, par Claude SEILLIER, Michel ROUCHE, Anne-Dominique KAPFERER, Alain LOTTIN, Christian SEILLIER, Pierre André WIMET, Georges OUSTRIC, Yves-Marie HILAIRE, Jacques THIÉBAUT, Guy BATAILLE, sous la direction d'Alain LOTTIN. Préface de Guy LENGAGNE, 1983 (Histoire des Villes du Nord/Pas de Calais, 5) [J. Hoock] — XIII 924–925

Histoire du christianisme des origines à nos jours. Publ. par Jean-Marie MAYEUR, Charles PIETRI, André VAUCHEZ et Marc VENARD. T. VI: Un temps d'épreuves (1274–1449), sous la responsabilité de Michel MOLLAT DU JOURDIN et André VAUCHEZ, 1990 [H. Müller] — XIX/1 317–322

Histoire des femmes en occident, t. 3: XVIᵉ-XVIIIᵉ siècle. Publ. par Natalie Zemon DAVIS et Arlette FARGE, 1991 [H. Brandes] — XX/2 181–182

L'histoire moderne et contemporaine en Sarre-Lorraine-Luxembourg, 1990 [P. Burg] — XIX/2 195–209

Histoire de Roubaix, par Louis TRENARD, Pierre DEYON, Félix Paul CODACCIONI, Pierre BRUYELLE, J. PROUVOST, sous la direction d'Yves-Marie HILAIRE, 1984 (Histoire des Villes du Nord/Pas-de-Calais, 6) [H.-U. Thamer] — XIV 869–872

Histoire des saints et de la sainteté chrétienne. T. IV: Les voies nouvelles de la sainteté 605–814, publ. par Pierre RICHÉ, 1986 [M. Heinzelmann] — XIV 875–876

Histoire sociale des populations étudiantes, publ. par Dominique JULIA, Jacques REVEL et Roger CHARTIER. T. 1: Bohême, Espagne, États italiens, Pays germaniques, Pologne, Provinces-Unies, 1986 (Les Universités Européennes du XVIᵉ au XVIIIᵉ siècle) [U.-C. Pallach] — XVIII/2 239–240

Histoire sociale des populations étudiantes, publ. par Dominique JULIA et Jacques REVEL. T. 2, 1989 [H. Dickerhof] — XIX/2 245–249

Histoire sociale, sensibilités collectives et mentalités. Mélanges [offerts à] Robert Mandrou. Ouvrage publ. avec le concours du Centre National des Lettres, 1985 [I. Mieck]	XIV	662–664
Histoire de Strasbourg, publ. par Georges LIVET et Francis RAPP, 1987 [H. Klueting]	XVI/2	312
Histoire des universités en France, publ. par Jacques VERGER, 1986 [H. Dickerhof]	XVII/1	294–297
Histoires curieuses et véritables de Cartouche et de Mandrin. Textes prés. par Hans-Jürgen LÜSEBRINK, 1984 (Bibliothèque bleue) [V. Kapp]	XIII	835–837
The Historia Brittonum. Vol. 3. The ›Vatican‹ Recension. Ed. by David N. DUMVILLE, 1985 [F. Kerlouégan]	XIII	743–744
Historical Dictionary of the French Revolution 1789–1799, ed. by Samuel F. SCOTT and Barry ROTHAUS, 2 vols., 1985 [A. Kuhn]	XV	1022–1024
Historical Dictionary of Napoleonic France 1799–1815, ed. by Owen CONNELLY, 1985 [J. Tulard]	XIV	785–786
»Historikerstreit«. Die Dokumentation der Kontroverse um die Einzigartigkeit der nationalsozialistischen Judenvernichtung, 1987 (Serie Piper Aktuell) [E. François]	XVI/3	259–260
Historiographie am Oberrhein im späten Mittelalter und in der frühen Neuzeit, hg. von Kurt ANDERMANN, 1988 (Oberrheinische Studien, 7) [J.-M. Moeglin]	XVIII/1	317–319
Historische Bibliographie. Berichtsjahr 1986. Hg. von der Arbeitsgemeinschaft außeruniversitärer historischer Forschungseinrichtungen in der Bundesrepublik Deutschland, 1987 [G. Chaix]	XVI/3	167
Historische Bibliographie. Berichtsjahr 1987. Hg. von der Arbeitsgemeinschaft außeruniversitärer historischer Forschungseinrichtungen in der Bundesrepublik Deutschland, 1988 [G. Chaix]	XVII/3	199–200
Historismus und moderne Geschichtswissenschaft. Europa zwischen Revolution und Restauration 1797–1815. Drittes deutsch-sowjetisches Historikertreffen in der Bundesrepublik Deutschland, München 13.–18. März 1978, hg. von Karl Otmar Freiherr von ARETIN und Gerhard A. RITTER, bearb. von Ralph MELVILLE und Claus SCHARF, 1987 (Veröffentlichungen des Instituts für Europäische Geschichte, Abteilung Universalgeschichte, 21) [M. Reinhard]	XVII/3	210–211
Hitlers Machtergreifung. Dokumente vom Machtantritt Hitlers: 30. Januar 1933 bis zur Besiegelung des Einparteienstaates 14. Juli 1933, hg. von Josef und Ruth BECKER, 1983 (dtv dokumente) [L. Dupeux]	XII	896–897
HLAWITSCHKA, Eduard: Vom Frankenreich zur Formierung der europäischen Staaten- und Völkergemeinschaft 840–1046. Ein Studienbuch zur Zeit der späten Karolinger, der Ottonen und der frühen Salier in der Geschichte Mitteleuropas, 1986 [P. Corbet]	XVI/1	258–259
HOBSBAWM, Eric J.: Das imperiale Zeitalter 1875–1914, 1989 [H. Reifeld]	XVII/3	165–169
Hochfinanz, Wirtschaftsräume, Innovationen. Festschrift für Wolfgang von Stromer, hg. von Uwe BESTMANN, Franz IRSIGLER, Jürgen SCHNEIDER, 1987 [R. Dufraisse]	XVI/2	233–234

Hochschuloffiziere und Wiederaufbau des Hochschulwesens in Westdeutschland 1945–1952. Teil 3: Die Französische Zone, hg. von Manfred HEINEMANN, bearb. von Jürgen FISCHER unter Mitarbeit von Peter HANSKE, Klaus-Dieter MÜLLER unnd Anne PETERS, 1991 (Geschichte von Bildung und Wissenschaft, Reihe B: Sammelwerke, 3) [M. Mombert] XX/3 294–296

HOCHSTUHL, Kurt: Zwischen Frieden und Krieg: Das Elsaß in den Jahren 1938–1940. Ein Beitrag zu den Problemen einer Grenzregion in Krisenzeiten, 1984 (Europäische Hochschulschriften, Reihe III: Geschichte und ihre Hilfswissenschaften, 250) [J.-M. Mayeur] XVI/3 277–278

HOCQUET, Jean-Claude: Le Sel et le Pouvoir. De l'An mil à la Révolution française, 1985 [M.-T. Kaiser-Guyot] XIV 582–584

HOEBANX, Jean-Jacques: Vgl. La Belgique rurale du moyen-âge à nos jours, 1985 XV 881–882

HÖDL, Günther: Vgl. Die Admonter Briefsammlung, 1983 XIII 764–765

HÖFER, Peter: Deutsch-französische Handelsbeziehungen im 18. Jahrhundert. Die Firma Breton frères in Nantes (1763–1766), 1982 (Beiträge zur Wirtschaftsgeschichte, 18) [R. Dufraisse] XIII 834–835

HOEGES, Dirk: Alles veloziferisch. Die Eisenbahn – Vom schönen Ungeheuer zur Ästhetik der Geschwindigkeit, 1985 (Literaturwissenschaftliche Monographien, 1) [H. Duranton] XIV 805

HÖPFL, Harro: The Christian Polity of John Calvin, 1982 [R. Babel] XVIII/2 209–217

HÖRLING, Hans: Das Deutschlandbild in der Pariser Tagespresse vom Münchner Abkommen bis zum Ausbruch des II. Weltkrieges. Quantitative und qualitative Analyse, 1985 [G. Kreis] XIV 837

HOFELICH, Peter: Vgl. Ploetz. Die Bundesrepublik Deutschland, 1984 XIV 618–637

HOFEMANN, Klaus: Vgl. BÄCKER, Gerhard et al.: Sozialpolitik und soziale Lage in der Bundesrepublik Deutschland. Bde. 1–2, 1989 XVIII/3 318–321

HOFER, Walter: Mächte und Kräfte im 20. Jahrhundert. Gesammelte Aufsätze und Reden zum 65. Geburtstag, hg. von Peter MAURER, 1985 [J. Dülffer] XV 884–885

HOFFMAN, Philip T.: Church and Community in the Diocese of Lyon, 1500–1789, 1984 (Yale Historical Publications, Miscellany, 132) [H. Müller] XIII 805–809

HOFFMAN BERMAN, Constance: Medieval Agriculture, the Southern French Countryside, and the Early Cistercians. A Study of Forty-Three Monasteries, 1986 (Transactions of the American Philosophical Society, 76/5) [D. Lohrmann] XVI/1 292

HOFFMANN, Hartmut: Vgl. Die Chronik von Montecassino, 1980 XIII 757–760

HOFFMANN, Hartmut: Buchkunst und Königtum im ottonischen und frühsalischen Reich. Text- und Tafelband, 1986 (Schriften der Monumenta Germaniae Historica, 30, I/II) [T. Kölzer] XV 937–941

HOFFMANN, Joachim: Vgl. Das Deutsche Reich und der Zweite Weltkrieg. Bd. 4, 1983 XI 877–880

HOFFMANN, Paul: Die bildlichen Darstellungen des Kurfürstenkollegiums von den Anfängen bis zum Ende des Hl. Römischen Reiches (13. bis 18. Jahrhundert), 1982 (Bonner Historische Forschungen, 47) [H. Neuhaus] — XI 752–754

HOFFMANN, Stanley, George ROSS, avec la collab. de Sylvia MALZACHER: L'expérience Mitterrand. Continuité et changement dans la France contemporaine, 1988 (Recherches politiques) [W. Loth] — XVIII/3 308–309

HOLENSTEIN, André: Die Huldigung der Untertanen. Rechtskultur und Herrschaftsordnung (800–1800), 1991 (Quellen und Forschungen zur Agrargeschichte, 36) [A. Jančo] — XX/2 172–173

HOLL, Karl: Pazifismus in Deutschland, 1988 (Neue Historische Bibliothek) [D. Riesenberger] — XVII/3 271–272

D'HOLLANDER, Paul: Vgl. PÉROUAS, Louis et al.: La Révolution française, 1988 — XVIII/2 294–296

HOLMES, Stephen: Benjamin Constant and the Making of Modern Liberalism, 1984 [H. Reifeld] — XIV 793–794

HOLT, Mack P.: The Duke of Anjou and the Politique Struggle during the Wars of Religion, 1986 (Cambridge Studies in Early Modern History) [I. Mieck] — XVII/2 255–257

HOLTFRERICH, Carl-Ludwig: Vgl. Die deutsche Inflation, 1982 — XII 892–893

HOLTFRERICH, Carl-Ludwig: Vgl. Die Erfahrung der Inflation im internationalen Vergleich, Bd. 2, 1984 — XV 1063–1064

HOLTFRERICH, Carl-Ludwig: Vgl. Die Anpassung an die Inflation, Bd. 8, 1986 — XVI/3 227–229

HOLTZMANN, Walther: Vgl. Decretales ineditae saeculi XII, 1982 — XI 743–745

HOLZAPFEL, Theo: Papst Innozenz III., Philipp II. August, König von Frankreich und die englisch-welfische Verbindung 1198–1216, 1991 (Europäische Hochschulschriften, Reihe III: Geschichte und ihre Hilfswissenschaften, 460) [L. Milis] — XX/1 289–290

Hommage à Guy Fourquin. Histoire des Campagnes au Moyen Âge, 1990 (Revue du Nord 72, Hors-Série N° 287, 1990) [K. Militzer] — XIX/1 238–239

»L'Honneur de la couronne de France«. Quatre libelles contre les Anglais (vers 1418–1429), éd. par Nicole PONS, 1990 [J. Ehlers] — XIX/1 340

HONSELMANN, Klemens: Vgl. Die alten Mönchslisten und die Traditionen von Corvey, Teil 1, 1982 — XI 735–736

HOOCHGESAND, Brigitte: Das Leben auf dem Land im Benauge des 18. Jahrhunderts. Untersuchungen über vier Dörfer der Grafschaft (1740–1765), 1990 (Europäische Hochschulschriften, Reihe III: Geschichte und ihre Hilfswissenschaften, 417) [M. Morineau] — XIX/2 360–361

HOOCK, Jochen: Vgl. La ville et l'innovation, 1987 — XVII/1 291–292

HOOCK, Jochen: Vgl. Ars Mercatoria, Bd. I, 1991 — XIX/2 252–253

HOPPEN, Claudia: Vgl. AFFELDT, Werner et al.: Frauen im Mittelalter, 1990 — XIX/1 231–233

HORN, Michael: Studien zur Geschichte Papst Eugens III. (1145–1153), 1992 (Europäische Hochschulschriften, Reihe III: Geschichte und ihre Hilfswissenschaften, 508) [M. De Reu] — XX/1 287–288

HORNE, John N.: Labour at War. France and Britain 1914–1918, 1991 [A. Wirsching] — XIX/3 175–185

HORSTKOTTE, Hermann-Josef: Die Theorie vom spätrömischen »Zwangsstaat« und das Problem der »Steuerhaftung«, 1984 (Beiträge zur klassischen Philologie, 159) [J. Durliat] — XIV 682–683

HOURS, Henri: Vgl. Le diocèse de Lyon, 1983 — XII 922–926

Hrabanus Maurus. Lehrer, Abt, Bischof, hg. von Raymund KOTTJE und Harald ZIMMERMANN, 1982 (Akademie der Wissenschaften und der Literatur. Abhandlungen der geistes- und sozialwissenschaftlichen Klasse. Einzelveröffentlichung, 4) [A. Dierkens] — XVI/1 256–258

HUAN, Claude: Vgl. COUTEAU-BÉGARIE, Hervé et al.: Darlan, 1989 — XVII/3 293–295

HUBER, Ursula: Vgl. »Vorwärts, vorwärts, sollst du schauen ...« Geschichte, Politik und Kunst unter Ludwig I., Bd. 10, 1986 — XVI/3 178–180

HUBERT, Jean: Arts et vie sociale de la fin du monde antique au Moyen Âge. Études d'archéologie et d'histoire. Recueil offert à l'auteur par ses élèves et ses amis, 1977 (Mémoires et documents publiés par la Société de l'École des Chartes, 24) [W. Jacobsen] — XVI/1 218–220

HUBERT, Jean: Nouveau recueil d'études d'archéologie et d'histoire. De la fin du monde antique au Moyen Âge, 1985 (Mémoires et documents publiés par la Société de l'École des Chartes, 29) [W. Jacobsen] — XVI/1 218–220

HUDEMANN, Rainer: Sozialpolitik im deutschen Südwesten zwischen Tradition und Neuordnung 1945–1953. Sozialversicherung und Kriegsopferversorgung im Rahmen französischer Besatzungspolitik, 1988 (Veröffentlichungen der Kommission des Landtages für die Geschichte des Landes Rheinland-Pfalz, 10) [P. Barral] — XVII/3 304–306

HUDEMANN, Rainer: Vgl. Stadtentwicklung im deutsch-französisch-luxemburgischen Grenzraum, 1991 — XX/3 229–230

HUDEMANN-SIMON, Calixte: La noblesse luxembourgeoise au XVIIIe siècle, 1985 (Publications de la Section Historique de l'Institut Grand-Ducal, 100) [W. Kaiser] — XIV 774–775

HÜPPER-DRÖGE, Dagmar: Schild und Speer. Waffen und ihre Bezeichnungen im frühen Mittelalter, 1983 (Germanistische Arbeiten zu Sprache und Kulturgeschichte, 2 = Europäische Hochschulschriften, Reihe 1: Deutsche Sprache und Literatur, 645) [T. Zotz] — XIV 695–696

HÜTTENBERGER, Peter: Vgl. Franzosen und Deutsche am Rhein 1789–1918–1945, 1989 — XIX/3 227–228

HÜTTL, Ludwig: Friedrich Wilhelm von Brandenburg, der Große Kurfürst, 1981 [B. R. Kroener] — XI 806–807

HÜTTL, Ludwig: Marianische Wallfahrten im süddeutsch-österreichischen Raum. Analysen von der Reformations- bis zur Aufklärungsepoche, 1985 (Kölner Veröffentlichungen zur Religionsgeschichte, 6) [J. Gelis] — XVI/2 253–255

HUFNAGEL, Gerhard: Vgl. Wege in die Zeitgeschichte, 1989 — XVII/3 327–328

Hugenotten in Brandenburg-Preußen, hg. von Ingrid MITTENZWEI, 1987 (Studien zur Geschichte, 8) [E. Birnstiel]	XVI/2	286–289
HUGHES, Michael L.: Paying for German Inflation, 1988 [D. Artaud]	XVII/3	261–263
HUGUET, Françoise: Les professeurs de la Faculté de Médecine de Paris. Dictionnaire biographique 1794–1939, 1991 (Histoire biographique de l'enseignement) [J. Konert]	XX/2	293
[Huit] 8 Mai 1945: La victoire en Europe. Actes du colloque international de Reims 1985, publ. par Maurice VAÏSSE, 1985 (L'Histoire partagée) [S. Martens]	XV	1079–1080
HULIN-JUNG, Nicole: L'organisation de l'enseignement des sciences: la voie ouverte par le Second Empire. Préface de Robert FOX, 1989 (Mémoires de la section d'histoire des sciences et des techniques, 6) [J. Fischer]	XVIII/3	236–237
Humanismus und Neue Welt, hg. von Wolfgang REINHARD, 1987 (Deutsche Forschungsgemeinschaft, Mitteilung XV der Kommission für Humanismusforschung) [J.-C. Margolin]	XVI/2	244–245
HUMBOLDT, G. de: La tâche de l'historien. Considérations sur l'histoire mondiale. Considérations sur les causes motrices dans l'histoire mondiale, introduction de J. QUILLIEN, traduction et notes d'Annette DISSELKAMP et A. LINKS, 1985 [H. Reifeld]	XV	1048–1049
HUNEKE, Friedrich: Die »Lippischen Intelligenzblätter« (Lemgo 1767–1799). Lektüre und gesellschaftliche Erfahrung, 1989 (Forum Lemgo, Schriften zur Stadtgeschichte, 4) [P.-F. Burger]	XIX/2	361–362
HUNT, Lynn: Vgl. The New Cultural History, 1989	XIX/3	222–223
HUNT, Lynn: The Family Romance of the French Revolution, 1992 [H.-U. Seifert]	XX/2	280–281
HUSUNG, Hans-Gerhard: Protest und Repression im Vormärz. Norddeutschland zwischen Restauration und Revolution, 1983 (Kritische Studien zur Geschichtswissenschaft, 54) [J. Nurdin]	XIII	870–871
HUSUNG, Hans-Gerhard: Vgl. Auf dem Wege zur Massengewerkschaft, 1984	XV	1056–1057
HUTTENBACK, Robert A.: Vgl. DAVIS, Lance E. et al.: Mammon and the Pursuit of Empire, 1988	XVII/3	165–169
HYMAN, Paula E.: The Emancipation of the Jews of Alsace. Acculturation and Tradition in the Nineteenth Century, 1991 [A. Daum]	XIX/3	244–246
Ideologie und Herrschaft im Mittelalter, hg. von Max KERNER, 1982 (Wege der Forschung, 530) [M. Reydellet]	XII	762–763
IGLESIA FERREIROS, Aquilino: La creation del Derecho. Una historia del Derecho español. Lecciones, 3 vol., 1987–1988 [P. Ourliac]	XVII/1	217–218
IMBERT, Jean: Vgl. La Protection sociale sous la Révolution Française, 1990	XX/2	277–278
IMHOF, Arthur E.: Vgl. Der Mensch und sein Körper von der Antike bis heute, 1983	XIII	709–710
IMHOF, Arthur E.: Vgl. Leib und Leben in der Geschichte der Neuzeit, 1983	XIII	710–711

IMHOF, Arthur E.: Die verlorenen Welten. Alltagsbewältigung durch unsere Vorfahren – und weshalb wir uns heute so schwer damit tun ..., 1984 [L. Châtellier] XIV 766–768

Imperialism and After. Continuities and Discontinuities, ed. by Wolfgang J. MOMMSEN and J. OSTERHAMMEL, 1986 [H. Reifeld] XVII/3 165–169

Indices librorum. Catalogues anciens et modernes de manuscrits médiévaux en écriture latine. Sept ans de bibliographie (1977–1983), publ. par François DOLBEAU et Pierre PETITMENGIN, avec la collab. de François AVRIL, Danièle MAJCHRZAK et Françoise ZEHNACKER, 1987 (Bibliothèque de l'École normale supérieure. Guides et inventaires bibliographiques, 3) [M. Heinzelmann] XV 1105

Industrielle Gesellschaft und politisches System. Beiträge zur politischen Sozialgeschichte. Festschrift für Fritz Fischer, hg. von Dirk STEGMANN, Bernd-Jürgen WENDT und Peter Christian WITT, 1978 [W. D. Gruner] XII 741–742

Informatique et prosopographie. Actes de la Table Ronde du CNRS, Paris, 25–26 octobre 1984, éd. par Hélène MILLET, 1985 [F. L. Næshagen] XIV 667

INGRAM, Norman: The Politics of Dissent. Pacifism in France 1919–1939, 1991 [H. M. Bock] XIX/3 261–263

L'inhumation privilégiée du IVe au VIIIe siècle en Occident. Actes du colloque tenu à Créteil les 16–18 mars 1984, éd. par Yvette DUVAL et Jean-Charles PICARD, 1986 [M. Martin] XVI/1 243–246

L'initiative publique des communes en Belgique. Fondements historiques (Ancien Régime). 11e Colloque International, Spa 1–4 sept. 1982. Actes, 1984 (Crédit Communal de Belgique. Collection Histoire, série in-8°, 65) [G. Fouquet] XIII 778–779

Innovations et Renouveaux. Techniques de l'Antiquité à nos Jours. Actes du Colloque International de Mulhouse, réunis et publ. par Jean-Pierre KINTZ, 1989 (Association interuniversitaire de l'est, 24) [C. Hess] XVIII/2 233–234

Die Inszenierung des Absolutismus: politische Begründung und künstlerische Gestaltung höfischer Feste im Frankreich Ludwigs XIV., 5 Vorträge /Atzelsberger Gespräche 1990. Hg. von Fritz RECKOW, 1992 (Erlanger Forschungen. Reihe A: Geisteswissenschaften, 60) [G. Kolbert] XX/2 202–204

Interferenzen. Deutschland und Frankreich. Literatur – Wissenschaft – Sprache, hg. von Lothar JORDAN, Bernd KORTLÄNDER, Fritz NIES, 1983 [J. Voss] XI 795–797

Inventar des herzoglich arenbergischen Archivs in Edingen/Enghien (Belgien). Teil 1: Akten und Amtsbücher der deutschen Besitzungen, bearb. v. Peter BROMMER, Wolf-Rüdiger SCHLEIDGEN und Theresia ZIMMER, 1984 (Veröffentlichungen der Landesarchivverwaltung Rheinland-Pfalz, 36) [H. Thomas] XIII 706

Inventar von Quellen zur deutschen Geschichte in Pariser Archiven und Bibliotheken, bearb. von einer Arbeitsgruppe unter Leitung von Georg SCHNATH, hg. von Wolfgang Hans STEIN, 1986 [R. Dufraisse] XVI/3 168–169

IOGNA-PRAT, Dominique: Agni Immaculati. Recherches sur les sources hagiographiques relatives à saint Maieul de Cluny (954–994), 1988 [J.-C. Poulin]   XVII/1   271

Ex ipsis rerum documentis. Beiträge zur Mediävistik. Festschrift für Harald Zimmermann zum 65. Geburtstag, hg. von Klaus HERBERS, Hans Henning KORTÜM, Carlo SERVATIUS, 1991 [L. Milis]   XX/1   195–196

IRSIGLER, Franz: Vgl. Beiträge zur Geschichte der frühneuzeitlichen Garnisons- und Festungsstadt, 1983   XIII   829–830

IRSIGLER, Franz: Vgl. Münzprägung, Geldumlauf und Wechselkurse, 1984   XIV   670–675

IRSIGLER, Franz: Vgl. Hochfinanz, Wirtschaftsräume, Innovationen, 1987   XVI/2   233–234

ISENMANN, Eberhard: Die deutsche Stadt im Spätmittelalter, 1250–1500. Stadtgestalt, Recht, Stadtregiment, Kirche, Gesellschaft, Wirtschaft, 1988 (U.T.B. für Wissenschaft, Große Reihe) [P. Racine]   XVII/1   292–293

ISRAEL, Jonathan I.: Vgl. The Anglo-Dutch Moment, 1991   XX/2   205–207

IVERNEL, Philippe: Vgl. BRECHT, Bertolt: ABC de la guerre, 1985   XV   1081–1082

JACOBSEN, Hans-Adolf: Der Weg zur Teilung der Welt. Politik und Strategie von 1939 bis 1945, 1978 [W. D. Gruner]   XII   900–902

JACOBSEN, Hans-Adolf: Vgl. HAUSHOFER, Karl: De la géopolitique, 1986   XV   1069–1070

JACOBSEN, Hans-Adolf: Vgl. Deutschland 1933–1945. Neue Studien zur nationalsozialistischen Herrschaft, 1992   XX/3   324–325

JACQUART, Danielle, Claude THOMASSET: Sexualité et savoir médical au Moyen Âge, 1985 (Les chemins de l'Histoire) [A. Paravicini Bagliani]   XV   904–906

JÄCKEL, Eberhard: Vgl. Städte im Zweiten Weltkrieg, 1991   XX/3   286–288

JÄGER, Hans-Wolf: Vgl. Reisen im 18. Jahrhundert, 1986   XV   1004–1007

JÄGER, Helmut: Vgl. Civitatum communitas. Studien zum europäischen Städtewesen, 2 Bde., 1984   XIV   659–660

JÄGER, Wolfgang: Vgl. BRACHER, Karl-Dietrich et al.: Republik im Wandel 1969–1974, 1986   XVI/3   151–158

JÄGER, Wolfgang, Werner LINK: Republik im Wandel 1974–1982: Die Ära Schmidt, 1987 (Geschichte der Bundesrepublik Deutschland, 5/II) [A. Kimmel]   XVI/3   151–158

JÄGGI, Stefan: Die Herrschaft Montagny. Von den Anfängen bis zum Übergang an Freiburg (1146–1478), 1989 (Freiburger Geschichtsblätter, 66) [P. Pégeot]   XVIII/1   313–314

JÄSCHKE, Kurt Ulrich: Nichtkönigliche Residenzen im spätmittelalterlichen England, 1990 (Residenzforschung, 2) [L. Musset]   XIX/1   329–330

JAHN, Joachim: Vgl. Früh- und hochmittelalterlicher Adel in Schwaben und Bayern, 1988   XVIII/1   260–262

Jahn, Joachim: Vgl. Oberdeutsche Städte im Vergleich, 1989	XIX/1	330
Jahn, Peter: Vgl. Quellen zur Geschichte der deutschen Gewerkschaftsbewegung im 20. Jahrhundert. Bd. 4, 1988	XIX/3	268–270
Jahrbuch der historischen Forschung in der Bundesrepublik Deutschland Berichtsjahr 1982, hg. von der Arbeitsgemeinschaft außeruniversitärer historischer Forschungseinrichtungen in der Bundesrepublik Deutschland, 1983 [E. François]	XI	713–714
Jahrbuch der historischen Forschung in der Bundesrepublik Deutschland Berichtsjahr 1983, hg. von der Arbeitsgemeinschaft außeruniversitärer historischer Forschungseinrichtungen in der Bundesrepublik Deutschland, 1984 [E. François]	XIII	697–698
Jahrbuch der historischen Forschung, Berichtsjahre 1984 und 1985, hg. von der Arbeitsgemeinschaft außeruniversitärer historischer Forschungseinrichtungen in der Bundesrepublik Deutschland, 1985/1986 [G. Chaix]	XV	879
Jakoby, Ruth, Frank Baasner: Paris 1789. Journal der Täter, Opfer und Voyeure, 1988 [H. Reinalter]	XVII/2	315–316
Jam, Jean-Louis: Vgl. Éclectisme et cohérence des Lumières, 1992	XX/2	225–227
James, Edward: Vgl. Gregory of Tours: Life of the Fathers, 1985	XIII	930
James, Edward: The Franks, 1988 (The Peoples of Europe) [K.-U. Jäschke]	XX/1	258–261
Jankowski, Paul: Communism and Collaboration. Simon Sabiani and Politics in Marseille, 1919–1944, 1989 [F. Taubert]	XVII/3	285–287
Jankuhn, Herbert: Vgl. Untersuchungen zu Handel und Verkehr der vor- und frühgeschichtlichen Zeit in Mittel- und Osteuropa. Teil IV, 1987	XVIII/1	264–266
Janssen, Karl-Heinz: Vgl. Backes, Uwe et al.: Reichstagsbrand, 1987	XVI/3	313
Jaquillard, Claude: L'adieu à l'Allemagne ou la guerre des deux mondes, 1984 [J. Nurdin]	XV	1095–1097
Jarausch, Konrad H.: Students, Society, and Politics in Imperial Germany. The Rise of Academic Illiberalism, 1982 [L. Burchardt]	XII	875–877
Jarausch, Konrad H., Gerhard Arminger, Manfred Thaller: Quantitative Methoden in der Geschichtswissenschaft. Eine Einführung in die Forschung, Datenverarbeitung und Statistik, 1985 [F. L. Næshagen]	XIV	668
Jardin, Pierre: Vgl. Akten zur deutschen Auswärtigen Politik 1918–1945. Serie A, Bde. I–III, 1982, 1984, 1985	XIII	891–893
Jarnut, Jörg: Vgl. Feste und Feiern im Mittelalter, 1991	XX/1	211–216
Jasper, Detlev: Das Papstwahldekret von 1059. Überlieferung und Textgestalt, 1986 (Beiträge zur Geschichte und Quellenkunde des Mittelalters, 12) [A. Paravicini Bagliani]	XVII/1	277–279
Jasper, Detlev: Vgl. Fälschungen im Mittelalter, 1990	XIX/1	244
Jeambrun, Pierre: Jules Grévy ou la République debout, 1991 (Figures de proue) [D. Soleymani]	XX/3	217

Jean Jaurès. Frankreich, Deutschland und die Zweite Internationale am Vorabend des Ersten Weltkrieges, hg. von Ulrike BRUMMERT, 1989 [U. Stark] XVII/3 243–244

Jean de Montreuil: Opera. Vol. IV: Monsteroliana, par Ezio ORNATO, Gilbert OUY, Nicole PONS, 1986 [H. Müller] XVI/1 301–303

JEANNENEY, Jean-Noël: Georges Mandel. L'homme qu'on attendait, 1991 [H. F. Bellstedt] XIX/3 278–279

JEANNIN, Pierre: Vgl. Ars Mercatoria, Bd. I, 1991 XIX/2 252–253

JEANNIN, Pierre: Vgl. BOYER-XAMBEU, Marie-Thérèse et al.: Monnaie privée et pouvoir des princes, 1986 XIX/2 253–254

JEAUNEAU, Edouard: Études érigéniennes, 1987 [R. Schieffer] XVII/1 263–264

JEAUNEAU, Edouard: Vgl. Maximi Confessoris Ambigua ad Johannem iuxta Johannis Scotti Eriugenae latinam interpretationem nunc primum, 1988 XVII/1 263–264

JEISMANN, Karl-Ernst: Vgl. Bildung, Staat, Gesellschaft im 19. Jahrhundert, 1989 XVIII/3 232–233

JERSCH-WENZEL, Stefi: Vgl. ENGEL, Helmut et al.: Geschichtslandschaft Berlin, 5 Bde., 1985–1990 XVIII/3 191–208

JERSCH-WENZEL, Stefi: Vgl. Von Zuwanderern zu Einheimischen, 1990 XIX/2 284–285

JESCHONNEK, Bernd: Revolution in Frankreich 1789–1799. Ein Lexikon, 1989 [M. Wagner] XVII/2 305–306

JESSE, Eckhard: Wahlrecht zwischen Kontinuität und Reform. Eine Analyse der Wahlsystemdiskussion und der Wahlrechtsänderungen in der Bundesrepublik Deutschland 1949–1983, 1985 (Beiträge zur Geschichte des Parlamentarismus und der politischen Parteien, 78) [A. Kimmel] XIV 858–859

JESSE, Eckhard: Vgl. Extremismus und streitbare Demokratie, 1987 XV 1110

JESSE, Eckhard: Vgl. BACKES, Uwe et al.: Reichstagsbrand, 1987 XVI/3 313

JEUDY, Colette, Yves-François RIOU: Les manuscrits classiques latins des bibliothèques publiques de France. T. I: Agen-Évreux, 1989 [W. Maaz] XIX/1 257–259

JIMENEZ, Marc: Vgl. Walter Benjamin, 1990 XX/3 257–259

JOCHMANN, Werner: Vgl. BRAKELMANN, Günter et al.: Protestantismus und Politik, 1982 XII 869–871

JOCHMANN, Werner: Gesellschaftskrise und Judenfeindschaft in Deutschland 1870–1945, 1988 (Hamburger Beiträge zur Sozial- und Zeitgeschichte, 23) [R. Thalmann] XVIII/3 243–245

JÖCKEL, Sabine: »Nouvelle histoire« und Literaturwissenschaft, Bde. I–II, 1985 (Romanistik, 44) [H. Duranton] XVII/3 241–243

JOHANEK, Peter: Vgl. Strutture ecclesiastiche in Italia e in Germania prima della Riforma, 1984 XIV 752–753

Johann Moritz Schwager's Bemerkungen auf einer Reise durch Westphalen bis an und über den Rhein. Neudruck der Ausgabe Leipzig und Elberfeld 1804. Nachwort von Olaf EIMER, 1987 [G.-L. Fink] XVI/2 305–308

Johannes Geßners Pariser Tagebuch 1727, komm., übers. und hg. von
Urs BOSCHUNG, 1985 [J. Voss]   XIX/2   297–298

JOHN, Barbara: Vgl. Von Zuwanderern zu Einheimischen, 1990   XIX/2   284–285

JOHNMAN, Lewis: Vgl. Post-War Britain, 1945–1964, 1989   XIX/3   193–205

JOHNSTON, William M.: L'esprit viennois. Une histoire intellectuelle et sociale 1848–1938, 1991 (Quadrige, 124) [R. Fleck]   XX/3   214–215

JOLLY, Claude: Vgl. Livre et Révolution, 1988   XVII/2   320–321

JOLLY, Claude: Vgl. Histoire des bibliothèques françaises, 1988   XVIII/2   240–241

JONES, Larry Eugene: German Liberalism and the Dissolution of the Weimar Party System, 1918–1933, 1988 [M. Kröger]   XX/3   259–260

JORDAN, Lothar: Vgl. Interferenzen. Deutschland und Frankreich. Literatur – Wissenschaft – Sprache, 1983   XI   795–797

JORDAN, William Chester: Louis IX and the Challenge of the Crusade. A Study of Rulership, 1979 [L. Carolus-Barré]   XI   758–760

Josef II. und die Freimaurer im Lichte zeitgenössischer Broschüren, hg. von Helmut REINALTER, 1987 (Veröffentlichungen der Kommission für Neuere Geschichte Österreichs, 77) [C. Michaud]   XV   1010–1012

JOSEPH, Angela: Vgl. M.d.R. Die Reichstagsabgeordneten der Weimarer Republik in der Zeit des Nationalsozialismus, 1991   XX/3   271–272

Joseph von Sonnenfels, hg. von Helmut REINALTER, 1988 (Veröffentlichungen der Kommission für die Geschichte Österreichs, 13) [C. Michaud]   XVII/2   294–296

JOSHUA, Isaac: La face cachée du Moyen Âge: les premiers pas du capital, 1988 [W. Rösener]   XVIII/1   242–243

JOSSUA, Jean-Pierre: La licorne. Images d'un couple, 1985 [A. Paravicini Bagliani]   XV   912

JOUHAUD, Christian: Mazarinades: la Fronde des mots, 1985 (Collection historique) [E. Birnstiel]   XIII   825–826

JOUHAUD, Christian: La main de Richelieu ou le pouvoir cardinal, 1991 (L'un et l'autre) [H. Weber]   XIX/2   366

Journal d'un honnête homme pendant l'occupation (juin 1940 – août 1944), prés. et ann. par Jean BOURGEON, 1990 [B. Kasten]   XIX/3   288–289

JOUVEN, Georges: La forme initiale. Symbolisme de l'architecture traditionnelle, 1985 (Architecture et Symbole sacrés) [M. Heinzelmann]   XIII   927

Juden in Preußen – Juden in Hamburg, hg. von Peter FREIMARK, 1983 (Hamburger Beiträge zur Geschichte der Juden, 10) [M. Zimmermann]   XIII   853–854

Der Judenpogrom 1938. Von der »Reichskristallnacht« zum Völkermord, hg. von Walter H. PEHLE, 1988 [R. R. Thalmann]   XVI/3   268–271

Judentum und Antisemitismus von der Antike bis zur Gegenwart, hg. von Thomas KLEIN, Volker LOSEMANN und Gunther MAI, 1984 [P. Freimark]   XII   760–761

JÜLLIG, Carola: Vgl. RANKE, Winfried et al.: Kultur, Pajoks und Care-Pakete, 1990   XVIII/3   191–208

JÜTTE, Robert: Obrigkeitliche Armenfürsorge in deutschen Reichsstädten der frühen Neuzeit. Städtisches Armenwesen in Frankfurt am Main und Köln, 1984 (Kölner historische Abhandlungen, 31) [V. Hunecke]   XIII   798–799

Les Juifs au regard de l'histoire. Mélanges en l'honneur de Bernhard Blumenkranz, éd. par Gilbert DAHAN, 1985 [Y. Ben-Avner]   XIII   698–700

JULIA, Dominique: Les trois couleurs du tableau noir: La Révolution, 1981 [R. Reichardt]   XI   829–831

JULIA, Dominique: Vgl. COMPÈRE, Marie-Madeleine et al.: Les Collèges français, 16e–18e siècles, Répertoire I, 1984   XII   825–826

JULIA, Dominique: Vgl. COMPÈRE, Marie-Madeleine et al.: Les Collèges Français 16e–18e siècles. Répertoire II, 1988   XVII/2   240–241

JULIA, Dominique: Vgl. Histoire sociale des populations étudiantes. T. 1, 1986   XVIII/2   239–240

JULIA, Dominique: Vgl. Histoire sociale des populations étudiantes. T. 2, 1989   XIX/2   245–249

JULIEN, Jean-Rémy, Jean-Claude KLEIN: Orphée Phrygien. Les musiques de la Révolution. Préface de Jean MONGREDIEN, 1989 [R. Fleck]   XVII/2   324–325

JULLIARD, Jacques: Vgl. FURET, François et al.: La République du Centre, 1988   XVIII/3   309–310

JUNGANDREAS, Wolfgang: Die Einwirkung der karolingischen Renaissance auf das mittlere Rheinland, 1986 [W. Haubrichs]   XVII/1   260–262

JUNGER, Gerhard: Vgl. Graf de Serre, 1989   XIX/2   363

JUNGER, Gerhard: Schicksale 1945. Das Ende des 2. Weltkrieges im Kreis Reutlingen. Besetzung und Besatzung, 3., erw. Aufl. 1991 [E. Wolfrum]   XX/3   293–294

JURATIC, Sabine: Vgl. Livre et Révolution, 1988   XVII/2   320–321

KAELBLE, Hartmut: Nachbarn am Rhein. Entfremdung und Annäherung der französischen und deutschen Gesellschaft seit 1880, 1991 [C. Charle]   XX/3   239–241

KAERNBACH, Andreas: Bismarcks Konzepte zur Reform des Deutschen Bundes, 1991 (Schriftenreihe der Historischen Kommission bei der Bayerischen Akademie der Wissenschaften, 41) [C. Studt]   XIX/3   151–164

KAHLER, Miles: Decolonization in Britain and France. The Domestic Consequences of International Relations, 1984 [D. Brötel]   XVI/3   145–150

KAISER, Jochen-Christoph: Sozialer Protestantismus im 20. Jahrhundert. Beiträge zur Geschichte der Inneren Mission 1914–1945, 1989 [D. J. Diephouse]   XVIII/3   259–260

KAISER, Wolfgang: Marseille im Bürgerkrieg. Sozialgefüge, Religionskonflikt und Fraktionskämpfe von 1559–1596, 1991 (Veröffentlichungen des Max-Planck-Instituts für Geschichte, 103) [J. Jacquart]   XX/2   192–193

KANYARUKIGA, Christina: Vgl. MÉNUDIER, Henri et al.: L'image du voisin à la télévision, 1986   XV   1097–1098

KAPFERER, Anne-Dominique: Vgl. Histoire de Boulogne-sur-Mer, 1983	XIII	924–925
KAPLAN, Steven L.: Bread, Politics and Political Economy in the Reign of Louis XV, 2 vols., 1976 (Archives internationales des idées, 86) [J. Guilhaumou]	XI	811–813
KAPLAN, Steven L.: Le complot de famine: histoire d'une rumeur au XVIIIe siècle, 1982 [U.-C. Pallach]	XI	813–815
KAPLAN, Steven L.: Vgl. Geschichte denken, 1988	XVI/3	314
KAPP, Volker: Télémaque de Fénelon: la signification d'une œuvre littéraire à la fin du siècle classique. Avec une préface d'Henri GOUHIER, 1982 (Études littéraires françaises, 24) [D. Gembicki]	XI	798–800
KAPP, Volker: Vgl. La Pensée Religieuse dans la littérature et la civilisation du XVIIe siècle en France, 1984	XII	830–832
KARPF, Ernst: Herrscherlegitimation und Reichsbegriff in der ottonischen Geschichtsschreibung des 10. Jahrhunderts, 1985 (Historische Forschungen, 10) [P. Corbet]	XVI/1	260–261
Karl Marx – Friedrich Engels: Briefwechsel. Fotomechanische Wiedergabe des Textes aus der Marx-Engels-Gesamtausgabe (MEGA). Mit einem Essay von Hermann ONCKEN, 4 Bde., 1983 [P. Stadler]	XI	849–851
Die Kartäuser. Der Orden der schweigenden Mönche, hg. von Marijan ZADNIKAR in Verbindung mit Adam WIENAND, 1983 [B. Chauvin]	XI	757–758
Kartelle und Kartellgesetzgebung in Praxis und Rechtsprechung vom 19. Jahrhundert bis zur Gegenwart. Ein Nassauer Gespräch, hg. von Hans POHL, 1985 (Nassauer Gespräche der Freiherr-vom-Stein Gesellschaft, 1) [A. S. Milward]	XVI/3	172–173
KASCHUBA, Wolfgang: Lebenswelt und Kultur der unterbürgerlichen Schichten im 19. und 20. Jahrhundert, 1990 (Enzyklopädie Deutscher Geschichte, 5) [M. Kessel]	XIX/3	217–218
KASPI, André: Les Juifs pendant l'occupation, 1991 [B. Kasten]	XIX/3	324
KAWA, Cathérine: Vgl. LEFEBVRE, Georges: Questions agraires au temps de la terreur, 1989	XVIII/2	302–303
KAZANSKI, Michel: Les Goths (Ier–VIIe siècle après J.-C.), 1991 [B. S. Bachrach]	XX/1	256
KELLENBENZ, Hermann: Vgl. Finanze e ragione de Stato in Italia e in Germania nella prima Età moderna, 1984	XIV	755–756
KELLER, Angela: Die Getreideversorgung von Paris und London in der zweiten Hälfte des 17. Jahrhunderts, 1983 (Bonner Historische Forschungen, 50) [J. Jacquart]	XII	833
KELLER, Hagen: Adelsherrschaft und städtische Gesellschaft in Oberitalien, 9. bis 12. Jahrhundert, 1979 (Bibliothek des Deutschen Historischen Instituts in Rom, 52) [G. Sergi]	XIII	747–750
KELLER, Hagen: Vgl. ALTHOFF, Gerd et al.: Heinrich I. und Otto der Große, 1985	XVI/1	169–175
KELLER, Hagen: Vgl. Statutencodices des 13. Jahrhunderts als Zeugen pragmatischer Schriftlichkeit, 1991	XX/1	299–300

KELLMANN, Klaus: Pluralistischer Kommunismus? Wandlungstendenzen eurokommunistischer Parteien in Westeuropa und ihre Reaktion auf die Erneuerung in Polen. Einführung von Karl Dietrich ERDMANN, 1984 [H. Weber] XIV 859–861

KEMPF, Friedrich: Vgl. Aus Kirche und Reich, 1983 XIII 702–705

KENNEDY, Michael L.: The Jacobin Clubs in the French Revolution. The First Years, 1982 [H.-U. Thamer] XII 850–851

KENNEDY, Michael L.: The Jacobin Clubs in the French Revolution. The Middle Years, 1988 [L. Andries] XVII/2 326–327

KERFF, Franz: Der Quadripartitus. Ein Handbuch der karolingischen Kirchenreform. Überlieferung, Quellen und Rezeption, 1982 (Quellen und Forschungen zum Recht im Mittelalter, 1) [P. Ourliac] XIII 739–740

KERNER, Max: Vgl. Ideologie und Herrschaft im Mittelalter, 1982 XII 762–763

KERR, David: Vgl. Hitler and the Peasants, 1990 XX/3 264–265

KETTENACKER, Lothar: Vgl. Das ›Andere Deutschland‹ im Zweiten Weltkrieg, 1977 XII 902–905

KETTENACKER, Lothar: Krieg zur Friedenssicherung. Die Deutschlandplanung der britischen Regierung während des Zweiten Weltkrieges, 1989 (Veröffentlichungen des Deutschen Historischen Instituts London, 22) [M.-F. Ludmann-Obier] XVII/3 302–303

KETTERING, Sharon: Judicial Politics und Urban Revolt in Seventeenth-Century France. The Parlement of Aix, 1629–1659, 1978 [K. Malettke] XI 794–795

KETTERING, Sharon: Patrons, Brokers, and Clients in Seventeenth-Century France, 1986 [W. Kaiser] XV 992–994

KIEFNER, Theo: Die Privilegien der nach Deutschland gekommenen Waldenser, 1990 [B. Vogler] XIX/2 369

KIEFNER, Theo: Henri Arnaud. Pfarrer und Oberst bei den Waldensern. Eine Biographie, 1989 [B. Vogler] XIX/2 369

KIELMANSEGG, Peter Graf: Deutschland und der Erste Weltkrieg, 2. Aufl., 1980 [M. Staub] XVII/3 248–250

KIERNAN, Victor G.: The Duel in European History. Honour and the Reign of Aristocracy, 1989 [M. Dinges] XVIII/2 236–238

KIESEL, Georges: Vgl. Willibrord. Apostel der Niederlande, 1989 XIX/1 281–282

KING, Peter: The Channel Islands War 1940–1945, 1991 [H. Umbreit] XX/3 285–286

KINTZ, Jean-Pierre: La société strasbourgeoise du milieu du XVIe siècle à la fin de la guerre de trente ans. Essai d'histoire démographique, économique et sociale, 1984 [J. Voss] XIV 760–761

KINTZ, Jean-Pierre: Vgl. Innovations et Renouveaux Techniques de l'Antiquité à nos Jours, 1989 XVIII/2 233–234

Aus Kirche und Reich. Studien zu Theologie, Politik und Recht im Mittelalter. Festschrift für Friedrich Kempf zu seinem 75. Geburtstag und 50jährigem Doktorjubiläum, hg. von Hubert MORDEK, 1983 [H. Seibert] XIII 702–705

Die Kirchenratsprotokolle der Reformierten Gemeinde Emden 1557–1620. Teil 2: 1575–1620, bearb. von Heinz SCHILLING und Klaus-Dieter SCHREIBER, hg. von Heinz SCHILLING, 1992 (Städteforschung C/3/II) [W. Frijhoff]	XX/2	303–304
KIRCHGÄSSNER, Bernhard: Wirtschaft, Finanzen, Gesellschaft. Ausgewählte Aufsätze. Festgabe zu seinem 65. Geburtstag, hg. von Josef WYSOCKI, Walter BERNHARDT und Hans-Peter De LONGUEVILLE, 1988 [P. Racine]	XVII/1	214–215
KIRCHGÄSSNER, Bernhard: Vgl. Stadt und Bischof, 1988	XVII/1	216–217
KIRSCH, Wolfgang: Vgl. Das Buch von Alexander dem edlen und weisen König von Makedonien, 1991	XIX/1	316–317
KITTLER, Friedrich A.: Vgl. STAROBINSKI, Jean: 1789. Die Embleme der Vernunft, 1988	XVII/2	322–323
KLANICZAY, Tibor: Vgl. Das Ende der Renaissance: Europäische Kultur um 1600, 1987	XVI/2	258–259
KLÄR, Karl-Heinz: Der Zusammenbruch der Zweiten Internationale, 1981 [W. Albrecht]	XI	866–867
KLEBER, Hermann: Vgl. BENDER, Karl-Heinz et al.: Johann Christian von Mannlich, 1989	XVIII/2	269–270
KLEE, Ernst: Vgl. Dokumente zur »Euthanasie«, 1985	XIV	843–846
KLEE, Ernst: »Euthanasie« im NS-Staat. Die »Vernichtung lebensunwerten Lebens«, 1985 (Fischer Taschenbuch, 4326) [R. Thalmann]	XIV	843–846
KLEEBLATT, Norman L.: Vgl. The Dreyfus Affair, 1987	XVI/3	215–216
KLEIN, Charles: Et moi je vous dis: »Aimez vos ennemis«. L'Aumônerie catholique des Prisonniers de Guerre allemands 1943–1948, 1989 [H. Hürten]	XVIII/3	293
KLEIN, Jean: Vgl. HAUSHOFER, Karl: De la géopolitique, 1986	XV	1069–1070
KLEIN, Jean-Claude: Vgl. JULIEN, Jean-Rémy et al.: Orphée Phrygien. Les musiques de la Révolution, 1989	XVII/2	324–325
KLEIN, Thomas: Vgl. Judentum und Antisemitismus von der Antike bis zur Gegenwart, 1984	XII	760–761
KLEINMANN, Hans-Otto: Vgl. Verfolgung und Widerstand 1933–1945, 1986	XV	1074–1075
KLEINMANN, Hans-Otto: Vgl. Im Zentrum der Macht. Das Tagebuch von Staatssekretär Lenz 1951–1953, 1989	XVIII/3	301–302
KLENNER, Hermann: Vgl. BURKE, Edmund et al.: Über die Französische Revolution, 1991	XX/2	257–259
KLINGNER, Otto: Vgl. Walter von Châtillon: Alexandreis. Das Lied von Alexander dem Großen, 1990	XX/1	296–297
KLINK, Ernst: Vgl. Das Deutsche Reich und der Zweite Weltkrieg. Bd. 4, 1983	XI	877–880
KLÖNNE, Arno: Jugend im Dritten Reich. Die Hitler-Jugend und ihre Gegner, 1990 [R. Thalmann]	XVIII/3	268–269
KLUGER, Helmuth: Vgl. Series episcoporum ecclesiae catholicae occidentalis ab initio usque ad annum MCXCVIII. Series V, t. II, 1984	XIV	678–679

KLUKE, Paul: Vgl. Aspekte der deutsch-britischen Beziehungen im
Laufe der Jahrhunderte, 1978 — XII — 902–905

KNABE, Peter-Eckhard: Vgl. Frankreich im 17. Jahrhundert, 1983 — XII — 830

KNABE, Peter-Eckhard: Vgl. Frankreich im Zeitalter der Aufklärung, 1985 — XV — 1013–1014

KNAPP, Manfred: Vgl. Von der Bizonengründung zur ökonomisch-politischen Westintegration, 1984 — XIV — 618–637

KNICHEL, Martina: Geschichte des Fernbesitzes der Abtei Prüm in den heutigen Niederlanden, in der Picardie, in Revin, Fumay und Fépin sowie in Awans und Loncin, 1987 (Quellen und Abhandlungen zur mittelalterlichen Kirchengeschichte, 56) [J.-P. Devroey] — XX/1 — 281–282

KNIPPING, Franz: Vgl. Machtbewußtsein in Deutschland am Vorabend des Zweiten Weltkrieges, 1984 — XIV — 837–840

KNIPPING, Franz: Deutschland, Frankreich und das Ende der Locarno-Ära 1928–1931. Studien zur internationalen Politik in der Anfangsphase der Weltwirtschaftskrise, 1987 [M. G. Steinert] — XVI/3 — 243–245

KNIPPING, Franz: Vgl. Power in Europe? Great Britain, France, Italy and Germany in a Postwar World, 1986 — XVI/3 — 284–289

KNIPPING, Franz: Vgl. Frankreichs Kulturpolitik in Deutschland, 1945–1950, 1987 — XVI/3 — 289–292

KNIPPING, Franz: Vgl. Eine ungewöhnliche Geschichte. Deutschland – Frankreich seit 1870, 1988 — XVII/3 — 316

KNIPPING, Franz: Vgl. Wege in die Zeitgeschichte, 1989 — XVII/3 — 327–328

KNITTEL, Hermann: Vgl. Walahfrid Strabo: Visio Wettini – Die Vision Wettis, 1986 — XV — 932–933

KNOPPER, Françoise: Le regard du voyageur en Allemagne du Sud et en Autriche dans les relations de voyageurs allemands, 1992 [T. Grosser] — XX/2 — 240–245

KOCH, Manfred: Vgl. Der Hauptausschuß des deutschen Reichstags 1915–1918, 1981 — XII — 879–881

KOCH, Ursula E., Pierre-Paul SAGAVE: ›Le Charivari‹. Die Geschichte einer Pariser Tageszeitung im Kampf um die Republik (1832 bis 1882). Ein Dokument zum deutsch-französischen Verhältnis. Mit einem Geleitwort des Chefredakteurs von ›Le Monde‹ André FONTAINE, 1984 [E. Naujoks] — XIII — 873–874

KOCH, Walter: Literaturbericht zur mittelalterlichen und neuzeitlichen Epigraphik (1976–1984), 1987 (Monumenta Germaniae Historica. Hilfsmittel, 11) [G. Sanders] — XVIII/1 — 237–240

KOCH, Walter: Vgl. Die Urkunden Friedrichs I. 1181–1190, 1990 — XVIII/1 — 290–291

KOCH, Walter: Vgl. Epigraphik 1988, 1990 — XX/1 — 222–224

KÖBLER, Gerhard: Bilder aus der deutschen Rechtsgeschichte. Von den Anfängen bis zur Gegenwart, 1988 [P. Ourliac] — XVII/1 — 217–218

KÖBLER, Gerhard: Historisches Lexikon der deutschen Länder. Die deutschen Territorien vom Mittelalter bis zur Gegenwart, 1988 [G. Chaix] — XIX/1 — 271

KOEBNER, Richard: Geschichte, Geschichtsbewußtsein und Zeitwende. Vorträge und Schriften aus dem Nachlaß, 1990 (Schriftenreihe des Instituts für Deutsche Geschichte, Universität Tel Aviv, 11) [D. Bourel] XIX/3 323–324

KÖHLER, Henning: Das Ende Preußens in französischer Sicht, 1982 (Historische Kommission zu Berlin. Forschungen zur preußischen Geschichte, 53) [J. Klein] XI 887–890

KÖHLER, Henning: Vgl. Deutschland und der Westen, 1984 XIII 700–702

KÖHLER, Henning: Vgl. BACKES, Uwe et al.: Reichstagsbrand, 1987 XVI/3 313

KÖHLER, Henning: Novemberrevolution und Frankreich. Die französische Deutschlandpolitik 1918–1919, 1980 [P. Jardin] XVII/3 253–256

KÖHLER, Henning: Adenauer und die rheinische Republik. Der erste Anlauf 1918–1924, 1986 [P. Jardin] XVII/3 253–256

KÖHLER, Joachim: Vgl. Christentum und Politik: Dokumente des Widerstands, 1985 XIV 848

KÖLZER, Theo: Urkunden und Kanzlei der Kaiserin Konstanze, Königin von Sizilien (1195–1198), 1983 (Studien zu den normannisch-staufischen Herrscherurkunden Siziliens. Beihefte zum Codex Diplomaticus Regni Siciliae, 2) [J.-M. Martin] XII 804–807

KÖLZER, Theo: Studien zu den Urkundenfälschungen des Klosters St. Maximin vor Trier (10.–12. Jahrhundert), 1989 (Vorträge und Forschungen, 36) [L. Morelle] XIX/1 298–303

KOENIGSBERGER, Helmut G.: Vgl. Republiken und Republikanismus im Europa der Frühen Neuzeit, 1988 XVII/2 214–215

KOENKER, Diane: Vgl. CHAMBERLIN, William Henry: The Russian Revolution 1917–1921. Vols. I–II, 1987 XVII/3 252

KÖNSGEN, Ewald: Vgl. Die Gesta militum des Hugo von Mâcon, 2 Bde., 1990 XIX/1 315–316

KÖNSGEN, Ewald: Vgl. Arbor amoena comis. 25 Jahre Mittellateinisches Seminar in Bonn, 1965–1990, 1990 XX/1 187–188

KOERFER, Daniel: Kampf ums Kanzleramt. Erhard und Adenauer, 1987 [A. Lattard] XVII/3 318–320

KÖSTER, Kurt: Pilgerzeichen und Pilgermuscheln von mittelalterlichen Santiagostraßen (Saint-Léonard, Rocamadour, Saint-Gilles, Santiago de Compostela). Schleswiger Funde und Gesamtüberlieferungen, 1983 (Ausgrabungen in Schleswig. Berichte und Studien, 2) [P. A. Sigal] XII 812–813

KÖTTING, Helmut: Die Ormee 1651–1653. Gestaltende Kräfte und Personenverbindungen der Bordelaiser Fronde, 1983 [R. Pillorget] XIV 765–766

KOHLE, Hubertus: Vgl. Frankreich 1800. Gesellschaft, Kultur, Mentalitäten, 1990 XX/2 295–297

KOHLSCHÜTTER, Andreas: Vgl. STINNES, Edmund H.: A Genius in Chaotic Time, 1982 XI 869

KOHN, Roger: Les Juifs de la France du Nord dans la seconde moitié du XIVe siècle. Avec une préface de Jean FAVIER, 1988 (Collection de la Revue des Études Juives, 5) [G. Mentgen] XVII/1 301–304

Kolb, Eberhard: Vgl. Europa vor dem Krieg von 1870, 1987	XVI/3	186–187
Kolb, Eberhard: Der Weg aus dem Krieg. Bismarcks Politik im Krieg und die Friedensanbahnung 1870/71, 1989 [A. Mitchell]	XVII/3	231–233
Kolboom, Ingo: »La revanche des patrons«. Le Patronat face au Front populaire, 1986 [Y. Cohen]	XVII/3	284–285
Koller, Heinrich: Vgl. Regesten Kaiser Friedrichs III. (1440–1493), 1986	XV	971–972
Kolmer, Lothar: Promissorische Eide im Mittelalter, 1989 (Regensburger historische Forschungen, 12) [E. Magnou-Nortier]	XVIII/1	243–245
Kommunale Bündnisse Oberitaliens und Oberdeutschlands im Vergleich, hg. von Helmut Maurer, 1987 (Vorträge und Forschungen, 33) [P. Racine]	XVI/1	290–292
Konrad Adenauer e Alcide De Gasperi: due esperienze di rifondazione della democrazia, a cura di Umberto Corsini e Konrad Repgen, 1984 (Annali dell'Istituto storico italo-germanico, 15) [U. Reusch]	XVI/3	300–301
Vom Konsulat zum Empire libéral. Ausgewählte Texte zur französischen Verfassungsgeschichte 1789–1870, hg. von Michael Erbe, 1985 (Texte zur Forschung, 50) [R. Dufraisse]	XV	1028
Kontinuität und Transformation der Antike im Mittelalter. Veröffentlichungen der Kongreßakten zum Freiburger Symposium des Mediävistenverbandes, hg. von Willi Erzgräber, 1989 [J.-M. Pastré]	XVIII/1	234–235
Kontzi, Reinhold: Vgl. Zur Entstehung der romanischen Sprachen, 1978	XI	579–613
Die Konzilien Deutschlands und Reichsitaliens 916–1001. Teil 1: 916–960, hg. von Ernst-Dieter Hehl, unter Mitarbeit von Horst Fuhrmann, 1987 (Monumenta Germaniae Historica, Concilia. T. VI Concilia aevi saxonici DCCCCXVI-MI, pars I DCCCCXVI-DCCCCLX) [G. Fransen]	XVI/1	263–264
Kopitzsch, Franklin: Grundzüge einer Sozialgeschichte der Aufklärung in Hamburg und Altona, 2 Bde., 1982 (Beiträge zur Geschichte Hamburgs, 21) [E. François]	XI	821–822
Korinman, Michel: Quand l'Allemagne pensait le monde. Grandeur et décadence d'une géopolitique. Préface par Yves Lacoste, 1990 [J. Dülffer]	XVIII/3	239–240
Kors, Alan Charles: Atheism in France, 1650–1729. Vol. I: The orthodox sources of disbelief, 1990 [J. Le Brun]	XVIII/2	255–257
Kortländer, Bernd: Vgl. Interferenzen. Deutschland und Frankreich. Literatur – Wissenschaft – Sprache, 1983	XI	795–797
Kortüm, Hans-Henning: Richer von Saint-Remi. Studien zu einem Geschichtsschreiber des 10. Jahrhunderts, 1985 (Historische Forschungen, 8) [M. Sot]	XIV	710–712
Kortüm, Hans Henning: Vgl. Ex ipsis rerum documentis. Beiträge zur Mediävistik, 1991	XX/1	195–196

Kossok, Manfred: Vgl. Die französische Julirevolution von 1830 und Europa, 1985 — XIV 798–799

Kossok, Manfred: Vgl. [Zweihundertster] 200. Jahrestag der Französischen Revolution. 1991 — XX/2 269–270

Kottje, Raymund: Vgl. Hrabanus Maurus, 1982 — XVI/1 256–258

Kottje, Raymund: Vgl. Monastische Reformen im 9. und 10. Jahrhundert, 1989 — XIX/1 291–295

Kottke, Dirk: Vgl. Lateinisches Hexameter-Lexikon, 1989 — XVIII/1 324

Kowalsky, Wolfgang: Kulturrevolution? Die Neue Rechte im Neuen Frankreich und ihre Vorläufer, 1991 [W. Scholz] — XIX/3 312–313

Kraehe, Enno E.: Metternich's German Policy. Vol. II: The Congress of Vienna, 1814/15, 1983 [G. de Bertier de Sauvigny] — XII 666–675

Krämer, Sigrid: Vgl. Scire litteras. Forschungen zum mittelalterlichen Geistesleben, 1988 — XVII/1 212–214

Kraft, Brigitte: Vgl. Verfolgung und Widerstand 1933–1945, 1986 — XV 1074–1075

Kramer, Lloyd S.: Threshold of a New World. Intellectuals and the Exile Experience in Paris, 1830–1848, 1988 [A. Betz] — XVII/3 218–221

Der kranke Mensch im Mittelalter und Renaissance, hg. von Peter Wunderli, 1986 (Studia humaniora. Düsseldorfer Studien zu Mittelalter und Renaissance, 5) [A. Paravicini Bagliani] — XV 906

Kratzsch, Gerhard: Der Gauwirtschaftsapparat der NSDAP. Menschenführung – Arisierung – Wehrwirtschaft im Gau Westfalen-Süd, 1989 (Veröffentlichungen des Provinzialinstituts für Westfälische Landes- und Volksforschung des Landschaftsverbandes Westfalen-Lippe, 27) [G. Corni] — XX/3 265–267

Kraume, Herbert: Die Gerson-Übersetzungen Geilers von Kaysersberg. Studien zur deutschsprachigen Gerson-Rezeption, 1980 (Münchener Texte und Untersuchungen zur deutschen Literatur des Mittelalters, 71) [G. Ouy] — XII 654–665

Kraus, Elisabeth: Ministerien für das ganze Deutschland? Der Alliierte Kontrollrat und die Frage gesamtdeutscher Zentralverwaltungen, 1990 (Studien zur Zeitgeschichte, 37) [M. Mombert] — XIX/3 297–299

Kraus, Franz: Vgl. State, Economy, and Society in Western Europe 1815–1975. Vol. II, 1987 — XVI/3 171–172

Krauskopf, Jürgen: Das Deutschland- und Frankreichbild in Schulbüchern. Deutsche Französischbücher und französische Deutschbücher von 1950–1980, 1985 (Gießener Beiträge zur Fremdsprachendidaktik) [R. Dufraisse] — XVI/3 309–310

Krausnick, Helmut: Vgl. Miscellanea, 1980 — XII 742–743

Krauss, Henning: Vgl. Europäisches Hochmittelalter, 1981 — XII 794–796

Krautkrämer, Elmar: Frankreichs Kriegswende 1942. Die Rückwirkungen der alliierten Landung in Nordafrika – Darlan, de Gaulle, Giraud und die royalistische Utopie, 1989 [F. Boulnois] — XVII/3 295–296

Kremer, Dieter: Vgl. Dictionnaire historique des noms de famille romans. Actes du 1er colloque, 1990 — XX/1 219–222

KRETZSCHMAR, Robert: Alger von Lüttichs Traktat »De misericordia et iustitia«. Ein kanonistischer Konkordanzversuch aus der Zeit des Investiturstreites. Untersuchungen und Edition, 1985 (Quellen und Forschungen zum Recht im Mittelalter, 2) [L. Milis] XIV 727–728

KREUTZ, Wilhelm: Die Deutschen und Ulrich von Hutten. Rezeption von Autor und Werk seit dem 16. Jahrhundert, 1984 (Veröffentlichungen des Historischen Instituts der Universität Mannheim, 8) [J. Ridé] XIII 801–804

Krieg und Frieden im Horizont des Renaissancehumanismus, hg. von Franz Josef WORSTBROCK, 1986 (Deutsche Forschungsgemeinschaft, Mitteilung XIII der Kommission für Humanismusforschung) [J.-C. Margolin] XVI/2 243–244

Krieg und Politik 1618–1648. Europäische Probleme und Perspektiven, hg. von Konrad REPGEN und Elisabeth MÜLLER-LUCKNER, 1988 [G. Livet] XVII/2 261–263

KRIEGER, Karl F.: Vgl. HAAN, Heiner et al.: Einführung in die englische Geschichte, 1982 XI 714

KRIEGER, Rommel: Untersuchungen und Hypothesen zur Ansiedlung der Westgoten, Burgunder und Ostgoten, 1991 (Europäische Hochschulschriften, Reihe III: Geschichte und ihre Hilfswissenschaften, 516) [J. Durliat] XX/1 79–95

KRIEGER, Wolfgang: General Lucius D. Clay und die amerikanische Deutschlandpolitik, 1945–1949, 1987 (Forschungen und Quellen zur Zeitgeschichte, 10) [C. Buffet] XVI/3 297–299

KRIER, Emile: Vgl. HAAG, Emile et al.: La grande-duchesse et son gouvernement pendant la Deuxième Guerre mondiale, 1987 XVII/3 300–301

KROENER, Bernhard R., Rolf-Dieter MÜLLER, Hans UMBREIT: Organisation und Mobilisierung des deutschen Machtbereichs. 1. Halbband: Kriegsverwaltung, Wirtschaft und personelle Ressourcen, 1939–1941, 1988 (Das Deutsche Reich und der Zweite Weltkrieg, 5/1) [N. Piétri] XVIII/3 279–282

KROENER, Bernhard R.: Vgl. Europa im Zeitalter Friedrichs des Grossen, 1989 XIX/2 285–287

KROLL, Frank-Lothar: Friedrich Wilhelm IV. und das Staatsdenken der deutschen Romantik, 1990 (Einzelveröffentlichungen der Historischen Kommission zu Berlin, 72) [M. Kerautret] XIX/3 232–233

KROLL, Jürgen: Vgl. WEINGART, Peter et al.: Rasse, Blut und Gene, 1988 XVII/3 267–271

KROLL, Vincent: Vgl. Akten zur deutschen Auswärtigen Politik 1918–1945. Serie A, Bde. I–III, 1982, 1984, 1985 XIII 891–893

KRÜGER, Elke: Vgl. AFFELDT, Werner et al.: Frauen im Mittelalter, 1990 XIX/1 231–233

KRÜGER, Peter: Die Außenpolitik der Republik von Weimar, 1985 [C. Bloch] XIII 893–896

KRUFT, Hans-Walter: Vgl. GREGOROVIUS, Ferdinand: Römische Tagebücher 1852–1889, 1991 XX/3 213–214

KRUISHEER, Jaap G.: Vgl. Die Urkunden Heinrich Raspes und Wilhelms von Holland, 1246–1252, 1989   XVIII/1   298–299

KRUPPA, Bernd: Rechtsradikalismus in Berlin 1918–1928, 1988 [A. Wirsching]   XVIII/3   260–261

KRYNEN, Jacques: Idéal du prince et pouvoir royal en France à la fin du moyen âge (1380–1440). Étude de la littérature politique du temps. Avant-propos de Bernard GUENÉE, 1981 [J.-L. Gazzaniga]   XI   764–765

KUBACH, Hans Erich, Albert VERBEEK: Romanische Baukunst an Rhein und Maas. Bd. 4: Architekturgeschichte und Kunstlandschaft, 1989 [X. Barral i Altet]   XVIII/1   280–281

KUBE, Alfred: Vgl. SCHIEDER, Wolfgang et al.: Säkularisation und Mediatisierung, 1987   XVI/2   309–311

KÜHLMANN, Wilhelm: Vgl. Zwischen Direktorium und Empire, 1992   XX/2   294–295

KÜHNE, Thomas: Vgl. Biographisches Handbuch für das Preußische Abgeordnetenhaus 1867–1918, 1988   XVII/3   230–231

KÜNZEL, R.E., Dirk Peter BLOK, J.M. VERHOEFF: Lexicon van nederlandse toponiemen tot 1200, tweede, gewijzigde druk 1989 (Publikaties van het P.J. Meertens-Instituut voor Dialectologie, Volkskunde en Naamkunde van de Koninklijke Nederlandse Akademie van Wetenschappen, 8) [R. Große]   XVII/1   220

KÜNZL, Ernst: Der römische Triumph. Siegesfeiern im antiken Rom, 1988 (Beck's Archäologische Bibliothek) [M. Heinzelmann]   XVII/1   326–327

KÜPPERS, Heinrich: Bildungspolitik im Saarland 1945–1955, 1984 (Veröffentlichungen der Kommission für saarländische Landesgeschichte und Volksforschung, 14) [M. u. G. Cuer]   XIV   852–854

KÜPPERS, Heinrich: Staatsaufbau zwischen Bruch und Tradition. Geschichte des Landes Rheinland-Pfalz 1946–1955, 1990 (Veröffentlichungen der Kommission des Landtages für die Geschichte des Landes Rheinland-Pfalz, 14) [M. Mombert]   XIX/3   303–304

KUHN, Axel: Freiheit, Gleichheit, Brüderlichkeit. Debatten um die Französische Revolution in Deutschland, 1989 [M. Gilli]   XVII/2   328–329

KUHN, Axel et al.: Revolutionsbegeisterung an der Hohen Carlsschule, 1989 [J.-P. Kintz]   XVII/2   332

KUHN, Axel: Vgl. Volksunruhen in Württemberg 1789–1801, 1991   XIX/2   348–349

KUHN, Axel: Vgl. Biographisches Lexikon zur Geschichte der demokratischen und liberalen Bewegungen in Mitteleuropa, Bd. 1 (1770–1800), 1992   XX/2   285

KUHN, Karl-Heinz: Das französischsprachige Pressewesen im Herzogtum Pfalz-Zweibrücken, 1989 [F. Moureau]   XVIII/2   265–266

KUHOFF, Wolfgang: Vgl. Quellen zur Geschichte der Alamannen. VI, 1984   XII   767–774

KUKUCK, Horst A.: Vgl. Quellen zur Geschichte der deutschen Gewerkschaftsbewegung im 20. Jahrhundert, Bd. 3, 1986   XV   1058–1060

Kultur zwischen Bürgertum und Volk, hg. von Jutta HELD, 1983 (Argument-Sonderband, 103) [F. Kopitzsch]   XIII   795–797

Kultur der einfachen Leute. Bayerisches Volksleben vom 16. bis zum 19. Jahrhundert, hg. von Richard van Dülmen. Mit Beiträgen von Angelika Baumann, Rainer Beck, Wolfgang Behringer, Helga Ettenhuber, Hermann Heidrich und Bernhard Müller-Wirthmann, 1983 [L. Châtellier]   XII   822–824

Kunisch, Johannes: Vgl. Persönlichkeiten im Umkreis Friedrichs des Großen, 1988   XVIII/2 271–272

Kunisch, Johannes: Vgl. Bismarck und seine Zeit, 1992   XX/3   219–221

Kupfermann, Fred: Laval, 1987 [F. Knipping]   XVI/3   278–281

Kurhannover im Zeichen der Französischen Revolution. Personen und Ereignisse, hg. von Gerhard Schneider, 1990 (Hannoversche Schriften zur Regional- und Lokalgeschichte, 1) [L. Calvié]   XIX/2   349–350

Kurt Schumacher. Reden – Schriften – Korrespondenzen 1945–1952, hg. von Willy Albrecht, 1985 (Internationale Bibliothek, 107) [A. Lattard]   XV   1087–1090

Kurze, Wilhelm: Vgl. L'Amiata nel Medioevo, 1989   XX/1   204–209

Kusternig, Andreas: Vgl. Quellen zur Geschichte des 7. und 8. Jahrhunderts, 1982   XI   731–733

Kuttner, Stephan: Vgl. Summa ›Elegantius in iure diuino‹ seu Coloniensis. T. III, 1986   XVI/1   280

Labbé, François: Jean-Henri-Ferdinand Lamartelière (1761–1830). Un dramaturge sous la Révolution, l'Empire et la Restauration ou l'élaboration d'une référence schillérienne en France, 1990 (Contacts, Série II – Gallo-Germanica, 5) [W. Albrecht]   XIX/2   328

Labisch, Alfons: Homo Hygienicus – Gesundheit und Medizin in der Neuzeit, 1992 [U. Boschung]   XX/2   182–184

Laborie, Pierre: L'opinion française sous Vichy, 1990 (L'Univers historique) [W. Loth]   XIX/3   286–287

Labrousse, Elisabeth: »Une foi, une loi, un roi?«. Essai sur la révocation de l'Édit de Nantes, 1985 (Histoire et société, 7) [K. Malettke]   XV   999–1000

Lacoste, Yves: Vgl. Korinman, Michel: Quand l'Allemagne pensait le monde, 1990   XVIII/3 239–240

Lacour-Gayet, Georges: Talleyrand. Préface de François Furet, 1990 [P. W. Schroeder]   XX/2   272–274

Lacouture, Jean: Vgl. Lerner, Henri: Catroux, 1990   XX/3   283–285

Lademacher, Horst: Geschichte der Niederlande: Politik – Verfassung – Wirtschaft, 1983 [W. Frijhoff]   XII   919–920

Lämmert, Eberhard: Vgl. Handbuch der deutschen Exilpresse 1933–1945. Bd. 4, 1990   XIX/3   272–274

Laga, Carl: Vgl. Maximi Confessoris Quaestiones ad Thalassium. I–II, 1980 u. 1990   XIX/1   287–288

Lagier, Françoise: Vgl. Lettres d'Allemagne. Victor Cousin et les hégéliens, 1990   XIX/3   223–224

LAGIER, Françoise: Vgl. ESPAGNE, Michel et al.: Philologiques II: Le maître de langues, 1991   XX/3   209

LAHME, Rainer: Deutsche Außenpolitik 1890–1894. Von der Gleichgewichtspolitik Bismarcks zur Allianzstrategie Caprivis, 1990 (Schriftenreihe der historischen Kommission bei der Bayerischen Akademie der Wissenschaften, 39) [P. Guillen]   XIX/3   236

LAMBSDORFF, Hans Georg: Die Weimarer Republik. Krisen, Konflikte, Katastrophen, 1990 [G. Badia]   XVIII/3 255–256

LANDAU, Michael: Vgl. Friede den Hütten und Krieg den Tyrannen und Despoten, 1989   XIX/2   195–209

LANGEWIESCHE, Dieter: Vgl. Liberalismus im 19. Jahrhundert. Deutschland im europäischen Vergleich, 1988   XVII/3   230

LANGEWIESCHE, Dieter: Vgl. Handbuch der deutschen Bildungsgeschichte. Bd. V, 1989   XIX/3   271–272

LANGLE, Henry-Melchior de: Le petit monde des cafés et débits parisiens au XIXe siècle. Évolution de la sociabilité citadine, 1990 (Collection Histoires) [A. Taeger]   XX/3   233

LANGLOIS, Claude: Vgl. Atlas historique de la Révolution française, 5 t., 1989   XVII/2   306–308

Le Languedoc et le Rouergue dans le Trésor des Chartes, publ. par Yves DOSSAT, Anne-Marie LEMASSON, Philippe WOLFF, 1983 (Collection de documents inédits sur l'histoire de France. Section d'histoire médiévale et de philologie. Série in-8°, 16) [J. Ehlers]   XIV   743–744

LAPIDGE, Michael: Vgl. Gildas: New Approaches, 1984   XIII   728–730

LAPREVOTE, Gilles: Splendeurs et misères de la formation des maîtres: les écoles normales primaires en France 1879–1979, 1984 [D. Tiemann]   XVIII/3 237–238

LASSUS, Robert: Le mari de Madame de Gaulle, 1990 [A. Wilkens]   XX/3   181–191

Lateinisches Hexameter-Lexikon. Dichterisches Formelgut von Ennius bis zum Archipoeta. Stellenregister, bearb. von Dirk KOTTKE unter Mitwirkung von Benedikt Konrad VOLLMANN und Andreas SCHUBERT, 1989 (Monumenta Germaniae Historica. Hilfsmittel, Ergänzungsband 4) [M. Heinzelmann]   XVIII/1 324

LATTARD, Alain: Gewerkschaften und Arbeitgeber in Rheinland-Pfalz unter französischer Besatzung 1945–1949, 1988 (Veröffentlichungen der Kommission des Landtages für die Geschichte des Landes Rheinland-Pfalz, 11) [W. Albrecht]   XIX/3   302–303

LAUDAGE, Johannes: Priesterbild und Reformpapsttum im 11. Jahrhundert, 1984 (Beihefte zum Archiv für Kulturgeschichte, 22) [L. Milis]   XVI/1   272–273

LAUFS, Adolf: Eduard Lasker. Ein Leben für den Rechtsstaat, 1984 (Persönlichkeit und Geschichte, 118/119) [M. Thomann]   XIV   812–813

LAUNAY, Marc B. de: Vgl. Walter Benjamin, 1990   XX/3   257–259

LAURAIN-PORTEMER, Madeleine: Études Mazarines. T. 1, 1981 [I. Mieck]   XIII   821–822

LAZARD, Sylviane: Vgl. Ricerche e studi sul »Breviarium ecclesiae
Ravennatis«, 1985   XV   923–926

LEBECQ, Stéphane: Marchands et navigateurs frisons du haut moyen
âge. Vol. 1: Essai. Préface de Michel MOLLAT; vol. 2: Corpus des
sources écrites, 1983 [D. Lohrmann]   XII   786–788

LEBECQ, Stéphane: Les origines franques V^e-IXe siècle, 1990 (Nouvelle
histoire de la France médiévale, 1) [M. Heinzelmann]   XVII/1   327

LEBRUN, François: Vgl. BARDET, Jean-Pierre et al.: Peurs et terreurs
face à la contagion, 1988   XVII/3   265–267

LECLERC, Paul: Vgl. Lettres d'André Morellet, T. I, 1991   XX/2   230–232

Lectures de Raynal. L'histoire des deux Indes en Europe et en Améri-
que au XVIIIe siècle. Actes du colloque de Wolfenbüttel, éd. par
Hans-Jürgen LÜSEBRINK et Manfred TIETZ, 1991 [S. Karp]   XX/2   232–235

LEFEBVRE, Georges: 1789. Das Jahr der Revolution. Mit einem Vor-
wort von Claude MAZAURIC, 1989 [H. Reinalter]   XVII/2   312–313

LEFEBVRE, Georges: Questions agraires au temps de la terreur. Docu-
ments publ. et ann. Édition revue et corrigée par Cathérine KAWA.
Préface de Guy LEMARCHAND. Bibliographie de Jean-Jacques
CLÈRE, 1989 [C. Dipper]   XVIII/2   302–303

LEGOLL, Paul: Konrad Adenauer et l'idée d'unification européenne
janvier 1948 – mai 1950. Un homme politique »européen« et son
environnement dans le contexte international, 1989 (Publications
Universitaires Européennes, Série III: Histoire, sciences auxiliaires
de l'histoire, 394) [H. J. Küsters]   XX/3   305–306

LEGOUX, René: Vgl. PÉRIN, Patrick: La datation des tombes mérovin-
giennes, 1980   XII   511–533

LEGRAS, Anne-Marie: Les commanderies des Templiers et des Hospi-
taliers de Saint-Jean de Jérusalem en Saintonge et en Aunis, 1983 [D.
Lohrmann]   XIII   781

LEHMANN, Hans Georg: Chronik der Bundesrepublik Deutschland
1945/49 bis 1983, ²1983 (Beck'sche Schwarze Reihe, 235) [S. Mar-
tens]   XIV   618–637

Leib und Leben in der Geschichte der Neuzeit. L'homme et son corps
dans l'histoire moderne, hg. von Arthur E. IMHOF, 1983 (Berliner
Historische Studien, 9) [J.-P. Kintz]   XIII   710–711

LEINER, Wolfgang: Das Deutschlandbild in der französischen Litera-
tur, 1989 [F. Moureau]   XVII/2   225–227

LEIPOLD, Inge: Vgl. CRUYSSE, Dirk van der: »Madame sein ist ein
ellendes Handwerck«, 1990   XIX/2   274–275

LEJEUNE, Rita: Vgl. Clio et son regard, 1982   XII   744–746

LEMAÎTRE, Jean-Loup: Vgl. Les documents nécrologiques de l'abbaye
de Saint-Pierre de Solignac, 1984   XIII   763–764

LEMAÎTRE, Jean-Loup: Vgl. L'église et la mémoire des morts dans la
France médiévale, 1986   XV   908–909

LEMAÎTRE, Jean-Loup: Vgl. Prieurs et prieurés dans l'Occident médié-
val, 1987   XVI/1   236–237

LEMAÎTRE, Jean-Loup: Vgl. L'obituaire du Chapitre collégial Saint-Honoré de Paris, 1987 — XVI/1 278–280

LEMAÎTRE, Jean-Loup: Vgl. Répertoire des documents nécrologiques français, 1987 — XVI/1 278–280

LEMAÎTRE, Jean-Loup: Vgl. Cartulaire de la Chartreuse de Bonnefoy, 1990 — XIX/1 310

LEMAÎTRE, Nicole: Le Rouergue flamboyant. Le clergé et les fidèles du diocèse de Rodez (1417–1563). Préface de Jean DELUMEAU, 1988 [H. Müller/A. Rieks] — XVII/1 306–311

LEMARCHAND, Guy: Vgl. LEFEBVRE, Georges: Questions agraires au temps de la terreur, 1989 — XVIII/2 302–303

LEMARCHAND, Guy: La fin du féodalisme dans le pays de Caux. Conjoncture économique et démographique et structure sociale dans une région de grande culture de la crise du XVIIe siècle à la stabilisation de la Révolution (1640–1795). Préface de Michel VOVELLE, 1989 [W. Schmale] — XVIII/2 315–319

LEMARIGNIER, Jean-François: Vgl. SASSIER, Yves: Recherches sur le pouvoir comtal en Auxerrois du Xe au début du XIIIe siècle, 1980 — XI 738

LEMASSON, Anne-Marie: Vgl. Le Languedoc et le Rouergue dans le Trésor des Chartes, 1983 — XIV 743–744

LEMAY, Edna Hindie: Dictionnaire des Constituants 1789–1791. Préface de François FURET, 1991 [P. Klepsch] — XX/2 260–263

LEMERCIER, Michel: Une année privilégiée dans l'histoire des rapports franco-allemands 1. 7. 1962–30. 6. 1963, 1982 [A. Kimmel] — XII 914

LEMPERT, Peter: »Das Saarland den Saarländern!«. Die frankophilen Bestrebungen im Saargebiet 1918–1935, 1985 (Kölner Schriften zur romanischen Kultur, 3) [W. Venohr] — XVI/3 234–236

LENGAGNE, Guy: Vgl. Histoire de Boulogne-sur-Mer, 1983 — XIII 924–925

LENGERAU, Marc: Les frontières allemandes (1919–1989). Frontières d'Allemagne et en Allemagne: Aspects territoriaux de la question allemande, 1990 (Contacts. Série IV: Bilans et Enjeux, 3) [W. Scholz] — XX/3 322–323

LENK, Elisabeth: Vgl. Die Badewanne. Ein Künstlerkabarett der frühen Nachkriegszeit, 1991 — XVIII/3 191–208

LEPETIT, Bernard: Vgl. La ville et l'innovation, 1987 — XVII/1 291–292

LEQUIN, Yves: Vgl. Habiter la ville, XVe–XXe siècles, 1984 — XVI/2 245–246

LEQUIN, Yves: Vgl. L'usine et le bureau, 1990 — XIX/3 243–244

LERCH, Dominique: Vgl. Histoire de l'Alsace rurale, 1983 — XIII 921–923

LERNER, Henri: Catroux. Préface de Jean LACOUTURE, 1990 [E. Krautkrämer] — XX/3 283–285

Lesegesellschaften und bürgerliche Emanzipation. Ein europäischer Vergleich, hg. von Otto DANN, 1981 [G.-L. Fink] — XI 822–824

LESSMANN, Peter: Die preußische Schutzpolizei in der Weimarer Republik. Streifendienst und Straßenkampf, 1989 [S. Aronson] — XVIII/3 265–266

LETTNER, Gerda: Das Rückzugsgefecht der Aufklärung in Wien
1790–1792, 1988 (Campus Forschung, 558) [C. Lebeau]   XVII/2   330–331

Lettres d'Allemagne. Victor Cousin et les hégéliens, lettres rassemblées par Michel ESPAGNE et Michael WERNER avec la collab. de Françoise LAGIER d'après les manuscrits de la bibliothèque Victor Cousin, 1990 [R. Blänkner]   XIX/3   223–224

Lettres d'André Morellet, publ. et annot. par Dorothy MEDLIN, Jean-Claude DAVID et Paul LECLERC. T. I: 1759–1785, Lettres 1–262, 1991 [R. Geissler]   XX/2   230–232

LEVANTAL, Christophe: La noblesse au XVIIe siècle (1600–1715). La robe contre l'épée?, 1987 (Cahiers D.U.C., 5) [K. Malettke]   XVII/2   267–268

LÉVÊQUE, Jean-Jacques: L'art et la Révolution française 1789–1804, 1987 [R. Fleck]   XVI/2   303

LEVILLAIN, Philippe: Vgl. GREMION, Catherine et al.: Les Lieutenants de Dieu, 1986   XV   1045–1047

Liber Amicorum. Mélanges offerts à Louis Trenard, 1984 (Revue du Nord: Numéro spécial, T. LXVI, 261–262) [H.-U. Thamer]   XIV   661

Liber donationum Altaeripae. Cartulaire de l'abbaye cistercienne d'Hauterive (XIIe–XIIIe siècles). Édition critique par Ernst TREMP, trad. de l'allemand par Isabelle BISSEGGER-GARIN, 1984 (Mémoires et documents pub. par la Société d'histoire de la Suisse Romande, 3e série, 15) [B. Chauvin]   XV   958–959

Liber possessionum Wizenburgensis, neu hg. und komm. von Christoph DETTE, 1987 (Quellen und Abhandlungen zur mittelrheinischen Kirchengeschichte, 59) [J. Durliat]   XVII/1   258–260

Liberalismus, hg. von Lothar GALL, 1985 [J. Nurdin]   XV   1038–1040

Liberalismus in der Gesellschaft des deutschen Vormärz, hg. von Wolfgang SCHIEDER, 1983 (Geschichte und Gesellschaft, Sonderheft 9) [P. Barral]   XII   860–862

Liberalismus im 19. Jahrhundert. Deutschland im europäischen Vergleich, hg. von Dieter LANGEWIESCHE, 1988 (Kritische Studien zur Geschichtswissenschaft, 79) [H. Reifeld]   XVII/3   230

LIEBER GERSON, Paula: Vgl. Abbot Suger and Saint-Denis, 1986   XV   950–953

LIEBESCHUETZ, J. H. W. G.: Barbarians and Bishops. Army, Church, and State in the Age of Arcadius and Chrysostom, 1990 (Clarendon Paperbacks) [J. Durliat]   XX/1   79–95

LIEU, Samuel N. C.: Vgl. The Emperor Julian, 1986   XV   913–914

LIEU, Samuel N. C.: Vgl. The Emperor Julian. Second Ed., 1989   XVII/1   229

LILL, Rudolf: Vgl. Il nazionalismo in Italia e in Germania fino alla Prima guerra mondiale, 1983   XVI/3   221–223

LIMAGNE, Pierre: Éphémérides de quatre années tragiques 1940–1944. Préface de Noël COPIN. T. I: De Bordeaux à Bir-Hakeim; T. II: De Stalingrad à Messine; T. III: Les Assauts contre la Forteresse-Europe, 1987 [S. Martens]   XVIII/3   325

LINDNER, Stephan R.: Das Reichskommissariat für die Behandlung feindlichen Vermögens im Zweiten Weltkrieg. Eine Studie zur Verwaltungs-, Rechts- und Wirtschaftsgeschichte des nationalsozialistischen Deutschlands, 1991 (Zeitschrift für Unternehmensgeschichte, 67) [M. Spivak] — XX/3 280–281

LINK, Werner: Vgl. BRACHER, Karl-Dietrich et al.: Republik im Wandel 1969–1974, 1986 — XVI/3 151–158

LINK, Werner: Vgl. JÄGER, Wolfgang et al.: Republik im Wandel 1974–1982, 1987 — XVI/3 151–158

LINKS, A.: Vgl. HUMBOLDT, G. de: La tâche de l'historien, 1985 — XV 1048–1049

LIPGENS, Walter: Vgl. Documents on the History of European Integration. Vol. 3, 1988 — XIX/3 193–205

LIPGENS, Walter: A History of European Integration. Vol. 1: 1945–1947. The Formation of the European Unity Movement, with contributions by Wilfried LOTH and Alan MILWARD. Transl. from the German by P. S. FALLA and A. J. RYDER, 1982 [R. Hudemann] — XI 884–886

Litterae medii aevi. Festschrift für Johanne Autenrieth zu ihrem 65. Geburtstag, hg. von Michael BORGOLTE und Herrad SPILLING, 1988 [M. Heinzelmann] — XVII/1 322–324

The Lives of the Eighth-Century Popes (Liber Pontificalis): the ancient biographies of nine popes from A.D. 715 to A.D. 817. Transl. with an introduction and commentary by Raymond DAVIS, 1992 (Translated Texts for Historians, 13) [O. Guyotjeannin] — XX/1 271–272

LIVET, Georges: Vgl. Recueil des instructions données aux ambassadeurs et ministres de France des Traités de Westphalie jusqu'à la Révolution française. Vol. 30, T. 1–2, 1983 — XIII 822–825

LIVET, Georges: Vgl. Histoire de l'Alsace rurale, 1983 — XIII 921–923

LIVET, Georges: Vgl. Histoire de Strasbourg, 1987 — XVI/2 312

Le livre religieux et ses pratiques. Études sur l'histoire du livre religieux en Allemagne et en France à l'époque moderne. / Der Umgang mit dem religiösen Buch. Studien zur Geschichte des religiösen Buches in Deutschland und Frankreich in der frühen Neuzeit. Hg. von Hans Erich BÖDEKER, Gérald CHAIX et Patrice VEIT, 1991 (Veröffentlichungen des Max-Planck-Instituts für Geschichte, 101) [J. Le Brun] — XX/2 220

Livre et Révolution. Colloque organisé par l'Institut d'Histoire moderne et contemporaine (CNRS), Paris, Bibliothèque Nationale, 20–22 mai 1987. Actes réunis par Frédéric BARBIER, Claude JOLLY et Sabine JURATIC, prés. par Daniel ROCHE et Roger CHARTIER, 1988 (Mélanges de la Bibliothèque de la Sorbonne, 9) [M. Middell] — XVII/2 320–321

LOBRICHON, Guy: Vgl. Le Moyen Âge et la Bible, 1984 — XIII 708–709

LOCH, Werner: Vgl. Die französische Julirevolution von 1830 und Europa, 1985 — XIV 798–799

LÖHKEN, Henrik: Ordines dignitatum. Untersuchungen zur formalen Konstituierung der spätantiken Führungsschicht, 1982 (Kölner historische Abhandlungen, 30) [J. Durliat] — XI 719–722

LÖWE, Heinz: Vgl. WATTENBACH-LEVISON: Deutschlands Geschichtsquellen im Mittelalter. Vorzeit und Karolinger. VI, 1990 — XX/1 280–281

LÖWITH, Karl: Jacob Burckhardt, 1984 (Löwith. Sämtliche Schriften, 7) [J. Nurdin] XIII 879–881

LOHRMANN, Dietrich, unter Mitarbeit von Gunnar TESKE: Diözese Paris. I. Urkunden und Briefsammlungen der Abteien Sainte-Geneviève und Saint-Viktor, 1989 (Papsturkunden in Frankreich. Neue Folge, 8 = Abhandlungen der Akademie der Wissenschaften in Göttingen. Phil.-Hist. Kl., Dritte Folge, 174) [B. Barbiche] XVIII/1 295–296

LOHRMANN, Klaus: Judenrecht und Judenpolitik im mittelalterlichen Österreich, 1990 (Handbuch zur Geschichte der Juden in Österreich. Reihe B, 1) [D. Aschoff] XIX/1 268–269

LOMBARD, Paul: Histoire de la répression politique en France, t. 1: Les insurgés 1670–1799, 1990 [W. Schmale] XIX/2 261–263

LOMBARD-JOURDAN, Anne: Aux origines de Paris. La genèse de la rive droite jusqu'en 1223, 1985 [D. Lohrmann] XVI/1 312–313

LOMBARD-JOURDAN, Anne: Vgl. Paris. Genèse d'un paysage, 1989 XX/3 319

LONGÈRE, Jean: Vgl. L'Abbaye parisienne de Saint-Victor au moyen âge, 1991 XX/1 216–219

LONGERICH, Peter: Propagandisten im Krieg. Die Presseabteilung des Auswärtigen Amtes unter Ribbentrop, 1987 (Studien zur Zeitgeschichte, 33) [J.-L. Crémieux-Brilhac] XVIII/3 276–279

LONGERICH, Peter: Hitlers Stellvertreter. Führung der Partei und Kontrolle des Staatsapparates durch den Stab Hess und die Partei-Kanzlei Bormann, 1992 [M. Steinert] XX/3 325

LONGUEVILLE, Hans-Peter de: Vgl. KIRCHGÄSSNER, Bernhard: Wirtschaft, Finanzen, Gesellschaft, 1988 XVII/1 214–215

LORENZ, Eckehart: Kirchliche Reaktionen auf die Arbeiterbewegung in Mannheim 1890–1933. Ein Beitrag zur Sozialgeschichte der evangelischen Landeskirche in Baden, 1987 (Sonderveröffentlichung des Stadtarchivs Mannheim, 11) [D. J. Diephouse] XVI/3 211–212

LORENZ, Ina: Vgl. FREIMARK, Peter et al.: Judentore, Kuggel, Steuerkonten, 1983 XIII 855–856

Lorraine mérovingienne (V^e–VIIIe siècle). Publ. par Xavier DELESTRE, 1988 [M. Heinzelmann] XVII/1 328

Lorrains en Révolution. Études réunies par F.-Yves Le MOIGNE, in: Cahiers Lorrains, 2/3/4 (1989), S. 113–415 [P. Burg] XIX/2 195–209

LOSEMANN, Volker: Vgl. Judentum und Antisemitismus von der Antike bis zur Gegenwart, 1984 XII 760–761

LOSKOUTOFF, Yvan: La Sainte et la fée. Dévotion à l'enfant Jésus et la mode des contes merveilleux à la fin du règne de Louis XIV, 1987 (Histoire des idées et critique littéraire, 255) [H. Ammerich] XVI/2 283–285

LOSTER-SCHNEIDER, Gudrun: Der Erzähler Fontane. Seine politischen Positionen in den Jahren 1864–1898 und ihre ästhetische Vermittlung, 1986 (Mannheimer Beiträge zur Sprach- und Literaturwissenschaft, 11) [J. Nurdin] XVI/3 195–197

Loth, Wilfried: Vgl. Lipgens, Walter: A History of European Integration. Vol. 1, 1982 — XI 884–886

Loth, Wilfried: Vgl. Europa nach dem Zweiten Weltkrieg 1945–1982, 1983 — XIV 618–637

Loth, Wilfried: Katholiken im Kaiserreich. Der politische Katholizismus in der Krise des wilhelminischen Deutschlands, 1984 (Beiträge zur Geschichte des Parlamentarismus und der politischen Parteien, 75) [J.-M. Mayeur] — XVI/3 210–211

Loth, Wilfried: Geschichte Frankreichs im 20. Jahrhundert, 1987 [M. Kessel] — XVII/3 209–210

Loth, Wilfried: Vgl. Documents on the History of European Integration. Vol. 3, 1988 — XIX/3 193–205

Loth, Wilfried: Vgl. Deutscher Katholizismus im Umbruch zur Moderne, 1991 — XX/3 234–236

Loth, Wilfried: Der Weg nach Europa. Geschichte der europäischen Integration 1939–1957, 1990 [H. Reifeld] — XX/3 306–307

Lottin, Alain: Vgl. Études sur les villes en Europe occidentale. T. I–II, 1983 — XIII 814–816

Lottin, Alain: Vgl. Histoire de Boulogne-sur-Mer, 1983 — XIII 924–925

Lough, John: The Philosophes and Post-Revolutionary France, 1982 [J. Tulard] — XI 827

Lough, John: France observed in the Seventeenth Century by British Travellers, 1985 [R. Pillorget] — XIII 818–819

Lough, John: The Encyclopédie, 1989 [R. Geissler] — XIX/2 298–300

Lowry, Montecue J.: The Forge of West German Rearmament. Theodor Blank and the Amt Blank, 1990 (American University Studies, Series IX, 83) [G. Mai] — XVIII/3 325

Loyer, François: Paris XIXe Siècle. L'immeuble et la rue, 1987 [R. Fleck] — XVI/3 188–189

Luc, Jean-Noël, Alain Barbé: Des Normaliens. Histoire de l'École Normale Supérieure de Saint-Cloud, 1982 [J. Schriewer] — XIII 858–862

Lucas, Colin: Vgl. Rewriting the French Revolution, 1991 — XX/2 268–269

Lucas, Hans-Dieter: Europa vom Atlantik bis zum Ural? Europapolitik und Europadenken im Frankreich der Ära de Gaulle (1958–1969), 1992 (Pariser Historische Studien, 35) [A. Wilkens] — XX/3 181–191

Lucas, Scott: Vgl. Post-War Britain, 1945–1964, 1989 — XIX/3 193–205

Lucassen, Jan: Migrant Labour in Europe 1600–1900. The Drift to the North Sea, translated by Donald A. Bloch, 1987 [J. Schlumbohm] — XVI/2 264–266

Ludmann-Obier, Marie-France: Die Kontrolle der chemischen Industrie in der französischen Besatzungszone 1945–1949, 1989 (Veröffentlichungen der Kommission des Landtages für die Geschichte des Landes Rheinland-Pfalz, 13) [P. Barral] — XVII/3 306–307

Ludmann-Obier, Marie-France: Die Kontrolle der chemischen Industrie in der französischen Besatzungszone 1945–1949, 1989 (Veröffentlichungen der Kommission des Landtages für die Geschichte des Landes Rheinland-Pfalz, 13) [W. A. Boelcke] — XVIII/3 295–296

LÜBBE, Katharina: Vgl. M.d.R. Die Reichstagsabgeordneten der Weimarer Republik in der Zeit des Nationalsozialismus, 1991 — XX/3 271–272

LÜSEBRINK, Hans-Jürgen: Kriminalität und Literatur im Frankreich des 18. Jahrhunderts. Literarische Formen, soziale Funktionen und Wissenskonstituenten von Kriminalitätsdarstellung im Zeitalter der Aufklärung, 1983 (Ancien Régime, Aufklärung und Revolution, 8) [U.-C. Pallach] — XII 837–839

LÜSEBRINK, Hans-Jürgen: Vgl. Histoires curieuses et véritables de Cartouche et de Mandrin, 1984 — XIII 835–837

LÜSEBRINK, Hans-Jürgen: Vgl. Feindbild und Faszination, 1984 — XV 1019–1021

LÜSEBRINK, Hans-Jürgen, Rolf REICHARDT: Die Bastille. Zur Symbolgeschichte von Herrschaft und Freiheit, 1990 [F. Labbé] — XVIII/2 298–299

LÜSEBRINK, Hans-Jürgen: Vgl. Lectures de Raynal. L'Histoire des deux Indes en Europe et en Amérique au XVIIIe siècle, 1991 — XX/2 232–235

LUNITZ, Martin: Diplomatie und Diplomaten im 16. Jahrhundert. Studien zu den ständigen Gesandten Kaiser Karls V. in Frankreich, 1988 (Konstanzer Dissertationen, 213) [J.-D. Pariset] — XVII/2 250–251

LUTZ, Heinrich: Vgl. Friedensbewegungen: Bedingungen und Wirkungen, 1984 — XIV 815–817

LYNCH, Joseph H.: Godparents and Kinship in Early Medieval Europe, 1986 [A. Angenendt] — XVI/1 246–247

Les Lyonnais dans l'histoire, publ. par Jean-Pierre GUTTON, avec la collab. de Jean-Charles BONNET, René FÉDOU et Jean ROUGÉ, 1985 (Les hommes dans l'histoire, 2) [H. Müller] — XIV 867–869

MAAS, Lieselotte: Vgl. Handbuch der deutschen Exilpresse 1933–1945. Bd. 4, 1990 — XIX/3 272–274

MACCARRONE, M.: Vgl. Studi Gregoriani per la storia della »Libertas Ecclesiae«. Vol. XIII, 1989 — XIX/1 303–305

Machtbewußtsein in Deutschland am Vorabend des Zweiten Weltkrieges, hg. von Franz KNIPPING und Klaus-Jürgen MÜLLER, 1984 [C. Bloch] — XIV 837–840

MACDONOGH, Giles: A Good German. Adam von Trott zu Solz, 1989 [H. Wentker] — XVIII/3 285–286

MACKENZIE, Norman: The Escape from Elba, 1982 [J. Tulard] — XI 839

MACMULLEN, Ramsay: Changes in the Roman Empire. Essays on the Ordinary, 1990 [J. Durliat] — XIX/1 273–275

Madame Palatine. Lettres Françaises, éd. par Dirk van der CRUYSSE, 1989 [H. Schmidt] — XIX/2 274

MADDALENA, Aldo De: Vgl. Finanze e ragione de Stato in Italia e in Germania nella prima Età moderna, 1984 — XIV 755–756

MÄRTL, Claudia: Vgl. CLASSEN, Peter: Karl der Große, das Papsttum und Byzanz, 1985 — XIV 706

MÄRTL, Claudia: Vgl. Die falschen Investiturprivilegien, 1986 — XVI/1 280–282

MAGDELAINE, Michelle: Vgl. Guerre et paix en Alsace au XVIIe siècle, 1981   XI   797–798

MAGDELAINE, Michelle, Rudolf von THADDEN: Le refuge huguenot, 1985 [M. Greschat]   XIII   816–818

MAGNOU, Anne-Marie: Vgl. Cartulaire de l'abbaye de Lézat. Vol. 1, 1984   XIV   743–744

MAGNOU, Anne-Marie: Vgl. OURLIAC, Paul et al.: Le cartulaire de la Selve, 1985   XV   949–950

MAI, Gunther: Vgl. Judentum und Antisemitismus von der Antike bis zur Gegenwart, 1984   XII   760–761

MAI, Gunther: Kriegswirtschaft und Arbeiterbewegung in Württemberg 1914–1918, 1983 (Industrielle Welt, 35) [L. Burchardt]   XIII   888–891

MAIER, Franz: Die bayerische Unterpfalz im Dreißigjährigen Krieg. Besetzung, Verwaltung und Rekatholisierung der rechtsrheinischen Pfalz durch Bayern 1621 bis 1649, 1990 (Europäische Hochschulschriften, Reihe III: Geschichte und ihre Hilfswissenschaften, 428) [L. Châtellier]   XIX/2   356–358

MAIER, Hans: Vgl. Vorderösterreich in der frühen Neuzeit, 1989   XIX/2   353

MAIER, Klaus-A.: Vgl. Germany and the Second World War. Vol. 2, 1991   XX/3   277

MAILLARD, Pierre: De Gaulle et l'Allemagne. Le rêve inachevé, 1990 (Collection Espoir) [U. Lappenküper]   XIX/3   307

MAILLARD, Pierre: De Gaulle und Deutschland. Der unvollendete Traum, 1991 [A. Wilkens]   XX/3   181–191

Maintien de l'ordre et polices en France et en Europe au XIXe siècle, éd. par Philippe VIGIER et Alain FAURE, 1987 [R. Fleck]   XVI/3   187–188

MAIRE VIGUEUR, Jean-Claude: Vgl. Ars et Ratio, 1990   XVIII/1   235–237

La maison forte au moyen âge. Actes de la Table ronde de Nancy/Pont-à-Mousson de 31 mai – 3 juin 1984, dirigée par Michel BUR, 1986 [K.-U. Jäschke]   XVI/1   238–240

La Maison de Savoie et le Pays de Vaud. Études publ. par Agostino PARAVICINI BAGLIANI et Jean-François POUDRET, 1989 (Bibliothèque historique vaudoise, 97) [E. Tremp]   XIX/1   307–308

MAJCHRZAK, Danièle: Vgl. Indices librorum. Catalogues anciens et modernes de manuscrits médiévaux en écriture latine, 1987   XV   1105

MAJER, Diemut: Grundlagen des nationalsozialistischen Rechtssystems. Führerprinzip, Sonderrecht, Einheitspartei, 1987 [M.-L. Recker]   XVI/3   260–261

MALAMOUD, Antoine: Vgl. MOMIGLIANO, Arnaldo: Problèmes d'historiographie ancienne et moderne, 1983   XII   750–752

MALECZEK, Werner: Papst und Kardinalskolleg von 1191 bis 1216. Die Kardinäle unter Coelestin III. und Innocenz III., 1984 (Publikationen des Historischen Instituts beim Österreichischen Kulturinstitut in Rom, 1. Abtlg., 6) [M. Schoebel]   XIV   731–732

MALECZEK, Werner: Petrus Capuanus. Kardinal, Legat am vierten Kreuzzug, Theologe († 1214), 1988 (Publikationen des Historischen

Instituts beim Österreichischen Kulturinstitut in Rom, 8) [A. Paravicini Bagliani] XVII/1 281

MALETTKE, Klaus: Vgl. Ämterkäuflichkeit: Aspekte sozialer Mobilität im europäischen Vergleich, 1980 XI 791–792

MALETTKE, Klaus: Vgl. Soziale und politische Konflikte im Frankreich des Ancien Régime, Bd. 2, 1982 XI 792–794

MALLE-GRAIN, Nadine: Vgl. L'occupation en France et en Belgique 1940–1944. T. 1–2, 1987–1988 XVIII/3 289

MALLON, Jean: De l'écriture. Recueil d'études publ. de 1937 à 1981, 1982 [A. Paravicini Bagliani] XII 748–749

MALZACHER, Sylvia: Vgl. HOFFMANN, Stanley et al.: L'expérience Mitterrand, 1988 XVIII/3 308–309

MAMONE, Sara: Paris et Florence: deux capitales pour une reine, Marie de Médicis, 1990 [V. Kapp] XX/2 196–197

MANAC'H, Bérénice: Vgl. MENYESCH, Dieter et al.: France-Allemagne, 1984 XIII 696–697

MANDELBAUM, Jonathan: Vgl. CORSI, Pietro: The Age of Lamarck. Evolutionary Theories in France, 1790–1830, 1988 XVII/3 212–213

MANDROU, Robert: Vgl. Histoire sociale, sensibilités collectives et mentalités, 1985 XIV 662–664

MANER, Yves Le: Vgl. L'occupation en France et en Belgique 1940–1944. T. 1–2, 1987–1988 XVIII/3 289

Manger et boire au Moyen Âge. Actes du Colloque de Nice (15–17 octobre 1982). T. 1: Aliments et Société, 1984 (Publications de la Faculté des Lettres et Sciences Humaines de Nice, 1ère série, 27. Centres d'études médiévales de Nice) [M.-T. Kaiser-Guyot] XV 793–800

MANN, Bernhard: Vgl. Biographisches Handbuch für das Preußische Abgeordnetenhaus 1867–1918, 1988 XVII/3 230–231

MANSEL, Philip: The Court of France, 1789–1830, 1988 [G. de Bertier de Sauvigny] XVII/2 317–318

MANSELLI, Raoul: Vgl. Federico Barbarossa nel dibattito storiografico in Italia e in Germania, 1982 XII 801–802

MANTRAN, Robert: Vgl. Le Moyen Âge. Vol. 2, 1982 XI 736–737

MANTZKE, Martin: Vgl. Akten zur deutschen Auswärtigen Politik 1918–1945. Serie A, Bde. I–III, 1982, 1984, 1985 XIII 891–893

Marc Bloch aujourd'hui, textes réunies et présentés par Hartmut ATSMA et André BURGUIÈRE, 1990 (Histoire comparée & Sciences sociales) [L. Raphael] XIX/3 103–108

MARGAIRAZ, Dominique: Foires et Marchés dans la France préindustrielle, 1988 (Recherches d'Histoire et de Sciences Sociales, 33) [J. Hoock] XIX/2 293–294

MARGOLIN, Jean-Claude: Vgl. Actes du colloque international ERASME (Tours, 1986), 1990 XX/2 189–190

MARICHAL, Robert: Vgl. Chartae Latinae Antiquiores, X–XII, 1978–1979 XI 728–729

MARICHAL, Robert: Vgl. Chartae Latinae Antiquiores. XIX. 1987	XIV	876
MARIOTTE, Jean-Yves: Vgl. Le diocèse de Genève-Annecy, 1985	XIV	866–867
MARJANOVIC, Edith: Die Habsburger Monarchie in Politik und öffentlicher Meinung Frankreichs 1914–1918, 1984 [J. Droz]	XIII	887–888
MARKOW, Walter: Die Napoleon-Zeit. Geschichte und Kultur des Grand Empire, 1985 [R. Dufraisse]	XIV	784–785
MARKSTHALER, Jürgen: Die französische Kongo-Affäre 1905/1906. Ein Mittel in der imperialistischen Konkurrenz der Kolonialmächte, 1986 (Beiträge zur Kolonial- und Überseegeschichte, 33) [R. Lahme]	XVI/3	216–218
MAROT, Pierre: Vgl. Les documents nécrologiques de l'abbaye de Saint-Pierre de Solignac, 1984	XIII	763–764
MAROT, Pierre: Vgl. L'obituaire du Chapitre collégial Saint-Honoré de Paris, 1987	XVI/1	278–280
MAROT, Pierre: Vgl. Répertoire des documents nécrologiques français, 1987	XVI/1	278–280
MAROT, Pierre: La Lorraine et la mort, 1991 [K. Krüger]	XX/1	242–243
MARSCHAL, Guy P.: Vgl. Geschichte der Schweiz, 1991	XVIII/2	325
Vom Marshallplan zur EWG. Die Eingliederung der Bundesrepublik Deutschland in die westliche Welt, hg. von Ludolf HERBST, Werner BÜHRER und Hanno SOWADE, 1990 (Quellen und Darstellungen zur Zeitgeschichte, 30) [P. Barral]	XVIII/3	296–297
MARTENS, Stefan: Hermann Göring. »Erster Paladin des Führers« und »Zweiter Mann im Reich«, 1985 [J.-L. Crémieux-Brilhac]	XIV	841–843
MARTIN, Bernd: Vgl. Martin Heidegger und das »Dritte Reich«, 1989	XVII/3	277–279
MARTIN, Bernd: Vgl. Deutschland in Europa, 1992	XX/3	327
MARTIN, G. H.: Vgl. The Records of the Nation, 1990	XIX/3	320–321
Martin Heidegger und das »Dritte Reich«. Ein Kompendium, hg. von Bernd MARTIN, 1989 [J.-M. Vaysse]	XVII/3	277–279
MARTIN, Henri-Jean: Vgl. Mise en page et mise en texte du livre manuscrit, 1990	XIX/1	256–257
MARTIN, Jochen: Spätantike und Völkerwanderung, 1987 (Grundriß der Geschichte, 4) [J. Durliat]	XVI/1	137–154
MARTIN, Michael: Emigration und Nationalgüterveräußerungen im Pfälzischen Teil des Departements du Bas-Rhin, 1980 [R. Marx]	XI	833
MARTIN, Roger: Idéologie et action syndicale. Les instituteurs de l'entre-deux guerres, 1982 [M. Christadler]	XIV	833–835
MARTINEAU, Emmanuel: Vgl. HEIDEGGER, Martin: Être et temps, 1985	XVI/3	262–267
MARTINI, Fritz: Vgl. WIELAND, Christoph Martin: Meine Antworten. Aufsätze über die Französische Revolution 1789–1793, 1983	XIV	783–784
Das Martyrolog-Necrolog von Moissac-Duravel. Facsimile-Ausgabe, hg. von Axel MÜSSIGBROD und Joachim WOLLASCH. Bestandteil des Quellenwerkes ›Societas et Fraternitas‹, 1988 (Münstersche Mittelalter-Schriften, 44) [G. Lobrichon]	XVIII/1	286–287

Das Martyrolog-Necrolog von St. Emmeram zu Regensburg, hg. von Eckhard FREISE, Dieter GEUENICH, Joachim WOLLASCH, 1986 (Monumenta Germaniae Historica, Libri memoriales et necrologia. Nova series, 3) [L. Milis]	XVI/1	277–278
MARWEDEL, Günter: Vgl. FREIMARK, Peter et al.: Judentore, Kuggel, Steuerkonten, 1983	XIII	855–856
MARX, Jacques: Vgl. Propagande et contre-propagande religieuses, 1987	XVII/1	324–325
MARX, Karl: Vgl. Karl Marx – Friedrich Engels. Briefwechsel, 4 Bde., 1983	XI	849–851
MARYNISSEN, C.: Hypokoristische suffixen in Oudnederlandse persoonsnamen inz. de -z en -l-suffixen, 1986 [D. Geuenich]	XVI/1	224
MASSON, Philippe, Michèle BATTESTI: La Révolution maritime du XIXe siècle, 1987 (Service Historique de la Marine) [M. Salewski]	XVI/3	173–174
Maternity and Gender Policies. Women and the Rise of the European Welfare States, 1880s–1950s, ed. by Gisela BOCK and Pat THANE, 1991 [B. Piezonka]	XX/3	228–229
MATHEUS, Michael: Hafenkrane. Zur Geschichte einer mittelalterlichen Maschine am Rhein und seinen Nebenflüssen von Straßburg bis Düsseldorf, 1985 (Trierer Historische Forschungen, 9) [S. Lebecq]	XIV	681–682
MATHIEU, Abel: Les Vosges sous la Révolution, 1988 [P. Burg]	XIX/2	195–209
MATHIEU, Jean-Philippe, Jean MORTIER: RDA. Quelle Allemagne?, 1990 [M. Lindemann]	XVIII/3	314–315
MATIS, Herbert: Vgl. BAUER, Leonhard et al.: Geburt der Neuzeit, 1988	XVII/2	213
MATTHEIER, Klaus J.: Vgl. Pathos, Klatsch und Ehrlichkeit. Liselotte von der Pfalz am Hofe des Sonnenkönigs, 1990	XIX/2	275–276
MATTHEWS GRIECO, Sara F.: Ange ou diablesse. La représentation de la femme au XVIe siècle, 1991 [F. Chabaud]	XIX/2	254–255
MATTHIAS, Erich: Vgl. Quellen zur Geschichte der deutschen Gewerkschaftsbewegung im 20. Jahrhundert. Bde. 1–3, 1985–1986	XV	1058–1060
MATTHIAS, Erich: Vgl. Quellen zur Geschichte der deutschen Gewerkschaftsbewegung im 20. Jahrhundert. Bd. 4, 1988	XIX/3	268–270
MATZERATH, Horst: Urbanisierung in Preußen 1815–1914, 1985 (Schriften des Instituts für Urbanistik, 72) [P. Ayçoberry]	XV	1034–1036
MAURER, Helmut: Vgl. Festschrift für Berent Schwineköper, 1982	XI	714–715
MAURER, Helmut: Vgl. Kommunale Bündnisse Oberitaliens und Oberdeutschlands im Vergleich, 1987	XVI/1	290–292
MAURER, Helmut: Vgl. SYDOW, Jürgen: Cum omni mensura et ratione. Ausgewählte Aufsätze, 1991	XIX/1	239–240
MAURER, Helmut: Vgl. Monastische Reformen im 9. und 10. Jahrhundert, 1989	XIX/1	291–295
MAURER, Peter: Vgl. HOFER, Walter: Mächte und Kräfte im 20. Jahrhundert, 1985	XV	884–885

MAUROIS, André: Vgl. Die Französische Revolution in Augenzeugenberichten, 1989   XVII/2   301–304

Maximi Confessoris Ambigua ad Johannem iuxta Johannis Scotti Eriugenae latinam interpretationem nunc primum ed. Edouard JEAUNEAU, 1988 (Corpus Christianorum, Series Graeca, 18) [R. Schieffer]   XVII/1   263–264

Maximi Confessoris Quaestiones ad Thalassium. I: Quaestiones I-LV; II: Quaestiones LVI–LXV, una cum latina interpretatione Ioannis Scotti Eriugenae iuxta posita ed. Carl LAGA et Carolus STEEL, 1980 u. 1990 (Corpus Christianorum, Series Graeca, 7 u. 22) [R. Schieffer]   XIX/1   287–288

MAYER, Arno J.: Adelsmacht und Bürgertum. Die Krise der europäischen Gesellschaft 1848–1914, 1984 [H. Reifeld]   XIII   874–876

MAYER, Arno J.: Adelsmacht und Bürgertum. Die Krise der europäischen Gesellschaft 1848–1914, 1988 [S. Martens]   XV   1110

MAYER, Karl J.: Vgl. Frankreichs Kulturpolitik in Deutschland, 1945–1950, 1987   XVI/3   289–292

MAYEUR, Jean-Marie: Vgl. Histoire du christianisme des origines à nos jours. T. VI, 1990   XIX/1   317–322

MAYRING, Eva Alexandra: Bayern nach der französischen Julirevolution. Unruhen, Opposition und antirevolutionäre Regierungspolitik 1830–33, 1990 (Schriftenreihe zur Bayerischen Landesgeschichte, 90) [R. Dufraisse]   XX/3   211–212

MAZAURIC, Claude: Jacobinisme et Révolution: autour du bicentenaire de ›Quatre-vingt-neuf‹, 1984 [R. Reichardt]   XIII   844–846

MAZAURIC, Claude: Vgl. LEFEBVRE, Georges: 1789. Das Jahr der Revolution, 1989   XVII/2   312–313

MAZAURIC, Claude: Vgl. ADVIELLE, Victor: Histoire de Gracchus Babeuf et du Babouvisme, 2 vol., 1990   XIX/2   329–330

MAZON, Brigitte: Aux origines de l'École des Hautes Études en Sciences Sociales. Le rôle de mécénat américain (1920–1960). Préface de P. BOURDIEU; postface de C. MORAZÉ, 1988 [L. Raphael]   XVI/3   120–127

MAZZONE, Umberto, Angelo TURCHINI: Le visite pastorali. Analisi di una fonte, 1985 (Annali dell'Istituto storico italo-germanico, 18) [E. Varverakis-Berges]   XVI/2   234–236

MCCORMICK, Michael: Eternal Victory. Triumphal rulership in late antiquity, Byzantium, and the early medieval West, 1986 [M. Heinzelmann]   XV   1106–1107

MCINNIS, R. Marvin: Vgl. The Emergence of a World Economy 1500–1914, 2 vols., 1986   XVII/2   207–212

MCKITTERICK, Rosamond: The Carolingians and the Written Word, 1989 [L. Böhringer]   XVIII/1   262–264

MCPHEE, Peter: A Social History of France, 1780–1880, 1992 (Routledge Social History of the Modern World, 1) [A. Taeger]   XX/3   203–204

MCSTAY ADAMS, Thomas: Bureaucrats and Beggars. French Social Policy in the Age of the Enlightenment, 1990 [U.-C. Pallach]   XX/2   216–217

M.d.R. Die Reichstagsabgeordneten der Weimarer Republik in der Zeit des Nationalsozialismus. Politische Verfolgung, Emigration und

Ausbürgerung 1933–1945. Eine biographische Dokumentation, hg. und eingel. von Martin SCHUMACHER, bearb. von Katharina LÜBBE und Martin SCHUMACHER in Verbindung mit Wilhelm Heinz SCHRÖDER, unter Mitwirkung von Angela JOSEPH und Evelyn RICHTER sowie weiteren Mitarbeitern, 1991 [S. Martens] XX/3 271–272

Medieval Lives and the Historian. Studies in Medieval Prosopography. Proceedings of the First International Interdisciplinary Conference on Medieval Prosopography, University of Bielefeld 3–5 December 1982, ed. by Neithard BULST and Jean-Philippe GENET, 1986 (Medieval Institute Publications, Western Michigan University) [F. L. Næshagen] XVI/1 221–222

Medizin im Spielfilm des Nationalsozialismus, hg. von Udo BENZENHÖFER und Wolfgang U. ECKART, 1990 (Hannoversche Abhandlungen zur Geschichte der Medizin und der Naturwissenschaften, 1) [J.-P. Barbian] XIX/3 274–275

MEDLIN, Dorothy: Vgl. Lettres d'André Morellet. T. I, 1991 XX/2 230–232

MEDUNA, Brigitte: Vgl. Die Urkunden Friedrichs I. Einleitung, Verzeichnisse, 1990 XX/1 288–289

MEIER, Gabriele: Die Bischöfe von Paderborn und ihr Bistum im Hochmittelalter, 1987 (Paderborner theologische Studien, 17) [M. Heinzelmann] XV 1108

MEINZER, Michael: Der französische Revolutionskalender (1792–1805). Planung, Durchführung und Scheitern einer politischen Zeitrechnung, 1992 (Ancien Régime, Aufklärung und Revolution, 20) [B. Jeschonnek] XX/2 283–284

MEISSNER, Franz-Joseph: Demokratie. Entstehung und Verbreitung eines internationalen Hochwertwortes mit besonderer Berücksichtigung der Romania, 1990 [M. Middell] XX/2 278–279

Mélanges à la mémoire du Père Anselme Dimier, présentés par Benoît CHAUVIN. I: Père Anselme Dimier, l'homme et l'œuvre, 1987 [D. Lohrmann] XIX/1 237–238

Mélanges à la mémoire du Père Anselme Dimier, présentés par Benoît CHAUVIN. III: Architecture cistercienne, vol. 5 (Ordre, Fouilles) et vol. 6 (Abbayes), 1982 [D. Lohrmann] XI 756

Mélanges offerts à Jacques Hoebanx: Vgl. La Belgique rurale du moyen-âge à nos jours, 1985 XV 881–882

Mélanges offerts à Robert Mandrou: Vgl. Histoire sociale, sensibilités collectives et mentalités, 1985 XIV 662–664

Mélanges offerts à Louis Trenard: Vgl. Liber Amicorum, 1984 XIV 661

MELCHIOR-BONNET, Bernardine: La Révolution 1789–1799, 1984 (Histoire de la France illustrée, 9) [R. Reichardt] XIII 511–523

MELVILLE, Ralph: Vgl. Deutschland und Europa in der Neuzeit, 2 Bde., 1988 XVII/2 219–224

MELVILLE, Ralph: Vgl. Historismus und moderne Geschichtswissenschaft, 1987 XVII/3 210–211

Memoria. Der geschichtliche Zeugniswert des liturgischen Gedenkens im Mittelalter, hg. von Karl SCHMID und Joachim WOLLASCH, 1984 (Münstersche Mittelalter-Schriften, 40) [M. Sot] XIII 744–746

MENDÈS FRANCE, Pierre: Pour une République moderne: 1955–1962, 1987 (Œuvres complètes, 4) [A. Kimmel] — XVI/3 — 301–302

MENDÈS FRANCE, Pierre: Préparer l'avenir: 1963–1973, 1989 (Œuvres complètes, 5) [A. Kimmel] — XVIII/3 — 306–308

MENDÈS FRANCE, Pierre: Une vision du monde: 1974–1982, 1990 (Œuvres complètes, 6) [A. Kimmel] — XIX/3 — 310–311

MENÉ, Michel Le: Vgl. Genèse de l'État moderne, 1987 — XVI/1 — 241–243

MENK, Gerhard: Die Hohe Schule Herborn in ihrer Frühzeit (1584–1660). Ein Beitrag zum Hochschulwesen des deutschen Kalvinismus im Zeitalter der Gegenreformation, 1981 [M. Reulos] — XI — 790–791

Der Mensch und sein Körper von der Antike bis heute, hg. von Arthur E. IMHOF, 1983 [J.-P. Kintz] — XIII — 709–710

Mentalitäten im Mittelalter. Methodische und inhaltliche Probleme, hg. von František GRAUS, 1987 (Vorträge und Forschungen, 35) [A. Guerreau] — XVI/1 — 227–228

MÉNUDIER, Henri, Christina KANYARUKIGA: L'image du voisin à la télévision. Une comparaison franco-allemande. Première Partie: L'Allemagne à la télévision française depuis 1963. Zweiter Teil: Frankreich im deutschen Fernsehen, hg. von der Robert-Bosch-Stiftung, 1986 [E. Jesse] — XV — 1097–1098

MÉNUDIER, Henri et al.: L'Allemagne occupée 1945–1949, 1989 [H. Auerbach] — XIX/3 — 296–297

MÉNUDIER, Henri: Vgl. L'Allemagne occupée 1945–1949, 1990 — XIX/3 — 296–297

MÉNUDIER, Henri: Vgl. L'Allemagne. De la division à l'unité, 1991 — XIX/3 — 315–316

MENYESCH, Dieter, Bérénice MANAC'H: France-Allemagne. Relations internationales et interdépendances bilatérales. Une bibliographie 1963–1982 / Deutschland-Frankreich. Internationale Beziehungen und gegenseitige Verflechtung. Eine Bibliographie 1963–1982, publ. avec le concours de l'Office Franco-Allemand pour la Jeunesse / veröff. mit Unterstützung des Deutsch-Französischen Jugendwerks, 1984 [E. François] — XIII — 696–697

MERLO, Grado G.: Valdesi e Valdismi medievali. Itinerari e proposte de ricerca, 1984 [A. Brenon] — XIII — 774–776

MERVAUD, Christiane: Vgl. POMEAU, René et al.: De la Cour au jardin 1750–1759, 1991 — XX/2 — 227–229

MESQUI, Jean: Le pont en France avant le temps des ingénieurs, 1986 [D. Lohrmann] — XVI/1 — 225–226

MESSERSCHMIDT, Manfred, Fritz WÜLLNER: Die Wehrmachtjustiz im Dienste des Nationalsozialismus. Zerstörung einer Legende, 1987 [M. Spivak] — XVI/3 — 261–262

MESSERSCHMIDT, Manfred: Militärgeschichtliche Aspekte der Entwicklung des deutschen Nationalstaates, 1988 [M. Spivak] — XVII/3 — 203–204

MESSERSCHMIDT, Manfred: Vgl. Germany and the Second World War. Vol. 1, 1990 — XIX/3 — 276–277

METMAN, Josette: Vgl. Thésaurus d'histoire médiévale, 1983	XII	747–748
Metropolis Berlin. Berlin als deutsche Hauptstadt im Vergleich europäischer Hauptstädte 1871–1939, hg. von Gerhard BRUNN und Jürgen REULECKE, 1992 [C. Buffet]	XX/3	254–256
METZGER, Hans-Dieter: Thomas Hobbes und die Englische Revolution, 1640–1660, 1991 (Quaestiones. Themen und Gestalten der Philosophie, 1) [R. Marx]	XX/2	314
MEUTHEN, Erich: Das 15. Jahrhundert, 1980 (Grundriß der Geschichte, 9) [D. Angers]	XI	769–772
MEUTHEN, Erich: Vgl. ENGELS, Odilo: Stauferstudien, 1988	XVII/1	282
MEUVRET, Jean: Le problème des subsistances à l'époque Louis XIV. T. III: Le commerce des grains et la conjoncture, 1988 (Civilisations et sociétés, 77) [P. C. Hartmann]	XVII/2	270–271
MEYER, André: Vgl. HAUSHOFER, Karl: De la géopolitique, 1986	XV	1069–1070
MEYER, Andreas: Zürich und Rom. Ordentliche Kollatur und päpstliche Provisionen am Frau- und Großmünster 1316–1523, 1986 (Bibliothek des Deutschen Historischen Instituts in Rom, 64) [A. Paravicini Bagliani]	XV	968–970
MEYER, Andreas: Arme Kleriker auf Pfründensuche. Eine Studie über das *in forma pauperum*-Register Gregors XII. von 1407 und über päpstliche Anwartschaften im Spätmittelalter, 1990 (Forschungen zur kirchlichen Rechtsgeschichte und zum Kirchenrecht, 20) [V. Pasche]	XIX/1	338–339
MEYER, Gerhard: Zu den Anfängen der Straßburger Universität. Neue Forschungsergebnisse zur Herkunft der Studentenschaft und zur verlorenen Matrikel. Aus dem Nachlaß des Verfassers hg. und bearb. von Hans-Georg ROTT und Matthias MEYER, 1989 (Historische Texte und Studien, 11) [J.-P. Kintz]	XIX/2	355–356
MEYER, Heinz, Rudolf SUNTRUP: Lexikon der mittelalterlichen Zahlenbedeutungen, 1987 (Münstersche Mittelalter-Schriften, 56) [E. Ortigues]	XVI/1	233–235
MEYER, Jean: Vgl. Études sur les villes en Europe occidentale. T. I–II, 1983	XIII	814–816
MEYER, Jean: Vgl. BÉLY, Lucien et al.: Guerre et Paix dans l'Europe du XVIIe siècle, 2 t., 1991	XIX/2	257–259
MEYER, Jean, André CORVISIER, Jean-Pierre POUSSOU: La Révolution française, 1991 (Peuples et civilisations, 1–2) [B. Jeschonnek]	XX/2	259–260
MEYER, Jean-Claude: La vie religieuse en Haute-Garonne sous la Révolution (1789–1801). Préface de Jacques GODECHOT, 1982 (Publications de l'Université de Toulouse-Le Mirail, série A, 49) [J.-L. Gazzaniga]	XII	849–850
MEYER, Matthias: Vgl. MEYER, Gerhard: Zu den Anfängen der Straßburger Universität, 1989	XIX/2	355–356
MICHAEL, Bernd: Vgl. Die mittelalterlichen Handschriften der Wissenschaftlichen Stadtbibliothek Soest, 1990	XIX/1	259–260

MICHALKA, Wolfgang: Vgl. Extremismus und streitbare Demokratie, 1987 — XV 1110

MICHAUD, Claude: Vgl. BOISSIÈRE, Jean et al.: L'intendance d'Orléans à la fin du XVIIe siècle, 1989 — XIX/2 359

MICHAUX, Laurette: Cahiers de doléances et élections aux États Généraux, 1989 [P. Burg] — XIX/2 195–209

MICHAUX, Laurette: Vgl. La Révolution Française à l'école élémentaire, 1989 — XIX/2 195–209

MICHEL, Alain René: La J.E.C. Jeunesse Étudiante Chrétienne face au Nazisme et à Vichy (1938–1944). Préface de René RÉMOND, 1988 [D. Tiemann] — XVII/3 283–284

MICHEL, Régis: Vgl. Aux armes & aux arts! Les Arts de la Révolution 1789–1799, 1988 — XVII/2 322–323

Middelalderforum. Forum mediaevale, Heft 10, Nr. 1/2, 1985; Heft 11, Nr. 3/4, 1985 [M. Heinzelmann] — XIV 874–875

MIDDELL, Katharina: Vgl. [Zweihundertster] 200. Jahrestag der Französischen Revolution, 1991 — XX/2 269–270

MIDDELL, Matthias: Vgl. [Zweihundertster] 200. Jahrestag der Französischen Revolution, 1991 — XX/2 269–270

MIECK, Ilja: Vgl. Ämterkäuflichkeit: Aspekte sozialer Mobilität im europäischen Vergleich, 1980 — XI 791–792

MIECK, Ilja: Europäische Geschichte der frühen Neuzeit, ³1983 [R. Pillorget] — XI 775–776

MIECK, Ilja: Die Entstehung des modernen Frankreich 1450 bis 1610. Strukturen, Institutionen, Entwicklungen, 1982 [M. Orlea] — XII 820–821

MIECK, Ilja: Vgl. Ämterhandel im Spätmittelalter und im 16. Jahrhundert, 1984 — XVI/1 308–311

MIECK, Ilja: Europäische Geschichte der Frühen Neuzeit. Eine Einführung, 1989 [E. François] — XVIII/2 236

MIELKE, Siegfried: Vgl. Quellen zur Geschichte der deutschen Gewerkschaftsbewegung im 20. Jahrhundert. Bd. 6, 1987 — XIX/3 299–300

MIELKE, Siegfried: Vgl. Gewerkschaften in Politik, Wirtschaft und Gesellschaft 1945–1949, 1991 — XX/3 296–297

MIETHKE, Jürgen: Vgl. Das Publikum politischer Theorie im 14. Jahrhundert, 1992 — XX/1 306–309

[Mille sept cent quatre-vingt-neuf] 1789 – Révolution Culturelle Française. Publ. par Jacques HENRIC et Guy SCARPETTA, 1989 [R. Fleck] — XVII/2 322–323

MILLET, Hélène: Les chanoines du chapitre cathédral de Laon, 1272–1412, 1982 (Collection de l'École de Rome, 56) [B. Schimmelpfennig] — XII 814–815

MILLET, Hélène: Vgl. Informatique et prosopographie, 1985 — XIV 667

MILLET, Hélène: Vgl. Le vote de la soustraction d'obédience en 1398. T. I, 1988 — XVIII/1 309–311

MILLET-GÉRARD, Dominique: Chrétiens mozarabes et culture islamique dans l'Espagne des VIIIe–IXe siècles, 1984 [G. Kampers] — XIII 734–736

MILWARD, Alan: Vgl. LIPGENS, Walter: A History of European Integration. Vol. 1, 1982 — XI 884–886

MILZA, Pierre: Vgl. BERSTEIN, Serge et al.: Histoire de la France au XXe siècle. T. I à III, 1990–1991 — XX/3 244–245

Ministère des Affaires Étrangères. Archives Diplomatiques, Division historique, Répertoire Numérique de la Série B »Amérique« 1944–1952, réalisé par Louis BERGES et Pascal EVEN, 1988 [S. Martens] — XVII/3 102–109

Ministère des Affaires Étrangères. Inventaire de la Collection des Papiers 1940, 1990 [S. Martens] — XVII/3 102–109

Ministère des Affaires Étrangères, Archives Diplomatiques, Inventaire de la Collection des Papiers 1940, prép. par Martin de FRAMOND et Hélène SERVANT, 1990 [S. Martens] — XVIII/3 322–323

Ministère des Affaires Étrangères. Centre des Archives Diplomatiques de Nantes. Papiers du Consulat de France à Alger. Inventaire analytique des volumes de correspondance du Consulat de France à Alger 1585–1789, par Pascal EVEN, 1988 [S. Martens] — XVII/3 102–109

Ministère des Affaires Étrangères. État Général des Inventaires des Archives Diplomatiques. Avant-propos par Jean BATBEDAT, 1987 [S. Martens] — XVII/3 102–109

Ministère des Relations Extérieures. Les Archives du Ministère des Relations Extérieures depuis les Origines. Histoire et Guide suivis d'une Étude des Sources de l'Histoire des Affaires Étrangères dans les Dépots Parisiens et Départementaux, 2 vol., 1984/85 [S. Martens] — XVII/3 102–109

MINNUCCI, Giovanni: Vgl. I Tedeschi nella Storia dell'Università di Siena, 1988 — XIX/1 331

MINUTH, Karl-Heinz: Vgl. Akten der Reichskanzlei. Regierung Hitler 1933–1938, Teil I, 1983 — XII 897–899

MIQUEL, André: Vgl. BALAYÉ, Simone: La Bibliothèque Nationale des origines à 1800, 1988 — XVII/2 241–242

Miscellanea. Festschrift für Helmut Krausnick zum 75. Geburtstag, hg. von Wolfgang BENZ, 1990 [W. D. Gruner] — XII 742–743

Mise en page et mise en texte du livre manuscrit, éd. par Henri-Jean MARTIN et Jean VEZIN. Préface de Jacques MONFRIN, 1990 [A. Paravicini Bagliani] — XIX/1 256–257

MITCHELL, Allan: Victors and Vanquished. The German Influence on Army and Church in France after 1870, 1984 [F. Mayeur] — XIV 810–812

MITCHELL, Allan: The Divided Path. The German Influence on Social Reform in France after 1870, 1991 [C. Cornelissen] — XX/3 221–222

Mittelalterforschung, 1981 (Forschung und Information, 29) [M. Sot] — XII 746–747

Die mittelalterlichen Handschriften der Wissenschaftlichen Stadtbibliothek Soest, beschrieben von Bernd MICHAEL. Mit einem kurzen Verzeichnis der mittelalterlichen Handschriftenfragmente von Tilo BRANDIS, 1990 [J. Berlioz] — XIX/1 259–260

MITTENZWEI, Ingrid: Vgl. Friedrich II. von Preußen. Schriften und Briefe, 1985 — XIV 778–780

MITTENZWEI, Ingrid: Vgl. Hugenotten in Brandenburg-Preußen, 1987   XVI/2   286–289

MŁYNARCZYK, Gertrud: Ein Franziskanerinnenkloster im 15. Jahrhundert. Edition und Analyse von Besitzinventaren aus der Abtei Longchamp. Mit einem Vorwort von Henri DUBOIS, 1987 (Pariser Historische Studien, 23) [M. Staub]   XVII/1   318–320

Moderne preußische Geschichte 1648–1947. Eine Anthologie, bearb. u. hg. von Otto BÜSCH und Wolfgang NEUGEBAUER, 1981 (Veröffentlichungen der Historischen Kommission zu Berlin, 52/1–3) [R. Dufraisse]   XI   802–805

MOEGLIN, Jean-Marie: Les ancêtres du prince. Propaganda politique et naissance d'une histoire nationale en Bavière au moyen âge (1180–1500), 1985 (École Pratique des Hautes Études IVe section, 5; Hautes Études médiévales et modernes, 54) [R. A. Müller]   XVI/1   294–295

MÖLLER, Horst: Fürstenstaat oder Bürgernation: Deutschland 1763–1815, 1989 (Die Deutschen und ihre Nation, 1) [R. Dufraisse]   XVIII/2   272–277

MÖLLER, Horst: Vernunft und Kritik. Deutsche Aufklärung im 17. und 18. Jahrhundert, 1989 [H. Plard]   XIX/2   306–307

MOERSCH, Karl: Sueben, Württemberger und Franzosen. Historische Spurensuche im Westen, 1991 [J. Délinière]   XIX/2   242–243

MÖRZ, Stefan: Aufgeklärter Absolutismus in der Kurpfalz während der Mannheimer Regierungszeit des Kurfürsten Karl Theodor (1742–1777), 1991 (Veröffentlichungen der Kommission für geschichtliche Landeskunde in Baden-Württemberg, Reihe B – Forschungen, 120) [G. Livet]   XX/2   245–248

MOES, Jean: Justus Möser et la France. Contribution à l'étude de la réception de la pensée française en Allemagne au XVIIIe siècle, 1990 (Osnabrücker Geschichtsquellen und Forschungen, 30) [W. Albrecht]   XVIII/2   266–269

MÖSENEDER, Karl: Zeremoniell und monumentale Poesie. Die »Entrée solennelle« Ludwigs XIV. 1660 in Paris, 1983 [H. Weber]   XIII   651–654

Möser-Forum 1/1789, hg. von Winfried WOESLER, 1989 (Osnabrücker Geschichtsquellen und Forschungen, 27) [P.-A. Bois]   XIX/2   313–314

MOHR, Walter: Geschichte des Herzogtums Lothringen. Teil IV: Das Herzogtum Lothringen zwischen Frankreich und Deutschland (14.-17. Jahrhundert), 1986 [G. Michaux]   XVII/1   311–313

MOIGNE, F.-Yves Le: Vgl. Lorrains en Révolution, 1989   XIX/2   195–209

MOINE, Jean-Marie: Les Barons du fer. Les maîtres des forges en Lorraine du milieu du XIXe siècle aux années trente. Histoire sociale d'un patronat sidérurgique, 1989 [U. Wengenroth]   XIX/3   242–243

Moines et métallurgie dans la France médiévale. Études réunies par Paul BENOÎT et Denis CAILLEAUX, 1991 [D. Lohrmann]   XX/1   240–242

MOLITOR, Hansgeorg: Vgl. Franzosen und Deutsche am Rhein 1789–1918–1945, 1989   XIX/3   227–228

MOLLAT, Michel: Vgl. LEBECQ, Stéphane: Marchands et navigateurs frisons du haut moyen âge. Vol. 1–2, 1983   XII   786–788

MOLLAT DU JOURDIN, Michel: Vgl. Histoire du christianisme des origines à nos jours. T. VI, 1990   XIX/1   317–322

MOLLIER, Jean-Yves: Le scandale de Panama, 1991 [D. Soleymani]   XIX/3   239–240

MOLTMANN, Günter: Vgl. BUISSON, Ludwig: Lebendiges Mittelalter, 1988   XVII/1   324

MOMIGLIANO, Arnaldo: Problèmes d'historiographie ancienne et moderne. Trad. de l'anglais et de l'italien par Alain TACHET, Evelyne COHEN, Louis EVRARD et Antoine MALAMOUD, 1983 (Bibliothèque des Histoires) [J.-M. Dufays]   XII   750–752

MOMMSEN, Hans: Vgl. BECK, Dorothea: Julius Leber, 1983   XIII   913–915

MOMMSEN, Hans: Vgl. BACKES, Uwe et al.: Reichstagsbrand, 1987   XVI/3   313

MOMMSEN, Hans: Die verspielte Freiheit. Der Weg der Republik von Weimar in den Untergang 1918 bis 1933, 1989 (Propyläen Geschichte Deutschlands, 8) [R. Thalmann]   XVIII/3   252–255

MOMMSEN, Wolfgang J.: Vgl. Vom Staat des Ancien Regime zum modernen Parteienstaat, 1978   XII   743–744

MOMMSEN, Wolfgang J.: Vgl. Auf dem Wege zur Massengewerkschaft, 1984   XV   1056–1057

MOMMSEN, Wolfgang J.: Vgl. Bismarck, Europe and Africa, 1988   XVII/3   165–169

MOMMSEN, Wolfgang J.: Vgl. Imperialism and After, 1986   XVII/3   165–169

Monastische Reformen im 9. und 10. Jahrhundert, hg. von Raymund KOTTJE und Helmut MAURER, 1989 (Vorträge und Forschungen, 38) [D. Iogna-Prat]   XIX/1   291–295

MONDOT, Jean: Vgl. Qu'est-ce que les Lumières?, 1991   XIX/2   369–370

MONFRIN, Jacques: Vgl. Mise en page et mise en texte du livre manuscrit, 1990   XIX/1   256–257

MONGREDIEN, Jean: Vgl. JULIEN, Jean-Rémy et al.: Orphée Phrygien. Les musiques de la Révolution, 1989   XVII/2   324–325

The Monks of Redon. Gesta sanctorum Rotonensium and Vita Conwoionis, ed. and transl. by Caroline BRETT, 1989 (Studies in Celtic History, 10) [J.-C. Poulin]   XVIII/1   139–159

De Monnet à Massé. Enjeux politiques et objectifs économiques dans le cadre des quatre premiers plans (1946–1965). Actes de la table ronde tenue à l'IHTP les 24 et 25 juin 1983, publ. par Henry ROUSSO, 1986 [W. Venohr]   XVII/3   308–310

MONNIER, Adrienne: Vgl. BENJAMIN, Walter: Écrits Français, 1991   XX/3   257–259

MONNOYER, Jean-Maurice: Vgl. BENJAMIN, Walter: Écrits Français, 1991   XX/3   257–259

MONTANARI, Massimo: Vgl. Ricerche e studi sul »Breviarium ecclesiae Ravennatis«, 1985   XV   923–926

Montanmitbestimmung. Das Gesetz über die Mitbestimmung der Arbeitnehmer in den Aufsichtsräten und Vorständen der Unternehmen des Bergbaus und der Eisen und Stahl erzeugenden Industrie vom 21. Mai 1951, bearb. von Gabriele MÜLLER-LIST, 1984 (Quellen zur Geschichte des Parlamentarismus und der politischen Parteien: Deutschland seit 1945, 4/1) [P. Barral]   XII   912–913

Monumenta Germaniae Historica. Capitula episcoporum. Bd. I, hg.
von Peter BROMMER, 1984 [G. Devailly] XIII 736–738

Monumenta Germaniae Historica. Concilia. Bd. III: Die Konzilien der karolingischen Teilreiche 843–859, hg. von Wilfried HARTMANN, 1984 [P. Ourliac] XIII 738–739

MORAZÉ, C.: Vgl. MAZON, Brigitte: Aux origines de l'École des Hautes Études en Sciences Sociales, 1988 XVI/3 120–127

MORDEK, Hubert: Vgl. Aus Kirche und Reich, 1983 XIII 702–705

MORDEK, Hubert: Vgl. Überlieferung und Geltung normativer Texte des frühen und hohen Mittelalters, 1986 XV 888–889

MORDEK, Hubert: Vgl. Papsttum, Kirche und Recht im Mittelalter, 1991 XX/1 192–193

MORELLET, André: Vgl. Lettres d'André Morellet. T. I, 1991 XX/2 230–232

MORI, Giorgio: Vgl. La transizione dall'economia di guerra all'economia di pace in Italia e in Germania dopo la Prima guerra mondiale, 1983 XVI/3 221–223

MORSEY, Rudolf: Die Bundesrepublik Deutschland. Entstehung und Entwicklung bis 1969, 1987 (Oldenbourg Grundriß der Geschichte, 19) [A. Kimmel] XV 1090–1091

MORTIER, Jean: Vgl. MATHIEU, Jean-Philippe et al.: RDA, 1990 XVIII/3 314–315

MOSSÉ, Claude: Vgl. MOULINAS, René: Les Juifs du Pape en France, 1981 XI 800–801

MOSTERT, Marco: The political theology of Abbo of Fleury. A study of the ideas about society and law of the tenth-century monastic reform movement, 1987 (Middeleeuwse Studies en Bronnen. Medieval Studies and Sources, 2) [B. Schneidmüller] XVII/1 272–273

MOSTERT, Marco: The library of Fleury. A provisional list of manuscripts, 1989 (Middeleeuwse Studies en Bronnen. Medieval Studies and Sources, 3) [B. Schneidmüller] XVII/1 272–273

MOULINAS, René: Les Juifs du Pape en France. Les Communautés d'Avignon et du Comtat Venaissin aux XVIIe et XVIIIe siècles. Préface de Claude MOSSÉ, 1981 (Franco-Judaïca, 10) [R. Reichardt] XI 800–801

Le Moyen Âge. Vol. 1: Les mondes nouveaux [350–950], par Robert FOSSIER, Michel ROUCHE, Evelyne PATLAGEAN, Henri BRESC, Pierre GUICHARD, 1982 [K.-U. Jäschke] XI 725–728

Le Moyen Âge. Vol. 2: L'éveil de l'Europe [950–1250], par Robert FOSSIER, Jean-Pierre POLY, André VAUCHEZ, Henri BRESC, Pierre GUICHARD, Alain DUCELLIER, Robert MANTRAN, 1982 [H. Zimmermann] XI 736–737

Le Moyen Âge et la Bible, publ. par Pierre RICHÉ et Guy LOBRICHON, 1984 (Bible de tous les temps, 4) [K. H. Krüger] XIII 708–709

MOZZARELLI, Cesare: Vgl. Il Trentino nel Settecento fra Sacro Romano Impero e antichi stati italiani, 1985 XVI/2 311–312

MÜHLEN, Patrick von zur: Spanien war ihre Hoffnung. Die deutsche Linke im spanischen Bürgerkrieg 1936–1939, 1985 (Dietz Taschenbuch, 12) [G. Badia] XIV 835–836

MÜLLER, Bertrand: Bibliographie des travaux de Lucien Febvre, 1990 [L. Raphael] — XIX/3 103–108

MÜLLER, Dirk H.: Gewerkschaftliche Versammlungsdemokratie und Arbeiterdelegierte vor 1918. Ein Beitrag zur Geschichte des Lokalismus, des Syndikalismus und der entstehenden Rätebewegung, 1985 (Einzelveröffentlichungen der Historischen Kommission zu Berlin, 49) [W. Albrecht] — XV 1055–1056

MÜLLER, Hans-Harald: Der Krieg und die Schriftsteller. Der Kriegsroman der Weimarer Republik, 1986 [L. Richard] — XVI/3 239–240

MÜLLER, Hans Jürgen: Auswärtige Pressepolitik und Propaganda zwischen Ruhrkampf und Locarno (1923–1925), 1991 (Moderne Geschichte und Politik, 8) [P. Jardin] — XX/3 252–253

MÜLLER, Hartmut: Bremen und Frankreich zur Zeit des Deutschen Bundes 1815–1867, 1984 (Veröffentlichungen aus dem Staatsarchiv der freien Hansestadt Bremen, 50) [R. Dufraisse] — XIII 864–866

MÜLLER, Heribert: Die Franzosen, Frankreich und das Basler Konzil (1431–1449), 2 Bde., 1990 (Konziliengeschichte, Reihe B: Untersuchungen) [H. Millet] — XIX/1 342–343

MÜLLER, Jürgen: Von der alten Stadt zur neuen Munizipalität. Die Auswirkungen der Französischen Revolution in den links-rheinischen Städten Speyer und Koblenz, 1990 [R. Marx] — XIX/2 362

MÜLLER, Klaus: Vgl. Quellenkunde zur Deutschen Geschichte der Neuzeit von 1500 bis zur Gegenwart, Bd. 3, 1982 — XI 809–810

MÜLLER, Klaus-Dieter: Vgl. Hochschuloffiziere und Wiederaufbau des Hochschulwesens in Westdeutschland 1945–1952. Teil 3, 1991 — XX/3 294–296

MÜLLER, Klaus-Jürgen: Vgl. Machtbewußtsein in Deutschland am Vorabend des Zweiten Weltkrieges, 1984 — XIV 837–840

MÜLLER, Peter: Die Herren von Fleckenstein im späten Mittelalter. Untersuchungen zur Geschichte eines Adelsgeschlechts im pfälzisch-elsässischen Grenzgebiet, 1990 (Geschichtliche Landeskunde. Veröffentlichungen des Instituts für Geschichtliche Landeskunde an der Universität Mainz, 34) [O. Kammerer] — XVIII/1 316–317

MÜLLER, P. Iso, Carl PFAFF: Thesaurus Fabariensis. Die Reliquien-, Schatz- und Bücherverzeichnisse im Liber Viventium von Pfäfers. Mit einer Einführung von Werner VOGLER, 1985 (St. Galler Kultur und Geschichte, 15) [M. Heinzelmann] — XIII 931

MÜLLER, Rainer A.: Vgl. Reichsstädte in Franken, 3 Bde., 1987 — XVI/1 318

MÜLLER, Rolf-Dieter: Vgl. Das Deutsche Reich und der Zweite Weltkrieg. Bd. 4, 1983 — XI 877–880

MÜLLER, Rolf-Dieter: Vgl. KROENER, Bernhard R. et al.: Organisation und Mobilisierung des deutschen Machtbereichs. 1. Halbband, 1988 — XVIII/3 279–282

MÜLLER-LIST, Gabriele: Vgl. Montanmitbestimmung, 1984 — XII 912–913

MÜLLER-LIST, Gabriele: Vgl. Neubeginn bei Eisen und Stahl im Ruhrgebiet, 1990 — XIX/3 301

MÜLLER-LUCKNER, Elisabeth: Vgl. Reformen im rheinbündischen Deutschland, 1984 — XIV 789–790

MÜLLER-LUCKNER, Elisabeth: Vgl. Europa vor dem Krieg von 1870, 1987 — XVI/3 186–187

MÜLLER-LUCKNER, Elisabeth: Vgl. Republiken und Republikanismus im Europa der Frühen Neuzeit, 1988 — XVII/2 214–215

MÜLLER-LUCKNER, Elisabeth: Vgl. Krieg und Politik 1618–1648, 1988 — XVII/2 261–263

MÜLLER-LUCKNER, Elisabeth: Vgl. Revolution und Gegenrevolution 1789–1830, 1991 — XX/2 263–265

MÜLLER-LUCKNER, Elisabeth: Vgl. Der Ort Kaiser Wilhelms II. in der deutschen Geschichte, 1991 — XX/3 121–129

MÜLLER-WIRTHMANN, Bernhard: Vgl. Kultur der einfachen Leute, 1983 — XII 822–824

MÜNKLER, Herfried: Vgl. Pipers Handbuch der politischen Ideen. Bde. 3 u. 4, 1985, 1986 — XIV 593–596

MÜNKLER, Herfried: Vgl. Pipers Handbuch der politischen Ideen, Bd. 5, 1987 — XVI/3 219–220

Münzprägung, Geldumlauf und Wechselkurse. Minting, Monetary Circulation and Exchange Rates. Akten des 8th International Economic History Congress Section C 7, Budapest 1982. Im Auftrag der Economic History Association hg. von Eddy van CAUWENBERGHE und Franz IRSIGLER, 1984 (Trierer Historische Forschungen, 7) [M. Morineau] — XIV 670–675

MÜSSIGBROD, Axel: Vgl. Das Martyrolog-Necrolog von Moissac-Duravel. Facsimile-Ausgabe, 1988 — XVIII/1 286–287

MUHLACK, Ulrich: Geschichtswissenschaft im Humanismus und in der Aufklärung. Die Vorgeschichte des Historismus, 1991 [A. Cser] — XX/2 133–138

MUHLBERGER, Steven: The Fifth-Century Chroniclers. Prosper, Hydatius, and the Gallic Chronicler of 452, 1990 (ARCA Classical and Medieval Texts, Papers and Monographs, 27) [R. Scharf] — XIX/1 277–278

MURAILLE-SAMARAN, Colette: Vgl. Le travail au moyen âge, 1990 — XIX/1 244–247

MURET, Françoise: Vgl. Les sources de l'histoire économique et sociale du moyen âge. T. 2, 1984 — XIII 781–783

NAEGELE, Gerhard: Vgl. BÄCKER, Gerhard et al.: Sozialpolitik und soziale Lage in der Bundesrepublik Deutschland. Bde. 1–2, 1989 — XVIII/3 318–321

NAGLE, Jean: Vgl. Paris. Genèse d'un paysage, 1989 — XX/3 319

Naissance du Code Civil. La raison du législateur. Travaux préparatoires du Code Civil rassemblés par Pierre Antoine FENET. Préface de François EWALD, 1989 [R. Fleck] — XVII/2 335–336

NARR, Wolf-Dieter: Vgl. Die Bundesrepublik Deutschland. Entstehung, Entwicklung, Struktur, 1984 — XIV 618–637

NASSIF, Jacques: Vgl. BOUTRY, Philippe et al.: Martin l'Archange, 1985 — XVIII/3 224–225

Nationalismes, 1991 (Pouvoir. Revue Française d'Études constitutionnelles et politiques, 57) [W. Scholz] — XIX/3 317–318

Nationalismus in vorindustrieller Zeit, hg. von Otto DANN, 1986 [H. Schulze] XV 1037–1038

Il nazionalismo in Italia e in Germania fino alla Prima guerra mondiale, a cura di Rudolf LILL e Franco VALSECCHI, 1983 (Annali dell'Istituto storico italo-germanico, 12) [C. Dipper] XVI/3 221–223

NEBBIAI-DALLA GUARDA, Donatella: La bibliothèque de l'abbaye de Saint-Denis en France du IXe au XVIIIe siècle, 1985 (Documents, études et répertoires publ. par l'Institut de Recherche et d'Histoire des Textes) [S. Krämer] XV 902–904

NEISKE, Franz: Vgl. Vinculum Societatis, 1991 XX/1 193–195

NELSON, Janet L.: Politics and Ritual in Early Medieval Europe, 1986 [J. Ehlers] XVI/1 247–249

NELSON, Janet L.: Vgl. The Annals of St-Bertin. Ninth-Century Histories, vol. I, 1991 XX/1 278–280

NEU, Peter: Die Arenberger und das Arenberger Land. Bd. 1: Von den Anfängen bis 1616, 1989 (Veröffentlichungen der Landesarchivverwaltung Rheinland-Pfalz, 52) [H. De Ridder-Symoens] XIX/2 353–355

Neubeginn bei Eisen und Stahl im Ruhrgebiet. Die Beziehungen zwischen Arbeitgebern und Arbeitnehmern in der nordrhein-westfälischen Eisen- und Stahlindustrie 1945–1948, bearb. von Gabriele MÜLLER-LIST, 1990 (Quellen zur Geschichte des Parlamentarismus und der politischen Parteien, 6) [M.-F. Ludmann-Obier] XIX/3 301

NEUGEBAUER, Wolfgang: Vgl. Moderne preußische Geschichte 1648–1947, 1981 XI 802–805

NEUGEBAUER, Wolfgang: Absolutistischer Staat und Schulwirklichkeit in Brandenburg-Preußen. Mit einer Einführung von Otto BÜSCH, 1985 (Veröffentlichungen der Historischen Kommission zu Berlin, 62) [K.-E. Jeismann] XIV 775–778

NEUGEBAUER-WÖLK, Monika: Vgl. Preußen und die revolutionäre Herausforderung seit 1789, 1990 XIX/2 344–346

NEUHAUS, Helmuth: Reichsständische Repräsentationsformen im 16. Jahrhundert. Reichstag – Reichskreistag – Reichsdeputationstag, 1982 (Schriften zur Verfassungsgeschichte, 33) [J.-F. Noël] XI 780–782

NEUMÜLLERS-KLAUSER, Renate: Vgl. Die Altarplatte von Reichenau-Niederzell, 1983 XV 944–945

[Neunzehnhundertdreiunddreißig] 1933 – Fünfzig Jahre danach. Die nationalsozialistische Machtergreifung in historischer Perspektive, hg. von Josef BECKER, 1983 (Schriften der Philosophischen Fakultät der Universität Augsburg, 27) [P. Ayçoberry] XII 907

NEUSS, Elmar: Vgl. Pflugiana. Studien über Julius Pflug (1499–1564), 1990 XVIII/2 246–247

La Neustrie. Les pays au nord de la Loire de 650 à 850. Colloque historique international, publ. par Hartmut ATSMA, 2 vol., 1989 (Beihefte der Francia, 16) [P. Fouracre] XVIII/1 257–260

The New Cultural History, ed. by Lynn HUNT, 1989 (Studies on the History of Society and Culture) [M. Kessel] XIX/3 222–223

NEWCOMER, James: The Grand Duchy of Luxemburg. The Evolution of Nationhood 963 A.D. to 1983, 1984 [R. Schiffers]   XV   1103–1104

NEYER, Hans Joachim: Vgl. Berlin capitale. Un choc d'identités et de culture, 1992   XX/3   254–256

NGUYEN, Victor: Aux origines de l'Action française. Intelligence et politique à l'aube du XXe siècle, 1991 [E. Bendikat]   XIX/3   247–248

NICOLET, Claude: Vgl. RASKOLNIKOFF, Mouza: Des Anciens et Des Modernes, 1990   XX/2   221–223

NIDERST, Alain: Fontenelle, 1991 (Collection Biographique) [R. Geissler]   XIX/2   296–297

NIE, Giselle De: Views from a many-windowed tower. Studies of imagination in the works of Gregory of Tours, 1987 (Studies in classical antiquity, 7) [B. K. Vollmann]   XVII/1   256–258

Nieder die Waffen – die Hände gereicht! Friedensbewegung in Bremen 1898–1918. Katalog zur gleichnamigen Ausstellung, hg. im Auftrag des Staatsarchivs Bremen von Helmut DONAT und Andreas RÖPCKE, 1989 [M. Walle]   XX/3   247–248

NIEDHART, Gottfried: Vgl. HAAN, Heiner et al.: Einführung in die englische Geschichte, 1982   XI   714

NIEDHART, Gottfried: Vgl. Der Westen und die Sowjetunion, 1983   XII   883–888

NIEROP, H. F. K. van: Van ridders tot regenten. De Hollandse adel in de zestiende en de eerste helft van de zeventiende eeuw, 1984 (Hollandse Historische Reeks, 1) [E. Pelzer]   XVI/2   268–269

NIES, Fritz: Vgl. Interferenzen. Deutschland und Frankreich. Literatur – Wissenschaft – Sprache, 1983   XI   795–797

NIES, Fritz: Vgl. Französische Klassik. Theorie – Literatur – Malerei, 1985   XVII/3   226

NIES, Fritz: Bahn und Bett und Blütenduft. Eine Reise durch die Welt der Leserbilder, 1991 [F. Moureau]   XIX/2   249–250

NIEUWENHUYSEN, A. van: Les finances du duc de Bourgogne Philippe le Hardi (1384–1404). Économie et politique, 1984 (Université libre de Bruxelles. Faculté de Philosophie et Lettres, 90) [W. Ziegler]   XIV   744–748

NIPPERDEY, Thomas: Nachdenken über die deutsche Geschichte. Essays, 1990 (Geschichte 11172) [C. Baechler]   XVIII/3   218

NIPPERDEY, Thomas: Deutsche Geschichte 1866–1918. Bd. 1: Arbeitswelt und Bürgergeist, 1990 [C. Baechler]   XIX/3   216–217

NOLDEN, Reiner: Besitzungen und Einkünfte des Aachener Marienstiftes, 1981 (Zeitschrift des Aachener Geschichtsvereins 86/7, 1979/80) [D. Lohrmann]   XI   749

NOLTE, Cordula: Vgl. AFFELDT, Werner et al.: Frauen im Mittelalter, 1990   XIX/1   231–233

NOLTE, Ernst: Der europäische Bürgerkrieg 1917–1945. Nationalsozialismus und Bolschewismus, 1987 [P. Burrin]   XVI/3   257–258

NONN, Ulrich: Pagus und Comitatus in Niederlothringen. Untersuchungen zur politischen Raumgliederung im früheren Mittelalter, 1983 (Bonner Historische Forschungen, 49) [J.-L. Kupper]   XIII   730–732

NOOTEBOOM, Cees: Une année allemande. Chroniques berlinoises 1989–1990, 1990 [C. Buffet]	XVIII/3	191–208
NORA, Pierre: Vgl. AGULHON, Maurice et al.: Essais d'Égo-Histoire, 1987	XVII/3	204–205
Norbert von Xanten. Adliger, Ordensstifter, Kirchenfürst, hg. von Kaspar ELM, 1984 [L. Milis]	XIII	760–761
NORD, Philipp G.: Paris Shopkeepers and the Politics of Resentment, 1986 [R. Fleck]	XVI/3	190–191
NOURRISSON, Didier: Le Buveur du XIXe siècle, 1990 [A. Taeger]	XX/3	234
Nouveau Dictionnaire de biographie alsacienne, fasc. 1: Aa-Az, fasc. 2: Baa-Bec, 1983 [J. Voss]	XI	894–895
Nouveau Dictionnaire de biographie alsacienne, fasc. 4: Bi-Bo, fasc. 5: Br-Bz, 1984 [J. Voss]	XII	921–922
Nouveau dictionnaire de biographie alsacienne, fasc. 7: Dab-Die, fasc. 8: Die-Dyr, 1986 [J. Voss]	XIII	926
Nouveau dictionnaire de biographie alsacienne, fasc. 10–15: Er-Haz, 1987–1989 [J. Voss]	XVII/2	337–338
Nouveau dictionnaire de biographie alsacienne, fasc. 16: He-Hl, 1990 [J. Voss]	XVIII/2	328
Nouveau dictionnaire de biographie alsacienne, fasc. 18: Hug-Jaeg, 1991 [J. Voss]	XIX/2	371
Nouveau dictionnaire de biographie alsacienne, fasc. 19: Jaeg-Kal, 1992 [J. Voss]	XX/2	315
Nouvelle Bibliographie critique des Mémoires sur l'époque napoléonienne écrits ou traduits en français, éd. par Jean TULARD et al., 1991 (Centre de Recherche d'Histoire et de Philologie de la IVe section de l'École pratique des Hautes Études, 5; Hautes Études médiévales et modernes, 67) [I. Mieck]	XIX/2	352–353
Nouvelle bibliographie internationale sur Charles de Gaulle 1980–1990, établie par l'Institut Charles-de-Gaulle, 1990 [A. Wilkens]	XX/3	181–191
Nouvelles Approches concernant la Culture de l'Habitat. New Approaches to Living Patterns. Colloque International Université d'Anvers 1989, éd. par R. BAETENS et B. BLONDÉ, 1991 [C. Hess]	XX/2	178–179
NOWAK, Kurt: Schleiermacher und die Frühromantik: Eine literaturgeschichtliche Studie zum romantischen Religionsverständnis und Menschenbild am Ende des 18. Jahrhunderts in Deutschland, 1986 [G. Raulet]	XVI/2	304–305
NÜRNBERG, Rosemarie: Askese als sozialer Impuls. Monastisch-asketische Spiritualität als Wurzel und Triebfeder sozialer Ideen und Aktivitäten der Kirche in Südgallien im 5. Jahrhundert, 1988 (Hereditas. Studien zur alten Kirchengeschichte, 2) [J. Durliat]	XVIII/1	125–138

Nuntiaturberichte aus Deutschland nebst ergänzenden Aktenstücken. Dritte Abteilung 1572–1585, 6. Bd.: Nuntiatur Giovanni Delfinos

(1572–1573). Im Auftrag des Deutschen Historischen Instituts in Rom bearb. von Helmut GOETZ, 1982 [W. Reinhard]	XI	788–790
Nuntiaturberichte aus Deutschland 1572–1585 nebst ergänzenden Aktenstücken. Bd. 7: Nuntiatur Giovanni Dolfins (1573–1574), bearb. von Almut BUES, 1990 [M. Venard]	XVIII/2	249–250
Il Nuovo Mondo nella coscienza italiana e tedesca del Cinquecento. A cura di Adriano PROSPERI e Wolfgang REINHARD, 1992 (Annali dell'Istituto storico italo-germanico, 33) [B. Neveu]	XX/2	184–187
Oberdeutsche Städte im Vergleich. Mittelalter und frühe Neuzeit, hg. von Joachim JAHN, Wolfgang HARTUNG und Immo BERL, 1989 (Regio. Forschungen zur schwäbischen Regionalgeschichte, 2) [G. Chaix]	XIX/1	330
Oberrheinische Aspekte des Zeitalters der Französischen Revolution, hg. von Meinrad SCHAAB, 1990 (Veröffentlichungen der Kommission für geschichtliche Landeskunde in Baden-Württemberg, Reihe B: Forschungen, 117) [P.-A. Bois]	XIX/2	346–348
L'obituaire du Chapitre collégial Saint-Honoré de Paris, sous la direction de Pierre MAROT publ. par Jean-Loup LEMAÎTRE, 1987 (Recueil des Historiens de la France. Obituaires, série in–8°, 2) [B. Schneidmüller]	XVI/1	278–280
O'BRIEN, Patricia: The Promise of Punishment. Prisons in Nineteenth-Century France, 1982 [I. Mieck]	XI	840–841
OBST, Dieter: »Reichskristallnacht«. Ursachen und Verlauf des antisemitischen Pogroms vom November 1938, 1991 (Europäische Hochschulschriften, Reihe III: Geschichte und ihre Hilfswissenschaften, 487) [R. R. Thalmann]	XX/3	267–268
L'occupation en France et en Belgique 1940–1944. Actes du colloque de Lille 26–28 avril 1987, publ. par Etienne DEJONGHE avec la collab. de Rudi DAMIANI, Danielle DELMAIRE, Jean-Pierre FLORIN, José GOTOVITCH, Yves Le MANER, Nadine MALLE-GRAIN, Jean-Paul THUILLIER. T. 1–2, 1987–1988 (Revue du Nord, hors-série, 2) [S. Martens]	XVIII/3	289
OCHSENBEIN, Peter: Vgl. DUFT, Johannes: Die Abtei St. Gallen, Bd. 1, 1990	XIX/1	236–237
Les oeconomies royales de Sully, 1595–1599. Éd. par David BUISSERET et Bernard BARBICHE. T. II, 1988 [K. Amann]	XVII/2	259–261
OELKERS, Jürgen: Vgl. Französische Revolution und Pädagogik der Moderne, 1990	XIX/2	325–327
Österreichische Akten zur Geschichte des Krimkriegs, Bde. 1–3. Hg. von Winfried BAUMGART, 1979–1980 (Akten zur Geschichte des Krimkriegs. Serie I) [J. Kämmerer]	XII	676–684
OEXLE, Otto Gerhard: Vgl. Person und Gemeinschaft im Mittelalter, 1988	XIX/1	235–236

L'Offre d'École / The Supply of Schooling. Éléments pour une étude comparée des politiques éducatives au XIXe siècle / Contributions to

a comparative study of educational policies in the XIXth century, éd. par Willem FRIJHOFF, 1983 [J. Schriewer]	XIII	663–674
OLBERG, Gabriele von: Freie, Nachbarn und Gefolgsleute. Volkssprachliche Bezeichnungen aus dem sozialen Bereich in den frühmittelalterlichen Leges, 1983 (Germanistische Arbeiten zu Sprache und Kulturgeschichte, 2) [E. Magnou-Nortier]	XII	783–785
The Old English Life of Machutus. Ed. by David YERKES, 1984 (Toronto Old English Series, 9) [J.-C. Poulin]	XIII	742
OLMI, Giuseppe: Vgl. Il Trentino nel Settecento fra Sacro Romano Impero e antichi stati italiani, 1985	XVI/2	311–312
ONCKEN, Hermann: Vgl. Karl Marx – Friedrich Engels: Briefwechsel, 4 Bde., 1983	XI	849–851
ONNEN, Eric: Au pied du mur. Chronique berlinoise. Janvier 1989-avril 1990, 1991 [C. Buffet]	XVIII/3	191–208
OPITZ, Alfred: Vgl. »Der Zerfall der europäischen Mitte«, 1990	XX/3	248–249
De oorkonden van de Sint-Baafsabdij te Gent (819–1321), uitgeg. door Cyriel VLEESCHOUWERS. I. Inleiding; II. Uitgave, 1990–1991 [L. Kolmer]	XX/1	225
OPPL, Ferdinand: Stadt und Reich im 12. Jahrhundert (1125–1190), 1986 (Forschungen zur Kaiser- und Papstgeschichte des Mittelalters. Beihefte zu J. F. Böhmer, Regesta imperii, 6) [P. Racine]	XV	954–957
OPPL, Ferdinand: Friedrich Barbarossa, 1990 (Gestalten des Mittelalters und der Renaissance) [J.-Y. Mariotte]	XVIII/1	289–290
ORDE, Anne: British Policy and European Reconstruction after the First World War, 1990 [D. Artaud]	XIX/3	259–260
Aux Origines d'une Seigneurie ecclésiastique: Langres et ses évêques, VIIIᵉ–XIᵉ siècles. Actes du colloque Langres-Ellwangen, Langres 28 juin 1985, 1986 [G. Scheibelreiter]	XV	926–928
The Origins of War in Early Modern Europe, ed. by Jeremy BLACK, 1987 [A. Corvisier]	XVI/2	272–273
ORNATO, Ezio: Vgl. Jean de Montreuil: Opera. Vol. IV, 1986	XVI/1	301–303
Der Ort Kaiser Wilhelms II. in der deutschen Geschichte, hg. von John C.G. RÖHL unter Mitarbeit von Elisabeth MÜLLER-LUCKNER, 1991 (Schriften des Historischen Kollegs. Kolloquien, 17) [R. Lahme]	XX/3	121–129
ORY, Pascal: Vgl. Entre deux Guerres. La création française entre 1919 et 1939, 1990	XIX/3	263–265
Die osmanischen Türken und Europa. Begleitheft zur Ausstellung der Stadtbibliothek Hannover vom 9. Juni bis zum 30. Juli 1988, hg. von der Landeshauptstadt Hannover, 1988 [R. Babel]	XVI/2	313
OSTERHAMMEL, J.: Vgl. Imperialism and After, 1986	XVII/3	165–169
OSTERHAUS, Andreas: Europäischer Terraingewinn in Schwarzafrika. Das Verhältnis von Presse und Verwaltung in sechs Kolonien Deutschlands, Frankreichs und Großbritanniens von 1894 bis 1914, 1990 (Europäische Hochschulschriften, Reihe III: Geschichte und ihre Hilfswissenschaften, 411) [M. Fröhlich]	XX/3	321–322

OSTIER, Jacques: Vgl. FOULON, Charles-Louis et al.: Charles de Gaulle, 1990 — XX/3 181–191

OURLIAC, Paul: Vgl. Cartulaire de l'abbaye de Lézat. Vol. 1, 1984 — XIV 743–744

OURLIAC, Paul, Anne-Marie MAGNOU: Le cartulaire de la Selve. La terre, les hommes et le pouvoir en Rouergue au XIIe siècle, 1985 [B. Schneidmüller] — XV 949–950

OURLIAC, Paul: Vgl. Les Fors anciens de Béarn, 1990 — XIX/1 339–340

OUSTRIC, Georges: Vgl. Histoire de Boulogne-sur-Mer, 1983 — XIII 924–925

OUY, Gilbert: Vgl. Jean de Montreuil: Opera. Vol. IV, 1986 — XVI/1 301–303

OUY, Gilbert: Vgl. CALVOT, Danièle et al.: L'œuvre de Gerson à Saint-Victor de Paris, 1990 — XIX/1 341–342

OVERESCH, Manfred: Die Deutschen und die Deutsche Frage 1945–1955. Darstellung und Dokumente, 1985 [S. Martens] — XIV 880

OZOUF, Mona: L'École de la France: essais sur la Révolution, l'utopie et l'enseignement, 1984 (Bibliothèque des Histoires) [C. Amalvi] — XIV 597–600

OZOUF, Mona: Vgl. REBOUL-SCHERRER, Fabienne: La vie quotidienne des premiers instituteurs 1833–1882, 1989 — XVIII/3 235

PACK, Edgar: Vgl. Series episcoporum ecclesiae catholicae occidentalis ab initio usque ad annum MCXCVIII. Series V, t. II, 1984 — XIV 678–679

PAILLAT, Claude, Francis BOULNOIS: La France dans la guerre américaine, 8 novembre 1942 – 6 juin 1944. L'occupation, 1989 (Dossiers secrets de la France contemporaine, 7) [D. Vogel] — XVIII/3 290

PALLACH, Ulrich-Christian: Materielle Kultur und Mentalitäten im 18. Jahrhundert. Wirtschaftliche Entwicklung und politisch-sozialer Funktionswandel des Luxus in Frankreich und im Alten Reich am Ende des Ancien Régime, 1987 (Ancien Régime, Aufklärung und Revolution, 14) [D. Bourel] — XVII/2 284

PALMA-CAYET, Pierre-Victor: L'histoire prodigieuse du Docteur Fauste, publ. avec introduction et notes par Yves CAZAUX, 1982 (Textes littéraires français, 313) [V. Kapp] — XI 785–786

PALMIER, Jean-Michel: Retour à Berlin, 1989 [C. Buffet] — XVIII/3 191–208

PANDEL, Hans-Jürgen: Historik und Didaktik. Das Problem der Distribution historiographisch erzeugten Wissens in der deutschen Geschichtswissenschaft von der Spätaufklärung zum Frühhistorismus (1765–1830), 1990 (Fundamenta Historica. Texte und Forschungen, 2) [A. Cser] — XX/2 133–138

PAPELEUX, Léon: L'action caritative du Saint-Siège en faveur des prisonniers de guerre (1939–1945), 1991 (Institut Historique Belge de Rome. Bibliothèque, 29) [H. Hürten] — XIX/3 280–281

Les Papiers de Richelieu, Section politique extérieure, correspondance et papiers d'État. Empire Allemand, T. I (1616–1629), éd. par Adolf WILD, 1982 (Monumenta Europae Historica) [H. Schmidt] — XIII 819–821

Les Papiers de Richelieu. Section Politique Intérieure. Correspondance et Papiers d'État, éd. par Pierre GRILLON, 1985 (Monumenta Europae Historica – Commission Internationale pour l'Édition des Sources de l'Histoire Européenne, 4) [H. Schmidt] — XVI/2 275–276

Papsttum, Kirche und Recht im Mittelalter. Festschrift für Horst Fuhrmann zum 65. Geburtstag, hg. von Hubert MORDEK, 1991 [O. Guyotjeannin] — XX/1 192–193

Papsturkunden 896–1046, bearb. von Harald ZIMMERMANN. Bd. 1: 896–996; Bd. 2: 996–1046, 1984–1985 (Österreichische Akademie der Wissenschaften, phil.-hist. Klasse. Denkschriften, 174, 177 = Veröffentlichungen der Historischen Kommission, 3–4) [D. Lohrmann] — XIII 752–753

Papsturkunden 896–1046, bearb. von Harald ZIMMERMANN. Bd. 3: Register, 1989 (Österreichische Akademie der Wissenschaften, phil.-hist. Klasse. Denkschriften, 198 = Veröffentlichungen der Historischen Kommission, 5) [D. Lohrmann] — XVIII/1 328

PARAVICINI BAGLIANI, Agostino: Vgl. Ars et Ratio, 1990 — XVIII/1 235–237

PARAVICINI BAGLIANI, Agostino: Vgl. La Maison de Savoie et le Pays de Vaud, 1989 — XIX/1 307–308

PARAVICINI BAGLIANI, Agostino: Vgl. Träume im Mittelalter. Ikonographische Studien, 1989 — XX/1 234–236

PARDAILHE-GALABRUN, Annik: La naissance de l'intime. 3000 foyers parisiens, XVIIe–XVIIIe siècles, 1988 (Travaux du centre de recherches sur la civilisation de l'Europe moderne) [M. Dinges] — XVII/2 271–274

PARENT, Michel: Vauban. Un encyclopédiste avant la lettre, 1982 (Illustres inconnus) [H. Sproll] — XIII 828–829

Paris au XIXe siècle. Aspects d'un mythe littéraire, 1984 (Littératures et idéologies) [R. Fleck] — XIII 878

Paris. Genèse d'un paysage, publ. par Louis BERGERON, avec la collab. de Anne LOMBARD-JOURDAN, Simone ROUX, Jean NAGLE, Pierre PINON et Marcel RONCAYOLO, 1989 [C. Wischermann] — XX/3 319

Paris d'Hospitalité. Ouvrage publ. à l'occasion de l'exposition »Paris d'hospitalité« présentée au Pavillon de l'Arsenal du 19 juin au 9 septembre 1990, 1990 [U.-C. Pallach] — XIX/2 364

PARISSE, Michel: Noblesse et chevalerie en Lorraine médiévale. Les familles nobles du XIe au XIIIe siècle, 1982 [H. Seibert] — XII 796–798

PARISSE, Michel: Vgl. Remirement, l'abbaye et la ville, 1980 — XII 926–929

PARISSE, Michel: Vgl. A propos des actes d'évêques: hommage à Lucie Fossier, 1991 — XX/1 191–192

PARKER, Geoffrey et al.: The Thirty Years' War, 1984 [G. Livet] — XIV 761–763

PARKER, Geoffrey: The Military Revolution. Military innovation and the rise of the west, 1500–1800, 1988 [B. Sicken] — XVII/2 229–231

PASQUALI, Gianfranco: Vgl. Ricerche e studi sul »Breviarium ecclesiae Ravennatis«, 1985 — XV 923–926

PASTRÉ, Jean-Marc: Vgl. La ville: du réel à l'imaginaire, 1991 — XX/1 201–203

Pathos, Klatsch und Ehrlichkeit. Liselotte von der Pfalz am Hofe des Sonnenkönigs, hg. von Klaus J. MATTHEIER und Paul VALENTIN, 1990 (Romanica et comparatistica, 14) [C. Hess] — XIX/2 275–276

PATLAGEAN, Evelyne: Vgl. Le Moyen Âge. Vol. 1, 1982 — XI 725–728

PATZE, Hans: Vgl. Festschrift für Berent Schwineköper, 1982 — XI 714–715

PATZE, Hans: Vgl. SCHLESINGER, Walter: Ausgewählte Aufsätze 1965–1979, 1987 — XVI/1 155–167

PATZE, Hans: Vgl. Geschichtsschreibung und Geschichtsbewußtsein im späten Mittelalter, 1987 — XVII/1 284–289

PAUL, Gerhard: Aufstand der Bilder. Die NS-Propaganda vor 1933, 1990 [R. R. Thalmann] — XIX/3 267–268

PAULHAC, François: Les accords de Munich et les origines de la guerre de 1939. Problèmes et controverses, 1988 [M.-L. Recker] — XVIII/3 272

PEACH, Trevor: Vgl. Éditions françaises du XVIe siècle conservées dans le fonds ancien de la Bibliothèque de Saint David's University College, Lampeter, 1992 — XX/2 312

PEHLE, Walter H.: Vgl. Der Judenpogrom 1938, 1988 — XVI/3 268–271

PELGER, Hans: Vgl. Unbekanntes von Friedrich Engels und Karl Marx. Teil I, 1986 — XV 1051–1052

PELISSIER, Pierre: Emile de Girardin, Prince de la Presse, 1985 [R. Fleck] — XVI/3 181

PELLENS, Karl: Vgl. Geschichtskultur – Geschichtsdidaktik. Internationale Bibliographie, 1984 — XIII 695

PELLETIER, Monique: La carte de Cassini. L'extraordinaire aventure de la carte de France, 1990 [D. Lohrmann] — XIX/2 290–292

PELUS, Marie-Louise: Wolter von Holsten marchand lübeckois dans la seconde moitié du seizième siècle, 1981 (Collection de l'École Normale Supérieure de Jeunes Filles, 15) [R. Dufraisse] — XI 783–785

PELZER, Erich: Der elsässische Adel im Spätfeudalismus. Tradition und Wandel einer regionalen Elite zwischen dem Westfälischen Frieden und der Revolution (1648–1790), 1990 (Ancien Régime, Aufklärung und Revolution, 21) [G. Livet] — XVIII/2 320–322

La Pensée Religieuse dans la littérature et la civilisation du XVIIe siècle en France. Actes du colloque de Bamberg 1983, éd. par Manfred TIETZ et Volker KAPP, 1984 [L. Châtellier] — XII 830–832

PERGOLA, Philippe: Vgl. Topographie chrétienne des cités de la Gaule des origines au milieu du VIIIe siècle. T. II, 1986 — XIV 878–879

PÉRIN, Patrick: La datation des tombes mérovingiennes. Historique – Méthodes – Applications. Avec une contribution de René LEGOUX, préface de Michel FLEURY, 1980 (Centre de recherches d'histoire et de philologie de la IVe section de l'École Pratique des Hautes Études. 5; Hautes Études médiévales et modernes, 39) [W. Janssen] — XII 511–533

Die Peripherie in der Weltwirtschaftskrise: Afrika, Asien und Lateinamerika 1929–1939, hg. von Dietmar ROTHERMUND, 1983 [D. Brötel] — XIII 901–902

PERNOT, Michel: Les guerres de religion en France 1559–1598, 1987 (Regard sur l'histoire) [W. Kaiser] — XVIII/2 247–248

PERNOUD, Georges: Vgl. Die Französische Revolution in Augenzeugenberichten, 1989   XVII/2   301–304

PÉROUAS, Louis: Refus d'une Religion, Religion d'un refus en Limousin rural 1880–1940. Recherches d'histoire et de sciences sociales, 1985 [M. Greschat]   XIII   885–886

PEROUAS, Louis, Bernadette BARRIÈRE, Jean BOUTIER, Jean-Claude PEYRONNET, Jean TRICARD [et le groupe Rencontre des historiens du Limousin]: Léonard, Marie, Jean et les autres. Les prénoms en Limousin depuis un millénaire, 1984 [N. Weinhold]   XVI/1   222–223

PÉROUAS, Louis, Paul D'HOLLANDER: La Révolution française. Une rupture dans le christianisme? Le cas du Limousin (1775–1822). Préface de Michel VOVELLE, 1988 [H. Ammerich]   XVIII/2   294–296

PERROT, Jean-Claude: Vgl. De la Richesse Territoriale du Royaume de France, 1988   XVIII/2   328

PERROT, Michelle: Jeunesse de la grève. France 1871–1890, 1984 [F. Boll]   XV   1054

PERROT, Michelle: Vgl. AGULHON, Maurice et al.: Essais d'Égo-Histoire, 1987   XVII/3   204–205

Persönlichkeiten im Umkreis Friedrichs des Großen, hg. von Johannes KUNISCH, 1988 (Neue Forschungen zur brandenburg-preußischen Geschichte, 9) [M. Kerautret]   XVIII/2   271–272

Person und Gemeinschaft im Mittelalter. Karl Schmid zum fünfundsechzigsten Geburtstag, hg. von Gerd ALTHOFF, Dieter GEUENICH, Otto Gerhard OEXLE und Joachim WOLLASCH, 1988 [G. T. Beech]   XIX/1   235–236

Le personnel de l'enseignement supérieur en France aux XIXe et XXe siècles, éd. par Christoph CHARLE et Régine FERRÉ, 1985 [J. Schriewer]   XVI/3   202–207

PESENDORFER, Franz: Feldmarschall Loudon. Der Sieg und sein Preis, 1989 [A. Corvisier]   XX/2   252–253

PETER, Lothar: Vgl. Das französische Experiment. Linksregierung in Frankreich 1981–1985, 1985   XV   1098–1099

PETERS, Anne: Vgl. Hochschuloffiziere und Wiederaufbau des Hochschulwesens in Westdeutschland 1945–1952. Teil 3, 1991   XX/3   294–296

PETERSOHN, Jürgen: Vgl. BEUMANN, Helmut: Ausgewählte Aufsätze aus den Jahren 1966–1986, 1987   XVI/1   215–218

PETITMENGIN, Pierre: Vgl. Guide de l'épigraphiste, 1986   XIV   874

PETITMENGIN, Pierre: Vgl. Indices librorum. Catalogues anciens et modernes de manuscrits médiévaux en écriture latine, 1987   XV   1105

PETKE, Wolfgang: Kanzlei, Kapelle und königliche Kurie unter Lothar III. (1125–1137), 1985 (Forschungen zur Kaiser- und Papstgeschichte des Mittelalters. Beihefte zu J. F. Böhmer, Regesta Imperii, 5) [T. Kölzer]   XIV   728–730

PETRI, Franz: Vgl. Civitatum communitas. Studien zum europäischen Städtewesen, 2 Bde., 1984   XIV   659–660

PETRI, Franz, Ivo SCHÖFFER, Jan Juliaan WOLTJER: Geschichte der Niederlande: Holland, Belgien, Luxemburg, 1991 (Handbuch der Europäischen Geschichte) [W. Frijhoff]   XIX/2   239–240

PEYER, Hans Conrad: Von der Gastfreundschaft zum Gasthaus. Studien zur Gastlichkeit im Mittelalter, 1987 (Monumenta Germaniae Historica. Schriften, 31) [A. Paravicini Bagliani] — XIX/1 270

PEYRONNET, Jean-Claude: Vgl. PEROUAS, Louis et al.: Léonard, Marie, Jean et les autres, 1984 — XVI/1 222–223

PEYRONNET, Philippe de: Inventaire de la bibliothèque de Saint Jean-Marie Vianney, curé d'Ars, 1991 (Collection des mélanges de la bibliothèque de la Sorbonne, 19) [R. Babel] — XIX/2 370–371

Pfälzer Lebensbilder. 4. Bd., hg. von Hartmut HARTHAUSEN, 1987 (Veröffentlichungen der Pfälzischen Gesellschaft zur Förderung der Wissenschaften in Speyer, 80) [J.-P. Kintz] — XVI/3 198–199

PFAFF, Carl: Vgl. MÜLLER, P. Iso et al.: Thesaurus Fabariensis. Die Reliquien-, Schatz- und Bücherverzeichnisse im Liber Viventium von Pfäfers, 1985 — XIII 931

PFENNING, Winfried: Vgl. State, Economy, and Society in Western Europe 1815–1975. Vol. II, 1987 — XVI/3 171–172

PFERSCHY, Bettina: Vgl. Die Urkunden Friedrichs I. 1181–1190, 1990 — XVIII/1 290–291

PFISTER, Christian: Klimageschichte der Schweiz, 1525–1860. Das Klima der Schweiz von 1525–1860 und seine Bedeutung in der Geschichte der Bevölkerung und Landwirtschaft, 1984 [R. Loose] — XV 979–980

PFISTER, Max: Vgl. HAUBRICHS, Wolfgang et al.: »In Francia fui«, 1989 — XVIII/1 327–328

PFLANZE, Otto: Bismarck and the Development of Germany, 3 vols., 1990 [A. Mitchell] — XIX/3 165–173

Pflugiana. Studien über Julius Pflug (1499–1564). Ein internationales Symposium, hg. von Elmar NEUSS und Jacques V. POLLET, 1990 (Reformationsgeschichtliche Studien und Texte, 129) [J.-C. Margolin] — XVIII/2 246–247

Philologiques I. Contribution à l'histoire des disciplines littéraires en France et en Allemagne au XIXe siècle, publ. par Michel ESPAGNE et Michael WERNER, 1990 [F. Beckmann] — XIX/3 224–226

PICARD, Jean-Charles: Vgl. Topographie chrétienne des cités de la Gaule des origines au milieu du VIIIe siècle. T. I–IV, 1986 — XIV 878–879

PICARD, Jean-Charles: Vgl. Topographie chrétienne des cités de la Gaule des origines au milieu du VIIIe siècle. T. V, 1987 — XV 1107–1108

PICARD, Jean-Charles: Vgl. L'inhumation privilégiée du IVe au VIIIe siècle en Occident, 1986 — XVI/1 243–246

PICARD, Jean-Charles: Le souvenir des évêques. Sépultures, listes épiscopales et culte des évêques en Italie du Nord des origines au Xe siècle, 1988 (Bibliothèque des Écoles françaises d'Athènes et de Rome, 268) [J. Jarnut] — XVII/1 229–230

PICARD, Jean-Charles: Vgl. Topographie chrétienne des cités de la Gaule des origines au milieu du VIIIe siècle. T. VI–VII, 1989 — XVII/1 325–326

Piemonte medievale. Forme del potere e della società. Studi per Giovanni TABACCO, 1985 [J.-Y. Mariotte] — XIII 923–924

PIEPER, Volker, Michael SIEDENHANS: Die Vergessenen von Stukenbrock. Die Geschichte des Lagers in Stukenbrock-Senne von 1941 bis zur Gegenwart, 1988 [M. Spivak]   XVII/3   301–302

PIETRI, Charles: Vgl. Topographie chrétienne des cités de la Gaule des origines au milieu du VIIIe siècle. T. IV, 1986   XIV   878–879

PIETRI, Charles: Vgl. Histoire du christianisme des origines à nos jours. T. VI, 1990   XIX/1   317–322

PIETRI, Luce: La ville de Tours du IVe au VIe siècle: Naissance d'une cité chrétienne, 1983 (Coll. de l'École Française de Rome, 69) [G. Scheibelreiter]   XIV   691–692

Pietri, Luce: Vgl. Topographie chrétienne des cités de la Gaule des origines au milieu du VIIIe siècle. T. V, 1987   XV   1107–1108

PIÉTRI, Nicole: L'Allemagne de l'ouest (1945–1969). Naissance et développement d'une démocratie, 1987 [H. Reifeld]   XVI/3   299

PILLORGET, René: La Tige et le Rameau. Familles anglaise et française, XVIe–XVIIIe siècles, 1979 [J. Hoock]   XIII   799–800

PINKNEY, David H.: Decisive Years in France 1840–1847, 1986 [A.-J. Tudesq]   XIV   800–801

PINOL, Jean-Luc: Les mobilités de la grande ville. Lyon, fin XIXe-début XXe siècle, 1991 [C. Wischermann]   XX/3   230–232

PINON, Pierre: Vgl. Paris. Genèse d'un paysage, 1989   XX/3   319

Pipers Handbuch der politischen Ideen, hg. von Iring FETSCHER und Herfried MÜNKLER. Bd. 3: Neuzeit: Von den Konfessionskriegen bis zur Aufklärung; Bd. 4: Neuzeit: Von der Französischen Revolution bis zum europäischen Nationalismus, 1985, 1986 [A. Kimmel]   XIV   593–596

Pipers Handbuch der politischen Ideen, hg. von Iring FETSCHER und Herfried MÜNKLER. Bd. 5, Neuzeit: Vom Zeitalter des Imperialismus bis zu den neuen sozialen Bewegungen, 1987 [A. Kimmel]   XVI/3   219–220

PITZ, Ernst: Papstreskripte im frühen Mittelalter. Diplomatische und rechtsgeschichtliche Studien zum Brief-Corpus Gregors des Grossen, 1990 (Beiträge zur Geschichte und Quellenkunde des Mittelalters, 14) [J. Durliat]   XVIII/1   125–138

PLANCHE, Alice: Vgl. COULET, Noël et al.: Le roi René, 1982   XI   774–775

PLESSIS, Alain: La Banque de France et ses deux cents actionnaires sous le Second Empire, 1982 [M. Pohl]   XIV   805–806

PLESSIS, Alain: La politique de la Banque de France de 1851 à 1870, 1985 [M. Pohl]   XIV   805–806

PLESSIS, Alain: Régents et gouverneurs de la Banque de France sous le Second Empire, 1985 [M. Pohl]   XIV   805–806

PLOENNIES, Erich Philipp: Topographia Ducatus Montani (1715). Landesbeschreibung und Ansichten. Hg. von Burkhard DIETZ, 1988 [P.-F. Burger]   XVII/2   282–283

Ploetz. Die Bundesrepublik Deutschland. Daten, Fakten, Analysen, hg. von Thomas ELLWEIN und Wolfgang BRUDER unter Mitarbeit von Peter HOFELICH, 1984 [S. Martens]   XIV   618–637

PLUCHON, Pierre: Histoire de la Colonisation Française. T. I: Le Premier Empire Colonial. Des Origines à la Restauration, 1991 [J. Black]	XX/2	187–189
POECK, Dietrich: Vgl. Vinculum Societatis, 1991	XX/1	193–195
PÖLS, Werner: Vgl. Staat und Gesellschaft im politischen Wandel, 1979	XII	739–740
PÖLS, Werner: Studien zur Bismarckzeit. Aufsatzsammlung zum 60. Geburtstag, hg. von Günter GRÜNTHAL und Klaus Erich POLLMANN, 1986 [P. Stadler]	XV	883–884
Poésie lyrique latine du Moyen Âge. Textes prés. et trad. par Pascale BOURGAIN, 1989 (Bibliothèque médiévale) [M. Heinzelmann]	XVII/1	329
POHL, Hans: Vgl. Kartelle und Kartellgesetzgebung in Praxis und Rechtsprechung vom 19. Jahrhundert bis zur Gegenwart, 1985	XVI/3	172–173
POIDEVIN, Raymond: Vgl. Aspects des relations franco-allemandes à l'époque du Second Empire (1851–1866), 1982	XII	867–868
POIDEVIN, Raymond: Die unruhige Großmacht. Deutschland und die Welt im 20. Jahrhundert. Mit einer Einführung von Andreas HILLGRUBER [frz. Original: L'Allemagne et le monde au XXe siècle, 1983], 1985 [H. Schulze]	XIV	817–820
POIDEVIN, Raymond: Robert Schuman, homme d'État 1886–1963, 1986 [R. Mittendorfer]	XV	1083–1087
POIDEVIN, Raymond: Robert Schuman. Avec un témoignage de Raymond BARRE, 1988 (Collection Politiques et Chrétiens, 4) [W. Venohr]	XVII/3	310–312
POIDEVIN, Raymond, Jacques BARIÉTY: Frankreich und Deutschland. Die Geschichte ihrer Beziehungen 1815–1975, 1982 [G. Kreis]	XIII	858
POITOU, Christian: Paroisses et Communes de France. Dictionnaire d'histoire administrative et démographique: Loiret, 1982 [H.-U. Thamer]	XII	920–921
POITRINEAU, Abel: Les Espagnols de l'Auvergne et du Limousin du XVIIe au XIXe siècle, 1985 [E. Birnstiel]	XVI/2	281
La politique sociale du Général de Gaulle. Actes du colloque de Lille 8–9 décembre 1989, éd. par Marc SADOUN, Jean-François SIRINELLI et Robert VANDENBUSSCHE, 1990 (Collection Histoire et Littérature Régionales) [A. Wilkens]	XX/3	181–191
Die politischen Testamente der Hohenzollern, bearb. von Richard DIETRICH, 1986 (Veröffentlichungen aus den Archiven Preußischer Kulturbesitz, 20) [J.-L. Le Cam]	XVI/2	289–291
POLLET, Jacques V.: Vgl. Pflugiana. Studien über Julius Pflug (1499–1564), 1990	XVIII/2	246–247
POLLMANN, Klaus Erich: Vgl. PÖLS, Werner: Studien zur Bismarckzeit, 1986	XV	883–884
POLY, Jean-Pierre: Vgl. Le Moyen Âge. Vol. 2, 1982	XI	725–728
Le polyptyque et les listes de cens de l'abbaye de Saint-Remi de Reims (IXe–XIe siècles). Édition critique par Jean-Pierre DEVROEY, 1984 (Travaux de l'Académie nationale de Reims, 163) [H.-W. Goetz]	XIV	706–708

POMEAU, René: Vgl. Éclectisme et cohérence des Lumières, 1992   XX/2   225–227

POMEAU, René, Christiane MERVAUD: De la Cour au jardin 1750–1759, 1991 [M. Fontius]   XX/2   227–229

POMMERIN, Reiner: Von Berlin nach Bonn. Die Alliierten, die Deutschen und die Hauptstadtfrage nach 1945, 1989 [C. Buffet]   XVIII/3   191–208

PON, Georges: Vgl. Recueil des documents de l'abbaye de Fontaine-le-Comte, 1982   XI   749–750

PONS, Nicole: Vgl. Jean de Montreuil: Opera. Vol. IV, 1986   XVI/1   301–303

PONS, Nicole: Vgl. »L'Honneur de la couronne de France«, 1990   XIX/1   340

PONTAL, Odette: Histoire des conciles mérovingiens, 1989 [P. Brommer]   XVII/1   247–248

PORCH, Douglas: The March to the Marne. The French Army 1871–1914, 1981 [G. Krumeich]   XI   854–856

PORTIER, Jean-Marie: Pierre Lallemand, un notable Sarregueminois. De la tourmente révolutionnaire à l'ordre Napoléonien, 1991 (Confluence. Série histoire) [P. Burg]   XIX/2   195–209

POSADA, Gerardo: Der heilige Bruno, Vater der Kartäuser. Ein Sohn der Stadt Köln. Mit Beiträgen von Adam WIENAND und Otto BECK, 1987 [B. Chauvin]   XVII/1   280

POSTIGLIOLA, Alberto: Vgl. Égalité, Uguaglianza, 1990   XIX/2   319

Post-War Britain, 1945–1964. Themes and Perspectives, ed. by Anthony GORST, Lewis JOHNMAN and W. Scott LUCAS, 1989 [R. Lahme]   XIX/3   193–205

POTTHOFF, Heinrich: Vgl. Die SPD-Fraktion in der Nationalversammlung 1919–1920, 1986   XVI/3   225–226

POTTHOFF, Heinrich: Freie Gewerkschaften 1918–1933. Der Allgemeine Deutsche Gewerkschaftsbund in der Weimarer Republik, 1987 (Beiträge zur Geschichte des Parlamentarismus und der politischen Parteien, 82) [W. Albrecht]   XIX/3   270–271

POUCHELLE, Marie-Christine: Corps et chirurgie à l'apogée du Moyen Âge. Savoir et imaginaire du corps chez Henri de Mondeville, chirurgien de Philippe le Bel, 1983 (Nouvelle Bibliothèque Scientifique) [A. Paravicini Bagliani]   XII   810–812

POUDRET, Jean-François: Vgl. La Maison de Savoie et le Pays de Vaud, 1989   XIX/1   307–308

POULLE, Emmanuel: Vgl. Le vote de la soustraction d'obédience en 1398. T. I, 1988   XVIII/1   309–311

POUSSOU, Jean-Pierre: Vgl. Études sur les villes en Europe occidentale. T. I–II, 1983   XIII   814–816

POUSSOU, Jean-Pierre: Vgl. MEYER, Jean et al.: La Révolution française, 1991   XX/2   259–260

POWELL, Kenneth: Vgl. DICKENS, Arthur G. et al.: The Reformation in Historical Thought, 1985   XVII/2   246–248

Power in Europe? Great Britain, France, Italy and Germany in a Postwar World, 1945–1950, ed. by Josef BECKER and Franz KNIPPING, 1986 [J. Klein]   XVI/3   284–289

PRACHE, Denys: La Révolution Française au jour le jour, 1985 [R. Reichardt] — XIII 511–523

PRADIER, James: Correspondance. T. III (1843–1846). Textes réunis, classés et annotés par Douglas SILER, 1988 (Historie des Idées et Critique Littéraire, 263) [R. Fleck] — XVIII/3 229

Pratiques et concepts de l'histoire en Europe, XVIe–XVIIIe siècles. Colloque tenu en Sorbonne les 22 et 23 mai 1989. Textes réunis par Chantal GRELL et Jean-Michel DUFAYS, 1990 (Mythes, Critique et Histoire, 4) [U. Neddermeyer] — XVIII/2 241–243

PRELL, Uwe: Grenzüberschreitung in Berlin. Der Reise- und Besucherverkehr und die westlichen politischen Entscheidungen, 1986 [C. Buffet] — XVI/3 304–305

PRESS, Volker: Vgl. Städtewesen und Merkantilismus in Mitteleuropa, 1983 — XIII 812–814

PRESS, Volker: Vgl. Vorderösterreich in der frühen Neuzeit, 1989 — XIX/2 353

Presse et histoire au XVIIIe siècle. L'année 1734, éd. par Pierre RETAT et Jean SGARD, 1978 [R. Reinhardt] — XI 820

Preußen, Europa und das Reich, hg. von Oswald HAUSER, 1987 [M. Kerautret] — XVII/2 234–236

Preußen und die revolutionäre Herausforderung seit 1789. Ergebnisse einer Konferenz, hg. von Otto BÜSCH und Monika NEUGEBAUER-WÖLK, mit Beiträgen von Helmut BERDING u. a., 1990 (Veröffentlichungen der Historischen Kommission zu Berlin. Forschungen zur preußischen Geschichte, 78) [P. W. Schroeder] — XIX/2 344–346

Preußische Parlamentarier. Ein Photoalbum 1859–1867, bearb. von Horst CONRAD und Bernd HAUNFELDER, mit einem Vorwort von Lothar GALL, 1986 (Photodokumente zur Geschichte des Parlamentarismus und der politischen Parteien) [W. Füssl] — XVI/3 199–200

PREVENIER, Walther, Wim BLOCKMANS: Die burgundischen Niederlande. Aus dem Niederländischen übers. von Rolf ERDORF, 1986 [H. Kruse] — XVI/1 300–301

PRÉVÔT, Françoise: Vgl. Topographie chrétienne des cités de la Gaule des origines au milieu du VIIIe siècle. T. VI, 1989 — XVII/1 325–326

PRÉVOTAT, Jacques: Vgl. FESSARD, Gaston: Au Temps du Prince Esclave, 1989 — XVIII/3 290–292

PRICE, Roger: The Modernization of Rural France. Communications Network and Agricultural Market Structures in Nineteenth-Century France, 1983 [G. Désert] — XIV 801–804

Prieurs et prieurés dans l'Occident médiéval. Actes du colloque organisé à Paris le 12 novembre 1984 par la IVe Section de l'École Pratique des Hautes Études et l'Institut de recherche et d'histoire des textes, publ. par Jean-Loup LEMAÎTRE. Préface de Dom Jacques DUBOIS, 1987 (École Pratique des Hautes Études IVe section, 5; Hautes Études médiévales et modernes, 60) [H. Seibert] — XVI/1 236–237

PRINZ, Friedrich: Vgl. Herrschaft und Kirche, 1988 — XVII/1 215–216

Zum Problem der Deutung frühmittelalterlicher Bildinhalte. Akten des 1. Internationalen Kolloquiums in Marburg a. d. Lahn, 15. bis 19. Februar 1983, hg. von Helmut ROTH, Redaktion und Register Dagmar v. REITZENSTEIN, 1986 (Veröffentlichungen des Vorgeschichtlichen Seminars der Philipps-Universität Marburg a. d. Lahn. Sonderband 4) [M. Heinzelmann] XIV 877

PROBST, Veit: Petrus Antonius de Clapis (ca. 1440–1512). Ein italienischer Humanist im Dienst Friedrichs des Siegreichen von der Pfalz, 1989 (Veröffentlichungen des Historischen Instituts der Universität Mannheim, 10) [J.-C. Margolin] XVIII/1 321–323

PROCHASSON, Christophe: Les années électriques, 1880–1910, 1991 (L'aventure intellectuelle de la France au XXe siècle, 1) [R. Beck] XX/3 225–227

PRODI, Paolo: Vgl. Strutture ecclesiastiche in Italia e in Germania prima della Riforma, 1984 XIV 752–753

Propagande et contre-propagande religieuses, éd. par Jacques MARX, 1987 (Problèmes d'histoire du christianisme, 17) [M. Heinzelmann] XVII/1 324–325

A propos des actes d'évêques: hommage à Lucie Fossier. Études réunies par Michel PARISSE, 1991 [L. Kolmer] XX/1 191–192

Prosopographie et genèse de l'État moderne. Actes de la table ronde organisée par le Centre National de la Recherche Scientifique et l'École Normale Supérieure de jeunes filles, Paris, 22–23 octobre 1984, éd. par Françoise AUTRAND, 1986 (Collection de l'École Normale Supérieure de jeunes filles, 30) [H. Müller] XV 891–897

PROSPERI, Adriano: Vgl. Il Nuovo Mondo nella coscienza italiana e tedesca del Cinquecento, 1992 XX/2 184–187

PROST, Antoine: Vgl. AZÉMA, Jean-Pierre et al.: Le Parti communiste français des années sombres 1938–1941, 1986 XVI/3 273–277

PROST, Antoine: Vgl. Les Communistes français de Munich à Châteaubriant (1938–1941), 1987 XVI/3 273–277

La Protection sociale sous la Révolution Française, éd. par Jean IMBERT, 1990 (Comité d'Histoire de la Sécurité Sociale) [W. Schmale] XX/2 277–278

PROUDHON, Pierre-Joseph: Von den Grundlagen und der sozialen Bestimmung der Kunst, übers. und hg. von Klaus HERDING, 1988 (Klassiker der Kunstsoziologie, 3) [R. Fleck] XVIII/3 229–230

PROUVOST, J.: Vgl. Histoire de Roubaix, 1984 XIV 869–872

Das Publikum politischer Theorie im 14. Jahrhundert, hg. von Jürgen MIETHKE unter Mitarbeit von Arnold BÜHLER, 1992 (Schriften des Historischen Kollegs. Kolloquien, 21) [B. Guenée] XX/1 306–309

La Puissance en Europe 1938–1940, éd. par René GIRAULT et Robert FRANK, 1984 (Série Internationale, 23) [S. Martens] XIII 909–910

PUJO, Bernard: Vauban, 1991 [H. Sproll] XIX/2 265–266

PUSCHNER, Uwe: Vgl. »Vorwärts, vorwärts, sollst du schauen...« Geschichte, Politik und Kunst unter Ludwig I., Bd. 9, 1986 XVI/3 178–180

QUANDT, Siegfried: Vgl. Geschichtskultur – Geschichtsdidaktik. Internationale Bibliographie, 1984 — XIII 695

QUATREFAGES, René: Vgl. BÉLY, Lucien et al.: Guerre et Paix dans l'Europe du XVIIe siècle, 2 t., 1991 — XIX/2 257–259

Quellen zur Geschichte der Alamannen. VI: Inschriften und Münzen. Mit einer Zeittafel von 213 bis etwa 530 von Wolfgang KUHOFF. Corrigenda und Addenda zu den Bänden I und II von Gunther GOTTLIEB und Wolfgang KUHOFF, 1984 (Heidelberger Akademie der Wissenschaftlichen Kommission für Alamannische Altertumskunde. Schriften, 9) [E. Demougeot] — XII 767–774

Quellen zur Geschichte der deutschen Gewerkschaftsbewegung im 20. Jahrhundert. Begründet von Erich MATTHIAS, hg. von Hermann WEBER, Klaus SCHÖNHOVEN und Klaus TENFELDE. Bd. 1: Die Gewerkschaften in Weltkrieg und Revolution 1914–1919, bearb. von Klaus SCHÖNHOVEN, 1985; Bd. 2: Die Gewerkschaften in den Anfangsjahren der Republik 1919–1923, bearb. von Michael RUCK, 1985; Bd. 3, I und II: Die Gewerkschaften von der Stabilisierung bis zur Weltwirtschaftskrise 1924–1930, bearb. von Horst A. KUKUCK und Dieter SCHIFFMANN, 1986 [W. Albrecht] — XV 1058–1060

Quellen zur Geschichte der deutschen Gewerkschaftsbewegung im 20. Jahrhundert. Begründet von Erich MATTHIAS, hg. von Hermann WEBER, Klaus SCHÖNHOVEN und Klaus TENFELDE. Bd. 4: Die Gewerkschaften in der Endphase der Republik 1930–1933, bearb. von Peter JAHN unter Mitarbeit von Detlev BRUNNER, 1988 [W. Albrecht] — XIX/3 268–270

Quellen zur Geschichte der deutschen Gewerkschaftsbewegung im 20. Jahrhundert, hg. von Hermann WEBER und Siegfried MIELKE. Bd. 6: Organisatorischer Aufbau der Gewerkschaften 1945–1949. Bearb. von Siegfried MIELKE unter Mitarbeit von Peter RÜTTERS, Michael BECKER und Michael FICHTER, 1987 [W. Albrecht] — XIX/3 299–300

Quellen zur Geschichte von Rheinland-Pfalz während der französischen Besatzung, März 1945 bis August 1949, bearb. von Peter BROMMER, 1985 (Veröffentlichungen der Kommission des Landtages für die Geschichte des Landes Rheinland-Pfalz, 6) [P. Barral] — XIV 851–852

Quellen zur Geschichte des 7. und 8. Jahrhunderts. Unter der Leitung von Herwig WOLFRAM neu übertragen von Andreas KUSTERNIG und Herbert HAUPT, 1982 (Ausgewählte Quellen zur deutschen Geschichte des Mittelalters. Freiherr von Stein-Gedächtnisausgabe, 4a) [K.-U. Jäschke] — XI 731–733

Quellen zur Hanse-Geschichte. Mit Beiträgen von Jürgen BOHMBACH und Jochen GOETZE, hg. von Rolf SPRANDEL, 1982 (Ausgewählte Quellen zur deutschen Geschichte des Mittelalters. Freiherr vom Stein-Gedächtnisausgabe, 36) [M.-L. Pelus] — XI 751–752

Quellenkunde zur Deutschen Geschichte der Neuzeit von 1500 bis zur Gegenwart, hg. von Winfried BAUMGART, Bd. 3: Absolutismus und Zeitalter der Französischen Revolution (1715–1815), bearb. von Klaus MÜLLER, 1982 [L. Châtellier] — XI 809–810

Qu'est-ce que les Lumières? Choix des textes, traduction, préface et notes de Jean MONDOT, 1991 [J. Voss]	XIX/2	369–370
QUÉTEL, Claude: Vgl. BARDET, Jean-Pierre et al.: Peurs et terreurs face à la contagion, 1988	XVII/3	265–267
QUILLIEN, J.: Vgl. HUMBOLDT, G. de: La tâche de l'historien, 1985	XV	1048–1049
QUIRIN, Heinz: Vgl. Civitatum communitas. Studien zum europäischen Städtewesen, 2 Bde., 1984	XIV	659–660
RAABE, Paul: Vgl. Der Zensur zum Trotz, 1991	XX/3	209–211
RABOTTI, Giuseppe: Vgl. Breviarium ecclesiae Ravennatis (Codice bavaro) secoli VII–X, 1985	XV	923–926
Raccolte di Vite di Santi dal XIII al XVIII secolo. Strutture, messaggi, fruizioni. A cura di Sofia BOESCH GAJANO, 1990 (Università di Studi di Roma »La Sapienza«, Collana del Dipartimento di Studi Storici dal Medioevo all'età contemporanea, 5) [D. Russo]	XIX/1	324–326
RAGUENEAU, Philippe: Humeur et humour du Général, 1990 [A. Wilkens]	XX/3	181–191
RAIMONDI, Ezio: Vgl. Università, Accademie e Società scientifiche in Italia e in Germania, 1981	XI	776–779
RAMSOM, C. F. G.: Vgl. HINSLEY, Francis H. et al.: British Intelligence in the Second World War. Vol III/2, 1988	XVII/3	298–300
RANIERI, Filippo: Recht und Gesellschaft im Zeitalter der Rezeption. Eine rechts- und sozialgeschichtliche Analyse der Tätigkeit des Reichskammergerichts im 16. Jahrhundert. 2 Bde., 1985 (Quellen und Forschungen zur höchsten Gerichtsbarkeit im alten Reich, 17/I–II) [R. Pillorget]	XVII/2	251–253
RANKE, Winfried, Carola JÜLLIG, Jürgen REICHE, Dieter VORSTEHER: Kultur, Pajoks und Care-Pakete. Eine Berliner Chronik 1945–1949, 1990 [C. Buffet]	XVIII/3	191–208
RAPP, Francis: Vgl. Histoire de Strasbourg, 1987	XVI/2	312
RASKOLNIKOFF, Mouza: Des Anciens et Des Modernes. Articles réunis par Ségolène DEMOUGIN. Avant-propos de Claude NICOLET. Ouvrage publié avec le concours du CNRS., 1990 (Histoire Ancienne et Médiévale, 23) [C. Grau]	XX/2	221–223
RATHSACK, Mogens: Die Fuldaer Fälschungen. Eine rechtshistorische Analyse der päpstlichen Privilegien des Klosters Fulda von 751 bis ca. 1158, 2 Bde., 1989 (Päpste und Papsttum, 24/I/II) [O. Guyot-jeannin]	XIX/1	285–286
RAUCK, Michael: Karl Freiherr Drais von Sauerbronn. Erfinder und Unternehmer (1785–1851), 1983 (Beiträge zur Wirtschafts- und Sozialgeschichte, 24) [J. Emig]	XV	1031–1034
RAUH, Cornelia: Vgl. Biographisches Handbuch für das Preußische Abgeordnetenhaus 1867–1918, 1988	XVII/3	230–231
RAUH, Manfred: Geschichte des Zweiten Weltkriegs. 1. Teil: Die Voraussetzungen, 1991 [M. Spivak]	XX/3	275–277

RAULFF, Heiner: Vgl. Europa nach dem Zweiten Weltkrieg 1945–1982, 1983 — XIV 618–637

RAULFF, Ulrich: Vgl. BLOCH, Marc: Die seltsame Niederlage: Frankreich 1940, 1992 — XIX/3 103–108

Raumordnungen im Römischen Reich. Zur regionalen Gliederung in den gallischen Provinzen, in Rätien, Noricum und Pannonien. Kolloquium an der Universität Augsburg anläßlich der 2000-Jahr-Feier der Stadt Augsburg vom 28. bis 29. Oktober 1985, hg. von Gunther GOTTLIEB, 1989 (Schriften der Philosophischen Fakultäten der Universität Augsburg. Historisch-sozialwissenschaftliche Reihe, 38) [A. Schwarcz] — XIX/1 271–273

REBENTISCH, Dieter: Führerstaat und Verwaltung im Zweiten Weltkrieg. Verfassungsentwicklung und Verwaltungspolitik 1939–1945, 1989 (Frankfurter Historische Abhandlungen, 29) [M. Spivak] — XVIII/3 283–284

REBMANN, Georg Friedrich: Werke und Briefe, hg. von Hedwig VOEGT, Werner GREILING und Wolfgang RITSCHEL, 3 Bde., 1990 [H. Brandes] — XIX/2 342–344

REBOUL-SCHERRER, Fabienne: La vie quotidienne des premiers instituteurs 1833–1882. Préface de Mona OZOUF, 1989 [R. Fleck] — XVIII/3 235

Rechtsbehelfe, Beweis und Stellung des Richters im Spätmittelalter, hg. von Wolfgang SELLERT, 1985 (Quellen und Forschungen zur höchsten Gerichtsbarkeit im Alten Reich, 16) [J.-L. Gazzaniga] — XV 959–960

RECKER, Marie-Luise: Nationalsozialistische Sozialpolitik im Zweiten Weltkrieg, 1985 [A. Lattard] — XV 1075–1077

RECKER, Marie-Luise: Die Außenpolitik des Dritten Reiches, 1990 (Enzyklopädie Deutscher Geschichte, 8) [M. G. Steinert] — XVIII/3 271

RECKOW, Fritz: Vgl. Die Inszenierung des Absolutismus: politische Begründung und künstlerische Gestaltung höfischer Feste im Frankreich Ludwigs XIV., 1992 — XX/2 202–204

The Records of the Nation. The Public Record Office 1838–1988. The British Record Society 1888–1988. Ed. by G. H. MARTIN and Peter SPUFFORD, 1990 [M. Fröhlich] — XIX/3 320–321

Recueil des documents de l'abbaye de Fontaine-le-Comte (XIIe–XIIIe siècles), éd. par Georges PON, 1982 (Archives historiques du Poitou, 61) [G. Beech] — XI 749–750

Recueil des Inscriptions chrétiennes de la Gaule antérieures à la Renaissance carolingienne. Vol. XV: Viennoise du Nord, éd. par Françoise DESCOMBES, 1985 [H. Chantraine] — XIV 687–690

Recueil des instructions données aux ambassadeurs et ministres de France des Traités de Westphalie jusqu'à la Révolution française. Publ. par Georges LIVET. Vol. 30: Suisse, T. 1: Les 13 Cantons; T. 2: Genève, Les Grisons, Neuchâtel et Valengin, l'Évêché de Bâle, le Valais, 1983 [H. Schmidt] — XIII 822–825

Reden der Französischen Revolution. Hg. von Peter FISCHER, 1989 [J. Emig] — XVII/2 301–304

REESE, Armin: Europäische Hegemonie und France d'outre-mer. Koloniale Fragen in der französischen Außenpolitik 1700–1763, 1988 [J. Black] — XVII/2 281–282

Reformen im rheinbündischen Deutschland. Hg. von Eberhard WEIS unter Mitarbeit von Elisabeth MÜLLER-LUCKNER, 1984 (Schriften des Historischen Kollegs, 4) [E. Pelzer]   XIV   789–790

Les Réformes en Lorraine (1520–1620), éd. par Louis CHÂTELLIER, 1986 [R. Babel]   XVIII/2 209–217

Les Réformes. Enracinement socioculturel. XXVe colloque international d'études humanistes, Tours, 1er–13 juillet 1982, éd. par Bernard CHEVALIER et Robert SAUZET, 1985 [R. Babel]   XVIII/2 209–217

Die reformierte Konfessionalisierung in Deutschland. Das Problem der »Zweiten Reformation«, hg. von Heinz SCHILLING. Wissenschaftliches Symposion des Vereins für Reformationsgeschichte 1985, 1986 [G. Chaix]   XVII/2 257–259

Regesten Kaiser Friedrichs III. (1440–1493); nach Archiven und Bibliotheken geordnet, hg. von Heinrich KOLLER. Heft 4: Die Urkunden und Briefe aus dem Stadtarchiv Frankfurt a.M., bearb. von Paul-Joachim HEINIG, 1986 [H. Angermeier]   XV   971–972

Regierung, Bürokratie und Parlament in Preußen und Deutschland von 1848 bis zur Gegenwart, hg. von Gerhard A. RITTER, 1983 (Beiträge zur Geschichte des Parlamentarismus und der politischen Parteien, 73) [J. Nurdin]   XII   863–864

Die Regierung Eisner 1918/19. Ministerratsprotokolle und Dokumente, bearb. von Franz J. BAUER, 1987 (Quellen zur Geschichte des Parlamentarismus und der politischen Parteien, Reihe 3: Die Weimarer Republik, 10) [A. Mitchell]   XVI/3 223–224

Regionale Amts- und Verwaltungsstrukturen im Rheinhessisch-Pfälzischen Raum (14.-18. Jahrhundert), hg. von Alois GERLICH, 1984 (Veröffentlichungen des Instituts für Geschichtliche Landeskunde an der Universität Mainz, 25) [J.-P. Kintz]   XVI/2   248

REICHARDT, Rolf: Vgl. Sozialgeschichte der Aufklärung in Frankreich, 1981   XI   818–819

REICHARDT, Rolf: Vgl. Die Französische Revolution, 1988   XVII/2 304–305

REICHARDT, Rolf: Vgl. HERDING, Klaus et al.: Die Bildpublizistik der Französischen Revolution, 1989   XVII/2 323–324

REICHARDT, Rolf: Vgl. LÜSEBRINK, Hans-Jürgen et al.: Die Bastille, 1990   XVIII/2 298–299

REICHARDT, Rolf: Vgl. Handbuch politisch-sozialer Grundbegriffe in Frankreich 1680–1820. Hefte 8–10, 1988   XIX/2 266–269

REICHE, Jürgen: Vgl. RANKE, Winfried et al.: Kultur, Pajoks und Care-Pakete, 1990   XVIII/3 191–208

Reichsstädte in Franken. Katalog zur Ausstellung, hg. von Rainer A. MÜLLER und Brigitte BUBERL unter Mitarbeit von Evamaria BROCKHOFF. Aufsätze 1–2, hg. von Rainer A. MÜLLER, 3 Bde., 1987 (Veröffentlichungen zur Bayerischen Geschichte und Kultur, 14–15, 1/2) [G. Chaix]   XVI/1   318

REIFELD, Helmut: Zwischen Empire und Parlament. Zur Gedankenbildung und Politik Lord Rosebery's (1880–1905), 1987 (Veröffentlichungen des Deutschen Historischen Instituts London, 18) [M. Balfour] — XVI/3 218–219

REINALTER, Helmut: Vgl. Aufklärung – Vormärz – Revolution, Bd. 2, 1982 — XI 826–827

REINALTER, Helmut: Vgl. Aufklärung – Vormärz – Revolution, Bd. 4, 1984 — XIV 786–787

REINALTER, Helmut: Vgl. Josef II. und die Freimaurer im Lichte zeitgenössischer Broschüren, 1987 — XV 1010–1012

REINALTER, Helmut: Vgl. Demokratische und soziale Protestbewegungen in Mitteleuropa, 1986 — XVI/3 175–178

REINALTER, Helmut: Vgl. Joseph von Sonnenfels, 1988 — XVII/2 294–296

REINALTER, Helmut: Freiheit, Gleichheit, Brüderlichkeit. Reform, Umbruch und Modernisierung in Aufklärung und Französischer Revolution, 1989 (Historisches Seminar, 7) [E. Schneider] — XVII/2 300–301

REINALTER, Helmut: Die Französische Revolution und Mitteleuropa. Erscheinungsformen und Wirkungen des Jakobinismus. Seine Gesellschaftstheorien und politischen Vorstellungen. Mit einem Vorwort von Michel VOVELLE, 1988 [G.-L. Fink] — XVIII/2 304–305

REINALTER, Helmut: Österreich und die Französische Revolution, 1988 [G.-L. Fink] — XVIII/2 308–310

REINALTER, Helmut: Vgl. Die Aufklärung in Österreich, 1991 — XIX/2 311

REINALTER, Helmut: Vgl. Aufklärung und Geheimgesellschaften, 1989 — XIX/2 312–313

REINALTER, Helmut: Vgl. Bibliographie zur Geschichte der demokratischen Bewegungen in Mitteleuropa 1770–1850, 1990 — XIX/2 370

REINALTER, Helmut: Vgl. Die Französische Revolution. Forschung – Geschichte – Wirkung, 1991 — XX/2 266–268

REINALTER, Helmut: Vgl. Biographisches Lexikon zur Geschichte der demokratischen und liberalen Bewegungen in Mitteleuropa, Bd. 1, 1992 — XX/2 285

REINALTER, Helmut: Vgl. Die Französische Revolution. Mitteleuropa und Italien, 1992 — XX/2 285–287

REINDEL, Kurt: Vgl. Die Briefe des Petrus Damiani, Bd. 1, 1983 — XIV 717–721

REINDEL, Kurt: Vgl. Die Briefe des Petrus Damiani, Bde. 2–3, 1988–1989 — XX/1 282–285

REINHARD, Wolfgang: Vgl. Humanismus und Neue Welt, 1987 — XVI/2 244–245

REINHARD, Wolfgang: Geschichte der europäischen Expansion. Bd. 3: Die Alte Welt seit 1818, 1988 [H. Reifeld] — XVII/3 165–169

REINHARD, Wolfgang: Geschichte der europäischen Expansion, Bd. 4: Dritte Welt, Afrika, 1990 [M. Fröhlich] — XIX/3 321–322

REINHARD, Wolfgang: Vgl. Il Nuovo Mondo nella coscienza italiana e tedesca del Cinquecento, 1992 — XX/2 184–187

REININGHAUS, Wilfried: Gewerbe in der frühen Neuzeit, 1990 (Enzyklopädie Deutscher Geschichte, 3) [M. Morineau] — XIX/2 250–251

Reisen im 18. Jahrhundert. Neue Untersuchungen, hg. von Wolfgang GRIEP und Hans-Wolf JÄGER, 1986 (Neue Bremer Beiträge, 3) [T. Grosser] — XV 1004–1007

REITER, Sabine: Vgl. AFFELDT, Werner et al.: Frauen im Mittelalter, 1990 — XIX/1 231–233

REITZENSTEIN, Dagmar von: Vgl. Zum Problem der Deutung frühmittelalterlicher Bildinhalte, 1986 — XIV 877

Religiöse Toleranz. Dokumente zur Geschichte einer Forderung, eingl., komm. und hg. von Hans R. GUGGISBERG, 1984 (Neuzeit im Aufbau. Darstellung und Dokumentation, 4) [E. François] — XII 761–762

Religion and Society in Early Modern Europe (1500–1800), ed. by Kaspar von GREYERZ, 1985 [R. Babel] — XVIII/2 209–217

Remiremont, l'abbaye et la ville. Actes des journées d'études vosgiennes Remiremont 17–20 avril 1980, réunis par Michel PARISSE, 1980 [H. Seibert] — XII 926–929

RÉMOND, René: Vgl. FLEURY, Alain: »La Croix« et l'Allemagne 1930–1940, 1986 — XVI/3 246–249

RÉMOND, René: 1958. Le Retour de De Gaulle, ²1987 (La Mémoire du Siècle) [J. Dülffer] — XVI/3 302–304

RÉMOND, René: Vgl. AGULHON, Maurice et al.: Essais d'Égo-Histoire, 1987 — XVII/3 204–205

RÉMOND, René avec la collab. de Jean-François SIRINELLI: Notre Siècle 1918 à 1988, 1988 (Histoire de France, 6) [W. Loth] — XVII/3 205–209

RÉMOND, René: Vgl. MICHEL, Alain René: La J.E.C. Jeunesse Étudiante Chrétienne face au Nazisme et à Vichy (1938–1944), 1988 — XVII/3 283–284

RENAUT, Alain: Vgl. FERRY, Luc et al.: Antihumanistisches Denken, 1987 — XV 1100–1102

RENOUVIN, Pierre, Jean-Baptiste DUROSELLE: Introduction à l'histoire des relations internationales, ⁴1991 [S. Martens] — XIX/3 319

Répertoire des documents nécrologiques français, publ. sous la direction de Pierre MAROT par Jean-Loup LEMAÎTRE. Supplément, 1987 (Recueil des Historiens de la France. Obituaires, 7) [B. Schneidmüller] — XVI/1 278–280

REPGEN, Konrad: Vgl. Akten der Reichskanzlei. Regierung Hitler 1933–1938, Teil I, 1983 — XII 897–899

REPGEN, Konrad: Vgl. Konrad Adenauer e Alcide De Gasperi, 1984 — XVI/3 300–301

REPGEN, Konrad: Vgl. Krieg und Politik 1618–1648, 1988 — XVII/2 261–263

Republiken und Republikanismus im Europa der Frühen Neuzeit, hg. von Helmut G. KOENIGSBERGER, unter Mitarbeit von Elisabeth MÜLLER-LUCKNER, 1988 (Schriften des Historischen Kollegs, 11) [R. Pillorget] — XVII/2 214–215

RETAT, Pierre: Vgl. Presse et histoire au XVIIIᵉ siècle. L'année 1734, 1978 — XI 820

REULECKE, Jürgen: Sozialer Frieden durch soziale Reform. Der Centralverein für das Wohl der arbeitenden Klassen in der Frühindustrialisierung, 1983 (Düsseldorfer Schriften zur Neueren Landesgeschichte und zur Geschichte Nordrhein-Westfalens, 6) [P. Theiner] — XII 862–863

REULECKE, Jürgen: Vgl. Metropolis Berlin, 1992 — XX/3 254–256

REUTER, Timothy: Vgl. Wortkonkordanz zum Decretum Gratiani, 5 Bde., 1990 — XVIII/1 324–325

REUTH, Ralf Georg: Goebbels, 1990 [J.-P. Barbian] — XX/3 261–263

REVEL, Jacques: Vgl. Histoire sociale des populations étudiantes, t. 1, 1986 — XVIII/2 239–240

REVEL, Jacques: Vgl. Histoire sociale des populations étudiantes, t. 2, 1989 — XIX/2 245–249

La Révolution en débats, 1987 (Cahiers Bernard Lazare, 119–120) [H. Dippel] — XVI/2 299–300

Revolution in Deutschland? Sieben Beiträge, hg. von Manfred HETTLING, 1991 [W. Scholz] — XIX/3 317–318

Revolution und Fotografie. Berlin 1918/19, 1989 [C. Buffet] — XVIII/3 191–208

La Révolution Française à l'école élémentaire. La Révolution en Moselle, éd. par Laurette MICHAUX, 1989 [P. Burg] — XIX/2 195–209

La Révolution Française et le monde rural. Actes du Colloque tenu en Sorbonne les 23, 24 et 25 octobre 1987 à l'initiative de l'Institut National de la Recherche Agronomique et de l'Institut d'Histoire de la Révolution Française, éd. par le C.T.H.S., avec la collab. financière de l'I.N.R.A., 1989 [W. Trossbach] — XVIII/2 289–290

La Révolution Française vue des deux côtés du Rhin. Textes rassemblés par André DABEZIES, 1990 [W. Albrecht] — XIX/2 332–333

Revolution und Gegenrevolution 1789–1830. Zur geistigen Auseinandersetzung in Frankreich und Deutschland. Hg. von Roger DUFRAISSE unter Mitarbeit von Elisabeth MÜLLER-LUCKNER, 1991 (Schriften des Historischen Kollegs. Kolloquien 19) [M. Middell] — XX/2 263–265

Revolutionäre Spuren... Beiträge der Saarlouiser Geschichtswerkstatt zur Französischen Revolution im Raum Saarlouis, hg. von Johannes SCHMITT, 1991 [P. Burg] — XIX/2 195–209

Rewriting the French Revolution. The Andrew Brown Lectures 1989, ed. by Colin LUCAS, 1991 [H.-J. Lüsebrink] — XX/2 268–269

REYNAUD, J.-F.: Vgl. Topographie chrétienne des cités de la Gaule des origines au milieu du VIIIe siècle. T. IV, 1986 — XIV 878–879

Rheinischer Städteatlas, hg. vom Landschaftsverband Rheinland, Amt für rheinische Landeskunde, Lieferung VI, Nr. 32 (Odenkirchen), 33 (Ronsdorf), 34 (Viersen), 35 (Wachtendonk), 36 (Wald), 1980 [G. Chaix] — XI 895

RIBBE, Wolfgang: Vgl. Berlin im Europa der Neuzeit, 1990 — XVIII/3 191–208

RIBBE, Wolfgang: Geschichte Berlins. Bd. I: Von der Frühgeschichte bis zur Industrialisierung; Bd. II: Von der Märzrevolution zur Gegenwart, 1987 [C. Buffet] — XVIII/3 191–208

RIBBE, Wolfgang, Wolfgang SCHÄCHE: Die Siemensstadt. Geschichte und Architektur eines Industriestandortes, 1985 [C. Buffet] — XVIII/3 191–208

RIBBE, Wolfgang, Jürgen SCHMÄDEKE: Kleine Berlin-Geschichte, 1988 [C. Buffet] — XVIII/3 191–208

Ricerche e studi sul »Breviarium ecclesiae Ravennatis« (Codice bavaro), di Augusto VASINA, Sylviane LAZARD, Giovanni GORINI, Antonio CARILE, Vito FUMAGALLI, Paola GALETTI, Gianfranco PASQUALI, Massimo MONTANARI, Bruno ANDREOLLI, Teresa BACCHI, 1985 (Istituto storico italiano per il medio evo. Studi storici, 148–149) [J. Durliat]   XV   923–926

RICH, Norman: Why the Crimean War? A Cautionary Tale, 1985 [W. Baumgart]   XIV   806–808

RICHARD, Jean: Vgl. CARON, Marie-Thérèse: La noblesse dans le duché de Bourgogne 1315–1477, 1987   XVI/1   207–214

RICHARD, Lionel: La vie quotidienne en Allemagne sous la République de Weimar 1919–1933, 1983 [S. Martens]   XII   888–889

RICHARD, Lionel: Le nazisme et la culture, 1988 [D. Riesenberger]   XVIII/3   262–264

RICHARD, Lionel: Berlin 1919–1933. Gigantisme, crise sociale et avant-garde: l'incarnation extrême de la modernité, 1991 (Mémoires, 10) [C. Buffet]   XX/3   254–256

RICHÉ, Pierre: Vgl. Le Moyen Âge et la Bible, 1984   XIII   708–709

RICHÉ, Pierre: Vgl. Histoire des saints et de la sainteté chrétienne. T. IV, 1986   XIV   875–876

RICHÉ, Pierre: Les Carolingiens. Une famille qui fit l'Europe, 1983 [Deutsche Übersetzung: Die Karolinger. Eine Familie formt Europa, übers. von Cornelia und Ulf DIRLMEIER, 1987] [J. Fleckenstein]   XV   928–931

RICHÉ, Pierre: Gerbert d'Aurillac, le pape de l'an mil, 1987 [B. Schneidmüller]   XV   943–944

RICHÉ, Pierre: L'Europe barbare de 476 à 774, 1989 (Regards sur l'histoire, 70) [M. Heinzelmann]   XVII/1   327

RICHÉ, Pierre: Écoles et enseignement dans le Haut Moyen Âge, fin du Ve siècle – milieu du XIe siècle, 1989 [G. Scheibelreiter]   XVIII/1   253–255

RICHÉ, Pierre: Vgl. CHÉLINI, Jean: L'aube du moyen âge. Naissance de la chrétienté occidentale, 1991   XX/1   268–270

De la Richesse Territoriale du Royaume de France, texte et documents présentés par Jean-Claude PERROT, 1988 [W. Kaiser]   XVIII/2   328

RICHTER, Evelyn: Vgl. M.d.R. Die Reichstagsabgeordneten der Weimarer Republik in der Zeit des Nationalsozialismus, 1991   XX/3   271–272

RICHTER, Michael: Irland im Mittelalter. Kultur und Geschichte, 1983 [P. Riché]   XII   782–783

RIDER, Jacques le: Vgl. Frankreichs Kulturpolitik in Deutschland, 1945–1950, 1987   XVI/3   289–292

RIDYARD, Susan J.: The Royal Saints of Anglo-Saxon England. A Study of West Saxon and East Anglian cults, 1988 (Cambridge studies in medieval life and thought, 4th series, 9) [J.-C. Poulin]   XVII/1   269–271

RIEDMANN, Josef: Vgl. Federico Barbarossa nel dibattito storiografico in Italia e in Germania, 1982   XII   801–802

RIESZ, Janos: Vgl. Feindbild und Faszination, 1984   XV   1019–1021

Rigney, Ann: The rhetoric of historical representation. Three narrative histories of the French Revolution, 1990 [L. Andries] — XX/2 — 279–280

Rij, Hans van: Vgl. Alpertus van Metz: Gebeurtenissen van deze tijd en Een fragment over bisschop Diederik I van Metz, 1980 — XII — 788–789

Rimbaud, Christiane: Pinay, 1990 [U. Lappenküper] — XIX/3 — 304–305

Riou, Yves-François: Vgl. Jeudy, Colette et al.: Les manuscrits classiques latins des bibliothèques publiques de France. T. I, 1989 — XIX/1 — 257–259

Rioux, Jean-Pierre: Vgl. Azéma, Jean-Pierre et al.: Le Parti communiste français des années sombres 1938–1941, 1986 — XVI/3 — 273–277

Rioux, Jean-Pierre: Vgl. Les Communistes français de Munich à Châteaubriant (1938–1941), 1987 — XVI/3 — 273–277

Rioux, Jean-Pierre: Chronique d'une fin de siècle. France 1889–1900, 1991 [R. Beck] — XIX/3 — 237–239

Ripa, Yannick: Histoire du rêve. Regards sur l'imaginaire des Français au XIXe siècle, 1988 [W. K. Blessing] — XIX/3 — 220–221

Ritschel, Wolfgang: Vgl. Rebmann, Georg Friedrich: Werke und Briefe, 3 Bde., 1990 — XIX/2 — 342–344

Ritter, Gerhard A.: Vgl. Die [Zweite] II. Internationale nach dem 1. Weltkrieg. Bde. 1–2, 1980 — XI — 867–868

Ritter, Gerhard A.: Vgl. Die deutsche Inflation, 1982 — XII — 892–893

Ritter, Gerhard A.: Vgl. Regierung, Bürokratie und Parlament in Preußen und Deutschland von 1848 bis zur Gegenwart, 1983 — XII — 863–864

Ritter, Gerhard A.: Sozialversicherung in Deutschland und England. Entstehung und Grundzüge im Vergleich, 1983 (Arbeitsbücher Sozialgeschichte und soziale Bewegung) [A. Lattard] — XII — 873–875

Ritter, Gerhard A.: Vgl. Die Erfahrung der Inflation im internationalen Vergleich, Bd. 2, 1984 — XV — 1063–1064

Ritter, Gerhard A.: Vgl. Die Anpassung an die Inflation, Bd. 8, 1986 — XVI/3 — 227–229

Ritter, Gerhard A.: Vgl. Historismus und moderne Geschichtswissenschaft, 1987 — XVII/3 — 210–211

Das ritterliche Turnier im Mittelalter. Beiträge zu einer vergleichenden Formen- und Verhaltensgeschichte des Rittertums, hg. von Josef Fleckenstein, 1986 [A. Paravicini Bagliani] — XV — 899–901

Robel, Gert: Vgl. Europa nach dem Zweiten Weltkrieg 1945–1982, 1983 — XIV — 618–637

Roberg, Burkhard: Das zweite Konzil von Lyon (1274), 1990 (Konziliengeschichte. Reihe A: Darstellungen) [L. Milis] — XX/1 — 300–301

Robert, Frédéric: La Marseillaise, 1989 [H. Hudde] — XIX/2 — 321–322

Robin, Françoise: Vgl. Coulet, Noël et al.: Le roi René, 1982 — XI — 774–775

Robin, Françoise: La cour d'Anjou-Provence. La vie artistique sous le règne de René, 1985 [M.-T. Kaiser-Guyot] — XIV — 750–751

Robinson, I. S.: The Papacy 1073–1198. Continuity and innovation, 1990 (Cambridge Medieval Textbooks) [L. Milis] — XX/1 — 285–286

Robinson, Ronald: Vgl. Bismarck, Europe and Africa, 1988 — XVII/3 — 165–169

ROCHE, Daniel: Vgl. GOUBERT, Pierre et al.: Les Français et l'Ancien Régime. T. 1–2, 1984 — XV 990–992

ROCHE, Daniel: Vgl. SONNET, Martine: L'éducation des filles au temps des Lumières, 1987 — XVII/2 290–291

ROCHE, Daniel: Vgl. Livre et Révolution, 1988 — XVII/2 320–321

ROCHE, Daniel: La culture des apparences. Une histoire du vêtement (XVIIe–XVIIIe siècle) 1989 [A. Kleinert] — XIX/2 270–271

RODRIGUES-SALGADO, M.J.: Vgl. England, Spain and the Gran Armada 1585–1604, 1991 — XX/2 193–194

ROECK, Bernd: Elias Holl. Architekt einer europäischen Stadt, 1985 [E. François] — XIII 826–828

ROECK, Bernd: Bäcker, Brot und Getreide in Augsburg. Zur Geschichte des Bäckerhandwerks und zur Versorgungspolitik der Reichsstadt im Zeitalter des Dreißigjährigen Krieges, 1987 (Abhandlungen zur Geschichte der Stadt Augsburg, 31) [E. François] — XVI/2 266–267

ROECK, Bernd: Vgl. WEIS, Eberhard: Deutschland und Frankreich um 1800, 1990 — XIX/2 350–352

ROECK, Bernd: Lebenswelt und Kultur des Bürgertums in der frühen Neuzeit, 1991 (Enzyklopädie Deutscher Geschichte, 9) [R. Pillorget] — XX/2 177–178

RÖDEL, Volker: Vgl. Die Französische Revolution und die Oberrheinlande (1789–1798), 1991 — XX/2 287–289

RÖDEL, Walter G.: Mainz und seine Bevölkerung im 17. und 18. Jahrhundert. Demographische Entwicklung, Lebensverhältnisse und soziale Strukturen in einer geistlichen Residenzstadt, 1985 (Geschichtliche Landeskunde, 28) [J.-P. Kintz] — XIV 771–774

RÖHL, John C. G.: Vgl. Der Ort Kaiser Wilhelms II. in der deutschen Geschichte, 1991 — XX/3 121–129

RÖHL, John C. G.: Wilhelm II. Die Jugend des Kaisers 1859–1888, 1993 — XX/3 121–129

RÖPCKE, Andreas: Vgl. Nieder die Waffen – die Hände gereicht! Friedensbewegung in Bremen 1898–1918, 1989 — XX/3 247–248

ROERKOHL, Anne: Hungerblockade und Heimatfront. Die kommunale Lebensmittelversorgung in Westfalen während des Ersten Weltkrieges, 1991 (Studien zur Geschichte des Alltages, 10) [M. Spivak] — XIX/3 255–256

RÖSCH, Gerhard: Der venezianische Adel bis zur Schließung des Großen Rats. Zur Genese einer Führungsschicht, 1989 (Kieler Historische Studien, 33) [P. Braunstein] — XVIII/1 301–303

RÖSENER, Werner: Bauern im Mittelalter, 1985 [R. Fossier] — XIII 712–713

RÖSENER, Werner: Vgl. Strukturen der Grundherrschaft im frühen Mittelalter, 1989 — XX/1 264–268

RÖSENER, Werner: Grundherrschaft im Wandel. Untersuchungen zur Entwicklung geistlicher Grundherrschaften im südwestdeutschen Raum vom 9. bis 14. Jahrhundert, 1991 (Veröffentlichungen des Max-Planck-Instituts für Geschichte, 102) [E. Magnou-Nortier] — XX/1 273–277

Rötzer, Florian: Französische Philosophen im Gespräch, 1986 [M. Christadler] — XV 1100–1102

Rogalla von Bieberstein, Johannes: Adelsherrschaft und Adelskultur in Deutschland, 1989 [C. Duhamelle] — XIX/2 244–245

Rohde, Horst: Vgl. Germany and the Second World War. Vol. 2, 1991 — XX/3 277

Rohe, Karl: Vgl. Die Westmächte und das Dritte Reich 1933–1939, 1982 — XI 873–875

Rohkrämer, Thomas: Der Militarismus der »Kleinen Leute«. Die Kriegervereine im deutschen Kaiserreich 1871–1914, 1990 (Beiträge zur Militärgeschichte, 29) [M. Spivak] — XIX/3 251–252

Rohwer, Jürgen: Vgl. Städte im Zweiten Weltkrieg, 1991 — XX/3 286–288

Rollason, David W.: Saints and Relics in Anglo-Saxon England, 1989 [J.-C. Poulin] — XVIII/1 266–268

Roncayolo, Marcel: Vgl. Paris. Genèse d'un paysage, 1989 — XX/3 319

Rond d'Alembert, Jean le, Denis Diderot et al.: Enzyklopädie. Eine Auswahl. Hg. und eingel. von Günter Berger. Mit einem Essay von Roland Barthes, 1989 [J. Voss] — XVII/2 338

Root, Hilton L.: Peasants and King in Burgundy. Agrarian Foundations of French Absolutism, 1987 [W. Schmale] — XVI/2 269–272

Roquelet, Alain: Vgl. La vie de la forêt normande à la fin du moyen âge. T. 1, 1984 — XIII 788–789

Rosanvallon, Pierre: L'État en France de 1789 à nos jours, 1990 [R. Fleck] — XVIII/2 285–286

Rosanvallon, Pierre: Vgl. Furet, François et al.: La République du Centre, 1988 — XVIII/3 309–310

Ross, George: Vgl. Hoffmann, Stanley et al.: L'expérience Mitterrand, 1988 — XVIII/3 308–309

Rossignol, Dominique: Histoire de la propagande en France de 1940 à 1944. L'utopie Pétain, 1991 (Politique d'aujourd'hui) [D. Tiemann] — XIX/3 287–288

Rotberg, Robert J. with the collab. of Miles F. Shore: The Founder. Cecil Rhodes and the Pursuit of Power, 1988 [H. Reifeld] — XVII/3 165–169

Roth, François: La Lorraine dans la guerre de 1870, 1984 [H.-O. Sieburg] — XIII 881

Roth, François: La guerre de 1870, 1990 [E. Kolb] — XIX/3 233–236

Roth, Helmut: Vgl. Zum Problem der Deutung frühmittelalterlicher Bildinhalte, 1986 — XIV 877

Rothaus, Barry: Vgl. Historical Dictionary of the French Revolution 1789–1799, 1985 — XV 1022–1024

Rothermund, Dietmar: Vgl. Die Peripherie in der Weltwirtschaftskrise: Afrika, Asien und Lateinamerika 1929–1939, 1983 — XIII 901–902

Rothrock, G. A.: Vgl. Herbert, F. J. et al.: Soldier of France: Sebastien Le Prestre de Vauban, 1633–1707, 1989 — XVIII/2 257–258

Rothschild, Robert: Les chemins de Munich. Une nuit de sept ans 1932–1939, 1988 [M.-L. Recker] — XVIII/3 324

ROTT, Hans-Georg: Vgl. MEYER, Gerhard: Zu den Anfängen der Straßburger Universität, 1989	XIX/2	355–356
ROTTECK, Carl von: Vgl. Das Staatslexikon, 12 Bde., 1990	XX/3	197–200
ROTTER, Ekkehart: Abendland und Sarazenen. Das okzidentale Araberbild und seine Entstehung im Frühmittelalter, 1986 (Studien zur Sprache, Geschichte und Kultur des islamischen Orients. Beihefte zur Zeitschrift »Der Islam«, Neue Folge 11) [A. Paravicini Bagliani]	XV	920–921
ROTTER, Ekkehart: Vgl. Urkundenregesten zur Tätigkeit des deutschen Königs- und Hofgerichts bis 1451. Bd. 1, 1988	XIX/1	296–297
ROUCHE, Michel: Vgl. Le Moyen Âge. Vol. 1, 1982	XI	725–728
ROUCHE, Michel: Vgl. Histoire de Boulogne-sur-Mer, 1983	XIII	924–925
ROUCHE, Michel: Vgl. Saint Géry et la christianisation dans le nord de la Gaule, 1986	XV	918–920
ROUGÉ, Jean: Vgl. Les Lyonnais dans l'histoire, 1985	XIV	867–869
ROUSSO, Henry: Le syndrome de Vichy (1944–198...), 1987 (Collection XXe siècle) [W. Loth]	XVII/3	296–298
ROUSSO, Henry: Vgl. De Monnet à Massé, 1986	XVII/3	308–310
ROUSSO, Henry: La planification en crises (1965–1985). Actes de la table ronde tenue à l'IHTP le 13 décembre 1985, 1987 [W. Venohr]	XIX/3	311–312
ROUX, Jean-Paul, en collab. avec Sylvie-Anne ROUX: Les explorateurs au Moyen Âge, 1985 [M.-T. Kaiser-Guyot]	XIV	680–681
ROUX, Simone: Vgl. Paris. Genèse d'un paysage, 1989	XX/3	319
ROVAN, Joseph: Vgl. La Social-Démocratie dans l'Allemagne Impériale, 1985	XV	1060–1062
ROY LADURIE, Emmanuel Le: Karneval in Romans. Eine Revolte und ihr blutiges Ende 1579–1580, 1989 [W. Kaiser]	XVIII/2	326
ROY LADURIE, Emmanuel Le: Vgl. BLÉCHET, Françoise: Les ventes publiques de livres en France 1630–1750, 1991	XIX/2	277–279
RUCK, Michael: Vgl. Quellen zur Geschichte der deutschen Gewerkschaftsbewegung im 20. Jahrhundert, Bd. 2, 1985	XV	1058–1060
RUCK, Michael: Die freien Gewerkschaften im Ruhrkampf 1923, 1986 (Schriftenreihe der Otto Brenner Stiftung, 39) [A. Lattard]	XVI/3	229–232
RUCK, Michael: Bollwerk gegen Hitler? Arbeiterschaft, Arbeiterbewegung und die Anfänge des Nationalsozialismus, 1988 [J.-M. Flonneau]	XVII/3	272–274
RUCK, Michael: Gewerkschaften, Staat, Unternehmer. Die Gewerkschaften im sozialen und politischen Kräftefeld 1914 bis 1933, 1990 (Schriftenreihe des DGB-Bildungswerkes Gewerkschaften in Deutschland, 4) [A. Lattard]	XX/3	245–247
RUDELLE, Odile: De Gaulle pour mémoire, 1990 (Découvertes) [A. Wilkens]	XX/3	181–191
RÜCK, Peter: Vgl. Fotografische Sammlungen mittelalterlicher Urkunden in Europa, 1989	XIX/1	255–256

RÜDEL, Holger: Landarbeiter und Sozialdemokratie in Ostholstein 1872–1878. Erfolge und Niederlagen der sozialistischen Arbeiterbewegung in einem großagrarischen Wahlkreis zwischen Reichsgründung und Sozialistengesetz, 1986 (Studien zur Wirtschafts- und Sozialgeschichte Schleswig-Holsteins, 9) [M. Le Bars] — XVIII/3 245–248

RÜTTERS, Peter: Vgl. Quellen zur Geschichte der deutschen Gewerkschaftsbewegung im 20. Jahrhundert. Bd. 6, 1987 — XIX/3 299–300

RÜTTERS, Peter: Vgl. Gewerkschaften in Politik, Wirtschaft und Gesellschaft 1945–1949, 1991 — XX/3 296–297

RUIZ, Alain: Vgl. Biographisches Lexikon zur Geschichte der demokratischen und liberalen Bewegungen in Mitteleuropa, Bd. 1 (1770–1800), 1992 — XX/2 285

RUSCIO, Alain: Les communistes français et la guerre d'Indochine 1944–1954, 1985 [D. Brötel] — XVI/3 145–150

RUSCIO, Alain: La décolonisation tragique 1945–1962, 1987 [D. Brötel] — XVI/3 145–150

RUSCIO, Alain: Vgl. Viet Nam. L'histoire, la terre, les hommes, 1989 — XVIII/3 209–215

RUYSSCHAERT, José: Vgl. SCHRYVER, Antoine De et al.: Le Pontifical de Ferry de Clugny, Cardinal et Évêque de Tournai, 1989 — XVIII/1 320–321

RYDER, A. J.: Vgl. LIPGENS, Walter: A History of European Integration. Vol. 1, 1982 — XI 884–886

SACHSE, Wieland: Vgl. BREUILLY, John et al.: Joachim Friedrich Martens (1806–1877) und die deutsche Arbeiterbewegung, 1984 — XIV 794

SADOUN, Marc: Vgl. La politique sociale du Général de Gaulle, 1990 — XX/3 181–191

SAGAVE, Pierre-Paul: Vgl. KOCH, Ursula E. et al.: ›Le Charivari‹. Die Geschichte einer Pariser Tageszeitung im Kampf um die Republik (1832 bis 1882), 1984 — XIII 873–874

Saint Géry et la christianisation dans le nord de la Gaule, V^e–IXe siècles, éd. par Michel ROUCHE. Actes du colloque de Cambrai 5–7 octobre 1984, Revue du Nord n° 269, avril-juin 1986 [K. H. Krüger] — XV 918–920

Saint-Sever: Millénaire de l'Abbaye. Colloque international 25–27 mai 1985, 1986 [H. Seibert] — XV 942–943

Saison am Strand. Badeleben an Nord- und Ostsee, 200 Jahre, hg. von Bärbel HEDINGER, 1986 [R. Beck] — XV 1007–1008

SALMON, John H. M.: Renaissance and Revolt. Essays in the Intellectual and Social History of Early Modern France, 1987 [R. Sauzet] — XVI/2 239–240

SANDERS, Gabriel: Vgl. Bibliographie signalétique du latin des chrétiens, 1989 — XVII/1 322

SANDFORD, Gregory W.: From Hitler to Ulbricht. The Communist Reconstruction of East Germany 1945–1946, 1983 [H. Weber] — XIII 918

SANDMANN, Mechthild: Vgl. Vinculum Societatis, 1991 — XX/1 193–195

Sankt Elisabeth, Fürstin, Dienerin, Heilige. Aufsätze, Dokumentation, Katalog. Hg. von der Philipps-Universität Marburg, in Verb. mit dem Hessischen Landesamt für geschichtliche Landeskunde, 1981 [A. Vauchez] — XII 808–810

Sankt Peter in Salzburg. Das älteste Kloster im deutschen Sprachraum. 3. Landesausstellung 15. Mai – 26. Oktober 1982, 1982 [A. Dierkens] — XVI/1 316–317

SANTSCHI, Catherine: Vgl. Topographie chrétienne des cités de la Gaule des origines au milieu du VIIIe siècle. T. III, 1986 — XIV 878–879

SASSIER, Yves: Recherches sur le pouvoir comtal en Auxerrois du Xe au début du XIIIe siècle. Préface de Jean-François LEMARIGNIER, 1980 (Cahiers d'archéologie et d'histoire, 5) [O. G. Oexle] — XI 738

SAUDER, Gerhard: Vgl. Aufklärungen. Frankreich und Deutschland im 18. Jahrhundert, 1986 — XV 1016–1019

SAUPE, Lothar: Die Unterfertigung der lateinischen Urkunden aus den Nachfolgestaaten des weströmischen Reiches. Vorkommen und Bedeutung, von den Anfängen bis zur Mitte des 8. Jahrhunderts. Beiträge zur Geschichte der Unterfertigung im Mittelalter, 1983 (Münchener Historische Studien. Abteilung geschichtliche Hilfswissenschaften, 20) [T. Kölzer] — XIII 726–728

SAUVAGE, Jean: Vgl. Le diocèse de Genève-Annecy, 1985 — XIV 866–867

SAUZET, Robert: Vgl. Les Réformes. Enracinement socioculturel, 1985 — XVIII/2 209–217

SCARPETTA, Guy: Vgl. [Mille sept cent quatre-vingt-neuf] 1789 – Révolution Culturelle Française, 1989 — XVII/2 322–323

SCHAAB, Meinrad: Vgl. Oberrheinische Aspekte des Zeitalters der Französischen Revolution, 1990 — XIX/2 346–348

SCHADEK, Hans: Vgl. Die Zähringer. Anstoß und Wirkung, 1986 — XV 953–954

SCHÄCHE, Wolfgang: Vgl. RIBBE, Wolfgang et al.: Die Siemensstadt, 1985 — XVIII/3 191–208

SCHÄFER, Hermann: Regionale Wirtschaftspolitik in der Kriegswirtschaft. Staat, Industrie und Verbände während des Ersten Weltkriegs in Baden, 1983 (Veröffentlichungen der Kommission für geschichtliche Landeskunde in Baden-Württemberg, 95) [M. Hau] — XII 881–882

SCHÄFER, Walter Ernst: Vgl. Zwischen Direktorium und Empire, 1992 — XX/2 294–295

SCHALLER, Dieter: Vgl. Arbor amoena comis. 25 Jahre Mittellateinisches Seminar in Bonn, 1965–1990, 1990 — XX/1 187–188

SCHAMA, Simon: Der zaudernde Citoyen. Rückschritt und Fortschritt in der Französischen Revolution, 1989 [P. Burg] — XVIII/2 283–285

SCHANBACHER, Eberhard: Parlamentarische Wahlen und Wahlsysteme in der Weimarer Republik. Wahlgesetzgebung und Wahlreform im Reich und in den Ländern, 1982 (Beiträge zur Geschichte des Parlamentarismus und der politischen Parteien, 69) [W. Albrecht] — XI 870–871

SCHARF, Claus: Vgl. Die Deutschlandpolitik Frankreichs und die Französische Zone 1945–1949, 1983 — XII 909–912

SCHARF, Claus: Vgl. Deutschland und Europa in der Neuzeit, 2 Bde., 1988 — XVII/2 219–224

SCHARF, Claus: Vgl. Historismus und moderne Geschichtswissenschaft, 1987 — XVII/3 210–211

SCHATZ, Rudolf, Aloys SCHWERSMANN: Inventar des Aktenarchivs der Erzbischöfe und Kurfürsten von Mainz, aufgrund der Verzeichnisse in den heutigen Eigentümer-Archiven, Bde. 3–4, 1991 [R. Pillorget] — XX/2 313

SCHEEL, Heinrich: Die Mainzer Republik, III. Die erste bürgerlich-demokratische Republik auf deutschem Boden, 1989 (Akademie der Wissenschaften der DDR. Schriften des Zentralinstituts für Geschichte, 44) [M. Gilli] — XX/2 290–291

SCHENK, Ernst Günther: Patient Hitler. Eine medizinische Biographie, 1989 [M. H. Kater] — XVII/3 276–277

SCHERER, Werner: Verhältniswahl und Reform der politischen Ordnung. Die Auseinandersetzung um den Proporz in Frankreich bis zur Wahlreform von 1919, 1982 [P. Barral] — XI 861–863

SCHERFF, Bruno: Studien zum Heer der Ottonen und der ersten Salier (919–1056), 1985 [L. Auer] — XVI/1 261–262

SCHIEDER, Theodor: Vgl. Vom Staat des Ancien Regime zum modernen Parteienstaat, 1978 — XII 743–744

SCHIEDER, Wolfgang: Vgl. Liberalismus in der Gesellschaft des deutschen Vormärz, 1983 — XII 860–862

SCHIEDER, Wolfgang, Alfred KUBE: Säkularisation und Mediatisierung. Die Veräußerung der Nationalgüter im Rhein-Mosel-Departement 1803–1804, 1987 (Forschungen zur Deutschen Sozialgeschichte, 4) [R. Dufraisse] — XVI/2 309–311

SCHIEFFER, Rudolf: Die Entstehung des päpstlichen Investiturverbots für den deutschen König, 1981 (Schriften der Monumenta Germaniae Historica, 28) [M. Bur] — XI 740–741

SCHIEFFER, Rudolf: Vgl. Beiträge zur Geschichte des Regnum Francorum, 1990 — XIX/1 248–250

SCHIEFFER, Rudolf: Vgl. Studi Gregoriani per la storia della »Libertas Ecclesiae«. Vol. XIII, 1989 — XIX/1 303–305

SCHIFFERS, Reinhart: Vgl. Der Hauptausschuß des deutschen Reichstags 1915–1918, 1981 — XII 879–881

SCHIFFMANN, Dieter: Vgl. Quellen zur Geschichte der deutschen Gewerkschaftsbewegung im 20. Jahrhundert, Bd. 3, 1986 — XV 1058–1060

SCHILLING, Heinz: Aufbruch und Krise. Deutschland 1517–1648, 1988 (Das Reich und die Deutschen) [H. Neveux] — XVII/2 248–250

SCHILLING, Heinz: Vgl. Die reformierte Konfessionalisierung in Deutschland, 1986 — XVII/2 257–259

SCHILLING, Heinz: Höfe und Allianzen. Deutschland 1648–1763, 1989 (Das Reich und die Deutschen) [G. Livet] — XVII/2 274–278

SCHILLING, Heinz: Vgl. Die Kirchenratsprotokolle der Reformierten Gemeinde Emden 1557–1620. Teil 2, 1992 — XX/2 303–304

SCHIMMELPFENNIG, Bernhard: Das Papsttum. Grundzüge seiner Geschichte von der Antike bis zur Renaissance, 1984 (Grundzüge, 56) [L. Milis] — XIII 707–708

SCHINDLING, Anton: Vgl. Die Territorien des Reiches im Zeitalter der Reformation und Konfessionalisierung. Bd. 1, 1989 — XVIII/2 245–246

SCHINKEL, Harald: Vgl. Akten zur deutschen Auswärtigen Politik 1918–1945. Serie A, Bde. I–III, 1982, 1984, 1985 — XIII 891–893

SCHINKEL, Harald: Vgl. Akten zur deutschen Auswärtigen Politik
1918–1945. Serie A, Bde. IV–VI, 1988   XVII/3   257–258

SCHLECHTE, Horst: Vgl. Das geheime politische Tagebuch des Kurprinzen Friedrich Christian, 1751 bis 1757, 1991   XX/2   237–238

SCHLEICH, Thomas: Vgl. Sozialgeschichte der Aufklärung in Frankreich, 1981   XI   818–819

SCHLEIDGEN, Wolf-Rüdiger: Vgl. Inventar des herzoglich arenbergischen Archivs in Edingen/Enghien (Belgien). Teil 1, 1984   XIII   706

SCHLESINGER, Walter: Ausgewählte Aufsätze 1965–1979, hg. von Hans PATZE und Fred SCHWIND, 1987 (Vorträge und Forschungen, 34) [E. Magnou-Nortier]   XVI/1   155–167

SCHLEUSENER-EICHHOLZ, Gudrun: Das Auge im Mittelalter, 2 Bde., 1985 (Münstersche Mittelalter-Schriften, 35/1–2) [A. Paravicini Bagliani]   XIV   679–680

SCHLOBACH, Jochen: Vgl. Aufklärungen. Frankreich und Deutschland im 18. Jahrhundert, 1986   XV   1016–1019

SCHLÖSSER, Susanne: Der Mainzer Erzkanzler im Streit der Häuser Habsburg und Wittelsbach um das Kaisertum 1740–1745, 1986 (Veröffentlichungen des Instituts für geschichtliche Landeskunde an der Universität Mainz, 29) [J.-F. Noël]   XVI/2   294–296

SCHLÜTER, Gisela: Demokratische Literatur. Studien zur Geschichte des Begriffs von der französischen Revolution bis Tocqueville, 1986 [H. Duranton]   XVII/3   222–223

SCHLUNK, Andreas Christoph: Königsmacht und Krongut. Die Machtgrundlage des deutschen Königtums im 13. Jahrhundert und eine neue historische Methode, 1988 [P. Racine]   XVII/1   283–284

SCHMÄDEKE, Jürgen: Vgl. Berlin im Europa der Neuzeit, 1990   XVIII/3   191–208

SCHMÄDEKE, Jürgen: Vgl. RIBBE, Wolfgang et al.: Kleine Berlin-Geschichte, 1988   XVIII/3   191–208

SCHMALE, Wolfgang: Bäuerlicher Widerstand, Gerichte und Rechtsentwicklung in Frankreich. Untersuchungen zu Prozessen zwischen Bauern und Seigneurs vor dem Parlament von Paris (16.–18. Jahrhundert), 1986 (Ius Commune, Sonderhefte, 24) [E. Pelzer]   XVIII/2   244–245

SCHMID, Alois: Max III. Joseph und die europäischen Mächte. Die Außenpolitik des Kurfürstentums Bayern von 1745–1765, 1987 [R. Pillorget]   XVII/2   296–297

SCHMID, Alois: Max III. Joseph und die europäischen Mächte. Die Außenpolitik des Kurfürstentums Bayern von 1745–1765, 1987 [E. Buddruss]   XIX/2   211–227

SCHMID, Alois: Staatsverträge des Kurfürstentums Bayern, 1745–1764, 1991 (Schriftenreihe zur Bayerischen Landesgeschichte, 95) [A.-M. Cocula]   XX/2   314–315

SCHMID, Karl: Vgl. Memoria. Der geschichtliche Zeugniswert des liturgischen Gedenkens im Mittelalter, 1984   XIII   744–746

SCHMID, Karl: Gebetsgedanken und adliges Selbstverständis im Mittelalter. Ausgewählte Beiträge. Festgabe zu seinem sechzigsten Geburtstag, 1983 [G. Beech] — XV 882–883

SCHMID, Karl: Vgl. Subsidia Sangallensia I, 1986 — XV 921–923

SCHMID, Karl: Vgl. Die Altarplatte von Reichenau-Niederzell, 1983 — XV 944–945

SCHMID, Karl: Vgl. Die Zähringer. Anstoß und Wirkung, 1986 — XV 953–954

SCHMID, Karl: Vgl. Die Zähringer. Eine Tradition und ihre Erforschung, 1986 — XVIII/1 293–294

SCHMID, Karl: Vgl. Person und Gemeinschaft im Mittelalter, 1988 — XIX/1 235–236

SCHMIDT, Aurel: Vgl. ALTWEGG, Jürg et al.: Französische Denker der Gegenwart, 1987 — XV 1100–1102

SCHMIDT, Diether: Vgl. GILLEN, Eckhart et al.: Zone 5. Kunst in der Viersektorenstadt 1945–1951, 1990 — XVIII/3 191–208

SCHMIDT, Gustav: Der europäische Imperialismus, 1989 [H. Reifeld] — XVII/3 165–169

SCHMIDT, Gustav: Vgl. Großbritannien und Europa – Großbritannien in Europa, 1989 — XIX/3 193–205

SCHMIDT, Heinrich R.: Reichsstädte, Reich und Reformation. Korporative Religionspolitik 1521–1529/30, 1986 (Veröffentlichungen des Instituts für Europäische Geschichte Mainz, 122) [B. Vogler] — XIX/2 365

SCHMIDT, Manfred G.: Sozialpolitik. Historische Entwicklung und internationaler Vergleich, 1988 (Grundwissen Politik, 2) [H. Reifeld] — XVIII/3 318–321

SCHMIDT, Roderich: Vgl. BEUMANN, Helmut: Ausgewählte Aufsätze aus den Jahren 1966–1986, 1987 — XVI/1 215–218

SCHMIDT, Ulrich: Königswahl und Thronfolge im 12. Jahrhundert, 1987 (Forschungen zur Kaiser- und Papstgeschichte des Mittelalters. Beihefte zu J.F. Böhmer, Regesta Imperii, 7) [P. Racine] — XVI/1 288–289

SCHMITT, Eberhard: Vgl. Handbuch politisch-sozialer Grundbegriffe in Frankreich 1680–1820. Hefte 8–10, 1988 — XIX/2 266–269

SCHMITT, Johannes: Vgl. Französische Revolution an der Saar, ²1989 — XIX/2 195–209

SCHMITT, Johannes: Vgl. Revolutionäre Spuren..., 1991 — XIX/2 195–209

SCHNATH, Georg: Vgl. Inventar von Quellen zur deutschen Geschichte in Pariser Archiven und Bibliotheken, 1986 — XVI/3 168–169

SCHNEIDER, Erich: Vgl. »Triumph, die Freiheitsfahne weht...«. Die Pfalz im Banne der Französischen Revolution (1789–1814), 1988 — XVII/2 331–332

SCHNEIDER, Gerhard: Vgl. Kurhannover im Zeichen der Französischen Revolution, 1990 — XIX/2 349–350

SCHNEIDER, Jürgen: Vgl. The Emergence of a World Economy 1500–1914, 2 vols., 1986 — XVII/2 207–212

SCHNEIDER, Jürgen: Vgl. Hochfinanz, Wirtschaftsräume, Innovationen, 1987 — XVI/2 233–234

SCHNEIDER, Wolfgang Christian: Ruhm, Heilsgeschehen, Dialektik. Drei kognitive Ordnungen in Geschichtsschreibung und Buchmalerei der Ottonenzeit, 1988 (Historische Texte und Studien, 9) [G. Beyreuther] — XVII/1 276–277

SCHNEIDERS, Werner: Vgl. Christian Wolff (1679–1754), 1983 — XII 841–843

SCHNEIDERS, Werner: Hoffnung auf Vernunft. Aufklärungsphilosophie in Deutschland, 1990 [D. Bourel] — XIX/2 307–308

SCHNEIDMÜLLER, Bernd: Nomen Patriae: Die Entstehung Frankreichs in der politisch-geographischen Terminologie (10.–13. Jahrhundert), 1987 (Nationes, 7) [O. Guyotjeannin] — XVI/1 259–260

SCHNYDER-VON WALDKIRCH, Antoinette: Wie Europa den Kaffee entdeckte. Reiseberichte der Barockzeit als Quellen zur Geschichte des Kaffees, 1988 (Sammlung zur Kulturgeschichte des Kaffees, 1) [P.-F. Burger] — XIX/2 277

SCHOCKENHOFF, Andreas: Henri Albert und das Deutschlandbild des Mercure de France 1890–1905, 1986 (Europäische Hochschulschriften, Reihe XIII, 116) [L. Richard] — XIX/3 322

SCHOEBEL, Martin: Archiv und Besitz der Abtei St. Viktor in Paris, 1991 (Pariser Historische Studien, 31) [F. Gasparri] — XX/1 290–293

SCHÖFFER, Ivo: Vgl. PETRI, Franz et al.: Geschichte der Niederlande: Holland, Belgien, Luxemburg, 1991 — XIX/2 239–240

SCHÖLLGEN, Gregor: Das Zeitalter des Imperialismus, 1986 [H. Reifeld] — XVII/3 165–169

SCHÖLLGEN, Gregor: Vgl. Flucht in den Krieg, 1991 — XIX/3 252–254

SCHÖLZEL, Stephan: Die Pressepolitik in der französischen Besatzungszone 1945–1949, 1986 (Veröffentlichungen der Kommission des Landtages für die Geschichte des Landes Rheinland-Pfalz, 8) [G. Cuer] — XVI/3 295–297

SCHÖNHOVEN, Klaus: Expansion und Konzentration. Studien zur Entwicklung der Freien Gewerkschaften im Wilhelminischen Deutschland 1890 bis 1914, 1980 (Schriftenreihe des Arbeitskreises für moderne Sozialgeschichte, 30) [F. Boll] — XI 859–861

SCHÖNHOVEN, Klaus: Vgl. Quellen zur Geschichte der deutschen Gewerkschaftsbewegung im 20. Jahrhundert, Bde. 1–3, 1985–1986 — XV 1058–1060

SCHÖNHOVEN, Klaus: Vgl. Quellen zur Geschichte der deutschen Gewerkschaftsbewegung im 20. Jahrhundert, Bd. 4, 1988 — XIX/3 268–270

SCHÖTTLER, Peter: Lucie Varga, les autorités invisibles. Une historienne autrichienne aux Annales dans les années trente, 1991 [L. Raphael] — XIX/3 103–108

SCHÖTTLER, Peter: Vgl. VARGA, Lucie: Zeitenwende: mentalitätsgeschichtliche Studien 1936–1939, 1991 — XIX/3 103–108

SCHÖTZ, Hans Otto: Der Kampf um die Mark 1923/24. Die deutsche Währungsstabilisierung unter dem Einfluß der nationalen Interessen Frankreichs, Großbritanniens und der USA, 1987 (Veröffentlichungen der Historischen Kommission zu Berlin, 68 = Beiträge zu Inflation und Wiederaufbau in Deutschland und Europa, 9) [L. E. Jones] — XVII/3 263–264

SCHOLL-LATOUR, Peter: Leben mit Frankreich. Stationen eines halben Jahrhunderts, 1988 [H. Rollet] — XVII/3 315–316

SCHORMANN, Gerhard: Der dreißigjährige Krieg, 1985 [G. Livet]   XIV   763–765

SCHRADER, Ludwig: Vgl. Alternative Welten in Mittelalter und Renaissance, 1988   XVII/1   220–222

SCHREIBER, Gerhard: Hitler-Interpretationen 1923–1983. Ergebnisse, Methoden und Probleme der Forschung, 1984 [P. Ayçoberry]   XIII   907–909

SCHREIBER, Gerhard, Bernd STEGEMANN, Detlef VOGEL: Das Deutsche Reich und der Zweite Weltkrieg. Bd. 3: Der Mittelmeerraum und Südosteuropa. Von der »non belligeranza« Italiens bis zum Kriegseintritt der Vereinigten Staaten. Hg. vom Militärgeschichtlichen Forschungsamt, 1984 [A. Hillgruber]   XIII   911–913

SCHREIBER, Klaus-Dieter: Vgl. Die Kirchenratsprotokolle der Reformierten Gemeinde Emden 1557–1620. Teil 2, 1992   XX/2   303–304

SCHREINER, Reinhard: Vgl. Im Zentrum der Macht. Das Tagebuch von Staatssekretär Lenz 1951–1953, 1989   XVIII/3   301–302

SCHREINER, Werner: Paul Camille von Denis, Erbauer bayerisch-pfälzischer Eisenbahnen. Biographische Studie anläßlich des 40. Geburtstages der Pfälzischen Ludwigsbahn, 1987 [H. Duranton]   XVII/3   229–230

SCHRÖDER, Hans-Jürgen: Vgl. Die Deutschlandpolitik Frankreichs und die Französische Zone 1945–1949, 1983   XII   909–912

SCHRÖDER, Jean: Vgl. Willibrord. Apostel der Niederlande, 1989   XIX/1   281–282

SCHRÖDER, Werner: Vgl. Frühmittelalterliche Ethnogese im Alpenraum, 1985   XV   914–915

SCHRÖDER, Wilhelm Heinz: Vgl. M.d.R. Die Reichstagsabgeordneten der Weimarer Republik in der Zeit des Nationalsozialismus, 1991   XX/3   271–272

SCHRYVER, Antoine De, Marc DYKMANS S. J., José RUYSSCHAERT: Le Pontifical de Ferry de Clugny, Cardinal et Évêque de Tournai, 1989 (Collezione Paleografica Vaticana, 3) [W. Paravicini]   XVIII/1   320–321

SCHUBERT, Andreas: Vgl. Lateinisches Hexameter-Lexikon, 1989   XVIII/1   324

SCHUBERT, Ernst: Einführung in die Grundprobleme der deutschen Geschichte im Spätmittelalter, 1992 [P. Monnet]   XX/1   248–250

SCHÜRMANN, Brigitte: Die Rezeption der Werke Ottos von Freising im 15. und frühen 16. Jahrhundert, 1986 (Historische Forschungen, 12) [K. Schnith]   XVI/1   311–312

SCHÜTTLER, Hermann: Die Mitglieder des Illuminatenordens 1776–1787/93, 1991 (Deutsche Hochschuledition, 18) [P.-A. Bois]   XX/2   248–249

SCHUFFELS, Klaus: Vgl. BRECHT, Bertolt: ABC de la guerre, 1985   XV   1081–1082

SCHUKER, Stephen A.: American »Reparations« to Germany, 1919–1933. Implications for the Third-World Debt Crisis, 1988 (Princeton Studies in International Finance, 61) [V. Hentschel]   XVII/3   260–261

Schulen und Studium im sozialen Wandel des hohen und späten Mittelalters, hg. von Johannes FRIED, 1986 (Vorträge und Forschungen, 30) [A. Paravicini Bagliani]   XV   901–902

SCHULER, Peter-Johannes: Vgl. Die Familie als sozialer und historischer Verband, 1987   XVII/1   289–291

SCHULIN, Ernst: Die Französische Revolution, 1988 [R. Dufraisse]   XVIII/2   282–283

SCHULIN, Ernst: Vgl. Deutsche Geschichtswissenschaft nach dem Zweiten Weltkrieg, 1989 — XVIII/3 315–317

SCHULZ, Gerhard: Vgl. Weimarer Republik, 1987 — XVI/3 226–227

SCHULZ, Gerhard: Verfassungspolitik und Reichsreform in der Weimarer Republik. Bd. 2: Deutschland am Vorabend der Großen Krise. Zwischen Demokratie und Diktatur, 1987 [G. Badia] — XVI/3 232–234

SCHULZ, Gerhard: Zwischen Demokratie und Diktatur. Bd. 1: Die Periode der Konsolidierung und der Revision des Bismarckschen Reichsaufbaus 1919–1930, 1987 [G. Badia] — XVII/3 258–260

SCHULZ, Gerhard: Vgl. Wege in die Zeitgeschichte, 1989 — XVII/3 327–328

SCHULZ, Rudolf: Vgl. Essen und Trinken in Mittelalter und Neuzeit, 1987 — XVI/1 229

SCHULZE, Hagen: Die Wiederkehr Europas, 1990 [H. Reifeld] — XX/3 306–307

SCHULZE, Winfried: Der 14. Juli 1789. Biographie eines Tages, 1989 [J. R. Suratteau] — XVII/2 314–315

SCHULZE, Winfried: Deutsche Geschichtswissenschaft nach 1945, 1989 [G. G. Iggers] — XVIII/3 315–317

SCHULZE, Winfried: Vgl. Teil und Ganzes, 1990 — XX/2 133–138

SCHUMACHER, Martin: Vgl. M.d.R. Die Reichstagsabgeordneten der Weimarer Republik in der Zeit des Nationalsozialismus, 1991 — XX/3 271–272

SCHWAIGER, Georg: Vgl. Das Bistum Freising in der Neuzeit, 1989 — XVIII/2 311–314

SCHWARZ, Hans-Peter: Die Ära Adenauer 1949–1957, 1981 (Geschichte der Bundesrepublik Deutschland, 2) [A. Kimmel] — XI 890–894

SCHWARZ, Hans-Peter: Die Ära Adenauer 1957–1963, 1983 (Geschichte der Bundesrepublik Deutschland, 3) [A. Kimmel] — XII 692–697

SCHWARZER, Reinhard: Vom Sozialisten zum Kollaborateur: Idee und politische Wirklichkeit bei Marcel Déat, 1987 (Geschichtswissenschaft, 10) [K.-J. Müller] — XVII/3 170–191

SCHWEIZER, Christian: Hierarchie und Organisation der römischen Reichskirche in der Kaisergesetzgebung vom vierten bis zum sechsten Jahrhundert, 1991 (Europäische Hochschulschriften, Reihe III: Geschichte und ihre Hilfswissenschaften, 479) [J. Durliat] — XX/1 79–95

SCHWENGLER, Walter: Völkerrecht, Versailler Vertrag und Auslieferungsfrage. Die Strafverfolgung wegen Kriegsverbrechen als Problem des Friedensschlusses 1919/20, 1982 (Beiträge zur Militär- und Kriegsgeschichte, 24) [A. Mitchell] — XII 891–892

SCHWERSMANN, Aloys: Vgl. SCHATZ, Rudolf et al.: Inventar des Aktenarchivs der Erzbischöfe und Kurfürsten von Mainz, Bde. 3–4, 1991 — XX/2 313

SCHWIND, Fred: Vgl. SCHLESINGER, Walter: Ausgewählte Aufsätze 1965–1979, 1987 — XVI/1 155–167

SCHWINEKÖPER, Berent: Vgl. Festschrift für Berent Schwineköper, 1982 — XI 714–715

SCHWINEKÖPER, Berent: Vgl. Gilden und Zünfte, 1985 — XIV 585–592

SCHWINGES, Rainer Christoph: Deutsche Universitätsbesucher im 14. und 15. Jahrhundert. Studien zur Sozialgeschichte des Alten Reiches, 1986 (Beiträge zur Sozial- und Verfassungsgeschichte des Alten Reiches, 6) [W. Frijhoff] XVII/1 297–300

SCHWÖBEL, Heide: Synode und Kirche im Westgotenreich. Grundlagen und Formen ihrer Beziehung, 1982 (Dissertationen zur mittelalterlichen Geschichte, 1) [M. Reydellet] XI 729–730

Scire litteras. Forschungen zum mittelalterlichen Geistesleben. Festschrift für Bernhard Bischoff, hg. von Sigrid KRÄMER und Michael BERNHARD, 1988 (Bayerische Akademie der Wissenschaften, phil.-hist. Kl., Abhandlungen. Neue Folge, 99) [P. Bourgain] XVII/1 212–214

SCOTT, Samuel F.: Vgl. Historical Dictionary of the French Revolution 1789–1799, 1985 XV 1022–1024

SÉGUIN, Philippe: Louis Napoléon le Grand, 1990 [M. Stauch] XX/3 215–217

SEIBERT, Hubertus: Vgl. Deus qui mutat tempora, 1987 XIV 878

SEIBT, Ferdinand: Revolution in Europa. Ursprung und Wege innerer Gewalt. Strukturen, Elemente, Exempel, 1984 [A. Guerreau] XIV 748

SEIBT, Ferdinand, Winfried EBERHARD: Europa 1500. Integrationsprozesse im Widerstreit: Staaten, Regionen, Personenverbände, Christenheit, 1987 [J.-D. Pariset] XVI/2 242

SEIBT, Ferdinand: Mittelalter und Gegenwart. Ausgewählte Aufsätze. Festgabe zu seinem 60. Geburtstag, hg. von Winfried EBERHARD und Heinz-Dieter HEIMANN, 1987 [J.-M. Moeglin] XIX/1 243–244

La seigneurie rurale en Lotharingie. Actes des 3e Journées Lotharingiennes, 26–27 octobre 1984, 1986 (Publications de la Section historique de l'Institut G.-D. de Luxembourg, 102) [W. Peters] XVI/1 237–238

SEILLIER, Christian: Vgl. Histoire de Boulogne-sur-Mer, 1983 XIII 924–925

SEILLIER, Claude: Vgl. Histoire de Boulogne-sur-Mer, 1983 XIII 924–925

SELLERT, Wolfgang: Vgl. Rechtsbehelfe, Beweis und Stellung des Richters im Spätmittelalter, 1985 XV 959–960

SELTMANN, Ingeborg: Heinrich VI. Herrschaftspraxis und Umgebung, 1983 (Erlanger Studien, 43) [T. Kölzer] XIII 770–774

SELZ, Jean: Vgl. BENJAMIN, Walter: Écrits Français, 1991 XX/3 257–259

SEMELIN, Jacques: Sans armes face à Hitler. La résistance civile en Europe 1939–1943. Préface de Jean-Pierre AZÉMA, 1989 [H. Wentker] XVIII/3 286–288

SENGLE, Friedrich: Biedermeierzeit. Deutsche Literatur im Spannungsfeld zwischen Restauration und Revolution 1815–1848. Bd. 3: Die Dichter, 1980 [M. Werner] XI 843–846

Series episcoporum ecclesiae catholicae occidentalis ab initio usque ad annum MCXCVIII. Series V Germania, t. II Archiepiscopatus Hammaburgensis sive Bremensis, unter Mitarbeit von Helmuth KLUGER, Edgar PACK und Rolf GROSSE hg. von Stefan WEINFURTER und Odilo ENGELS, 1984 [J. Pycke] XIV 678–679

SERMAN, William: La Commune de Paris (1871), 1986 [A. Mitchell] XVI/3 194–195

SEROR, Simon: Les noms des Juifs de France au Moyen Âge, 1989 [F. Lotter] — XIX/1 265–266

SERROY, Jean: Vgl. La France et l'Italie au temps de Mazarin, 1986 — XVI/2 279–280

SERVANT, Hélène: Vgl. Ministère des Affaires Étrangères, Archives Diplomatiques, Inventaire de la Collection des Papiers 1940, 1990 — XVIII/3 322–323

SERVATIUS, Carlo: Vgl. Ex ipsis rerum documentis. Beiträge zur Mediävistik, 1991 — XX/1 195–196

SETTIA, Aldo A.: Castelli e villaggi nell'Italia padana. Popolamento, potere e sicurezza fra IX e XIII secolo, 1984 (Nuovo Medioevo, 23) [G. Rippe] — XIII 750–751

SETTIPANI, Christian: Les ancêtres de Charlemagne, 1989 [M. Heinzelmann] — XVII/1 328–329

The Settlement of Disputes in Early Medieval Europe, ed. by Wendy DAVIES and Paul FOURACRE, 1986 [R. Schieffer] — XV 917–918

SÈVE, Michel: Vgl. Guide de l'épigraphiste, 1986 — XIV 874

SGARD, Jean: Vgl. Presse et histoire au XVIIIe siècle. L'année 1734, 1978 — XI 820

SGARD, Jean: Vgl. Dictionnaire des Journaux 1600–1789, 1991 — XX/2 211–214

SHAMIR, Haim: Vgl. France and Germany in an Age of Crisis 1900–1960, 1990 — XX/3 196

SHARP, Alan: The Versailles Settlement. Peacemaking in Paris, 1919, 1991 (The making of the 20th Century) [P. Krüger] — XX/3 250–251

SHATZMILLER, Joseph: Médecine et Justice en Provence médiévale. Documents de Manosque, 1262–1348, 1989 [W. Kaiser] — XIX/1 326–327

SHORE, Miles F.: Vgl. ROTBERG, Robert J. et al.: The Founder. Cecil Rhodes and the Pursuit of Power, 1988 — XVII/3 165–169

SIEBURG, Heinz-Otto: Vgl. Aspects des relations franco-allemandes à l'époque du Second Empire (1851–1866), 1982 — XII 867–868

SIEBURG, Heinz-Otto: Geschichte Frankreichs. 4. überarb. u. erw. Aufl. 1989 [U. Lappenküper] — XVIII/3 217–218

SIEDENHANS, Michael: Vgl. PIEPER, Volker et al.: Die Vergessenen von Stukenbrock, 1988 — XVII/3 301–302

SIEGERT, Reinhart: Vgl. BÖNING, Holger et al.: Volksaufklärung. Bd. I, 1990 — XIX/2 308–310

SIEGLERSCHMIDT, Jörn: Territorialstaat und Kirchenregiment. Studien zur Rechtsdogmatik des Kirchenpatronatsrechts im 15. und 16. Jahrhundert, 1987 [J.-D. Pariset] — XVII/1 320

SIEMS, Harald: Vgl. Untersuchungen zu Handel und Verkehr der vor- und frühgeschichtlichen Zeit in Mittel- und Osteuropa. Teil IV, 1987 — XVIII/1 264–266

SIEYES, Emmanuel Joseph: Was ist der Dritte Stand? Hg. von Otto DANN, 1988 [H. Reinalter] — XVII/2 313

SIGAL, Pierre-André: L'homme et le miracle dans la France médiévale (XIe–XIIe siècle), 1985 (Cerf-Histoire) [J.-C. Poulin] — XIII 755–756

SILAGI, Gabriel: Vgl. Wortkonkordanz zum Decretum Gratiani, 5 Bde., 1990 — XVIII/1 324–325

SILER, Douglas: Vgl. PRADIER, James: Correspondance. T. III, 1988 — XVIII/3 229

SIMKINS, C. A. G.: Vgl. HINSLEY, F. H. et al.: British Intelligence in the Second World War. Vol. III/2, 1988 — XVII/3 298–300

SIMON, Christian: Staat und Geschichtswissenschaft in Deutschland und Frankreich 1871–1914. Situation und Werk von Geschichtsprofessoren an den Universitäten Berlin-München-Paris, 2 Bde., 1988 (Europäische Hochschulschriften, Reihe III: Geschichte und ihre Hilfswissenschaften, 349) [J. Nurdin] — XVIII/3 238–239

SIMON, Dan: Das Frankreichbild der deutschen Arbeiterbewegung 1859–1865, 1984 (Schriftenreihe des Instituts für Deutsche Geschichte, Universität Tel Aviv, 6) [J. Droz] — XV 1053–1054

SIMON-NAHUM, Perrine: La Cité Investie. La »Science du Judaïsme« français et la République, 1991 (Bibliothèque franco-allemande) [A. Daum] — XX/3 237–238

SIMONNOT, Philippe: Le secret de l'armistice 1940, 1990 [E. Krautkrämer] — XIX/3 279–280

SIRINELLI, Jean-François: Vgl. RÉMOND, René: Notre Siècle 1918 à 1988, 1988 — XVII/3 205–209

SIRINELLI, Jean-François: Vgl. La politique sociale du Général de Gaulle, 1990 — XX/3 181–191

SIRINELLI, Jean-François: Intellectuels et passions françaises. Manifestes et pétitions au XXe siècle, 1990 [L. Raphael] — XX/3 243–244

Sites défensifs et sites fortifiés au Moyen Âge entre Loire et Pyrénées. Actes du premier colloque Aquitania, Limoges, 20–22 mai 1987, 1990 (Aquitania, Supplément 4) [L. Vones] — XIX/1 247–248

SIVÉRY, Gérard: L'économie du royaume de France au siècle de Saint Louis (vers 1180 – vers 1315), 1984 [B. Schneidmüller] — XIV 730–731

SKALWEIT, Stephan: Der Beginn der Neuzeit. Epochengrenze und Epochenbegriff, 1982 (Erträge der Forschung, 178) [H. Neuhaus] — XIII 790–792

SKALWEIT, Stephan: Gestalten und Probleme der Frühen Neuzeit. Ausgewählte Aufsätze, 1987 [R. Mousnier] — XVI/2 238–239

SLAVIN, Morris: The French Revolution en Miniature: Section Droits-de-l'Homme, 1789–1795, 1984 [R. Reichardt] — XIII 842–844

SMETS, Josef, Thomas F. FABER: Kevelaer. Gesellschaft und Wirtschaft am Niederrhein im 19. Jahrhundert, 1987 (Land und Leute zwischen Rhein und Maas. Veröffentlichungen zur Volkskunde und Kulturgeschichte, 3) [P. Barral] — XVI/2 308

SMITH, Julia M. H.: Province and Empire. Brittany and the Carolingians, 1992 (Cambridge studies in medieval life and thought, 4th series, 18) [J.-C. Poulin] — XX/1 270–271

SOBOUL, Albert: La civilisation et la révolution française. Vol. III: La France Napoléonienne, 1983 (Les grandes civilisations) [H.-G. Haupt] — XV 1024–1025

SOBOUL, Albert: Dictionnaire historique de la Révolution Française. Publ. sous la direction scientifique de Jean-René SURATTEAU et François GENDRON, 1989 [M. Wagner] — XVIII/2 280–282

Sociabilité et société bourgeoise en France, en Allemagne et en Suisse, 1750–1850. Geselligkeit, Vereinswesen und bürgerliche Gesellschaft in Frankreich, Deutschland und der Schweiz, 1750–1850, éd. par Etienne FRANÇOIS, 1986 (Travaux et mémoires de la Mission Historique Française en Allemagne, Göttingen) [F. E. Schrader]   XVII/2   297–300

La Social-Démocratie dans l'Allemagne Impériale, éd. par le Centre de recherches sur la Société Allemande aux XIXe et XXe siècles, publ. par Joseph ROVAN, 1985 [H. Weinreis]   XV   1060–1062

Società romana e imperio tardoantico, a cura di Andrea GIARDINA, 4 t., 1986 [J. Durliat]   XVI/1   137–154

Les Sociétés européennes et la guerre 1914–1918. Actes du colloque organisé à Nanterre et à Amiens du 8 au 11 décembre 1988, publ. par Jean-Jacques BECKER et Stéphane AUDOIN-ROUZEAU, 1990 [A. Wirsching]   XIX/3   175–185

SÖSEMANN, Bernd: Vgl. WOLFF, Theodor: Die wilhelminische Epoche, 1989   XIX/3   248–249

Die sogenannte »Abschiebung« der badischen und saarpfälzischen Juden in das französische Internierungslager Gurs und andere Vorstationen von Auschwitz. 50 Jahre danach zum Gedenken, hg. von Erhard R. WIEHN, 1990 [W. Müller]   XIX/3   285–286

SOHN, Andreas: Der Abbatiat Ademars von Saint-Martial de Limoges (1063–1114). Ein Beitrag zur Geschichte des cluniacensischen Klösterverbandes. Bestandteil des Quellenwerkes ›Societas et fraternitas‹, 1989 (Beiträge zur Geschichte des alten Mönchtums und des Benediktinertums, 37) [J.-L. Lemaître]   XVIII/1   283–286

Das Soldbuch des Deutschen Ordens 1410/1411. Die Abrechnungen für die Soldtruppen. Mit ergänzenden Quellen bearb. und ed. von Sven EKDAHL. Teil I: Text mit Anhang und Erläuterungen, 1988 (Veröffentlichungen aus den Archiven Preußischer Kulturbesitz, 23/I) [P. Contamine]   XVII/1   317–318

SOLNON, Jean François: Vgl. BLUCHE, François et al.: La véritable hiérarchie sociale de l'ancienne France, 1983   XV   1000–1001

SOLY, Hugo: Vgl. Études sur les villes en Europe occidentale. T. I–II, 1983   XIII   814–816

SONNET, Martine: L'éducation des filles au temps des Lumières. Préface de Daniel ROCHE, 1987 [A. Kleinert]   XVII/2   290–291

SONNTAG, Regine: Studien zur Bewertung von Zahlenangaben in der Geschichtsschreibung des früheren Mittelalters: Die Decem libri historiarum Gregors von Tours und die Chronica Reginos von Prüm, 1987 (Münchener historische Studien. Abt. Mittelalterliche Geschichte, 4) [M. Heinzelmann]   XVIII/1   326–327

Sophie de Hanovre: Mémoires et lettres de voyage, éd. par Dirk van der CRUYSSE, 1990 [J. Voss]   XVIII/2   327

SORNAY, Janine: Vgl. Les sources de l'histoire économique et sociale du moyen âge. T. 2, 1984   XIII   781–783

Les sources de l'histoire économique et sociale du moyen âge, par Robert-Henri BAUTIER et Janine SORNAY avec la collab. de Françoise MURET. T. 2: Les États de la Maison de Bourgogne. Vol. 1.1: Archives des principautés territoriales. Vol. 1.2: Les principautés du Nord, 1984 [W. Paravicini]   XIII   781–783

Les sources de l'histoire de la Révolution en Moselle, 3 cahiers, 1989 [P. Burg]   XIX/2   195–209

SOURNIA, Jean-Charles: Vgl. Guide du Paris révolutionnaire, 1989   XVII/2   339

SOUTOU, Georges-Henri: L'or et le sang. Les buts de guerre économiques de la Première Guerre mondiale. Préface de Jean-Baptiste DUROSELLE, 1989 [G. Hardach]   XVIII/3   250–252

SOWADE, Hanno: Vgl. Vom Marshallplan zur EWG, 1990   XVIII/3   296–297

Soziale und politische Konflikte im Frankreich des Ancien Régime, Bd. 2, hg. von Klaus MALETTKE, 1982 (Einzelveröffentlichungen der Historischen Kommission zu Berlin, 32) [E. Pelzer]   XI   792–794

Soziale Unruhen in Deutschland während der Französischen Revolution, hg. von Helmut BERDING, 1988 (Geschichte und Gesellschaft, 12) [J.-L. Le Cam]   XIX/2   333–335

Zur sozialen Dimension des EG-Binnenmarktes, 1990 [H. Reifeld]   XX/3   306–307

Sozialgeschichte der Aufklärung in Frankreich. Zwölf Original-Beiträge, hg. von Hans-Ulrich GUMBRECHT, Rolf REICHARDT und Thomas SCHLEICH. Teil I: Synthese und Theorie. Trägerschichten; Teil II: Medien, Wirkungen, 1981 (Ancien Régime, Aufklärung und Revolution, 4) [C. Dipper]   XI   818–819

Die SPD-Fraktion in der Nationalversammlung 1919–1920, eingel. von Heinrich POTTHOFF, bearb. von Heinrich POTTHOFF und Hermann WEBER, 1986 (Quellen zur Geschichte des Parlamentarismus und der politischen Parteien, 3. Reihe: Die Weimarer Republik, 7) [S. Martens]   XVI/3   225–226

SPERBER, Jonathan: Popular Catholicism in Nineteenth-Century Germany, 1984 [H. Ammerich]   XIV   799–800

SPIEGELER, Pierre de: Les hôpitaux et l'assistance à Liège (X^e–XVe siècles). Aspects institutionnels et sociaux, 1987 (Bibliothèque de la Faculté de Philosophie et Lettres de l'Université de Liège, 249) [W. Peters]   XVI/1   273–275

SPIEKER, Manfed: Vgl. Friedenssicherung. Bd. 3, 1989   XVIII/2   325–326

SPIES, Hans Bernd: Vgl. Die Erhebung gegen Napoleon 1806–1814/15, 1981   XIII   862–864

SPILLING, Herrad: Vgl. Litterae medii aevi, 1988   XVII/1   322–324

SPITZER, Alan B.: The French Generation of 1820, 1987 [G. de Bertier de Sauvigny]   XVII/3   223–225

Sport histoire. Revue internationale des Sports et des Jeux, cahiers 1–4, 1988–1989 [J. Voss]   XVII/3   328

SPRANDEL, Rolf: Vgl. Quellen zur Hanse-Geschichte, 1982   XI   751–752

SPRANDEL, Rolf: Vgl. Determinanten der Bevölkerungsentwicklung im
Mittelalter, 1987   XVI/1   231–232

SPRINKART, P. Alfons: Kanzlei, Rat und Urkundenwesen der Pfalzgrafen bei Rhein und Herzöge von Bayern 1294 bis 1314 (1317). Forschungen zum Regierungssystem Rudolfs I. und Ludwigs IV., 1986 (Forschungen zur Kaiser- und Papstgeschichte des Mittelalters. Beihefte zu J. F. Böhmer, Regesta imperii, 4) [J.-Y. Mariotte]   XV   967–968

SPUFFORD, Peter: Vgl. The Records of the Nation, 1990   XIX/3   320–321

STAAB, Franz: Vgl. Deus qui mutat tempora, 1987   XIV   878

Vom Staat des Ancien Regime zum modernen Parteienstaat. Festschrift für Theodor Schieder, hg. von Helmut BERDING, Kurt DÜWELL, Lothar GALL, Wolfgang J. MOMMSEN und Hans-Ulrich WEHLER, 1978 [W. D. Gruner]   XII   743–744

Staat und Gesellschaft im politischen Wandel. Beiträge zur Geschichte der modernen Welt. Festschrift für Walter Bußmann, hg. von Werner PÖLS, 1979 [W. D. Gruner]   XII   739–740

Das Staatslexikon. Enzyklopädie der sämtlichen Staatswissenschaften, hg. von Carl von ROTTECK und Carl WELCKER. Neudruck der 2. Aufl., Altona 1845–1849, mit einer Einleitung von Hartwig BRANDT und einem Verzeichnis sämtlicher Mitarbeiter von Helga ALBRECHT, 12 Bde., 1990 [J. Voss]   XX/3   197–200

STABILE, Giorgio: Vgl. Träume im Mittelalter. Ikonographische Studien, 1989   XX/1   234–236

STACHURA, Peter D.: Vgl. Unemployment and the Great Depression in Weimar Germany, 1986   XVI/3   252

STADLER, Peter: Der Kulturkampf in der Schweiz. Eidgenossenschaft und Katholische Kirche im europäischen Umkreis, 1848–1888, 1984 [J.-M. Mayeur]   XV   1040–1042

STADLER, Peter: Vgl. Die Universität Zürich 1833–1983, 1983   XI   871–873

STADLER, Peter: Vgl. Geschichte der Schweiz, 1991   XVIII/2   325

Stadt und Bischof. 24. Arbeitstagung in Augsburg (15.–17. November 1985), hg. von Bernhard KIRCHGÄSSNER und Wolfram BAER, 1988 (Stadt in der Geschichte. Veröffentlichungen des Südwestdeutschen Arbeitskreises für Stadtgeschichtsforschung, 14) [O. Guyotjeannin]   XVII/1   216–217

Stadt und Bürgertum im 19. Jahrhundert, hg. von Lothar GALL, 1990 (Stadt und Bürgertum, 1) [E. François]   XIX/3   215–216

Stadtadel und Bürgertum in den italienischen und deutschen Städten des Mittelalters, hg. von Reinhard ELZE und Gina FASOLI, 1991 (Schriften des Italienisch-Deutschen Historischen Instituts in Trient, 2) [P. Racine]   XIX/1   252–253

Stadtentwicklung im deutsch-französisch-luxemburgischen Grenzraum (19. und 20. Jh.) / Développement urbain dans la région frontalière France-Allemagne-Luxembourg (XIXe-XXe s.), hg. von Rainer HUDEMANN und Rolf WITTENBROCK, 1991 (Veröffentlichungen der Kommission für Saarländische Landesgeschichte und Volksforschung, 21) [U. Wardenga]   XX/3   229–230

Städte im Zweiten Weltkrieg. Ein internationaler Vergleich, hg. von Marlene P. HILLER, Eberhard JÄCKEL und Jürgen ROHWER, 1991 [H. Boog] — XX/3 286–288

Städtewesen und Merkantilismus in Mitteleuropa, hg. von Volker PRESS, 1983 [J. Meyer] — XIII 812–814

STAEHELIN, Andreas: Vgl. Geschichte der Schweiz, 1991 — XVIII/2 325

STAMM, Christoph: Vgl. Akten zur deutschen Auswärtigen Politik 1918–1945. Serie A, Bde. I–III, 1982, 1984, 1985 — XIII 891–893

STAMM, Christoph: Vgl. Akten zur deutschen Auswärtigen Politik 1918–1945. Serie A, Bd. IV, 1988 — XVII/3 257–258

STANCLIFFE, Clare: St. Martin and his Hagiographer. History and Miracle in Sulpicius Severus, 1983 [G. de Senneville] — XII 765–767

STARK, Udo: Die nationalrevolutionäre Herausforderung der Dritten Republik 1880–1900. Auflösung und Erneuerung des Rechts-Links-Schemas in Frankreich, 1991 (Beiträge zur politischen Wissenschaft, 59) [R. Beck] — XX/3 222–224

STAROBINSKI, Jean: 1789. Die Embleme der Vernunft. Hg. und mit einem Vorwort versehen von Friedrich A. KITTLER, 1988 [R. Fleck] — XVII/2 322–323

State, Economy, and Society in Western Europe 1815–1975. A Data Handbook in two Volumes. By Peter Flora et al. Vol. I: The Growth of Mass Democracies and Welfare States, 1983 [C. Dipper] — XII 851–853

State, Economy, and Society in Western Europe 1815–1975. A Data-Handbook in two Volumes. By Peter FLORA, Franz KRAUS and Winfried PFENNING. Vol. II: The Growth of Industrial Societies and Capitalist Economies, 1987 [C. Dipper] — XVI/3 171–172

Statuten, Städte und Territorien zwischen Mittelalter und Neuzeit in Italien und Deutschland. Hg. von Giorgio CHITTOLINI und Dietmar WILLOWEIT. Übersetzung der italienischen Texte von Judith ELZE, 1992 (Schriften des Italienisch-Deutschen Historischen Instituts in Trient, 3) [I. Baumgärtner] — XX/1 209–211

Statutencodices des 13. Jahrhunderts als Zeugen pragmatischer Schriftlichkeit. Die Handschriften von Como, Lodi, Novara, Pavia und Voghera, hg. von Hagen KELLER und Jörg W. BUSCH, 1991 (Münstersche Mittelalter-Schriften, 64) [F. Menant] — XX/1 299–300

Statuti città territori in Italia e Germania tra medioevo ed età moderna, a cura di Giorgio CHITTOLINI e Dietmar WILLOWEIT, 1991 (Annali dell'Istituto storico italo-germanico, 30) [I. Baumgärtner] — XX/1 209–211

STAUFFER, Paul: Zwischen Hofmannsthal und Hitler: Carl J. Burckhardt. Facetten einer außergewöhnlichen Existenz, 1991 [M. Steinert] — XX/3 263–264

STEEL, Carolus: Vgl. Maximi Confessoris Quaestiones ad Thalassium. I–II, 1980 u. 1990 — XIX/1 287–288

STEGEMANN, Bernd: Vgl. SCHREIBER, Gerhard et al.: Das Deutsche Reich und der Zweite Weltkrieg. Bd. 3, 1984 — XIII 911–913

STEGEMANN, Bernd: Vgl. Germany and the Second World War. Vol. 2, 1991 — XX/3 277

STEGMANN, Dirk: Vgl. Industrielle Gesellschaft und politisches System, 1978 — XII 741–742

STEIN, Wolfgang Hans: Vgl. Inventar von Quellen zur deutschen Geschichte in Pariser Archiven und Bibliotheken, 1986 — XVI/3 168–169

STEINBERG, Jonathan: Deutsche, Italiener und Juden. Der italienische Widerstand gegen den Holocaust, a. d. Engl. von Ilse STRASMANN, 1992 [J. Dülffer] — XX/3 279–280

STEINBERG, Lucien, en collab. avec Jean-Marie FITÈRE: Les Allemands en France 1940–1944, 1980 [F. Knipping] — XVI/3 282–283

STEINER, Jürgen: Die Artistenfakultät der Universität Mainz 1477–1562, 1989 [J. Verger] — XVIII/2 310–311

STEINERT, Marlis G.: Hitler, 1991 [J. Dülffer] — XVIII/3 274–275

STEINHOFF, Hans-Hugo: Vgl. Feste und Feiern im Mittelalter, 1991 — XX/1 211–216

STEININGER, Rolf: Vgl. Britische Deutschland- und Besatzungspolitik 1945–1949, 1985 — XIV 618–637

STEININGER, Rolf: Deutsche Geschichte 1945–1961. Darstellung und Dokumente in zwei Bänden, 1983 [S. Martens] — XIV 618–637

STEININGER, Rolf: Die Ruhrfrage 1945/46 und die Entstehung des Landes Nordrhein-Westfalen. Britische, französische und amerikanische Akten, 1988 (Quellen zur Geschichte des Parlamentarismus und der politischen Parteien, 4) [M.-F. Ludmann-Obier] — XVII/3 307–308

STEVENSON, David: French War Aims against Germany (1914–1919), 1982 [J.-J. Becker] — XI 865–866

STICHWEH, Rudolf: Der frühmoderne Staat und die europäische Universität. Zur Interaktion von Politik und Erziehungssystem im Prozeß ihrer Ausdifferenzierung (16.–18. Jahrhundert), 1991 [W. Frijhoff] — XX/2 175–177

STICKLER, A. M.: Vgl. Studi Gregoriani per la storia della »Libertas Ecclesiae«. Vol. XIII, 1989 — XIX/1 303–305

STIENNON, Jacques: Vgl. Clio et son regard, 1982 — XII 744–746

STIERLE, Karlheinz: Vgl. Französische Klassik, 1985 — XVII/3 226

STIEVERMANN, Dieter: Landesherrschaft und Klosterwesen im spätmittelalterlichen Württemberg, 1989 [P. Pégeot] — XVIII/1 314–315

STIEVERMANN, Dieter: Vgl. Vorderösterreich in der frühen Neuzeit, 1989 — XIX/2 353

STINNES, Edmund H.: A Genius in Chaotic Time. Edmund H. STINNES on his Father, Hugo Stinnes (1870–1924). A Conversation between Dr. Edmund H. STINNES and Andreas KOHLSCHÜTTER, Chief-Correspondent of the German weekly ›Die Zeit‹, Ascona 1979, 1982 [S. Martens] — XI 869

STOLLEIS, Michael: Geschichte des öffentlichen Rechts in Deutschland. Bd. 1: Reichspublizistik und Policeywissenschaft 1600–1800, 1988 [M. Reulos] — XVII/2 266–267

STOLZ, Walter: Petrons Satyricon und François Nodot (ca. 1650 – ca. 1710). Ein Beitrag zur Geschichte literarischer Fälschungen, 1987

(Abhandlungen der Geistes- und Sozialwissenschaftlichen Klasse. Akademie der Wissenschaften und der Literatur, Mainz, 1987, 15) [H.-C. Hobohm]	XVII/2	280–281
STOOB, Heinz: Vgl. Civitatum communitas. Studien zum europäischen Städtewesen, 2 Bde., 1984	XIV	659–660
STOOB, Heinz: Kaiser Karl IV. und seine Zeit, 1990	XIX/1	333–336
STOUFF, Louis: Vgl. COULET, Noël et al.: Le village de Provence au bas moyen âge, 1987	XVII/1	305–306
Strasbourg et l'institution de l'État civil laïc au début de la Révolution française, publ. par Edith BERNARDIN, 1986 (Société Savante d'Alsace et des Régions de l'Est. Grandes Publications, 25) [O. Dann]	XV	1021–1022
STRASMANN, Ilse: Vgl. STEINBERG, Jonathan: Deutsche, Italiener und Juden, 1992	XX/3	279–280
STRATMANN, Martina: Hinkmar von Reims als Verwalter von Bistum und Kirchenprovinz, 1991 (Quellen und Forschungen zum Recht im Mittelalter, 6) [O. Guyotjeannin]	XX/1	277–278
STRAUSS, Franz Josef: Die Erinnerungen, 1989 [J. Klein]	XVIII/3	299–301
STRECKENBACH, Gerhard: Vgl. Walter von Châtillon: Alexandreis. Das Lied von Alexander dem Großen, 1990	XX/1	296–297
STRNAD, Alfred A.: Niccolò Machiavelli. Politik als Leidenschaft, 1984 [H. Reifeld]	XIII	801
STROMER, Wolfgang von: Vgl. Hochfinanz, Wirtschaftsräume, Innovationen, 1987	XVI/2	233–234
Strukturen der Grundherrschaft im frühen Mittelalter, hg. von Werner RÖSENER, 1989 (Veröffentlichungen des Max-Planck-Instituts für Geschichte, 92) [P. Toubert]	XX/1	264–268
Strutture ecclesiastiche in Italia e in Germania prima della Riforma, a cura di Paolo PRODI e Peter JOHANEK, 1984 (Annali dell'Istituto storico italo-germanico, 16) [H. Seibert]	XIV	752–753
Studi Gregoriani per la storia della »Libertas Ecclesiae«. Vol. XIII: La riforma gregoriana e l'Europa. Congresso internazionale Salerno, 20–25 maggio 1985, a cura di A. M. STICKLER, O. CAPITANI, Horst FUHRMANN, M. MACCARRONE, Rudolf SCHIEFFER, R. VOLPINI, 1989 [A. Becker]	XIX/1	303–305
Über das Studium der Geschichte, hg. von Wolfgang HARDTWIG, 1990 [A. Cser]	XX/2	133–138
STÜRMER, Michael: Handwerk und höfische Kultur. Europäische Möbelkunst im 18. Jahrhundert, 1982 [K. Hammer]	XI	817–818
STÜRMER, Michael: Vgl. Die Weimarer Republik, belagerte Civitas, 2. erw. Aufl., 1985	XIV	829–832
STÜRNER, Wolfgang: Peccatum und Potestas. Der Sündenfall und die Entstehung der herrscherlichen Gewalt im mittelalterlichen Staatsdenken, 1987 (Beiträge zur Geschichte und Quellenkunde des Mittelalters, 11) [L. Milis]	XVII/1	222

STUPPERICH, Robert, unter Mitarbeit von Martin STUPPERICH: Otto Dibelius. Ein evangelischer Bischof im Umbruch der Zeiten, 1989 [D. J. Diephouse]   XVII/3 279–281

Subsidia Sangallensia I. Materialien und Untersuchungen zu den Verbrüderungsbüchern und zu den älteren Urkunden des Stiftsarchivs St. Gallen, hg. von Michael BORGOLTE, Dieter GEUENICH, Karl SCHMID, 1986 (Societas et Fraternitas) [M. Parisse]   XV 921–923

SÜSS, Martin: Rheinhessen unter französischer Besatzung. Vom Waffenstillstand im November 1918 bis zum Ende der Separatistenunruhen im Februar 1924, 1988 [P. Jardin]   XVII/3 253–256

SÜSSMUTH, Hans: Vgl. Geschichtskultur – Geschichtsdidaktik. Internationale Bibliographie, 1984   XIII 695

Summa ›Elegantius in iure diuino‹ seu Coloniensis, ed. Gérard FRANSEN adl. Stephan KUTTNER. T. III, 1986 (Monumenta iuris canonici. Series A Corpus Glossatorum, vol. 1, t. III) [P. Ourliac]   XVI/1 280

SUNTRUP, Rudolf: Vgl. MEYER, Heinz et al.: Lexikon der mittelalterlichen Zahlenbedeutungen, 1987   XVI/1 233–235

SURATTEAU, Jean-René: Vgl. SOBOUL, Albert: Dictionnaire historique de la Révolution Française, 1989   XVIII/2 280–282

SUTHERLAND, Donald: The Chouans. The Social Origins of Popular Counter-Revolution in Upper-Brittany, 1770–1796, 1982 [J. Tulard]   XI 835

SYDOW, Jürgen: Cum omni mensura et ratione. Ausgewählte Aufsätze. Festgabe zu seinem 70. Geburtstag, hg. von Helmut MAURER, 1991 [P. Racine]   XIX/1 239–240

TABACCO, Giovanni: Vgl. Piemonte medievale. Forme del potere e della società, 1985   XIII 923–924

TABACCO, Giovanni: The struggle for power in medieval Italy. Structures of political rule. Transl. by Rosalind BROWN JENSEN, 1989 (Cambridge Medieval Textbooks) [F. Menant]   XX/1 238–239

TACHET, Alain: Vgl. MOMIGLIANO, Arnaldo: Problèmes d'historiographie ancienne et moderne, 1983   XII 750–752

TACKETT, Timothy: Religion, Revolution, and Regional Culture in Eighteenth-Century France. The ecclesiastical oath of 1791, 1986 [M.-M. Compère]   XIV 780–781

TAILLEMITE, Etienne: La Fayette, 1989 [H. Dippel]   XX/2 271–272

Tancredi et Willelmi III regum diplomata, ed. Herbert ZIELINSKI, 1982 (Codex Diplomaticus Regni Siciliae, series prima: Diplomata regum et principum e gente Normannorum, 5) [J.-M. Martin]   XII 802–804

TANNER, Albert: Spulen – Weben – Sticken. Die Industrialisierung in Appenzell-Außerrhoden, 1982 [U.-C. Pallach]   XV 978–979

TARDIEU, Michel, Jean-Daniel DUBOIS: Introduction à la littérature gnostique. I: Histoire du mot »gnostique«, Instrument de travail, Collections retrouvées avant 1945, 1986 (Initiations au christianisme ancien) [M. Heinzelmann]   XIV 875

TAURECK, Bernhard: Vgl. Friedrich der Große und die Philosophie. Texte und Dokumente, 1986 — XIV 778–780

TAURECK, Margot: Friedrich Sieburg in Frankreich. Seine literarisch-publizistischen Stellungnahmen zwischen den Weltkriegen im Vergleich mit Positionen Ernst Jüngers, 1987 (Reihe Siegen, Beiträge zur Literatur- und Sprachwissenschaft, 75) [H. M. Bock] — XVI/3 240–242

TAVENEAUX, René: Vgl. Les Habsbourg et la Lorraine, 1988 — XVII/2 242–244

TAVERDET, Gérard: Vgl. Dictionnaire historique des noms de famille romans. Actes du colloque IV, 1992 — XX/1 219–222

I Tedeschi nella Storia dell'Università di Siena, a cura di Giovanni MINNUCCI, 1988 [G.-R. Tewes] — XIX/1 331

Teil und Ganzes. Zum Verhältnis von Einzel- und Gesamtanalyse in Geschichts- und Sozialwissenschaften, hg. von Karl ACHAM und Winfried SCHULZE, 1990 (Beiträge zur Historik, 6) [A. Cser] — XX/2 133–138

TEILLET, Suzanne: Des Goths à la nation gothique. Les origines de l'idée de nation en Occident du Ve au VIIe siècle, 1984 (Collection d'Études Anciennes) [H. Wolfram] — XIII 724–726

TELKÈS, Eva: Vgl. CHARLE, Christophe et al.: Les professeurs du Collège de France, 1988 — XVII/3 240–241

TELTSCHIK, Horst: 329 Tage. Innenansicht der Einigung, 1991 [G. Badia] — XIX/3 316–317

Le temps chrétien de la fin de l'Antiquité au moyen âge, IIIe–XIIIe siècles. [Actes du colloque tenu à] Paris, 9–12 mars 1981, 1984 (Colloques internationaux du Centre National de la Recherche Scientifique, 604) [J. Durliat] — XIII 716–718

TENFELDE, Klaus: Vgl. Quellen zur Geschichte der deutschen Gewerkschaftsbewegung im 20. Jahrhundert, Bde. 1–3, 1985–1986 — XV 1058–1060

TENFELDE, Klaus: Vgl. Quellen zur Geschichte der deutschen Gewerkschaftsbewegung im 20. Jahrhundert, Bd. 4, 1988 — XIX/3 268–270

TENORTH, Heinz-Elmar: Vgl. Handbuch der deutschen Bildungsgeschichte, Bd. V, 1989 — XIX/3 271–272

Die Territorien des Reiches im Zeitalter der Reformation und Konfessionalisierung. Land und Konfession 1500–1650, hg. von Anton SCHINDLING und Walter ZIEGLER. Bd. 1: Der Südosten, 1989 [J. Bérenger] — XVIII/2 245–246

TESKE, Gunnar: Vgl. LOHRMANN, Dietrich: Diözese Paris. I, 1989 — XVIII/1 295–296

THADDEN, Rudolf von: Vgl. MAGDELAINE, Michelle et al.: Le refuge huguenot, 1985 — XIII 816–818

THADDEN, Rudolf von: La Prusse en question. Histoire d'un État perdu. Essai traduit de l'allemand par Hélène CUSA et Patrick CHARBONNEAU, préface de François FURET, 1985 [R. Dufraisse] — XIV 790–793

THALLER, Manfred: Vgl. JARAUSCH, Konrad H. et al.: Quantitative Methoden in der Geschichtswissenschaft, 1985 — XIV 668

THALMANN, Rita: La République de Weimar, 1986 (Que sais-je? 2300) [H. Schulze] — XV 1062–1063

THANE, Pat: Vgl. Maternity and Gender Policies, 1991 — XX/3 228–229

Théâtre et spectacles hier et aujourd'hui. Époque moderne et contemporaine. Actes du 115e Congrès national des Sociétés savantes, Avignon 1990, 1991 [F. Moureau] — XIX/2 279–281

THÉBAUD, Françoise: Quand nos grand-mères donnaient la vie. La maternité en France dans l'entre-deux-guerres, 1986 (Collection Médecine et Société) [B. Piezonka] — XIX/3 258–259

THEIS, Laurent: Vgl. DÉAT, Marcel: Mémoires politiques, 1989 — XVII/3 292–293

Theoretiker der deutschen Aufklärungshistorie, hg. von Horst Walter BLANKE und Dirk FLEISCHER. Bd. 1: Die theoretische Begründung der Geschichte als Fachwissenschaft; Bd. 2: Elemente der Aufklärungshistorik, 1990 (Fundamenta Historica, Texte und Forschungen, Bde. 1.1/1.2) [M. Yardeni] — XVIII/2 263–265

Thésaurus d'histoire médiévale. Documents diplomatiques et judiciaires. Introduction par Josette METMAN et Pierre-Clément TIMBAL, 1983 (Centre Régional de publication de Paris. Centre d'Étude d'histoire juridique, E.R.A. 145) [N. Bulst] — XII 747–748

THEUERKAUF, Gerhard: Vgl. BUISSON, Ludwig: Lebendiges Mittelalter, 1988 — XVII/1 324

THIÉBAUT, Jacques: Vgl. Histoire de Boulogne-sur-Mer, 1983 — XIII 924–925

THIELE, Gunter: Vgl. Demokratisierung in der Französischen Revolution, 1990 — XIX/2 335–337

THIMME, Roland: Vgl. Akten zur deutschen Auswärtigen Politik 1918–1945. Serie A, Bde. I–III, 1982, 1984, 1985 — XIII 891–893

THIMME, Roland: Vgl. Akten zur deutschen Auswärtigen Politik 1918–1945. Serie A, Bde. IV-VI, 1988 — XVII/3 257–258

THOBIE, Jacques: La France Impériale 1880–1914. L'impérialisme à la Française, éd. par Jean BOUVIER, René GIRAULT et J. THOBIE, 1982 [D. Brötel] — XI 688–692

THOMA, Gertrud: Namensänderungen in Herrscherfamilien des mittelalterlichen Europa, 1985 (Münchener historische Studien, Abteilung Mittelalterliche Geschichte, 3) [O. Guyotjeannin] — XV 897–899

THOMA, Ludwig: Sämtliche Beiträge aus dem »Miesbacher Anzeiger« 1920/21, kritisch ed. und komm. von Wilhelm VOLKERT, 1989 [P. Jardin] — XIX/3 265–266

THOMAS, E. E.: Vgl. HINSLEY, Francis H. et al.: British Intelligence in the Second World War. Vol. III/2, 1988 — XVII/3 298–300

THOMAS, Heinz: Deutsche Geschichte des Spätmittelalters 1250–1500, 1983 [J.-P. Cuvillier] — XII 815–817

THOMAS, Jürgen: Wehrmachtsjustiz und Widerstandsbekämpfung. Das Wirken der Ordentlichen deutschen Militärjustiz in den besetzten Westgebieten 1940–1945 unter rechtshistorischen Aspekten, 1990 [M. Spivak] — XVIII/3 292–293

THOMASSET, Claude: Vgl. JACQUART, Danielle et al.: Sexualité et savoir médical au Moyen Âge, 1985 — XV 904–906

THRÄNHARDT, Dietrich: Vgl. Die Bundesrepublik Deutschland. Entstehung, Entwicklung, Struktur, 1984 — XIV 618–637

THÜRNAU, Hagen: Vgl. Die Französische Revolution in Augenzeugenberichten, 1989 — XVII/2 301–304

THUILLIER, Jean-Paul: Vgl. L'occupation en France et en Belgique 1940–1944. T. 1–2, 1987–1988 — XVIII/3 289

Tien bijdragen tot de lokale en regionale demografie in Vlaanderen, uitgeg. door Michel CLOET en Chris VANDENBROEKE, 1989 [H. Buszello] — XVIII/2 314–315

TIETZ, Manfred: Vgl. La Pensée Religieuse dans la littérature et la civilisation du XVIIe siècle en France, 1984 — XII 830–832

TIETZ, Manfred: Vgl. Lectures de Raynal. L'histoire des deux Indes en Europe et en Amérique au XVIIIe siècle, 1991 — XX/2 232–235

TIMBAL, Pierre-Clément: Vgl. Thésaurus d'histoire médiévale, 1983 — XII 747–748

TIMM, Eitel: Vgl. Geist und Gesellschaft. Zur deutschen Rezeption der Französischen Revolution, 1990 — XVIII/2 305–306

TIMPE, Dieter: Vgl. Untersuchungen zu Handel und Verkehr der vor- und frühgeschichtlichen Zeit in Mittel- und Osteuropa. Teil IV, 1987 — XVIII/1 264–266

TJÄDER, Jan-Olof: Die nichtliterarischen lateinischen Papyri Italiens aus der Zeit 445–700. II: Papyri 29–59, 1982 (Skrifter utgivna av Svenska Institutet i Rom, 4°, IX/2 = Acta instituti romani regni Sueciae, series in 4°, XIX/2) [J. Durliat] — XII 774–778

TOBIAS, Fritz: Vgl. BACKES, Uwe et al.: Reichstagsbrand, 1987 — XVI/3 313

TOCK, Benoît-Michel: Vgl. Les chartes des évêques d'Arras (1093–1203), 1991 — XX/1 286–287

TÖNNIES, Bernhard: Die Amalertradition in den Quellen zur Geschichte der Ostgoten. Untersuchungen zu Cassiodor, Jordanes, Ennodius und den Excerpta Valesiana, 1989 (Beiträge zur Altertumswissenschaft, 8) [M. Reydellet] — XIX/1 278–279

TÖPFER, Bernhard: Vgl. Allgemeine Geschichte des Mittelalters, ^{2}1991 — XIX/1 270–271

TOMBS, Robert T.: Vgl. BURY, John P. T. et al.: Thiers (1797–1877), 1986 — XIV 809–810

TOMLINSON, Hilary M: Vgl. Victor Brodeau: Poésies, 1982 — XI 786

TONKIN, John: Vgl. DICKENS, Arthur G. et al.: The Reformation in Historical Thought, 1985 — XVII/2 246–248

TONNESSON, Stein: 1946: Déclenchement de la guerre d'Indochine. Les vêpres tonkinoises du 19 décembre, 1987 [D. Brötel] — XVIII/3 209–215

Topographie chrétienne des cités de la Gaule des origines au milieu du VIIIe siècle, éd. par Nancy GAUTHIER et Jean-Charles PICARD. I: Province ecclésiastique de Trèves (Belgica prima), par Nancy GAUTHIER; II: Provinces ecclésiastiques d'Aix et d'Embrun (Narbonensis secunda et Alpes maritimae), par Yvette DUVAL, Paul-Albert FÉVRIER, Jean GUYON (et) Corse, par Philippe PERGOLA; III: Provinces ecclésiastiques de Vienne et d'Arles (Viennensis et Alpes Graiae et Poeninae), par Jacques BIARNE, Charles BONNET, Renée COLARDELLE, Françoise DESCOMBES, P.-A. FÉVRIER, N. GAUTHIER, J.

Guyon, Catherine Santschi; IV: Province ecclésiastique de Lyon (Lugdunensis prima), par Brigitte Beaujard, P.-A. Février, J.-C. Picard, Charles Pietri, J.-F. Reynaud, 1986 [M. Heinzelmann]   XIV   878–879

Topographie chrétienne des cités de la Gaule des origines au milieu du VIIIe siècle. Éd. par Nancy Gauthier et Jean-Charles Picard. V: Province ecclésiastique de Tours (Lugdunensis tertia), par Luce Pietri, Jacques Biarne, 1987 [M. Heinzelmann]   XV   1107–1108

Topographie chrétienne des cités de la Gaule des origines au milieu du VIIIe siècle. Éd. par Nancy Gauthier et Jean-Charles Picard. VI: Province ecclésiastique de Bourges (Aquitania prima), par Françoise Prévôt, Xavier Barral i Altet; VII: Province ecclésiastique de Narbonne (Narbonensis prima), par Paul-Albert Février, Xavier Barral i Altet, 1989 [M. Heinzelmann]   XVII/1   325–326

Die Totenbücher von Merseburg, Magdeburg und Lüneburg, hg. von Gerd Althoff und Joachim Wollasch, 1983 (Monumenta Germaniae historica. Libri memoriales et necrologia, Nova series, II) [J.-L. Lemaître]   XII   789–791

Tourtier-Bonazzi, Chantal: Vgl. Les Archives Nationales. État Général des Fonds. T. V, 1988   XVII/3   102–109

Toussaint, Ingo: Die Grafen von Leiningen. Studien zur leiningischen Genealogie und Territorialgeschichte bis zur Teilung von 1317/18, 1982 [P. Pégeot]   XII   807–808

Traductions et traducteurs au Moyen Âge. Actes du colloque international du CNRS organisé à Paris, Institut de Recherche et d'Histoire des Textes les 26–28 mai 1986. Textes réunis par Geneviève Contamine, 1989 (Documents, Études et Répertoires Publiés par l'Institut de Recherche et d'Histoire des Textes) [M. Pörnbacher]   XVIII/1   230–234

Träume im Mittelalter. Ikonographische Studien, hg. von Agostino Paravicini Bagliani und Giorgio Stabile, 1989 [A. Boureau]   XX/1   234–236

Traité des monnaies, Nikolas Oresme et autres écrits monétaires du XIVe siècle (Jean Buridan, Bartole de Sassoferrato). Textes réunis et introduits par Claude Dupuy, traduits par Frédéric Chartrain, 1989 [M.-T. Kaiser-Guyot]   XX/1   304–306

La transizione dall'economia di guerra all'economia di pace in Italia e in Germania dopo la Prima guerra mondiale, a cura di Peter Hertner e Giorgio Mori, 1983 (Annali dell'Istituto storico italo-germanico, 11) [C. Dipper]   XVI/3   221–223

Traugott, Mark: Armies of the Poor. Determinants of Working-Class Participation in the Parisian Insurrection of June 1848, 1985 [R. Fleck]   XVII/3   216–217

Le travail au moyen âge. Une approche interdisciplinaire. Actes du Colloque international de Louvain-la-Neuve le 21–23 mai 1987, présentés par Jacqueline Hamesse et Colette Muraille-Samaran, 1990 (Université Catholique de Louvain. Publications de l'Institut d'études médiévales. Textes, Études, Congrès, 10) [H.-W. Goetz]   XIX/1   244–247

Tremp, Ernst: Vgl. Liber donationum Altaeripae. Cartulaire de l'abbaye cistercienne d'Hauterive, 1984   XV   958–959

TREMP, Ernst: Studien zu den Gesta Hludowici imperatoris des Trierer Chorbischofs Thegan, 1988 (Monumenta Germaniae Historica. Schriften, 32) [P. Godman]   XVII/1   262

TRENARD, Louis: Vgl. Liber Amicorum, 1984   XIV   661

TRENARD, Louis: Vgl. Histoire de Roubaix, 1984   XIV   869–872

Il Trentino nel Settecento fra Sacro Romano Impero e antichi stati italiani. A cura di Cesare MOZZARELLI e Giuseppe OLMI, 1985 (Annali dell'Istituto storico italo-germanico, 17) [W. Altgeld]   XVI/2   311–312

TREUE, Wilhelm: Vgl. ENGEL, Helmut et al.: Geschichtslandschaft Berlin, 5 Bde., 1985–1990   XVIII/3   191–208

TRICARD, Jean: Vgl. PEROUAS, Louis et al.: Léonard, Marie, Jean et les autres, 1984   XVI/1   222–223

Trieste, Nodier e le Province Illiriche. Atti del Convegno, Trieste, 17 novembre 1987, a cura di Gabriella CASA, 1989 (Società Italiana dei Francesisti, sezione di Trieste) [M. Heinzelmann]   XVII/2   339–340

»Triumph, die Freiheitsfahne weht...«. Die Pfalz im Banne der Französischen Revolution (1789–1814), hg. von Erich SCHNEIDER, 1988 [R. Marx]   XVII/2   331–332

TROSSBACH, Werner: Soziale Bewegung und politische Erfahrung. Bäuerlicher Protest in hessischen Territorien 1648–1806, 1987 (Sozialgeschichtliche Bibliothek im Drumlin Verlag) [T. Fox]   XVII/2   278–279

TROSSBACH, Werner: Der Schatten der Aufklärung. Bauern, Bürger und Illuminaten in der Grafschaft Wied-Neuwied, 1991 [M. Morineau]   XX/2   304–305

TSUBOÏ, Yoshiharu: L'Empire Vietnamien face à la France et à la Chine 1847–1885, 1987 [D. Brötel]   XVIII/3   209–215

TÜRK, Egbert: Nugae curialium. Le règne d'Henri II Plantagenêt (1145–1189) et l'éthique politique, 1977 (Centre de Recherches d'Histoire et de Philologie de la IVe Section de l'École pratique des Hautes Études, 5; Hautes Études médiévales et modernes, 28) [P. Johanek]   XI   746–748

TULARD, Jean: Vgl. La Contre-Révolution, 1990   XIX/2   319–321

TULARD, Jean: Vgl. Nouvelle Bibliographie critique des Mémoires sur l'époque napoléonienne écrits ou traduits en français, 1991   XIX/2   352–353

TULARD, Jean: Vgl. Dictionnaire des ministres de 1789 à 1989, 1990   XIX/3   319–320

TURCHINI, Angelo: Vgl. MAZZONE, Umberto et al.: Le visite pastorali, 1985   XVI/2   234–236

TZERMIAS, Pavlos: Das andere Byzanz. Konstantinopels Beitrag zu Europa, 1991 [J. Durliat]   XX/1   229–230

Überlieferung und Geltung normativer Texte des frühen und hohen Mittelalters. Vier Vorträge, gehalten auf dem 35. Deutschen Historikertag 1984 in Berlin, hg. von Hubert MORDEK, 1986 (Quellen und Forschungen zum Recht im Mittelalter, 4) [P. Ourliac]   XV   888–889

UEBERSCHÄR, Gerd R.: Vgl. Das Deutsche Reich und der Zweite
Weltkrieg. Bd. 4, 1983   XI   877–880

ULLMANN, Hans Peter: Vgl. Deutschland und Frankreich im Zeitalter
der Französischen Revolution, 1989   XIX/2   330–331

UMBREIT, Hans: Vgl. KROENER, Bernhard R. et al.: Organisation und
Mobilisierung des deutschen Machtbereichs. 1. Halbband, 1988   XVIII/3   279–282

UMBREIT, Hans: Vgl. Germany and the Second World War. Vol. 2,
1991   XX/3   277

Unbekanntes von Friedrich Engels und Karl Marx, hg. von Bert
ANDRÉAS, Jacques GRANDJONC und Hans PELGER. Teil I:
1840–1874, 1986 (Schriften aus dem Karl Marx Haus Trier, 33) [M.
Espagne]   XV   1051–1052

Unemployment and the Great Depression in Weimar Germany, ed. by
Peter D. STACHURA, 1986 [V. Hentschel]   XVI/3   252

Eine ungewöhnliche Geschichte. Deutschland – Frankreich seit 1870,
hg. von Franz KNIPPING und Ernst WEISENFELD, 1988 [A. Mitchell]   XVII/3   316

Università, Accademie e Società scientifiche in Italia e in Germania dal
Cinquecento al Settecento, a cura di Laetitia BOEHM e Ezio
RAIMONDI, 1981 (Istituto Trentino di Cultura. Pubblicazioni dell'
Istituto storico italo-germanico in Trento) [B. Neveu]   XI   776–779

Universität im Aufbruch. Die Alma mater Jenensis als Mittler zwischen
Ost und West, hg. von Herbert GOTTWALD, 1992 [M. Espagne]   XX/2   309–310

Die Universität Zürich 1833–1983. Festschrift zur 150-Jahr-Feier der
Universität Zürich, hg. vom Rektorat der Universität Zürich.
Gesamtredaktion Peter STADLER, 1983 [R. Schiffers]   XI   871–873

Universitätsbibliothek Mannheim. Katalog der Bibliothek Desbillons.
1. Abteilung: Belles Lettres, 1986 [J.-D. Candaux]   XVI/2   241

Untersuchungen zu Handel und Verkehr der vor- und frühgeschichtlichen Zeit in Mittel- und Nordeuropa. Teil II: Dietrich CLAUDE: Der
Handel im westlichen Mittelmeer während des Frühmittelalters.
Bericht über ein Kolloquium der Kommission für die Altertumskunde Mittel- und Nordeuropas im Jahre 1980, 1985 (Abhandlungen
der Akademie der Wissenschaften in Göttingen, Phil. hist. Kl.,
Dritte Folge, 156) [S. Lebecq]   XV   915–917

Untersuchungen zu Handel und Verkehr der vor- und frühgeschichtlichen Zeit in Mittel- und Osteuropa. Teil IV: Der Handel der
Karolinger- und Wikingerzeit. Bericht über die Kolloquien der
Kommission für die Altertumskunde Mittel- und Nordeuropas in
den Jahren 1980 bis 1983, hg. von Klaus DÜWEL, Herbert JANKUHN,
Harald SIEMS, Dieter TIMPE, 1987 (Abhandlungen der Akademie der
Wissenschaften in Göttingen. Phil.-hist. Kl., Dritte Folge, 156) [S.
Lebecq]   XVIII/1   264–266

UNTEUTSCH, Barbara: Vom Sohlbergkreis zur Gruppe Collaboration.
Ein Beitrag zur Geschichte der deutsch-französischen Beziehungen
anhand der Cahiers Franco-allemands / Deutsch-Französische
Monatshefte, 1931–1944, 1990 (Münstersche Beiträge zur Romanischen Philologie, 7) [L. Richard]   XIX/3   323

The Upheaval of War. Family, Work and Welfare in Europe, ed. by Richard WALL and Jay M. WINTER, 1988 [A. Wirsching]   XIX/3   175–185

Die Urkunden Friedrichs I. 1181–1190, bearb. von Heinrich APPELT unter Mitwirkung von Rainer Maria HERKENRATH, Walter KOCH und Bettina PFERSCHY, 1990 (Die Urkunden der deutschen Könige und Kaiser, 10, 4. Teil = Monumenta Germaniae Historica. Diplomata regum et imperatorum Germaniae) [J.-Y. Mariotte]   XVIII/1   290–291

Die Urkunden Friedrichs I. Einleitung, Verzeichnisse, bearb. von Heinrich APPELT unter Mitwirkung von Rainer Maria HERKENRATH und Brigitte MEDUNA, 1990 (Monumenta Germaniae Historica. Die Urkunden der Deutschen Könige und Kaiser, 10, 5. Teil) [J.-Y. Mariotte]   XX/1   288–289

Die Urkunden Heinrich Raspes und Wilhelms von Holland, 1246–1252, bearb. von Dieter HÄGERMANN und Jaap G. KRUISHEER, unter Mitwirkung von Alfred GAWLIK, 1989 (Die Urkunden der deutschen Könige und Kaiser, 18, Teil 1 = Monumenta Germaniae Historica. Diplomata regum et imperatorum Germaniae) [M. Parisse]   XVIII/1   298–299

Urkundenregesten zur Tätigkeit des deutschen Königs- und Hofgerichts bis 1451. Bd. 1: Die Zeit von Konrad I. bis Heinrich VI. 911–1197, bearb. von Bernhard DIESTELKAMP und Ekkehart ROTTER. Mit einer Einleitung in die Sonderreihe von B. DIESTELKAMP, 1988 (Akademie der Wissenschaften, Sonderreihe) [P. Corbet]   XIX/1   296–297

URNER, Klaus: »Die Schweiz muß noch geschluckt werden!« Hitlers Aktionspläne gegen die Schweiz. Zwei Studien zur Bedrohungslage der Schweiz im Zweiten Weltkrieg, 1990 [R. Schiffers]   XIX/3   294–295

Les usages de l'imprimé (XVe–XIXe siècle), éd. par Roger CHARTIER, 1987 [E. Birnstiel]   XVI/2   246–248

L'usine et le bureau. Itinéraires sociaux et professionnels dans l'entreprise, XIXe et XXe siècles, publ. par Yves LEQUIN et Sylvie VANDECASTEELE, 1990 [B. Hopmann]   XIX/3   243–244

UYTFANGHE, Marc van: Stylisation biblique et condition humaine dans l'hagiographie mérovingienne (600–750), 1987 (Verhandelingen van de Koninklijke Academie van Belgie. Klasse der Letteren, Jaargang 49, 1987, Nr. 120) [D. von der Nahmer]   XVI/1   251–254

UYTFANGHE, Marc van: Vgl. Bibliographie signalétique du latin des chrétiens, 1989   XVII/1   322

VAILLANT, Jerôme: Vgl. Französische Kulturpolitik in Deutschland 1945–1950, 1984   XVI/3   289–292

VAÏSSE, Maurice: Vgl. [Huit] 8 Mai 1945: La victoire en Europe, 1985   XV   1079–1080

VAÏSSE, Maurice: Vgl. DOISE, Jean et al.: Diplomatie et outil militaire 1871–1969, 1987   XVII/3   244–245

VALENTIN, Jean-Marie: Vgl. BARIÉTY, Jacques et al.: La France et l'Allemagne entre les deux guerres mondiales, 1987   XVI/3   242–243

VALENTIN, Paul: Vgl. Pathos, Klatsch und Ehrlichkeit. Liselotte von der Pfalz am Hofe des Sonnenkönigs, 1990 — XIX/2 275–276

VALERIUS, Gerhard: Deutscher Katholizismus und Lamennais. Die Auseinandersetzung in der Katholischen Publizistik 1817–1854, 1983 [J.-M. Mayeur] — XII 859–860

VALSECCHI, Franco: Vgl. Il nazionalismo in Italia e in Germania fino alla Prima guerra mondiale, 1983 — XVI/3 221–223

VANDECASTEELE, Sylvie: Vgl. L'usine et le bureau, 1990 — XIX/3 243–244

VANDENBROEKE, Chris: Vgl. Tien bijdragen tot de lokale en regionale demografie in Vlaanderen, 1989 — XVIII/2 314–315

VANDENBUSSCHE, Robert: Vgl. La politique sociale du Général de Gaulle, 1990 — XX/3 181–191

VANDEWALLE, Paul: De geschiedenis van de landbouw in de Kasselrij Veurne (1550–1645), 1986 (Historische Uitgaven, 66) [H. Buszello] — XVI/2 260–262

VANN, James A.: The Making of a State. Württemberg 1593–1793, 1984 [B. Vogler] — XIX/2 356

VARGA, Lucie: Zeitenwende: mentalitätsgeschichtliche Studien 1936–1939, hg. und eingel. von Peter SCHÖTTLER, 1991 [L. Raphael] — XIX/3 103–108

The *Variae* of Magnus Aurelius Cassiodorus Senator, transl. with notes and introduction by S. J. B. BARNISH, 1992 (Translated Texts for Historians, 12) [B. Pferschy-Maleczek] — XX/1 262

VASINA, Augusto: Vgl. Breviarium ecclesiae Ravennatis (Codice bavaro) secoli VII–X, 1985 — XV 923–926

VASINA, Augusto: Vgl. Ricerche e studi sul »Breviarium ecclesiae Ravennatis«, 1985 — XV 923–926

VÁSQEZ DE PARGA, Margarita: Vgl. Archivum. International Council on Archives. Vol. 36, 1990 — XVIII/3 322

VAUCHEZ, André: Vgl. Le Moyen Âge. Vol. 2, 1982 — XI 725–728

VAUCHEZ, André: Vgl. Histoire du christianisme des origines à nos jours. T. VI, 1990 — XIX/1 317–322

VAUCHEZ, André: Vgl. VINCENT, Catherine: Des charités bien ordonnées, 1988 — XIX/1 322–324

VEDDELER, Peter: Vgl. Französische Emigranten in Westfalen 1792–1802, 1989 — XIX/2 337–338

VEILLON, Dominique: La mode sous l'occupation. Débrouillardise et coquetterie dans la France en guerre (1939–1945), 1990 [E. Bokelmann] — XX/3 288–289

VEIT, Patrice: Das Kirchenlied von der Reformation Martin Luthers. Eine thematische und semantische Untersuchung, 1986 (Veröffentlichungen des Instituts für Europäische Geschichte Mainz, 120) [G. Chaix] — XV 980–981

VEIT, Patrice: Vgl. Le livre religieux et ses pratiques, 1991 — XX/2 220

VENARD, Marc: Vgl. Histoire du christianisme des origines à nos jours. T. VI, 1990 — XIX/1 317–322

VERBEEK, Albert: Vgl. KUBACH, Hans Erich et al.: Romanische Baukunst an Rhein und Maas. Bd. 4, 1989 — XVIII/1 280–281

Verfolgung und Widerstand 1933–1945. Christliche Demokraten gegen Hitler, hg. von Günter BUCHSTAB, Brigitte KRAFT, Hans-Otto KLEINMANN, 1986 (Veröffentlichungen der Konrad-Adenauer-Stiftung) [H. Wentker] — XV 1074–1075

VERGÉ-FRANCESCHI, Michel: Vgl. VILLETTE-MURSAY, Philippe de: Mes Campagnes de Mer sous Louis XIV, 1991 — XIX/2 264–265

VERGER, Jacques: Vgl. Histoire des universités en France, 1986 — XVII/1 294–297

VERHOEFF, J.M.: Vgl. KÜNZEL, R.E. et al.: Lexicon van nederlandse toponiemen tot 1200, tweede, gewijzigde druk 1989 — XVII/1 220

VERHULST, Adriaan: Précis d'histoire rurale de la Belgique, 1990 [H.-W. Goetz] — XVIII/1 246–247

VERNET, Daniel: La Renaissance Allemande, 1992 [H. Reifeld] — XX/3 315–316

Verzeichnis der Studierenden der alten Universität Mainz, Lieferung 5, 1982 (Beiträge zur Geschichte der Universität Mainz, 13) [R. Pillorget] — XI 808

Verzeichnis der Studierenden der alten Universität Mainz, Lieferung 6, 1982 (Beiträge zur Geschichte der Universität Mainz, 13) [R. Pillorget] — XI 808–809

VETTER, Roland: Heidelberga Deleta, Heidelbergs zweite Zerstörung im Orléanschen Krieg und die französische Kampagne von 1693, 1990 (Schriftenreihe des Stadtarchivs Heidelberg, 1) [A. Corvisier] — XIX/2 368

VEZIN, Jean: Vgl. Chartae Latinae Antiquiores. XIX, 1987 — XIV 876

VEZIN, Jean: Vgl. Mise en page et mise en texte du livre manuscrit, 1990 — XIX/1 256–257

Victor Brodeau: Poésies, Edition critique par Hilary M. TOMLINSON, 1982 (Textes littéraires français, 312) [V. Kapp] — XI 786

La vie de la forêt normande à la fin du moyen âge. Le coutumier d'Hector de Chartres. T. 1: La Haute-Normandie, éd. par Alain ROQUELET, 1984 (Société de l'Histoire de Normandie, 62) [D. Angers] — XIII 788–789

Vie privée et ordre public à la fin du moyen âge. Études sur le Manosque, la Provence et le Piémont (1250–1450). Publ. par Michel HÉBERT, 1987 [W. Kaiser] — XVII/1 305–306

VIERHAUS, Rudolf: Staaten und Stände. Vom Westfälischen bis zum Hubertusburger Frieden 1648 bis 1763, 1984 (Propyläen Geschichte Deutschlands, 5) [E. François] — XVI/2 280–281

[Vierzig] 40 Jahre Sozialstaat Bundesrepublik Deutschland, hg. von Norbert BLÜM und Hans F. ZACHER, 1989 [H. Reifeld] — XVIII/3 318–321

Viet Nam. L'histoire, la terre, les hommes, éd. par Alain Ruscio, 1989 [D. Brötel] — XVIII/3 209–215

VIGIER, Philippe: Vgl. Maintien de l'ordre et polices en France et en Europe au XIXe siècle, 1987 — XVI/3 187–188

La ville, la bourgeoisie et la genèse de l'état moderne (XIIe– XVIIIe siècles). Actes du colloque de Bielefeld, éd. par Neithard BULST et Jean-Philippe GENET, 1988 [G. Fouquet] — XVIII/1 299–301

La ville et l'innovation. Relais et réseaux de diffusion en Europe, 14ᵉ–19ᵉ siècles. Études publ. par Bernard LEPETIT et Jochen HOOCK, 1987 (Recherches d'histoires et de sciences sociales/Studies in History and the Social Sciences, 23) [C. Wischermann]	XVII/1	291–292
La ville: du réel à l'imaginaire. Colloque du 8 au 10 novembre 1988. Textes rassemblés par Jean-Marc PASTRÉ, 1991 (Publications de l'Université de Rouen, 162) [K.-U. Jäschke]	XX/1	201–203
Villes, bonnes villes, cités et capitales. Études d'histoire urbaine (XIIᵉ-XVIIIᵉ siècle) offertes à Bernard Chevalier. Textes réunis par Monique BOURIN, 1989 [G. Fouquet]	XIX/1	240–243
Villes et campagnes au Moyen Âge. Mélanges Georges Despy, publ. par Jean-Marie DUVOSQUEL et Alain DIERKENS, 1991 [W. Peters]	XX/1	188–191
VILLETTE-MURSAY, Philippe de: Mes Campagnes de Mer sous Louis XIV avec un Dictionnaire des personnages et des batailles. Introduction et notes par Michel VERGÉ-FRANCESCHI. Préface de François BLUCHE, 1991 (Collection In-Texte) [J. Black]	XIX/2	264–265
VINCENT, Catherine: Des charités bien ordonnées. Les Confréries normandes de la fin du XIIIᵉ siècle au début du XVIᵉ siècle. Préface d'André VAUCHEZ, 1988 (Collection de l'École Normale Supérieure de Jeunes Filles, 39) [G. Chaix]	XIX/1	322–324
Vinculum Societatis. Joachim Wollasch zum 60. Geburtstag, hg. von Franz NEISKE, Dietrich POECK und Mechthild SANDMANN, 1991 [D. Barthélemy]	XX/1	193–195
VIOLANTE, Cinzio: Vgl. Die »Honorantie civitatis Papie«, 1983	XI	739–740
VLEESCHOUWERS, Cyriel: Vgl. De oorkonden van de Sint-Baafsabdij te Gent (819–1321), 1990–1991	XX/1	225
VOCELKA, Karl: Rudolf II. und seine Zeit, 1985 [J. Bérenger]	XV	987–988
VOEGT, Hedwig: Vgl. REBMANN, Georg Friedrich: Werke und Briefe, 3 Bde., 1990	XIX/2	342–344
VÖKEL, Markus: Vgl. GREGOROVIUS, Ferdinand: Römische Tagebücher 1852–1889, 1991	XX/3	213–214
VOGEL, Detlef: Vgl. SCHREIBER, Gerhard et al.: Das Deutsche Reich und der Zweite Weltkrieg. Bd. 3, 1984	XIII	911–913
VOGLER, Bernard: Vgl. Études sur les villes en Europe occidentale. T. I–II, 1983	XIII	814–816
VOGLER, Werner: Vgl. MÜLLER, P. Iso et al.: Thesaurus Fabariensis, 1985	XIII	931
VOGT, Jean: Vgl. Histoire de l'Alsace rurale, 1983	XIII	921–923
VOGT, Martin: Vgl. Deutschland und Europa in der Neuzeit, 2 Bde., 1988	XVII/2	219–224
VOLK, Otto: Salzproduktion und Salzhandel mittelalterlicher Zisterzienserklöster, 1984 (Vorträge und Forschungen, Sonderband 30) [D. Lohrmann]	XIII	776
VOLKERT, Wilhelm: Vgl. THOMA, Ludwig: Sämtliche Beiträge aus dem »Miesbacher Anzeiger« 1920/21, 1989	XIX/3	265–266

VOLKMANN, Hans-Erich: Vgl. Germany and the Second World War. Vol. 1, 1990 — XIX/3 276–277

Volksunruhen in Württemberg 1789–1801. Beiträge von Axel KUHN u. a., 1991 (Aufklärung und Revolution. Beiträge zur Geschichte des bürgerlichen Zeitalters, 2) [M. Gilli] — XIX/2 348–349

VOLLMANN, Benedikt Konrad: Vgl. Lateinisches Hexameter-Lexikon, 1989 — XVIII/1 324

VOLPINI, R.: Vgl. Studi Gregoriani per la storia della »Libertas Ecclesiae«. Vol. XIII, 1989 — XIX/1 303–305

Vorderösterreich in der frühen Neuzeit, hg. von Hans MAIER und Volker PRESS unter Mitarbeit von Dieter STIEVERMANN, 1989 [B. Vogler] — XIX/2 353

VORSTEHER, Dieter: Vgl. RANKE, Winfried et al.: Kultur, Pajoks und Care-Pakete, 1990 — XVIII/3 191–208

»Vorwärts, vorwärts, sollst du schauen ...« Geschichte, Politik und Kunst unter Ludwig I. Katalog zur Ausstellung im Haus der Bayerischen Geschichte, hg. von Claus GRIMM; Bd. 8, hg. von Johannes ERICHSEN und Michael HENKER, unter Mitarbeit von Evamaria BROCKHOFF, 1986; Bd. 9: Aufsätze, hg. von Johannes ERICHSEN und Uwe PUSCHNER, 1986; Bd. 10: Schauspiele von König Ludwig I., hg. von Johannes ERICHSEN, aus der Handschrift übertragen und bearb. von Ursula HUBER, 1986 [R. Dufraisse] — XVI/3 178–180

VORWERK, Ursula: Vgl. AFFELDT, Werner et al.: Frauen im Mittelalter, 1990 — XIX/1 231–233

VOSSKAMP, Wilhelm: Vgl. Von der gelehrten zur disziplinären Gemeinschaft, 1987 — XVI/3 214–215

Le vote de la soustraction d'obédience en 1398, publ. par Hélène MILLET et Emmanuel POULLE. T. I: Introduction. Édition et facsimilés des bulletins de vote, 1988 [E. Mornet] — XVIII/1 309–311

VOVELLE, Michel: Vgl. COUSIN, Bernard: Le miracle et le quotidien: les ex-voto provençaux, 1983 — XIII 831–834

VOVELLE, Michel: Vgl. CLÈRE, Jean-Jacques: Les paysans de la Haute-Marne et la Révolution française, 1988 — XVII/2 325–326

VOVELLE, Michel: Paris et la Révolution. Actes du Colloque de Paris I, 14–16 avril 1989, 1989 [H. Reinalter] — XVIII/2 286–287

VOVELLE, Michel: Vgl. PÉROUAS, Louis et al.: La Révolution française, 1988 — XVIII/2 294–296

VOVELLE, Michel: Vgl. REINALTER, Helmut: Die Französische Revolution und Mitteleuropa, 1988 — XVIII/2 304–305

VOVELLE, Michel: Vgl. LEMARCHAND, Guy: La fin du féodalisme dans le pays de Caux, 1989 — XVIII/2 315–319

VOVELLE, Michel: Vgl. [Zweihundertster] 200. Jahrestag der Französischen Revolution, 1991 — XX/2 269–270

VRÉGILLE, Bernard de: Vgl. Le diocèse de Lyon, 1983 — XII 922–926

VRIES, Jürgen de: Bismarck und das Herzogtum Lauenburg. Die Eingliederung Lauenburgs in Preußen 1865–1876, 1989 (Quellen und Forschungen zur Geschichte Schleswig-Holsteins, 94 = Schriftenreihe der Stiftung Herzogtum Lauenburg, 16) [C. Studt]   XIX/3   151–164

WAHL, Alfred: Confession et comportement dans les campagnes d'Alsace et de Bade 1871–1939. Catholiques, protestants et juifs: démographie, dynamisme économique et social, vie de relation et attitude politique, 1980 [H. Ammerich]   XI   856–858

WAIS, Kurt: Vgl. BIHL, Lieselotte et al.: Bibliographie französischer Übersetzungen aus dem Deutschen 1487–1944, 2 Bde., 1987   XVI/2   236–237

Walahfrid Strabo: Visio Wettini – Die Vision Wettis (Lateinisch-Deutsch). Übersetzung, Einführung und Erläuterungen von Hermann KNITTEL, 1986 [M. Banniard]   XV   932–933

WALL, Richard: Vgl. The Upheaval of War, 1988   XIX/3   175–185

WALLACE, Stuart: War and the Image of Germany. British Academics 1914–1918, 1988 [G. Schmidt]   XVII/3   251–252

WALLACE-HADRILL, J. M.: The Frankish Church, 1983 (Oxford History of the Christian Church) [G. Scheibelreiter]   XII   779–782

Walter Benjamin et Paris. Colloque international 27–29 juin 1983, éd. par Heinz WISMANN, 1986 [R. Fleck]   XV   1073–1074

Walter Benjamin, publ. par Marc B. de LAUNAY et Marc JIMENEZ, 1990 (Revue d'estétique) [A. Betz]   XX/3   257–259

Walter von Châtillon: Alexandreis. Das Lied von Alexander dem Großen. Übers., komm. und mit einem Nachwort versehen von Gerhard STRECKENBACH unter Mitwirkung von Otto KLINGNER. Mit einer Einführung von Walter BERSCHIN, 1990 (Sammlung Weltliteratur. Reihe Mittellateinische Literatur) [M. Pörnbacher]   XX/1   296–297

WARMBRUNN, Paul: Zwei Konfessionen in einer Stadt. Das Zusammenleben von Katholiken und Protestanten in den paritätischen Reichsstädten Augsburg, Biberach, Ravensburg und Dinkelsbühl von 1548 bis 1648, 1983 (Veröffentlichungen des Instituts für Europäische Geschichte Mainz, 111) [E. François]   XII   826–827

WARTBURG-AMBÜHL, Marie-Louise von: Alphabetisierung und Lektüre. Untersuchung am Beispiel einer ländlichen Region im 17. und 18. Jahrhundert, 1981 (Europäische Hochschulschriften. Reihe 1: Deutsche Sprache und Literatur, 459) [E. François]   XI   825–826

Die Wasserversorgung antiker Städte, 1987 (Geschichte der Wasserversorgung, 2) [J. Durliat]   XV   912–913

WASSILTCHIKOFF, Marie »Missie«: Journal d'une jeune fille russe à Berlin 1940–1945, 1991 [C. Buffet]   XVIII/3   191–208

WASZEK, Norbert: Eduard Gans (1797–1839): Hegelianer – Jude – Europäer. Texte und Dokumente, 1991 (Hegeliana. Studien und Quellen zu Hegel und zum Hegelianismus) [M. Espagne]   XX/3   208

WATTENBACH-LEVISON. Deutschlands Geschichtsquellen im Mittelalter. Vorzeit und Karolinger. VI: Die Karolinger vom Vertrag von

Verdun bis zum Herrschaftsantritt der Herrscher aus dem sächsischen Hause. Das ostfränkische Reich, bearb. von Heinz Löwe, 1990 [P. Corbet]	XX/1	280–281
Weber, Hermann: Vgl. Quellen zur Geschichte der deutschen Gewerkschaftsbewegung im 20. Jahrhundert. Bde. 1–3, 1985–1986	XV	1058–1060
Weber, Hermann: Vgl. Aufklärung in Mainz, 1984	XVI/2	297–299
Weber, Hermann: Vgl. Die SPD-Fraktion in der Nationalversammlung 1919–1920, 1986	XVI/3	225–226
Weber, Hermann: Die DDR 1945–1986, 1988 (Grundriß der Geschichte, 20) [G. Badia]	XVII/3	323–325
Weber, Hermann: Vgl. Quellen zur Geschichte der deutschen Gewerkschaftsbewegung im 20. Jahrhundert. Bd. 4, 1988	XIX/3	268–270
Weber, Hermann: Vgl. Quellen zur Geschichte der deutschen Gewerkschaftsbewegung im 20. Jahrhundert. Bd. 6, 1987	XIX/3	299–300
Weber-Kellermann, Ingeborg: Vom Handwerkersohn zum Millionär. Eine Berliner Karriere des 19. Jahrhunderts, 1990 [C. Buffet]	XVIII/3	191–208
Weck, Roger de: L'avenir de l'Allemagne. Un enjeu pour l'Europe. / Die Zukunft Deutschlands. Ein Einsatz für Europa. Textes réunis par / hg. von Claudio Fedrigo, 1992 (Études et recherches d'histoire contemporaine, 5) [W. Scholz]	XX/3	327–328
Auf dem Wege zur Massengewerkschaft. Die Entwicklung der Gewerkschaften in Deutschland und Großbritannien 1880–1914. Hg. von Wolfgang J. Mommsen und Hans-Gerhard Husung, 1984 (Veröffentlichungen des Deutschen Historischen Instituts London, 15) [W. Albrecht]	XV	1056–1057
Wege in die Zeitgeschichte. Festschrift zum 65. Geburtstag von Gerhard Schulz, hg. von Jürgen Heideking, Gerhard Hufnagel und Franz Knipping, 1989 [S. Martens]	XVII/3	327–328
Wegner, Bernd: Hitlers Politische Soldaten: Die Waffen-SS 1933–1945, 1982 [L. Dupeux]	XI	875–877
Wehler, Hans-Ulrich: Vgl. Vom Staat des Ancien Regime zum modernen Parteienstaat, 1978	XII	743–744
Wehler, Hans-Ulrich: Deutsche Gesellschaftsgeschichte, Bd. 1: Vom Feudalismus des alten Reiches bis zur defensiven Modernisierung der Reformära 1700–1815; Bd. 2: Von der Reformära bis zur industriellen und politischen »deutschen Doppelrevolution« 1815–1845/49, 1989 [I. von Bueltzingsloewen]	XIX/3	213–214
Weidemann, Margarete: Das Testament des Bischofs Berthramn von Le Mans vom 27. März 616. Untersuchungen zu Besitz und Geschichte einer fränkischen Familie im 6. und 7. Jahrhundert, 1986 (Römisch-Germanisches Zentralmuseum. Forschungsinstitut für Vor- und Frühgeschichte. Monographien, 9) [M. Heinzelmann]	XIV	876–877
Weidenfeld, Werner: Vgl. Geschichtsbewußtsein der Deutschen, 1987	XVI/3	305–309
Weidenfeld, Werner: Vgl. Deutschland-Handbuch, 1989	XVIII/3	310–314

WEIL, Michèle: Robert Challe. Romancier, 1991 (Histoire des idées et critique littéraire, 298) [H.-C. Hobohm]   XX/2   223–225

Die Weimarer Republik, belagerte Civitas, hg. von Michael STÜRMER, 2. erw. Aufl., 1985 [A. Lattard]   XIV   829–832

Weimarer Republik. Eine Nation im Umbruch, hg. von Gerhard SCHULZ, 1987 [R. Thalmann]   XVI/3   226–227

WEINFURTER, Stefan: Vgl. Series episcoporum ecclesiae catholicae occidentalis ab initio usque ad annum MCXCVIII. Series V, t. II, 1984   XIV   678–679

WEINFURTER, Stefan: Vgl. ENGELS, Odilo: Stauferstudien, 1988   XVII/1   282

WEINFURTER, Stefan: Herrschaft und Reich der Salier. Grundlinien einer Umbruchzeit, 1991 [O. Guyotjeannin]   XIX/1   297–298

WEINGART, Peter, Jürgen KROLL, Kurt BAYERTZ: Rasse, Blut und Gene. Geschichte der Eugenik und Rassenhygiene in Deutschland, 1988 [L. Dupeux]   XVII/3   267–271

WEINREIS, Hermann: Liberale oder autoritäre Republik. Regimekritik und Regimekonsens der französischen Rechten zur Zeit des nationalsozialistischen Aufstiegs in Deutschland (1928–1934), 1986 [F. L'Huillier]   XVI/3   245–246

WEIS, Eberhard: Vgl. Reformen im rheinbündischen Deutschland, 1984   XIV   789–790

WEIS, Eberhard: Deutschland und Frankreich um 1800. Aufklärung, Revolution, Reform. Hg. von Walter DEMEL und Bernd ROECK, 1990 [L. Châtellier]   XIX/2   350–352

WEISENFELD, Ernst: Vgl. Eine ungewöhnliche Geschichte. Deutschland – Frankreich seit 1870, 1988   XVII/3   316

WEISENFELD, Ernst: Charles de Gaulle. Der Magier im Élysée, 1990 [A. Wilkens]   XX/3   181–191

WEISZ, George: The Emergence of Modern Universities in France (1863–1914), 1983 [P. Gerbod]   XI   853

Die Weizsäcker-Papiere 1900–1932, hg. von Leonidas E. HILL, 1981 [H. Köhler]   XIII   904–907

Die Weizsäcker-Papiere 1933–1950, hg. von Leonidas E. HILL, 1974 [H. Köhler]   XIII   904–907

WELCKER, Carl: Vgl. Das Staatslexikon, 12 Bde., 1990   XX/3   197–200

WENDT, Bernd-Jürgen: Vgl. Industrielle Gesellschaft und politisches System, 1978   XII   741–742

WENGENROTH, Ulrich: Vgl. Deutschland und Europa in der Neuzeit, 2 Bde., 1988   XVII/2   219–224

WERNER, Karl Ferdinand: Geschichte Frankreichs. Bd. I: Die Ursprünge Frankreichs bis zum Jahr 1000. Aus dem Französischen übertragen von Cornelia und Ulf DIRLMEIER, 1989 [P. J. Geary]   XVIII/1   245–246

WERNER, Karl Ferdinand: Vgl. DURLIAT, Jean: Les finances publiques de Dioclétien aux Carolingiens (284–889), 1990   XIX/1   276–277

WERNER, Matthias: Adelsfamilien im Umkreis der frühen Karolinger. Die Verwandtschaft Irminas von Oeren und Adelas von Pfalzel.

Personengeschichtliche Untersuchungen zur frühmittelalterlichen Führungsschicht im Maas-Mosel-Gebiet, 1982 (Vorträge und Forschungen, Sonderband 28) [M. Parisse] | XI | 733–735

WERNER, Michael: Vgl. Lettres d'Allemagne. Victor Cousin et les hégéliens, 1990 | XIX/3 | 223–224

WERNER, Michael: Vgl. Philologiques I, 1990 | XIX/3 | 224–226

WERNER, Michael: Vgl. ESPAGNE, Michel et al.: Philologiques II: Le maître de langues, 1991 | XX/3 | 209

WESSEL, Harald: Münzenbergs Ende. Ein deutscher Kommunist im Widerstand gegen Hitler und Stalin. Die Jahre 1933 bis 1940, 1991 [R. R. Thalmann] | XX/3 | 270–271

Westdeutschland 1945–1955. Unterwerfung, Kontrolle, Integration, hg. von Ludolf HERBST, 1986 (Schriftenreihe der Vierteljahrshefte für Zeitgeschichte. Sondernummer) [S. Martens] | XIV | 618–637

Der Westen und die Sowjetunion. Einstellung und Politik gegenüber der UdSSR in Europa und in den USA seit 1917, hg. von Gottfried NIEDHART, 1983 (Sammlung Schöningh zur Geschichte und Gegenwart) [J. Klein] | XII | 883–888

Die westliche Sicherheitsgemeinschaft. Gemeinsame Probleme und gegensätzliche Nationalinteressen in der Gründungsphase der Nordatlantischen Allianz, hg. von Norbert WIGGERSHAUS und Roland G. FOERSTER, 1988 (Militärgeschichte seit 1945, 8) [U. Lappenküper] | XVIII/3 | 298

Die Westmächte und das Dritte Reich 1933–1939. Klassische Großmachtrivalität oder Kampf zwischen Demokratie und Diktatur?, hg. von Karl ROHE, 1982 (Sammlung Schöningh zur Geschichte und Gegenwart) [J. Kämmerer] | XI | 873–875

WETTE, Wolfram: Vgl. Germany and the Second World War. Vol. 1, 1990 | XIX/3 | 276–277

WETTE, Wolfram: Vgl. Aus den Geburtsstunden der Weimarer Republik, 1991 | XX/3 | 251–252

WETZEL, Hermann: Vgl. Französische Literatur in Einzeldarstellungen, 3 Bde., 1982 | XII | 752–757

WHEATLEY, Ronald: Vgl. Akten zur deutschen Auswärtigen Politik 1918–1945. Serie A, Bde. I–III, 1982, 1984, 1985 | XIII | 891–893

WIEDERHOLD, Wilhelm: Papsturkunden in Frankreich. Reiseberichte zur Gallia pontificia, I (1906–1910); II (1911–1913), Register von Louis DUVAL-ARNOULD, 1985 (Acta Romanorum pontificum, 7–8) [L. Falkenstein] | XIII | 753–754

WIEHN, Erhard R.: Vgl. Die sogenannte »Abschiebung« der badischen und saarpfälzischen Juden in das französische Internierungslager Gurs, 1990 | XIX/3 | 285–286

WIELAND, Christoph Martin: Meine Antworten. Aufsätze über die Französische Revolution 1789–1793, hg. von Fritz MARTINI, 1983 [J. Voss] | XIV | 783–784

WIENAND, Adam: Vgl. Die Kartäuser, 1983 | XI | 757–758

WIENAND, Adam: Vgl. POSADA, Gerardo: Der heilige Bruno, Vater der Kartäuser, 1987 — XVII/1 280

WIESFLECKER, Hermann: Kaiser Maximilian I. Das Reich, Österreich und Europa an der Wende zur Neuzeit. Bd. V: Der Kaiser und seine Umwelt. Hof, Staat, Wirtschaft, Gesellschaft und Kultur, 1986 [J.-D. Pariset] — XVI/2 249–250

WIGGERSHAUS, Norbert: Vgl. Die westliche Sicherheitsgemeinschaft, 1988 — XVIII/3 298

WILD, Adolf: Vgl. Les Papiers de Richelieu, Section politique extérieure, correspondance et papiers d'État. Empire Allemand. T. I (1616–1629), 1982 — XIII 819–821

WILKENS, Andreas: Der unstete Nachbar. Frankreich, die deutsche Ostpolitik und die Berliner Vier-Mächte-Verhandlungen 1969–1974, 1990 (Schriftenreihe der Vierteljahrshefte für Zeitgeschichte, 60) [J. Klein] — XIX/3 308–309

WILLEMSEN, Carl A.: Vgl. Bibliographie zur Geschichte Kaiser Friedrichs II. und der letzten Staufer, 1986 — XV 962–963

WILLETT, John: L'esprit de Weimar. Avant-gardes et politique 1917–1933, 1991 [C. Buffet] — XX/3 254–256

Willibrord. Apostel der Niederlande. Gründer der Abtei Echternach. Gedenkgabe zum 1250. Todestag des angelsächsischen Missionars, hg. von Georges KIESEL und Jean SCHRÖDER, 1989 [K. H. Krüger] — XIX/1 281–282

WILLMS, Johannes: Paris. Hauptstadt Europas 1789–1914, 1988 [G. Livet] — XVII/3 213–215

WILLOWEIT, Dietmar: Vgl. ELSENER, Ferdinand: Studien zur Rezeption des gelehrten Rechts, 1989 — XVIII/1 223–224

WILLOWEIT, Dietmar: Vgl. Statuti città territori in Italia e Germania tra medioevo ed età moderna, 1991 — XX/1 209–211

WILLOWEIT, Dietmar: Vgl. Statuten, Städte und Territorien zwischen Mittelalter und Neuzeit in Italien und Deutschland, 1992 — XX/1 209–211

WILLWERSCH, Matthias: Die Grundherrschaft des Klosters Prüm, 1989 [D. Lohrmann] — XVIII/1 329

WILSON, W. Daniel: Geheimräte gegen Geheimbünde. Ein unbekanntes Kapitel der klassisch-romantischen Geschichte Weimars, 1991 [P.-A. Bois] — XX/2 250–251

WIMET, Pierre André: Vgl. Histoire de Boulogne-sur-Mer, 1983 — XIII 924–925

WINKEL, Harald: Vgl. Wirtschaftliche Entwicklung und sozialer Wandel, 1981 — XIII 711–712

WINKLER, Heinrich August: Der Schein der Normalität. Arbeiter und Arbeiterbewegung in der Weimarer Republik 1924–1930, 1985 (Geschichte der Arbeiter und der Arbeiterbewegung in Deutschland seit dem Ende des 18. Jahrhunderts) [J.-M. Flonneau] — XV 1064–1069

WINKLER, Heinrich August: Der Weg in die Katastrophe. Arbeiter und Arbeiterbewegung in der Weimarer Republik 1930–1933, 1987 (Geschichte der Arbeiter und der Arbeiterbewegung in Deutschland seit dem Ende des 18. Jahrhunderts) [J.-M. Flonneau] — XVI/3 249–252

WINOCK, Michel: La Fièvre hexagonale: les grandes crises politiques: 1871–1968, 1986 [C. Amalvi] — XIV 597–600

WINTER, Jay M.: The Experience of World War I, 1988 [A. Wirsching] — XIX/3 175–185

WINTER, Jay M.: Vgl. The Upheaval of War, 1988 — XIX/3 175–185

WIPPERMANN, Wolfgang: Die Bonapartismustheorie von Marx und Engels, 1983 [A. Mitchell] — XI 852–853

WIRSCHING, Andreas: Parlament und Volkes Stimme. Unterhaus und Öffentlichkeit im England des frühen 19. Jahrhunderts, 1990 (Veröffentlichungen des Deutschen Historischen Instituts London, 26) [R. Marx] — XIX/3 230

Wirtschaft und Gesellschaft in Berggebieten. Économies et sociétés de montagne, 1986 [M. Morineau] — XVII/2 215–217

Wirtschaftliche Entwicklung und sozialer Wandel, hg. von Harald WINKEL, 1981 (Wege der Forschung, 493) [L. Burchardt] — XIII 711–712

WISCHERMANN, Else-Maria: Marcigny-sur-Loire. Gründungs- und Frühgeschichte des ersten Cluniacenserinnenpriorates (1055–1150), 1986 (Münstersche Mittelalter-Schriften, 42) [J. Richard] — XVI/1 275–277

WISCHHÖFER, Bettina: Krankheit, Gesundheit und Gesellschaft in der Aufklärung. Das Beispiel Lippe 1750–1830, 1991 (Forschungsberichte des Instituts für Bevölkerungsforschung und Sozialpolitik [IBS], Universität Bielefeld, 19) [S. Roth] — XX/2 306–308

WISMANN, Heinz: Vgl. Walter Benjamin et Paris, 1986 — XV 1073–1074

WITT, Peter-Christian: Vgl. Die deutsche Inflation, 1982 — XII 892–893

WITT, Peter-Christian: Vgl. Industrielle Gesellschaft und politisches System, 1978 — XII 741–742

WITT, Peter-Christian: Vgl. Die Erfahrung der Inflation im internationalen Vergleich, Bd. 2, 1984 — XV 1063–1064

WITT, Peter-Christian: Vgl. Die Anpassung an die Inflation, Bd. 8, 1986 — XVI/3 227–229

WITTENBROCK, Rolf: Vgl. Stadtentwicklung im deutsch-französisch-luxemburgischen Grenzraum, 1991 — XX/3 229–230

WODSAK, Monika: Die Complainte. Zur Geschichte einer französischen Populärgattung, 1985 (Studia Romanica, 60) [H. Duranton] — XIV 669–670

WOESLER, Winfried: Vgl. Möser-Forum 1/1789, 1989 — XIX/2 313–314

WOLF, Kenneth Baxter: Vgl. Conquerors and Chroniclers of Early Medieval Spain, 1990 — XIX/1 282

WOLF, M.: Vgl. BLOCH, Marc: Die seltsame Niederlage: Frankreich 1940, 1992 — XIX/3 103–108

WOLFF, Philippe: Vgl. Le Languedoc et le Rouergue dans le Trésor des Chartes, 1983 — XIV 743–744

WOLFF, Theodor: Die wilhelminische Epoche. Fürst Bülow am Fenster und andere Begegnungen, hg. und eingel. von Bernd SÖSEMANN, 1989 [P. Jardin] — XIX/3 248–249

WOLFRAM, Herwig: Vgl. Quellen zur Geschichte des 7. und 8. Jahrhunderts, 1982	XI	731–733
WOLFRAM, Herwig: Die Geburt Mitteleuropas. Geschichte Österreichs vor seiner Entstehung 378–907, 1987 [B. S. Bachrach]	XVII/1	223–224
WOLFRAM, Herwig: History of the Goths. Transl. by T. J. DUNLAP. New and completely revised from the second German edition, 1988 [J. Durliat]	XVIII/1	125–138
WOLFRAM, Herwig: Geschichte der Goten, ³1990 [B. S. Bachrach]	XIX/1	205–214
WOLFRAM, Herwig: Das Reich und die Germanen. Zwischen Antike und Mittelalter, 1991 (Das Reich und die Deutschen, 1) [J. Durliat]	XIX/1	275–276
WOLLASCH, Joachim: Vgl. Die Totenbücher von Merseburg, Magdeburg und Lüneburg, 1983	XII	789–791
WOLLASCH, Joachim: Vgl. Memoria. Der geschichtliche Zeugniswert des liturgischen Gedenkens im Mittelalter, 1984	XIII	744–746
WOLLASCH, Joachim: Vgl. Das Martyrolog-Necrolog von St. Emmeram zu Regensburg, 1986	XVI/1	277–278
WOLLASCH, Joachim: Vgl. Das Martyrolog-Necrolog von Moissac-Duravel. Facsimile-Ausgabe, 1988	XVIII/1	286–287
WOLLASCH, Joachim: Vgl. Person und Gemeinschaft im Mittelalter, 1988	XIX/1	235–236
WOLLASCH, Joachim: Vgl. Vinculum Societatis, 1991	XX/1	193–195
WOLLER, Hans: Vgl. Europa nach dem Zweiten Weltkrieg 1945–1982, 1983	XIV	618–637
WOLTJER, Jan Juliaan: Vgl. PETRI, Franz et al.: Geschichte der Niederlande: Holland, Belgien, Luxemburg, 1991	XIX/2	239–240
A Woman's Life in the Court of the Sun King. Letters of Liselotte von der Pfalz, Elisabeth Charlotte, Duchesse d'Orléans, 1652–1722. Transl. and introd. by Elborg FORSTER, 1984 [D. van der Cruysse]	XIII	655–658
WORONOFF, Denis: L'industrie sidérurgique en France pendant la Révolution et l'Empire, 1984 (Civilisation et société, 71) [H.-G. Haupt]	XV	1026–1028
WORONOFF, Denis: Vgl. Forges et forêts. Recherches sur la consommation proto-industrielle de bois, 1990	XIX/2	292–293
WORSTBROCK, Franz Josef: Vgl. Krieg und Frieden im Horizont des Renaissancehumanismus, 1986	XVI/2	243–244
Wortkonkordanz zum Decretum Gratiani, bearb. von Timothy REUTER und Gabriel SILAGI, 5 Bde., 1990 (Monumenta Germaniae Historica. Hilfsmittel, 10/1-5) [M. Heinzelmann]	XVIII/1	324–325
WORTMANN, Wilhelm: Vgl. Deutsche Stadtgründungen der Neuzeit, 1989	XVIII/2	238
WOTTRICH, Henriette: Auguste Kirchhoff. Eine Biographie, 1990 (Schriftenreihe Geschichte und Frieden, 1) [M. Walle]	XIX/3	256–258
WOUDE, Ad. van der: Vgl. Études sur les villes en Europe occidentale. T. I–II, 1983	XIII	814–816

WOYCKE, James: Birth control in Germany 1871–1933, 1988 [B. Piezonka]   XVII/3   264–265

WRIGHT, Craig: Music and ceremony at Notre Dame of Paris, 500–1550, 1989 [M.-T. Kaiser-Guyot]   XIX/1   263–265

WÜLLNER, Fritz: Vgl. MESSERSCHMIDT, Manfred et al.: Die Wehrmachtjustiz im Dienste des Natio alsozialismus, 1987   XVI/3   261–262

WULF, Peter: Die bildenden Künste im Dritten Reich. Eine Dokumentation, 1983 (Ullstein Buch, 33030) [L. Dupeux]   XII   899–900

WULF, Peter: Hugo Stinnes. Wirtschaft und Politik 1918–1924, 1979 (Kieler Historische Studien, 28) [S. Martens]   XII   890

WUNDER, Gerd: Lebensläufe. Bauer, Bürger, Edelmann. Bd. 2. In memoriam Gerd Wunder. Hg. von der Stadt Schwäbisch Hall, 1988 (Forschungen aus Württembergisch Franken, 33) [H. Neveux]   XVII/2   232

WUNDERLI, Peter: Vgl. Der kranke Mensch im Mittelalter und Renaissance, 1986   XV   906

WUNDERLICH, Heinke: Studienjahre der Grafen Salm-Reifferscheidt (1780–1791). Ein Beitrag zur Adelserziehung am Ende des Ancien Régime, 1984 (Beiträge zur Geschichte der Literatur und Kunst des 18. Jahrhunderts, 8) [V. Kapp]   XIII   837–839

WURZEL, Thomas: Die Reichsabtei Burtscheid von der Gründung bis zur frühen Neuzeit. Geschichte, Verfassung, Konvent, Besitz, 1984 (Veröffentlichungen des Stadtarchivs Aachen, 4) [P. Pégeot]   XIV   862–863

WYSOCKI, Josef: Vgl. KIRCHGÄSSNER, Bernhard: Wirtschaft, Finanzen, Gesellschaft, 1988   XVII/1   214–215

YARDENI, Myriam: Le Refuge protestant, 1985 [J. Voss]   XV   986–987

YERKES, David: Vgl. The Old English Life of Machutus, 1984   XIII   742

YOUNG, John W.: Vgl. The Foreign Policy of Churchill's Peacetime Administration 1951–1955, 1988   XIX/3   193–205

YOUNG, John W.: France, the Cold War and the Western Alliance, 1944–1949. French Foreign Policy and Post-War Europe, 1990 [M. Kessel]   XVIII/3   293–295

YVERT, Benoît: Vgl. La Contre-Révolution, 1990   XIX/2   319–321

YVERT, Benoît: Vgl. Dictionnaire des ministres de 1789 à 1989, 1990   XIX/3   319–320

ZACHER, Hans F.: Vgl. [Vierzig] 40 Jahre Sozialstaat Bundesrepublik Deutschland, 1989   XVIII/3   318–321

ZADNIKAR, Marijan: Vgl. Die Kartäuser, 1983   XI   757–758

Die Zähringer. Anstoß und Wirkung, hg. von Hans SCHADEK und Karl SCHMID, 1986 (Veröffentlichungen zur Zähringer-Ausstellung, 2) [P. Pégeot]   XV   953–954

Die Zähringer. Eine Tradition und ihre Erforschung, hg. von Karl SCHMID, 1986 [J.-L. Kupper]   XVIII/1   293–294

ZEHNACKER, Françoise: Vgl. Indices librorum. Catalogues anciens et modernes de manuscrits médiévaux en écriture latine, 1987   XV   1105

Der Zensur zum Trotz. Das gefesselte Wort und die Freiheit in Europa. Katalog zur Ausstellung der Herzog-August-Bibliothek Wolfenbüttel, hg. von Paul RAABE, 1991 [M. Espagne]   XX/3   209–211

Im Zentrum der Macht. Das Tagebuch von Staatssekretär Lenz 1951–1953, bearb. von Klaus GOTTO, Hans-Otto KLEINMANN, Reinhard SCHREINER, 1989 (Forschungen und Quellen zur Zeitgeschichte, 11) [U. Lappenküper]   XVIII/3   301–302

»Der Zerfall der europäischen Mitte«. Staatenrevolution im Donauraum. Berichte der Sächsischen Gesandtschaft in Wien 1917–1919, hg. von Alfred OPITZ und Franz ADLGASSER, 1990 (Quellen zur Geschichte des 19. und 20. Jahrhunderts, 5) [S. Martens]   XX/3   248–249

ZICHICHI, Lorenzo: Vgl. Ars et Ratio, 1990   XVIII/1   235–237

ZIEGLER, Ernst: Vgl. DUFT, Johannes: Die Abtei St. Gallen. Bd. 1, 1990   XIX/1   236–237

ZIEGLER, Walter: Vgl. Die Territorien des Reiches im Zeitalter der Reformation und Konfessionalisierung. Bd. 1, 1989   XVIII/2   245–246

ZIELINSKI, Herbert: Vgl. Tancredi et Willelmi III regum diplomata, 1982   XII   802–804

ZIELINSKI, Herbert: Der Reichsepiskopat in spätottonischer und salischer Zeit (1002–1125), Teil I, 1984 [P. Corbet]   XIV   713–715

ZIELINSKI, Herbert: Vgl. Codice diplomatico longobardo. Vol. V, 1986   XIX/1   283–284

ZIMMER, Theresia: Vgl. Inventar des herzoglich arenbergischen Archivs in Edingen/Enghien (Belgien). Teil 1, 1984   XIII   706

ZIMMERMANN, Harald: Vgl. Papsturkunden 896–1046, Bde. 1–2, 1984–1985   XIII   752–753

ZIMMERMANN, Harald: Vgl. Hrabanus Maurus, 1982   XVI/1   256–258

ZIMMERMANN, Harald: Vgl. Papsturkunden 896–1046, Bd. 3, 1989   XVIII/1   328

ZIMMERMANN, Hartmut: Vgl. Deutschland-Handbuch, 1989   XVIII/3   310–314

ZINGERLE, Arnold: Max Webers historische Soziologie: Aspekte und Materialien zur Wirkungsgeschichte, 1981 (Erträge der Forschung, 163) [L. Dupeux]   XII   759–760

ZITELMANN, Rainer: Hitler. Selbstverständnis eines Revolutionärs, 1987 [P. Burrin]   XVII/3   274–275

Zone d'ombres 1933–1944. Exil et internement d'Allemands et d'Autrichiens dans le sud-est de la France, publ. par Jacques GRANDJONC et Theresia GRUNDTNER, 1990 [J. Steel]   XIX/3   283–285

ZORN, Wolfgang: Bayerns Geschichte im 20. Jahrhundert. Von der Monarchie zum Bundesland, 1986 [R. Dufraisse]   XVI/3   310–312

ZSCHUNKE, Peter: Konfession und Alltag in Oppenheim. Beiträge zur Geschichte von Bevölkerung und Gesellschaft einer gemischtkonfessionellen Kleinstadt in der frühen Neuzeit, 1984 (Veröffentlichungen des Instituts für Europäische Geschichte Mainz, 115) [E. François]   XII   847–849

ZUCKERMANN, Mosche: Das Trauma des »Königsmordes«. Französische Revolution und deutsche Geschichtsschreibung im Vormärz, 1989 (Athenäum Monografien, Sozialwissenschaften, 30) [M. Wagner]   XIX/3   228–229

ZUFFEREY, Maurice: Die Abtei Saint-Maurice d'Agaune im Hochmittelalter (830–1258), 1988 (Veröffentlichungen des Max-Planck-Instituts für Geschichte, 88) [J.-Y. Mariotte]   XVII/1   265–267

Zugänge zur bäuerlichen Reformation, hg. von Peter BLICKLE, 1987 (Bauer und Reformation, 1) [H. Neveux]   XVI/2   252–253

Von Zuwanderern zu Einheimischen. Hugenotten, Juden, Böhmen, Polen in Berlin, hg. von Stefi JERSCH-WENZEL und Barbara JOHN, 1990 [D. Bourel]   XIX/2   284–285

ZWEHL, Konrad von: Vgl. Die [Zweite] II. Internationale nach dem 1. Weltkrieg. Bde. 1–2, 1980   XI   867–868

[Zweihundertster] 200. Jahrestag der Französischen Revolution. Kritische Bilanz der Forschungen zum Bicentenaire. Hg. von Katharina MIDDELL und Matthias MIDDELL in Zusammenarbeit mit Manfred KOSSOK und Michel VOVELLE, 1992 [M. Gilli]   XX/2   269–270

Die [Zweite] II. Internationale nach dem 1. Weltkrieg. Die II. Internationale 1918/19. Protokolle, Memoranden, Berichte und Korrespondenzen. Hg., eingel. und komm. von Gerhard A. RITTER. Komm. unter Mitwirkung von Konrad von ZWEHL, Bde. 1–2, 1980 [H. Weber]   XI   867–868

Zweiter Weltkrieg und sozialer Wandel. Achsenmächte und besetzte Länder, hg. von Waclaw DLUGOBORSKI, 1981 (Kritische Studien zur Geschichtswissenschaft, 47) [U.-C. Pallach]   XI   880–884

Zwischen Direktorium und Empire. Die Briefe Gottlieb Konrad Pfeffels an Johann Georg Schweighäuser (1795–1808). Aus den Handschriften hg. und erläutert von Wilhelm KÜHLMANN und Walter Ernst SCHÄFER, 1992 [H.-U. Seifert]   XX/2   294–295

ZYSBERG, André: Les Galériens. Vies et destins des 60 000 forçats sur les galères de France 1680–1748, 1987 (L'Univers Historique) [B. R. Kroener]   XIX/2   283–284

BEITRÄGE UND AUSGEWÄHLTE REZENSIONEN
IN CHRONOLOGISCHER ORDNUNG /
CONTRIBUTIONS ET COMPTES RENDUS CHOISIS CLASSÉS
PAR ORDRE CHRONOLOGIQUE

Spätantike und Merowingerzeit / Bas-Empire et Mérovingiens

AMORY, Patrick: The Textual Transmission of the Donatio Ansemundi	XX/1	163–183
ANTON, Hans Hubert: Trier im Übergang von der römischen zur fränkischen Herrschaft. 1. Die vier Eroberungen Triers in der ersten Hälfte des 5. Jahrhunderts	XII	1–52
– Verfassungsgeschichtliche Kontinuität und Wandlungen von der Spätantike zum hohen Mittelalter: Das Beispiel Trier	XIV	1–25
ATSMA, Hartmut: Klöster und Mönchtum im Bistum Auxerre bis zum Ende des 6. Jahrhunderts	XI	1–96
BACHRACH, Bernard S.: Some Observations on the »Goths« at War	XIX/1	205–214
BERGMANN, Werner, Wolfhard SCHLOSSER: Gregor von Tours und der »rote Sirius«. Untersuchungen zu den astronomischen Angaben in ›De cursu stellarum ratio‹	XV	43–74
CHANTRAINE, Heinrich: Ein neues Hilfsmittel zur Erforschung der Spätantike: Die Prosopographie chrétienne du Bas-Empire	XI	697–712
DAM, Raymond van: Paulinus of Périgueux and Perpetuus of Tours	XIV	567–573
DIERKENS, Alain: Note sur un acte perdu du maire du palais Carloman pour l'abbaye Saint-Médard de Soissons (c. 745)	XII	635–644
DURLIAT, Jean: Qu'est-ce que le Bas-Empire? A propos de trois ouvrages récents	XVI/1	137–154
– Qu'est-ce que le Bas-Empire? (II)	XVIII/1	125–138
– Bulletin d'études protomédiévales. III: La loi	XX/1	79–95
ESDERS, Stefan: Rechtsdenken und Traditionsbewußtsein in der gallischen Kirche zwischen Spätantike und Frühmittelalter. Zur Anwendbarkeit soziologischer Rechtsbegriffe am Beispiel des kirchlichen Asylrechts im 6. Jahrhundert	XX/1	97–125
EWIG, Eugen: Die Namengebung bei den ältesten Frankenkönigen und im merowingischen Königshaus. Mit genealogischen Tafeln und Notizen	XVIII/1	21–69
FAVROD, Justin: Les sources et la chronologie de Marius d'Avenches	XVII/1	1–21
GÄBE, Sabine: Radegundis: sancta, regina, ancilla. Zum Heiligkeitsideal der Radegundisviten von Fortunat und Baudonivia	XVI/1	1–30
HAUBRICHS, Wolfgang: Die Urkunde Pippins des Mittleren und Plectruds für St-Vanne in Verdun (702). Toponomastische und besitzgeschichtliche Überlegungen zum frühen Besitz der Pippiniden-Arnulfinger und zum Königsgut im Verdunois	XIII	1–46
JANSSEN, Walter: Bemerkungen zur neueren archäologischen Merowingerforschung in Frankreich. Mit einem Beitrag von Irwin SCOLLAR	XII	511–533

JARNUT, Jörg: Chlodwig und Chlothar. Anmerkungen zu den Namen zweier Söhne Karls des Großen — XII — 645–651

LAPORTE, Jean-Pierre: Pour une nouvelle datation du testament d'Ermenthrude — XIV — 574–577

MATHISEN, Ralph W.: Episcopal Hierarchy and Tenure in Office in Late Roman Gaul: A Method for Establishing Dates of Ordination — XVII/1 — 125–140

NAHMER, Dieter von der: Martin von Tours: Sein Mönchtum – seine Wirkung — XV — 1–41

PIETRI, Luce: Une nouvelle édition de la sylloge martinienne de Tours — XII — 621–631

RIVERS, Theodore John: An Analysis of the Place-Name ›Turrovaninsis‹ in »Edictus Chilperici« (Cap. 1) and its Relationship to Inheritance Rights South of the Garonne River (ca. A. D. 575) — XII — 632–634

SCHARF, Ralf: Germanus von Auxerre – Chronologie seiner Vita — XVIII/1 — 1–19
– Iovinus – Kaiser in Gallien — XX/1 — 1–13

SCHÜSSLER, Heinz Joachim: Die fränkische Reichsteilung von Vieux-Poitiers (742) und die Reform der Kirche in den Teilreichen Karlmanns und Pippins. Zu den Grenzen der Wirksamkeit des Bonifatius — XIII — 47–112

SETTIPANI, Christian: Ruricius Ier évêque de Limoges et ses relations familiales — XVIII/1 — 195–222

WEIDEMANN, Margarete: Adelsfamilien im Chlotharreich. Verwandtschaftliche Beziehungen der fränkischen Aristokratie im 1. Drittel des 7. Jahrhunderts — XV — 829–851
– Gunthramns Herrschaftsjahre: Einwände zu einem neuen Chronologievorschlag — XIX/1 — 197–203

Ausgewählte Rezensionen:

ANTON, Hans Hubert: M. J. Enright, Iona, Tara and Soissons. The Origin of the Royal Anointing Ritual, 1985 — XVI/1 — 254–256

BACHRACH, Bernard S.: W. Goffart, The Narrators of Barbarian History (A.D. 550–800), 1988 — XVII/1 — 250–256

BÜHRER-THIERRY, Geneviève: G. Althoff, Verwandte, Freunde und Getreue. Zum politischen Stellenwert der Gruppenbindungen im früheren Mittelalter, 1990 — XIX/1 — 279–281

CHANTRAINE, Heinrich: Recueil des Inscriptions chrétiennes de la Gaule antérieures à la Renaissance carolingienne. Vol. XV, 1985 — XIV — 687–690

DEMOUGEOT, Emilienne: Quellen zur Geschichte der Alamannen. VI: Inschriften und Münzen, 1984 — XII — 767–774

DRINKWATER, John F.: P.-M. Duval, Travaux sur la Gaule (1946–1986), 1989 — XIX/1 — 233–235

DURLIAT, Jean: H. Löhken, Ordines dignitatum. Untersuchungen zur formalen Konstituierung der spätantiken Führungsschicht, 1982 — XI — 719–722

DURLIAT, Jean: Le temps chrétien de la fin de l'Antiquité au moyen âge, 1984 — XIII — 716–718

DURLIAT, Jean: P. Grierson et al., Medieval European Coinage. T. 1, 1986 — XVII/1 — 234–236

HARTMANN, Wilfried: J. Gaudemet, Les sources du droit de l'Église en Occident du IIe au VIIe siècle, 1985 — XIV — 685–687

JÄSCHKE, Kurt-Ulrich: Le Moyen Âge. Vol. 1, 1982 — XI — 725–728

JÄSCHKE, Kurt-Ulrich: Quellen zur Geschichte des 7. und 8. Jahrhunderts, 1982 — XI — 731–733

Jäschke, Kurt-Ulrich: W. Bleiber, Das Frankenreich der Merowinger, 1988 — XVII/1 236–247
Jäschke, Kurt-Ulrich: E. Ewig, Die Merowinger und das Frankenreich, 1988 — XVII/1 236–247
Jäschke, Kurt-Ulrich: P. J. Geary, Before France and Germany. The creation and transformation of the Merovingian world, 1988 — XVII/1 236–247
Jäschke, Kurt-Ulrich: E. James, The Franks, 1988 — XX/1 258–261
Kammerer, Odile: Das Dorf am Mittelrhein. Fünftes Alzeyer Kolloquium, 1989 — XVIII/1 247–250
Kammerer, Odile: H. Büttner, Geschichte des Elsaß. I., 1991 — XX/1 243–246
Kölzer, Theo: L. Saupe, Die Unterfertigung der lateinischen Urkunden aus den Nachfolgestaaten des weströmischen Reiches, 1983 — XIII 726–728
Kuhoff, Wolfgang: T. Burns, A History of the Ostrogoths, 1984 — XIII 719–724
Lebecq, Stéphane: Untersuchungen zu Handel und Verkehr der vor- und frühgeschichtlichen Zeit in Mittel- und Nordeuropa. Teil II, 1985 — XV 915–917
Magnou-Nortier, Elisabeth: J. Hannig, Consensus fidelium. Frühfeudale Interpretation des Verhältnisses von Königtum und Adel am Beispiel des Frankenreiches, 1982 — XIV 696–702
Magnou-Nortier, Elisabeth: L. Kolmer, Promissorische Eide im Mittelalter, 1989 — XVIII/1 243–245
Martin, Max: L'inhumation privilégiée du IVe au VIII^{e}siècle en Occident, 1986 — XVI/1 243–246
Nahmer, Dieter von der: M. van Uytfanghe, Stylisation biblique et condition humaine dans l'hagiographie mérovingienne (600–750), 1987 — XVI/1 251–254
Parisse, Michel: M. Werner, Adelsfamilien im Umkreis der frühen Karolinger, 1982 — XI 733–735
Pietri, Luce: R. van Dam, Leadership and Community in Late Antique Gaul, 1985 — XIV 683–685
Sanders, Gabriel: W. Koch, Literaturbericht zur mittelalterlichen und neuzeitlichen Epigraphik (1976–1984), 1987 — XVIII/1 237–240
Sanders, Gabriel: Epigraphik 1988, 1990 — XX/1 222–224
Scheibelreiter, Georg: J. M. Wallace-Hadrill, The Frankish Church, 1983 — XII 779–782
Scheibelreiter, Georg: F. Cardot, L'espace et le pouvoir. Étude sur l'Austrasie mérovingienne, 1987 — XVII/1 248–250
Tiemann, Dieter: Dictionnaire biographique du Mouvement ouvrier international: Allemagne, 1990 — XVIII/3 256–257
Vollmann, Benedikt Konrad: G. De Nie, Views from a many-windowed tower. Studies of imagination in the works of Gregory of Tours, 1987 — XVII/1 256–258
Werner, Matthias: N. Gauthier, L'évangélisation des pays de la Moselle, 1980 — XI 722–725
Wolfram, Herwig: S. Teillet, Des Goths à la nation gothique, 1984 — XIII 724–726

Karolinger- und Westfrankenreich / Carolingiens et états successeurs

Bachrach, Bernard S.: Angevin Campaign Forces in the Reign of Fulk Nerra, Count of the Angevins (987–1040) — XVI/1 67–84
Banniard, Michel: Théorie et pratique de la langue et du style chez Alcuin: rusticité feinte et rusticité masquée — XIII 579–601
Becher, Matthias: Neue Überlegungen zum Geburtsdatum Karls des Großen — XIX/1 37–60

BLÖCKER, Monica: Volkszorn im frühen Mittelalter. Eine thematisch begrenzte Studie   XIII   113–149

BOUCHARD, Constance B.: Family Structure and Family Consciousness among the Aristocracy in the Ninth to Eleventh Centuries   XIV   639–658

BÜHRER-THIERRY, Geneviève: Les évêques de Bavière et d'Alémanie dans l'entourage des derniers rois carolingiens en Germanie (876–911)   XVI/1   31–52

BUR, Michel: A propos de la Chronique de Mouzon: salut et libération dans la pensée religieuse vers l'an mil   XIV   45–56
– Saint-Denis et Saint-Remi. A propos d'un livre récent   XIV   578–581

COUPLAND, Simon: Money and Coinage Under Louis the Pious   XVII/1   23–54

DAVIES, Wendy: The Composition of the Redon Cartulary   XVII/1   69–90

DEPREUX, Philippe: Die Kanzlei und das Urkundenwesen Kaiser Ludwigs des Frommen – nach wie vor ein Desiderat der Forschung   XX/1   147–162

DESPY, Georges, Olivier GUILLOT, Karl Ferdinand WERNER: Notices critiques (NoC) concernant les documents de la Gaule carolingienne et des États successeurs   XII   723–724

DEVROEY, Jean-Pierre: Réflexions sur l'économie des premiers temps carolingiens (768–877): grands domaines et action politique entre Seine et Rhin   XIII   475–488

DOLBEAU, François: La Vie en prose de saint Marcel, évêque de Die. Histoire du texte et édition critique   XI   97–130

DUNBABIN, Jean: The Reign of Arnulf II, Count of Flanders, and its Aftermath   XVI/1   53–65

ERKENS, Franz-Reiner: »Sicut Esther regina«. Die westfränkische Königin als *consors regni*   XX/1   15–38

FRANCE, John: Rodulfus Glaber and French Politics in the Early Eleventh Century   XVI/1   101–112

GÄDEKE, Nora: Eine Karolingergenealogie des frühen 10. Jahrhunderts?   XV   777–792

GOETZ, Hans-Werner: Kirchenschutz, Rechtswahrung und Reform. Zu den Zielen und zum Wesen der frühen Gottesfriedensbewegung in Frankreich   XI   193–239
– Zur Namengebung bäuerlicher Schichten im Frühmittelalter. Untersuchungen und Berechnungen anhand des Polyptychons von Saint-Germain-des-Prés   XV   852–877

GUYOTJEANNIN, Olivier: Une interpolation datant des alentours de l'an mil et provenant de Marmoutier d'une notice perdue de 912, souscrite par le comte Robert, abbé de Saint-Martin de Tours et de Marmoutier (NoC 2)   XIII   680–686

HARTMANN, Wilfried: Synodes carolingiens et textes synodaux au IXe siècle   XII   534–541

KORNBLUTH, Genevra: The Seal of Lothar II: Model and Copy   XVII/1   55–68

KOTTJE, Raymund: Eine zeitgenössische Notiz über den Frieden zwischen Ludwig IV. und Herzog Hugo 953   XII   652–653

– Zur Herkunft der Handschrift Escorial, Bibl. de S. Lorenzo L III 8,
  aus Senlis   XIII   623–624
LOHRMANN, Dietrich: Mühlenbau, Schiffahrt und Flußumleitungen im
  Süden der Grafschaft Flandern-Artois (10.–11. Jahrhundert)   XII   149–192
Magnou-Nortier, Elisabeth: La terre, la rente et le pouvoir dans les
  pays de Languedoc pendant le haut moyen âge. Troisième partie: Le
  pouvoir et les pouvoirs dans la société aristocratique languedocienne
  pendant le haut moyen âge   XII   53–118
– Le grand domaine: des maîtres, des doctrines, des questions   XV   659–700
MARTINDALE, Jane: The Kingdom of Aquitaine and the »Dissolution
  of the Carolingian Fisc«   XI   131–191
MCKITTERICK, Rosamond: Nuns' Scriptoria in England and Francia in
  the Eighth Century   XIX/1   1–35
MEYER-GEBEL, Marlene: Zur annalistischen Arbeitsweise Hinkmars
  von Reims   XV   75–108
MOSTERT, Marco: The Political Ideas of Abbo of Fleury. Theory and
  practice at the end of the tenth century   XVI/1   85–100
OUZOULIAS, Pierre: Les *villae* carolingiennes de Chaussy et Genainville
  (Val-d'Oise): premières hypothèses sur leur fondation et leur destin   XVIII/1   71–84
POKORNY, Rudolf: Ein unbekanntes Brieffragment Argrims von Lyon-
  Langres aus den Jahren 894/95 und zwei umstrittene Bischofsweihen
  in der Kirchenprovinz Lyon. Mit Textedition und Exkurs   XIII   602–622
POULIN, Joseph-Claude: Travaux en cours sur l'hagiographie de Bre-
  tagne armoricaine avant l'an mil   XIV   509–512
– Les dossiers de s. Magloire de Dol et de s. Malo d'Alet (Province de
  Bretagne). Bibliographie générale sur l'hagiographie bretonne (com-
  plément n° 1)   XVII/1   159–209
– Le dossier hagiographique de saint Conwoion de Redon. A propos
  d'une édition récente   XVIII/1   139–159
SCHMID, Karl: Unerforschte Quellen aus quellenarmer Zeit. Zur amici-
  tia zwischen Heinrich I. und dem westfränkischen König Robert im
  Jahre 923   XII   119–147
VERHULST, Adriaan: Les origines urbaines dans le Nord-Ouest de
  l'Europe: essai de synthèse   XIV   57–81
ZOTZ, Thomas: Amicitia und Discordia. Zu einer Neuerscheinung
  über das Verhältnis von Königtum und Adel in frühottonischer Zeit   XVI/1   169–175

Ausgewählte Rezensionen:

BEECH, George: A. Debord, La société laïque dans les pays de Charente
  (X^e–XIIe siècles), 1984   XV   945–948
BÖHRINGER, Letha: R. McKitterick, The Carolingians and the Written Word,
  1989   XVIII/1   262–264
BORGOLTE, Michael: Charlemagne's Heir. New Perspectives on the Reign of
  Louis the Pious (814–840), 1990   XIX/1   289–291
BÜHRER-THIERRY, Geneviève: G. Althoff, Verwandte, Freunde und Getreue.
  Zum politischen Stellenwert der Gruppenbindungen im früheren Mittelalter,
  1990   XIX/1   279–281

CORBET, Patrick: G. Althoff, Adels- und Königsfamilien im Spiegel ihrer Memorialüberlieferung, 1984 — XV 935–937

DELORT, Robert: H.-W. Goetz, Leben im Mittelalter vom 7. bis zum 13. Jahrhundert, 1986 — XVI/1 229–231

DEVAILLY, Guy: Monumenta Germaniae Historica. Capitula episcoporum. T. I, 1984 — XIII 736–738

DURLIAT, Jean: Le temps chrétien de la fin de l'Antiquité au moyen âge, 1984 — XIII 716–718

DURLIAT, Jean: Breviarium ecclesiae Ravennatis (Codice bavaro) secoli VII-X, 1985 — XV 923–926

FLECKENSTEIN, Josef: P. Riché, Les Carolingiens. Une famille qui fit l'Europe, 1987 — XV 928–931

FOLZ, Robert: Ansätze und Diskontinuität deutscher Nationsbildung im Mittelalter, 1989 — XVIII/1 271–274

FOURACRE, Paul: La Neustrie. Les pays au nord de la Loire de 650 à 850, 1989 — XVIII/1 257–260

FRANSEN, Gérard: G. Hägele, Das Paenitentiale Vallicellianum I. Ein oberitalienischer Zweig der frühmittelalterlichen kontinentalen Bußbücher, 1984 — XIII 740–742

GANZ, David: C. Eggenberger, Psalterium aureum sancti Galli. Mittelalterliche Psalterillustration im Kloster St. Gallen, 1987 — XVII/1 267–269

GOETZ, Hans-Werner: Le polyptyque et les listes de cens de l'abbaye de Saint-Remi de Reims (IXe – XIe siècles), 1984 — XIV 706–708

HÄGERMANN, Dieter: J.-P. Devroey, Le polyptyque et les listes de biens de l'abbaye Saint-Pierre de Lobbes (IXe–XIe siècles), 1986 — XV 933–935

HAUBRICHS, Wolfgang: W. Jungandreas, Die Einwirkung der karolingischen Renaissance auf das mittlere Rheinland, 1986 — XVII/1 260–262

HLAWITSCHKA, Eduard: R.-H. Bautier, Les origines de l'abbaye de Bouxières-aux-Dames au diocèse de Toul, 1987 — XVI/1 269–271

IOGNA-PRAT, Dominique: Monastische Reformen im 9. und 10. Jahrhundert, 1989 — XIX/1 291–295

JÄSCHKE, Kurt-Ulrich: Le Moyen Âge. Vol. 1, 1982 — XI 725–728

KAMMERER, Odile: Das Dorf am Mittelrhein. Fünftes Alzeyer Kolloquium, 1989 — XVIII/1 247–250

KAMMERER, Odile: H. Büttner, Geschichte des Elsaß. I., 1991 — XX/1 243–246

KAMPERS, Gerd: D. Millet-Gérard, Chrétiens mozarabes et culture islamique dans l'Espagne des VIIIe–IXe siècles, 1984 — XIII 734–736

KUPPER, Jean-Louis: U. Nonn, Pagus und Comitatus in Niederlothringen. Untersuchungen zur politischen Raumgliederung im früheren Mittelalter, 1983 — XIII 730–732

LEYSER, Karl: H. Fichtenau, Lebensordnungen des 10. Jahrhunderts. Studien über Denkart und Existenz im einstigen Karolingerreich, 2 Bde., 1984 — XIV 708–710

LOHRMANN, Dietrich: S. Lebecq, Marchands et navigateurs frisons du haut moyen âge. Vol.1, 1983 — XII 786–788

MAGNOU-NORTIER, Elisabeth: G. von Olberg, Freie, Nachbarn und Gefolgsleute. Volkssprachliche Bezeichnungen aus dem sozialen Bereich in den frühmittelalterlichen Leges, 1983 — XII 783–785

MAGNOU-NORTIER, Elisabeth: J. Hannig, Consensus fidelium. Frühfeudale Interpretation des Verhältnisses von Königtum und Adel am Beispiel des Frankenreiches, 1982 — XIV 696–702

MAGNOU-NORTIER, Elisabeth: W. Rösener, Grundherrschaft im Wandel. Untersuchungen zur Entwicklung geistlicher Grundherrschaften im südwestdeutschen Raum vom 9. bis 14. Jh., 1991 — XX/1 273–277

MÜLLER, Heribert: Le diocèse de Lyon, 1983 — XII 922–926

PARISSE, Michel: H. Beumann, Ausgewählte Aufsätze aus den Jahren 1966–1986, 1987	XVI/1	215–218
PHILIPPART, Guy: A. von Euw, Liber Viventium Fabariensis. Das karolingische Memorialbuch von Pfäfers in seiner liturgie- und kunstgeschichtlichen Bedeutung, 1989	XVIII/1	269–271
SCHEIBELREITER, Georg: J. Chélini, L'aube du moyen âge. Naissance de la chrétienté occidentale, 1991	XX/1	268–270
SEIBERT, Hubertus: A. Dierkens, Abbayes et Chapitres entre Sambre et Meuse (VIIe–XIesiècles), 1985	XIV	702–704
SOT, Michel: Memoria. Der geschichtliche Zeugniswert des liturgischen Gedenkens im Mittelalter, 1984	XIII	744–746
SOT, Michel: H.-H. Kortüm, Richer von Saint-Remi. Studien zu einem Geschichtsschreiber des 10. Jahrhunderts, 1985	XIV	710–712
SOT, Michel: Gerberto. Scienza, storia e mito, 1985	XVI/1	265–269
TOUBERT, Pierre: Strukturen der Grundherrschaft im frühen Mittelalter, 1989	XX/1	264–268
ZIMMERMANN, Michel: O. Engels, Reconquista und Landesherrschaft. Studien zur Rechts- und Verfassungsgeschichte Spaniens im Mittelalter, 1989	XVIII/1	305–308

Frankreich und Deutschland im »Hochmittelalter« /
France et Allemagne au »moyen âge central«

BACHRACH, Bernard S.: Angevin Campaign Forces in the Reign of Fulk Nerra, Count of the Angevins (987–1040)	XVI/1	67–84
BALDINGER, Kurt: Du sacré au profane: l'évolution du français du moyen âge au siècle des Lumières	XIII	213–231
BROWN, Elizabeth A. R.: Royal Commissioners and Grants of Privilege in Philip the Fair's France: Pierre de Latilli, Raoul de Breuilli, and the Ordonnance for the Seneschalsy of Toulouse and Albi of 1299	XIII	151–190
CYGLER, Florent: L'ordre de Cluny et les »rebelliones« au XIIIe siècle	XIX/1	61–93
DEVROEY, Jean-Pierre: Le diplôme de l'empereur Conrad II pour l'abbaye de Florennes (1033) [NoC 1]	XII	725–733
FRANCE, John: Rodulfus Glaber and French Politics in the Early Eleventh Century	XVI/1	101–112
GOETZ, Hans-Werner: Kirchenschutz, Rechtswahrung und Reform. Zu den Zielen und zum Wesen der frühen Gottesfriedensbewegung in Frankreich	XI	193–239
GRIFFITHS, Quentin: Les collégiales royales et leurs clercs sous le gouvernement capétien	XVIII/1	93–110
GROSSE, Rolf: Überlegungen zum Kreuzzugsaufruf Eugens III. von 1145/46. Mit einer Neuedition von JL 8484	XVIII/1	85–92
GUYOTJEANNIN, Olivier: Un témoignage falsifié des possessions primitives de l'église cathédrale de Beauvais: examen et édition (NoC 3)	XIII	687–694
HORN, Michael: Zur Geschichte des Bischofs Fulco von Beauvais (1089–1095)	XVI/1	176–184

LAQUER, Erika J.: Ritual, Literacy and Documentary Evidence: Archbishop Eudes Rigaud and the Relics of St. Eloi   XIII   625–637

LOCATELLI, René, Gérard MOYSE, Bernard de VREGILLE: La Franche-Comté entre le Royaume et l'Empire (fin IXe–XIIe siècle)   XV   109–147

LOHRMANN, Dietrich: Mühlenbau, Schiffahrt und Flußumleitungen im Süden der Grafschaft Flandern-Artois (10.–11. Jahrhundert)   XII   149-192

Mariotte, Jean-Yves: Othon »Sans Terre«, comte palatin de Bourgogne et la fin des Staufen en Franche-Comté   XIV   83–102

MELVILLE, Gert: Cluny après »Cluny«. Le treizième siècle: un champ de recherches   XVII/1   91–124

ORTIGUES, Edmond: L'élaboration de la théorie des trois ordres chez Haymon d'Auxerre   XIV   27–43

SIGAL, Pierre André: Le travail des hagiographes aux XIe et XIIe siècles: sources d'information et méthodes de rédaction   XV   149–182

TESKE, Gunnar: Ein unerkanntes Zeugnis zum Sturz des Bischofs Arnulf von Lisieux? Ein Vorschlag zur Diskussion   XVI/1   185–206

Ausgewählte Rezensionen:

BEECH, George: A. Debord, La société laïque dans les pays de Charente (X^e–XIIe siècles), 1984XV   945–948

BRAUNSTEIN, Philippe: G. Rösch, Der venezianische Adel bis zur Schließung des Großen Rats, 1989   XVIII/1   301–303

CORBET, Patrick: H. Zielinski, Der Reichsepiskopat in spätottonischer und salischer Zeit (1002–1125), Teil I, 1984   XIV   713–715

DELORT, Robert: H.-W. Goetz, Leben im Mittelalter vom 7. bis zum 13. Jahrhundert, 1986   XVI/1   229–231

DUFOUR, Jean: Abbot Suger and Saint-Denis, 1986   XV   950–953

EHLERS, Joachim: P. Gautier Dalché, La »Descriptio mappe mundi« de Hugues de Saint-Victor, 1988   XVIII/1   287–289

FALKENSTEIN, Ludwig: Cartulaire de Saint-Nicaise de Reims, 1991   XIX/1   310–314

FOLZ, Robert: Ansätze und Diskontinuität deutscher Nationsbildung im Mittelalter, 1989   XVIII/1   271–274

FRANSEN, Gérard: Die falschen Investiturprivilegien, 1986   XVI/1   280–282

GASPARRI, Françoise: M. Schoebel, Archiv und Besitz der Abtei St. Viktor in Paris, 1991   XX/1   290–293

HIESTAND, Rudolf: Le cartulaire du Chapitre du Saint-Sépulcre de Jérusalem, 1984   XVI/1   282–287

JOHANEK, Peter: E. Türk, Nugae curialium. Le règne d'Henri II Plantagenêt (1145–1189) et l'éthique politique, 1977   XI   746–748

KAMMERER, Odile: Das Dorf am Mittelrhein. Fünftes Alzeyer Kolloquium, 1989   XVIII/1   247–250

KÖLZER, Theo: I. Seltmann, Heinrich VI. Herrschaftspraxis und Umgebung, 1983   XIII   770–774

KÖLZER, Theo: W. Petke, Kanzlei, Kapelle und königliche Kurie unter Lothar III. (1125–1137), 1985   XIV   728–730

KÖLZER, Theo: H. Hoffmann, Buchkunst und Königtum im ottonischen und frühsalischen Reich, 1986   XV   937–941

KRÄMER, Sigrid: D. Nebbiai-Dalla Guarda, La bibliothèque de l'abbaye de Saint-Denis en France du IXe au XVIIIe siècle, 1985   XV   902–904

LEMAÎTRE, Jean-Loup: A. Sohn, Der Abbatiat Ademars von Saint-Martial de
Limoges (1063–1114), 1989   XVIII/1   283–286

LOHRMANN, Dietrich: S. Lebecq, Marchands et navigateurs frisons du haut
moyen âge. Vol. 1, 1983   XII   786–788

LOHRMANN, Dietrich: F. Blary, Le domaine de Chaalis, XIIe–XIV^esiècles, 1989   XVIII/1   296–298

LOTTER, Friedrich: G. Dahan, Les intellectuels chrétiens et les juifs au moyen
âge, 1990   XIX/1   266–268

MAGNOU-NORTIER, Elisabeth: W. Rösener, Grundherrschaft im Wandel, 1991   XX/1   273–277

MARIOTTE, Jean-Yves: M. Zufferey, Die Abtei Saint-Maurice d'Agaune im
Hochmittelalter (830–1258), 1988   XVII/1   265–267

MARTIN, Jean-Marie: Tancredi et Willelmi III regum diplomata, 1982   XII   802–804

MARTIN, Jean-Marie: T. Kölzer, Urkunden und Kanzlei der Kaiserin
Konstanze, Königin von Sizilien (1195–1198), 1983   XII   804–807

MORELLE, Laurent: T. Giessmann, Besitzungen der Abtei St. Maximin vor Trier
im Mittelalter, 1990   XIX/1   298–303

MORELLE, Laurent: T. Kölzer, Studien zu den Urkundenfälschungen des
Klosters St. Maximin vor Trier (10.–12. Jahrhundert), 1989   XIX/1   298–303

MÜLLER, Heribert: Le diocèse de Lyon, 1983   XII   922–926

PARAVICINI BAGLIANI, Agostino: D. Jasper, Das Papstwahldekret von 1059,
1986   XVII/1   277–279

PARISSE, Michel: M. Bourin-Derruau, Villages médiévaux en Bas-Languedoc.
Genèse d'une sociabilité, X^e–XIVe siècle, 1987   XVII/1   226–228

PICARD, Jean-Charles: I. Heidrich, Ravenna unter Erzbischof Wibert
(1073–1100), 1984   XIV   721–725

RACINE, Pierre: F. Oppl, Stadt und Reich im 12. Jahrhundert (1125–1190), 1986   XV   954–957

RICHARD, Jean: E.-M. Wischermann, Marcigny-sur-Loire. Gründungs- und
Frühgeschichte des ersten Cluniacenserinnenpriorates (1055–1150), 1986   XVI/1   275–277

RÖSENER, Werner: R. Fossier, Paysans d'Occident (XIe–XIV^esiècles), 1984   XII   798–800

SEIBERT, Hubertus: M. Parisse, Noblesse et chevalerie en Lorraine médiévale, 1982   XII   796–798

SERGI, Giuseppe: H. Keller, Adelsherrschaft und städtische Gesellschaft in
Oberitalien, 9. bis 12. Jahrhundert, 1979   XIII   747–750

TIEMANN, Dieter: Dictionnaire biographique du Mouvement ouvrier international: Allemagne, 1990   XVIII/3   256–257

TOUBERT, Pierre: Die Briefe des Petrus Damiani, Bd. 1, 1983   XIV   717–721

TOUBERT, Pierre: Die Chronik von Montecassino, 1980   XIII   757–760

TOUBERT, Pierre: Die Briefe des Petrus Damiani, Bde. 2 u. 3, 1988–1989   XX/1   282–285

VAUCHEZ, André: Sankt Elisabeth, Fürstin, Dienerin, Heilige. Aufsätze, Dokumentation, Katalog, 1981   XII   808–810

WILSDORF, Christian: Chartularium Sangallense, vol. III (1000–1265), 1983   XII   791–794

ZIMMERMANN, Michel: O. Engels, Reconquista und Landesherrschaft. Studien
zur Rechts- und Verfassungsgeschichte Spaniens im Mittelalter, 1989   XVIII/1   305–308

Europäisches Spätmittelalter / Bas moyen âge européen

ANGERS, Denise: Vieillir au XVe siècle: »rendus« et retraités dans la
région de Caen (1380–1500)   XVI/1   113–136

BALDINGER, Kurt: Du sacré au profane: l'évolution du français du
moyen âge au siècle des Lumières   XIII   213–231

BAUDOIN, Jacques: Destinées itinérantes des grands imagiers de la fin du moyen âge — XIV 139–167

CHABAUD, Frédérique: Les »Mémoires« de Philippe de Commynes: un »miroir aux princes«? — XIX/1 95–114

CONTAMINE, Philippe: Naissance d'une historiographie. Le souvenir de Jeanne d'Arc, en France et hors de France, depuis le »procès de son innocence« (1455–1456) jusqu'au début du XVIe siècle — XV 233–256

GRIFFITHS, Quentin: The Nesles of Picardy in the service of the last Capetians — XX/1 69–78

MENACHE, Sophia: »Un peuple qui a sa demeure à part«. Boniface VIII et le sentiment national français — XII 193–208

NEVEUX, Hugues: Visions d'une vision: les représentations de l'apparition de Niklashausen de 1476 à 1550 — XIV 169–180

OUY, Gilbert: De Gerson à Geiler von Kaysersberg: A propos d'un ouvrage récent — XII 654–665

PARAVICINI, Werner: Die Hofordnungen Herzog Philipps des Guten von Burgund. Edition. II: Die verlorene Hofordnung von 1419/1421. Die Hofordnung von 1426/1427 — XI 257–301
- Die Hofordnungen Herzog Philipps des Guten von Burgund. Edition. III: Die Hofordnung für Herzogin Isabella von Portugal von 1430 — XIII 191–211
- Die Hofordnungen Herzog Philipps des Guten von Burgund. Edition. IV: Die verlorenen Hofordnungen von 1431/1432. Die Hofordnung von 1433 — XV 183–231
- Der Adel im spätmittelalterlichen Herzogtum Burgund — XVI/1 207–214
- Die Hofordnungen Herzog Philipps des Guten von Burgund. Edition. V. — XVIII/1 111–123

PÉGEOT, Pierre: La noblesse comtoise devant la mort à la fin du moyen âge — XI 303–318

SCHMIDT, Tilmann: Pariser Magister des 14. Jahrhunderts und ihre Pfründen. Mit Edition eines universitären Supplikenrotulus — XIV 103–138

SEIBT, Ferdinand: Cabochiens, Lollarden, Hussiten. Zur sogenannten Krise des Spätmittelalters im europäischen Vergleich — XII 209–221

SIGNORI, Gabriela: Stadtheilige im Wandel. Ein Beitrag zur geschlechtsspezifischen Besetzung und Ausgestaltung symbolischer Räume am Ausgang des Mittelalters — XX/1 39–67

THOMAS, Heinz: Jeanne la Pucelle, das Basler Konzil und die »Kleinen« der Reformatio Sigismundi — XI 319–339

WOLF, Armin: Les deux Lorraine et l'origine des princes électeurs du Saint-Empire. L'impact de l'ascendance sur l'institution — XI 241–256

Ausgewählte Rezensionen:

ANGERS, Denise: E. Meuthen, Das 15. Jahrhundert, 1980 — XI 769–772

ANGERS, Denise: C. T. Allmand, Lancastrian Normandy, 1415–1450, 1983 — XIII 785–788

BRAUNSTEIN, Philippe: G. Rösch, Der venezianische Adel bis zur Schließung des Großen Rats, 1989 — XVIII/1 301–303

CHAIX, Gérald: C. Vincent, Des charités bien ordonnées. Les Confréries normandes de la fin du XIIIe siècle au début du XVIe siècle, 1988 — XIX/1 322–324

CUVILLIER, Jean-Pierre: H. Thomas, Deutsche Geschichte des Spätmittelalters 1250–1500, 1983 — XII 815–817

DICKERHOF, Harald: Histoire des universités en France, 1986 — XVII/1 294–297

DICKERHOF, Harald: Histoire sociale des populations étudiantes. T. 2, 1989 — XIX/2 245–249

EBERHARD, Winfried: F. Autrand, Charles VI, 1986 — XVI/1 304–306

FRIJHOFF, Willem: R. C. Schwinges, Deutsche Universitätsbesucher im 14. und 15. Jahrhundert, 1986 — XVII/1 297–300

GUENÉE, Bernard: Das Publikum politischer Theorie im 14. Jahrhundert, 1992 — XX/1 306–309

HIGOUNET, Alfred: H. Boockmann, Der Deutsche Orden, 1981 — XIV 733–736

KAMMERER, Odile: Das Dorf am Mittelrhein. Fünftes Alzeyer Kolloquium, 1989 — XVIII/1 247–250

KRUSE, Holger: W. Baum, Sigmund der Münzreiche. Zur Geschichte Tirols und der habsburgischen Länder im Spätmittelalter, 1987 — XVII/1 313–316

LOTTER, Friedrich: G. Dahan, Les intellectuels chrétiens et les juifs au moyen âge, 1990 — XIX/1 266–268

MENTGEN, Gerd: R. Kohn, Les Juifs de la France du Nord dans la seconde moitié du XIVe siècle, 1988 — XVII/1 301–304

MEUTHEN, Erich: B. Guenée, Entre l'Église et l'État. Quatre vies de prélats français à la fin du Moyen Âge (XIIIe–XVe siècle), 1987 — XV 965–967

MICHAUX, Gérard: W. Mohr, Geschichte des Herzogtums Lothringen. Teil IV, 1986 — XVII/1 311–313

MILLET, Hélène: G. Fouquet, Das Speyerer Domkapitel im späten Mittelalter (ca. 1350–1540), 1987 — XVI/1 298–300

MOEGLIN, Jean-Marie: Geschichtsschreibung und Geschichtsbewußtsein im späten Mittelalter, 1987 — XVII/1 284–289

MOEGLIN, Jean-Marie: Historiographie am Oberrhein im späten Mittelalter und in der frühen Neuzeit, 1988 — XVIII/1 317–319

MONNET, Pierre: E. Schubert, Einführung in die Grundprobleme der deutschen Geschichte im Spätmittelalter, 1992 — XX/1 248–250

MÜLLER, Heribert: Le diocèse de Lyon, 1983 — XII 922–926

MÜLLER, Heribert: Prosopographie et genèse de l'État moderne, 1986 — XV 891–897

MÜLLER, Heribert: Les conciles de la province de Tours, 1987 — XVI/1 295–298

MÜLLER, Heribert: Jean de Montreuil: Opera. Vol. IV: Monsteroliana, 1986 — XVI/1 301–303

MÜLLER, Heribert: B. Guenée, Un meurtre, une société. L'assassinat du duc d'Orléans 23 novembre 1407, 1992 — XX/1 311–314

MÜLLER, Heribert: Histoire du christianisme des origines à nos jours. T. VI, 1990 — XIX/1 317–322

MÜLLER, Heribert, Annette RIEKS: N. Lemaître, Le Rouergue flamboyant. Le clergé et les fidèles du diocèse de Rodez (1417–1563), 1988 — XVII/1 306–311

OLLAND, Hélène: K. Andermann, Studien zur Geschichte des pfälzischen Niederadels im späten Mittelalter, 1982 — XI 765–767

OURLIAC, Paul: W. Brandmüller, Papst und Konzil im Großen Schisma (1378–1431), 1990 — XIX/1 336–338

PARAVICINI, Werner: Les sources de l'histoire économique et sociale du moyen âge. T. 2, Vol. 1.1 et 1.2, 1984 — XIII 781–783

PARAVICINI, Werner: N. Geirnaert, Het archief van de familie Adornes en de Jeruzalemstichting te Brugge. I: Inventaris, 1987 — XV 972–975

PARAVICINI BAGLIANI, Agostino: A. Meyer, Zürich und Rom. Ordentliche Kollatur und päpstliche Provisionen am Frau- und Großmünster 1316–1523, 1986 — XV 968–970

PETERS, Wolfgang: P. de Spiegeler, Les hôpitaux et l'assistance à Liège (X^e–XVe siècles), 1987 — XVI/1 273–275

Russo, Daniel: Raccolte di Vite di Santi dal XIII al X III secolo. Strutture, messaggi, fruizioni, 1990 — XIX/1 324–326

STAUB, Martial: G. Młynarczyk, Ein Franziskanerinnenkloster im 15. Jahrhundert. Edition und Analyse von Besitzinventaren aus der Abtei Longchamp, 1987 — XVII/1 318–320

TIEMANN, Dieter: Dictionnaire biographique du Mouvement ouvrier international: Allemagne, 1990 — XVIII/3 256–257

ZIEGLER, Walter: A. van Nieuwenhuysen, Les finances du duc de Bourgogne Philippe le Hardi (1384–1404), 1984 — XIV 744–748

Frühe Neuzeit / Temps Moderne

BABEL, Rainer: Religion, Staat und Gesellschaft in der frühen Neuzeit: Beiträge der westeuropäischen Forschung — XVIII/2 209–217

BALDINGER, Kurt: Du sacré au profane: l'évolution du français du moyen âge au siècle des Lumières — XIII 213–231

CHÂTELLIER, Louis: La religion, pouvoir et représentation (XVIe–XVIIIe siècles) — XV 801–810

DIPPEL, Horst: Aux origines du radicalisme bourgeois: De la constitution de Pennsylvanie de 1776 à la constitution jacobine de 1793 — XVI/2 61–73

ESPAGNE, Michel, Michael WERNER: Deutsch-französischer Kulturtransfer im 18. und 19. Jahrhundert. Zu einem neuen interdisziplinären Forschungsprogramm des C.N.R.S. — XIII 502–510

KREUTZ, Wilhelm: Ulrich von Hutten in der französischen und angloamerikanischen Literatur. Ein Beitrag zur Rezeptionsgeschichte des deutschen Humanismus und der lutherischen Reformation — XI 614–639

LOTTES, Günther: Popular Culture in England (16.–19. Jahrhundert) — XI 640–667

MAGER, Wolfgang: La protoindustrialisation. Premier bilan d'un débat — XIII 489–501

MALETTKE, Klaus: La présentation du Saint Empire Romain Germanique dans la France de Louis XIII et de Louis XIV. Étude sur la circulation des œuvres et des jugements au XVIIe siècle — XIV 209–228
– Hugenotten und monarchistischer Absolutismus in Frankreich — XV 299–319

MORINEAU, Michel: Y avait-il une économie mondiale avant le XIXe siècle? Remarques sur les actes du IXe congrès international d'histoire économique — XVII/2 207–212

PALLACH, Ulrich-Christian: Fonctions de la mobilité artisanale et ouvrière – Compagnons, ouvriers et manufacturiers en France et aux Allemagnes (17e–19^esiècles). Première partie: De la fin du 17e au début de l'époque révolutionnaire en 1789 — XI 365–406

REILL, Peter-Hanns: Anti-Mechanism, Vitalism and their Political Implications in the Late Enlightened Scientific Thought — XVI/2 — 195–212

SCHRADER, Fred E.: Sociétés de pensée zwischen Ancien Régime und Französischer Revolution. Genese und Rezeption einer Problemstellung von Augustin Cochin — XII — 571–608

VOGT, Jean: Quelques aspects du grand commerce des bœufs et de l'approvisionnement de Strasbourg et de Paris — XV — 281–297

WUNDER, Bernd: Die Einführung des staatlichen Pensionssystems in Frankreich (1760–1850) — XI — 417–474

Ausgewählte Rezensionen:

BECKMANN, Friedhelm: F. Bléchet, Les ventes publiques de livres en France 1630–1750, 1991 — XIX/2 — 277–279

BIRNSTIEL, Eckart: Les usages de l'imprimé (XVe–XIXe siècle), 1987 — XVI/2 — 246–248

BLACK, Jeremy: P. Pluchon, Histoire de la Colonisation Française. T. I, 1991 — XX/2 — 187–189

BOSCHUNG, Urs: A. Labisch, Homo Hygienicus – Gesundheit und Medizin in der Neuzeit, 1992 — XX/2 — 182–184

BRUN, Jacques Le: A. C. Kors, Atheism in France, 1650–1729. Vol. I, 1990 — XVIII/2 — 255–257

DECKER, Klaus Peter: L. Bély et al., Guerre et Paix dans l'Europe du XVIIe siècle, 1991 — XIX/2 — 257–259

DICKERHOF, Harald: Histoire sociale des populations étudiantes. T. 2, 1989 — XIX/2 — 245–249

ESPAGNE, Michel: J. Delinière, Karl Friedrich Reinhard. Ein deutscher Aufklärer im Dienste Frankreichs (1761–1837), 1989 — XVII/2 — 333–334

FINK, Gonthier-Louis: T. Grosser, Reiseziel Frankreich. Deutsche Reiseliteratur vom Barock bis zur Französischen Revolution, 1989 — XVIII/2 — 251–254

FRIJHOFF, Willem: R. Stichweh, Der frühmoderne Staat und die europäische Universität, 1991 — XX/2 — 175–177

HAMMERSTEIN, Nothker: M.-M. Compère et al., Les Collèges français, 16e–18esiècles, Répertoire I, 1984 — XII — 825–826

HAMMERSTEIN, Nothker: M.-M. Compère et al., Les Collèges Français 16e–18esiècles. Répertoire II, 1988 — XVII/2 — 240–241

HARTMANN, Peter Claus: Ämterkäuflichkeit: Aspekte sozialer Mobilität im europäischen Vergleich, 1980 — XI — 791–792

HINRICHS, Ernst: P. Goubert et al., Les Français et l'Ancien Régime. T. 1–2, 1984 — XV — 990–992

KROENER, Bernhard R.: J. Bérenger, Turenne, 1987 — XVI/2 — 273–275

LÜSEBRINK, Hans-Jürgen: R. Chartier, The Cultural Uses of Print in Early Modern France, 1987 — XVII/2 — 217–219

MEYER, Jean: Städtewesen und Merkantilismus in Mitteleuropa, 1983 — XIII — 812–814

MEYER, Jean: Handbuch politisch-sozialer Grundbegriffe in Frankreich 1680–1820. Hefte 8–10, 1988 — XIX/2 — 266–269

MICHAUD, Claude: Deutschland und Europa in der Neuzeit, 1988 — XVII/2 — 219–224

MOEGLIN, Jean-Marie: Historiographie am Oberrhein im späten Mittelalter und in der frühen Neuzeit, 1988 — XVIII/1 — 317–319

MOUREAU, François: W. Leiner, Das Deutschlandbild in der französischen Literatur, 1989 — XVII/2 — 225–227

MÜLLER, Heribert: Prosopographie et genèse de l'État moderne, 1986 — XV — 891–897

NEDDERMEYER, Uwe: Pratiques et concepts de l'histoire en Europe, XVIe–XVIIIe siècles, 1990 — XVIII/2 241–243

NEUHAUS, Helmut: S. Skalweit, Der Beginn der Neuzeit. Epochengrenze und Epochenbegriff, 1982 — XIII 790–792

PELZER, Erich: Soziale und politische Konflikte im Frankreich des Ancien Régime, Bd. 2, 1982 — XI 792–794

REICHARDT, Rolf: B. Cousin, Le miracle et le quotidien: les ex-voto provençaux, images d'une société, 1983 — XIII 831–834

SCHMALE, Wolfgang: G. Lemarchand, La fin du féodalisme dans le pays de Caux, 1989 — XVIII/2 315–319

SCHRADER, Fred E.: Sociabilité et société bourgeoise en France, en Allemagne et en Suisse, 1750–1850, 1986 — XVII/2 297–300

STEIN, Wolfgang Hans: Guerre et paix en Alsace au XVIIe siècle. Les mémoires de voyage du sieur de l'Hermine, 1981 — XI 797–798

TIEMANN, Dieter: Dictionnaire biographique du Mouvement ouvrier international: Allemagne, 1990 — XVIII/3 256–257

VOSS, Jürgen: Interferenzen. Deutschland und Frankreich. Literatur – Wissenschaft – Sprache, 1983 — XI 795–797

WEBER, Hermann: M. Fogel, Les cérémonies de l'information dans la France du XVIe au milieu du XVIIIe siècle, 1989 — XVIII/2 326–327

Reformation und Gegenreformation / Réforme et Contre-Réforme

BABEL, Rainer: Der westfälische Friedenskongreß in französischer Sicht. Ein Tagebuch-Fragment Nicolas Doulceurs aus den Jahren 1647 und 1648 — XVI/2 13–27
– Aspekte einer Gelehrtenfreundschaft im Zeitalter des Späthumanismus: Briefe Denys Godefroys an Jacques-Auguste de Thou aus Straßburg, Frankfurt und Heidelberg (1600–1616) — XVII/2 29–44

BÖSE, Kuno: Städtische Eliten in Troyes im 16. Jahrhundert — XI 341–363

CREMER, Albert: Religiosität und Repräsentation. Zum Tod der hohen Pariser Magistrate (2. Hälfte 16. und frühes 17. Jahrhundert) — XIX/2 1–22

DINGES, Martin: Materielle Kultur und Alltag – Die Unterschichten in Bordeaux im 16./17. Jahrhundert — XV 257–279

GRAFINGER, Christine Maria: L'opinion populaire et la peste en France et dans les pays voisins au XVIe siècle — XVIII/2 1–21

KROENER, Bernhard R.: Conditions de vie et origine sociale du personnel militaire subalterne au cours de la Guerre de Trente Ans — XV 321–350

MALETTKE, Klaus: Wallenstein – Général, Prince d'Empire et Homme politique dans la Guerre de Trente Ans — XX/2 21–33

NEVEUX, Hugues: Visions d'une vision: les représentations de l'apparition de Niklashausen de 1476 à 1550 — XIV 169–180
– L'Étude de l'alphabétisation rurale sous Henri IV d'après les registres de censitaires — XVI/2 1–12

POTTER, David L.: Les Allemands et les armées françaises au XVIe siècle. Jean-Philippe Rhingrave, chef de lansquenets: étude suivie de sa correspondance en France, 1548–1566. Première partie — XX/2 1–20

SKALWEIT, Stephan: États Généraux de France et Diètes d'Empire dans
la pensée politique du XVIe siècle   XII   222–241

WEBER, Hermann: Dieu, le roi et la chrétienté. Aspects de la politique
du Cardinal de Richelieu   XIII   233–245

Ausgewählte Rezensionen:

BÉRENGER, Jean: G. Barudio, Der Teutsche Krieg 1618–1648, 1985   XV   988–990
CHAIX, Gérald: Die reformierte Konfessionalisierung in Deutschland, 1986   XVII/2   257–259
GEISSLER, Rolf: J. Lough, The Encyclopédie, 1989   XIX/2   298–300
LIVET, Georges: Acta Pacis Westphalicae. Die Französischen Korrespondenzen,
1645, 1986   XVI/2   276–279
LIVET, Georges: Krieg und Politik 1618–1648. Europäische Probleme und
Perspektiven, 1988   XVII/2   261–263
MICHAUX, Gérard: W. Mohr, Geschichte des Herzogtums Lothringen. Teil IV,
1986   XVII/1   311–313
Neveu, Bruno: Il Nuovo Mondo nella coscienza italiana e tedesca del Cinquecento, 1992   XX/2   184–187
NEVEUX, Hugues: H. Schilling, Aufbruch und Krise. Deutschland 1517–1648,
1988   XVII/2   248–250
ORLEA, Manfred: B. B. Diefendorf, Paris City Councillors in the Sixteenth
Century, 1983   XI   786–788
PALLACH, Ulrich-Christian: J. A. Farr, Hands of Honor. Artisans and Their
World in Dijon, 1550–1650, 1988   XX/2   190–192
REULOS, Michel: K. Böse, Amt und soziale Stellung. Die Institution der »élus«
in Frankreich im 16. und 17. Jahrhundert am Beispiel der Elektion Troyes,
1986   XVI/2   262–264
SCHMIDT, Hans: Les Papiers de Richelieu, Section politique extérieure, correspondance et papiers d'État. Empire Allemand. T. I, 1982   XIII   819–821
STEIN, Wolfgang Hans: J. Bergin, Cardinal Richelieu. Power and the pursuit of
wealth, 1985   XV   994–996

Absolutismus und Aufklärung / Absolutisme et Siècle des Lumières

BERNARD, Birgit: »Les Hommes illustres«. Charles Perraults Kompendium der 100 berühmtesten Männer des 17. Jahrhunderts als Reflex
der Colbertschen Wissenschaftspolitik   XVIII/2 23–46
BLACK, Jeremy: France and the Grand Tour in the Early Eighteenth
Century   XI   407–416
– The Marquis of Carmarthen and Relations with France 1784–1787   XII   283–303
– The Anglo-French Alliance 1716–1731. A Study in Eighteenth-
Century International Relations   XIII   295–310
– Anglo-French Relations in the Age of the French Revolution
1787–1793   XV   407–433
– France in 1730: A Tourist's Account   XVI/2   39–59
– Anglo-French Relations in the Mid-Eighteenth Century (1740–1756)   XVII/2   45–79
– Anglo-French Relations 1763–1775   XVIII/2 99–114
– From Alliance to Confrontation: Anglo-French Relations
1731–1740   XIX/2   23–45

BUDDRUSS, Eckhard: Kurbayern zur Zeit der ersten Teilung Polens. Analysen des französischen Gesandten in München zum Hof Max III. Josephs und zur bayerischen Politik — XIX/2 211–227

CRUYSSE, Dirk van der: Vers une renaissance de la »Liselotteforschung«? En feuilletant »A Woman's Life« d'Elborg Forster — XIII 655–658
– Saint-Simon et Madame Palatine — XIV 245–261

DIEZINGER, Sabine: Paris in deutschen Reisebeschreibungen des 18. Jahrhunderts (bis 1789) — XIV 263–329

DINGES, Martin: »Weiblichkeit« in »Männlichkeitsritualen«? Zu weiblichen Taktiken im Ehrenhandel in Paris im 18. Jahrhundert — XVIII/2 71–98

DUCHHARDT, Heinz: Die Glorious Revolution und das internationale System — XVI/2 29–37

ESPAGNE, Michel, Michael WERNER: La correspondance de Jean-Georges Wille. Un projet d'édition — XVII/2 173–180

FRITZE, Ralf: Militärschulen als wissenschaftliche Ausbildungsstätten in Deutschland und Frankreich im 18. Jahrhundert — XVI/2 213–232

GERSMANN, Gudrun, Christiane SCHROEDER: Verbotene Literatur und unbekannte Schriftsteller im Frankreich des 18. Jahrhunderts. Vorüberlegungen zu einem Forschungsprojekt — XII 542–570

HINTEREICHER, Margarete: Der Rheinbund von 1658 und die französische Reichspolitik in einer internen Darstellung des Versailler Außenministeriums des 18. Jahrhunderts — XIII 247-270

KERAUTRET, Michel: Un bilan critique de la Prusse en 1786: La lettre de Mirabeau à Frédéric-Guillaume II — XIV 369–380

KNOPPER-GOURON, Françoise: Le Bénédictin Casimir Freschot pendant la guerre de succession d'Espagne: patriotisme d'empire, antiprotestantisme et jansénisme — XII 271–282

KREMERS, Hildegard: L'œuvre de Joseph von Sonnenfels et ses sources européennes. »Problèmes de réception« au XVIIIᵉ siècle — XIV 331–367

KREUTZ, Jörg: »Mannheim. Gazette d'Allemagne«. Zur Geschichte einer kurpfälzischen Zeitung im Ancien Régime — XX/2 151–166

KREUTZ, Wilhelm: Die Illuminaten des rheinisch-pfälzischen Raums und anderer außerbayerischer Territorien. Eine ›wiederentdeckte‹ Quelle zur Ausbreitung des radikal aufklärerischen Geheimordens in den Jahren 1781 und 1782 — XVIII/2 115–149

LABBÉ, François: Le rêve irénique du Marquis de la Tierce. Francmaçonnerie, lumières et projets de paix perpétuelle dans le cadre du Saint-Empire sous le règne de Charles VII (1741–1745) — XVIII/2 47–69

MALVACHE, Jean-Luc: Correspondance inédite de Mably à Fellenberg 1763–1778 — XIX/2 47–93

MARTIN, Michael: Ezechiel du Mas, comte de Mélac (1630–1704). Eine biographische Skizze — XX/2 35–68

OPITZ-BELAKHAL, Claudia: Militärreformen als Bürokratisierungsprozeß: Das französische Offizierskorps von 1760 bis 1790 — XVI/2 171–194

RECKER, Marie-Luise: Der Vertrag von Dover 1670 zur englischen Außenpolitik der Restaurationszeit — XIII — 271–294

SCHMALE, Wolfgang: Rechtskultur im Frankreich des Ancien Régime und die Erklärung der Menschen- und Bürgerrechte von 1789. Wege zu einer Sozialgeschichte der Grund- und Menschenrechte — XIV — 513–529

SCHRADER, Fred E.: Soziabilitätsgeschichte der Aufklärung. Zu einem europäischen Forschungsproblem — XIX/2 — 177–194

STACKELBERG, Jürgen von: 1685 et l'idée de la tolérance. La réaction des »philosophes« à la révocation de l'Édit de Nantes — XIV — 229–243

STÖRKEL, Arno: Frankreich 1768 im Spiegel zweier geheimer Denkschriften Kaiser Josephs II. und König Friedrichs II. von Preußen — XX/2 — 139–149

TROSSBACH, Werner: Der Maiwald-Kanal. Politische Ökonomie und kulturelle Identität in der Ortenau (1748–1756) — XV — 351–405

VOIGT, Klaus: Quelques exemples de l'iconographie du refuge — XI — 681–685

VOSS, Jürgen: Ein unbekanntes Schreiben Voltaires an die Redaktion der »Franckfurtischen Gelehrten Zeitungen« (1753) zur Frage der Drucklegung des »Siècle de Louis XIV« — XI — 686–687

WEBER, Hermann: Zur »Entrée solennelle« Ludwigs XIV. 1660 in Paris — XIII — 651–654

Ausgewählte Rezensionen:

ALBRECHT, Wolfgang: J. Moes, Justus Möser et la France, 1990 — XVIII/2 — 266–269

BOIS, Pierre-André: Aufklärung als Politisierung – Politisierung der Aufklärung, 1987 — XVII/2 — 292–293

CHÂTELLIER, Louis: Aufklärung in Mainz, 1984 — XVI/2 — 297–299

CORVISIER, André: Europa im Zeitalter Friedrichs des Großen, 1989 — XIX/2 — 285–287

DUCHHARDT, Heinz: The Anglo-Dutch Moment. Essays on the Glorious Revolution and its world impact, 1991 — XX/2 — 205–207

DUFRAISSE, Roger: H. Möller, Fürstenstaat oder Bürgernation: Deutschland 1763–1815, 1989 — XVIII/2 — 272–277

DUFRAISSE, Roger: P. Burg, Die deutsche Trias in Idee und Wirklichkeit. Vom alten Reich zum deutschen Zollverein, 1989 — XX/2 — 253–256

FINK, Gonthier-Louis: Lesegesellschaften und bürgerliche Emanzipation. Ein europäischer Vergleich, 1981 — XI — 822–824

FINK, Gonthier-Louis: Aufklärungen. Frankreich und Deutschland im 18. Jahrhundert, 1986 — XV — 1016–1019

FINK, Gonthier-Louis: H. Böning et al., Volksaufklärung. Bibliographisches Handbuch zur Popularisierung aufklärerischen Denkens im deutschen Sprachraum von den Anfängen bis 1850. Bd.I, 1990 — XIX/2 — 308–310

FONTIUS, Martin: R. Pomeau et al., De la Cour au jardin 1750–1759, 1991 — XX/2 — 227–229

GEISSLER, Rolf: L. Desgraves, Répertoire des ouvrages et des articles sur Montesquieu, 1988 — XVIII/2 — 261–263

GEISSLER, Rolf: Dictionnaire des Journaux 1600–1789, 1991 — XX/2 — 211–214

GEISSLER, Rolf: Lettres d'André Morellet. T. I, 1991 — XX/2 — 230–232

GERTEIS, Klaus: E. François, Die unsichtbare Grenze. Protestanten und Katholiken in Augsburg 1648–1806, 1991 — XX/2 — 214–216

GRAU, Conrad: M. Raskolnikoff, Des Anciens et Des Modernes, 1990 — XX/2 — 221–223

GROSSER, Thomas: Reisen im 18. Jahrhundert. Neue Untersuchungen, 1986 — XV — 1004–1007

GROSSER, Thomas: F. Knopper, Le regard du voyageur en Allemagne du Sud et en Autriche dans les relations de voyageurs allemands, 1992 — XX/2 240–245

GUILHAUMOU, Jacques: S. L. Kaplan, Bread, Politics and Political Economy in the Reign of Louis XV, 2 vols., 1976 — XI 811–813

HOOCK, Jochen: Études sur les villes en Europe occidentale (Milieu du XVIIe siècle à la veille de la Révolution française). T. I–II, 1983 — XIII 814–816

KARP, Sergueï: Lectures de Raynal. L'histoire des deux Indes en Europe et en Amérique au XVIIIe siècle, 1991 — XX/2 232–235

KINTZ, Jean-Pierre: W. G. Rödel, Mainz und seine Bevölkerung im 17. und 18. Jahrhundert, 1985 — XIV 771–774

KREUTZ, Wilhelm: P.-A. Bois, Adolph Freiherr Knigge (1752–1796), 1990 — XX/2 238–240

LIVET, Georges: H. Schilling, Höfe und Allianzen. Deutschland 1648–1763, 1989 — XVII/2 274–278

LIVET, Georges, E. Pelzer, Der elsässische Adel im Spätfeudalismus, 1990 — XVIII/2 320–322

LIVET, Georges: S. Mörz, Aufgeklärter Absolutismus in der Kurpfalz (1742–1777), 1991 — XX/2 245–248

MALETTKE, Klaus: D. Dessert, Argent, pouvoir et société au Grand Siècle, 1984 — XX/2 198–202

MICHAUD, Claude: Joseph von Sonnenfels, 1988 — XVII/2 294–296

MINARY, Daniel: M. Agethen, Geheimbund und Utopie. Illuminaten, Freimaurer und deutsche Spätaufklärung, 1984 — XIII 839–841

NOËL, Jean-François: Friedrich der Große, 1982 — XII 843–845

PALLACH, Ulrich-Christian: H. Chisick, The limits of reform in the Enlightenment, 1981 — XII 834–837

PALLACH, Ulrich-Christian: H.-J. Lüsebrink, Kriminalität und Literatur im Frankreich des 18. Jahrhunderts, 1983 — XII 837–839

PAPENHEIM, Martin: L. Blanco, Stato e funzionari nella Francia del Settecento: gli »ingénieurs des ponts et chaussées«, 1991 — XX/2 217–220

SCHMIDT, Hans: Recueil des instructions données aux ambassadeurs et ministres de France des Traités de Westphalie jusqu'à la Révolution française. Vol. 30: Suisse. T. 1–2, 1983 — XIII 822–825

SCHMIDT, Hans: C. Boutant, L'Europe au grand tournant des années 1680. La succession palatine, 1985 — XIV 768–771

SCHRADER, Fred E.: M. Espagne, Bordeaux baltique. La présence culturelle allemande à Bordeaux aux XVIIIe et XIXe siècles, 1991 — XX/2 235–237

VOSS, Jürgen: Cosmopolitisme, patriotisme et xénophobie en Europe au siècle des lumières, 1987 — XVI/2 292–294

YARDENI, Myriam: Theoretiker der deutschen Aufklärungshistorie. Bde. 1–2, 1990 — XVIII/2 263–265

Französische Revolution und 1. Kaiserreich / Révolution Française et Ier Empire

AMALVI, Christian: »Exercices de style« historiographiques ou les métamorphoses révolutionnaires d'Etienne Marcel de Danton à de Gaulle — XIII 524–560

DIPPEL, Horst: Aux origines du radicalisme bourgeois: De la constitution de Pennsylvanie de 1776 à la constitution jacobine de 1793 — XVI/2 61–73

ESPAGNE, Michel, Michael WERNER: Deutsch-französischer Kulturtransfer im 18. und 19. Jahrhundert. Zu einem neuen interdisziplinären Forschungsprogramm des C.N.R.S. — XIII 502–510

FINZSCH, Norbert: Räuber und Gendarme im Rheinland: Das Bandenwesen in den vier rheinischen Départements vor und während der Zeit der französischen Verwaltung (1794–1814) — XV — 435–471

HUDDE, Hinrich: Die Wirkung der Marseillaise auf Deutsche: Geschichte, Geschichten und Gedichte — XVII/2 — 143–171

KREUTZ, Wilhelm: Ulrich von Hutten in der französischen und angloamerikanischen Literatur. Ein Beitrag zur Rezeptionsgeschichte des deutschen Humanismus und der lutherischen Reformation — XI — 614–639

LOTTES, Günther: Popular Culture in England (16.–19. Jahrhundert) — XI — 640–667

MAGER, Wolfgang: La protoindustrialisation. Premier bilan d'un débat — XIII — 489–501

MORINEAU, Michel: Y avait-il une économie mondiale avant le XIXe siècle ? Remarques sur les actes du IXe congrès international d'histoire économique — XVII/2 — 207–212

PALLACH, Ulrich-Christian: Fonctions de la mobilité artisanale et ouvrière – Compagnons, ouvriers et manufacturiers en France et aux Allemagnes (17e–19e siècles). Première partie: De la fin du 17e au début de l'époque révolutionnaire en 1789 — XI — 365–406

REILL, Peter-Hanns: Anti-Mechanism, Vitalism and their Political Implications in the Late Enlightened Scientific Thought — XVI/2 — 195–212

SCHMALE, Wolfgang: Rechtskultur im Frankreich des Ancien Régime und die Erklärung der Menschen- und Bürgerrechte von 1789. Wege zu einer Sozialgeschichte der Grund- und Menschenrechte — XIV — 513–529

SCHMIDT, Hans: Napoleon in der deutschen Geschichtsschreibung — XIV — 530–560
– Die Französische Revolution in der deutschen Geschichtsschreibung — XVII/2 — 181–206

SCHRADER, Fred E.: Sociétés de pensée zwischen Ancien Régime und Französischer Revolution. Genese und Rezeption einer Problemstellung von Augustin Cochin — XII — 571–608

SEIFERT, Hans-Ulrich: Deutsche Benutzer der Pariser Nationalbibliothek in den Jahren 1789–1815 — XVIII/2 — 151–207

STEIN, Wolfgang Hans: Die Zeitung als neues bildpublizistisches Medium. Die Revolutionskarikaturen der Neuwieder »Politischen Gespräche der Todten« 1789–1804 — XIX/2 — 95–157

WUNDER, Bernd: Die Einführung des staatlichen Pensionssystems in Frankreich (1760–1850) — XI — 417–474

Ausgewählte Rezensionen:

BLACK, Jeremy: P. Pluchon, Histoire de la Colonisation Française. T. I, 1991 — XX/2 — 187–189

DUFRAISSE, Roger: T.C.W. Blanning, The French Revolution in Germany, 1983 — XIII — 846–853

DUFRAISSE, Roger: H. Möller, Fürstenstaat oder Bürgernation: Deutschland 1763–1815, 1989 — XVIII/2 — 272–277

DUFRAISSE, Roger: P. Burg, Die deutsche Trias in Idee und Wirklichkeit. Vom alten Reich zum deutschen Zollverein, 1989 — XX/2 — 253–256

ESPAGNE, Michel: J. Delinière, Karl Friedrich Reinhard. Ein deutscher Aufklärer im Dienste Frankreichs (1761–1837), 1989 — XVII/2 — 333–334

FINK, Gonthier-Louis: Feindbild und Faszination. Vermittlerfiguren und Wahrnehmungsprozesse in den deutsch-französischen Kulturbeziehungen, 1984 — XV — 1019–1021

FINK, Gonthier-Louis: A. Abdelfettah, Die Rezeption der Französischen Revolution durch den deutschen öffentlichen Sprachgebrauch, 1989 — XIX/2 340–342

MEYER, Jean: Handbuch politisch-sozialer Grundbegriffe in Frankreich 1680–1820. Hefte 8–10, 1988 — XIX/2 266–269

MICHAUD, Claude: Deutschland und Europa in der Neuzeit. 2 Bde., 1988 — XVII/2 219–224

MIDDELL, Matthias: Revolution und Gegenrevolution 1789–1830, 1991 — XX/2 263–265

MOUREAU, François: W. Leiner, Das Deutschlandbild in der französischen Literatur, 1989 — XVII/2 225–227

SCHRADER, Fred E.: Sociabilité et société bourgeoise en France, en Allemagne et en Suisse, 1750–1850, 1986 — XVII/2 297–300

SCHRADER, Fred E.: M. Espagne, Bordeaux baltique. La présence culturelle allemande à Bordeaux aux XVIIIe et XIXe siècles, 1991 — XX/2 235–237

SCHROEDER, Paul W.: G. Lacour-Gayet, Talleyrand, 1990 — XX/2 272–274

TIEMANN, Dieter: Dictionnaire biographique du Mouvement ouvrier international: Allemagne, 1990 — XVIII/3 256–257

VOSS, Jürgen: Interferenzen. Deutschland und Frankreich. Literatur – Wissenschaft – Sprache, 1983 — XI 795–797

Französische Revolution / Révolution Française

ALBRECHT, Wolfgang: »Ich glaubte ins Heiligtum der Freiheit zu treten ...«. Revolution und Aufklärung in Rebmanns Buchberichten über seinen Pariser Aufenthalt 1796–1797 — XIX/2 229–236

BLACK, Jeremy: On the Grand Tour in a Year of Revolution — XIII 333–353
– The Coming of War between Britain and France, 1792–1793 — XX/2 69–108

BOTSCH, Elisabeth: La Révolution Française et le transfert culturel politique: La Terreur à travers les textes révolutionnaires traduits en allemand 1789–1799 — XX/2 109–132

BRANDES, Helga: »Ein Volk muß seine Freiheit selbst erobern...«. Rebmann, die jakobinische Publizistik und die Französische Revolution — XVIII/2 219–230

BURG, Peter: Die Französische Revolution an Mosel und Saar in Wissenschaft und Unterricht. Ein Bericht über Neuerscheinungen zur Zweihundertjahrfeier — XIX/2 195–209

CLACK, Gordon D.: The Politics of the Appointment and Dismissal of the Prefectoral Corps under the Consulate and Empire: The Example of the Department of Mont-Tonnerre — XI 475–494
– The Nature of Parliamentary Elections under the First Empire: The Example of the Department of Mont-Tonnerre — XII 355–370
– Revolution in Modern Europe — XX/3 73–97

DUFRAISSE, Roger: Valmy: Une victoire, une légende, une énigme — XVII/2 95–118

ENGELBRECHT, Jörg: Außenpolitische Bestrebungen rheinischer Unternehmer im Zeitalter der Französischen Revolution — XVII/2 119–141

KLEINERT, Annemarie: La mode – miroir de la Révolution française — XVI/2 75–98

KLEPSCH, Peter: Versuch einer synchronoptischen Darstellung der politischen Gruppierungen im französischen Nationalkonvent 1792–1795   XVI/2   115–169

LÜSEBRINK, Hans-Jürgen: »Die zweifach enthüllte Bastille«. Zur sozialen Funktion der Medien Text und Bild in der deutschen und französischen »Bastille«-Literatur des 18. Jahrhunderts   XIII   311–331

PALLACH, Ulrich-Christian: Fonctions de la mobilité artisanale et ouvrière – Compagnons, ouvriers et manufacturiers en France et aux Allemagnes (17e–19esiècles). Première partie: De la fin du 17e au début de l'époque révolutionnaire en 1789   XI   365–406

PASETZKY, Gilda: Die Diskussion in Salzburg um die Rheingrenze und das Projekt der Republikanisierung Süddeutschlands 1798   XX/2   167–170

REICHARDT, Rolf: Mehr geschichtliches Verstehen durch Bildillustration? Kritische Überlegungen am Beispiel der Französischen Revolution   XIII   511–523

SCHMIDT, Uwe: Georg Kerners Revolutionsplan für Württemberg vom Oktober 1792   XV   811–818

VOSS, Jürgen: Der Mann, der Schiller 1792 zum Ehrenbürger Frankreichs machte: Philippe Jacques Rühl (1737–1795)   XVII/2   81–93

– La Révolution française et la révolution allemande de 1918/1919. Une comparaison établie en 1920   XVIII/3   151–154

WAGNER, Michael: Vendée-Aufstand und Chouannerie im Lichte der neueren Forschung   XV   733–754

ZIMMERMANN, Harro: Die Emigranten der Französischen Revolution in der deutschen Erzählliteratur und Publizistik um 1800   XII   305–354

Ausgewählte Rezensionen:

BOIS, Pierre-André: Oberrheinische Aspekte des Zeitalters der Französischen Revolution, 1990   XIX/2   346–348

BOIS, Pierre-André: E. Burke et al., Über die Französische Revolution, 1991   XX/2   257–259

BOIS, Pierre-André: Die Französische Revolution. Forschung – Geschichte – Wirkung, 1991   XX/2   266–268

BRANDES, Helga: G. F. Rebmann, Werke und Briefe, 3 Bde., 1990   XIX/2   342–344

BURG, Peter: S. Schama, Der zaudernde Citoyen. Rückschritt und Fortschritt in der Französischen Revolution, 1989   XVIII/2   283–285

CAM, Jean-Luc Le: Soziale Unruhen in Deutschland während der Französischen Revolution, 1988   XIX/2   333–335

DIEZINGER, Sabine: La Contre-Révolution. Origines, Histoire, Postérité, 1990   XIX/2   319–321

DUFRAISSE, Roger: F. Dumont, Die Mainzer Republik von 1792/93, 1981   XIII   846–853

DUFRAISSE, Roger: Französische Emigranten in Westfalen 1792–1802. Ausgewählte Quellen, 1989   XIX/2   337–338

DUFRAISSE, Roger: Die Französische Revolution und die Oberrheinlande (1789–1798), 1991   XX/2   287–289

FINK, Gonthier-Louis: Französische Revolution und Deutsche Klassik, 1989   XVIII/2   306–308

FRIJHOFF, Willem: H.-C. Harten, Elementarschule und Pädagogik in der Französischen Revolution, 1990   XVIII/2   291–294

KLEPSCH, Peter: E. H. Lemay, Dictionnaire des Constituants 1789–1791, 1991   XX/2   260–263

KUHN, Axel: Historical Dictionary of the French Revolution 1789–1799, 2 vols., 1985 — XV 1022–1024

LEBEAU, Christine: Die Französische Revolution. Mitteleuropa und Italien, 1992 — XX/2 285–287

MOLITOR, Hansgeorg: J. M. Diefendorf, Businessmen and Politics in the Rhineland, 1789–1834, 1980 — XI 833–835

REICHARDT, Rolf: C. Mazauric, Jacobinisme et Révolution: autour du bicentenaire de »Quatre-vingt-neuf«, 1984 — XIII 844–846

REUSS, Elisabeth: E. Botsch, Eigentum in der Französischen Revolution, 1992 — XX/2 275–277

SCHRADER, Fred E.: L'Héritage de la Révolution Française, 1989 — XIX/2 317–319

SCHROEDER, Paul W.: Preußen und die revolutionäre Herausforderung seit 1789, 1990 — XIX/2 344–346

TAEGER, Andrea: P. McPhee, A Social History of France, 1780–1880, 1992 — XX/3 203–204

VOSS, Jürgen: Die Französische Revolution. Berichte und Deutungen deutscher Schriftsteller und Historiker, 1985 — XIV 781–783

VOSS, Jürgen: Atlas de la Révolution française, 5 t., 1987–1989 — XVII/2 306–308

VOSS, Jürgen: Das Staatslexikon. Enzyklopädie der sämtlichen Staatswissenschaften. Neudruck der 2. Aufl., Altona 1845–1849, 12 Bde., 1990 — XX/3 197–200

WAGNER, Michael: A. Soboul, Dictionnaire historique de la Révolution Française, 1989 — XVIII/2 280–282

WAGNER, Michael: A. Gérard, Pourquoi la Vendée?, 1990 — XVIII/2 299–301

Napoleonische Zeit / Époque Napoléonienne

BERTIER DE SAUVIGNY, Guillaume de: Metternich et la naissance de la Confédération Germanique au Congrès de Vienne. A propos d'un livre récent — XII 666–675

CLACK, Gordon D.: Revolution in Modern Europe — XX/3 73–97

MIECK, Ilja: Napoléon Ier et les réformes en Allemagne — XV 473–491

PASZTORY PEDRONI, Caterina: Goethe und Stendhal — XV 493–560

RUIZ, Alain: Kant und Napoleon. Eine unmögliche Begegnung — XIX/2 159–176

Ausgewählte Rezensionen:

BECK, Robert: A. Corbin, Le Temps, le Désir et l'Horreur. Essais sur le dix-neuvième siècle, 1991 — XX/3 205–207

BLACK, Jeremy: S. Förster, Die mächtigen Diener der East India Company, 1992 — XX/2 299–301

CHÂTELLIER, Louis: E. Weis, Deutschland und Frankreich um 1800, 1990 — XIX/2 350–352

DUFRAISSE, Roger: W. Giesselmann, Die brumairianische Elite, 1977 — XI 836–839

DUFRAISSE, Roger: Die Erhebung gegen Napoleon 1806–1814/15, 1981 — XIII 862–864

DUFRAISSE, Roger: W. Schieder et al., Säkularisation und Mediatisierung. Die Veräußerung der Nationalgüter im Rhein-Mosel-Departement 1803–1804, 1987 — XVI/2 309–311

DUFRAISSE, Roger: H. Boldt, Deutsche Verfassungsgeschichte. Politische Strukturen und ihr Wandel. Bd. 2, 1990 — XX/3 200–203

GRAUMANN, Sabine: N. Gotteri, Soult. Maréchal d'Empire et homme d'État, 1991 — XX/2 297–299

JESCHONNEK, Bernd: Études et documents II-III, 1990–1991   XX/2   301–303
TAEGER, Andrea: P. McPhee, A Social History of France, 1780–1880, 1992   XX/3   203–204
Voss, Jürgen: Das Staatslexikon. Enzyklopädie der sämtlichen Staatswissenschaften. Neudruck der 2. Aufl., Altona 1845–1849, 12 Bde., 1990   XX/3   197–200

Restauration

AMALVI, Christian: »Exercices de style« historiographiques ou les métamorphoses révolutionnaires d'Etienne Marcel de Danton à de Gaulle   XIII   524–560
– Regards français sur les »passions françaises«   XIV   597–600

BEST, Heinrich: Kontinuität und Wandel parlamentarischer Repräsentation im revolutionären Frankreich 1848/49   XI   668–680

CLACK, Gordon D.: Revolution in Modern Europe   XX/3   73–97

ESPAGNE, Michel, Michael WERNER: Deutsch-französischer Kulturtransfer im 18. und 19. Jahrhundert. Zu einem neuen interdisziplinären Forschungsprogramm des C.N.R.S.   XIII   502–510

EVEN, Pascal: Deux siècles de relations franco-allemandes. Les papiers des représentations diplomatiques et consulaires françaises en Allemagne conservés au Centre des Archives Diplomatiques de Nantes   XVI/3   83–97

HUDDE, Hinrich: Die Wirkung der Marseillaise auf Deutsche: Geschichte, Geschichten und Gedichte   XVII/2   143–171

KÄMMERER, Jürgen: Eine wirklich »konsequente Friedenspolitik«? Die österreichische Außenpolitik im Spiegel ihrer Akten zur Geschichte des Krimkrieges   XII   676–684

KLEINERT, Annemarie: Original oder Kopie? Das »Journal des Dames et des Modes« (1797–1839) und seine zahlreichen Varianten   XX/3   99–120

KREUTZ, Wilhelm: Ulrich von Hutten in der französischen und angloamerikanischen Literatur. Ein Beitrag zur Rezeptionsgeschichte des deutschen Humanismus und der lutherischen Reformation   XI   614–639
– Les Juifs du Palatinat au XIXe Siècle: Démographie – statut juridique – structure socio-professionnelle   XX/3   1–17

LOTTES, Günther: Popular Culture in England (16.–19. Jahrhundert)   XI   640–667

MELZER, Imma: Pfälzische Emigranten in Frankreich während und nach der Revolution von 1848/49. Teil I   XII   371–424
– Pfälzische Emigranten in Frankreich während und nach der Revolution von 1848/49. Teil II   XIII   369–407

MEYER, Ahlrich: Die Subsistenzunruhen in Frankreich 1846–1847   XIX/3   1–45

MOSER, Arnulf: Wessenberg und die Toleranz   XIX/3   97–101

MOTTE, Olivier: Le voyage d'Allemagne. Lettres inédites sur les missions d'universitaires français dans les universités allemandes au XIXe siècle. I   XIV   561–566
– Sur quelques manuscrits relatifs à Warnkoenig   XIV   601–609
– Le voyage d'Allemagne. Lettres inédites sur les missions d'universitaires français dans les universités allemandes au XIXe siècle. II   XV   755–772

- Le voyage d'Allemagne. Lettres inédites sur les missions d'universitaires français dans les universités allemandes au XIXᵉ siècle. III   XVII/3   110–119

NURDIN, Jean: Karl Hillebrand. Un émigré au carrefour des cultures   XIV   381–388

PASZTORY PEDRONI, Caterina: Goethe und Stendhal   XV   493–560

SCHLICHT, Alfred: La France et le Liban dans la première moitié du XIXᵉ siècle. Influences occidentales dans l'histoire orientale   XI   495–507

SCHMIDT, Hans: Napoleon in der deutschen Geschichtsschreibung   XIV   530–560
- Die Französische Revolution in der deutschen Geschichtsschreibung   XVII/2   181–206

SCHRIEWER, Jürgen: »Weltlich, unentgeltlich, obligatorisch«: Konstitutionsprozesse nationaler Erziehungssysteme im 19. Jahrhundert   XIII   663–674

TAEGER, Angela: Staatliche Erziehung und familiäre Kinderaufzucht. Neuere Forschungen zum 19. Jahrhundert in Frankreich   XIII   659–662

VIERHAUS, Rudolf: »Vormärz« – Ökonomische und soziale Krisen, ideologische und politische Gegensätze   XIII   355–368

WEBER, Hermann: Die »Mission de St. Joseph des Allemands« in Paris (1850–1925)   XVI/3   1–13

WIRSCHING, Andreas: Popularität als raison d'être. Identitätskrise und Parteiideologie der Whigs in England im frühen 19. Jahrhundert   XVII/3   1–14

WUNDER, Bernd: Die Einführung des staatlichen Pensionssystems in Frankreich (1760–1850)   XI   417–474

Ausgewählte Rezensionen:

BAECHLER, Christian: Bismarck und seine Zeit, 1992   XX/3   219–221

BARRAL, Pierre: Liberalismus in der Gesellschaft des deutschen Vormärz, 1983   XII   860–862

BECK, Robert: A. Corbin, Le Temps, le Désir et l'Horreur. Essais sur le dix-neuvième siècle, 1991   XX/3   205–207

BECKMANN, Friedhelm: Philologiques I. Contribution à l'histoire des disciplines littéraires en France et en Allemagne au XIXᵉ siècle, 1990   XIX/3   224–226

BERTIER DE SAUVIGNY, Guillaume de: A. B. Spitzer, The French Generation of 1820, 1987   XVII/3   223–225

BETZ, Albrecht: L. S. Kramer, Threshold of a New World. Intellectuals and the Exile Experience in Paris, 1988   XVII/3   218–221

BLACK, Jeremy: S. Förster, Die mächtigen Diener der East India Company, 1992   XX/2   299–301

DANN, Otto: P. Ayçoberry, Cologne entre Napoléon et Bismarck, 1981   XII   857–859

DROZ, Jacques: D. Simon, Das Frankreichbild der deutschen Arbeiterbewegung 1859–1865, 1984   XV   1053–1054

DUFRAISSE, Roger: H. Müller, Bremen und Frankreich zur Zeit des Deutschen Bundes 1815–1867, 1984   XIII   864–866

DUFRAISSE, Roger: P. Burg, Die deutsche Trias in Idee und Wirklichkeit. Vom alten Reich zum deutschen Zollverein, 1989   XX/2   253–256

DUFRAISSE, Roger: H. Boldt, Deutsche Verfassungsgeschichte. Politische Strukturen und ihr Wandel, Bd. 2, 1990   XX/3   200–203

ELKELES, Barbara: J.-P. Bardet et al., Peurs et terreurs face à la contagion, 1988   XVII/3   265–267

ESPAGNE, Michel: J. Delinière, Karl Friedrich Reinhard. Ein deutscher Aufklärer im Dienste Frankreichs (1761–1837), 1989   XVII/2   333–334

ESPAGNE, Michel: E. Bauer, Konfidentenberichte über die europäische Emigration in London 1852–1861, 1988 — XVII/3 221–222

FRANÇOIS, Etienne: L. Gall, Bürgertum in Deutschland, 1989 — XVIII/3 230–232

GRAFINGER, Christine Maria: A. Doering-Manteuffel, Vom Wiener Kongreß zur Pariser Konferenz, 1991 — XIX/3 210–212

GRESCHAT, Martin: A. Encrevé, Protestants français au milieu du XIXᵉ siècle, 1986 — XV 1042–1045

JESCHONNEK, Bernd: Études et documents II–III, 1990–1991 — XX/2 301–303

KAELBLE, Hartmut: La bourgeoisie allemande. Un siècle d'histoire (1830–1933), 1986 — XVI/3 197–198

MARX, Roland: H. Best, Die Männer von Bildung und Besitz. Struktur und Handeln parlamentarischer Führungsgruppen in Deutschland und Frankreich 1848–1849, 1990 — XX/3 212–213

MAYEUR, Jean-Marie: P. Stadler, Der Kulturkampf in der Schweiz. Eidgenossenschaft und Katholische Kirche im europäischen Umkreis, 1848–1888, 1984 — XV 1040–1042

MEYER, Jean: Handbuch politisch-sozialer Grundbegriffe in Frankreich 1680–1820. Hefte 8–10, 1988 — XIX/2 266–269

MIDDELL, Matthias: Revolution und Gegenrevolution 1789–1830. Zur geistigen Auseinandersetzung in Frankreich und Deutschland, 1991 — XX/2 263–265

MITCHELL, Allan: Europa vor dem Krieg von 1870, 1987 — XVI/3 186–187

MOUREAU, François: W. Leiner, Das Deutschlandbild in der französischen Literatur, 1989 — XVII/2 225–227

NURDIN, Jean: Liberalismus, 1985 — XV 1038–1040

SCHRADER, Fred E.: Sociabilité et société bourgeoise en France, en Allemagne et en Suisse, 1750–1850, 1986 — XVII/2 297–300

SCHROEDER, Paul W.: G. Lacour-Gayet, Talleyrand, 1990 — XX/2 272–274

TAEGER, Andrea: P. McPhee, A Social History of France, 1780–1880, 1992 — XX/3 203–204

VOSS, Jürgen: Interferenzen. Deutschland und Frankreich. Literatur – Wissenschaft – Sprache, 1983 — XI 795–797

Zeitalter des Imperialismus / Époque de l'Impérialisme

AMALVI, Christian: »Exercices de style« historiographiques ou les métamorphoses révolutionnaires d'Etienne Marcel de Danton à de Gaulle — XIII 524–560
– Regards français sur les »passions françaises« — XIV 597–600

BECK, Robert: Les effets d'une ligne du plan Freycinet sur une société rurale. Un aperçu de l'histoire du plan Freycinet — XV 561–577

BENDIKAT, Elfi: Deutschland und Frankreich in der Wahlkampfagitation der Parteien (1884–1889) — XVII/3 15–30

BRÖTEL, Dieter: Zur französischen Imperialismusforschung und Kolonialhistorie (19./20. Jahrhundert) — XI 688–692

CLACK, Gordon D.: Revolution in Modern Europe — XX/3 73–97

ESPAGNE, Michel, Michael WERNER: Deutsch-französischer Kulturtransfer im 18. und 19. Jahrhundert. Zu einem neuen interdisziplinären Forschungsprogramm des C.N.R.S. — XIII 502–510

EVEN, Pascal: Deux siècles de relations franco-allemandes. Les papiers des représentations diplomatiques et consulaires françaises en Allemagne conservés au Centre des Archives Diplomatiques de Nantes — XVI/3 83–97

GÖDDE-BAUMANNS, Beate: L'idée des deux Allemagnes dans l'historiographie française des années 1871–1914   XII   609–619

HUDDE, Hinrich: Die Wirkung der Marseillaise auf Deutsche: Geschichte, Geschichten und Gedichte   XVII/2   143–171

KAELBLE, Hartmut: Le modèle aristocratique dans la bourgeoisie allemande (fin XIXe – début du XXe siècle). Similitudes ou divergences de la France?   XIV   451–460

KREUTZ, Wilhelm: Ulrich von Hutten in der französischen und angloamerikanischen Literatur. Ein Beitrag zur Rezeptionsgeschichte des deutschen Humanismus und der lutherischen Reformation   XI   614–639
– Les Juifs du Palatinat au XIXe Siècle: Démographie – statut juridique – structure socio-professionnelle   XX/3   1–17

LAHME, Rainer: Integrationsfigur oder Repräsentant deutscher Hybris? Der umstrittene Ort Kaiser Wilhelms II. in der deutschen Geschichte   XX/3   121–129

LEBOVICS, Herman: La grande dépression: aux origines d'un nouveau conservatisme français, 1880–1896   XIII   435–445

LOSTER-SCHNEIDER, Gudrun: Zur Neuauflage eines Kriegs- und Antikriegsbuches: Theodor Fontanes »Der Krieg gegen Frankreich 1870–1871«   XIV   610–617

LOTTES, Günther: Popular Culture in England (16.–19. Jahrhundert)   XI   640–667

MITCHELL, Allan: The German Influence on Subversion and Repression in France During the Early Third Republic   XIII   409–433
– The Municipal Council of Paris and the Problems of Public Welfare in France (1885–1914)   XIV   435–450
– The Great Train Race: Railways and the Franco-German Rivalry before 1914   XIX/3   47–55
– A Flight at Dusk: Otto Pflanze's new Biography of Bismarck   XIX/3   165–173

MOTTE, Olivier: Le voyage d'Allemagne. Lettres inédites sur les missions d'universitaires français dans les universités allemandes au XIXe siècle. II   XV   755–772
– Le voyage d'Allemagne. Lettres inédites sur les missions d'universitaires français dans les universités allemandes au XIXe siècle. III   XVII/3   110–119
– Sur les réseaux informels de la science: Les amitiés européennes de Gabriel Monod   XVIII/3   147–150

NURDIN, Jean: Karl Hillebrand. Un émigré au carrefour des cultures   XIV   381–388

REIFELD, Helmut: Imperialismus – Bilanzierungen einer Epoche   XVII/3   165–169

SCHMIDT, Hans: Napoleon in der deutschen Geschichtsschreibung   XIV   530–560
– Die Französische Revolution in der deutschen Geschichtsschreibung   XVII/2   181–206

SCHNEIDER, Erich: Gegen Chauvinismus und Völkerhaß. Die Berichte des Kriegskorrespondenten Hermann Voget aus dem deutsch-französischen Krieg von 1870/71   XIV   389–434
– »Der Feldzug 1870/71 gegen Frankreich«. Ein unbekanntes Tagebuch aus dem deutsch-französischen Krieg   XVII/3   155–169

SCHRADER, Fred E.: Sociétés de pensée zwischen Ancien Régime und Französischer Revolution. Genese und Rezeption einer Problemstellung von Augustin Cochin — XII — 571–608

SCHRIEWER, Jürgen: »Weltlich, unentgeltlich, obligatorisch«: Konstitutionsprozesse nationaler Erziehungssysteme im 19. Jahrhundert — XIII — 663–674

SIEBURG, Heinz-Otto: Aspects de l'historiographie allemande sur la France entre 1871 et 1914. Courants, exemples, tendances — XIII — 561–578

STUDT, Christoph: Bismarck und kein Ende... Neue Literatur zu Person und Politik Otto von Bismarcks — XIX/3 — 151–164

TAEGER, Angela: Staatliche Erziehung und familiäre Kinderaufzucht. Neuere Forschungen zum 19. Jahrhundert in Frankreich — XIII — 659–662

TENORTH, Heinz-Elmar: Schulkonferenzen in Preußen 1890 und 1900. Formen und Folgen administrativer Modernisierungen des Bildungswesens — XII — 685–691

WEBER, Hermann: Die »Mission de St. Joseph des Allemands« in Paris (1850–1925) — XVI/3 — 1–13

WISCHERMANN, Clemens: Großstadt und Wohnen in Frankreich im späten 19. Jahrhundert — XVIII/3 — 177–190

WITTENBROCK, Rolf: Die Stadterweiterung von Metz (1898–1903). Nationalpolitische Interessen und Konfliktfelder in einer grenznahen Festungsstadt — XVIII/3 — 1–23

Ausgewählte Rezensionen:

AMMERICH, Hans: C. Baechler, Le parti catholique alsacien 1890–1939, 1982 — XIV — 825–827

BAECHLER, Christian: T. Nipperdey, Deutsche Geschichte 1866–1918, Bd. 1, 1990 — XIX/3 — 216–217

BAECHLER, Christian: Flucht in den Krieg. Die Außenpolitik des kaiserlichen Deutschlands, 1991 — XIX/3 — 252–254

BAECHLER, Christian: Deutscher Katholizismus im Umbruch zur Moderne, 1991 — XX/3 — 234–236

BALFOUR, Michael: F. Herre, Kaiser Friedrich III., 1987 — XVI/3 — 200–202

BARS, Michelle le: H. Rüdel, Landarbeiter und Sozialdemokratie in Ostholstein 1872–1878, 1986 — XVIII/3 — 245–248

BECK, Robert: A. Corbin, Le village des cannibales, 1990 — XVIII/3 — 241–242

BECK, Robert: J.-P. Rioux, Chronique d'une fin de siècle. France 1889–1900, 1991 — XIX/3 — 237–239

BECK, Robert: A. Corbin, Le Temps, le Désir et l'Horreur. Essais sur le dix-neuvième siècle, 1991 — XX/3 — 205–207

BECK, Robert: C. Prochasson, Les années électriques. 1880–1910, 1991 — XX/3 — 225–227

BOLL, Friedhelm: K. Schönhoven, Expansion und Konzentration, 1980 — XI — 859–861

BRÉZET, François-Emanuel: M. Epkenhans, Die wilhelminische Flottenrüstung 1908–1914, 1991 — XIX/3 — 249–251

BRÖTEL, Dieter: P. Cayez, Crises et Croissance de l'industrie lyonnaise 1850–1900, 1980 — XIII — 883–885

BURCHARDT, Lothar: K. H. Jarausch, Students, Society, and Politics in Imperial Germany, 1982 — XII — 875–877

CHARLE, Christophe: H. Kaelble, Nachbarn am Rhein. Entfremdung und Annäherung der französischen und deutschen Gesellschaft seit 1880, 1991 — XX/3 239–241

DAUM, Andreas: V. Caron, Between France and Germany. The Jews of Alsace-Lorraine, 1988 — XVIII/3 242–243

DAUM, Andreas: J. R. Berkovitz, The Shaping of Jewish Identity in Nineteenth-Century France, 1989 — XIX/3 244–246

DAUM, Andreas: P. E. Hyman, The Emancipation of the Jews of Alsace, 1991 — XIX/3 244–246

DUFRAISSE, Roger: H. Boldt, Deutsche Verfassungsgeschichte. Politische Strukturen und ihr Wandel, Bd. 2, 1990 — XX/3 200–203

ELKELES, Barbara: J.-P. Bardet et al., Peurs et terreurs face à la contagion, 1988 — XVII/3 265–267

FRANÇOIS, Etienne: L. Gall, Bürgertum in Deutschland, 1989 — XVIII/3 230–232

GRESCHAT, Martin: G. Cholvy et al., Histoire Religieuse de la France Contemporaine. Vol. 2, 1986 — XVI/3 208–210

JESCHONNEK, Bernd: Études et documents II-III, 1990–1991 — XX/2 301–303

KAELBLE, Hartmut: La bourgeoisie allemande. Un siècle d'histoire (1830–1933), 1986 — XVI/3 197–198

KOLB, Eberhard: F. Roth, La guerre de 1870, 1990 — XIX/3 233–236

KRUMEICH, Gerd: D. Porch, The March to the Marne. The French Army 1871–1914, 1981 — XI 854–856

LAHME, Rainer: S. Förster, Der doppelte Militarismus. Die deutsche Heeresrüstungspolitik zwischen Status-quo-Sicherung und Aggression 1890–1913, 1985 — XVII/3 245–248

MARTENS, Stefan: A. J. Mayer, Adelsmacht und Bürgertum. Die Krise der europäischen Gesellschaft 1848–1914, 1988 — XV 1110

MAYEUR, Françoise: A. Mitchell, Victors and Vanquished. The German Influence on Army and Church in France after 1870, 1984 — XIV 810–812

MICHAUD, Claude: Deutschland und Europa in der Neuzeit. 2 Bde, 1988 — XVII/2 219–224

MITCHELL, Allan: E. Kolb, Der Weg aus dem Krieg. Bismarcks Politik im Krieg und die Friedensanbahnung 1870/71, 1989 — XVII/3 231–233

MÖCKL, Karl: H. Glaser, Die Kultur der wilhelminischen Zeit, 1984 — XVI/3 212–214

NURDIN, Jean: C. Simon, Staat und Geschichtswissenschaft in Deutschland und Frankreich 1871–1914, 2 Bde., 1988 — XVIII/3 238–239

PIEZONKA, Beatrix: J. C. Albisetti, Schooling German Girls and Women, 1988 — XVII/3 234–236

POLLARD, Sidney: W. Berg, Wirtschaft und Gesellschaft in Deutschland und Großbritannien im Übergang zum organisierten Kapitalismus, 1984 — XII 864–867

SCHÖTTLER, Peter: P. Boutry et al., Martin l'Archange, 1985 — XVIII/3 224–225

SCHRIEWER, Jürgen: Le personnel de l'enseignement supérieur en France aux XIXe et XXe siècles, 1985 — XVI/3 202–207

SOLEYMANI, Dagmar: Espoirs et Conquêtes 1881–1918. T. 1, 1991 — XX/3 227–228

THALMANN, Rita R.: W. Jochmann, Gesellschaftskrise und Judenfeindschaft in Deutschland 1870–1945, 1988 — XVIII/3 243–245

TIEMANN, Dieter: Dictionnaire biographique du Mouvement ouvrier international: Allemagne, 1990 — XVIII/3 256–257

WEINREIS, Hermann: La Social-Démocratie dans l'Allemagne Impériale, 1985 — XV 1060–1062

WISCHERMANN, Clemens: J.-L. Pinol, Les mobilités de la grande ville, 1991 — XX/3 230–232

Erster Weltkrieg: Vorgeschichte und Auswirkungen / Première Guerre mondiale: antécédants et suites

AMALVI, Christian: »Exercices de style« historiographiques ou les métamorphoses révolutionnaires d'Etienne Marcel de Danton à de Gaulle	XIII	524–560
CLACK, Gordon D.: Revolution in Modern Europe	XX/3	73–97
GRUPP, Peter, Pierre JARDIN: Une tentative de renouvellement de la diplomatie traditionnelle. »La Geschäftsstelle für die Friedensverhandlungen« (1919)	XIII	447–473
HUDDE, Hinrich: Die Wirkung der Marseillaise auf Deutsche: Geschichte, Geschichten und Gedichte	XVII/2	143–171
SCHMIDT, Hans: Napoleon in der deutschen Geschichtsschreibung	XIV	530–560
– Die Französische Revolution in der deutschen Geschichtsschreibung	XVII/2	181–206
SCHRADER, Fred E.: Sociétés de pensée zwischen Ancien Régime und Französischer Revolution. Genese und Rezeption einer Problemstellung von Augustin Cochin	XII	571–608
VOSS, Jürgen: La Révolution française et la révolution allemande de 1918/1919. Une comparaison établie en 1920	XVIII/3	151–154
WIRSCHING, Andreas: Nationale Geschichte und gemeineuropäische Erfahrung: Einige neuere westeuropäische Publikationen zur Geschichte des Ersten Weltkrieges	XIX/3	175–185

Ausgewählte Rezensionen:

BURCHARDT, Lothar: Der Hauptausschuß des deutschen Reichstags 1915–1918, 4 Bde., 1981	XII	879–881
BURCHARDT, Lothar: G. Mai, Kriegswirtschaft und Arbeiterbewegung in Württemberg 1914–1918, 1983	XIII	888–891
DUFRAISSE, Roger: H. Boldt, Deutsche Verfassungsgeschichte. Politische Strukturen und ihr Wandel, Bd. 2, 1990	XX/3	200–203
FINK, Gonthier-Louis: Feindbild und Faszination. Vermittlerfiguren und Wahrnehmungsprozesse in den deutsch-französischen Kulturbeziehungen (1789–1983), 1984	XV	1019–1021
GUEX, Sébastien: Die Anpassung an die Inflation. Beiträge zu Inflation und Wiederaufbau in Deutschland und Europa, 1914–1924. Bd. 8, 1986	XVI/3	227–229
HARDACH, Gerd: G.-H. Soutou, L'or et le sang. Les buts de guerre économiques de la Première Guerre mondiale, 1989	XVIII/3	250–252
JARDIN, Pierre: U. Heinemann, Die verdrängte Niederlage. Politische Öffentlichkeit und Kriegsschuldfrage in der Weimarer Republik, 1983	XIV	828–829
KRÜGER, Peter: A. Sharp, The Versailles Settlement. Peacemaking in Paris, 1919, 1991	XX/3	250–251
KRUMEICH, Gerd: D. Porch, The March to the Marne. The French Army 1871–1914, 1981	XI	854–856
LATTARD, Alain: Die Weimarer Republik, belagerte Civitas, 2. erw. Aufl., 1985	XIV	829–832
LOTH, Wilfried: S. Berstein et al., Histoire de la France au XXᵉ siècle. T. I–III, 1990–1991	XX/3	244–245
MICHAUD, Claude: Deutschland und Europa in der Neuzeit. 2 Bde, 1988	XVII/2	219–224

MITCHELL, Allan: Die Regierung Eisner 1918/19. Ministerratsprotokolle und
Dokumente, 1987   XVI/3   223–224
SOLEYMANI, Dagmar: Espoirs et Conquêtes 1881–1918. T. 1, 1991   XX/3   227–228
STAUB, Martial: P. Graf Kielmansegg, Deutschland und der Erste Weltkrieg,
²1980   XVII/3   248–250
TIEMANN, Dieter: Dictionnaire biographique du Mouvement ouvrier international: Allemagne, 1990   XVIII/3   256–257

Zwischenkriegszeit / L'Entre-deux-Guerres

ACKERMANN, Volker: »Ceux qui sont pieusement morts pour la France...«. Die Identität des Unbekannten Soldaten   XVIII/3   25–54
AMALVI, Christian: »Exercices de style« historiographiques ou les métamorphoses révolutionnaires d'Etienne Marcel de Danton à de Gaulle   XIII   524–560
– Regards français sur les »passions françaises«   XIV   597–600
AREND, Heike: Gleichzeitigkeit des Unvereinbaren. Verständigungskonzepte und kulturelle Begegnungen in den deutsch-französischen Beziehungen der Zwischenkriegszeit. Zwei Nachkriegszeiten   XX/3   131–149
BEHRENDT, Herbert: L'Angleterre et la France face à Hitler et son putsch en novembre 1923   XII   457–472
BOCK, Hans Manfred: Tradition und Topik des populären Frankreich-Klischees in Deutschland von 1925 bis 1955   XIV   475–508
– Die deutsch-französische Gesellschaft 1926 bis 1934. Ein Beitrag zur Sozialgeschichte der deutsch-französischen Beziehungen der Zwischenkriegszeit   XVII/3   57–101
DÜLFFER, Jost, Christa HAAS: Léon Bourgeois and the Reaction in France to his Receiving the Nobel Peace Prize in 1920   XX/3   19–35
FRIEDEMANN, Peter: Das Frankreichbild der Zwischenkriegszeit in ausgewählten Organen der deutschen Arbeiterpresse   XVII/3   31–56
– Das Deutschlandbild der Zwischenkriegszeit in ausgewählten Organen der französischen Arbeiterpresse   XX/3   37–60
HANSCHMIDT, Alwin: Anläufe zu internationaler Kooperation radikaler und liberaler Parteien Europas 1919–1923   XVI/3   35–48
HUDDE, Hinrich: Die Wirkung der Marseillaise auf Deutsche: Geschichte, Geschichten und Gedichte   XVII/2   143–171
JARDIN, Pierre: Le Conseil Supérieur de la Défense Nationale et les projets d'organisation d'un État Rhénan (mars 1923)   XIX/3   81–96
KRÜGER, Peter: Deutscher Nationalismus und europäische Verständigung: Das Verhältnis Deutschlands zu Frankreich während der Weimarer Republik   XI   509–525
LACAZE, Yvon: L'opinion publique française et la crise de Munich   XVIII/3   73–83
MÖLLER, Horst: Les deux voies du parlementarisme allemand. La Prusse et le Reich dans la République de Weimar   XIV   461–473
SCHMIDT, Hans: Napoleon in der deutschen Geschichtsschreibung   XIV   530–560

- Die Französische Revolution in der deutschen Geschichtsschreibung XVII/2 181–206

TAUBERT, Fritz: Munich: la gauche française voulait-elle encore réviser
le Traité de Versailles? XV 819–827

TIEMANN, Dieter: Der Jungdeutsche Orden und Frankreich XII 425–456

Ausgewählte Rezensionen:

ALBRECHT, Willy: Quellen zur Geschichte der deutschen Gewerkschaftsbewegung im 20. Jahrhundert, Bde. 1–3, 1985–1986 XV 1058–1060

ALBRECHT, Willy: Quellen zur Geschichte der deutschen Gewerkschaftsbewegung im 20. Jahrhundert, Bd. 4, 1988 XIX/3 268–270

ARTAUD, Denise: M. L. Hughes, Paying for German Inflation, 1988 XVII/3 261–263

BADIA, Gilbert: A. Betz, Exil und Engagement. Deutsche Schriftsteller im Frankreich der dreißiger Jahre, 1986 XV 1071–1073

BADIA, Gilbert: G. Schulz, Verfassungspolitik und Reichsreform in der Weimarer Republik. Bd. 2, 1987 XVI/3 232–234

BADIA, Gilbert: G. Schulz, Zwischen Demokratie und Diktatur. Bd. 1: Die Periode der Konsolidierung und der Revision des Bismarckschen Reichsaufbaus 1919–1930, 1987 XVII/3 258–260

BLOCH, Charles: P. Krüger, Die Außenpolitik der Republik von Weimar, 1985 XIII 893–896

BLOCH, Charles: Machtbewußtsein in Deutschland am Vorabend des Zweiten Weltkrieges, 1984 XIV 837–840

BOCK, Hans Manfred: M. Taureck, Friedrich Sieburg in Frankreich, 1987 XVI/3 240–242

BOCK, Hans Manfred: N. Ingram, The Politics of Dissent. Pacifism in France 1919–1939, 1991 XIX/3 261–263

CHARLE, Christophe: H. Kaelble, Nachbarn am Rhein. Entfremdung und Annäherung der französischen und deutschen Gesellschaft seit 1880, 1991 XX/3 239–241

DIPPER, Christof: Il nazionalismo in Italia e in Germania fino alla Prima guerra mondiale, 1983 XVI/3 221–223

DIPPER, Christof: La transizione dall'economia di guerra all'economia di pace in Italia e in Germania dopo la Prima guerra mondiale, 1983 XVI/3 221–223

DUFRAISSE, Roger: W. Zorn, Bayerns Geschichte im 20. Jahrhundert, 1986 XVI/3 310–312

DUFRAISSE, Roger: H. Boldt, Deutsche Verfassungsgeschichte. Politische Strukturen und ihr Wandel, Bd. 2, 1990 XX/3 200–203

FINK, Gonthier-Louis: Feindbild und Faszination. Vermittlerfiguren und Wahrnehmungsprozesse in den deutsch-französischen Kulturbeziehungen (1789–1983), 1984 XV 1019–1021

FLONNEAU, Jean-Marie: H. A. Winkler, Der Schein der Normalität. Arbeiter und Arbeiterbewegung in der Weimarer Republik 1924–1930, 1985 XV 1064–1069

FLONNEAU, Jean-Marie: H. A. Winkler, Der Weg in die Katastrophe. Arbeiter und Arbeiterbewegung in der Weimarer Republik 1930–1933, 1987 XVI/3 249–252

GRESCHAT, Martin: G. Cholvy et al., Histoire Religieuse de la France Contemporaine, Vol. 3, 1988 XVII/3 281–283

GRÜNTHAL, Günther: Die deutsche Inflation, 1982 XII 892–893

HEIDEKING, Jürgen: C. Fink, The Genoa Conference. European Diplomacy 1921–1922, 1984 XIII 897–899

JARDIN, Pierre: H. Köhler, Novemberrevolution und Frankreich, 1980 XVII/3 253–256

JARDIN, Pierre: H. Köhler, Adenauer und die rheinische Republik, 1986 XVII/3 253–256

JARDIN, Pierre: M. Süss, Rheinhessen unter französischer Besatzung, 1988 XVII/3 253–256

KÄMMERER, Jürgen: Die Westmächte und das Dritte Reich 1933–1939, 1982 XI 873–875

Kaiser, Jochen-Christoph: D. J. Diephouse, Pastors and Pluralism in Württemberg 1918–1933, 1987 — XVI/3 236–238

Lattard, Alain: M. Ruck, Die freien Gewerkschaften im Ruhrkampf 1923, 1986 — XVI/3 229–232

Lattard, Alain: M. Ruck, Gewerkschaften, Staat, Unternehmer. Die Gewerkschaften im sozialen und politischen Kräftefeld 1914 bis 1933, 1990 — XX/3 245–247

Loth, Wilfried: R. Rémond, René et al.: Notre Siècle 1918 à 1988, 1988 — XVII/3 205–209

Loth, Wilfried: Entre deux Guerres. La création française entre 1919 et 1939, 1990 — XIX/3 263–265

Loth, Wilfried: S. Berstein et al., Histoire de la France au XXᵉ siècle. T. I–III, 1990–1991 — XX/3 244–245

Martens, Stefan: Akten zur deutschen Auswärtigen Politik 1918–1945, Bde. I–III, 1982, 1984, 1985 — XIII 891–893

Martens, Stefan: La Puissance en Europe 1938–1940, 1984 — XIII 909–910

Michaud, Claude: Deutschland und Europa in der Neuzeit, 2 Bde, 1988 — XVII/2 219–224

Mitchell, Allan: D. Hennig, Johannes Hoffmann, Sozialdemokrat und Bayerischer Ministerpräsident, 1990 — XVIII/3 257–259

Riesenberger, Dieter: L. Dupeux, Histoire culturelle de l'Allemagne 1919–1960, 1989 — XVIII/3 262–264

Schriewer, Jürgen: Le personnel de l'enseignement supérieur en France aux XIXᵉ et XXᵉ siècles, 1985 — XVI/3 202–207

Steinert, Marlis G.: F. Knipping, Deutschland, Frankreich und das Ende der Locarno-Ära 1928–1931, 1987 — XVI/3 243–245

Thalmann, Rita R.: H. Mommsen, Die verspielte Freiheit. Der Weg der Republik von Weimar in den Untergang 1918 bis 1933, 1989 — XVIII/3 252–255

Tiemann, Dieter: Dictionnaire biographique du Mouvement ouvrier international: Allemagne, 1990 — XVIII/3 256–257

Venohr, Woldemar: P. Lempert, »Das Saarland den Saarländern!«. Die frankophilen Bestrebungen im Saargebiet 1918–1935, 1985 — XVI/3 234–236

Nationalsozialismus, Zweiter Weltkrieg, Vichy /
National-socialisme, Deuxième Guerre mondiale, Vichy

Behrendt, Herbert: L'Angleterre et la France face à Hitler et son putsch en novembre 1923 — XII 457–472

Bock, Hans Manfred: Tradition und Topik des populären Frankreich-Klischees in Deutschland von 1925 bis 1955 — XIV 475–508

Grau, Conrad: Planungen für ein Deutsches Historisches Institut in Paris während des Zweiten Weltkrieges — XIX/3 109–128

Hudde, Hinrich: Die Wirkung der Marseillaise auf Deutsche: Geschichte, Geschichten und Gedichte — XVII/2 143–171

Lessmann, Peter: Industriebeziehungen zwischen Deutschland und Frankreich während der deutschen Besatzung 1940–1944. Das Beispiel Peugeot – Volkswagenwerk — XVII/3 120–153

Martens, Stefan: Hermann Göring: Der »Zweite Mann« im Dritten Reich? — XII 473–490

MERGLEN, Albert: La France pouvait continuer la guerre en Afrique
française du Nord en juin 1940 — XX/3 163–174

MÜLLER, Klaus-Jürgen: »Faschisten« von Links? Bemerkungen zu
neuen Thesen über »Faschismus« und Collaboration in Frankreich — XVII/3 170–191

RADTKE, Arne, Bernd ZIELINSKI: Erbschaft dunkler Jahre. Akten des
Staats- und der Regierungschefs Vichys in den Archives Nationales — XIX/3 129–134

REUSCH, Ulrich: Le Saint-Siège, la France et l'idée de l'équilibre
européen 1939–1945 — XVIII/3 55–72

SCHMIDT, Hans: Napoleon in der deutschen Geschichtsschreibung — XIV 530–560
– Die Französische Revolution in der deutschen Geschichtsschreibung — XVII/2 181–206

SICK, Klaus-Peter: Ein Weg in den Kollaborationismus. Thesen zur
intellektuellen Biographie Jacques Benoist-Méchins nach *A l'épreuve
du temps* — XX/3 151–162

WILKENS, Andreas: Das Jahrhundert des Generals. Die historische
Forschung zu de Gaulle steht erst am Anfang — XX/3 181–191

Ausgewählte Rezensionen:

ALBRECHT, Willy: D. Beck, Julius Leber. Sozialdemokrat zwischen Reform und
Widerstand, 1983 — XIII 913–915

AYÇOBERRY, Pierre: G. Schreiber, Hitler-Interpretationen 1923–1983, 1984 — XIII 907–909

BARBIAN, Jan-Pieter: R. G. Reuth, Goebbels, 1990 — XX/3 261–263

BOOG, Horst: Städte im Zweiten Weltkrieg. Ein internationaler Vergleich,
1991 — XX/3 286–288

BURRIN, Philippe: E. Nolte, Der europäische Bürgerkrieg 1917–1945. National-
sozialismus und Bolschewismus, 1987 — XVI/3 257–258

BURRIN, Philippe: R. Zitelmann, Hitler. Selbstverständnis eines Revolutionärs,
1987 — XVII/3 274–275

CHARLE, Christophe: H. Kaelble, Nachbarn am Rhein. Entfremdung und
Annäherung der französischen und deutschen Gesellschaft seit 1880, 1991 — XX/3 239–241

CORNI, Gustavo: G. Kratzsch, Der Gauwirtschaftsapparat der NSDAP. Men-
schenführung – Arisierung – Wehrwirtschaft im Gau Westfalen-Süd, 1989 — XX/3 265–267

CRÉMIEUX-BRILHAC, Jean-Louis: P. Longerich, Propagandisten im Krieg. Die
Presseabteilung des Auswärtigen Amtes unter Ribbentrop, 1987 — XVIII/3 276–279

DIEPHOUSE, David J.: R. Stupperich et al., Otto Dibelius. Ein evangelischer
Bischof im Umbruch der Zeiten, 1989 — XVII/3 279–281

DUFRAISSE, Roger: H. Boldt, Deutsche Verfassungsgeschichte. Politische Struk-
turen und ihr Wandel, Bd. 2, 1990 — XX/3 200–203

DUPEUX, Louis: P. E. Becker, Zur Geschichte der Rassenhygiene, 1988 — XVII/3 267–271

DUPEUX, Louis: P. Weingart et al., Rasse, Blut und Gene. Geschichte der
Eugenik und Rassenhygiene in Deutschland, 1988 — XVII/3 267–271

FINK, Gonthier-Louis: Feindbild und Faszination. Vermittlerfiguren und
Wahrnehmungsprozesse in den deutsch-französischen Kulturbeziehungen
(1789–1983), 1984 — XV 1019–1021

FLONNEAU, Jean-Marie: M. Ruck, Bollwerk gegen Hitler? Arbeiterschaft,
Arbeiterbewegung und die Anfänge des Nationalsozialismus, 1988 — XVII/3 272–274

GRESCHAT, Martin: G. Cholvy et al., Histoire Religieuse de la France Contem-
poraine, Vol. 3, 1988 — XVII/3 281–283

GRUNER, Wolf D.: H.-A. Jacobsen, Der Weg zur Teilung der Welt, 1978 — XII 900–902

GRUNER, Wolf D.: Das »Andere Deutschland« im Zweiten Weltkrieg. Emigration und Widerstand in internationaler Perspektive, 1977   XII   902–905

HEIMSOETH, Hans-Jürgen: R. Bourderon et al., Détruire le PCF, archives de l'État français et de l'occupant hitlérien, 1940–1944, 1988   XVII/3   287–289

HILLGRUBER, Andreas: H. Boog et al., Das Deutsche Reich und der Zweite Weltkrieg. Bd. 4, 1983   XI   877–880

HILLGRUBER, Andreas: G. Schreiber et al., Das Deutsche Reich und der Zweite Weltkrieg. Bd. 3, 1984   XIII   911–913

HÖHNE, Roland: A. Fleury, Alain: »La Croix« et l'Allemagne 1930–1940, 1986   XVI/3   246–249

KASTEN, Bernd: Barthélemy, Joseph: Vichy 1941–1943. Mémoires, 1989   XVII/3   291–292

KNIPPING, Franz: F. Kupfermann, Laval, 1987   XVI/3   278–281

KNIPPING, Franz: M. Ferro, Pétain, 1987   XVI/3   281–282

KÖHLER, Henning: R. A. Blasius, Für Großdeutschland – gegen den großen Krieg, 1981   XIII   904–907

KRAUTKRÄMER, Elmar: H. Lerner, Catroux, 1990   XX/3   283–285

LATTARD, Alain: M.-L. Recker, Nationalsozialistische Sozialpolitik im Zweiten Weltkrieg, 1985   XV   1075–1077

LOTH, Wilfried: S. Berstein et al., Histoire de la France au XXe siècle. T. I–III, 1990–1991   XX/3   244–245

LUDMANN-OBIER, Marie-France: W. A. Boelcke, Die Kosten von Hitlers Krieg, 1985   XVI/3   283–284

LUDMANN-OBIER, Marie-France: Dokumente zur Deutschlandpolitik. 1. Reihe, Bd. 3/I–3/II, 1988   XVII/3   303–304

MARTENS, Stefan: Akten der Reichskanzlei. Regierung Hitler 1933–1938. Die Regierung Hitler Teil I: 1933/34, 1983   XII   897–899

MEGERLE, Klaus: G. Corni, Hitler and the Peasants. Agrarian Policy of the Third Reich, 1930–1939, 1990   XX/3   264–265

MOMBERT, Monique: M. Gestier, Die christlichen Parteien an der Saar und ihr Verhältnis zum deutschen Nationalstaat in den Abstimmungskämpfen 1935 und 1955, 1991   XX/3   272–274

MÜLLER, Klaus Jürgen: M. Déat, Mémoires politiques, 1989   XVII/3   292–293

PALLACH, Ulrich-Christian: Zweiter Weltkrieg und sozialer Wandel. Achsenmächte und besetzte Länder, 1981   XI   880–884

PIÉTRI, Nicole: B. R. Kroener et al.,: Organisation und Mobilisierung des deutschen Machtbereichs. 1. Halbband, 1988   XVIII/3   279–282

POLIAKOV, Léon: Gedenkbuch. Opfer der Verfolgung der Juden unter der nationalsozialistischen Gewaltherrschaft in Deutschland 1933–1945, 2 Bde., 1986   XVI/3   271–272

POLIAKOV, Léon: Dimension des Völkermordes. Die Zahl der jüdischen Opfer des Nationalsozialismus, 1991   XIX/3   281–283

SPIVAK, Marcel: D. Rebentisch, Führerstaat und Verwaltung im Zweiten Weltkrieg. Verfassungsentwicklung und Verwaltungspolitik 1939–1945, 1989   XVIII/3   283–284

SPIVAK, Marcel: Europa und der »Reichseinsatz«. Ausländische Zivilarbeiter, Kriegsgefangene und KZ-Häftlinge in Deutschland 1938–1945, 1991   XIX/3   292–294

SPIVAK, Marcel: M. Rauh, Geschichte des Zweiten Weltkriegs. 1. Teil, 1991   XX/3   275–277

STEEL, James: A. Grynberg, Les camps de la honte. Les internés juifs des camps français (1939–1944), 1991   XIX/3   283–285

STEEL, James: Zone d'ombres 1933–1944. Exil et internement d'Allemands et d'Autrichiens dans le sud-est de la France, 1990   XIX/3   283–285

STEINBERG, Lucien: R. B. Birn, Die höheren SS- und Polizeiführer. Himmlers Vertreter im Reich und in den besetzten Gebieten, 1986   XIV   846–848

TAUBERT, Fritz: J.-P. Azéma et al.: Le Parti communiste français des années
sombres 1938–1941, 1986   XVI/3   273–277

TAUBERT, Fritz: Les Communistes français de Munich à Châteaubriant
(1938–1941), 1987   XVI/3   273–277

THALMANN, Rita R.: Dokumente zur »Euthanasie«, 1985   XIV   843–846

THALMANN, Rita R.: E. Klee, »Euthanasie« im NS-Staat, 1985   XIV   843–846

THALMANN, Rita R.: A. Barkai, Vom Boykott zur Entjudung. Der wirtschaftliche Existenzkampf der Juden im Dritten Reich 1933–1943, 1988   XVI/3   268–271

THALMANN, Rita R.: Der Judenpogrom 1938, 1988   XVI/3   268–271

THALMANN, Rita R.: W. Jochmann, Gesellschaftskrise und Judenfeindschaft in Deutschland 1870–1945, 1988   XVIII/3   243–245

THALMANN, Rita R.: L. Gruchmann, Justiz im Dritten Reich 1933–1940. Anpassung und Unterwerfung in der Ära Gürtner, 1990   XVIII/3   269–271

THALMANN, Rita R.: Handbuch der deutschen Exilpresse 1933–1945. Bd. 4, 1990   XIX/3   272–274

TIEMANN, Dieter: Dictionnaire biographique du Mouvement ouvrier international: Allemagne, 1990   XVIII/3   256–257

UMBREIT, Hans: D. Cordier, Jean Moulin, l'Inconnu du Panthéon. T. 1–2, 1989   XIX/3   289–291

VAYSSE, Jean-Marie: Martin Heidegger und das »Dritte Reich«, 1989   XVII/3   277–279

VOGEL, Dieter: F. H. Hinsley et al., British Intelligence in the Second World War. Vol III/2, 1988   XVII/3   298–300

WENTKER, Hermann: M. Balfour, Withstanding Hitler in Germany 1933–1945, 1988   XVIII/3   284–285

Nachkriegszeit / L'Après-guerre

AMALVI, Christian: »Exercices de style« historiographiques ou les métamorphoses révolutionnaires d'Etienne Marcel de Danton à de Gaulle   XIII   524–560

BOCK, Hans Manfred: Tradition und Topik des populären Frankreich-Klischees in Deutschland von 1925 bis 1955   XIV   475–508
– Zur Perzeption der frühen Bundesrepublik Deutschland in der französischen Diplomatie: Die Bonner Monatsberichte des Hochkommissars André François-Poncet 1949 bis 1955   XV   579–658

BRÖTEL, Dieter: »Décolonisations à la française«. Zur Dekolonisierung des französischen Empire   XVI/3   145–150
– Frankreich und der Ferne Osten. Zur Kolonialphase und Dekolonisierung Vietnams und Kambodschas   XVIII/3   209–215

BUFFET, Cyril: 1948: Berlin – Munich – Bonn. Le triangle brisé   XVI/3   73–82
– Berlin. Histoires d'une ville à nulle autre pareille   XVIII/3   191–208

DÜLFFER, Jost: Die französischen Akten zur Außenpolitik 1956/57   XX/3   175–180

KIMMEL, Adolf: Ideologische Anfeindungen der pluralistischen Demokratie   XI   693–696
– Die Ära Adenauer. Ein glänzend geschriebenes Lesebuch mit viel neuem Material   XII   692–697
– Erhard und Kiesinger: Zwei in ihrer Bedeutung verkannte Politiker? Die Geschichte der Bundesrepublik in den sechziger Jahren   XIII   675–679

- Aufbruch und Ernüchterung: Die Geschichte der sozial-liberalen Ära 1969–1982 — XVI/3 151–158

KOWALSKY, Wolfgang: Der Conseil National du Patronat Français (CNPF). Machtdelegation beim Patronat — XIX/3 135–150

LACROIX-RIZ, Annie: La France face à la menace militaire allemande au début de l'ère atlantique: une alliance redoutée, fondée sur le réarmement allemand, 1947–1950 — XVI/3 49–71

LAHME, Rainer: Zwischen Commonwealth, den USA und Europa: Tendenzen britischer Außenpolitik nach 1945 — XIX/3 193–205

LAPPENKÜPER, Ulrich: »Ich bin wirklich ein guter Europäer«. Ludwig Erhards Europapolitik 1949–1966 — XVIII/3 85–121

LORENTZ, Claude: La France et les restitutions allemandes au lendemain de la Seconde Guerre mondiale — XIX/3 187–192

LOTH, Wilfried: De Gaulle et la construction européenne: la révision d'un mythe — XX/3 61–72

MANFRASS, Klaus: Ausländerpolitik und Ausländerproblematik in Frankreich: Historische Kontinuität und aktuelle Entwicklungen — XI 527–578

MARTENS, Stefan: Histoire de l'Allemagne et de la République Fédérale après 1945. Quelques remarques concernant des publications récentes — XIV 618–637

MÖLLER, Horst: L'Histoire contemporaine – questions, interprétations, controverses — XVI/3 128–143

NIELEN, Andreas: La vie politique dans Bordeaux libéré. De la libération de la ville aux premières élections générales (1944–1946) — XVIII/3 155–176

SCHMIDT, Hans: Napoleon in der deutschen Geschichtsschreibung — XIV 530–560
- Die Französische Revolution in der deutschen Geschichtsschreibung — XVII/2 181–206

TRUMPP, Thomas: Nur ein Phantasieprodukt? Zur Wiedergabe und Interpretation des Kurzprotokolls über die 59. Kabinettssitzung der Bundesregierung am 19. November 1954, 10.00–13.50 Uhr (Abstimmung über das Saarstatut vom 23. Oktober 1954) — XVII/3 192–197

WILKENS, Andreas: Das Jahrhundert des Generals. Die historische Forschung zu de Gaulle steht erst am Anfang — XX/3 181–191

Ausgewählte Rezensionen:

ALBRECHT, Willy: Quellen zur Geschichte der deutschen Gewerkschaftsbewegung im 20. Jahrhundert. Bd. 6, 1987 — XIX/3 299–300

BADIA, Gilbert: H. Weber, Die DDR 1945–1986, 1988 — XVII/3 323–325

BADIA, Gilbert: M. Azaryahu, Von Wilhelmplatz zu Thälmannplatz. Politische Symbole im öffentlichen Leben der DDR, 1991 — XIX/3 313–315

BARRAL, Pierre: Quellen zur Geschichte von Rheinland-Pfalz während der französischen Besatzung, März 1945 bis August 1949, 1985 — XIV 851–852

BARRAL, Pierre: R. Hudemann, Sozialpolitik im deutschen Südwesten zwischen Tradition und Neuordnung 1945–1953, 1988 — XVII/3 304–306

BOLL, Friedhelm: D. Cohn-Bendit, Nous l'avons tant aimée la révolution, 1986 — XIX/3 305–307

BUFFET, Cyril: W. Krieger, General Lucius D. Clay und die amerikanische Deutschlandpolitik – 1945–1949, 1987 — XVI/3 297–299

Nachkriegszeit / L'Après-guerre

BUFFET, Cyril: Deutschland-Handbuch. Eine doppelte Bilanz 1949–1989, 1989	XVIII/3	310–314
BUFFET, Cyril: H. Glaser, Kulturgeschichte der Bundesrepublik Deutschland, Bde. 1–3, 1989	XVIII/3	310–314
CHARLE, Christophe: H. Kaelble, Nachbarn am Rhein. Entfremdung und Annäherung der französischen und deutschen Gesellschaft seit 1880, 1991	XX/3	239–241
CHRISTADLER, Marieluise: A. Chebel d'Appollonia, Histoire politique des intellectuels en France (1944–1954). T. I–II, 1991	XX/3	308–309
CUER, Georges: S. Schölzel, Die Pressepolitik in der französischen Besatzungszone 1945–1949, 1986	XVI/3	295–297
CUER, Georges et Marliese: H. Küppers, Bildungspolitik im Saarland 1945–1955, 1984	XIV	852–854
DÜLFFER, Jost: Documents Diplomatiques Français 1954: 21 juillet – 31 décembre, 1987	XV	1091–1094
DÜLFFER, Jost: Documents Diplomatiques Français 1955, T. I–II, 1987–1988	XVII/3	320–323
DUFRAISSE, Roger: R. von Thadden, La Prusse en question, 1985	XIV	790–793
DUFRAISSE, Roger: W. Zorn, Bayerns Geschichte im 20. Jahrhundert, 1986	XVI/3	310–312
GRESCHAT, Martin: G. Cholvy et al., Histoire Religieuse de la France Contemporaine, Vol. 3, 1988	XVII/3	281–283
GUILLEN, Pierre: J. M. Becker, Die Remilitarisierung der Bundesrepublik Deutschland und das deutsch-französische Verhältnis, 1987	XVII/3	312–314
HUDEMANN, Rainer: W. Lipgens, A History of European Integration. Vol. 1, 1982	XI	884–886
KESSEL, Martina: Frankreichs Kulturpolitik in Deutschland, 1945–1950, 1987	XVI/3	289–292
KESSEL, Martina: J. W. Young, France, the Cold War and the Western Alliance, 1944–1949, 1990	XVIII/3	293–295
KIMMEL, Adolf: H.-P. Schwarz, Die Ära Adenauer 1949–1957, 1981	XI	890–894
KIMMEL, Adolf: J. Chapsal, La vie politique sous la Ve République, 2e éd. mise à jour, 1984	XIII	915–917
KIMMEL, Adolf: J. Chapsal, La vie politique en France de 1940 à 1958, 1984	XIII	915–917
KIMMEL, Adolf: P. Mendès France, Préparer l'avenir: 1963–1973, 1989	XVIII/3	306–308
KLEIN, Jean: Die Deutschlandpolitik Frankreichs und die französische Zone 1945–1949, 1983	XII	909–912
KLEIN, Jean: Power in Europe? Great Britain, France, Italy and Germany in a Postwar World, 1945–1950, 1986	XVI/3	284–289
KLEIN, Jean: F. J. Strauss, Die Erinnerungen, 1989	XVIII/3	299–301
LAHME, Rainer: The Churchill-Eisenhower Correspondence 1953–1955, 1990	XVIII/3	302–303
LATTARD, Alain: D. Hein, Zwischen liberaler Milieupartei und nationaler Sammlungsbewegung. Gründung, Entwicklung und Struktur der Freien Demokratischen Partei 1945–1949, 1985	XIV	856–858
LATTARD, Alain: Kurt Schumacher. Reden – Schriften – Korrespondenzen 1945–1952, 1985	XV	1087–1090
LATTARD, Alain: Geschichtsbewußtsein der Deutschen, 1987	XVI/3	305–309
LATTARD, Alain: D. Koerfer, Kampf ums Kanzleramt. Erhard und Adenauer, 1987	XVII/3	318–320
LATTARD, Alain: C. Buchheim, Die Wiedereingliederung Westdeutschlands in die Weltwirtschaft 1945–1958, 1990	XX/3	301–303
LAZAR, Marc: S. Hazareesingh, Intellectuals and the Communist Party, 1991	XX/3	309–312
LOTH, Wilfried: R. Rémond et al., Notre Siècle 1918 à 1988, 1988	XVII/3	205–209
LOTH, Wilfried: H. Rousso, Le syndrome de Vichy (1944–198…), 1987	XVII/3	296–298

LOTH, Wilfried: M. Couve de Murville, Le monde en face, 1989 — XVIII/3 305–306

LOTH, Wilfried: C. Buffet, Mourir pour Berlin. La France et l'Allemagne 1945–1949, 1991 — XX/3 299–300

MOMBERT, Monique: E. Kraus, Ministerien für das ganze Deutschland? Der Alliierte Kontrollrat und die Frage gesamtdeutscher Zentralverwaltungen, 1990 — XIX/3 297–299

MOMBERT, Monique: M. Gestier, Die christlichen Parteien an der Saar und ihr Verhältnis zum deutschen Nationalstaat in den Abstimmungskämpfen 1935 und 1955, 1991 — XX/3 272–274

MOMBERT, Monique: Hochschuloffiziere und Wiederaufbau des Hochschulwesens in Westdeutschland 1945–1952. Teil 3, 1991 — XX/3 294–296

REIFELD, Helmut: J. Alber, Der Sozialstaat Bundesrepublik 1950–1983, 1989 — XVIII/3 318–321

RIESENBERGER, Dieter: L. Dupeux, Histoire culturelle de l'Allemagne 1919–1960, 1989 — XVIII/3 262–264

ROLLET, Henry: Die französische Deutschlandpolitik zwischen 1945 und 1949, 1987 — XVI/3 293–295

SCHÖLLGEN, Gregor: K. Birrenbach, Meine Sondermissionen. Rückblick auf zwei Jahrzehnte bundesdeutscher Außenpolitik, 1984 — XIII 919–921

VENOHR, Woldemar: De Monnet à Massé. Enjeux politiques et objectifs économiques dans le cadre des quatre premiers plans (1946–1965), 1986 — XVII/3 308–310

VENOHR, Woldemar: R. Poidevin, Robert Schuman, 1988 — XVII/3 310–312

WOLFRUM, Edgar: P. Gerbet et al., Le relèvement 1944–1949, 1991 — XX/3 297–298

UNTER AUSGEWÄHLTEN SACHLICHEN GESICHTSPUNKTEN
GEORDNETE BEITRÄGE UND REZENSIONEN /
CONTRIBUTIONS ET COMPTES RENDUS SÉLECTIONÉS CLASSÉS PAR
QUELQUES MATIÈRES CHOISIES

*Forschungsgeschichte und Methodendiskussion, Tagungsberichte /
Histoire de la recherche historique et discussion de méthodes, actes de congrès*

AMORY, Patrick: The Textual Transmission of the Donatio Ansemundi	XX/1	163–183
BABEL, Rainer: Humanismus und höfisch-städtische Eliten im 16. Jahrhundert. Bericht über das 23. deutsch-französische Historikerkolloquium des DHI Paris in Verbindung mit dem Fachbereich Geschichtswissenschaften der Philipps-Universität Marburg in Marburg/Lahn vom 6. bis 9. April 1987	XV	1124–1129
BRÖTEL, Dieter: Zur französischen Imperialismusforschung und Kolonialhistorie (19./20. Jahrhundert)	XI	688–692
BUCHMÜLLER-PFAFF, Monika: Namen im Grenzland – Methoden, Aspekte und Zielsetzung in der Erforschung der lothringisch-saarländischen Toponomastik	XVIII/1	165–194
BUFFET, Cyril: Berlin. Histoires d'une ville à nulle autre pareille	XVIII/3	191–208
BUR, Michel: Saint-Denis et Saint-Remi. A propos d'un livre récent	XIV	578–581
CHARLE, Christophe: Où en est l'histoire sociale des élites et de la bourgeoisie? Essai de bilan critique de l'historiographie contemporaine	XVIII/3	123–134
CSER, Andreas: Neuerscheinungen zur Historiographiegeschichte und historischen Methodik	XX/2	133–138
DURLIAT, Jean: Qu'est-ce que le Bas-Empire? (I) A propos de trois ouvrages récents	XVI/1	137–154
DURLIAT, Jean: Qu'est-ce que le Bas-Empire? (II)	XVIII/1	125–138
DURLIAT, Jean: Bulletin d'études protomédiévales. III: La loi	XX/1	79–95
ESDERS, Stefan: Rechtsdenken und Traditionsbewußtsein in der gallischen Kirche zwischen Spätantike und Frühmittelalter. Zur Anwendbarkeit soziologischer Rechtsbegriffe am Beispiel des kirchlichen Asylrechts im 6. Jahrhundert	XX/1	97–125
ESPAGNE, Michel, Michael WERNER: Deutsch-französischer Kulturtransfer im 18. und 19. Jahrhundert. Zu einem neuen interdisziplinären Forschungsprogramm des C.N.R.S.	XIII	502–510
GÖDDE-BAUMANNS, Beate: L'idée des deux Allemagnes dans l'historiographie française des années 1871–1914	XII	609–619
GRAU, Conrad: Planungen für ein Deutsches Historisches Institut in Paris während des Zweiten Weltkrieges	XIX/3	109–128

GROSSE, Rolf: L'église de France et la papauté (X^e au XIIIe siècle). Das Papsttum und die französische Kirche (10.–13. Jahrhundert). Bericht über das 26. deutsch-französische Historikerkolloquium, veranstal-

tet in Zusammenarbeit mit der École nationale des chartes vom DHI
Paris in Paris, 17.–19. Oktober 1990 — XVIII/1 161–164

HEINZELMANN, Martin: La Neustrie. Les Pays au Nord de la Loire entre 650 et 850. Bericht über ein internationales Kolloquium, veranstaltet vom DHI Paris in Zusammenarbeit mit den Musées départementaux de Seine-Maritime und der Fritz Thyssen Stiftung (Köln), in Rouen vom 6. bis 10. Oktober 1985 — XIII 952–957

HEINZELMANN, Martin, Karl Ferdinand WERNER: Bericht über die Aktivität des DHI Paris im Jahre 1983 — XI 901–913
– Bericht über die Aktivität des DHI Paris im Jahre 1985 — XIII 933–951

KAELBLE, Hartmut: Le modèle aristocratique dans la bourgeoisie allemande (fin XIXe – début du XXe siècle). Similitudes ou divergences de la France? — XIV 451–460

KAISER, Reinhold: Guildes et métiers au moyen âge. A propos d'une publication récente — XIV 585–592

KAISER-GUYOT, Marie-Thérèse: Féodalisme, sel et pouvoir. A propos d'un livre récent — XIV 582–584
– Manger et boire au Moyen Âge: un thème à la recherche de son histoire — XV 793–800

KIMMEL, Adolf: Endlich wird eine empfindliche Lücke geschlossen: Ein umfassendes »Handbuch der politischen Ideen« — XIV 593–596

MAGNOU-NORTIER, Elisabeth: Le grand domaine: des maîtres, des doctrines, des questions — XV 659–700
– Un grand historien: Walter Schlesinger — XVI/1 155–167

MALETTKE, Klaus: La Révolution française dans l'historiographie allemande du XIXe siècle: le cas de Heinrich von Sybel — XVI/3 100–119

MANFRASS, Klaus: Frankreich und Deutschland. Forschung, Technologie und industrielle Entwicklung im 19. und 20. Jahrhundert. Bericht über ein Internationales Kolloquium veranstaltet vom DHI Paris in Verbindung mit dem Deutschen Museum München und der Cité des Sciences et de l'Industrie, Paris, in München vom 12.–15. Oktober 1987 — XV 1130–1141

MARTENS, Stefan: Frankreich und die Bundesrepublik Deutschland seit 1949. Bericht über das deutsch-französische Kolloquium des DHI Paris in Zusammenarbeit mit der Robert-Bosch-Stiftung (Stuttgart) in Paris vom 11.–14. Oktober 1983 — XI 914–923
– Histoire de l'Allemagne et de la République Fédérale après 1945. Quelques remarques concernant des publications récentes — XIV 618–637
– Deutschland und Frankreich: Kriegsende und erste Nachkriegszeit (1944–1947) — XIV 896–901
– Frankreich und Deutschland im Krieg, September 1939 – November 1942. Bericht über das XXV. deutsch-französische Historikerkolloquium des DHI Paris in Zusammenarbeit mit dem Institut d'Histoire des Conflits Contemporains und dem Komitee der Bundesrepublik Deutschland im Internationalen Komitee für die Geschichte des Zweiten Weltkrieges in Wiesbaden, 17.–19. März 1988 — XVI/3 159–166

MITCHELL, Allan: A Flight at Dusk: Otto Pflanze's new Biography of Bismarck — XIX/3 165–173

MÖLLER, Horst: L'Histoire contemporaine: questions, interprétations, controverses — XVI/3 128–143

MOTTE, Olivier: Le voyage d'Allemagne. Lettres inédites sur les missions d'universitaires français dans les universités allemandes au XIXe siècle. I — XIV 561–566
- Sur quelques manuscrits relatifs à Warnkoenig — XIV 601–609
- Le voyage d'Allemagne. Lettres inédites sur les missions d'universitaires français dans les universités allemandes au XIXe siècle. II — XV 755–772
- Le voyage d'Allemagne. Lettres inédites sur les missions d'universitaires français dans les universités allemandes au XIXe siècle. III — XVII/3 110–119
- Lettres d'archéologues, d'épigraphistes et d'historiens français du dix-neuvième siècle dans les archives de l'Institut archéologique allemand à Rome — XVIII/3 135–145
- Sur les réseaux informels de la science: Les amitiés européennes de Gabriel Monod — XVIII/3 147–150

MOUSNIER, Roland: Allocution à l'Institut Goethe à l'occasion de la fin des activités du Professeur Skalweit au sein du conseil d'administration de l'Institut historique allemand de Paris — XII 241–243

MÜLLER, Klaus-Jürgen: »Faschisten« von Links? Bemerkungen zu neuen Thesen über »Faschismus« und Collaboration in Frankreich — XVII/3 170–191

NÆSHAGEN, Ferdinand Linthoe: Statistics and Historical Research — XII 491–510

OEXLE, Otto Gerhard: Das Andere, die Unterschiede, das Ganze. Jacques Le Goffs Bild des europäischen Mittelalters — XVII/1 141–158

RAPHAEL, Lutz: Von der wissenschaftlichen Innovation zur kulturellen Hegemonie? Die Geschichte der »nouvelle histoire« im Spiegel neuerer Gesamtdarstellungen — XVI/3 120–127
- Zwischen wissenschaftlicher Innovation und politischem Engagement: Neuerscheinungen zur Geschichte der frühen Annales-Schule — XIX/3 103–108

REIFELD, Helmut: Imperialismus – Bilanzierungen einer Epoche — XVII/3 165–169

RIEMENSCHNEIDER, Rainer: Der Krieg von 1870/71 und seine Folgen (Teil 1). Bericht über das 20. deutsch-französische Historikerkolloquium des DHI Paris vom 10. bis 12. Oktober 1984 in Paris — XII 948–952

SCHRIEWER, Jürgen: »Weltlich, unentgeltlich, obligatorisch«: Konstitutionsprozesse nationaler Erziehungssysteme im 19. Jahrhundert — XIII 663–674

SIEBURG, Heinz-Otto: Aspects de l'historiographie allemande sur la France entre 1871 et 1914. Courants, exemples, tendances — XIII 561–578

SPIVAK, Marcel: La France, l'Allemagne et le sport (1930–1960). Journées d'études franco-allemandes: influences réciproques en matière de sport et d'éducation physique de 1930 au début des années 1960. Montpellier, 28 au 30 septembre 1992 — XIX/3 207–208

STUDT, Christoph: Bismarck und kein Ende... Neue Literatur zu Person und Politik Otto von Bismarcks — XIX/3 151–164

TAEGER, Angela: Staatliche Erziehung und familiäre Kinderaufzucht. Neuere Forschungen zum 19. Jahrhundert in Frankreich — XIII 659–662

UYTFANGHE, Marc van: Histoire du latin, protohistoire des langues romanes et histoire de la communication. A propos d'un recueil d'études, et avec quelques observations préliminaires sur le débat intellectuel entre pensée structurale et pensée historique — XI — 579–613

Voss, Jürgen: Vereinswesen und bürgerliche Gesellschaft in Frankreich, in Deutschland und der Schweiz. Bericht über das von der Mission Historique Française (Göttingen) und dem DHI Paris veranstaltete internationale Kolloquium in Bad Homburg vom 7. bis 9. April 1983 — XII — 924–926

Voss, Jürgen, Karl Ferdinand Werner: Bericht über die Aktivität des DHI Paris im Jahre 1984 — XII — 933–947
– Bericht über die Aktivität des DHI Paris im Jahre 1986 — XIV — 881–895

Werner, Karl Ferdinand: Bericht über die Aktivität des DHI Paris im Jahre 1987 — XV — 1113–1123

Wirsching, Andreas: Nationale Geschichte und gemeineuropäische Erfahrung: Einige neuere westeuropäische Publikationen zur Geschichte des Ersten Weltkrieges — XIX/3 — 175–185
– Paris und Berlin in der Revolution 1848. Kolloquium, organisiert von der Historischen Kommission zu Berlin und dem DHI Paris in Zusammenarbeit mit der Stadt Paris, Paris, 23.–25. November 1992 — XX/3 — 193–194

Ausgewählte Rezensionen:

Ayçoberry, Pierre: G. Schreiber, Hitler-Interpretationen 1923–1983, 1984 — XIII — 907–909
Becht, Hans-Peter: J. et M. Dupâquier, Histoire de la démographie, 1985 — XV — 885–887
Drinkwater, John F.: P.-M. Duval, Travaux sur la Gaule (1946–1986), 2 vol., 1989 — XIX/1 — 233–235
Dufays, Jean-Michel: A. Momigliano, Problèmes d'historiographie ancienne et moderne, 1983 — XII — 750–752
Dufour, Jean: Fälschungen im Mittelalter, 1988 — XVIII/1 — 225–230
Duranton, Henri: S. Jöckel, »Nouvelle histoire« und Literaturwissenschaft, Bde. I–II, 1985 — XVII/3 — 241–243
Durliat, Jean: J.-O. Tjäder, Die nichtliterarischen lateinischen Papyri Italiens aus der Zeit 445–700. II: Papyri 29–59, 1982 — XII — 774–778
Fleck, Robert: P. Favre, Naissances de la science politique en France 1870–1914, 1989 — XVII/3 — 236–237
François, Etienne: »Historikerstreit«. Die Dokumentation der Kontroverse um die Einzigartigkeit der nationalsozialistischen Judenvernichtung, 1987 — XVI/3 — 259–260
Goetz, Hans-Werner: Le travail au moyen âge, 1990 — XIX/1 — 244–247
Iggers, Georg G.: Deutsche Geschichtswissenschaft nach dem Zweiten Weltkrieg (1945–1965), 1989 — XVIII/3 — 315–317
Iggers, Georg G.: W. Schulze, Deutsche Geschichtswissenschaft nach 1945, 1989 — XVIII/3 — 315–317
Jacobsen, Werner: J. Hubert, Arts et vie sociale de la fin du monde antique au Moyen Âge, 1977 — XVI/1 — 218–220
Jacobsen, Werner: J. Hubert, Nouveau recueil d'études d'archéologie et d'histoire, 1985 — XVI/1 — 218–220
Kammerer, Odile: Das Dorf am Mittelrhein. Fünftes Alzeyer Kolloquium, 1989 — XVIII/1 — 247–250
Kessel, Martina: P. Corsi, The Age of Lamarck. Evolutionary Theories in France, 1790–1830, 1988 — XVII/3 — 212–213

LEMAÎTRE, Jean-Loup: Die Totenbücher von Merseburg, Magdeburg und Lüneburg, 1983 — XII 789–791
MORINEAU, Michel: Münzprägung, Geldumlauf und Wechselkurse, 1984 — XIV 670–675
ORTIGUES, Edmond: H. Meyer et al.: Lexikon der mittelalterlichen Zahlenbedeutungen, 1987 — XVI/1 233–235
PÖRNBACHER, Mechthild: Traductions et traducteurs au Moyen Âge, 1989 — XVIII/1 230–234
REIFELD, Helmut: M. Agulhon et al., Essais d'Égo-Histoire, 1987 — XVII/3 204–205
RIEMENSCHNEIDER, Rainer: L'État en perspective, 1986 — XVI/3 182–186
SANDERS, Gabriel: W. Koch, Literaturbericht zur mittelalterlichen und neuzeitlichen Epigraphik (1976–1984), 1987 — XVIII/1 237–240
SANDERS, Gabriel: Epigraphik 1988, 1990 — XX/1 222–224
VALENTIN, Jean-Marie: L. Bihl et al., Bibliographie französischer Übersetzungen aus dem Deutschen 1487–1944. Bde. 1–2, 1987 — XVI/2 236–237

Prosopographie – Personenforschung / Prosopographie – Histoires des individus

BERNARD, Birgit: »Les Hommes illustres«. Charles Perraults Kompendium der 100 berühmtesten Männer des 17. Jahrhunderts als Reflex der Colbertschen Wissenschaftspolitik — XVIII/2 23–46
BOUCHARD, Constance B.: Family Structure and Family Consciousness among the Aristocracy in the Ninth to Eleventh Centuries — XIV 639–658
BÜHRER-THIERRY, Geneviève: Les évêques de Bavière et d'Alémanie dans l'entourage des derniers rois carolingiens en Germanie (876–911) — XVI/1 31–52
CHANTRAINE, Heinrich: Ein neues Hilfsmittel zur Erforschung der Spätantike: Die Prosopographie chrétienne du Bas-Empire — XI 697–712
EWIG, Eugen: Die Namengebung bei den ältesten Frankenkönigen und im merowingischen Königshaus. Mit genealogischen Tafeln und Notizen — XVIII/1 21–69
GÄDEKE, Nora: Eine Karolingergenealogie des frühen 10. Jahrhunderts? — XV 777–792
GOETZ, Hans-Werner: Zur Namengebung bäuerlicher Schichten im Frühmittelalter. Untersuchungen und Berechnungen anhand des Polyptychons von Saint-Germain-des-Prés — XV 852–877
GRIFFITHS, Quentin: Les collégiales royales et leurs clercs sous le gouvernement capétien — XVIII/1 93–110
– The Nesles of Picardy in the Service of the Last Capetians — XX/1 69–78
JARNUT, Jörg: Chlodwig und Chlothar. Anmerkungen zu den Namen zweier Söhne Karls des Großen — XII 645–651
KLEPSCH, Peter: Versuch einer synchronoptischen Darstellung der politischen Gruppierungen im französischen Nationalkonvent 1792–1795 — XVI/2 115–169
KREUTZ, Wilhelm: Die Illuminaten des rheinisch-pfälzischen Raums und anderer außerbayerischer Territorien. Eine ›wiederentdeckte‹ Quelle zur Ausbreitung des radikal aufklärerischen Geheimordens in den Jahren 1781 und 1782 — XVIII/2 115–149

LEISTAD, Geirr I., Ferdinand Linthoe NÆSHAGEN, Per-Axel WIKTORSSON: Online Prosopography: The Plan for Nordic Medieval Data Bases — XII 699–722

MATHISEN, Ralph W.: Episcopal Hierarchy and Tenure in Office in Late Roman Gaul: A Method for Establishing Dates of Ordination — XVII/1 125–140

PARAVICINI, Werner: Der Adel im spätmittelalterlichen Herzogtum Burgund — XVI/1 207–214

POTTER, David L.: Les Allemands et les armées françaises au XVIe siècle. Jean-Philippe Rhingrave, chef de lansquenets: étude suivie de sa correspondance en France, 1548–1566. Première partie — XX/2 1–20

SCHARF, Ralf: Iovinus – Kaiser in Gallien — XX/1 1–13

SCHMIDT, Tilmann: Pariser Magister des 14. Jahrhunderts und ihre Pfründen. Mit Edition eines universitären Supplikenrotulus — XIV 103–138

SEIFERT, Hans-Ulrich: Deutsche Benutzer der Pariser Nationalbibliothek in den Jahren 1789–1815 — XVIII/2 151–207

SETTIPANI, Christian: Ruricius Ier évêque de Limoges et ses relations familiales — XVIII/1 195–222

WEIDEMANN, Margarete: Adelsfamilien im Chlotharreich. Verwandtschaftliche Beziehungen der fränkischen Aristokratie im 1. Drittel des 7. Jahrhunderts — XV 829–851

Ausgewählte Rezensionen:

BOURIN, Monique: Dictionnaire historique des noms de famille romans. Actes du 1er colloque, 1990 — XX/1 219–222

BOURIN, Monique: Dictionnaire historique des noms de famille romans. Actes del III Colloqui, 1991 — XX/1 219–222

BOURIN, Monique: Dictionnaire historique des noms de famille romans. Actes du colloque IV, 1992 — XX/1 219–222

BÜHRER-THIERRY, Geneviève: G. Althoff, Verwandte, Freunde und Getreue. Zum politischen Stellenwert der Gruppenbindungen im früheren Mittelalter, 1990 — XIX/1 279–281

FOURACRE, Paul: Früh- und hochmittelalterlicher Adel in Schwaben und Bayern, 1988 — XVIII/1 260–262

Geuenich, Dieter: M. Buchmüller-Pfaff, Siedlungsnamen zwischen Spätantike und frühem Mittelalter, 1990 — XX/1 262–264

GUYOTJEANNIN, Olivier: G. Thoma, Namensänderungen in Herrscherfamilien des mittelalterlichen Europa, 1985 — XV 897–899

MILLET, Hélène: G. Fouquet, Das Speyerer Domkapitel im späten Mittelalter (ca. 1350–1540), 2 Bde., 1987 — XVI/1 298–300

MÜLLER, Heribert: Prosopographie et genèse de l'État moderne, 1986 — XV 891–897

OLLAND, Hélène: K. Andermann, Studien zur Geschichte des pfälzischen Niederadels im späten Mittelalter, 1982 — XI 765–767

PARISSE, Michel: M. Borgolte, Die Grafen Alemanniens in merowingischer und karolingischer Zeit. Eine Prosopographie, 1986 — XV 921–923

SEIBERT, Hubertus: M. Parisse, Noblesse et chevalerie en Lorraine médiévale, 1982 — XII 796–798

SERGI, Giuseppe: H. Keller, Adelsherrschaft und städtische Gesellschaft in Oberitalien, 9. bis 12. Jahrhundert, 1979 — XIII 747–750

Hagiographie

DOLBEAU, François: La Vie en prose de saint Marcel, évêque de Die. Histoire du texte et édition critique	XI	97–130
DOLBEAU, François, Martin HEINZELMANN, Joseph-Claude POULIN: Les sources hagiographiques narratives composées en Gaule avant l'an mil (SHG). Inventaire, examen critique, datation (avec Annexe)	XV	701–731
GÄBE, Sabine: Radegundis: sancta, regina, ancilla. Zum Heiligkeitsideal der Radegundisviten von Fortunat und Baudonivia	XVI/1	1–30
NAHMER, Dieter von der: Martin von Tours: Sein Mönchtum – seine Wirkung	XV	1–41
NEVEUX, Hugues: Visions d'une vision: les représentations de l'apparition de Niklashausen de 1476 à 1550	XIV	169–180
POHLKAMP, Wilhelm: Textfassungen, literarische Formen und geschichtliche Funktionen der römischen Silvester-Akten	XIX/1	115–196
POULIN, Joseph-Claude: Travaux en cours sur l'hagiographie de Bretagne armoricaine avant l'an mil	XIV	509–512
– Les dossiers de s. Magloire de Dol et de s. Malo d'Alet (Province de Bretagne). Bibliographie générale sur l'hagiographie bretonne (complément n° 1)	XVII/1	159–209
– Le dossier hagiographique de saint Conwoion de Redon. A propos d'une édition récente	XVIII/1	139–159
SCHARF, Ralf: Germanus von Auxerre – Chronologie seiner Vita	XVIII/1	1–19
SIGAL, Pierre André: Le travail des hagiographes aux XIe et XIIe siècles: sources d'information et méthodes de rédaction	XV	149–182
SIGNORI, Gabriela: Stadtheilige im Wandel. Ein Beitrag zur geschlechtsspezifischen Besetzung und Ausgestaltung symbolischer Räume am Ausgang des Mittelalters	XX/1	39–67

Ausgewählte Rezensionen:

KRÜGER, Karl Heinrich: R. Folz, Les saints rois du moyen âge en Occident (VIe–XIIIe siècles), 1984	XV	910–912
NAHMER, Dieter von der: M. van Uytfanghe, Stylisation biblique et condition humaine dans l'hagiographie mérovingienne (600–750), 1987	XVI/1	251–254
POULIN, Joseph-Claude: S. J. Ridyard, The Royal Saints of Anglo-Saxon England, 1988	XVII/1	269–271
POULIN, Joseph-Claude: D. W. Rollason, Saints and Relics in Anglo-Saxon England, 1989	XVIII/1	266–268
POULIN, Joseph-Claude: T. Head, Hagiography and the Cult of Saints. The Diocese of Orléans, 800–1200, 1990	XIX/1	286–287
REICHARDT, Rolf: B. Cousin, Le miracle et le quotidien: les ex-voto provençaux, images d'une société, 1983	XIII	831–834
RUSSO, Daniel: Raccolte di Vite di Santi dal XIII al XVIII secolo, 1990	XIX/1	324–326
SCHNEIDMÜLLER, Bernd: R. Folz, Les saintes reines du moyen âge en Occident, 1992	XX/1	236–238
SENNEVILLE, Ghislaine de: C. Stancliffe, St. Martin and his Hagiographer. History and Miracle in Sulpicius Severus, 1983	XII	765–767
VAUCHEZ, André: Sankt Elisabeth, Fürstin, Dienerin, Heilige. Aufsätze, Dokumentation, Katalog, 1981	XII	808–810

Archäologie – Kunstgeschichte / Archéologie – Histoire de l'art

BAUDOIN, Jacques: Destinées itinérantes des grands imagiers de la fin du moyen âge	XIV	139–167
ESPAGNE, Michel, Michael WERNER: La correspondance de Jean-Georges Wille. Un projet d'édition	XVII/2	173–180
JANSSEN, Walter: Bemerkungen zur neueren archäologischen Merowingerforschung in Frankreich. Mit einem Beitrag von Irwin SCOLLAR	XII	511–533
KAZANSKI, Michel: L'archéologie de »l'empire« hunnique. A propos d'un livre récent	XX/1	127–145
KLEINERT, Annemarie: La mode – miroir de la Révolution française	XVI/2	75–98
LÜSEBRINK, Hans-Jürgen: »Die zweifach enthüllte Bastille«. Zur sozialen Funktion der Medien Text und Bild in der deutschen und französischen ›Bastille‹-Literatur des 18. Jahrhunderts	XIII	311–331
OUZOULIAS, Pierre: Les *villae* carolingiennes de Chaussy et Genainville (Val-d'Oise): premières hypothèses sur leur fondation et leur destin	XVIII/1	71–84
REICHARDT, Rolf: Mehr geschichtliches Verstehen durch Bildillustration? Kritische Überlegungen am Beispiel der Französischen Revolution	XIII	511–523
STEIN, Wolfgang Hans: Die Zeitung als neues bildpublizistisches Medium. Die Revolutionskarikaturen der Neuwieder »Politischen Gespräche der Todten« 1789–1804	XIX/2	95–157
VOIGT, Klaus: Quelques exemples de l'iconographie du refuge	XI	681–685

Ausgewählte Rezensionen:

AMMERICH, Hans: K.-H. Bender et al., Johann Christian von Mannlich. Histoire de ma vie, 1989	XVIII/2	269–270
KÖLZER, Theo: H. Hoffmann, Buchkunst und Königtum im ottonischen und frühsalischen Reich, 1986	XV	937–941
MARTIN, Max: L'inhumation privilégiée du IVe au VIIIe siècle en Occident, 1986	XVI/1	243–246

Archiv- und Urkundenwesen – Bibliotheken / Diplomatique, archives, bibliothèques

DAVIES, Wendy: The Composition of the Redon Cartulary	XVII/1	69–90
DEPREUX, Philippe: Die Kanzlei und das Urkundenwesen Kaiser Ludwigs des Frommen – nach wie vor ein Desiderat der Forschung	XX/1	147–162
DESPY, Georges, Olivier GUILLOT, Karl Ferdinand WERNER: Notices critiques (NoC) concernant les documents de la Gaule carolingienne et des États successeurs (VIIIe–XIe siècles)	XII	723–724
DEVROEY, Jean-Pierre: Le diplôme de l'empereur Conrad II pour l'abbaye de Florennes (1033) [NoC 1]	XII	725–733
DIERKENS, Alain: Note sur un acte perdu du maire du Palais Carloman pour l'abbaye Saint-Médard de Soissons (c. 745)	XII	635–644

EVEN, Pascal: Le Centre des Archives Diplomatiques de Nantes – Deux siècles de relations franco-allemandes. Les papiers des représentations diplomatiques et consulaires françaises en Allemagne conservés au Centre des Archives Diplomatiques de Nantes

XV 773–775

XVI/3 83–97

GROSSE, Rolf: Überlegungen zum Kreuzzugsaufruf Eugens III. von 1145/46. Mit einer Neuedition von JL 8876
– Nachträge zu den »Papsturkunden in Frankreich, neue Folge VI: Orléanais«. Nach Aufzeichnungen aus dem Nachlaß von J. Ramakkers

XVIII/1 85–92

XIX/1 215–228

GUYOTJEANNIN, Olivier: Une interpolation datant des alentours de l'an mil et provenant de Marmoutier d'une notice perdue de 912, souscrite par le Comte Robert, Abbé de Saint-Martin de Tours et de Marmoutier (NoC 2)
– Un témoignage falsifié des possessions primitives de l'église cathédrale de Beauvais: examen et édition (NoC 3)

XIII 680–686

XIII 687–694

HAMON, Marie: Les Archives de l'Occupation française en Allemagne et en Autriche à Colmar

XVI/3 98–99

HAUBRICHS, Wolfgang: Die Urkunde Pippins des Mittleren und Plectruds für St-Vanne in Verdun (702). Toponomastische und besitzgeschichtliche Überlegungen zum frühen Besitz der Pippiniden-Arnulfinger und zum Königsgut im Verdunois

XIII 1–46

KORNBLUTH, Genevra: The Seal of Lothar II: Model and Copy

XVII/1 55–68

LAPORTE, Jean-Pierre: Pour une nouvelle datation du testament d'Ermenthrude

XIV 574–577

MARTENS, Stefan: Inventarisierte Vergangenheit. Frankreich zehn Jahre nach Öffnung der staatlichen Archive

XVII/3 103–109

MCKITTERICK, Rosamond: Nuns' Scriptoria in England and Francia in the Eighth Century

XIX/1 1–35

RADTKE, Arne, Bernd ZIELINSKI: Erbschaft dunkler Jahre. Akten des Staats- und der Regierungschefs Vichys in den Archives Nationales

XIX/3 129–134

Ausgewählte Rezensionen:

BECKMANN, Friedhelm: F. Bléchet, Les ventes publiques de livres en France 1630–1750, 1991

XIX/2 277–279

BIRNSTIEL, Eckart: Les usages de l'imprimé (XVe – XIXe siècle), 1987

XVI/2 246–248

DUFOUR, Jean: Archives nationales. Corpus des sceaux français du Moyen Âge. T. II, 1991

XX/1 225–227

DUFRAISSE, Roger: Inventar von Quellen zur deutschen Geschichte in Pariser Archiven und Bibliotheken, 1986

XVI/3 168–169

FALKENSTEIN, Ludwig: Cartulaire de Saint-Nicaise de Reims, 1991

XIX/1 310–314

GASPARRI, Françoise: M. Schoebel, Archiv und Besitz der Abtei St. Viktor in Paris, 1991

XX/1 290–293

GOETZ, Hans-Werner: Le polyptyque et les listes de cens de l'abbaye de Saint-Remi de Reims (IXe – XIe siècles), 1984

XIV 706–708

GROSSE, Rolf: Diplomatica. Inventaire des actes originaux du haut moyen-âge conservés en France, 1, 1987

XVII/1 232–234

HIESTAND, Rudolf: Le cartulaire du Chapitre du Saint-Sépulcre de Jérusalem, 1984	XVI/1	282–287
KÖLZER, Theo: L. Saupe, Die Unterfertigung der lateinischen Urkunden aus den Nachfolgestaaten des weströmischen Reiches, 1983	XIII	726–728
KÖLZER, Theo: W. Petke, Kanzlei, Kapelle und königliche Kurie unter Lothar III. (1125–1137), 1985	XIV	728–730
KRÄMER, Sigrid: D. Nebbiai-Dalla Guarda, La bibliothèque de l'abbaye de Saint-Denis en France du IXe au XVIIIe siècle, 1985	XV	902–904
MARTIN, Jean-Marie: Tancredi et Willelmi III regum diplomata, 1982	XII	802–804
MARTIN, Jean-Marie: T. Kölzer, Urkunden und Kanzlei der Kaiserin Konstanze, Königin von Sizilien (1195–1198), 1983	XII	804–807
MORELLE, Laurent: T. Kölzer, Studien zu den Urkundenfälschungen des Klosters St. Maximin vor Trier (10.–12. Jahrhundert), 1989	XIX/1	298–303
PARAVICINI, Werner: N. Geirnaert, Het archief van de familie Adornes en de Jeruzalemstichting te Brugge. I: Inventaris, 1987	XV	972–975
WILSDORF, Christian: Chartularium Sangallense, III (1000–1265), 1983	XII	791–794

Diplomatiegeschichte – Internationale Beziehungen /
Histoire de la diplomatie – Relations internationales

BEHRENDT, Herbert: L'Angleterre et la France face à Hitler et son putsch en novembre 1923	XII	457–472
BLACK, Jeremy: The Marquis of Carmarthen and Relations with France 1784–1787	XII	283–303
– The Anglo-French Alliance 1716–1731. A Study in Eighteenth-Century International Relations	XIII	295–310
– Anglo-French Relations in the Age of the French Revolution 1787–1793	XV	407–433
– Anglo-French Relations in the Mid-Eighteenth Century (1740–1756)	XVII/2	45–79
– Anglo-French Relations 1763–1775	XVIII/2	99–114
– From Alliance to Confrontation: Anglo-French Relations 1731–1740	XIX/2	23–45
– The Coming of War between Britain and France, 1792–1793	XX/2	69–108
BOCK, Hans Manfred: Zur Perzeption der frühen Bundesrepublik Deutschland in der französischen Diplomatie: Die Bonner Monatsberichte des Hochkommissars André François-Poncet 1949 bis 1955	XV	579–658
– Die deutsch-französische Gesellschaft 1926 bis 1934. Ein Beitrag zur Sozialgeschichte der deutsch-französischen Beziehungen der Zwischenkriegszeit	XVII/3	57–101
BUDDRUSS, Eckhard: Kurbayern zur Zeit der ersten Teilung Polens. Analysen des französischen Gesandten in München zum Hof Max III. Josephs und zur bayerischen Politik	XIX/2	211–227
DUCHHARDT, Heinz: Die Glorious Revolution und das internationale System	XVI/2	29–37
DÜLFFER, Jost: Die französischen Akten zur Außenpolitik 1956/57	XX/3	175–180
DUFRAISSE, Roger: Valmy: Une victoire, une légende, une énigme	XVII/2	95–118

ENGELBRECHT, Jörg: Außenpolitische Bestrebungen rheinischer Unternehmer im Zeitalter der Französischen Revolution	XVII/2	119–141
EVEN, Pascal: Le Centre des Archives Diplomatiques de Nantes	XV	773–775
– Deux siècles de relations franco-allemandes. Les papiers des représentations diplomatiques et consulaires françaises en Allemagne conservés au Centre des Archives Diplomatiques de Nantes	XVI/3	83–97
GRAU, Conrad: Planungen für ein Deutsches Historisches Institut in Paris während des Zweiten Weltkrieges	XIX/3	109–128
GRUPP, Peter, Pierre JARDIN: Une tentative de renouvellement de la diplomatie traditionnelle. »La Geschäftsstelle für die Friedensverhandlungen« (1919)	XIII	447–473
HANSCHMIDT, Alwin: Anläufe zu internationaler Kooperation radikaler und liberaler Parteien Europas 1919–1923	XVI/3	35–48
HINTEREICHER, Margarete: Der Rheinbund von 1658 und die französische Reichspolitik in einer internen Darstellung des Versailler Außenministeriums des 18. Jahrhunderts	XIII	247-270
JARDIN, Pierre: Le Conseil Supérieur de la Défense Nationale et les projets d'organisation d'un État Rhénan (mars 1923)	XIX/3	81–96
KÄMMERER, Jürgen: Eine wirklich »konsequente Friedenspolitik«? Die österreichische Außenpolitik im Spiegel ihrer Akten zur Geschichte des Krimkrieges	XII	676–684
KRÜGER, Peter: Deutscher Nationalismus und europäische Verständigung: Das Verhältnis Deutschlands zu Frankreich während der Weimarer Republik	XI	509–525
LABBÉ, François: Le rêve irénique du Marquis de la Tierce. Franc-Maçonnerie, lumières et projets de paix perpétuelle dans le cadre du Saint-Empire sous le règne de Charles VII (1741–1745)	XVIII/2	47–69
LACAZE, Yvon: L'opinion publique française et la crise de Munich	XVIII/3	73–83
LACROIX-RIZ, Annie: La France face à la menace militaire allemande au début de l'ère atlantique: une alliance redoutée, fondée sur le réarmement allemand, 1947–1950	XVI/3	49–71
LAHME, Rainer: Zwischen Commonwealth, den USA und Europa: Tendenzen britischer Außenpolitik nach 1945	XIX/3	193–205
LAPPENKÜPER, Ulrich: »Ich bin wirklich ein guter Europäer«. Ludwig Erhards Europapolitik 1949–1966	XVIII/3	85–121
LORENTZ, Claude: La France et les restitutions allemandes au lendemain de la Seconde Guerre mondiale	XIX/3	187–192
LOTH, Wilfried: De Gaulle et la construction européenne: la révision d'un mythe	XX/3	61–72
MIECK, Ilja: Napoléon Ier et les réformes en Allemagne	XV	473–491
RECKER, Marie-Luise: Der Vertrag von Dover 1670 zur englischen Außenpolitik der Restaurationszeit	XIII	271–294
REUSCH, Ulrich: Le Saint-Siège, la France et l'idée de l'équilibre européen 1939–1945	XVIII/3	55–72

SCHMIDT, Uwe: Georg Kerners Revolutionsplan für Württemberg vom
Oktober 1792   XV   811–818

TAUBERT, Fritz: Munich: la gauche française voulait-elle encore réviser
le Traité de Versailles?   XV   819–827

TIEMANN, Dieter: Der Jungdeutsche Orden und Frankreich   XII   425–456

WEBER, Hermann: Dieu, le roi et la chrétienté. Aspects de la politique
du Cardinal de Richelieu   XIII   233–245

Ausgewählte Rezensionen:

BAUMGART, Winfried: N. Rich, Why the Crimean War? A Cautionary Tale,
1985   XIV   806–808

BLACK, Jeremy: Histoire de l'administration française. Les affaires étrangères et
le corps diplomatique français. T. I–II, 1984   XIII   809–812

BLOCH, Charles: P. Krüger, Die Außenpolitik der Republik von Weimar, 1985   XIII   893–896

BLOCH, Charles: Machtbewußtsein in Deutschland am Vorabend des Zweiten
Weltkrieges, 1984   XIV   837–840

BUFFET, Cyril: W. Krieger, General Lucius D. Clay und die amerikanische
Deutschlandpolitik – 1945–1949, 1987   XVI/3   297–299

CRÉMIEUX-BRILHAC, Jean-Louis: S. Martens, Hermann Göring, 1985   XIV   841–843

CRÉMIEUX-BRILHAC, Jean-Louis: P. Longerich, Propagandisten im Krieg. Die
Presseabteilung des Auswärtigen Amtes unter Ribbentrop, 1987   XVIII/3   276–279

DÜLFFER, Jost: Documents Diplomatiques Français 1954: 21 juillet – 31
décembre, 1987   XV   1091–1094

DÜLFFER, Jost: Documents Diplomatiques Français 1955, T. I–II, 1987–1988   XVII/3   320–323

GRUNER, Wolf D.: F. Roy Bridge et al., The Great Powers and the European
States System 1815–1914, 1980   XII   853–855

HARDACH, Gerd: G.-H. Soutou, L'or et le sang. Les buts de guerre économiques de la Première Guerre mondiale, 1989   XVIII/3   250–252

HEIDEKING, Jürgen: C. Fink, The Genoa Conference. European Diplomacy
1921–1922, 1984   XIII   897–899

HÖHNE, Roland: A. Fleury, »La Croix« et l'Allemagne 1930–1940, 1986   XVI/3   246–249

HUDEMANN, Rainer: W. Lipgens, A History of European Integration. Vol. 1 1982   XI   884–886

JARDIN, Pierre: H. Köhler, Novemberrevolution und Frankreich, 1980   XVII/3   253–256

KÄMMERER, Jürgen: Die Westmächte und das Dritte Reich 1933–1939, 1982   XI   873–875

KÄMMERER, Jürgen: H. Deininger, Frankreich – Rußland – Deutschland
1871–1891, 1983   XII   871–873

KESSEL, Martina: J. W. Young, France, the Cold War and the Western Alliance,
1944–1949, 1990   XVIII/3   293–295

KLEIN, Jean: Der Westen und die Sowjetunion, 1983   XII   883–888

KLEIN, Jean: Die Deutschlandpolitik Frankreichs und die französische Zone
1945–1949, 1983   XII   909–912

KLEIN, Jean: Power in Europe? Great Britain, France, Italy and Germany in a
Postwar World, 1945–1950, 1986   XVI/3   284–289

KLEIN, Jean: F. J. Strauss, Die Erinnerungen, 1989   XVIII/3   299–301

KNIPPING, Franz: F. Kupfermann, Laval, 1987   XVI/3   278–281

KÖHLER, Henning: R. A. Blasius, Für Großdeutschland – gegen den großen
Krieg, 1981   XIII   904–907

KÖHLER, Henning: Die Weizsäcker-Papiere 1933–1950, 1974   XIII   904–907

KRÜGER, Peter: A. Sharp, The Versailles Settlement, 1991   XX/3   250–251

LAHME, Rainer: S. Förster, Der doppelte Militarismus, 1985	XVII/3	245–248
LAHME, Rainer: The Churchill-Eisenhower Correspondence 1953–1955, 1990	XVIII/3	302–303
LOTH, Wilfried: M. Couve de Murville, Le monde en face, 1989	XVIII/3	305–306
LOTH, Wilfried: C. Buffet, Mourir pour Berlin. La France et l'Allemagne 1945–1949, 1991	XX/3	299–300
LUDMANN-OBIER, Marie-France: Dokumente zur Deutschlandpolitik. 1. Reihe, Bde. 3/I und 3/II, 1988	XVII/3	303–304
MARTENS, Stefan: Akten zur deutschen Auswärtigen Politik 1918–1945. Serie A: 1918–1925. Bde. I-III, 1985	XIII	891–893
MARTENS, Stefan: La Puissance en Europe 1938–1940, 1984	XIII	909–910
MITCHELL, Allan: E. Kolb, Der Weg aus dem Krieg. Bismarcks Politik im Krieg und die Friedensanbahnung 1870/71, 1989	XVII/3	231–233
MITTENDORFER, Rudolf: R. Poidevin, Robert Schuman, homme d'État 1886–1963, 1986	XV	1083–1087
REIFELD, Helmut: A. J. Mayer, Adelsmacht und Bürgertum. Die Krise der europäischen Gesellschaft 1848–1914, 1984	XIII	874–876
ROLLET, Henry: Die französische Deutschlandpolitik zwischen 1945 und 1949, 1987	XVI/3	293–295
SCHIFFERS, Reinhard: C. Altermatt, Les débuts de la diplomatie professionnelle en Suisse (1848–1914), 1990	XVIII/3	248–249
SCHÖLLGEN, Gregor: K. Birrenbach, Meine Sondermissionen, 1984	XIII	919–921
SCHULZE, Hagen: R. Poidevin, Die unruhige Großmacht. Deutschland und die Welt im 20. Jahrhundert, 1985	XIV	817–820
STEINERT, Marlis G.: F. Knipping, Deutschland, Frankreich und das Ende der Locarno-Ära 1928–1931, 1987	XVI/3	243–245
VENOHR, Woldemar: P. Lempert, »Das Saarland den Saarländern!«. Die frankophilen Bestrebungen im Saargebiet 1918–1935, 1985	XVI/3	234–236
WENTKER, Hermann: R. Gildea, Barricades and Borders. Europe 1800–1914, 1987	XVI/3	169–171
WIRSCHING, Andreas: R. Girault et al., Turbulente Europe et nouveaux mondes 1914–1941, t. 2, 1988	XVIII/3	249–250
WOLFRUM, Edgar: P. Gerbet et al., Le relèvement 1944–1949, 1991	XX/3	297–298

Sozial- und Stadtgeschichte / Histoire sociale et Histoire des villes

BECK, Robert: Les effets d'une ligne du plan Freycinet sur une société rurale. Un aperçu de l'histoire du plan Freycinet	XV	561–577
BEST, Heinrich: Kontinuität und Wandel parlamentarischer Repräsentation im revolutionären Frankreich 1848/49	XI	668–680
BOCK, Hans Manfred: Die deutsch-französische Gesellschaft 1926 bis 1934. Ein Beitrag zur Sozialgeschichte der deutsch-französischen Beziehungen der Zwischenkriegszeit	XVII/3	57–101
BÖSE, Kuno: Städtische Eliten in Troyes im 16. Jahrhundert	XI	341–363
BUFFET, Cyril: 1948: Berlin – Munich – Bonn. Le triangle brisé	XVI/3	73–82
– Berlin. Histoires d'une ville à nulle autre pareille	XVIII/3	191–208
CHARLE, Christophe: Où en est l'histoire sociale des élites et de la bourgeoisie? Essai de bilan critique de l'historiographie contemporaine	XVIII/3	123–134

CLACK, Gordon D.: Revolution in Modern Europe | XX/3 | 73–97

CREMER, Albert: Religiosität und Repräsentation. Zum Tod der hohen Pariser Magistrate (2. Hälfte 16. und frühes 17. Jahrhundert) | XIX/2 | 1–22

DINGES, Martin: Materielle Kultur und Alltag – Die Unterschichten in Bordeaux im 16./17. Jahrhundert | XV | 257–279

– »Weiblichkeit« in »Männlichkeitsritualen«? Zu weiblichen Taktiken im Ehrenhandel in Paris im 18. Jahrhundert | XVIII/2 | 71–98

KAELBLE, Hartmut: Le modèle aristocratique dans la bourgeoisie allemande (fin XIXe – début du XX^{e}siècle). Similitudes ou divergences de la France? | XIV | 451–460

KLEINERT, Annemarie: Original oder Kopie? Das »Journal des Dames et des Modes« (1797–1839) und seine zahlreichen Varianten | XX/3 | 99–120

KOWALSKY, Wolfgang: Der Conseil National du Patronat Français (CNPF). Machtdelegation beim Patronat | XIX/3 | 135–150

KREUTZ, Wilhelm: Les Juifs du Palatinat au XIXe Siècle: Démographie – statut juridique – structure socio-professionnelle | XX/3 | 1–17

KROENER, Bernhard R.: Conditions de vie et origine sociale du personnel militaire subalterne au cours de la Guerre de Trente Ans | XV | 321–350

LOTTES, Günther: Popular Culture in England (16.–19. Jahrhundert) | XI | 640–667

MANFRASS, Klaus: Ausländerpolitik und Ausländerproblematik in Frankreich: Historische Kontinuität und aktuelle Entwicklungen | XI | 527–578

MELZER, Imma: Pfälzische Emigranten in Frankreich während und nach der Revolution von 1848/49. Teil I | XII | 371–424

– Pfälzische Emigranten in Frankreich während und nach der Revolution von 1848/49. Teil II | XIII | 369–407

MEYER, Ahlrich: Die Subsistenzunruhen in Frankreich 1846–1847 | XIX/3 | 1–45

MITCHELL, Allan: The Municipal Council of Paris and the Problems of Public Welfare in France (1885–1914) | XIV | 435–450

NIELEN, Andreas: La vie politique dans Bordeaux libéré. De la libération de la ville aux premières élections générales (1944–1946) | XVIII/3 | 155–176

OPITZ-BELAKHAL, Claudia: Militärreformen als Bürokratisierungsprozeß: Das französische Offizierskorps von 1760 bis 1790 | XVI/2 | 171–194

PALLACH, Ulrich-Christian: Fonctions de la mobilité artisanale et ouvrière – Compagnons, ouvriers et manufacturiers en France et aux Allemagnes (17e–19e siècles). Première partie: De la fin du 17^{e}au début de l'époque révolutionnaire en 1789 | XI | 365–406

SCHRADER, Fred E.: Soziabilitätsgeschichte der Aufklärung. Zu einem europäischen Forschungsproblem | XIX/2 | 177–194

VERHULST, Adriaan: Les origines urbaines dans le Nord-Ouest de l'Europe: essai de synthèse | XIV | 57–81

VIERHAUS, Rudolf: »Vormärz« – Ökonomische und soziale Krisen, ideologische und politische Gegensätze | XIII | 355–368

WEBER, Hermann: Zur »Entrée Solennelle« Ludwigs XIV. 1660 in Paris | XIII | 651–654

WISCHERMANN, Clemens: Großstadt und Wohnen in Frankreich im
späten 19. Jahrhundert   XVIII/3 177–190

WITTENBROCK, Rolf: Die Stadterweiterung von Metz (1898–1903).
Nationalpolitische Interessen und Konfliktfelder in einer grenzna-
hen Festungsstadt   XVIII/3 1–23

Ausgewählte Rezensionen:

AMMERICH, Hans: A. Wahl, Confession et comportement dans les campagnes
d'Alsace et de Bade 1871–1939, 1980   XI   856–858

AYÇOBERRY, Pierre: H. Matzerath, Urbanisierung in Preußen 1815–1914, 1985   XV   1034–1036

BAECHLER, Christian: Deutscher Katholizismus im Umbruch zur Moderne,
1991   XX/3   234–236

BARS, Michelle le: H. Rüdel, Landarbeiter und Sozialdemokratie in Ostholstein
1872–1878, 1986   XVIII/3 245–248

BAUMGÄRTNER, Ingrid: Statuti città territori in Italia e Germania tra medioevo
ed età moderna, 1991   XX/1   209–211

BECK, Robert: C. Prochasson, Les années électriques. 1880–1910, 1991   XX/3   225–227

BLESSING, Werner K.: Y. Ripa, Histoire du rêve, 1988   XIX/3   220–221

BOLL, Friedhelm: K. Schönhoven, Expansion und Konzentration, 1980   XI   859–861

BOOG, Horst: Städte im Zweiten Weltkrieg. Ein internationaler Vergleich, 1991   XX/3   286–288

BURCHARDT, Lothar: G. Mai, Kriegswirtschaft und Arbeiterbewegung in Würt-
temberg 1914–1918, 1983   XIII   888–891

CHARLE, Christophe: H. Kaelble, Nachbarn am Rhein. Entfremdung und
Annäherung der französischen und deutschen Gesellschaft seit 1880, 1991   XX/3   239–241

CHÂTELLIER, Louis: A. E. Imhof, Die verlorenen Welten. Alltagsbewältigung
durch unsere Vorfahren – und weshalb wir uns heute so schwer damit tun…,
1984   XIV   766–768

CHRISTADLER, Marieluise: R. Martin, Idéologie et action syndicale. Les institu-
teurs de l'entre-deux guerres, 1982   XIV   833–835

COHEN, Yves: I. Kolboom, »La revanche des patrons«. Le Patronat face auf
Front populaire, 1986   XVII/3   284–285

CORNI, Gustavo: G. Kratzsch, Der Gauwirtschaftsapparat der NSDAP, 1989   XX/3   265–267

DANN, Otto: P. Ayçoberry, Cologne entre Napoléon et Bismarck, 1981   XII   857–859

DANN, Otto: J.-P. Chaline, Les Bourgeois de Rouen. Une élite urbaine au XIXe
siècle, 1982   XIII   881–883

DAUM, Andreas: P. E. Hyman, The Emancipation of the Jews of Alsace, 1991   XIX/3   244–246

DÉSERT, Gabriel: R. Price, The Modernization of Rural France, 1983   XIV   801–804

DIEPHOUSE, David J.: J.-C. Kaiser, Sozialer Protestantismus im 20. Jahrhundert,
1989   XVIII/3 259–260

DINGES, Martin: B. Geremek, Geschichte der Armut. Elend und Barmherzig-
keit in Europa, 1988   XVII/2   237–239

DINGES, Martin: A. Pardailhe-Galabrun, La naissance de l'intime. 3000 foyers
parisiens XVIIe – XVIIIe siècles, 1988   XVII/2   271–274

DINGES, Martin: T. Brennan, Public Drinking and Popular Culture in Eigh-
teenth Century Paris, 1988   XVII/2   284–286

DIPPER, Christof: State, Economy, and Society in Western Europe 1815–1975.
A Data Handbook in two Volumes, Vol. I, 1983   XII   851–853

DIPPER, Christof: State, Economy, and Society in Western Europe 1815–1975.
A Data-Handbook in two Volumes, Vol. II, 1987   XVI/3   171–172

DIPPER, Christof: La transizione dall'economia di guerra all'economia di pace in Italia e in Germania dopo la Prima guerra mondiale, 1983 — XVI/3 221–223

FLECK, Robert: P. G. Nord, Paris Shopkeepers and the Politics of Resentment, 1986 — XVI/3 190–191

FLECK, Robert: L. Adler, Secrets d'alcôve. Histoire du couple, 1830–1930, 1990 — XIX/3 218–219

FLONNEAU, Jean-Marie: M. Ruck, Bollwerk gegen Hitler?, 1988 — XVII/3 272–274

FOUQUET, Gerhard: Villes, bonnes villes, cités et capitales, 1989 — XIX/1 240–243

FRANÇOIS, Etienne: B. Roeck, Elias Holl. Architekt einer europäischen Stadt, 1985 — XIII 826–828

FRANÇOIS, Etienne: L. Gall, Bürgertum in Deutschland, 1989 — XVIII/3 230–232

FRANÇOIS, Etienne: Stadt und Bürgertum im 19. Jahrhundert, 1990 — XIX/3 215–216

FRIJHOFF, Willem: R. C. Schwinges, Deutsche Universitätsbesucher im 14. und 15. Jahrhundert, 1986 — XVII/1 297–300

GROSSER, Thomas: B. W. Bouvier, Französische Revolution und deutsche Arbeiterbewegung, 1982 — XI 847–849

HAUPT, Heinz-Gerhard: Habiter la ville, XVe–XXe siècles, 1984 — XVI/2 245–246

HOOCK, Jochen: Études sur les villes en Europe occidentale (Milieu du XVIIe siècle à la veille de la Révolution française). T. I et II, 1983 — XIII 814–816

HUNECKE, Volker: G. Corni, Stato assoluto e società agraria in Prussia nell'età di Federico II, 1982 — XI 815–817

JÄSCHKE, Kurt-Ulrich: La ville: du réel à l'imaginaire, 1991 — XX/1 201–203

KAELBLE, Hartmut: La bourgeoisie allemande. Un siècle d'histoire (1830–1933), 1986 — XVI/3 197–198

KAMMERER, Odile: Bevölkerungsstatistik an der Wende vom Mittelalter zur Neuzeit, 1990 — XIX/1 253–255

KESSEL, Martina: W. Kaschuba, Lebenswelt und Kultur der unterbürgerlichen Schichten im 19. und 20. Jahrhundert, 1990 — XIX/3 217–218

LATTARD, Alain: G. A. Ritter, Sozialversicherung in Deutschland und England. Entstehung und Grundzüge im Vergleich, 1983 — XII 873–875

LATTARD, Alain: E. Fromm, Arbeiter und Angestellte am Vorabend des Dritten Reiches, 1983 — XII 893–896

LATTARD, Alain: M.-L. Recker, Nationalsozialistische Sozialpolitik im Zweiten Weltkrieg, 1985 — XV 1075–1077

LATTARD, Alain: M. Ruck, Gewerkschaften, Staat, Unternehmer, 1990 — XX/3 245–247

Lazar, Marc: S. Hazareesingh, Intellectuals and the Communist Party, 1991 — XX/3 309–312

LIVET, Georges: J. Willms, Paris. Hauptstadt Europas 1789–1914, 1988 — XVII/3 213–215

MEGERLE, Klaus: G. Corni, Hitler and the Peasants, 1990 — XX/3 264–265

MONNET, Pierre: Frankfurt am Main: Die Geschichte der Stadt in neun Beiträgen, 1991 — XX/1 252–256

PALLACH, Ulrich-Christian: Zweiter Weltkrieg und sozialer Wandel. Achsenmächte und besetzte Länder, 1981 — XI 880–884

PIEZONKA, Beatrix: Maternity and Gender Policies. Women and the Rise of the European Welfare State, 1880s–1950s, 1991 — XX/3 228–229

RAPHAEL, Lutz: C. Charle et al., Les professeurs du Collège de France. Dictionnaire biographique (1901–1939), 1988 — XVII/3 240–241

REIFELD, Helmut: J. Alber, Der Sozialstaat Bundesrepublik 1950–1983, 1989 — XVIII/3 318–321

SCHÖTTLER, Peter: P. Boutry et al., Martin l'Archange, 1985 — XVIII/3 224–225

SCHRIEWER, Jürgen: J.-N. Luc et al., Des Normaliens. Histoire de l'École Normale Supérieure de Saint-Cloud, 1982 — XIII 858–862

SCHRIEWER, Jürgen: Le personnel de l'enseignement supérieur en France aux XIXᵉ et XXᵉ siècles, 1985 — XVI/3 202–207

SOLEYMANI, Dagmar: U. Dorn, Öffentliche Armenpflege in Köln von 1794–1871, 1990 — XIX/3 219–220

STEINBERG, Lucien: R. B. Birn, Die höheren SS- und Polizeiführer, 1986 — XIV 846–848

TIEMANN, Dieter: J.-M. Chapoulie, Les Professeurs de l'enseignement secondaire: un métier de classe moyenne, 1987 — XVI/3 207–208

VIDALENC, Jean: D. Düding, Organisierter gesellschaftlicher Nationalismus in Deutschland 1808–1847, 1984 — XIII 866–868

WALLE, Marianne: H. Wottrich, Auguste Kirchhoff, 1990 — XIX/3 256–258

WIRSCHING, Andreas: B. Kruppa, Rechtsradikalismus in Berlin 1918–1928, 1988 — XVIII/3 260–261

WISCHERMANN, Clemens: J.-L. Pinol, Les mobilités de la grande ville. Lyon, fin XIXᵉ – début XXᵉ siècle, 1991 — XX/3 230–232

Nekrologe / Notices nécrologiques

BARIÉTY, Jacques: Andreas Hillgruber (1925–1989) — XVII/3 332–334
BÉDARIDA, François: Martin Broszat (1926–1989) — XVIII/3 326–327
DUFRAISSE, Roger: Karl-Georg Faber (1925–1982) — XI 927–932
– Jean Vidalenc (1912–1986) — XIII 963–970
– Thomas Nipperdey (1927–1992) — XX/3 329–337
DUROSELLE, Jean-Baptiste: Karl Dietrich Erdmann (1910–1990) — XVIII/3 328–330
EWIG, Eugen: Paul Egon Hübinger (1911–1987) — XV 1143–114
LOHRMANN, Dietrich: Charles Higounet (1911–1988) — XVI/1 319–321
– René Louis (1906–1991) — XIX/1 229–230
MAGNOU-NORTIER, Elisabeth: Un grand historien: Walter Schlesinger — XVI/1 155–167
MÜLLER, Klaus-Jürgen: Fred Kupfermann (1934–1988) — XVI/3 315–316
PARAVICINI, Werner: Raymond Cazelles (1917–1985) — XIII 959–962
RICHARD, Jean: Theodor Schieffer (1910–1992) — XX/1 185–186
WERNER, Karl Ferdinand: Karl Hammer (1918–1987) — XVII/3 329–331